高速铁路道岔设计理论与实践
(第三版)

王 平 徐井芒 著

科 学 出 版 社

北 京

内 容 简 介

本书系统阐述了高速铁路道岔结构设计与服役安全的理论基础及应用实践。全书共 11 章，主要包括高速铁路道岔设计及运用状态评估概论、高速铁路道岔轮轨稳态/弹塑性瞬态滚动接触理论、高速列车-道岔刚柔耦合动力学分析模型、高速运营车辆通过道岔时的动力响应、高速铁路道岔的长时动力学行为分析、高速铁路道岔钢轨组合廓形设计优化、短波激励下高速轮轨滚动接触与瞬态响应、道岔区列车脱轨机理及评判准则研究、高速铁路道岔转换运动与关键部件动力特性、高速铁路道岔健康管理与状态监测系统等内容。

本书理论学术水平及工程实用性高，可供从事铁路轨道相关专业院校与科研机构的研究生、研究人员和工程技术人员查阅、参考。

图书在版编目(CIP)数据

高速铁路道岔设计理论与实践 / 王平，徐井芒著. —3 版. —北京：科学出版社，2023.11
ISBN 978-7-03-071210-3

Ⅰ.①高… Ⅱ.①王… ②徐… Ⅲ.①高速铁路–道岔–设计
Ⅳ.①U238

中国版本图书馆 CIP 数据核字（2021）第 268642 号

责任编辑：华宗琪 / 责任校对：王萌萌
责任印制：罗　科 / 封面设计：义和文创

科学出版社 出版

北京东黄城根北街16号
邮政编码：100717
http://www.sciencep.com

四川煤田地质制图印务有限责任公司 印刷
科学出版社发行　各地新华书店经销

*

2011 年 10 月第 一 版　开本：787×1092 1/16
2023 年 11 月第 三 版　印张：36 1/2
2023 年 11 月第一次印刷　字数：865 000

定价：398.00 元
（如有印装质量问题，我社负责调换）

第二版序言

　　轨道结构是高速列车安全平稳运行的走行基础，要求具有高平顺性与高稳定性，而道岔是铁路线路的交叉点及薄弱环节，集成了轨道结构的所有薄弱环节与技术特征，因其结构与轮轨界面关系复杂、状态多变、病害繁多，影响行车平稳性与安全性，被公认为是反映铁道工程行业技术水平的重要标志。2005 年以前，我国尚未有高速铁路道岔的设计、制造、铺设、供货与维护管理经验，国际高速铁路道岔市场基本为德、法两国所垄断。为突破技术封锁，构建系统完整的中国高速铁路技术体系，原铁道部(现中国铁路总公司)从 2005 年开始组成了高速铁路道岔国产化联合攻关课题组。在该课题组中，王平教授领导研发团队坚持自主创新，经过不懈努力，攻克重重难关，建立了我国高速铁路道岔设计理论体系，指导了我国速度 250km/h、350km/h 系列高速铁路道岔的研制，形成了中国高速铁路道岔设计、制造、运输、铺设、养护维修成套技术标准，推动了行业技术进步和装备升级及集成供货、逐级组装、驻厂监造等制度的变革，使我国高速铁路道岔的整体技术达到了世界高铁发达国家的同类水平，在部分领域还有所超越。截至 2015 年年底，我国已开通运营的 2 万 km 高速铁路中铺设的 5000 多组中国高速铁路道岔总体状态良好，印证了我国高速铁路道岔走出了一条独具特色的创新之路，推动中国在这一领域占据世界领先地位。

　　《高速铁路道岔设计理论与实践》一书是对我国高速铁路道岔设计理论与工程实践研究的系统总结与梳理，也是世界上第一本系统且完整地介绍高速铁路道岔设计、制造、施工及维护管理等方面理论与工程实践成果的专著。相信这些内容会对相关技术人员深入了解高速铁路道岔的技术性能、准确分析高速铁路道岔出现病害与伤损的原因、合理提出相关技术问题的解决措施、实现高速铁路道岔的科学维护和管理等有所助益。

　　当前，我国高速铁路已逐步成网，路网规模不断扩大，保障能力明显增强。根据最新《中长期铁路网规划(2016—2030)》，到 2025 年，铁路网规模将达到 17.5 万 km 左右，其中高速铁路达 3.8 万 km 左右。与此同时，根据"一带一路"、高铁"走出去"、"中国制造 2025"先进轨道交通装备，以及未来轨道交通技术发展等国家和行业战略需求，高速铁路道岔技术仍面临着一些重大技术挑战，需要进一步解决设计、制造与铺设、服役状态诊断控制和性能维护等全生命周期中的重大基础科学和前沿技术问题，深度融合先进材料与制造、大数据与云计算、精密测控与效能提升、智能与自动化等先进技术，开展前瞻性、综合性的基础研究，加快技术创新，提升我国高速铁路轨道结构技术的创新能力，服务于轨道交通国家战略和行业科技进步，为构建由感知、汇聚、记忆、认知、评估五大平台构成的智慧化高速铁路奠定坚实的基础。

　　最后，期待与广大铁路科技工作者一道，坚持不忘初心、继续前进，深入开展高速铁路相关领域的基础性、前瞻性研究，进一步提升我国铁路行业自主创新能力，助力我国高速铁路技术继续保持世界先进水平。

中国工程院院士

杜彦良

2016 年 11 月 3 日

第一版序言

建设中国高速铁路是几代中国铁路工作者的愿望。

轨道结构是高速铁路的重要组成部分，其中高速铁路道岔又是十分关键的技术装备。

中国铁路既有线在经过六次提速后，实现了列车运行速度达到 200km/h 的等级目标。而新建高速铁路的列车速度目标值为 250～350km/h，这是又一次列车运行速度大跨越。

高速铁路道岔除要满足列车高速运行外，在安全性、平稳性、舒适性和可靠性方面提出了比提速铁路道岔更高的要求。突破高速屏障是一项十分艰巨的挑战。

为了打破德、法两国对高速铁路道岔技术的垄断和封锁，铁道部科技司和工程管理中心从 2005 年开始组成了"产、学、研、用"相结合的联合课题组协同攻关。

西南交通大学作为联合课题组的成员，肩负起了高速铁路道岔基础理论研究的攻关重任。以王平教授为核心的西南交通大学高速铁路轨道研究团队经不懈努力，终于在高速铁路道岔平面线型设计、轮轨系统动力学评价、无缝道岔适应性检算、道岔可动部件转换阻力计算及道岔零部件动力强度检算等理论分析领域取得了开创性成果，建立了具有自主知识产权的高速铁路道岔基础理论分析体系。该基础理论分析体系，在速度 250～350km/h 的 60kg/m 钢轨 18 号、42 号及 62 号高速铁路道岔研制工作中发挥了重要作用。

在基础理论研究成果的有力支持下，我国高速铁路道岔的整体技术达到了世界发达国家的同类水平，有的领域还有所超越。

在参与高速铁路道岔研制全过程的工作中，王平教授十分注重各项资料的收集，并按设计、制造、运输、铺设、维护等门类进行整理。该书内容全面、资料丰富，是对我国高速铁路道岔的一次全面的技术总结，具有很强的实用性和参考价值。

该书内容对高速铁路道岔基础理论研究及设计方法的普及和提高起到了有益的推动作用，对从事铁路轨道工程教学、科研、设计及工程管理人员具有重要的参考价值。

沈长耀

2011 年 9 月 9 日

前　言

　　《高速铁路道岔设计理论与实践》(第一版)是"十二五"国家重点出版物出版规划项目"铁路客运专线(高速)轨道结构关键技术丛书"之一,自 2011 年 10 月出版后,得到了道岔设计、制造及养护维修等各方面技术人员的赞誉,并于 2013 年获得中华人民共和国国家新闻出版广电总局评选的第四届"三个一百"原创图书出版工程(该工程每三年在人文社科、科学技术、文艺和少儿类每类评选不超过 100 本的优秀原创图书)。本书第一版主要是针对我国自主研发的高速铁路道岔设计理论的总结。

　　《高速铁路道岔设计理论与实践》(第二版)是"十三五"国家重点出版物出版规划项目"高速铁路线路工程关键技术丛书"之一,于 2016 年 5 月出版,并与世界著名出版商爱思唯尔(Elsevier)集团合作出版本书的英文版,为中外合作正式出版的第一部英文版中国高铁领域科技图书,受到了国内外道岔设计、制造及养护维修等方面技术人员的高度赞扬。本书的第二版主要是在第一版的基础上,补充了高速铁路道岔的制造、铺设、养护和管理等方面的理论与技术。

　　截至 2021 年年底,中国高速铁路通车运营里程已达到 4 万 km,速度 250km/h 及以上的高速铁路道岔约为 1.1 万组,最长运营时间已达 13 年,服役性能逐年劣化。其间曾出现过因轮轨关系演变而造成的晃车及直尖轨非工作边水平裂纹、因轮轨高频冲击而造成的道岔钢轨疲劳损伤、因轮轨横向接触力过大而造成的曲尖轨快速磨损等病害,严重影响了高速铁路道岔服役性能及结构安全,究其原因是道岔区复杂轮轨接触行为。道岔区存在轮载过渡及单轮/多轨接触行为,车轮与道岔钢轨滚动接触过程中接触参数显著变化,表现出明显的瞬态滚动接触特征,直接影响轮轨接触信息及其损伤行为,导致岔区轮轨关系远比区间线路复杂多变,且对结构工作状态、外部荷载环境的改变具有更高的敏感性,若设计或维护不当,必然会加剧列车与道岔间动态相互作用,是导致道岔服役寿命缩短及列车运行品质下降的根源。本书就是围绕高速铁路道岔轮轨接触行为及服役性能保持技术要求,从接触理论、动力分析、性能优化、状态监测等方面进行阐述的,在前两版的基础之上,补充了高速铁路道岔轮轨滚动接触、刚柔耦合动力学、长时服役行为以及健康管理与状态监测等方面的理论及技术,阐述了如何更加精确地表征高速列车与道岔间宏/微观动力学行为,期望更深入地探究高速铁路道岔全生命周期服役性能演变行为,准确分析高速铁路道岔出现病害与损伤的机理与成因,实现高速铁路道岔结构安全与服役行为的科学管理,为既有高速铁路安全运营及更高速铁路道岔结构设计提供理论与技术支撑。

　　本书共十一章。第一章介绍高速铁路道岔性能要求与设计理念,提出我国高速铁路道岔在实际运用中存在的问题,明确未来高速铁路道岔设计、分析理论及发展方向;第二章建立考虑道岔区变截面特点、尖轨和基本轨相对运动的轮轨接触计算方法,提出一种兼顾计算效率和精度的求解法向接触的非赫兹型快速计算方法 INFCON，并建立准确可靠的岔区轮轨滚动接触力学模型；第三章介绍有限元法轮轨弹塑性滚动接触理论以及轮轨三维弹塑性瞬态滚动接触理论，并且详细介绍道岔区轮轨瞬态滚动接触模型建立及行为分析，探明高速铁路道岔与轮对高频相互作用规律及界面接触行为；第四章介绍高速列车-道岔刚柔耦合系统动力学数学原理、建模思路及求解方法，分析考虑轮对和道岔结构柔性后列车-道岔系统的动力特性；第五章通过建立高速列车-道岔耦合动力学模型，分析车轮凹形磨耗、扁疤、失圆、轮径差等病害对列车过岔时的动力影响，并提出相应的管理建议；第六章构建高速铁路道岔钢轨磨耗仿真分析方法，分析高速铁路道岔曲尖轨磨耗特征及影响，介绍高速铁路道岔钢轨滚动接触疲劳仿真分析方法，提出高速铁路道岔直尖轨非工作边水平裂纹的控制措施；第七章提出高速铁路道岔钢轨组合廓形优化设计研究方法，分析直曲组合尖轨线型对提高曲尖轨耐磨性及列车过岔性能的影响，介绍 60N 钢轨在高速铁路道岔中的应用研究以及高速铁路道岔钢轨打磨廓形设计研究；第八章基于高速铁路道岔轮轨三维弹塑性瞬态滚动接触理论，研究车轮擦伤、硌伤等局部损伤对轮轨系统动力响应的影响；第九章利用道岔区轮轨滚动接触理论及动力学仿真手段，开展道岔区脱轨机理研究，提出相应的脱轨准则和轮轨关系优化措施；第十章建立考虑工电耦合效应的高速铁路道岔全时转换分析模型，探明转换动作时间差、夹异物等因素对道岔转换性能的影响规律，基于有限元法建立道岔转换设备受力分析模型，研制分动式顶杆装置以消除尖轨转换不足位移；第十一章提出无源无线轨道状态监测技术，介绍基于声发射的高速铁路道岔轨件损伤监测平台以及基于建筑信息建模(BIM)和故障预测与健康管理(PHM)的道岔监测信息全景化管理系统。

　　本书得到了国家自然科学基金委员会高速铁路基础研究联合基金重点支持项目"高速铁路道岔轮轨接触行为、性能演化与损伤机理研究"(U1734207)、优秀青年科学基金项目"铁路道岔动力学行为与服役安全"(52122810)等的支持。

　　感谢中国国家铁路集团有限公司工电部的吴细水、刘丙强、张晓阳先生，中国铁道科学研究院集团有限公司王树国研究员、杨飞副研究员，他们为本书的撰写提供了大量的参考资料、现场案例及相关数据。

　　本书的研究工作主要是由作者所带领的博士/硕士研究生团队共同完成的，要感谢钱瑶博士在道岔轮轨接触几何计算方法、安博洋博士在道岔轮轨稳态滚动接触理论、高原博士在道岔轮轨瞬态滚动接触理论、陈嘉胤博士在列车-道岔刚柔耦合系统动力学、闫正博士在道岔长时动力学行为分析、马晓川博士在高速铁路道岔钢轨损伤分析、方嘉晟博士在高速铁路道岔廓形优化及转换运动特性分析、王健/赖军博士在道岔区车辆脱轨机理分析、胡辰阳博士在道岔状态监测等方面所做的开创性研究工作。同时也要感谢马前涛、王凯、廖涛、朱小雪、罗燕、刘晨、何傲男、郑兆光、刘冀等硕士研究生在文字审核、绘图、制表、公式编辑等方面所做的工作。

　　限于作者水平，书中疏漏或不足之处在所难免，敬请广大读者批评指正。

作　者

2023 年 8 月

第二版前言

《高速铁路道岔设计理论与实践》（第一版）是"十二五"国家重点出版物出版规划项目"铁路客运专线（高速）轨道结构关键技术丛书"之一，自2011年10月出版后，得到了道岔设计、制造及养护维修等各方面技术人员的赞誉，并于2013年获得中华人民共和国国家新闻出版广电总局评选的第四届"三个一百"原创图书出版工程（该工程每三年在人文社科、科学技术、文艺和少儿类每类评选不超过100本的优秀原创图书）。本书第一版主要是针对我国自主研发的高速铁路道岔设计理论的总结。

截止到2015年年底，中国高速铁路通车运营里程已达到2万km，速度250km/h及以上的高速铁路道岔约为5000组，最长运营时间已达7年。其间曾出现过因建设工期过短而导致道岔的制造与铺设质量下降的现象，促使我国铁路管理部门采取了驻厂监造、现场首组铺设验收、依靠CPIII网实现道岔的精细调整等质量保证措施；也曾出现过高速列车通过个别道岔时平稳性及安全性指标降低的现象，现场维修技术人员因无法找到真正的原因而不得不长时间限速运行，依靠专家组的论证分析才最终得以解决；也曾出现过几起道岔钢轨裂纹的现象，促使管理部门采取加强道岔钢轨探伤检查、研制道岔监测系统、引入RAMS管理等措施来提高道岔的使用可靠性与安全性。以上这些原因促使作者决定再版《高速铁路道岔设计理论与实践》，补充高速铁路道岔的制造、铺设、养护和管理等方面的理论与技术，阐述如何在高速铁路道岔的全生命周期内保持着高平顺性，期望能对各方面的技术人员深入了解高速铁路道岔的技术性能、准确分析高速铁路道岔出现病害与损伤的原因、合理提出相关技术问题的解决措施、实现高速铁路道岔的科学管理等有所帮助，并为我国高速铁路的安全运营提供理论与技术支撑，也为世界上准备修建高速铁路的国家提供有益的借鉴。

高平顺性是高速铁路道岔实现高速列车安全、平稳、舒适通过的关键及核心技术，需要在设计、制造、铺设及维护等各个环节予以控制。道岔的平顺性主要体现在承受列车荷载、传递温度荷载、直侧股转换过程中的低动力、强约束及高可靠性。主要有四种类型的不平顺，即由复杂的轮轨关系变化所引起的结构不平顺，由钢轨、扣件及道床状态不良引起的几何不平顺，由零部件制造与组装误差及转换不良引起的状态不平顺，由轨道支承刚度不均匀引起的动态不平顺，它们与列车系统的共同作用会影响列车过岔时的动力响应、道岔结构的动力特性，因而会影响列车过岔时的安全性、平稳性、旅客的乘坐舒适性，也会影响道岔结构的稳定性、耐久性及使用寿命。本书就是围绕着高速铁路道岔的高平顺性这一技术要求，从分析理论、结构设计、制造与铺设技术、维护策略等方面进行阐述的。在第一版的基础上补充了无缝道岔设计理论、桥上铺设无缝道岔的设计方法、高速铁路道岔制造技术、高速铁路道岔铺设技术，以及运营中的高速铁路道岔平顺控制的典型案例和高速铁路道岔的维护与管理技术。

本书共十四章。第一章主要介绍高速铁路道岔的结构类型、主要技术要求及结构特点，并比较中国、德国、法国等国家高速铁路道岔的技术特点。第二章主要介绍高速铁路道岔的设计和应用条件、高速铁路道岔平面线型的类型、传统的基于质点运动的平面线型设计基本参数法，并介绍中国高速铁路道岔研制过程中所发展的基于刚体运动及轮轨系统振动的道岔平面线型设计方法与设计软件。第三章主要介绍高速铁路道岔结构类型、选型原则与方法，以及道岔中特殊钢轨件的结构设计与受力分析，并简单介绍中国高速铁路用钢轨的技术要求及制造工艺。第四章主要介绍道岔轮轨关系设计理论与方法，是本书的重点及核心内容之一，而列车道岔系统动力学则是评估各种不平顺影响的主要工具，也是进行道岔结构低动力设计，分析列车过岔时动力学指标超限原因，制定道岔制造、组装、铺设及养护维修相关技术指标的理论支撑；在该章中介绍道岔区轮轨接触关系随列车运动的变化规律、道岔三弹性体多点滚动接触分析理论、列车道岔系统动力学及其评估应用，可以指导设计人员正确把握轮轨关系设计对列车运行平稳性的影响规律；还介绍基于单自由度轮对的动力参数设计方法。第五章主要介绍道岔区轨道的组成及其沿线路纵向的分布规律，扣件系统轨道刚度合理设置及沿线路均匀化设计方法与工程措施。第六章及第七章涉及高速铁路道岔在跨区间无缝线路中承受纵向温度力作用下的计算理论与设计方法；第六章主要介绍无缝道岔的结构特点、无缝道岔的分析理论与方法、无缝道岔的受力变形规律、跨区间无缝线路设计中有关无缝道岔结构的设计检算方法及布置原则；第七章主要介绍无缝道岔与桥梁纵向相互作用规律，以及列车、道岔与桥梁系统的动力相互作用规律，并对桥上铺设无缝道岔时的岔枕相对位置、桥梁结构等设计要求提出相关建议。第八章主要介绍实现道岔直侧股转换的牵引、转换装置及转换原理，介绍用于转换力及转换动程设计的转换设计方法，以及中国高速铁路道岔所采用的降低转换力、减缓转换不足位移的工程措施。第九章主要介绍道岔用铁垫板、扣件系统及岔枕等轨下基础零部件的设计方法。第十章主要介绍为验证以上道岔设计理论与方法正确性的室内外试验技术。第十一章主要介绍高速铁路道岔的制造设备与生产流程、钢轨件及铁垫板的关键生产工艺、高速铁路道岔的组装与验收技术。第十二章主要介绍高速铁路道岔的运输、铺设、检查及验收技术。第十三章以中国高速铁路运营中曾出现的几种典型的道岔病害为例，分析轮轨关系不良、几何形位不良、部件状态不良对高速列车过岔时的安全性、平稳性的影响以及相应的整治措施，这将为现场维护人员分析原因、制定对策提供有益的参考。第十四章介绍中国高速铁路轨道及道岔的管理制度与维修标准、检测及检测技术、维护修理机械与方法，最后介绍 RMAS、LCC 及信息化等先进技术在中国高速铁路道岔管理中的应用及展望。

本书得到了国家自然科学基金委员会高速铁路基础研究联合基金重点支持项目"高速铁路轨道结构检测关键理论与方法"（U1234201）、杰出青年科学基金项目"高速铁路轨道结构服役安全关键科学问题研究"（51425804）等的支持。

感谢上海铁路局李振廷先生，中国铁路总公司运输局基础部高速处的吴细水、刘丙强先生，中国铁道科学研究院王树国副研究员，他们为本书的撰写提供了大量的参考资料、现场案例及相关数据。

本书的研究工作主要是由作者所带领的博士/硕士研究生团队共同完成的，要感谢徐井芒博士在道岔三弹性多点滚动接触理论、陈小平博士在道岔刚度均匀化、陈嵘博士在列车-道岔/桥梁系统动力学、杨荣山博士在道岔桥梁纵向相互作用、任娟娟博士在纵连板式轨道上岔桥纵向相互作用、蔡小培博士在道岔转换分析、周文博士在道岔尖轨制造技术、全顺喜博士在道岔轨道几何不平顺动力分析、曹洋博士在道岔平面线型分析、赵卫华博士在有辙叉区轮轨关系分析、马晓川博士在道岔动力学仿真分析等方面所做的开创性研究工作。同时也要感谢张梦楠、孙宏友等硕士研究生在文字审核、绘图、制表、公式编辑、中英文稿校译等方面所做的工作。

本书第一版的英文版于 2015 年 4 月由西南交通大学出版社和全球著名的爱思唯尔科技出版公司在海内外同时出版。在此，向关心本书出版的国际及国内同行、出版者致以诚挚的谢意！

我国高速铁路道岔从自主研制至运营时间还不长，相关的设计理论、维护技术尚不完善，还需要在实践中不断发展，有些研究还正在进行之中，书稿与同行的期望可能还有距离，限于作者水平，肤浅和粗糙之处敬请同行多多指教，书中疏漏或不足之处也敬请广大读者批评指正，希望在以后的工作中逐步完善。

王　平

2016 年 3 月

第一版前言

道岔是实现列车转线或跨线运行必不可少的轨道设备,是影响行车平稳性与安全性的关键基础设施,是我国高速铁路建设中的关键技术之一。因高速铁路道岔要求具有高速度、高安全性、高平稳性、高舒适性和高可靠性,2005 年以前其在我国为一项空白技术,为满足我国高速铁路大规模建设的需要,铁道部制订了"引进法国技术、中德合资生产、自主研发"并行的高速铁路道岔技术路线。

在铁道部科学技术司和工程管理中心的领导下,2005 年组织成立了"产、学、研、用"高速铁路道岔联合攻关课题组,由西南交通大学、中国铁道科学研究院、中铁工程设计咨询集团有限公司、北京全路通信信号研究设计院集团有限公司、中铁山桥集团有限公司、中铁宝桥集团有限公司、北京交通大学等十多家单位组成,历时六年,多学科联合攻关,历经理论研究、结构设计、试制生产、试铺试验等研发过程,完成了具有自主知识产权的速度 250km/h、350km/h 的 18、42、62 号有砟及无砟轨道基础的系列高速铁路道岔的研制,并在武广、沪杭等高速铁路上铺设,通过了最高试验速度 410km/h、运营速度 350km/h 的考核,已在哈大、京郑、郑武等高速铁路上大规模推广应用,市场份额已达 75% 以上。

我国高速铁路道岔的成功研制,为我国高速铁路建设提供了关键基础设备,显著推动了道岔行业的技术进步,打破了德、法两国对国际高速铁路道岔市场的垄断,并开始出口到土耳其等国,迫使德、法两国的高速铁路道岔在我国大幅度降低销售价格,为我国高速铁路的建设节约了数十亿元的直接投资。

高速铁路道岔设计理论体系的建立是道岔结构创新的源泉和技术保证。作者有幸担任了我国高速铁路道岔理论研究组的组长,在近几年的研究过程中和联合课题组、作者领导的研发团队一起,团结协作、锐意进取,攻克了高速铁路道岔平面线型、轮轨关系、轨道刚度、无缝化、工电一体化设计中的大量技术难题,建立了高速铁路道岔平面线型设计理论、高速铁路道岔轮轨系统动力学设计理论、无缝道岔设计理论、高速铁路道岔转换计算理论、高速铁路道岔零部件动力强度设计理论,形成了我国高速铁路道岔的理论研究、结构设计、制造铺设、试验监测、技术条件、定型图等成套技术。同时,高速铁路道岔还是轨道结构技术的集成,它的研制成功,还推动了区间线路轨道结构相关技术的发展。本书及时地将这些理论研究成果归纳总结,并呈现给大家,希望能对铁路道岔设计工作者有所帮助,继续推动我国道岔技术的发展。

本书共五章,第一章介绍国内外高速铁路道岔的发展概况及技术特点,提出我国高速铁路道岔的设计技术要求;第二章建立高速铁路道岔平面线型的基本参数法设计及轮轨系统动力学评估理论,提出高速铁路道岔结构选型原则;第三章基于高速铁路道岔轮轨接触关系研究，建立列车道岔系统动力学理论，提出动力学参数法设计理论，以指导高速铁路道岔轮轨关系、轨道刚度的设计，并提出高速铁路道岔几何不平顺及状态不平顺的控制标准，大量的实车动测试验结果验证了列车道岔动力学理论的正确性；第四章建立高速铁路道岔转换计算理论，指导各种号码高速铁路道岔的牵引转换设计；第五章系统总结高速铁路钢轨件、铁垫板、扣件系统、轨下基础、转换设备等关键零部件的研究设计及强度检算方法，为进一步完善道岔零部件动力强度设计理论奠定基础。有关路基及桥上无缝道岔的设计理论与设计方法，在作者的另两本专著《无缝道岔计算理论与设计方法》、《桥上无缝道岔设计理论》中有详细的论述，在本书中不再赘述。

在开展高速铁路道岔理论研究的过程中，得到了国家 863 计划项目"高速铁路道岔设计关键技术研究"，教育部新世纪优秀人才支持计划项目"高速铁路道岔设计理论体系研究"，国家自然科学基金项目"高速铁路道岔轮轨接触理论与设计优化研究"，铁道部科技研究开发计划项目"遂渝线无砟轨道道岔区设计与试验研究"、"客运专线道岔国产化研究——道岔设计理论研究与动力仿真分析"、"350km/h 客运专线无砟轨道道岔研发——设计理论与检算分析研究"、"客运专线无砟轨道道岔提高直向行车舒适性关键技术研究"、"客运专线无砟轨道道岔精调技术研究"、"高速铁路勘察设计技术深化研究——高速铁路车-岔-桥动力学仿真技术研究"等的支持，得到了铁道部工程管理中心郭福安教授级高级工程师，中国铁道科学研究院顾培雄研究员、肖俊恒研究员、范佳研究员、王树国副研究员、方杭玮副研究员，中铁工程设计咨询集团有限公司沈长耀教授级高级工程师，中铁工程设计咨询集团有限公司许有全教授级高级工程师、侯文英教授级高级工程师、侯爱滨教授级高级工程师，北京全路通信信号研究设计院集团有限公司张玉林教授级高级工程师、孙晓勇工程师，中铁山桥集团有限公司徐安有教授级高级工程师、王柏重教授级高级工程师、于保东教授级高级工程师、鹿广清高级工程师，中铁宝桥集团有限公司董彦录高级工程师、费维周高级工程师，中铁轨道系统集团有限公司王全生教授级高级工程师、刘浩高级工程师、周文博士，北京交通大学范俊杰教授、高亮教授、蔡小培博士，以及各铁路设计院轨道专业的专家的大力支持和帮助，在此向他们表示衷心的感谢。在此还要特别感谢西南交通大学高速铁路轨道研究团队的各位同仁，在写作过程中，作者的硕士/博士研究生提供了大量的算例，在此一并表示感谢。

感谢原铁道专业设计院副院长、总工程师、我国知名道岔专家、提速铁路道岔设计负责人沈长耀教授级高级工程师在百忙之中为本书作序，并提出了许多宝贵的修改意见。

本书由西南交通大学出版基金资助出版，对支持、帮助和关心本书出版的各位同行、出版者致以诚挚的谢意。

限于作者水平，书中疏漏或不足之处在所难免，敬请广大读者批评指正。

王 平
2011 年 7 月于成都

目　录

第一章　概　　述

道岔是列车从一股轨道转入或越过另一股轨道的线路设备，是一条线路分成两条线路甚至多条线路的交叉点，是铁路轨道的重要组成部分和轨道技术的系统集成。由于其结构及轮轨界面关系复杂，道岔同时也是线路上的薄弱环节，是养护维修的重点和难点，也是影响列车运行速度和安全的关键设备。高速铁路道岔集成了几乎所有先进铁路轨道技术，是高速铁路建设和运营维护中的核心装备之一，被公认是反映铁道工程行业技术水平的重要标志。随着我国高速铁路的发展，具有高精密度的机电一体化系统——高速铁路道岔在设计理论、关键结构、制造工艺、铺设与维护技术等方面取得了显著的进步。

高速铁路道岔按直向容许通过速度可分为 250km/h、350km/h 两种类型；按侧向容许通过速度可分为 80km/h、120km/h、160km/h、220km/h 四种类型，分别用于城际铁路区间车站、高速铁路区间车站、高速铁路区间渡线、高速联络线上；按轨下基础可分为有砟轨道和无砟轨道两种类型。截至 2021 年底，我国 4 万 km 高速铁路网共铺设高速铁路道岔逾 1.1 万组，其中中国自主研发的客运专线系列高速铁路道岔约占 88%，中德合资生产的德国技术 CN 系列道岔约占 10%，引进并在国内生产的法国技术 CZ 系列道岔约占 2%。

中国自主研发的客运专线系列道岔有 250km/h 有砟及无砟轨道 12 号、250～350km/h 有砟及无砟轨道 18 号、350km/h 有砟及无砟轨道 42 号、350km/h 无砟轨道 62 号共四种号码、九种类型(即九种图号)的高速铁路道岔。德国技术 CN 系列道岔有 250km/h 有砟轨道 18 号、350km/h 有砟及无砟轨道 18 号、350km/h 无砟轨道 39.113 号、350km/h 无砟轨道 42 号、350km/h 无砟轨道 50 号共四种号码、六种类型的高速铁路道岔。法国技术 CZ 系列道岔有 250～350km/h 有砟轨道 18 号、350km/h 有砟及无砟轨道 41 号共两种号码、四种类型的高速铁路道岔。

大量的动测试验和长期的运营实践表明，中、德、法三国高速铁路道岔技术虽然差别较大，但均可满足我国高速铁路建设和长期安全运营的要求，中国自主研发的客运专线系列高速铁路道岔在可靠性、经济性、适用性等方面还要优于德、法高速铁路道岔。目前，CZ 系列道岔因转换设备与我国不通用，已被限制使用；同时为简化道岔类型并便于维修更换，CN 系列的 39.113 号及 50 号道岔也已被限制使用。

第一节　高速铁路道岔性能要求与设计理念

高速铁路道岔与普速铁路道岔、提速铁路道岔、重载铁路道岔在性能要求、设计理念、技术特点、发展趋势等方面有较大的差别，如下所述。

一、高速铁路道岔的性能要求

高速铁路道岔同时集成了轨道系统中的钢轨、扣件、轨枕、无砟轨道及无缝线路等各类结构部件与先进技术特征，且与桥梁等轨下基础、电务转换及轨道电路等相关专业有着密切的关系，更为突出的是与列车间有着接触界面复杂的轮轨关系，因此其技术难度大，技术性能要求高，主要体现在列车通过道岔时的高速度、高安全性、高平稳性和高舒适性，道岔服役的高可靠性、高平顺性和高稳定性，道岔结构的高精度、少维修性及易维修性[1]。

从高速铁路道岔产品设计、制造及运营维护的 RAMS(可靠性(reliability)、可用性(availability)、可维护性(maintainability)和安全性(safety)的英文首字母组合)管理角度来看，高速铁路道岔的性能要求如下[2]：

(1)可靠性。高速铁路道岔系统需满足高速列车过岔与区间等速运行时的安全性、平稳性及可靠性要求。

(2)可用性。高速铁路道岔应满足跨区间无缝线路和轨道电路的要求，并适应有砟或无砟下部结构和桥隧、路基等不同类型的基础结构，且与区间轨道相匹配以降低过渡段的影响；侧向容许通过速度根据始发和终点站、区间车站、区间渡线和联络线道岔的不同功能需求确定；具有 15～20 年以上的使用寿命，并尽可能地少更换零部件。

(3)可维护性。为了减少维护工作量，应尽量减少道岔型号，运行条件相同的道岔零部件宜通用，各型高速铁路道岔轨型应相同；为便于维修，道岔转辙器及辙叉宜采用模块化组件结构，在损伤后能快速下道更换，无砟轨道基础宜采用单元式组合结构，当沉降、上拱等病害发生时能快速修复；道岔还应为健康管理、预防性维修和修复性维修预留空间及接口。

(4)安全性。用平稳性来保证安全性，高速铁路道岔系统应较区间轨道具有更高的部件精度、平顺性和列车过岔舒适度控制标准。为有效应对各种复杂的运营环境，还需根据需要配备防雪、防冰击、防断轨、工电集成状态监测平台等安全保障设施设备。

二、高速铁路道岔的设计理念

高速铁路道岔的核心设计理念是以安全性作为第一要求，以乘坐舒适度作为首要控制指标。具体表现在以下四个方面[3]：

(1)系统匹配。在高速铁路道岔设计中，将运动学与动力学相结合，视机车车辆系统与道岔系统(工电集成)为一个相互作用、相互耦合的总体大系统，道岔各组件之间需合理匹配，以保证各部件等强度储备、等弹性分布、等寿命均衡。

(2)安全可靠。对高速铁路道岔的设计最高容许通过速度，在直向增加10%、侧向增加10km/h 的安全裕量，并进行相应的实车试验考核；采用适应无缝道岔的转换锁闭、密贴检查设备，选取稳定可靠的结构形式保证可动轨件的强度储备，并配备监测系统。

(3)高平顺性。平顺性决定舒适度，高速铁路道岔中存在四类不平顺，即轮轨接触变化形成的结构不平顺、轨道线型及尺寸变化形成的几何不平顺、支撑刚度分布不均匀形成的刚度不平顺、部件间不密贴或转换不到位形成的状态不平顺。在高速铁路道岔设计、制造、运输、铺设、养护等环节，要特别注重平顺性优化和保持，严格控制各部件的制造公差与装配误差。

(4)实践考证。确定高速铁路道岔的线型和结构参数，评估部件强度和整体性能，均需通过大量室内外试验和运营实践的考核与验证。

高速铁路道岔设计内容包括平面设计、结构设计、制造工艺设计、铺设工艺设计等。其中，道岔结构设计是保证道岔满足使用要求的前提，道岔的平顺性、稳定性等都需要良好的道岔结构来保证，因此在高速铁路道岔设计中，结构设计起着至关重要的作用。高速铁路道岔由于使用条件的不同，在结构设计方面，与既有道岔有较大的不同，其主要设计原则如下：保证道岔的高平顺性；提高道岔的稳定性；保证道岔具有合适的刚度，在整个岔区实现刚度的均匀化；工电接口相互协调，保证道岔转换和锁闭的可靠性；道岔适用于跨区间无缝线路，并与轨下基础相配套。

三、高速铁路道岔的技术特点

高速铁路道岔的技术特点主要表现在工电一体化的集成系统、安全/成熟/可靠的道岔结构、良好的国情/路情适应性、现代化的制造装备与生产工艺、机械化与专业化的铺设工艺、信息化与科学化的维修管理。

具体来看，中国高速铁路道岔的主要技术特点有：道岔种类较为单一，以单开道岔为主；道岔号码较大，一般在18号以上，最大可达62号；辙叉普遍采用可动心轨辙叉；道岔适用于跨区间无缝线路；电务转换采用外锁闭装置；采用混凝土长岔枕或道岔板，并与道床相匹配；道岔各部位均采用弹性扣压件紧固；道岔配有监测系统，用于严寒地区的道岔要装有融雪装置；道岔要具有较高的制造、组装、铺设精度，道岔铺设采用专用设备。

中国自主研发的高速铁路道岔是在充分吸收国外高速铁路道岔和国内提速道岔经验的基础上，结合中国的实际情况而研究开发的，具有如下主要特征：12号及18号道岔平面采用单圆曲线线型，42号及62号道岔平面采用圆缓曲线线型，尖轨前端采用相离式半切线线型；尖轨采用UIC60D40钢轨制造，跟端采用间隔铁、限位器或无传力结构；翼轨采用轧制的特种断面翼轨，翼轨与长心轨或叉跟尖轨胶接，12号及18号道岔采用单肢弹性可弯心轨，42号及62号道岔采用双肢弹性可弯心轨；叉跟尖轨用60kg/m钢轨制造；部分滑床台板间隔设置施维格辊轮，辊轮高度可方便地进行调整；扣件铁垫板采用刚度均匀的橡胶硫化处理，扣压件为II型弹条；牵引点设在两岔枕之间，尖轨及心轨采用多机多点、分动转换；混凝土岔枕采用长岔枕，垂直于道岔直股布置；尖轨降低值采用轮载过渡提前及缩短设计，350km/h道岔心轨采用水平藏尖设计。

德国技术的高速铁路道岔历经多年的研究，具有非常鲜明的特点，其主要特征如下：18号道岔平面采用单圆曲线线型，大号码道岔平面采用圆缓曲线线型；尖轨采用Zul-60钢轨制造，尖轨跟端采用限位器结构；基本轨设有轨距加宽结构(即FAKOP)；翼轨采用普通钢轨制造；心轨前端采用整体锻制，叉跟尖轨用厚腰钢轨制造；转辙器部分间隔设置辊轮滑床台板，滚轮设在滑床台板中间；扣件为窄形弹条，滑床台板部分用两根分体弹条扣压，扣件铁垫板采用刚度均匀的橡胶硫化处理；混凝土长岔枕采用铰接，按扇形布置；尖轨采用多机多点、分动转换；有砟道岔牵引点设钢岔枕；无砟道岔可动心轨设有下拉装置。

法国技术道岔在有砟轨道基础上至今已发展了三代，也有不同于其他国家的技术特点：18 号道岔平面采用单圆曲线线型，41 号道岔平面采用圆缓曲线线型；尖轨采用 UIC60D40 钢轨制造，尖轨跟端不设传力结构；翼轨采用高锰钢整铸结构，并与普通钢轨通过合金介质焊接；心轨采用 AT 钢轨拼接而成，长翼轨跟端采用弹性套筒式防松螺栓连接结构；转辙器部分设置辊轮滑床台板；为中国设计的有砟道岔采用 SKL-12 弹条扣件，无砟道岔采用 W300 型扣件；转辙器及辙叉部分均采用一机多点式外锁闭机构，适应钢轨伸缩能力强，并设有尖轨及心轨密贴检查器；尖轨及心轨最后一个牵引点距离跟端较近，有利于克服转换不足位移。

四、高速铁路道岔的发展趋势

随着高速铁路的发展，德国、法国高速铁路道岔技术经历了二代甚至三代的发展，中国高速铁路道岔技术目前处于第一代，正在大范围内经受运营实践的考核，同时中国高速铁路"走出去"及 400km/h 高速铁路的建设也推动着高速铁路道岔的技术进步。总体来看，中国高速铁路道岔的发展趋势主要体现在以下四方面[3]。

1. 面向 LCC 和 RAMS 的高速铁路道岔全生命周期设计

将生命周期成本(life cycle cost，LCC)和 RAMS 相关指标分解到高速铁路道岔全生命过程中，形成相应的需求约束，考虑高速铁路道岔运营成本、维修成本、装拆成本、工艺成本、设计成本以及报废成本等的成本设计(design for cost，DFC)，以及考虑各阶段安全性和可靠性指标分配及约束的可靠性设计，建立各阶段的成本模型和可靠性模型，获得合理的成本分配、可靠的设计参数裕度等。建立全生命周期成本和可靠性模型，以此进行优化设计和成本控制，获得满意的全生命周期设计结果。

2. 复杂运营环境下高速铁路道岔的适应性提升

面向"一带一路"倡议、海洋强国战略、西部大开发战略和高速铁路"走出去"等一系列国家重大需求，轨道交通基础设施正加速覆盖全球范围内自然环境更复杂的地区。高速铁路道岔系统因其运营环境的复杂性、结构材料的多样性、结构分布的空间效应、服役过程的时间效应以及多因素交变耦合效应等，其动态性能的时空演变机制与规律十分复杂，要求高精度的高速铁路道岔及其下部结构(有砟及无砟轨道基础、桥梁、隧道、路基及过渡段)面对严寒、风沙、雨雪、冻融、冲刷、腐蚀等恶劣自然环境与复杂地质条件的挑战时，均应表现出良好的适应性，故针对高速铁路道岔系统在极端气候或恶劣地质条件下动态性能的时空演变机制与规律的研究已成为前沿热点。

3. 更高速铁路道岔的基础科学问题研究

当车辆以 400km/h 及以上速度过岔时,轮轨高速相互作用过程中的高频动态或瞬态现象表现突出(振动主频率达 2000Hz 以上),振动波长与接触斑直径接近同一数量级,容易诱发轮轨耦合系统部件的颤振或共振,加速列车-轨道系统部件的损伤,并严重影响高速列车运行安全性和可靠性。因此,建立考虑系统部件材料非线性与几何非线性、接触不平顺与界面热效应、时间步长极小(应当小到足以捕捉到两个接触面之间的动量传递而不发生明显的能量损失)的三弹性体或弹塑性体的瞬态滚动接触模型,探明高速铁路道岔与列车系统的高频相互作用规律及界面接触行为,是下一代更高速铁路道岔研制中亟待解决的关键基础科学问题。

4. 下一代高速铁路道岔结构的创新设计

下一代高速铁路对道岔的安全、智能、耐久、环保等方面提出了更高的要求。基于结构动力学、空气动力学和声学等理论的发展,推进高速铁路道岔在新材料、新构造、新工艺、新方法等方面的创新。关键技术主要包括:研究适用于下一代高速铁路道岔的新型支撑结构,拓展纤维增强复合材料、智能自感应材料、高性能钢及混凝土等新材料及其应用,构建基于可靠度理论、全生命周期和可持续工程的高速铁路道岔设计技术体系,提升高速铁路道岔制造与铺设的工厂化、智能化、装配化和精细化技术,开发基于结构损伤度的高速铁路道岔损伤评估方法及病害智能修复技术,构建减振及噪声控制技术和绿色环保评价体系,发展基于大数据的高速铁路道岔风险管理、信息管理及维护决策技术等。

第二节　中国高速铁路道岔运用状态及评估

自 2008 年京津城际铁路开通以来,我国高速铁路运营超过 14 年。据统计,截至 2022 年底,我国铁路营业里程达到 15.5 万公里,其中高铁达 4.2 万公里,高速铁路正线道岔超过 1.2 万组,无砟轨道的铺设总长 36394km,桥梁 15868 座/14594km,隧道 3879 座/6549km,高速铁路总里程已超过全世界高速铁路总里程的 2/3。因此,我国是世界上高速铁路系统技术最全、集成能力最强、运营里程最长、运行速度最高、在建规模最大的国家。

目前,中国高速铁路基础设施服役状态总体良好,线路保持着较高的平顺性、安全性和可靠性,能够满足高速铁路的长期安全运营要求。高速铁路维修管理建立了较为完整的工务技术规章体系,形成了"检修分开、专业化和属地化管理"的维修体制,构建了工务设备检测监控体系和维修模式,工务维护部门在运营管理中积累了较为丰富的养护维修经验,保证了高速铁路工务设备维修管理的高质量、高标准。但由于我国高速铁路具有区域分布广、覆盖范围大、气候地质环境复杂、桥隧占比高、轨道结构形式多等特点,在工程设计、施工、维护等方面面临诸多困难与挑战,在特殊条件下个别高速铁路地段存在着影响结构稳定性和长期耐久性等方面的问题,值得深入研究和探讨。

一、中国高速铁路长期安全运营面临的挑战

中国高速铁路轮轨服役环境远比其他国家复杂，区别于德国、法国、日本、韩国等国家高速铁路的主要运营特征如下：

(1) 运营速度最高。京沪高速铁路等高速铁路的运营速度为 350km/h，为轮轨系统的世界最高运营速度，其他国家高速铁路的最高运营速度为 320km/h，高速度为轮轨系统带来更高频率、更宽频域、更大幅值的振动，这就要求高速列车应具有更高的临界速度、轨道应具有更高的平顺性、列车-轨道系统应具有低动力特性和良好的动态性能匹配。

(2) 持续运营里程最长。我国幅员辽阔，省会城市间距离长，两城市间开行的动车组需要长时间持续运行，且使用频次高，如沈阳北至成都东 G1284 次列车每天需要持续运行 15h 5min，车轮每天旋转 88.5 万周，这需要高速列车具有极高的可靠性，各零部件应有极高的耐久性和疲劳使用寿命，同时还应具有较低的振动加速度和车内噪声，以满足旅客长时间乘坐时的舒适性。

(3) 运行区间跨度最大。我国路网规模大，覆盖地域辽阔，运行区间的跨度非常大，如京广高速铁路全长 2298 公里，跨越着多种地质地形和气候条件，采用了多种不同的轨道结构型式(如有砟轨道、支承枕埋入式无砟轨道、单元板式无砟轨道、纵连板式无砟轨道)及桥梁、隧道、路基、涵洞、过渡段等不同的线下基础结构，使得列车与不同轨道结构组成的系统动力特性及动态性能匹配变化多样，要求高速列车对不同的轨下基础和轨道结构均具有适应性。

(4) 轮轨匹配类型最多。我国不同区域社会经济发展极不平衡，客运需求层次丰富，既有线提速和跨区域高速、区域快速和城际快速铁路等不同速度等级客运专线具有完全不同的运营需求，需要不同的运营模式和列车装备配套，同样会导致不同列车与轨道组成的系统动力特性和动态性能匹配变化多样，要求轨道结构和线下基础能为不同的高速列车提供可靠的支撑基础。中国高速铁路开行的动车组已有 CRH1、CRH2、CRH3、CRH5、CRH380A、CRH380AL、CRH380B、CRH380BL、CRH380C、CRH380D 等，各型列车的转向架结构形式、悬挂参数、轮对等差异大，并且不同速度等级、不同型号的动车组共线运行。中国高速铁路轮轨间的廓形及材料硬度匹配情况如表 1.1 和表 1.2 所示[4,5]。而国外高速铁路一般都是一种钢轨轨头廓形匹配一种车轮踏面，如日本钢轨为 JIS60 廓形、车轮为 JPARC 踏面，法国钢轨为 60E1 廓形、车轮为 GV1/40 踏面，德国钢轨为 60E2 廓形、车轮为 SC002 踏面，较为容易达到理想的轮轨匹配状态。国外高速铁路注重轮轨材料的硬度比，日本一直采用 800MPa 的 JIS E1101 普通碳素热轧钢轨，轨面硬度约为 235HB，车轮材料为 SSW-Q3R，轮辋硬度为 311～363HB，轮轨硬度比为 1.3∶1，很少出现车轮失圆和凹形磨耗问题；德国运行的 ICE 列车也约有一半使用了日本车轮。

(5) 优良的轮轨关系保持最难。轮轨关系是铁路的基本问题，也是高速铁路的核心技术之一，不但直接影响动车组运行的安全性和旅客乘坐舒适性，同时对运营成本也有重要的影响。由于中国高速铁路具有运营里程长、运行线路复杂、持续运营速度高、运量大、地质条件和气候环境复杂、轨道结构类型及零部件种类较多、动车组系列化齐全、转向架

结构形式和悬挂参数差异大等特点，高速铁路轮轨关系问题尤为复杂，较小的缺陷或病害在高速铁路中可能会影响行车的安全性和乘坐舒适性。因此，与其他国家相比，中国高速铁路轮轨关系的养护维修标准要求更高、容错性和安全性卡控更严、确保高速铁路轮轨关系状态优良更为困难。高速铁路轮轨关系中的轮轨型面和硬度的优化匹配、轮轨接触疲劳损伤、轮轨黏着系数分布、轮轨等效锥度限值、轮轨耦合振动等问题的基础理论与应用技术研究尚需持续深入。

表 1.1　中国高速铁路轮轨基本几何参数

钢轨廓形	车轮踏面	轨距/mm	轨底坡	轮对内侧距/mm
CHN60	LMa			
60N	S1002CN	1435	1：40	1353
	XP55			
60D	LMB10			

表 1.2　中国高速铁路轮轨材料硬度

钢轨材料	轨面硬度/HB	车轮材料	轮辋硬度/HB	轮轨硬度比
U71MnG	260～300	SSW-Q3R	311～363	＞1：1
		ER8	≥245	≈1：1
		ER8C		
		ER9	≥255	
U75VG	280～320	SSW-Q3R	311～363	＞1：1
		ER8	≥245	＜1：1
		ER8C		
		ER9	≥255	

二、中国高速铁路动车组运用状态

高速列车性能好、线路状态好、建造质量高，且维修水平也较高。中国高速铁路现有约 3000 列动车组投入运营，总体运用状态良好，运营过程中出现的轮轨损伤问题主要是轮轨磨损问题，接触疲劳裂纹问题不像既有铁路那么严重。轮轨磨损主要表现在轮轨横断面磨损和纵断面不均匀磨损。动车组出现的主要病害有车轮踏面凹形磨耗、车轮多边形磨耗等，并造成晃车、构架横向加速度超限报警、抖车等异常振动现象，严重时还会因车体振动过大导致悬挂部件开裂、脱落等问题。

1. 车轮踏面凹形磨耗

由于中国高速铁路线路长、直线多、曲线半径大，动车组在运行一段时间后常出现车轮凹形磨耗的现象。车轮凹形磨耗主要表现为车轮滚动圆中心的小范围内车轮材料磨损较多，车轮轮廓在滚动圆附近出现下凹，如图 1.1 所示。左右车轮磨耗状态相似，车轮以踏面凹形磨耗为主，但总体磨耗量不大。磨耗带处于名义滚动圆内外 20mm 范围左右，磨耗宽度约 40mm。左右车轮磨耗量不一致时，导致车轮偏磨。

由于等效锥度可以方便地反映出轮轨接触的典型特征，直接或间接决定列车的运行性能，影响车轮的使用经济性，因此欧洲高速铁路已将轮轨等效锥度作为服役车轮踏面运用管理的重要内容，并制定了详细的管理规范或标准。UIC518 规范中对等效锥度和车辆运行速度的关系进行了规定，如表 1.3 所示[9]。蛇行运动由稳定运动过渡到不稳定运动时的速度就是临界速度，理论研究和运用实践表明，临界速度与车轮踏面等效锥度的平方根成反比。二次蛇行是转向架整体蛇行，这是车辆系统失稳时的蛇行形式。二次蛇行通常发生在等效锥度较大的情况下，失稳频率一般在 4～10Hz，当该失稳作为激扰源的频率接近车体一阶菱形模态(抗蛇行减振器等效刚度较低时易发生)时，就会激发车体的一阶菱形模态而引起车体的谐波共振，产生车体异常抖动的现象[10]。一次蛇行是转向架蛇行频率与车体的横向振动固有频率接近时，两者发生的相互耦合作用，导致车体大幅度横向运动通常发生在等效锥度较小的情况下，失稳运动频率一般在 1～2Hz，这时会产生车体晃动现象。

表 1.3   等效锥度限值

速度	最大等效锥度	速度	最大等效锥度
$v \leqslant 140$km/h	0.50	230km/h$<v \leqslant 250$km/h	0.30
140km/h$<v \leqslant 200$km/h	0.40	250km/h$<v \leqslant 280$km/h	0.25
200km/h$<v \leqslant 230$km/h	0.35	280km/h$<v \leqslant 350$km/h	0.15

为控制转向架蛇行失稳，我国在《高速动车组整车试验规范》中对构架横向稳定性进行了规定：利用检测设备对转向架轴箱上方构架的横向加速度进行检测，经 0.5～10Hz 带通滤波后，加速度幅值连续 6 次以上达到或超过 8m/s² 时，判定转向架横向失稳，如图 1.8 所示[11]。从已发生的构架横向加速度超限报警来看，几乎都伴随有车轮踏面的凹形磨耗，且车轮偏磨越严重，发生频次越多。构架横向异常振动或蛇行失稳是高速列车运行时比较常见的现象。欧洲对构架横向报警有一套完整的技术规范以及基于等效锥度的控制措施，同时采用轨距加宽、轮轨廓形优化的方法，控制构架的横向稳定性；日本采用车轮镟修、低等效锥度车轮踏面外形、悬挂参数优化、加装踏面清扫装置研磨子等措施控制构架的横向振动性能。

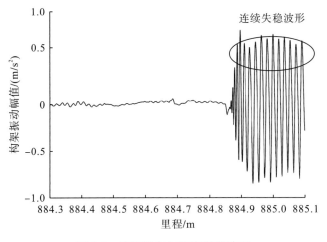

图 1.8   构架横向加速度报警波形

　　当车轮镟修后，凹形磨耗消失，列车平稳性恢复。因此，车轮的磨耗状态直接决定着车轮的服役寿命，根据动车组车轮镟修记录可知，车辆运营里程每增加 10 万 km，将增加 1mm 的车轮踏面磨耗量。且在镟修过程中，如按照传统镟修工艺进行，每修复 1mm 的轮缘磨耗将镟修掉 4.2mm 的踏面；对于更加恶劣的偏磨造成的磨耗甚至需要镟修掉 1mm 左右，由此可见车轮磨耗直接决定了高速列车的维护成本及车轮的使用寿命。据统计，我国动车组车轮的镟修周期为 20 万～25 万 km[12]。

2. 车轮多边形磨耗

　　车轮滚动圆周非圆化是铁路运营过程中车轮损伤的一种普遍现象，又称多边形化，如图 1.9 所示。车轮非圆化程度可以用表面粗糙度来表示(也称为径跳值，单位为 mm)，如图 1.10 所示，也可表示为 $1\mu m$ 的相对值(径跳 $R = 20\lg y/y_0$，单位为 dB)。和钢轨波形磨耗一样，车轮多边形磨耗的形成和发展机理也十分复杂，至今尚未清楚，也是轮轨关系的研究难题之一。

图 1.9　车轮多边形化

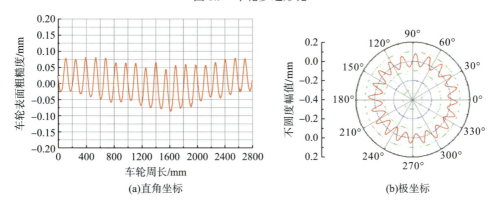

(a)直角坐标　　　　　　　　　　　　　(b)极坐标

图 1.10　直角坐标和极坐标表示的车轮不圆度

　　20 世纪 90 年代，德国运营的高速铁路也曾普遍出现车轮失圆问题，因此不得不对车轮进行镟修。频繁地镟修显著降低了车轮的使用寿命，德国铁路出现的多边形阶数相对较低(一般在 3 阶以下)，分析原因认为可能是制造过程的车轮三角爪固定形式所致，主要通过提高车轮硬度来解决车轮多边形磨耗等问题。而我国高速列车的车轮多边形磨耗主要为1～24 阶，其中 1 阶、22～23 阶车轮不圆度所占比例达到了 40%以上，如图 1.11 所示(图中虚线为 ISO 3095 标准规定的车轮踏面粗糙度允许值)[13]。兰新高铁上的 CRH5 系列动车组还发现了 25～28 阶的车轮多边形磨耗。多边形的阶数越高，作为激励源的激振频率也越高。调查发现，CRH3 系列的动车组车轮多边形的高阶成分基本为 18～20 边形，波长基本稳定处于 140mm 左右；CRH2 系列的动车组车轮多边形的高阶成分基本为 22～24 边形，轴箱及轨道振动加速度主频能量集中在 600Hz 左右。

高阶多边形车轮的径跳值通常都小于 0.2mm，中国中车股份有限公司对 CRH2A、CRH380BL、CRH380CL 系列动车组车轮多边形进行了长期跟踪测试，结果显示绝大部分车轮的径跳均方根值低于 10dB，极少数车轮的径跳值大于 25dB，约占多边形车轮的 1.1%，如图 1.12 所示。大于 25dB 的高阶多边形车轮因最大径跳幅值较大(约为 0.018mm)、波长较短(轮径 900mm，20 边多边形，对应的波长约为 141mm)、激振频率较高(300km/h 时的激振频率约为 591Hz)，对列车及线路结构的破坏作用较为剧烈，必须严格控制。

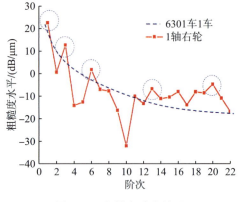

图 1.11　车轮高阶多边形

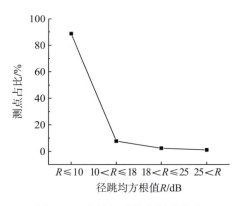

图 1.12　车轮径跳均方根值分布

跟踪多种型号的高速列车在整个车轮镟修周期内多边形磨耗的发展情况，车轮径跳均方根值随运营里程的变化如图 1.13 所示，车轮径跳前 10%最大值的均值(均大值)随运营里程的变化如图 1.14 所示。从两图中可见，车轮踏面粗糙度随运营里程增加而增大，运营里程达 10 万 km 后，径跳均方根值达到 25dB 的比例开始突显，达到 25 万 km 后占比已接近 10%，车轮踏面需要进行镟修；运营里程在前 20 万 km 以内时，车轮径跳前 10%最大值的均值几乎是随运营里程线性增大的，由于部分列车的车轮在运营里程不足 25 万 km时即进行了镟修，从 20 万 km 至 25 万 km 范围的平均增长率较 20 万 km 以内小。

跟踪某 CRH2A 型动车组车轮镟修后的不圆度演变过程，如图 1.15 所示。在 18 万 km以前，该车轮主要为 1、3 阶低阶不圆；在 18 万 km 以后，20～24 阶的高阶不圆急剧发展，同时 7、13 阶的中阶不圆也有所增大，高阶多边形出现后仅运行 4 万 km 即需要进行镟修。15.1 万 km 与 18.2 万 km 的轴箱垂、横向振动加速度对比如图 1.16 所示，车轮出现高阶多边形后，虽然运营里程只增加了 3.1 万 km，但轴箱垂向振动加速度增加约 56%，横向振动加速度增加约 112%，可见车轮高阶多边形大大加剧了轴箱的振动。该典型案例表明，缩短镟修周期，可以抑制多边形磨耗的发展。

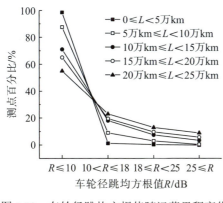

图 1.13　车轮径跳均方根值随运营里程变化

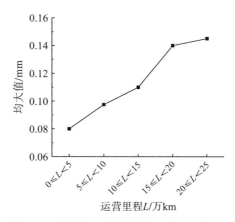

图 1.14　车轮径跳均大值随运营里程变化

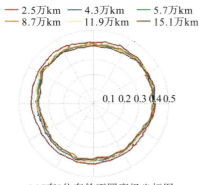

(a)7车3位车轮不圆度极坐标图

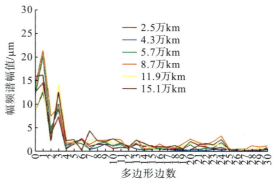

(b)7车3位车轮多边形幅频谱

图 1.15　车轮不圆度演变

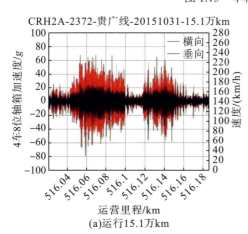

(a)运行15.1万km

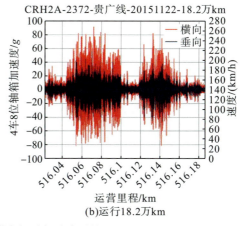

(b)运行18.2万km

图 1.16　轴箱垂、横向振动加速度对比

　　跟踪某 CRH380BL 动车组车轮从新轮出厂至报废全生命周期过程中多边形磨耗情况，发现在前四个镟修周期、总运营里程 100 万 km 以内车轮径跳值普遍低于 0.1mm，个别车轮在镟修周期运行 15 万 km 以上时出现了 20 边形的磨耗现象，但其粗糙度水平低于 5dB/μm，100 万 km 以后 20 边形的磨耗发展为普遍现象，且其粗糙度水平达到了 17dB/μm。车轮第五次镟修时发现新镟车轮出现四边形磨耗现象，且 20 阶多边形磨耗不能消除。该

案例表明随着车轮轮径的减小，踏面硬度逐渐降低，高阶多边形磨耗越来越容易发生。

通常情况下，车轮多边形磨耗中包含多阶成分，如图1.17所示，图中1、9、13、17、22阶不圆度占比均较大，对列车轨道系统的激励为多个主频率的宽频域激振；而有时会出现车轮多边形以某一种频率为主，如图1.18所示，图中以20阶不圆度为主，是一种定频率的谐波激振。这两种不同形式的车轮多边形对轮轨系统的影响是否相同，尚未见有详尽的研究分析。

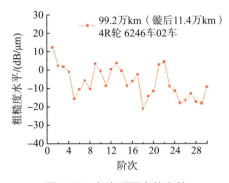

图 1.17　多阶不圆度的车轮

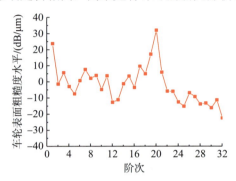

图 1.18　固定阶不圆度的车轮(8-2R)

车轮圆周的非圆化现象将引起轮轨之间的强烈冲击作用和车辆轨道系统动态响应的急剧变化，对行车稳定性和安全性以及车辆轨道系统各个部件使用寿命有很大的影响。例如，德国ICE高速客车车轮多边形化引起100Hz隆隆噪声，通过更换橡胶阻尼车轮后虽减少了噪声，但在1998年6月3日，因橡胶弹性车轮碎裂酿成了震惊世界的高速列车脱轨撞桥事故。高速列车服役过程中出现过振动过大而引起的车下设备悬挂结构局部裂纹、车体局部变形过大、车下设备损伤、车下设备及其上方的车体局部振动水平异常、转向架一系弹簧折断、车下设备舱裙板吊挂、底板和支架开裂等，我国某新型城际列车在运行试验过程中还曾发生过轴箱端盖脱落事件，调查发现该列车车轮存在23阶多边形磨耗现象，在250km/h速度条件下轮轨之间产生了580Hz左右的高频振动冲击，这种高频振动冲击传至转向架后，因与轮对和构架的某高阶模态重合，发生耦合共振[14]。

由于车轮多边形磨耗具有与钢轨波磨相同的固定波长现象，许多研究者借鉴钢轨波磨的研究成果来研究车轮多边形的形成机理。轮轨系统共振机理认为，车轮多边形磨耗产生的根源在于转向架系统的高频柔性共振，系统共振频率、列车速度和车轮周长在满足一定的条件下，车轮多边形磨耗发展速率较高，轮轨滚动接触界面严重的不平顺激励将促使多边形磨耗萌生和发展。在此基础上，还提出了列车轨道系统模态匹配控制设计原则[15]。

目前的研究表明，提高车轮材质硬度以提高耐磨性、改进车轮镟修工艺以减缓低阶不圆度[16]、更换运行交路以减缓多边形的发展[17]、采用研磨子及时修复踏面表面微裂纹和车轮不圆[18]、缩短车轮镟修周期以抑制高阶多边形的发展、打磨钢轨以消除焊缝不平顺及波磨等引起轮轨系统高频共振的激励源[19]等均是控制车轮多边形磨耗的有效措施。

车轮凹形磨耗、车轮多边形磨耗均是中国高速铁路建成并运营之后才出现的，并且与欧洲、日本等国家高速铁路车轮病害不同，因此在中国高速铁路道岔设计之初，并未考虑这两种病害对道岔区轮轨系统振动特性的影响，因而需要补充分析评估带有凹形磨耗车轮或者多边形磨耗车轮的高速列车通过道岔时的安全性、平稳性和舒适性，研究车轮多边形磨耗高频激励下道岔各部件的疲劳强度、结构稳定性,并提出相应的维修对策及车轮病害的控制标准建议。

三、中国高速铁路轨道结构运用状态

中国高速铁路建设质量高,工务维护部门积累了较为丰富的养护维修经验,钢轨、扣件、道岔、无砟轨道、无缝线路、轨道几何、桥梁、路基、隧道等基础设施服役状态总体良好。轨道结构病害主要为钢轨异常磨耗、弹条折断、无砟轨道沉降及上拱变形等。

1. 高速铁路钢轨服役状态

中国高速铁路按时速和运输方式分级使用 U71MnG 和 U75VG 两种钢轨,250km/h 以上高速铁路、200～250km/h 高速客运铁路选用 U71MnG 钢轨,200～250km/h 高速客货混运铁路选用 U75VG 钢轨。目前,高速铁路钢轨的服役情况总体良好,表现为钢质洁净、表面无缺陷、具有优良的韧塑性和焊接性能、质量稳定和性能可靠等特点,较少有发现钢轨母材损伤现象,说明我国高速铁路用钢轨具有安全、可靠的特点。但由于列车速度快,轴重轻,钢轨、道岔损伤形式中除了因焊接质量而引起的与普速铁路相同的焊头损伤,还出现了一些与普速铁路不同的损伤形式,如钢轨擦伤、硌伤等。中国高速铁路钢轨主要损伤如下。

1) 钢轨表面光带异常

钢轨顶面廓形与车轮踏面廓形均会影响轮轨匹配,为保证高速列车所需的等效锥度,《高速铁路无砟轨道线路维修规则》中明确规定,接触光带应居中,且宽度为 20～30mm,但现场有可能因钢轨打磨不及时或打磨方法不正确,导致轨面有时会出现宽光带、窄光带、偏光带甚至双光带现象。

中国 CRH3 系列动车组按欧盟铁路互联互通技术规范 TSI 的要求加装了构架横向加速度报警装置,自投入运行以来,已发生了多次动车组构架横向加速度报警事件。通过对动车组构架横向加速度报警的成因分析处理,发现车轮踏面磨耗、部分区段钢轨出现宽光带或双光带导致轮轨等效锥度偏大,是造成固定区段动车组报警的主要原因,而减少车轮踏面凹形磨耗、按设计廓形进行钢轨预打磨以及及时进行钢轨的预防性打磨,均可有效改善轮轨接触、控制轮轨等效锥度的增大。

某高铁发生构架横向加速度报警的某区段钢轨廓形及其与中国铁道科学研究院设计的 TB60D 打磨廓形的比较如图 1.19 和图 1.20 所示[20]。图 1.19 中钢轨顶面接触光带宽约 55mm,轨头廓形接近 TB60 原始廓形,与 TB60D 相比,轨距角部位金属凸出较多。而图 1.20 中钢轨顶面出现两条光带,总宽度约为 50mm,同样在轨距角部位金属凸出 0.5～0.8mm,形成了轨肩。

据统计,发生构架横向加速度报警光带宽度大部分在 33～44mm,平均光带宽度达到 40mm。不同光带宽度的报警占比如图 1.21 所示,光带越宽报警占比越高,其中光带宽度达到或超过 40mm 的占 53%;光带平均偏离顶面中心的距离为 6mm,最大值达到了 11mm;同时导致左右两侧轮轨接触点距偏差在 -1.3～0.4mm 变化,平均值为 -0.68mm,可见轨距维护中可以仅采用正公差控制。

将上述宽光带地段的钢轨按设计廓形进行打磨，打磨后钢轨廓形如图 1.22 所示，光带居中，宽度约为 20mm。打磨前后动车组构架横向加速度对比如图 1.23 所示，从图中可见，打磨后构架横向加速度显著降低，其车辆动力学性能得到显著改善，构架横向失稳现象消除，而相邻的未打磨地段依然会发生构架报警现象。

(a)钢轨顶面接触光带

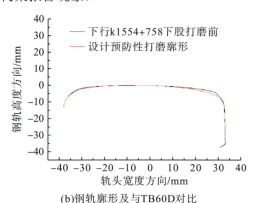

(b)钢轨廓形及与TB60D对比

图 1.19　引发构架横向加速度报警的钢轨宽光带

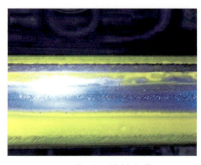

(a)钢轨顶面接触光带

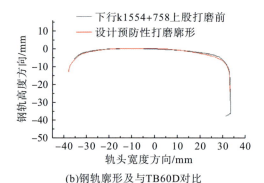

(b)钢轨廓形及与TB60D对比

图 1.20　引发构架横向加速度报警的钢轨双光带

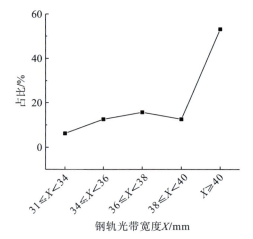

图 1.21　报警占比随光带宽度变化

图 1.22　打磨后钢轨光带居中

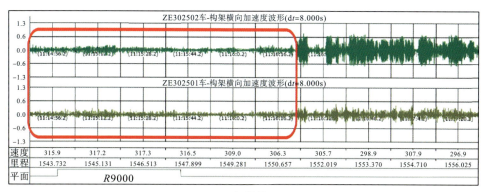

(a)打磨前

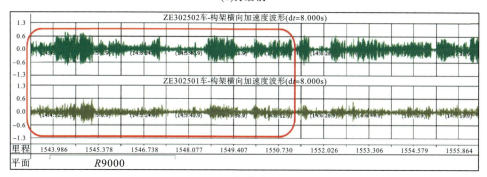

(b)打磨后

图 1.23　钢轨打磨前后构架横向加速度对比

同车轮踏面凹形磨耗一样，钢轨表面宽光带意味着轮轨匹配不良，等效锥度增大。表 1.4 为京沪高铁某动车组构架横向加速度报警地段等效锥度计算结果[21]。车轮为 S1002CN 踏面，表中比较了实测车轮磨耗踏面、标准车轮踏面与标准钢轨 TB60 及实测钢轨轨头廓形相匹配时的等效锥度。

表 1.4　构架横向加速度报警地段等效锥度比较

车轮踏面廓形	钢轨廓形						
	标准钢轨廓形	实测钢轨廓形					
		K420	K420	K420	K592	K592	K593
报警车辆实测车轮廓形	0.36	0.64	0.57	0.34	0.62	0.60	0.40
标准车轮廓形	0.16	0.23	0.17	0.06	0.19	0.12	0.12

从表 1.4 中可见，未打磨钢轨与磨耗车轮踏面匹配的等效锥度最大值达到了 0.64，大部分轮廓大于标准钢轨与实测磨耗踏面匹配的等效锥度，也远大于欧洲标准规定的等效锥度(速度 300km/h 条件下等效锥度不应大于 0.15)。而未进行预防性打磨的钢轨(钢轨光带宽度达到 42～50mm)与标准车轮踏面匹配的等效锥度均不超过 0.23，表明只要对车轮踏面进行镟修，使其恢复到设计廓形，就可以大幅度降低等效锥度，从而消除动车组构架报警；同时也说明，踏面良好的车轮对轨头廓形不敏感。预防性打磨后的钢轨与实测磨耗车

轮踏面匹配的等效锥度显著减小，约为 0.36，表明通过钢轨打磨来处理动车组构架报警具有显著效果。

统计表明，动车组构架报警地点具有较为明显的共性，多数报警出现在车站和道岔前后，或光带偏宽的区间线路上，同时伴随有车轮凹形磨耗现象。报警地点多出现在道岔前后，与道岔区钢轨打磨不及时、岔区钢轨光带偏宽有关，甚至与道岔区钢轨双光带（图 1.24）和光带突变（图 1.25）等有关，需要进行深入的分析研究。

图 1.24　高速铁路道岔区钢轨双光带　　　　图 1.25　高速铁路道岔区钢轨光带突变

钢轨打磨过程中，若为了过分追求光带居中，只注重轨距角区域打磨而忽略轨顶中心和非轨距角区域打磨，则有可能导致等效锥度过小，引起车体一次蛇行而晃车。图 1.26 为合武客运专线某地段钢轨打磨廓形与设计廓形 TB60D 的比较，由图可见，轨距角侧（$R80mm$ 和 $R13mm$ 附近区域）存在打磨过量的现象，在竖直方向过量为 2～2.5mm，钢轨光带宽度小于 20mm（15～18mm），等效锥度小于 0.1，动车组上的便携式添乘仪多次发生三次横向加速度三级超限报警（限值约为 0.07g，最大值约为 0.11g），通过廓形修正，该地段晃车现象才消失。高速铁路道岔区也曾出现过光带过窄的现象，如图 1.27 左侧钢轨所示，影响了高速列车过岔的平稳性。

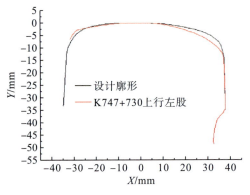

图 1.26　轨距角过度打磨　　　　　　　图 1.27　高速铁路道岔区钢轨光带过窄

2) 钢轨波磨

钢轨顶面上的波浪形磨耗，即波磨，是普速铁路、重载铁路、城市轨道交通乃至高速铁路中的常见病害。但高速铁路上的波磨特征、发生机理、发展规律、整治措施及控制标准与普速铁路有所不同。中国高速铁路开通不久，即发现了钢轨波磨现象，无砟轨道及有砟轨道上的波磨分别如图1.28和图1.29所示。

图1.28　高速无砟轨道上的波磨　　　　图1.29　高速有砟轨道上的波磨

中国高速铁路上波磨的波长一般在40～160mm，既有如图1.30所示的波长较长的波磨，也有如图1.31所示的波长较短的波磨。据统计，中国高速铁路的钢轨波磨主要发生在曲线地段，占比达到了97.65%；存在坡度的直线、缓和曲线、圆曲线的上坡段比下坡段严重。

图1.30　波长较长的波磨　　　　　　　图1.31　波长较短的波磨

通常采用钢轨波磨测量仪对钢轨垂向短波不平顺进行测试，若出现波长小于200mm的钢轨波磨，且对应峰值波长的不平顺水平超过ISO 3095规定的不平顺水平，其中，超过6dB则认定钢轨波磨现象明显，小于6dB则认定钢轨波磨现象不明显，如图1.32所示。从图中可以看出，左右钢轨波磨明显，其中右轨波磨波深为0.067mm，主波长为100mm和50mm；左轨波磨波深为0.028mm，主波长为62.5mm。

谷永磊[22]跟踪测试了京沪高铁某地段钢轨波磨的发展情况，如图1.33所示。该无砟轨道地段钢轨波磨的波长主要有两种：60～80mm和125～160mm。这两种波长在不同的测点，波长的主次有所不同，且两种波长的主次情况随着线路情况的改变会有所不同。随着时间推移，钢轨波磨的发展速度逐渐放缓并趋于稳定，且会在新的位置逐渐发展形成新的波磨，但波磨的频谱特性没有发生变化；打磨后钢轨不平顺水平得到了很大程度上的降低，但是不能彻底消除，一段时间以后钢轨表面波磨不平顺程度又逐渐恢复到（甚至超过）打磨前的波磨水平。分析认为，波长 60～80mm 钢轨波磨形成与 1000Hz 左右的钢轨离散支撑的垂向 pinned-pinned 共振有关；波长为 125～160mm 钢轨波磨形成与 540～670Hz 钢轨相对轨道板的垂向弯曲振动有关。

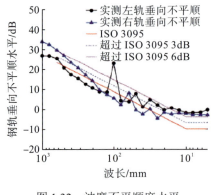

图 1.32　波磨不平顺度水平

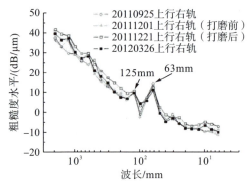

图 1.33　波磨不平顺的发展

随着轮轨力连续测量技术的提升和高速综合检测列车的研发，基于连续测量测力轮对技术的轮轨力检测系统开始装备于轨道检查车和多列高速综合检测列车，逐渐应用于普速铁路和高速铁路的轨道状态检测中[23]。图 1.34 是高速综合检测列车在某高速铁路波磨地段检测出的轮轨垂向力分布及其频谱，由图 1.34（a）可见，波磨引起了连续大幅值的高频轮轨垂向力，波动幅值高达 60kN，振动主频为 600Hz 左右，与线路上扣件弹条的固有频率相近，发生扣件系统共振，导致出现了大量的弹条断裂或松脱现象。通过打磨控制其波深在 0.04mm 内，经过约 1 年时间，宏观波磨特征消失，扣件折断现象极少发生。波磨同样会加剧高速动车组构架等部件的结构振动，造成其疲劳累积损伤加大，缩短关键部位的疲劳寿命。

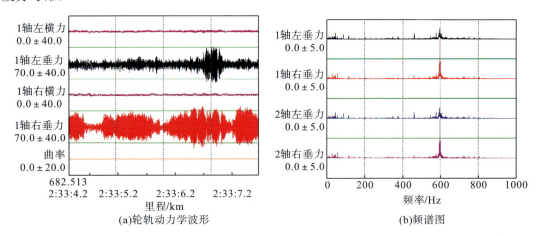

图 1.34　测力轮对检测的波磨地段轮轨垂向力及其频谱（力的单位为 kN，曲率的单位为 m⁻¹）

中国铁道科学研究院以高速综合检测列车为载体，在轮对两侧轴箱体上安装加速度传感器，测试分析振动加速度的有效值及时频特征，形成了钢轨波磨的振动响应快速检测法，从而实现了长大线路钢轨波磨的快速检测。其有效检测频率范围为300～2000Hz，基本上可以检测出中国高速铁路上的各类波磨。研究发现，在钢轨波磨区段，车辆动态响应信号的成分较单一，信号周期性较强；为了诊断钢轨波磨等周期性轨道短波病害，提出了利用波磨指数和能量因子来刻画钢轨表面短波病害的诊断方法[24]。波磨指数是指车辆动态响应信号的移动有效值与标定参数(移动有效值的平均值)的比值；能量因子是指最大能量峰值与信号总的能量的比值；波磨指数用于表征固定频率下的幅值特性，能量因子用于表征周期性信号的频域特性，通常两者联合使用。某高速铁路无砟轨道地段波磨如图 1.28 所示，图 1.35 为检测的轴箱垂向加速度，图 1.36 为振动响应快速检测法得到的能量因子，该区段波磨最大值为 0.112mm，最小值为-0.088mm，波磨指数达到了 6.6；钢轨表面具有明显的周期性病害，波长主要集中在 132mm 附近；能量因子为 0.5，也表明具有较强的周期性，检测出的波长与现场一致，表明该方法检测波磨的可靠性较高。

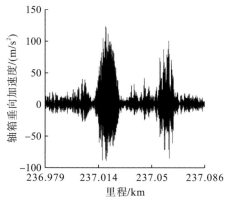
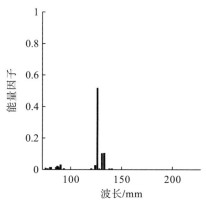

图 1.35　轴箱垂向加速度分布　　　　　　图 1.36　波磨地段能量因子

钢轨波磨种类繁多，产生机理说法不一，尚没有统一的定论，以致当前还没有一种有效的技术手段彻底解决钢轨波磨的问题。近二十年，经大量学者的研究，逐渐达成了以下共识：波磨存在着"波长固定机理"，更准确地说是"频率固定机理"，是在轮轨系统的共振、自激振动以及在钢轨损伤产生后的反馈振动等多种因素作用下而形成和发展的。关于轮轨系统竖向共振引起钢轨波磨的成因解释就有很多种，如 P2 力共振、轨道系统弯曲共振、轮对弯曲共振、轮轨竖向自激共振、pinned-pinned 共振等。

但是在中国高速铁路波磨成因调查研究中，发现钢轨打磨时，刀痕位置不确定，可能位于光带的中心、偏向中心内侧或外侧，如图 1.37 中的箭头所示[25]。钢轨打磨刀痕将引起轮轨纵向接触力呈现明显周期性波动，且波动频率出现倍频现象。轮轨纵向接触力基频和二倍频所占成分较大，易引起现场钢轨表面不平顺中打磨刀痕间距二分之一波长的钢轨短波不平顺。为了防止不良打磨刀痕引起钢轨表面周期性短波不平顺的现象，促使钢轨表面出现波磨问题，应改进打磨工艺，避免大机打磨时打磨刀痕不良情况的发生。中国高速铁路波磨钢轨打磨限值为钢轨表面有周期性波磨且平均谷深超过 0.04mm(车载检测)或最大谷深达到 0.08mm(手工检测)，波长不大于 300mm；波磨钢轨打磨后，波长范围 100～300mm 打磨后残余波形波深标准为不大于 0.03mm。

中国高速铁路在 CN 系列高速铁路道岔区也曾发现过钢轨波磨，如图 1.38 所示，该道岔曲基本轨上出现了波长约为 50mm、波深在 0.03~0.06mm 的波磨。有关高速列车通过波磨道岔时的动力学行为研究尚未见有关报道。

图 1.37　钢轨打磨刀痕　　　　　　　　　图 1.38　道岔区钢轨波磨

3) 钢轨擦伤

　　钢轨擦伤是由于车轮踏面和钢轨踏面局部摩擦而产生的钢轨表面损伤，如图 1.39 所示。钢轨擦伤区段在列车经过时接触应力增加导致剪切应力也增大，严重时会增加钢轨表面疲劳，并引起掉块等病害，如图 1.40 所示，进一步发展可能会引起钢轨核伤、断裂，也会引起车轮的踏面损伤，缩短钢轨及车轮的使用寿命并危及行车安全。我国铁路标准 TB/T 1778—2010《钢轨伤损分类》将该种损伤分类为轨头外伤（包括车轮擦伤、碰伤等），其损伤编号为 1160；UIC 712R《钢轨损伤分类》中称其为车轮擦伤，其损伤编号为 2251。

　　高速铁路钢轨被车轮擦伤主要有两种原因：一种是列车启动时机车车轮打滑空转产生的摩擦，其踏面擦伤形貌呈椭圆形，一般在线路左右股钢轨上成对出现，擦伤间距等于普通机车轮对的轴距，而非动车组轴距；另一种是列车紧急制动时车轮产生的摩擦，其踏面擦伤形貌呈纵向条状，一般出现在行驶速度高、坡度较大或曲线半径较小的路段。根据沪昆高铁上钢轨擦伤情况调查[26]，发现钢轨擦伤多发生在长大坡道上。这是因为建设初期工程列车运输组织多为单线正反运行，空出另一线施工，所以长大坡道上下坡都会出现制动擦伤；而钢轨擦伤多为左右股同时对称出现在曲线上。钢轨擦伤发生后，一般情况下难以被发现。未及时发现和处理的钢轨擦伤，开通运营后擦伤处出现明显的白亮层，运营一年到一年半后白亮层上出现横向裂纹，最终会出现轨面上剥离掉块。

图 1.39　钢轨擦伤　　　　　　　　　　图 1.40　钢轨擦伤而引起的掉块

分析表明，钢轨擦伤是由于轮轨接触面发生相对摩擦产生高温并发生相变，导致轨头局部表层金属形成白层马氏体组织，白层马氏体组织在轮轨接触应力和摩擦力的反复作用下会发展为碎裂掉块[27]。U71MnG 钢轨的布氏硬度为 260～300HB，而建设过程中在线路上运行的机车多为东风系列机车，其车轮硬度为 265～320HB，轮轨硬度比为 1.05～1.15，摩擦高温导致轨头顶面由珠光体组织转变成硬而脆的马氏体组织。马氏体组织的硬度远远大于钢轨母材，可达 600～700HB，且颜色比钢轨母材更白、更亮，故名白层。

不同擦伤程度的白层马氏体在轮轨接触应力(压应力和摩擦力)作用下，其损伤发展程度或损伤状态将有所不同。踏面擦伤的损伤发展主要与白层马氏体的厚度及踏面受力状态有关。当白层马氏体踏面擦伤较浅时，在轮轨接触应力和摩擦力的重复作用下会发展为浅层状碎裂掉块；当白层马氏体较厚时，擦伤踏面处的轮轨接触应力状态进一步恶化，有可能导致在掉块的底部发展成横向疲劳裂纹，甚至导致钢轨折断[28]。

大型探伤车上安装的视频巡检系统拍摄的图像可以发现钢轨擦伤，如图 1.41 所示。同钢轨波磨一样，也可以通过对综合检测列车上安装的轴箱垂向加速度做时频域分析，采用轨道冲击指数(车辆动态响应数据的移动有效值与其平均值的比值)来判别钢轨擦伤[26]，如图 1.42 所示，该擦伤深度为 1.5mm，在 170km/h 的检测速度下，轨道冲击指数达到了 13。

图 1.41　巡检发现的钢轨擦伤

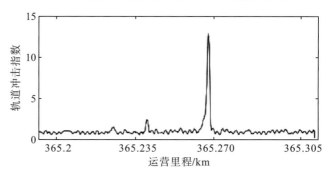

图 1.42　擦伤的轨道冲击指数

中国高速铁路因部分地段线路坡度较大，发生了多起钢轨擦伤现象。统计分析表明，机车启动时车轮空转造成的擦伤多为椭圆形，也有呈长条形，一般擦伤深度较深，可达 0.5～2mm；长度为 20～100mm，宽度为 30～50mm，通常左右股成对出现。下坡制动造成的擦伤通常呈连续的长条形，擦伤深度与车辆载重相关，可以发生在一股或两股钢轨上。抱闸行驶造成的轨面纵向连续擦伤和轮轨接触面相对滑动造成的擦伤，深度往往较浅，多在 0.1～0.3mm，一般不超过 0.5mm，可以发生在一股或两股钢轨上，往往呈条状分布。钢轨踏面的擦伤程度主要取决于机车制动时的制动力、轮轨间的黏着作用力以及轮对的轴重和轮径等。

对于高速铁路线路上产生踏面擦伤的钢轨，当达到了修理限值，但擦伤深度小于 0.5mm 时，铁路工务部门可以采用大机打磨或小型平磨机进行人工修复，修磨面轮廓应圆滑，且保证修磨后钢轨的显微组织不受影响；当擦伤深度大于 0.5mm 时，可以通过铣磨车进行修理，或者进行换轨处理。

轮轨间的这种热疲劳裂纹损伤除了会发生在钢轨上，车轮上也会出现与钢轨类似的擦伤(图 1.43)，道岔区也会出现钢轨擦伤现象(图 1.44)，增大道岔区的轮轨相互作用。

图 1.43　车轮擦伤　　　　　　　　　　图 1.44　道岔钢轨擦伤

4) 钢轨硌伤

　　钢轨硌伤是由轮轨间碾入金属异物造成的一种钢轨损伤。异物碾入分为两类：一类为异物碾压进钢轨踏面，造成钢轨单处损伤和多个车轮损伤，如图 1.45 所示；另一类为碾压至车轮踏面，随车轮转动对钢轨造成连续碾压，形成钢轨踏面一系列凹坑，如图 1.46 所示。经过道岔时还会造成尖轨等薄弱部件的损伤，如图 1.47 所示，直尖轨顶面 30mm 断面处非作用边有 7mm×7mm 椭圆形硌伤，深 0.3mm，硌伤处硬度为 603HB。

(a)钢轨表面碾入异物　　　　　　　　　(b)车轮踏面硌伤

图 1.45　轮轨界面间碾入异物及硌伤

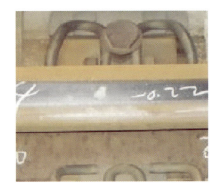

图 1.46　区间钢轨硌伤　　　　　　　　图 1.47　道岔尖轨硌伤

　　上述两种硌伤的本质都是较硬的金属异物经车轮碾压造成钢轨基体塑性变形形成凹坑，造成钢轨踏面单处或多处损伤。如果损伤位置异物压入导致钢轨表面产生严重的塑性变形，踏面凹坑深度较深，且凹坑边缘已经产生裂纹，裂纹在使用过程中会继续扩展形成掉块，严重时会引起钢轨断裂。

　　同钢轨擦伤一样，硌伤深度在 0.5mm 以下，可以通过大机打磨的方式进行处理；深度大于 0.5mm 小于 1.0mm 的钢轨，可以使用小机打磨结合大机打磨进行处理；深度大于 1mm，可采取铣磨或更换钢轨的方式进行处理；当通过钢轨修理性打磨等手段已经无法彻底消除或钢轨基体已产生较深的裂纹时，须更换钢轨。打磨或铣磨后需用便携式硬度计对损伤部位进行硬度测试，若布氏硬度不大于邻近母材硬度的 50HB，则表明已经打磨或铣削掉硬化层，否则需继续打磨或铣磨，直至硬度合格。

　　在有砟轨道高速铁路上，道砟颗粒飞溅还会造成钢轨擦伤。一般认为列车速度超过 300km/h 后容易发生道砟飞溅（飞砟）现象，因而我国速度 300km/h 及以上的高速铁路均采用的是无砟轨道；但是在一些特殊路段或特殊天气时，在速度 250km/h 的情况下也会发生飞砟。我国高速铁路联网运行以后，来自东北的高速列车转向架上的积雪、融冰等在进入南方高温地区后，会散落击打列车、道床，发生道砟飞溅现象，如图 1.48 所示。飞溅的石砟击打在钢轨和扣件弹条上，在钢轨上造成钢轨压痕、擦伤，如图 1.49 所示，也会将弹条击打出裂纹或缺口，随着时间的推移，裂纹或缺口不断发展，在裂纹或缺口附近产生锈蚀，在外力的作用下引起断裂。因此，有砟高速铁路通常要采取冬季降速、道床表面覆盖、增大道床顶面至枕面的距离、道床表面去除小颗粒石砟等措施，以防止飞砟现象的发生。

　　　　图 1.48　飞砟现象　　　　　　　　　图 1.49　道砟击打钢轨造成擦伤

2. 高速铁路扣件系统服役状态

　　中国高速铁路有砟轨道用扣件包括弹条Ⅳ型、弹条Ⅴ型和英国潘德罗公司的 FC 型三种类型，无砟轨道用扣件包括 WJ-7 型、WJ-8 型、德国福斯罗公司的 W300-1 型和英国潘德罗公司的 SFC 型四种类型。目前应用的高速铁路扣件总体应用情况良好，安装状态基本正常，可有效保持轨道几何状态的稳定性；但也存在着弹性衰减、弹条折断等病害。

　　1) 扣件弹性衰减

　　我国《高速铁路无砟轨道线路维修规则》和《高速铁路有砟轨道线路维修规则》中规定，有螺栓扣件弹条紧固扭矩的养护标准应如表 1.5 所示，弹条中部前端下颚与绝缘轨距块不宜接触, 两者间隙也不得大于 1mm。

表 1.5　弹条紧固扭矩养护标准

轨道类型	扣件类型	阻力类型	扭矩范围要求/(N·m)
无砟轨道	WJ-7 型	常阻力	100~140
		小阻力	70~90
	WJ-8 型	常阻力	130~170
		小阻力	90~120
	W300-1 型	常阻力	210~250
		小阻力	150~180
有砟轨道	弹条 V 型	常阻力	130~170

从中国国家铁路集团的大范围抽检情况来看, 大部分弹条紧固扭矩均存在着过拧的情况[29]。现场个别地段的实测安装扭矩远远大于高速铁路线路维修规则要求, W300-1 型扣件最大扭矩超过 300N·m, WJ-7、WJ-8 型和弹条 V 型扣件最大扭矩超过 250N·m, 中肢扭矩过大易造成弹条非正常疲劳源区中肢处发生断裂现象, 且易造成相关接触非金属件损坏。大部分弹条无离缝, 但也存在个别弹条离缝过大的现象, 也验证了弹条紧固扭矩过拧情况较多的结论。

根据抽样弹条及弹性垫板的测量数据, 统计分析了各型扣件的弹条弹程衰减情况和弹性垫板弹性衰减情况, 如表 1.6 所示[30]。由表可见, 弹条弹程变化率均在 30% 以内, 尚可有效保持扣压力; 除 FC 型和 SFC 型扣件弹性垫层静刚度变化较大, 其余各类弹性垫层静刚度变化基本在 70% 以内; 中国铁道科学研究院认为无砟轨道弹性垫层抗冲击能力衰减 40% 以上, 即弹性垫板静刚度达到 60kN/mm 时可认为弹性垫层失效[30], 因此除 FC 型和 SFC 型部分扣件, 其他扣件均可有效提供弹性。道岔区硫化垫板未抽检, 随着运行时间的延长, 它们也存在橡胶老化、弹性衰减的情况。

表 1.6　弹条弹程及弹性垫板弹性衰减情况

扣件类型	阻力类型	弹条弹程		弹性垫板静刚度		
		弹程变化/mm	弹程变化率/%	抽测静刚度/(kN/mm)	静刚度变化率/%	
					相对于设计静刚度中值	相对于设计静刚度上限
WJ-7 型	常阻力	0.29~1.84	2.1~13.1	34.4~49.6	37.6~98.4	14.7~65.3
	小阻力	0.60~1.35	5.0~11.3			
WJ-8 型	常阻力	1.18~1.33	8.4~9.5	22.3~30.6	-3.0~33.0	-14.2~17.7
	小阻力	1.16	9.7			
W300-1 型	常阻力	7.77~7.92	28.3~28.8	23.1~36.3	2.7~61.3	-7.6~45.2
	小阻力	2.58	16.6			
SFC 型	常阻力	0.88	17.6	58.3~104.7	45.8~161.8	16.6~109.4
弹条 V 型	常阻力	1.25~1.31	10.4~10.9	52.1~117.5	-13.2~95.8	-25.6~67.9
	小阻力	0.39	5.2			
弹条 IV 型	常阻力	0.73	5.6	84.6~107.7	41.0~79.5	20.9~53.9
FC 型	常阻力	0.41	8.2	81.8~335.5	36.3~459.2	16.9~379.3

2) 扣件弹条折断

中国高速铁路上除 W300-1 型扣件，其他扣件极少发生弹条折断现象。由于钢轨波磨及动车组车轮多边形磨耗等造成弹条折断，如图 1.50 所示。弹条折断位置基本一致，如图 1.51 所示，弹条裂纹及折断点均位于弹条尾部跟端支承位置与侧肢尾部之间（位于弹条设计最大疲劳应力点处），裂纹由弯折点内侧沿弹条纵向 45°左右方向向外侧斜裂，断口不规则，呈疲劳破坏断面。

图 1.50 W300-1 型扣件弹条折断

图 1.51 弹条折断位置

为了查找该型扣件弹条折断原因，多家单位进行了大量的跟踪测试[31]。动车组以 300km/h 的速度通过 W300-1 型扣件时，弹条侧肢垂向振动加速度如图 1.52 所示，无多边形磨耗车轮下弹条的垂向加速度差别不大，最大振动加速度约为 660.3m/s²，而有 18 边形磨耗的车轮下的弹条最大振动加速度约为 1459.1m/s²，增大了约 121%。

具有 18 边形磨耗车轮（直径约为 840mm）的动力组以 300km/h 高速运行时，产生的轮轨力高频激励 568Hz 与 SKL15 弹条的固有频率（550～650Hz）接近，导致弹条发生共振，加速度幅值显著增大，如图 1.53 所示；弹条共振时，最大应力出现在弹条尾部支承位置，长期作用产生疲劳裂纹，进而导致应力集中，裂纹扩展，最终发生瞬时脆断。随着多边形磨耗的进一步发展，弹条侧肢在 550～650Hz 频段内振动加剧，弹条振动加速度幅值越来越大，且在固有频率附近的振动能量愈发集中，扣件更容易发生疲劳破坏。

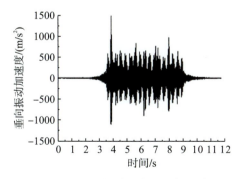

图 1.52 弹条侧肢垂向振动加速度

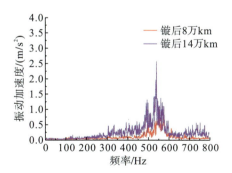

图 1.53 弹条振动频率随运营里程的发展

中国铁道科学研究院还对比测试了钢轨有无波磨、车轮有无多边形磨耗情况下 W300-1 型扣件弹条与 WJ-8 扣件弹条的垂向振动加速度，测试结果如表 1.7 所示[32]。

表 1.7 **W300-1 型扣件与 WJ-8 型扣件弹条垂向振动加速度对比**

工况		扣件类型	弹条加速度幅值/(m/s²)	WJ-8 幅值降幅	是否发生共振
无钢轨波磨	车轮多边形磨耗明显	W300-1 型	1598	—	是
		WJ-8 型	1443	10%	否
有钢轨波磨	车轮多边形磨耗不明显	W300-1 型	3105	—	是
		WJ-8 型	1800	42%	否
	车轮多边形磨耗明显	W300-1 型	5551	—	是
		WJ-8 型	2142	61%	否

具有车轮多边形磨耗的动车组以 300km/h 速度通过时,产生的轮轨力激励频率为 515～605Hz;钢轨表面有 140～160mm 波长的波磨,列车以 300km/h 速度通过时的激励频率为 520～595Hz。两者轮轨力激励频率与 W300-1 型扣件弹条固有频率(550～650Hz)一致,产生弹条共振;而与 WJ-8 型扣件弹条固有频率(700～800Hz)不一致,不会产生弹条共振,因而其振动响应明显小于 W300-1 型扣件弹条的振动响应。车轮多边形磨耗与钢轨波磨均存在时,轮轨力激励和弹条加速度的幅值最大,叠加效应明显;此时,WJ-8 型扣件弹条振幅的降低幅度最大,降幅可达 61%。

为避开多边形磨耗车轮的激励频率,福斯罗扣件系统(中国)有限公司联合西南交通大学研制了 SKL15HF 高频弹条,其形状及与原弹条的对比如图 1.54 所示,仅将扣压肢内翻改为外翻,就将弹条的第一阶振型由侧肢的垂向悬臂梁振动模式改为简支梁垂向振动模式,一阶固有频率由 580Hz 提高至 920Hz 左右。试制的弹条在武广高铁上进行了对比测试,弹条侧肢的垂向振动加速度比较如图 1.55 所示,由图可见,具有 18 边形磨耗车轮(直

(a)SKL15弹条

(b)SKL15HF高频弹条

图 1.54 W300-1 型扣件弹条改进设计

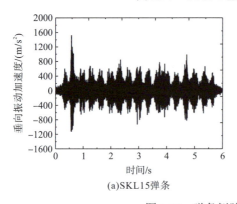
(a)SKL15弹条

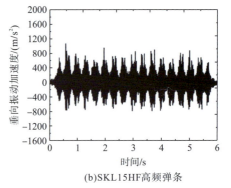
(b)SKL15HF高频弹条

图 1.55 弹条侧肢垂向振动加速度

径约为 840mm)的动力组以 300km/h 高速运行时,车轮下 SKL15 弹条侧肢垂向振动加速度最大值约为 1525.8m/s²,有弹条共振发生;而 SKL15HF 高频弹条侧肢垂向振动加速度最大值约为 1075.8m/s²,降幅约为 29.5%,无弹条共振现象。

3. 高速铁路无砟轨道服役状态

中国高速铁路正线无砟轨道结构类型包括 CRTS Ⅰ 型板式、CRTS Ⅱ 型板式、CRTSⅢ型板式、双块式四种类型,岔区无砟轨道包括岔区板式和岔区轨枕埋入式两种类型,分布于东北严寒地区、西北干旱风沙地区、南方温暖潮湿地区等不同环境区域及松软土、区域沉降等复杂地质条件。目前中国高速铁路无砟轨道的服役情况总体良好,不同型式无砟轨道结构较为稳定,能够满足高速铁路线路安全、平稳运行;无砟轨道线路总体施工质量较好,未出现大范围的施工质量问题;在运营过程中,养护维修管理部门结合现场实际情况组织开展了相应的养护维修技术研究,进行了针对性的维修整治处理,积累了丰富的养护维修经验,确保了无砟轨道正常服役。由于应用范围广,跨越地质环境及温度环境复杂多变,不同的无砟轨道均出现了一定程度的病害。其中对高速列车运行平稳性影响较大的无砟轨道病害是无砟轨道上拱、沉降等。

1)无砟轨道上拱

无砟轨道上拱根据产生的原因不同,主要分为轨道板上拱、路基上拱、路基冻胀、隧道底部上拱等类型。

(1)轨道板上拱。

CRTS Ⅱ 型板式无砟轨道为纵连结构,在高温季节,内部膨胀温度应力大,在温度荷载作用下易产生砂浆层离缝、轨道板上拱、板间接缝损伤等病害,如图 1.56 所示。在轨道板温度梯度引起板端翘曲、轴向温度荷载导致轨道板伸缩、砂浆层灌注不饱满、列车动力荷载及基础不均匀沉降等因素作用下,砂浆层会产生离缝,导致砂浆垫层与轨道板之间的黏结逐渐失效,无砟道床的整体性被严重削弱,严重影响轨道的静态几何形位和动态稳定性。随后,在巨大的轴向温度荷载作用下,导致纵连轨道板在较薄弱的板间宽窄接缝处上拱,甚至挤破接缝。宽接缝损伤出现的主要原因:一是接缝处受力过大,宽接缝与轨道板先后浇筑,存在新老混凝土接合面,且施工过程中无法捣固,本身就是薄弱环节,在较大的温度荷载作用下接缝处会出现挤溃或拉裂病害;二是接缝处混凝土施工不良,运营过程中发现部分接缝处混凝土出现粉化现象,早期强度不达标。

(a)砂浆层离缝　　　　　　　(b)轨道板上拱　　　　　　　(c)板间接缝损伤

图 1.56　CRTS Ⅱ 型板式无砟轨道病害

轨道板上拱后会导致轨道几何形位变化，如京广高铁某处轨道板拱起后，宽接缝处全长范围内掉块，钢筋裸露；轨道板板端至 0#承轨台预裂缝 550mm 范围内存在 3.2mm 裂纹，裂纹位置位于轨道板中部预应力钢筋上面；一侧轨道板 CA 砂浆层离缝最大 6mm、长度 1.6m，离缝深度贯通整个轨道板，另一侧轨道板 CA 砂浆层离缝最大 1.5mm、未贯通；两侧承轨台与钢轨发生相对纵向位移，一侧相对最大位移 4mm，另一侧相对最大位移 5mm；相对轨检小车测量出以下几何不平顺，即高低 2.8mm/10m、轨距-1.0mm、水平 1mm、轨向 0.8mm，造成动车组晃车。从轨道检测车上的高低不平顺检测波形特征来看，轨道板拱起引起的轨道几何形呈平滑的上凸尖状，波峰和波谷特征明显；多数情况下左右高低波形形状和趋势基本一致，但在幅值上存在一定的差异；多块轨道板连接损伤时呈现连续多波型；波长敏感范围为 5～7m；轨道几何变化趋势有持续型和突变型两类，持续型占 75%左右，突变型占 25%左右；前期较为稳定，几乎不随气温而变化，但后期轨道结构一旦劣化，高低峰值会随气温升高而突然增大。通过轨道车数据特征分析，可以识别出轨道板上拱病害。

对于 CRTS II 型板式无砟轨道，砂浆层离缝主要采取"防水+离缝注胶"的方式进行修复。轨道板上拱主要采用如下方法整治：先植筋、注胶固定宽接缝两侧轨道板，打开宽接缝解锁，释放宽接缝处温度应力，调整轨面，轨道板连接、板间接缝浇筑，再合拢口注胶，对轨道板纵横向、垂向进行限位，精调线路，恢复常速。板间接缝损伤主要采用如下方法修复：在轨道板植筋锚固以后，凿除宽接缝，松开张拉锁具，重新张拉锁具，重新灌注宽接缝。

双块式无砟轨道在路桥过渡段处的道床板离缝上拱也由板内轴向温度荷载过高所致，同样可采用注胶封闭离缝、植入销钉加固道床板和支承层等方法予以修复。道岔板与支承层或底座间也出现过离缝、渗浆等病害，采用植入销钉、打磨排水坡、注胶填缝、全防水处理等方法予以整治；轨枕埋入式无砟轨道道岔区还出现过轨枕脱空、轨枕与道床离缝、轨枕周围道床破损等病害，主要是新老混凝土接合面不良、轨枕与道岔板之间产生裂纹后进水、在列车荷载作用下产生高频水压冲刷道床而产生的，可采用轨枕下空洞注胶等方法整治。

(2) 路基上拱。

据统计，高速铁路的路基上拱病害多数发生在兰新客运专线甘青段，该段路基长度占线路总长的 56.45%，其中，路堤占路基总长的 90.54%。沿线地貌单元自东向西可分为陇西黄土高原区，祁连山中高山区，河西走廊山前冲、洪积平原区，天山东脉北山南麓丘陵区等四大地貌单元。上拱主要发生在路桥、路涵过渡段处，少部分发生于区间路基处[33]。图 1.57 为兰新客运专线某地段的轨面高程曲线，由图可见，路基局部上拱对轨道的整体线型影响较大。图 1.58 为长期观测的上拱时程曲线，可见路基上拱尚未稳定，随时间增加呈现出持续增长的趋势。

路基上拱还会引起表面封闭层开裂、路肩及护坡破损、错台、涵背裂缝及涵洞帽石破损等病害。初步分析，该病害的原因分为基床部分上拱和基底部分上拱两类：基床部分上拱是由于基床填料内含有少量的蒙脱石膨胀性物质，吸水膨胀，此类上拱持续时间较长，呈现出三维方向膨胀的特点，在上拱的同时会引起路基水平方向的变形，同时引起线间封闭层与轨道板相对横向位移；基底部分上拱主要是由于基底的泥岩地基等吸水崩解膨胀，受水分分布及迁移的影响较大。

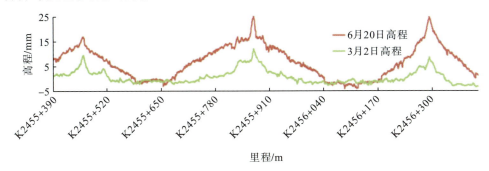

图 1.57　某地段路基上拱引起的轨面高程变化

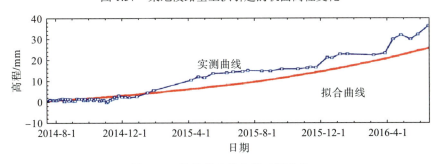

图 1.58　某地段路基上拱时程曲线

根据上拱量的大小及危害程度，有针对性地采用轨道顺坡维护、防排疏水控制及降低轨道高程等措施相结合的方法进行上拱整治。针对该上拱病害，目前采用了 WJ-8 型大调整量扣件对上拱区段两边进行钢轨调高作业，最大调高量为 56mm，满足了拟合顺坡要求。

（3）路基冻胀。

我国是一个冻土大国，在世界四大冻土国中位居第三，多年冻土与季节性冻土累计分布 $7.29 \times 10^6 km^2$，其中冻深超过 1.5m 且对工程有严重影响的深季节冻土面积达到 $3.67 \times 10^6 km^2$，主要分布于东北、内蒙古大部分地区与新疆、青海、西藏部分地区，而东北则为典型高寒深季节冻土区。自 2012 年世界上第一条寒区高速铁路——哈大高铁开通以来，目前开通运营的寒区高速铁路总里程已超过 7000km。

针对寒区气候条件，高速铁路建设中已采取了一定的防冻措施，包括冻深范围内填筑非冻胀敏感性填料、路基面采用纤维混凝土封闭及路堑地段设置渗水盲沟等。但是，运营期间还是出现了相当程度的冻融变形。三年的自动断面观测结果表明，哈大高铁沿线大部分非保温地段自动监测断面的冻胀变形随时间发展变化规律基本一致，其冻胀发展变化过程可划分为初始冻胀、快速冻胀、稳定冻胀、融沉四个发展阶段，如图 1.59 所示。

路基冻胀会造成轨道高低不平顺，大部分地段的冻胀量均未超过 4mm，冻胀量超过 20mm 的地段占比不到 1%，但历年观测到的最大冻胀量达到了 40mm。兰新客运专线监测到的冻害地段轨道质量指数（track quality index，TQI）随季节的变化情况如图 1.60 所示[34]。由图可见，冻胀自 11 月中旬开始出现，随温度降低冻害数量逐渐增多，冻高持续增大，次年 2

月底冻胀稳定，次年 4 月中上旬冻胀开始陆续回落，5 月下旬回落完毕。冻害地段的轨道 TQI 变化趋势也基本一致，从 11 月底到次年 2 月初，上行 TQI 从 2.3mm 增大到 3.2mm，下行 TQI 从 2.3mm 增大到 3.3mm，次年 4 月动检车检测轨道 TQI 开始降低。说明冻害虽未造成严重的线路病害及轨道几何形位的偏差，但会导致线路均衡质量明显下降。

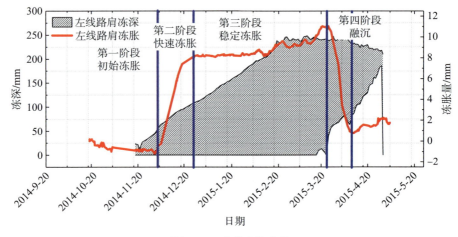

图 1.59　路基冻胀曲线

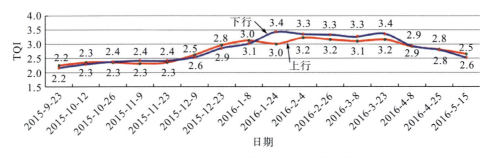

图 1.60　冻害地段轨道 TQI 随季节的变化

引起路基冻害的因素包括温度、水文、土质、当地地质、防排水措施及防冻胀结构设计、施工质量等，其中，温度、水文、土质是造成路基冻胀的主要因素，但引起路基冻胀的原因十分复杂，常常是这些因素中几种因素共同作用的结果。

路基冻害是严寒地区普遍存在的病害，路基不均匀冻胀且在整个冬季和春季频繁变化，给线路维修带来巨大的工作量。路基冻害的发生不仅具有经常性，而且具有突发性，这就给行车安全带来极为不利的影响。常见的维修整治措施有：换填法，即采用弱冻胀性土更换冻结深度内的强冻胀性土；保温法，即在路基内部四周设置隔热层，增大热阻，提高土中温度，推迟路基土的冻结，减少冻结深度；疏排水法，即采取一定的措施降低地下水位和隔断排除地表水以减小季节性冻层范围内土体的含水率；注盐法，即向土体中加入一定量的可溶性无机盐，降低土体中水分迁移强度和冻结温度；高抬道，即用 A 类土填筑于路基表面而抬高路基高度，并相应补充道砟来提高轨面高度；注浆技术，即将可胶凝固化的浆液注入路基土中，达到改善土质和减轻冻害的目的。路基冻胀是一种较难根治的病害，通常需要采取预防与整治相结合的方法才能有效根治路基冻害。

哈大高铁上因路基局部冻胀，道岔成段抬起，长春西站铺设的 62 号道岔最大抬高量达到了 7.5mm，存在明显高低长波不平顺。处理方法是撤除预垫的 4mm 调高垫板，调低钢轨，减小高低不平量值，可见设计中预垫 4mm 调高垫板在路基冻胀发生时具有重要作用。

（4）隧道底部上拱。

中国高速铁路上大部分隧道中线路平顺性良好，未出现大范围的仰拱或底板裂损的病害，但在地下水丰富、水压较大地区也出现了隧道底鼓和无砟轨道上拱的病害。依据底鼓的破坏力学特征，底鼓一般可分为四种基本类型，即挤压流动型底鼓、挠曲褶皱型底鼓、剪切错动型底鼓和遇水膨胀型底鼓，如图 1.61 所示[35]。目前发生轨道板上拱的隧道几乎都是岩溶隧道，本身地下水发育丰富，强大的地下水负压使轨道板上拱，因而地下水位变化是导致富水隧道道床板上拱的主要原因。例如，贵广高铁某隧道因连续多日强降雨，大量雨水下渗后通过断层溶隙汇集到隧道周围，因排水不畅导致水头压力急剧上升，隧道仰拱周边水压不断增大，水从隧道仰拱薄弱处渗透至填充层，导致下轨道板与填充层缝隙渗水严重，轨道板上拱，轨面高程最大偏差达到了 16.8mm，导致动车组晃车。

(a)挤压流动型　　　　　　　　　　　(b)挠曲褶皱型

(c)剪切错动型　　　　　　　　　　　(d)遇水膨胀型

图 1.61　隧道底鼓类型

隧道底鼓整治常采用设置泄水洞或降压孔、底板锚固、基底换拱等方法。设置泄水洞或降压孔主要采用以"排水"为主、以"堵水"为辅的措施。底板锚固能改善隧道基底结构受力，能较好地解决较轻的隧道底鼓病害，锚杆应与注浆孔间隔布置。基底换拱一般在底鼓严重区段采用。

2）无砟轨道沉降

无砟轨道沉降均是由轨下基础病害而产生的，其发生的处所较无砟轨道上拱要多一些，多数情况下整治相对容易一些，可以采用特殊调高扣件进行顺坡。根据轨下病害的原因，无砟轨道沉降可分为软土路基沉降、过渡段差异沉降、区域沉降和墩台基础变位等类型。

（1）软土路基沉降。

中国有多条高速铁路穿越了软土地区。软土本身具有含水率高、孔隙比大、渗透性差、压缩性高、抗剪强度低、承载力低等特点，尤其是软土所特有的显著的触变性和蠕变性，在循环动荷载作用下，固结沉降具有长期的时间效应，所以高速铁路软土路基工后沉降具有长期性。在高速铁路运营期间，由于外部周边环境中地下水位、大型施工等外部因素的影响，在运营一段时间以后，部分软土地区高速铁路路基出现了局部地段工后沉降超标情况。例如，沪杭高铁某车站位于长江冲积平原软土区，正线与到发线路基均采用高强预应力管桩、C30 钢筋混凝土筏板及桩帽进行地基加固。开通运营三年后，站场路基出现平面偏移及沉降情况[36]，道岔区段路基出现了以原改移河道处为中心、前后各延伸约 200m 长度的路基沉降，上下行线最大沉降量分别达到 84.3mm 和 109.1mm，如图 1.62 所示，同时线路平面向上行侧偏移，轨道横向位移超限最大偏差值达到 79mm。

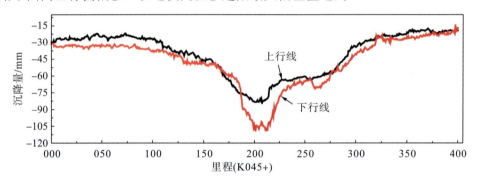

图 1.62　软土路基沉降曲线

该软土路基地段沉降的主要原因是硬壳层缺失及软土层突然加大等地质突变使该区段成为最薄弱区段；同时站场南侧综合维修工区设置不合理，高填土对正线形成偏载；综合维修工区采用砂井等固结排水地基处理方式在一定程度上也是造成桩筏路基沉降的原因之一，砂井的排水固结造成桩筏地基下软土层的孔隙水压力下降，进而引发桩筏基础的沉降，从上行线与下行线路的 25mm 沉降差值可以看出，靠近砂井的下行线沉降量更大。软基沉降可由路基沉降监测及轨道检测车测出高低不平顺发现。

软土路基上无砟轨道沉降主要采用调高扣件、抬升轨道板、灌浆加固路基等方法。WJ-7、WJ-8、W300-1 型扣件均研发有特殊的大调整量扣件，钢轨调高量分别为-4～70mm、-4～60mm、-4～56mm，单根钢轨左右位置调整量分别为±6mm、±8mm、±4mm。注浆抬升技术是指通过专用的机械设备，向轨道下部结构层间(无砟轨道结构包括路基本体、基床底层、基床表层、支承层、沥青砂浆层)注入选定的注浆材料，材料在一定注浆压力下进行填充、挤密，或发生化学反应后体积迅速膨胀并形成层间填充层，从而达到轨道板及轨道结构抬升、线路平顺性恢复的目的。目前对轨道结构实现注浆抬升的方法主要包括：①在 CA 砂浆层与轨道板间注入修复调整层，实现轨道板标高短时内抬升修复的目的，根据修复调整层材料不同，又可分为板下袋装灌注快硬砂浆法和板下树脂填充法；②在路基各结构层间(如级配碎石基床表层与支承层间)注入高聚物，通过高聚物的挤密、填充、膨胀作用，实现轨道结构短时内精确抬升。路基灌浆加固法适用于在铁路运营条件下，对路基承载力和变形不满足要求的基床及路堤本体进行加固处理，以提高路基强度和变形模量，增加填料的水稳性，增加路基抗渗能力以及控制沉降变形等。对采用砂土、粉土填筑的路基加固效果明显，采用黏性土填筑的路基采用此法应根据现场试验结果确定其适用性。沪杭高铁上该车站的路基沉降最终采用旋喷桩侧挤路基纠偏和注浆的综合方案予以整治。

除了软基沉降，土质不良的其他地段也有可能发生较大的沉降。兰新客运专线某车站因线路两侧微地貌及环境变化，连年降水量偏大，局部排水不畅、表水下渗、市政排水等导致地基土体软化时引起路基沉降变形，沉降区正好位于单渡线道岔区，轨面高程偏差如图 1.63 所示，最大沉降量达到了 120mm；平面偏差如图 1.64 所示，最大偏差达到了 26mm。

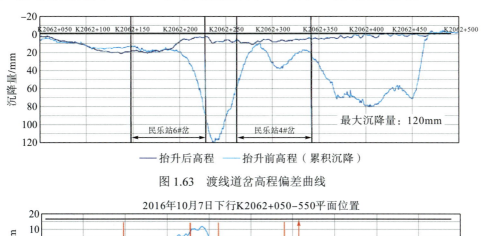

图 1.63　渡线道岔高程偏差曲线

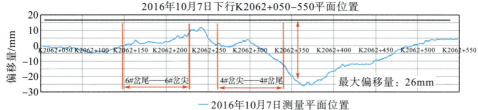

图 1.64　渡线道岔平面偏差曲线

中国铁道科学研究院针对此渡线道岔病害研发了整体纠偏技术：首先将支承层/底座板与基床表层级配碎石界面作为解离面，专门开发了具有快速膨胀性能的高聚物化学解黏剂，其注入底座板后快速膨胀，能将无砟轨道结构平稳抬升，从而显著降低底座板与基床表层间的黏结力，确保轨道结构与高水泥掺量级配碎石层脱离；同时采用气垫抬升法对轨道结构进行抬升，进一步降低了层间摩擦阻力，为纠偏的成功实施创造了条件。然后在道岔转辙机部位设置预应力锚索反力墙，为轨道板和支承层同步移动提供支反力。随后整体纠偏，从偏移量最大处开始并向两侧顺延；根据天窗作业时长，合理分段，按照逐级逐步加载的方式纠偏；纠偏过程中实时监控位移以确保线型，实时监控应力、应变以确保支承层这一最薄弱环节不产生新生裂缝。最后对纠偏完成后的区段进行填充，恢复黏结，当支承层与基床表层间缝隙小于 10mm 时采用高聚物注浆填充，当缝隙大于 10mm 时采用聚合物砂浆填充，不反弹、不回弹聚合物砂浆与高聚物注浆材料界面黏结良好，大于其与级配碎石的界面黏结强度，界面稳定性得以增强。采用该技术，最终实现了该渡线道岔

21.9mm 纠偏量，并实现了在天窗时间内对道岔区无砟轨道进行无损伤纠偏，且有效控制了线型，确保了次日线路的正点开通；纠偏修复后，线路平顺性得到显著改善，无砟轨道动态性能满足动车组高速运行时的安全性和平稳性要求。

(2)过渡段差异沉降。

过渡段是路基工程中最薄弱的环节之一，当刚性结构物(桥梁、涵洞或隧道)与路基之间的沉降差发展到一定程度时，会严重影响行车的平顺性及安全性。路桥过渡段结构一般填筑较高，地基土承受的附加应力较大，导致较大的沉降变形，软弱地基路段尤其如此。此外，路基过渡段作业面通常相对狭小，碾压质量不易控制，使其压实度很难达到设计要求。

例如，广珠城际铁路某框架交通涵、10.86m 高路堤、框架过水涵洞的路涵过渡段发现了高路堤不均匀沉降，采用调高扣件后对该地段进行了精调整治，其中下行线高程调整了 47mm，上行线高程调整了 32mm，且调整量均已达到极限值，不能再继续调整。经监测，该地段仍在继续沉降，高程及平面偏差如图 1.65 和图 1.66 所示，9 个月后，下行线高程绝对最大偏差值达到 23.7mm，平面绝对最大偏差值达到 6.3mm；上行线高程绝对最大偏差值为 17.3mm，平面绝对最大偏差值为 4.8mm。最后，采取了对 CRTS Ⅰ 型轨道板进行抬升并下垫预制砂浆板以抬升轨道至标准标高的整治方案，如图 1.67 所示。

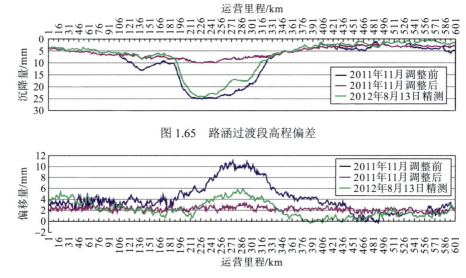

图 1.65　路涵过渡段高程偏差

图 1.66　路涵过渡段平面偏差

(a)轨道板抬升　　　　　　　　　　　　　(b)轨道板灌注后

图 1.67　轨道板抬升整治路涵过渡段沉降

(3)区域沉降。

中国有许多省份存在地面沉降现象,天津等大中城市地面沉降比较严重,主要是由于长期过量开采地下水,引起地表降低。也有土的压实、岩溶塌陷、有机土排水固结、盆地沉积物挤压、构造沉降变形等自然因素引起的地面沉降。京津高铁所在华北地区就存在较严重的区域沉降问题,图 1.68 是京津高铁某地段十年来由轨道控制网测得的地面沉降曲线,累计沉降值为 938.4mm,平均沉降速度约为 7.7mm/月,目前由于地下水回流,沉降速率有减缓趋势,但仍达到了 5.9mm/月;所造成的轨面高程变化如图 1.69 所示。该区域内的不均匀沉降还会造成相邻桥墩间的差异沉降超过 5mm 的限值,该地段桥墩最大差异沉降达到了 126.7mm。

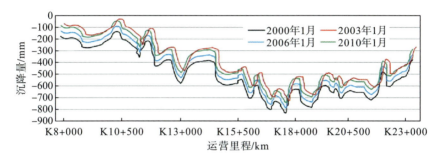

图 1.68　京津高铁某地段地面沉降曲线

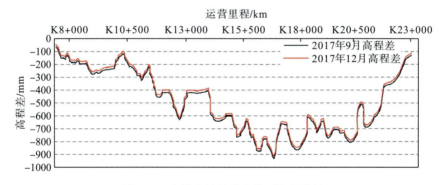

图 1.69　京津高铁某地段轨面高程曲线

为了评估区域沉降对京津高铁几何平顺性的影响,中国铁道科学研究院提出采用 60m 中点长弦逐点(每隔 0.25m)检测的方法,并建议了相应的限值标准,如表 1.8 所示。

表 1.8　中点长弦容许偏差(350km/h)

项目	偏差等级		
	Ⅰ 级	Ⅱ 级	Ⅲ 级
车体垂向加速度/g	0.1	0.15	0.2
60m 长弦高低不平顺/mm	7	11	16
车体水平加速度/g	0.06	0.09	0.15
60m 长弦轨向不平顺/mm	6	9	15

由 60m 长弦评估的京津高铁轨道高低不平顺分布如图 1.70 所示，轨向不平顺分布如图 1.71 所示。控制长波不平顺的舒适度指标（Ⅱ级超限）中高低不平顺限值为 11mm，轨向不平顺限值为 9mm，由图 1.70 和图 1.71 可见，该区段共有 8 个高低超限地段、3 个轨向超限地段；与综合检测列车的评判结果基本一致：无Ⅲ、Ⅳ级偏差，Ⅱ级偏差 2 处，车体垂向加速度最大值约为 0.11g，横向加速度最大值约为 0.06g，无运行安全性指标超限。

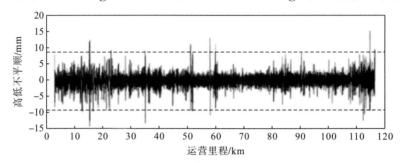

图 1.70　京津高铁某地段 60m 长弦高低不平顺

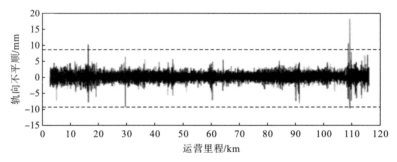

图 1.71　京津高铁某地段 60m 长弦轨向不平顺

对于地面沉降，可以采用 CPⅢ控制网进行水准测量，或采用卫星遥感技术即合成孔径雷达（interferometric synthetic aperture radar，InSAR），两者差异在毫米级，而 InSAR 可以得到空间及时间上的连续测量值。对于轨道不平顺，可以采用沉降长期监测、综合检测列车动态检测、轨检小车静态检测。当沉降量未超出扣件调整范围时，可以采用扣件调整方案；当沉降量超出扣件调整范围时，桥梁地段可以采用整体抬升方案，路基地段可以采用高聚物注浆抬升、路桥过渡段地段的摩擦板区采用调整砂浆层厚度及轨道板注胶抬升的综合整治方法。若沉降量进一步增大，则需要进行平纵断面顺坡、拟合调整。

（4）墩台基础变位。

除了区域性沉降引起的桩基沉降、软土和大面积漏斗沉降区由于地基承载力不足及下卧土层压缩造成的桥梁墩台不均匀沉降，墩台基础变位还包括局部大量抽取地下水及地下水位变化引起的桩基沉降问题、周边堆载和邻近施工引起的桥梁桩基横向变位问题等。

例如，京沪高铁某桥梁曾因邻近施工而出现过墩台基础变位现象，由于在距离 19#桥墩仅 1.2m 处进行高压旋喷桩试桩施工作业，再加上河堤新近堆土，导致该桥墩方向倾斜、桩身挠曲变形，该墩下行端向北京方向纵向偏移 5.2mm，上行端向北京方向偏移 11.5mm，同时桥墩向上行侧横向偏移 23.4mm，轨道平面偏移最大值达到了 25.4mm。采取了更换支座和桥梁墩台纠偏整治方案。

四、中国高速铁路道岔运用状态

CN、CZ 和客运专线系列的高速铁路道岔均有 10 年以上的运营实践。运营考核结果表明,我国高速铁路道岔总体状态良好,但也存在一些可靠性不足、使用寿命偏短的问题,如曲尖轨快速侧磨、钢轨件异常疲劳损伤、轨件组合廓形不良、道岔轨件转换不足位移、胶接绝缘接头轨缝拉开等。

1. 曲尖轨快速侧磨

高速铁路列车密度大,在动车侧向通过频繁的岔位,道岔曲线尖轨侧磨严重。沪宁城际铁路采用客运专线系列道岔,尖轨材质为 U71Mn,自开通以来,18 号道岔曲尖轨发生了较严重的磨耗,尖轨平均寿命约为 18 个月,已更换了多根尖轨。对某车站已下道的顺向出岔道岔曲尖轨(图 1.72)各断面廓形进行测试,顶宽 20mm 处磨耗廓形与设计廓形的比较如图 1.73 所示。

图 1.72　已下道的曲尖轨

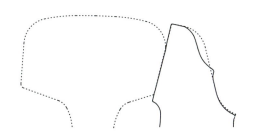

图 1.73　尖轨顶宽 20mm 处磨耗情况

曲尖轨侧磨量随尖轨顶宽的分布规律如图 1.74 所示,尖轨磨耗面积随距离尖端的位置变化如图 1.75 所示,从两图中可见,与区间线路钢轨侧磨不同,道岔曲尖轨侧磨呈现"凸形"非均匀分布,沿道岔纵向先增大后减小,以磨耗面积表征的尖轨磨耗分布规律也是如此。在尖轨顶宽 20mm 断面附近达到最大值,尖轨侧磨量最大值为 3.9mm,磨耗面积最大值为 $59.32mm^2$;距离尖轨尖端 4m 之后,尖轨磨耗逐渐减小,此处尖轨宽度范围为 20~25mm;此外,逆向进岔和顺向出岔的道岔磨耗规律略有不同:逆向进岔时,岔前

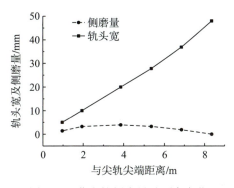

图 1.74　曲尖轨侧磨量随顶宽变化

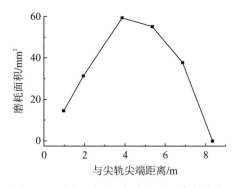

图 1.75　磨耗面积与尖轨尖端距离的变化

为直线，轮对由直线进入曲线，进入道岔后未立即贴靠尖轨，5mm 断面后开始贴靠尖轨轨侧，而顺向出岔时，轮对在曲线内运行，由于轮缘始终贴靠尖轨，尖轨前端磨耗更为严重。

尖轨侧磨量与尖轨顶宽比值随距离尖端的变化如图 1.76 所示，由图可见，尖轨断面越薄弱，磨耗损伤程度越严重，甚至会导致薄弱尖轨发生连续掉块现象。道岔曲尖轨侧磨量的大小和分布主要取决于车辆侧向通过道岔时的动态响应，如轮轨法向力、轮轨蠕滑率及轮轨接触斑大小等，与钢轨材质也有显著关系。为减缓曲尖轨侧磨量，可以采用硬度高的高强钢、硬头轨等；也可采用激光或层流等离子表面强化技术提升其耐磨性；还可以通过优化尖轨顶面轮廓，适当增大轨距角 R13mm 圆弧，以改善轮轨接触状态，如采用 60N 钢轨廓形的曲尖轨；此外，优化曲尖轨的平面线型、改变尖轨侧磨分布规律以避免前端薄弱断面的磨耗，也能提升曲尖轨的使用寿命。

中国铁道科学研究院设计的 27t 轴重 60kg/m 钢轨 12 号固定辙叉单开道岔（图号：研线 1115），采用了相离式直曲组合型尖轨，相离值为 40.8mm，在曲尖轨顶宽 69.8mm 处做半切，相当于尖轨刨切部分全部为直线，对应的尖轨冲击角为 0°41′52″，导曲线为单圆曲线线型，半径为 350m，并在基本轨与尖轨密贴段将基本轨工作边一侧刨切 3mm，增加了尖轨厚度。该道岔将直线尖轨耐磨性好与曲线尖轨弹性可弯及缩短道岔长度的优点结合起来，将产生磨耗的区段转移至轨头宽度 50mm 断面以后，可以避免曲尖轨尖端的过度磨耗及掉块。该道岔在大同南站试铺后，效果非常明显，使用寿命是原曲线尖轨的 3.4 倍，下道尖轨的磨耗分布如图 1.77 所示，由图可见，最大磨耗位置发生在距离尖轨尖端 5~6m 范围内，对应的尖轨轨头宽度为 64~71mm，显著地改变了曲尖轨的磨耗分布规律。直曲组合型尖轨能否用于高速铁路道岔，对侧向行车平稳性的影响如何，尚需进行深入研究。

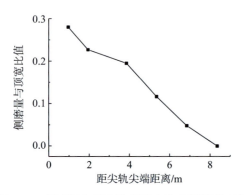

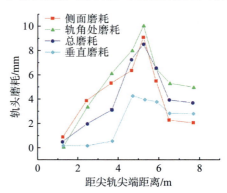

图 1.76　侧磨量与顶宽比值随尖轨尖端距离变化　　图 1.77　直曲组合型尖轨侧磨分布规律

2. 钢轨件异常疲劳损伤

高速列车轴重虽然较轻，但因速度高、振动强烈，作用在道岔结构上的荷载依然较大，会导致道岔各部件产生疲劳损伤。中国高速铁路道岔的疲劳损伤主要有以下几种类型。

1）直尖轨非工作边水平裂纹

2016 年，中国高速铁路上发现了少量高速铁路道岔直尖轨非工作边存在纵向水平裂纹，裂纹主要出现在顶面宽度 30~50mm 区段非工作边、钢轨顶面下 2~8mm 处，呈水平、纵向分布，裂纹深 3～11mm，裂纹长度 100～3000mm，裂纹位置及形状如图 1.78 所示。该裂纹属于疲劳损伤，正常情况下，应在道岔使用时间和累计通过总重达到一定程度后才可能产生，但目前集中出现的直尖轨水平裂纹产生时间过早，数量较多。

(a)裂纹位置　　　　　　　　　　　　　　(b)裂纹形状

图 1.78　直尖轨非工作边水平裂纹

　　这些直尖轨水平裂纹涉及 CN、CZ 和客运专线所有系列的道岔类型、所有高速铁路道岔制造企业，以及 U71Mn、U75V 和 R350HT 三种尖轨材质及 60AT1、60AT2、60AT3 三种尖轨轨型，还涉及有砟轨道及无砟轨道、多条高速铁路、多个铁路局等。从裂纹跟踪情况来看，直尖轨非工作边水平裂纹呈发展态势，长度发展较快，深度和宽度变化较慢。损伤直尖轨大多经过了打磨，工作边轨距角圆弧处打磨较多，造成轮轨接触斑移至非工作边尖角处，如图 1.79 所示。

　　经分析，直尖轨非工作边水平裂纹的原因主要是：为追求列车过岔时的高平稳性，对直尖轨工作边一侧的过度打磨改变了轨头原始廓形，如图 1.80 所示，该打磨廓形的优点是可以使轮轨接触点向基本轨移动，减少横向蠕滑力，有利于行车平稳。以尖轨顶宽 35mm 断面为例，计算得到设计廓形与打磨廓形的轮轨接触剪切应力比较如图 1.81 所示，由图可见，打磨后轮轨接触剪切应力最大值已由接触表面下移至尖轨内部，同时剪切应力峰值（约为 224MPa）移到距离非工作边水平距离 5～8mm 处，直尖轨轨头非工作边水平剪切应力的异常增大是导致直尖轨纵向水平裂纹产生和扩展的原因。

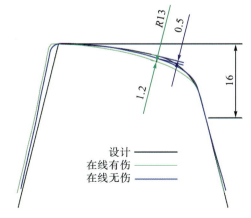

图 1.79　出现裂纹的尖轨顶面光带　　　　图 1.80　直尖轨顶宽 35mm 处轮廓比较(单位：mm)

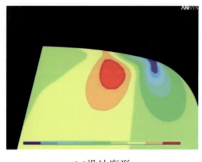 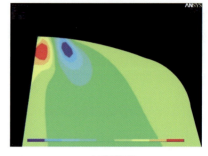

　　　　　(a)设计廓形　　　　　　　　　　　　　　　　(b)打磨廓形

图 1.81　直尖轨顶宽 35mm 处轮轨接触剪切应力比较

对于深度较浅的轻微表面裂纹,可以通过打磨予以消除,经探伤确认后继续使用;裂纹较深的尖轨按轻重缓急程度更换下道;为保持道岔尖轨合理的廓形,将尖轨轨头宽度小于 50mm 的区段设置为大机打磨受限区,并进一步研究该区段的合理打磨技术;为避免和消除直尖轨非工作边出现应力集中,对直尖轨轨头宽 20～50mm 区段非工作边与轨顶交角进行倒 R3mm 圆弧处理,分析表明这有利于减缓接触应力。

2) 道岔钢轨表面鱼鳞伤

由于车辆过岔时的频繁制动/启动,沿轨面产生较大的切向力,加之轮轨法向力共同作用,轨面出现与水平面呈一定角度的疲劳裂纹,即鱼鳞伤,如图 1.82 所示,轨距角 R80mm 附近出现的裂纹深度可以达到 5mm,进一步发展,将会出现如图 1.83 所示剥离掉块。现场发现各种类型的道岔均发生有不同程度的鱼鳞伤,该损伤主要发生在尖轨尖端附近的基本轨、尖轨及心轨整断面以后部位、导曲线及辙叉咽喉等位置的轨距角位置,而在磨耗量比较大的部位,因钢轨磨耗能够消除较小的疲劳裂纹,鱼鳞伤较少见。

图 1.82　道岔钢轨鱼鳞伤　　　　　　　　　　图 1.83　道岔钢轨剥离掉块

鱼鳞伤属于典型的滚动接触疲劳(rolling contact fatigue,RCF),与轮轨接触状态、钢轨材质等因素有关。采用人工打磨可以有效去除道岔心轨鱼鳞伤、掉块,打磨后效果良好,但 6 个月后又会出现反复现象,并不能彻底解决鱼鳞伤、掉块病害,此问题有待于深入研究并提出有效的整治措施。

3) 道岔轨件非接触疲劳损伤

若钢轨上存在疲劳源,如焊接接头缺陷、螺栓孔未倒棱留下的毛刺及微细裂纹、轨底磕碰伤痕、机加工刀痕及金属相变为马氏体组织等原因均有可能在列车疲劳荷载作用下而导致裂纹发生和扩展。武广高铁某车站 18 号道岔曾发生过曲基本轨折断现象，如图 1.84 所示，断缝位于岔枕滑床台板与曲基本轨轨底着力点处，如图 1.85 所示。该道岔曲基本轨使用的是 R350HT 钢轨(在线热处理)，强度为 1175MPa，硬度为 350～390HBW，开通运营后不足两个月即发生断裂。

图 1.84　曲基本轨折断　　　　　　　图 1.85　滑床台板在轨底上的压痕点

金相分析表明，曲基本轨内侧与滑床台板接触的轨底角是断裂的起始位置，曲基本轨轨底角下表面在残余应力、温度拉应力和动弯应力的共同作用下，应力最大处萌生疲劳裂纹，并逐渐扩展。轨底角上表面与滑床台板的接触应力加速了疲劳裂纹的萌生和扩展，同时使表面产生塑性变形，萌生上表面疲劳裂纹。两疲劳裂纹扩展并汇合后开始快速向轨腰及轨头方向脆性扩展，导致钢轨横向断裂。

为降低基本轨内侧轨底角附近的局部应力，新铁德奥道岔有限公司制造厂家修改了滑床台板结构设计，将支承点由两个增加为四个，如图 1.86 所示，使用过程中再未出现过基本轨折断的现象。但是，经过近十年的运营，在尖轨振动冲击、拍打等作用下，滑床台板支承点处的基本轨轨底仍出现了较为明显的压痕，如图 1.87 所示，压痕最大深度已达1.2mm，该压痕是不是疲劳裂纹源，尚需做深入的分析和评估，在运营中需加强基本轨探伤和检查，必要时需安装钢轨裂纹监测系统。

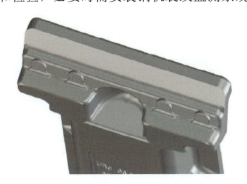

图 1.86　滑床台板的四个支承点　　　　　图 1.87　基本轨上的四个压痕点

4) 道岔零部件疲劳损伤

CZ 系列道岔发生过多起滑床台板断裂现象，如图 1.88 所示，断裂部位在滑床台板卡住基本轨的内侧下颚部位，断口的发生位置是从滑床台板上表面发生，开始向下发展，最终发生断裂，表明该滑床台板承受着向上的弯曲荷载。通过加厚加宽滑床台板，以提高其承载能力予以整治。

CN 系列道岔的可动心轨为整体锻造结构，后端和长短心轨焊接，为避免心轨与翼轨动态高差发生变化，心轨下设置了防跳下拉装置。在运营过程中，该下拉装置固定设备发生了多起折断现象，如图 1.89 所示，导致下拉装置防跳功能失效。分析表明，裂纹起始于固定装置的内壁，受下拉装置工作时产生的拉应力反复影响，并承受车轮冲击荷载的间接作用，在应力集中处萌生疲劳裂纹，裂纹扩展后发生脆性断裂。经动测试验，取消下拉装置后对行车平稳性和安全性未造成影响，因而在中国高速铁路全部停用了该下拉装置。

图 1.88　CZ 系列道岔滑床台板折断

图 1.89　CN 系列道岔心轨下拉装置挂钩折断

CN 系列道岔还发生了多起翼轨轨撑 T 型螺栓折断(图 1.90)和弹簧垫圈断裂现象；也发生过叉跟尖轨第一根螺栓断裂和间隔铁螺栓折断现象，如图 1.91 所示。这些部件损伤与该道岔侧向过岔时翼轨横移量值过大、轮轴横向力偏大有关，表明侧向过岔时该道岔结构稳定性略显不足、各部件强度储备不高，需要优化结构设计、提高部件强度予以整治。

图 1.90　CN 系列道岔 T 型螺栓折断

图 1.91　CN 系列道岔联接螺栓折断

3. 轨件组合廓形不良

高速列车直向或侧向通过道岔时，尖轨及可动心轨会贴靠基本轨、翼轨以引导车轮运行，紧密贴靠在一起的尖轨与基本轨、心轨及翼轨会形成钢轨组合廓形以实现轮轨接触，但尖轨与基本轨(或心轨与翼轨)的降低值、相对位移及各自的廓形等均会影响动态情况下的组合廓形，继而影响轮轨接触行为及列车过岔时的运行平稳性。

1) 道岔尖轨降低值偏差

某车站铺设的 CN 系列 42 号道岔曾出现过较严重的动车组直向过岔晃车现象，CRH2

型列车以 350km/h 速度直向通过该道岔时，车体横向加速度最大值达到了 0.22g，超过了《高速铁路无砟轨道线路维修规则》中规定的Ⅳ级标准，人体感觉"晃车"非常明显。综合检测列车通过道岔时显示晃车地点位于转辙器部分，如图 1.92 所示。

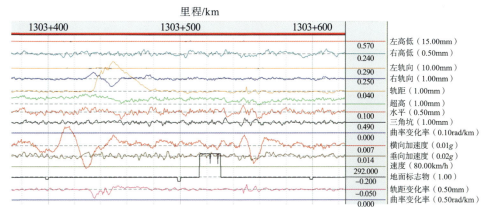

图 1.92　动检车过岔时检测波形

全面检查发现，该道岔直尖轨降低值偏差过大，尖轨实际轨顶面低于设计轨顶面，最大偏差值达到了 2.3mm，如图 1.93 所示，造成尖轨受力过小，轮轨垂向力不能及时从基本轨转移到尖轨上。按照设计意图，列车逆向过岔时，尖轨在轨头宽度 20mm 断面开始部分承受轮轨垂向力，在 40~50mm 断面承受全部轮轨垂向力，而现场光带显示，尖轨顶面宽约 35mm 处才开始部分承受轮轨垂向力，在 40~50mm 断面未能承受全部轮轨垂向力，致使列车直向进入尖轨时，尖轨侧车轮滚动半径小，列车轮对和车体急剧向尖轨侧偏移，造成"晃车"。在尖轨下加铁垫片（图 1.94）以抬高尖轨并进行实车试验，发现尖轨降低值恢复至原设计后，动车组直向过岔时的晃车现象消失，也验证了上述分析结论。

为解决该问题，必须保证该道岔尖轨与基本轨的顶面高差不出现较大的偏差，因而需要将过低的尖轨抬升，或者将过高的基本轨降低。共有三种技术方案：更换不同厚度基本轨轨下橡胶胶垫；在尖轨底与滑床台之间垫入一定厚度的特制铁垫片；调整各岔枕上整体滑床台板的厚度。最终采用增加滑床台板厚度的方法将该病害予以整治，如图 1.95 所示。

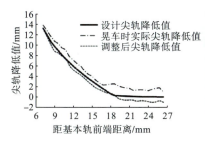

图 1.93　CN 系列道岔尖轨降低值偏差　　图 1.94　加铁垫片抬高尖轨　　图 1.95　增厚滑床台板抬高尖轨

2) 尖轨顶面轮廓不良

客运专线 42 号道岔也曾出现了动车组直向过岔晃车现象，人工添乘仪多次报警，同时出现了车载添乘仪三级报警信息。人体能明显感受到车体有横向摆动，车体摆动范围在尖轨尖端至尖轨轨头宽 50mm 范围内，摆动方向为先朝向直基本轨一侧，后返回曲基本轨一侧，而且该组道岔晃车方向和由于尖轨降低值偏大引起的晃车方向完全相反。

中国铁道科学研究院在现场布置了 35 个激光位移传感器，如图 1.96 所示，以测试动车组各车轮通过道岔时在不同位置处的横移情况。测试结果如图 1.97 所示，发现轮对直逆向进入道岔后，首先向曲基本轨侧轻微偏移，然后快速向直基本轨侧偏移，幅值达 8mm，这可能是诱发车体异常晃动的主要原因。

图 1.96　激光位移传感器

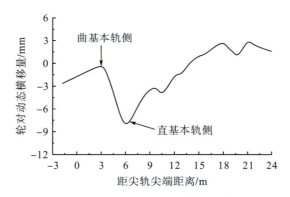

图 1.97　车轮直逆向过岔时横移情况

经检测和分析，发现尖轨降低值出现负差，尖轨高于设计位置；轨顶轮廓在轨距角位置加工偏差大，导致轮轨接触点位于轨距角处，偏向车轮轮缘方向，如图 1.98 所示，顶宽 35mm 处轨距角高于设计位置，可能是由机加工偏差所致。轮轨接触特点导致列车直逆向通过道岔时，直尖轨提前和车轮接触，直尖轨一侧车轮滚动半径大于直基本轨一侧，轮对偏向滚动半径较小一侧（直基本轨侧），从而带动车体向直基本轨侧晃动，这也和添乘列车时的人体感受一致。

采用大型打磨车和人工打磨配合作业，将尖轨轨肩打磨以恢复原设计轮廓，打磨范围为直尖轨 15～70mm 区段，轨距角位置钢轨需打磨 1～2mm。激光位移传感器测得车轮横向位移摆动幅度明显减少，如图 1.99 所示，车体横向加速度也会显著降低。可见，控制道岔钢轨组合轮廓的加工精度是十分必要的，同时也需要通过道岔区轮轨系统动力学仿真来定量分析偏差的影响，并确定出制造、组装和铺设容许偏差值。

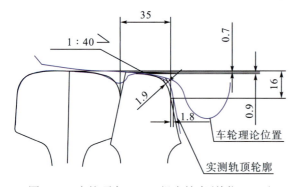

图 1.98　尖轨顶宽 35mm 组合轮廓（单位：mm）

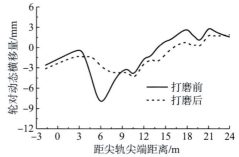

图 1.99　打磨前后车轮横向位移

4. 道岔轨件转换不足位移

客运专线系列 18 号道岔尖轨跟端至第三牵引点距离较长，尖轨转换到密贴状态时，经常不能转换到位，该现象俗称不足位移。不足位移的存在往往引起尖轨朝向线路中心方向的轨向和轨距偏小，常见的尖轨不足位移为 2～5mm，在静态检查中可以发现，尖轨不足位移会影响道岔平顺性，但一般不影响动车直、侧向过岔时车体加速度和平稳性。严重时负轨距最大值达到-8mm，引起该段轨向明显不良，影响了道岔平顺性和过岔平稳性。分析产生的原因，可能有：钢轨件本身矫直精度不足，初始就有不足位移；尖轨发生变形，减摩辊轮调整不到位；道岔尖轨可弯段过长，因摩擦力过大而转换不到位；尖轨跟端设置的间隔铁、限位器等传力部件导致尖轨侧拱变形等。在尖轨最后一个牵引点与跟端间安装西南交通大学研制的不足位移调节杆，可以消除该病害。

可动心轨辙叉在心轨搬动过程中，也会出现转换不足位移和轨距负公差。分析原因可能有辙叉制造组装精度不足、铺设时心轨位置出现偏差、预设反拱回弹消失等。目前尚无有效的解决措施，只能采取严格制造工艺以控制心轨宽度偏差、铺设时校核曲线支距以保证心轨处于正确位置、现场矫直顶弯心轨等措施以减缓心轨的转换不足位移。

5. 胶接绝缘接头轨缝拉开

道岔通常需要在侧股设置胶接绝缘接头以满足轨道电路的要求，该接头大部分在道岔厂内制作，也有少量接头在现场胶接。客运专线系列的道岔曾发生了部分胶接绝缘接头轨缝拉开的现象，如图 1.100 所示，最大轨缝达到了 7mm，动车组车轮高速通过时会发生强烈的冲击作用，以轴箱加速度响应表示的轨道冲击指数在道岔区的量值较大，如图 1.101 所示。

图 1.100 胶接绝缘接头轨缝拉开

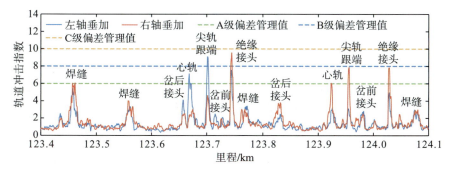

图 1.101 道岔区轨道冲击指数

分析道岔区胶接绝缘接头轨缝拉开的原因，可能是厂制接头质量问题，在制作过程要注意钢轨除锈、使螺栓扭矩达到要求，铺设时应在容许轨温范围内焊接，以保证胶接绝缘接头不承受过大的纵向温度力。

第三节 高速铁路道岔设计、分析理论及发展方向

高速铁路道岔是高速铁路建设与运营维护的核心装备之一。在高速铁路道岔的研制过程中，需建立其动力学分析理论，解决轮轨关系、轨道刚度、部件强度及车岔耦合振动等动力学问题；提出无缝道岔计算方法，解决跨区间无缝线路、桥上无缝道岔的设计与铺设等适应性问题；建立道岔转换计算理论，优化牵引点布置，提出减摩措施，解决转换卡阻、不可靠锁闭等可靠性问题。为验证高速铁路道岔系列设计理论的正确性及其工程应用的有效性，还需通过仿真评估、室内关键部件及参数测试、现场实车试验的验证，进而用于指导高速铁路道岔的设计、制造、运输、铺设与维护。近十年的运营实践表明，随着服役周期的延长，轮轨系统状态会不断劣化，出现前述的各种病害，虽然没有影响行车安全，但会干扰正常的运营秩序，增加养护维修的人力、物力投入。据统计，高速铁路道岔转换设备故障占电务设备总故障的 45%、道岔结构故障占工务设备总故障的 28%、道岔状态检查工时占线路工区总工时的 50%以上、道岔维护费用占工务设备维护总费用的 20%以上。因此，在高速铁路道岔服役过程中，还需要深化完善道岔动力学分析理论，建立部件疲劳强度分析理论，弄清高速铁路道岔性能劣化规律，探明各种病害对行车平稳安全性的影响规律及发生的机理与解决措施，预测各零部件的剩余寿命，探索高速铁路道岔检查新技术及维护新材料、新工艺，解决高速铁路道岔故障频发、检查费时、维修工作量大等服役耐久性问题。高速铁路道岔设计、分析理论体系如图 1.102 所示。

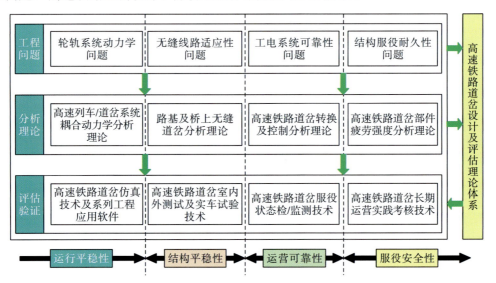

图 1.102 高速铁路道岔设计、分析理论体系

一、高速列车-道岔系统耦合动力学分析理论

高速列车-道岔系统耦合动力学分析理论的基本思想是，将机车车辆系统和道岔系统视为相互作用、相互耦合的总体大系统，考虑道岔区轮轨之间复杂的多点接触关系，综合研究列车过岔时的动态运行行为以及对道岔区轨道结构的动力作用。

国内外有多名学者研究了道岔区内复杂的轮轨接触关系、车岔相互作用等，如 Schupp 等[37]研究了道岔区轮轨多点接触在多体动力学仿真中的实现方法；Kassa 等[38]基于多体动力学软件 GENSYS 建立了列车-道岔系统耦合动力学模型，研究关键参数随机输入情况下系统的动态响应；Kassa 等[39]提出能够计算列车-道岔中频动态响应的数学模型，模型中考虑变截面钢轨及弹性轨道，并且通过现场试验实测数据验证了模型的正确性；Pletz 等[40]利用有限元法建立了单轮滚动通过辙叉时的动态模型；Sebes 等[41]运用多点赫兹接触理论建立了道岔区的轮轨接触模型，结合多体动力学理论，分析了列车通过可动心轨道岔时的接触斑位置、接触应力及等效应力等动态响应。国内，作者及其团队基于轮轨系统动力学，结合道岔区轨道结构自身特点，研究了道岔区多点轮轨接触关系，率先建立了列车-道岔系统耦合动力学分析理论；陈嵘[42]建立了完整的列车-道岔-桥梁耦合振动模型，计算分析了列车通过桥上道岔时系统的振动响应，并进行了试验验证；全顺喜[43]分析了随机不平顺及实测不平顺对道岔区轮轨耦合振动的影响，提出了道岔区几何不平顺的控制限值和调整方法等。

过去，普速铁路道岔的设计侧重于平面线型设计，主要采用基于质点运动的基本参数法设计、准静态部件强度检算、现场实车验证的方法。在高速铁路道岔设计中，采用的是基本参数法设计、列车道岔系统动力学评估、部件动力强度检算、现场实车试验验证的方法。列车道岔系统动力学分析理论已在道岔平面线型设计、道岔区轮轨关系低动力优化、道岔区轨道刚度合理匹配、可动轨件平稳转换分析、道岔区几何不平顺控制、道岔钢轨件合理选型选材、桥上道岔的合理布置、零部件制造及铺设误差制定等方面得到了成功应用，并经受住了长期运营的考核。但是该理论仍存在两个方面的局限：一是稳态滚动接触假设，前期建立起来的列车道岔系统动力学分析理论基于 Kalker 的线弹性、半空间、理想几何的稳态滚动接触假设，用于道岔区的尖轨非工作边局部异形接触、轨距角共形接触、轮背接触等非理想几何及有限空间多点接触时存在着较大的偏差，更无法用于尖轨颤动、道岔区波磨及擦伤、焊缝局部不平顺、多边形车轮等高频振动情况下的瞬态滚动接触行为分析，需要建立和发展道岔区瞬态滚动接触分析理论；二是多刚体系统的中低频振动假设，有效分析频率不超过 1500Hz，满足了设计阶段几何不平顺及过岔接触转移引起的列车-道岔系统中低频耦合振动分析，无法用于短波不平顺激励下道岔区中高频振动特性分析及过岔安全性、平稳性评估，因此不能为服役阶段轮轨接触界面演化、部件损伤、无砟轨道基础劣化分析提供理论支撑，需要进一步发展列车道岔系统刚柔耦合动力学分析理论。高速列车-道岔系统耦合动力学分析理论的发展历程如图 1.103 所示。

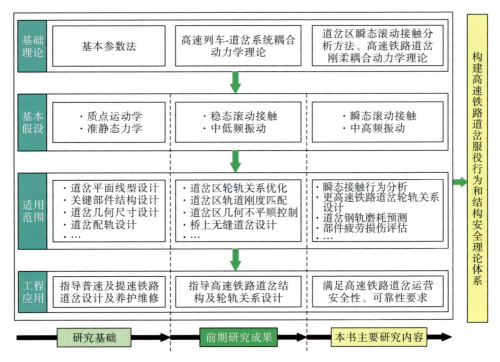

图 1.103　高速列车-道岔系统耦合动力学分析理论发展历程

　　由于中国高速铁路建设里程长，高速铁路道岔铺设时遇到的特殊情况多，如各种类型的无砟轨道基础上、各种类型的桥梁及不同结构物过渡段上、不同年的轨温差地区、不同坡道上铺设高速铁路道岔等，导致前几年有关高速铁路道岔无缝化的研究比较活跃。作者及其团队[44]建立了可动心轨无缝道岔钢轨温度力与位移的分析模型和计算方法，分析了不同阻力参数的影响，此外，通过建立无缝道岔群计算模型，结合道岔区轨道结构的特点，分析了不同线路阻力值、线路阻力退化等对无缝道岔受力变形的影响[45]。杨荣山[46]进行了桥上无缝道岔纵向力试验验证研究，对道床阻力、基本轨伸缩力及尖轨伸缩位移等进行了系统测试，建立了桥上无缝道岔 1：3 缩尺模型，研究了多种桥梁结构形式与无缝道岔的相互作用关系。国内其他研究单位也在此方面做了许多贡献，如三浦重等[47]通过道岔纵向力试验，用导轨与基本轨位移差值表达两者之间的传力约束，提出了无缝道岔温度力与位移的计算模型和计算方法；卢耀荣[48]运用两轨相互作用原理，根据实测线路阻力给出了阻力-位移表达式，并提出了无缝道岔纵向力计算方法；刘衍峰等[49]基于力图叠加原理，提出了可考虑非线性的无缝道岔当量阻力系数计算方法；蔡成标等[50]考虑了道床阻力随岔枕长度的变化及基本轨与导轨之间的相互作用，提出了无缝道岔多轨相互作用计算方法；李秋义等[51]将广义变分原理应用于无缝道岔的计算分析，将岔枕视为有限长 Winkler 弹性地基梁，提出了一种计算无缝道岔钢轨附加温度力与位移的方法等。

　　路基及桥上无缝道岔分析理论详细研究了无缝道岔扣件、轨下基础及传力部件在温度力传递中的作用、钢轨温度力对其横向变形的影响、多组道岔群的温度力相互作用、桥上铺设无缝道岔时的岔桥相互作用等，指导了高速铁路道岔扣件阻力、锁闭机构容许尖轨及心轨伸缩位移等设计参数确定、传力部件结构设计、桥梁结构及岔桥相对位置设计，并得到了中国高速铁路上铺设的各种类型无缝道岔的纵向力与变形测试验证。但是，目前在无缝道岔伸缩变形仿真计算或试验研究中，均仅考虑了年或日的最高轨温或最低轨温时无缝道岔的受力变形特点，未考虑轨温变化过程中的累积效应，同时尚未见能够准确描述循环弹塑性变形特性的线路阻力模型。高速铁路道岔无缝化设计方法的深入发展将主要着眼于复杂环境条件(极端气候下列车荷载与温度荷载的叠加效应，以及扣件、散粒体道床、限位器、间隔铁的非线性与塑性阻力特性)下路基-桥梁上无缝道岔状态演变机制与规律，研究考虑轨温循环变化的无缝道岔多轨累积受力与变形的求解方法，建立起无缝道岔性能演变预测模型，并基于路基-桥梁上无缝道岔状态对行车安全性和平稳性的影响规律，提出其各项性能劣化指标的评判标准及允许限值。

二、高速铁路道岔转换及控制分析理论

高速铁路道岔的转换锁闭结构应具有转换、锁闭、表示三项基本功能。道岔转换是为了引导机车车辆由一条线路进入另一条线路，需要借助转换设备扳动可动尖轨或心轨，实现道岔开向的改变。道岔锁闭是在道岔转换后，借助转换设备锁闭道岔，保证尖轨或心轨与基本轨或翼轨稳固密贴的功能。道岔状态显示是为了确保行车安全，在道岔转换后，转换设备具有显示道岔定位(直尖轨贴靠曲基本轨)或反位(曲尖轨贴靠直基本轨)的功能。高速铁路道岔转换分析理论是研究牵引点处的转换力、长大轨件的变形反弹力、尖轨(心轨)与基本轨(翼轨)贴靠时的密贴力、滑床台板的摩阻力的共同作用下，高速铁路道岔长大尖轨及可动心轨在转换过程中的受力与变形行为。

道岔转换分析理论是道岔结构设计中不可或缺的支撑工具，对此问题早已开展相关研究。例如，日本高速铁路道岔设计中，考虑转辙连杆至固定端距离、可动部件长度及转换动程等参数，采用解析方法进行转换力的简化计算[52]；文献[53]对 12 号单开道岔的转换设计进行了优化研究并基于优化结果开展了尖轨转换试验；考虑心轨的变截面特性，文献[54]应用有限元法进行了尖轨和可动心轨的转换设计计算分析；文献[55]将可动轨件划分成若干段等截面梁，基于复合梁弯曲理论建立了转换计算模型，计算了不同摩擦系数条件下的板动力及不足位移，用于指导牵引点布置及动程设计优化；文献[56]基于变分形式的最小势能原理，提出了单肢和双肢弹性可弯心轨扳动力及不足位移计算方法；文献[57]建立了高速铁路道岔尖轨及心轨牵引转换计算模型，对尖轨及心轨牵引点板动力及不足位移进行了分析。

前期建立的转换计算理论分析了尖轨及心轨牵引点布置、滑床台板摩擦系数、牵引点动程等因素对转换力、不足位移的影响，指导了高速铁路道岔转换结构、侧向高速铁路道岔双肢弹性可弯心轨辙叉结构、减缓不足位移的预设反拱结构、减摩滑床台板结构、同步转换控制等设计，基本解决了复杂运营条件下无缝道岔因伸缩而产生的转换卡阻问题，但尖轨和心轨转换不足位移、实际转换力与理论计算值差别较大等问题在高速铁路道岔服役中仍时有出现。究其原因是既有道岔转换计算分析主要面向设计，未综合考虑制造、组装、运输、铺设及复杂运营条件下的道岔实际状态与设计图纸之间的差异以及工电系统的协同工作。此外，虽然道岔转换设备零部件在结构设计中考虑了较高的强度储备和较大的安全

系数，但在运营过程中仍出现了个别部件的疲劳断裂，引发道岔故障。因此，道岔转换分析理论一方面要考虑转换设备各部件在转换锁闭中的运动及工作状态，从工电系统的角度来研究长大轨件的转换行为，以便更有针对性地提出转换不足位移解决措施；另一方面要建立车-岔-转换系统动力学分析模型，研究转换设备部件在服役中的动态疲劳行为。

三、高速铁路道岔部件疲劳强度分析理论

在完成高速铁路道岔平面线型、结构选型、牵引转换等总图设计工作，以及轮轨关系、轨道刚度、无缝化等分部工程设计工作后，还要基于工电一体化设计理念开展钢轨件、转换设备、扣件系统、轨下基础、联接零件等部件的强度分析设计。高速铁路道岔部件强度分析理论是在确定的设计荷载条件下，检算各部件承载时的应力应变、变形位移和稳定性等指标是否满足设计要求，从而指导结构设计及材质选择，是随轨道结构设计理论的发展而发展的，在普速铁路道岔设计中主要基于连续支承或点支承弹性地基梁理论确定出各部件的准静态设计荷载，在高速铁路道岔设计中主要提取列车道岔系统中的动态荷载作为检算荷载。

国内外关于道岔部件强度分析方面的研究较多，如文献[58]应用轮轨系统动力学理论建立了钢岔枕模型，分析了钢岔枕轨道病害产生的原因并提出了改进措施；文献[59]建立了高速铁路道岔新型护轨垫板结构实体有限元分析模型，通过计算分析优化了垫板结构尺寸；文献[60]针对心轨、翼轨及锁钩等部件提出了多种优化方案，并进行了准静态荷载作用下外锁闭机构强度分析和可动心轨动扭转分析；文献[61]提出了尖轨廓形的优化设计方法，以接触应力和能量耗散为优化目标，应用遗传算法求解得到 Pareto 最优解，并且用列车-道岔动态相互作用分析来评价尖轨廓形；文献[62]根据列车-道岔动态相互作用分析得到轮轨力和蠕滑率大小，同时考虑材料棘轮效应求解出在循环荷载作用下尖轨廓形的累积塑性变形，为道岔几何尺寸优化提供了理论依据；文献[63]分析了转辙器部分扣件系统的受力情况，研究了扣件刚度匹配情况对车辆过岔安全性的影响，给出了较优的扣件刚度取值及匹配方式；文献[64]基于列车-道岔耦合系统动力学模型，研究了不足位移、顶铁离缝及过岔速度等对尖轨和心轨转换锁闭结构受力的影响，并建立了道岔区轮轨接触弹塑性有限元模型，分析了轨底坡及轨距角半径对轮轨接触应力的影响，并给出了较优的轨底坡及轨距角半径取值；文献[65]根据多重叠合梁模型，运用有限元法对无砟道岔轨下基础受力和变形特性进行了分析，为无砟道岔道床的设计提供了参考。

由于道岔结构材料的多样性、结构分布的空间效应、服役过程的长时效应、多场多因素的耦合效应、结构损伤的多尺度效应，道岔各类损伤多次出现，应基于道岔区动态轮轨关系和道岔区轮轨接触疲劳与磨损的关系，探索道岔结构损伤与性能劣化的规律。道岔区轮轨剧烈横向冲击的仿真分析及试验验证技术亟待提升。应加强现场试验与理论分析的结合，获取可动心轨道岔疲劳荷载谱，建立道岔疲劳累积损伤模型，开展服役寿命评估方法的研究。此外，基于服役过程中道岔结构疲劳关键部位的动态损伤与安全服役监控参数指标，开展高速行车条件下道岔动态损伤、安全服役性能监控系统、工电设备健康管理系统研究也是当前的研究热点之一。

四、高速铁路道岔设计评估及验证技术

在高速铁路道岔研制过程中,基于上述理论与仿真技术建立了一套列车过岔安全评估技术体系,包括列车过岔安全性、平稳性与舒适性评价指标,道岔结构稳定性与可靠性评价指标,道岔动力学性能优化设计评估方法等。但高速铁路道岔设计中的各种计算理论,都是以一定的力学模型及给定的荷载参数和道岔区轨道参数为前提,其计算结果只能反映一定的道岔结构在给定运营条件下各种效应值的大致水平和量级。大量室内和现场实车试验结果才能验证理论结果的正确性,并不断优化理论参数,提高其适用性,从而实现对高速铁路道岔设计、制造、铺设与维护的科学指导,保障高速列车过岔的安全性和舒适性。

文献[66]开发了道岔区轮对横移量测试系统,在合宁线对引进的法国技术道岔进行了道岔区轮对横移量测试,验证了道岔动力学理论的正确性;文献[67]通过对胶济线 18 号道岔进行试铺和动测试验,包括 CRH 动车组、提速客车以及货车直向和侧向过岔的动力测试,验证了道岔具有较高的安全性和列车运行平稳性;文献[68]针对岔区轨道刚度合理取值及均匀化技术、尖轨降低值优化技术、转辙器运动学轨距优化技术、侧线线型设计技术对动车组高速直/侧向过岔平稳性的影响进行了试验研究;文献[69]利用测力轮对测试了车辆直/侧、顺/逆向通过道岔时的横向和垂向轮轨力,研究了过岔速度、过岔方向等对轮轨力最大值及位置的影响,验证了列车-道岔动态相互作用计算模型的正确性;文献[70]利用综合检测车上安装的轴箱垂向振动加速度测试仪,提出了振动响应快速检测法和轨道短波不平顺冲击指数等评价指标,根据振动加速度测试数据来判断道岔区钢轨擦伤、波磨、焊缝不平顺情况。

高速铁路道岔一般体量大,部件多,且有许多隐蔽部分,既有的检测方法存在应用条件限制和工作效率较低的缺点。目前,高效模块化、数字化的结构动力响应量测技术已为高速铁路道岔动力学性能测试提供了坚实有效的技术支持。依据高速铁路道岔结构的模态参数(如自振频率和振型)和物理参数(如刚度和阻尼)来定性和定量地判别结构状态的改变是当前本领域的前沿热点之一,而道岔区轮轨接触行为的试验研究仍较为少见。

本 章 小 结

道岔是实现列车转线或跨线运行必不可少的轨道设备,是影响行车平稳性与安全性的关键基础设施,是我国高速铁路建设中的关键技术之一。本章首先对高速铁路道岔的类型、高速铁路道岔的性能要求与设计理念进行了介绍,然后从中国高速铁路长期运营面临的挑战、高速铁路动车组、轨道结构、无砟轨道及道岔的运用状态等方面详细介绍了中国高速铁路道岔在实际运用中存在的问题,最后从高速列车-道岔系统耦合动力学分析理论、高速铁路道岔转换分析理论及部件强度分析理论等方面对高速铁路道岔的设计、分析理论及发展方向进行了简要介绍。

参 考 文 献

[1] 王平. 高速铁路道岔设计理论与实践[M]. 成都: 西南交通大学出版社, 2011.

[2] 王平, 陈嵘, 徐井芒, 等. 高速铁路道岔系统理论与工程实践研究综述[J]. 西南交通大学学报, 2016, 51(2): 357-372.

[3] Esveld C. Modern Railway Track[M]. 2nd ed. Zaltbommel: MRT-Productions, 2001: 338-339.

[4] 周清跃, 刘丰收, 田常海, 等. 高速铁路轮轨形面匹配研究[J]. 中国铁路, 2012, (9): 33-36.

[5] 周清跃, 张银花, 刘丰收, 等. 高速铁路道岔钢轨材质及强度等级选用研究[J]. 中国铁路, 2017, (8): 5-9.

[6] 徐凯, 李芾, 安琪, 等. 高速动车组车轮踏面磨耗特征分析[J]. 西南交通大学学报, 2021, 56(1): 92-100.

[7] 马晓川, 王平, 徐井芒, 等. 基于LM$_A$型面磨耗车轮与60N钢轨匹配的高铁车辆动力学性能分析[J]. 中国铁道科学, 2018, 39(1): 93-99.

[8] 刁晓明, 朱韶光, 董孝卿. 武广客专动车组车轮磨耗及振动性能跟踪研究[J]. 铁道机车车辆, 2013, 33(2): 1-6.

[9] 董孝卿, 王悦明, 倪纯双, 等. 服役动车组车轮踏面等效锥度运用管理研究[J]. 铁路技术创新, 2015, (2): 83-87.

[10] 王悦明. 轮轨等效锥度对服役动车组运行安全影响研究[C]. 动车、客车学术交流会, 2012: 29-33.

[11] 周清跃, 田常海, 张银花, 等. CRH$_3$型动车组构架横向失稳成因分析[J]. 中国铁道科学, 2014, 35(6): 105-110.

[12] 李志刚, 李沛泽, 王林, 等. 磨耗车轮镟修周期评判方法研究[J]. 机械工程与自动化, 2019, (4): 1-3.

[13] 丁军君, 杨九河, 胡静涛, 等. 高速列车车轮多边形磨耗演变行为[J]. 机械工程学报, 2020, 56(22): 184-189.

[14] 杨润芝, 曾京. 高阶车轮多边形对轮轨系统振动影响分析[J]. 振动与冲击, 2020, 39(21): 101-110.

[15] 吴越, 韩健, 左齐宇, 等. 钢轨波磨对高速列车车轮多边形磨耗产生与发展的影响[J]. 机械工程学报, 2020, 56(17): 198-208.

[16] 梁喜仁. 基于动力学性能的地铁车轮镟修策略优化研究[D]. 成都: 西南交通大学, 2018.

[17] 叶小明. 地铁车辆车轮多边形问题分析及处理措施探讨[J]. 现代城市轨道交通, 2018, (4): 35-38.

[18] 张志波. 研磨子对车轮不圆的修形作用[J]. 中国铁路, 2018, (1): 36-40.

[19] 张志波, 梁海啸, 侯茂锐, 等. 镟修工艺对动车组车轮多边形磨耗产生和发展的影响[J]. 中国铁路, 2021, (1): 32-38.

[20] 周清跃, 田常海, 张银花, 等. CRH$_3$型动车组构架横向失稳成因分析[J]. 中国铁道科学, 2014, 35(6): 105-110.

[21] 周清跃, 俞喆, 刘丰收, 等. 通过廓形打磨治理动车组构架报警效果研究[J]. 中国铁路, 2016, (9): 35-39.

[22] 谷永磊. 高速铁路无砟轨道钢轨波浪形磨损机理研究[D]. 北京: 北京交通大学, 2017.

[23] 李谷, 张志超, 祖宏林, 等. 高速铁路典型轨道病害下轮轨力响应特性试验研究[J]. 中国铁道科学, 2019, 40(6): 30-36.

[24] 徐晓迪. 轨道短波病害时频特征提取和动态诊断方法研究[D]. 北京: 中国铁道科学研究院, 2019.

[25] 于淼. 高速铁路轨道-车辆系统高频瞬态仿真及波磨机理研究[D]. 北京: 中国铁道科学研究院, 2019.

[26] 宁国平. 高速铁路钢轨擦伤原因分析及处理措施[J]. 上海铁道科技, 2017, (2): 46-48.

[27] 胡杰, 杨其全, 许鑫, 等. 高速铁路钢轨踏面局部掉块原因分析[J]. 金属热处理, 2019, 44(S1): 186-189.

[28] 王文健, 刘启跃. 车轮踏面剥离机理研究[J]. 机械, 2004, 31(6): 12-15.

[29] 吴晓雪. 高速铁路扣件系统损伤诊断与安全监测[D]. 上海: 上海应用技术大学, 2020.

[30] 中国铁道科学研究院. 高速铁路扣件服役状态评估报告[R]. 北京: 中国铁道科学研究院, 2018.

[31] 西南交通大学牵引动力国家重点实验室. CRH3C3043型动车组列车车轮多边形磨耗机理研究[R]. 成都: 西南交通大学牵引动力国家重点实验室, 2017.

[32] 中国铁道科学研究院. 京广高铁武广段轮轨耦合振动专项试验轨道测试报告[R]. 北京: 中国铁道科学研究院, 2017.

[33] 王冲, 王起才, 张戎令, 等. 无砟轨道高速铁路路基上拱病害成因分析[J]. 科学技术与工程, 2017, 17(12): 252-256.

[34] 沈鑫. 兰新高速铁路高海拔地段路基冻胀原因分析及防治措施研究[D]. 兰州: 兰州交通大学, 2018.

[35] 高明中, 井欢庆. 巷道非对称底鼓的力学解析[J]. 安徽理工大学学报(自然科学版), 2012, 32(4): 38-43.

[36] 孙红林. 高速铁路软土路基地基处理与沉降控制探究[J]. 铁道建筑技术, 2017, (5): 1-10.

[37] Schupp G, Weidemann C, Mauer L. Modelling the contact between wheel and rail within multibody system simulation[J]. Vehicle System Dynamics, 2004, 41(5): 349-364.

[38] Kassa E, Nielsen J C O. Stochastic analysis of dynamic interaction between train and railway turnout[J]. Vehicle System Dynamics, 2008, 46(5): 429-449.

[39] Kassa E, Nielsen J C O. Dynamic interaction between train and railway turnout: Full scale field test and validation of simulation models[J]. Vehicle System Dynamics, 1998, 46(S1): 521-534.

[40] Pletz M, Daves W, Ossberger H. A wheel set/crossing model regarding impact, sliding and deformation-explicit finite element approach[J]. Wear, 2012, 294-295: 446-456.

[41] Sebes M, Ayasse J B, Chollet H, et al. Application of a semi-Hertzian method to the simulation of vehicles in high-speed switches[J]. Vehicle System Dynamics, 2006, 44(Sl): 341-348.

[42] 陈嵘. 高速铁路车辆-道岔-桥梁耦合振动理论及应用研究[D]. 成都: 西南交通大学, 2009.

[43] 全顺喜. 高速道岔几何不平顺动力分析及其控制方法研究[D]. 成都: 西南交通大学, 2012.

[44] 耿建增, 范俊杰, 于胜利. 用有限元法分析无缝道岔的受力与变形[J]. 北方交通大学学报, 1996, 24(5): 550-553.

[45] 刘浩. 铁路有砟道床阻力演变机制及其对无缝线路影响研究[D]. 成都: 西南交通大学, 2019.

[46] 杨荣山. 桥上无缝道岔纵向力计算理论与试验研究[D]. 成都: 西南交通大学, 2008.

[47] 三浦重, 柳川秀明, 王贵棠. 最近日本无缝线路的技术开发[J]. 铁道建筑, 1993, 33(3): 31-33.

[48] 卢耀荣. 超长无缝线路上道岔纵向力计算[R]. 北京: 铁道部科学研究院铁道建筑研究所, 1995.

[49] 刘衍峰, 高亮. 铁路无缝道岔计算理论的优化探讨[J]. 铁道标准设计, 2005, 49(4): 9-12.

[50] 蔡成标, 翟婉明, 王其昌. 无缝道岔钢轨纵向力与位移的研究[J]. 铁道学报, 1997, 19(1): 83-88.

[51] 李秋义, 陈秀方. 基于广义变分原理的铁路无缝道岔计算理论[J]. 交通运输工程学报, 2003, 3(1): 21-24, 34.

[52] Ilic C, Tomicic-Torlakovic M, Radivojevic G. Modelling the swing nose frog of turnout[J]. Architecture and Civil Engineer, 1997, 1(4): 533-539.

[53] 王璞, 杨东升, 赵振华. 60kg/m 钢轨 12 号单开道岔转换优化数值分析与试验研究[J/OL]. 工程力学, 2009: 1-8.

[54] García Márquez F P, Schmid F. A digital filter-based approach to the remote condition monitoring of railway turnouts[J]. Reliability Engineering & System Safety, 2007, 92(6): 830-840.

[55] 蔡小培. 高速道岔尖轨与心轨转换及控制研究[D]. 成都: 西南交通大学, 2008.

[56] 王平. 钢岔枕的力学特性分析及其改进措施[J]. 铁道建筑, 2000, 40(1): 8-10.

[57] 李粮余, 黄立红, 熊维. 高速道岔护轨垫板设计研究[J]. 四川建筑, 2008, 28(2): 69-71.

[58] 贺勇军. 可动心轨道岔一动心轨转换结构优化研究[J]. 现代城市轨道交通, 2009, (3): 75-78, 81, 1.

[59] Pålsson B. Design optimisation of switch rails in railway turnouts[J]. Vehicle System Dynamics, 2013, 51(10): 1619-1639.

[60] Kassa E, Johansson G. Simulation of train-turnout interaction and plastic deformation of rail profiles[J]. Vehicle System Dynamics, 2006, 44(S1): 349-359.

[61] Ma M Z, Wang P, Xu J M. Influence evaluation of fastener stiffness match on subway rail switch safety[J]. Applied Mechanics and Materials, 2013, 482: 256-261.

[62] 徐井芒, 王平, 陈嵘, 等. 高速道岔转换锁闭结构力学特性[J]. 西南交通大学学报, 2013, 48(4): 702-707.

[63] 徐井芒, 王平, 徐浩, 等. 尖轨廓形对地铁道岔使用寿命的影响研究[J]. 铁道学报, 2014, 36(3): 75-79.

[64] 徐井芒, 王平, 曾晓辉, 等. 地铁道岔轨顶坡对尖轨磨耗的影响[J]. 中南大学学报(自然科学版), 2014, 45(8): 2899-2904.

[65] 田春香, 颜华, 赵坪锐, 等. 无砟轨道道岔区轨下基础受力分析[J]. 铁道工程学报, 2006, 23(5): 48-50, 66.

[66] Wang P, Chen R, Quan S. Development and application of wheel-set lateral displacement test system in high speed railway turnout zone[J]. Przeglad Elektrotechniczny: Electrical Review, 2012, 88(1B): 69-73.

[67] 何华武. 时速250km级18号道岔设计理论与试验研究[J]. 铁道学报, 2007, 29(1): 66-71.

[68] 王树国, 葛晶, 王猛, 等. 高速道岔关键技术试验研究[J]. 铁道学报, 2015, 37(1): 77-82.

[69] Kassa E, Nielsen J C O. Dynamic interaction between train and railway turnout: Full-scale field test and validation of simulation models[J]. Vehicle System Dynamics, 2008, 46(S1): 521-534.

[70] 刘金朝, 陈东生, 赵钢, 等. 评判高铁轨道短波不平顺病害的轨道冲击指数法[J]. 中国铁道科学, 2016, 37(4): 34-41.

第二章 高速铁路道岔轮轨稳态滚动接触理论

铁路系统通过轮轨滚动接触实现列车的支撑和导向，并依靠轮轨接触界面上的滚动摩擦力完成列车的牵引和制动。因此，轮轨关系一直是铁路研究的核心问题之一，关系着列车运行的安全与品质、轮轨摩擦噪声的产生以及轮轨界面的损伤演变，而轮轨滚动接触力学行为的模拟则是轮轨关系研究的基础科学问题之一。

为实现轮轨间的低滚动阻力，需要选用高刚度的轮轨材质，这便导致了轮轨接触斑面积狭小（mm^2）与高应力分布（GPa）。目前，通过试验手段直接捕捉轮轨滚动接触行为仍然面临着极大的挑战。因此，采用解析方法或数值手段建立准确可靠的滚动接触力学模型是研究轮轨滚动接触行为的核心。

道岔区轮轨关系比区间线路轮轨关系要复杂得多，各国学者均是在区间线路研究的基础上结合道岔结构的自身特点而开展研究，也是随着轮轨滚动接触理论的发展而发展的，经历了轮轨接触几何关系分析、三维非对称轮轨滚动接触求解、列车-道岔动力学模拟为导向的道岔区滚动接触快速算法建立以及基于有限元法的复杂滚动接触问题研究等阶段。

第一节 高速铁路道岔轮轨静态接触几何关系

轮轨接触几何关系是轮轨关系研究的基础，是确定轮轨约束状态、轮轨动态相互作用及建立列车-轨道耦合动力学方程的基础。由于道岔区实现列车转线或跨线的功能，存在着多根轨线布置的情况，相较区间线路，它存在着多变的轮轨-道岔接触几何关系。而列车过岔时，车辆与道岔之间的动态相互作用的传递是通过轮轨接触几何关系来实现的。因此，研究准静态下道岔区轮轨接触几何关系，建立适用于道岔区变截面特性的轮轨接触几何模型，寻求精准的轮轨接触点至关重要。

一、道岔钢轨廓形的数学描述

道岔区尖轨、心轨在线路纵向、竖向及横向会不可避免地发生连续变化，其廓形的准确获取直接关系到轮轨间的接触状态及动力相互作用。目前，国内外研究中获取道岔变截面钢轨廓形的方法是[1-4]：首先将变截面钢轨的三维型面在纵向上离散成一定数量的二维型面，称为控制断面；然后根据相邻两个控制断面，采用线性插值的方法得到该区间内任一纵向位置的钢轨型面。这种方法要求控制断面间离散点一一对应，同时插值距离对计算结果影响较大，导致插值所得型面与尖轨真实三维廓形的数学表征（如形状、曲率及光滑性等)存在较大误差。而根据尖轨或心轨水平刨切和垂直刨切的机加工原理确定出来的钢轨廓形要准确得多[5]。

1. 尖轨轨头的机加工过程

为了引导车轮从基本轨过渡至尖轨(或从尖轨过渡至基本轨),同时尽量避免轮载转移的过程中车轮与尖轨间发生碰撞而影响车辆通过道岔时的平稳性和安全性,尖轨轨头需进行水平刨切和垂直刨切。

尖轨轨头水平刨切包括尖轨非工作边水平刨切和工作边水平刨切两部分,如图 2.1 所示。尖轨非工作边水平刨切应该与基本轨轨头工作边侧面刨切的坡度一致,以保证尖轨与基本轨密贴;此外,在非工作边水平刨切时,刨切深度在低于基本轨轨头侧面下边缘以上 3mm 处,改为平行于基本轨轨头下颚的坡度,这样可以防止在尖轨非工作边侧面出现倒坡,并增大尖轨轨头断面。轨头工作边水平刨切可采用与非工作边相同或不同的坡度进行刨切,刨切深度至基本轨顶面以下 50mm,并且一般采用 16mm 的圆弧与轨头下颚连接。

尖轨轨头的水平刨切深度沿线路纵向逐渐变化,形成了尖轨顶宽自尖轨尖端至尖轨整轨头宽度范围内的平顺过渡,但尖轨轨头的水平刨切深度及刨切长度取决于尖轨的平面线型。根据实际应用情况,曲线尖轨可以分为切线型、半切线型、割线型、半割线型和相离半切线型五种类型。

尖轨轨头的垂直刨切由垂直刨切刀具完成,垂直刨切深度由尖轨的降低值决定。在尖轨垂直刨切过程中,为了保证轮载在基本轨和尖轨间过渡的平稳性,一般要求尖轨垂直刨切刀应具有与基本轨轨顶相同的轮廓线,且各段圆弧均相切,以保证尖轨工作区域的圆顺性,同时为了避免尖轨轨头水平刨切和垂直刨切后在二者相交位置出现应力集中,要求垂直刨切刀端点处与尖轨工作边水平刨切刀具有相同的斜率。尖轨轨头垂直刨切后,便形成了满足顶宽及降低值要求的尖轨型面,如图 2.2 所示。

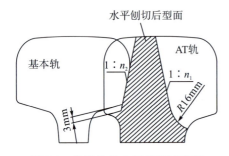

图 2.1　尖轨轨头水平刨切示意图

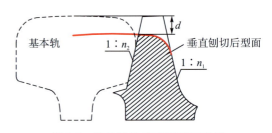

图 2.2　尖轨轨头垂直刨切示意图

2. 尖轨轨头水平刨切后型面的确定

在尖轨刨切长度范围内,轨头型面沿线路纵向是连续变化的,以距尖轨尖端距离为 x 的尖轨断面为例对其水平刨切后的轨头型面坐标进行推导,如图 2.3 所示。图中,M_1N_1 和 M_2N_2 分别为尖轨水平刨切后的工作边和非工作边;z_0 为轨距测量点距尖轨轨顶的垂向距离;P_1、P_2 分别为尖轨水平刨切后的工作边和非工作边与轨距测量点所在水平线的交点。以 AT 轨刨切前轨头顶面中心点为原点 O,建立直角坐标系 yOz。令尖轨工作边水平

刨切刀斜度为 $1:n_1$ ，非工作边水平刨切刀斜度为 $1:n_2$ ， P_1 、 P_2 两点坐标分别为 $[y_1(x),\ z_0]$ 、 $[y_2(x),\ z_0]$ ，则可得到该纵向位置 x 处尖轨刨切后工作边 M_1N_1 和非工作边 M_2N_2 的方程为

$$z_{M_1N_1}(x,y) = \frac{1}{n_1}[y - y_1(x)] + z_0 \tag{2.1}$$

$$z_{M_2N_2}(x,y) = -\frac{1}{n_2}[y - y_2(x)] + z_0 \tag{2.2}$$

该纵向位置 x 处，水平刨切后尖轨顶宽为

$$b(x) = y_1(x) - y_2(x) \tag{2.3}$$

以切线型曲线尖轨为例，其轨头水平刨切前后的工作边与非工作边的平面线型如图 2.4 所示。图中 CD 为尖轨轨头水平刨切后的非工作边，尖轨弯折后其与直基本轨的工作边重合；OE 为 AT 轨轨头中心线；圆曲线 BF 为尖轨轨头水平刨切后的理论工作边，其与 CD 的延长线相切于 F 点。在实际应用中，为了加强尖轨尖端强度并缩短尖轨长度，通常在尖轨 5mm 断面前取一段长度 $l_1=100\sim300\text{mm}$ 的直线对其工作边进行斜切，即图中的 AC ，且 AC 与圆曲线 AB 不相切。

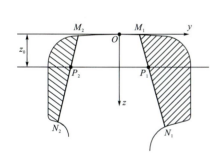
图 2.3　尖轨水平刨切坐标系

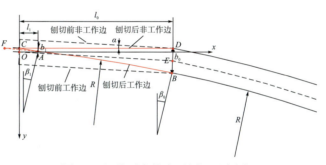
图 2.4　切线型尖轨水平刨切示意图

以尖轨左端轨头中心线为原点建立直角坐标系 xOy ，假设 AT 轨轨头宽度为 b_0 ， AC 段水平投影长度为 l_1 ， A 点处尖轨轨头宽度为 b_1 ，尖轨水平刨切段弯折角度为 α 。则根据图中几何关系，可得圆曲线上 A 、 B 两点法向与 y 轴间的夹角 β_1 、 β_0 分别为

$$\beta_1 = \arccos\left(1 - \frac{b_1}{R}\right) \tag{2.4}$$

$$\beta_0 = \arccos\left(1 - \frac{b_0}{R}\right) \tag{2.5}$$

根据式(2.4)和式(2.5)，可求得切线型曲线尖轨轨头的水平刨切长度 l_0 ：

$$l_0 = l_1 + R\sin(\beta_0 - \beta_1) \tag{2.6}$$

求得 l_0 后，可结合尖轨水平刨切段弯折角度 α ，得到 xOy 坐标系下尖轨轨头水平刨切后非工作边方程为

$$y_f = -\left(\frac{b_0}{2} - l_0 \sin\alpha\right) \tag{2.7}$$

同理，AT 轨轨头中心线在 xOy 坐标系下的方程为

$$y_0 = x\cos\alpha \tag{2.8}$$

也可推得尖轨轨头水平刨切后工作边在 xOy 坐标系下的方程为

$$y_g = \begin{cases} \dfrac{b_1}{l_1}x + y_f, & 0 \leqslant x < l_1 \\[2mm] R - \sqrt{R^2 - (x + R\sin\beta_1 - l_1)^2} + y_f, & l_1 \leqslant x < l_0 \end{cases} \tag{2.9}$$

由此，便可得到切线型曲线尖轨任一纵向位置 x 处 P_1、P_2 两点在 y 轴的坐标：

$$y_1(x) = \begin{cases} \dfrac{b_1}{l_1}x - \left(\dfrac{b_0}{2} - l_0\sin\alpha\right) - x\cos\alpha, & 0 \leqslant x < l_1 \\[2mm] R - \sqrt{R^2 - (x + R\sin\beta_1 - l_1)^2} - \left(\dfrac{b_0}{2} - l_0\sin\alpha\right) - x\cos\alpha, & l_1 \leqslant x < l_0 \end{cases} \tag{2.10}$$

$$y_2(x) = -\left(\dfrac{b_0}{2} - l_0\sin\alpha\right) - x\cos\alpha \tag{2.11}$$

同样，可以推导出半切线型曲线尖轨上任一纵向位置 x 处 P_1、P_2 两点在 y 轴的坐标：

$$y_1(x) = \begin{cases} x\tan\beta_1 - \left(\dfrac{b_0}{2} - l_0\sin\alpha\right) - x\cos\alpha, & 0 \leqslant x < l_1 \\[2mm] R - \sqrt{R^2 - (x + R\sin\beta_1 - l_1)^2} - \left(\dfrac{b_0}{2} - l_0\sin\alpha\right) - x\cos\alpha, & l_1 \leqslant x < l_0 \end{cases} \tag{2.12}$$

$$y_2(x) = -\left(\dfrac{b_0}{2} - l_0\sin\alpha\right) - x\cos\alpha \tag{2.13}$$

割线型曲线尖轨上任一纵向位置 x 处 P_1、P_2 两点在 y 轴的坐标：

$$y_1(x) = y_g = R - \sqrt{R^2 - (x + R\sin\beta_1)^2} - \left(\dfrac{b_0}{2} - l_0\sin\alpha\right) - x\cos\alpha, \quad 0 \leqslant x \leqslant l_0 \tag{2.14}$$

$$y_2(x) = -\left(\dfrac{b_0}{2} - l_0\sin\alpha\right) - x\cos\alpha \tag{2.15}$$

半割线型曲线尖轨上任一纵向位置 x 处 P_1、P_2 两点在 y 轴的坐标：

$$y_1(x) = \begin{cases} x\tan\beta_1 - \left(\dfrac{b_0}{2} - l_0\sin\alpha\right) - x\cos\alpha, & 0 \leqslant x < l_1 \\[2mm] R - \sqrt{R^2 - (x + R\sin\beta_1 - l_1)^2} - \left(\dfrac{b_0}{2} - l_0\sin\alpha\right) - f - x\cos\alpha, & l_1 \leqslant x < l_0 \end{cases} \tag{2.16}$$

$$y_2(x) = -\left(\dfrac{b_0}{2} - l_0\sin\alpha\right) - x\cos\alpha \tag{2.17}$$

式中，f 为割距。

相离半切线型曲线尖轨上任一纵向位置 x 处 P_1、P_2 两点在 y 轴的坐标：

$$y_1(x) = \begin{cases} x\tan\beta_1 - \left(\dfrac{b_0}{2} - l_0\sin\alpha\right) - x\cos\alpha, & 0 \leqslant x < l_1 \\[2mm] R - \sqrt{R^2 - (x + R\sin\beta_1 - l_1)^2} - \left(\dfrac{b_0}{2} - l_0\sin\alpha\right) + f' - x\cos\alpha, & l_1 \leqslant x < l_0 \end{cases} \tag{2.18}$$

$$y_2(x) = -\left(\dfrac{b_0}{2} - l_0\sin\alpha\right) - x\cos\alpha \tag{2.19}$$

式中，f' 为相离值。

3. 尖轨轨头垂直刨切后型面的确定

定义尖轨垂直刨切前型面的最高点 O 与垂直刨切刀型面的最高点 O_1 之间的差值为尖轨的垂直刨切深度 n。由于垂直刨切刀端点 P 必须与水平刨切后的尖轨轨头工作边相切，P 点只能在尖轨轨头工作边上做平移运动，若能够确定尖轨轨头的垂直刨切深度 n，便可确定垂直刨切刀的具体位置，从而得到刨切后尖轨的型面。

以垂直刨切刀顶面最高点为圆心 O_1 建立局部直角坐标系 $y_1O_1z_1$，见图 2.5。垂直刨切刀型面端点 P 在尖轨工作边 M_1N_1 上，并与尖轨非工作边 M_2N_2 相交于 Q。假设 O_1 在整体坐标系 yOz 中的坐标为 $(m，n)$，则根据尖轨刨切的实际情况，m、n 应满足如下条件：$m \leqslant 0，n \geqslant 0$。假设 P、Q 两点在局部坐标系中的坐标分别为 $(y_{p1}，z_{p1})$、$(y_{q1}，z_{q1})$，则根据局部坐标系和全局坐标系间的平移关系，即可得到 P、Q 两点在全局坐标系中的坐标为 $(y_p，z_p)$、$(y_q，z_q)$。

由于 P、Q 两点分别在尖轨工作边 M_1N_1 和尖轨非工作边 M_2N_2 上，有

$$z_{p1} = \frac{1}{n_1}(y_{p1} + m - y_1) + z_0 - n \tag{2.20}$$

$$z_{q1} = -\frac{1}{n_2}(y_{q1} + m - y_2) + z_0 - n \tag{2.21}$$

由图 2.5 可知，在局部坐标系 $y_1O_1z_1$ 中，垂直刨切刀型面 $f(x)$ 是已知的，则端点 P 在局部坐标系中的坐标 $(y_{p1}，z_{p1})$ 也是已知的。尖轨轨头垂直刨切深度的大小与尖轨降低值密切相关，而降低值与尖轨顶宽间具有多线段组成的折线函数关系。考虑到尖轨垂直刨切后尖轨降低值须满足设计值，假设该位置处尖轨降低值为 d，则有

$$d = \min[f(y)] + n，\quad y_{q1} \leqslant y \leqslant y_{p1} \tag{2.22}$$

由此，便可得到垂直刨切后的尖轨型面。图 2.6 为某道岔垂直刨切深度与尖轨降低值的比较，从图中可见，在尖轨顶宽较小区域，尖轨的垂直刨切深度要比尖轨降低值小，并且二者的差异随着尖轨顶宽的增大逐渐减小。这主要是由于尖轨顶宽较小时，垂直刨切刀型面的顶点位于其与尖轨非工作边交点的左侧，造成尖轨降低值较垂直刨切深度大；随着尖轨顶宽的逐渐增大，垂直刨切刀型面的顶点逐渐向其与尖轨非工作边交点移动，由垂直刨切刀型面几何特征可知，垂直刨切深度逐渐接近尖轨降低值；随着尖轨顶宽的进一步增大，垂直刨切刀型面的顶点位于其与尖轨非工作边交点右侧，此时垂直刨切深度与尖轨降低值相等。

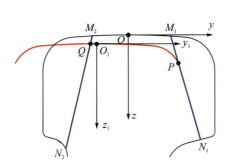

图 2.5　尖轨垂直刨切坐标系

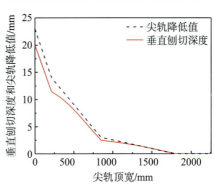

图 2.6　垂直刨切深度与尖轨降低值的比较

二、基于道岔区变截面特点的轮轨接触几何算法——法向切割法

目前我国常用轮轨接触点计算方法是迹线法，其基本思想是将曲面与曲面的空间接触点求解问题转换为曲线与曲线接触点的求解问题，原理是先假定钢轨是圆柱体，根据轮对的位置和姿态，由圆锥体和圆柱体相接触的公式确定每个滚动圆上可能的接触点，这些点形成一条在车轮踏面上的空间曲线，称为接触迹线；再将接触迹线垂直投影于钢轨截平面得到平面接触迹线，由此计算出该迹线与钢轨轨面间的接触点，即轮轨接触点[6]。

由于应用迹线法确定车轮踏面上的迹线时假定钢轨为圆柱体，但实际轮轨接触点超前接触时，在每个滚动圆平面方向，钢轨轨面纵向的变化比圆柱体更复杂，圆柱体不一定适用，特别是轮轮接触、车轮通过道岔或槽型轨时的轮轨接触。钱瑶[7]根据轮轨接触基本特征，提出新的轮轨几何接触算法——法向切割法，从轨道型面出发，将车轮轮廓线沿法向切割为若干份，将轨道型面与车轮踏面之间面面接触问题转换为轨道型面与车轮轮廓线之间面线接触问题，采用一定的接触点寻找原则，准确地找到车轮踏面在不同姿态下与钢轨轨面的动态接触点。

1. 法向切割法假设条件

在利用法向切割法计算轮轨几何接触点时，先做如下假设：①车轮与轨道均为刚体；②左右轮轨同时接触，且接触点处轮轨间的垂向距离最小。在该假设前提下，本书将车轮上可能的轮轨接触范围内的车轮轮廓线以沿车轮滚动圆半径方向等间距切割为若干条车轮线，将道岔区变截面钢轨离散成若干点，给定初始切割角范围，假定初始侧滚角，通过不断搜寻轮轨最小距离，缩小法向切割范围，利用二分法原理不断迭代侧滚角确定轮轨接触点位置，实现高速铁路道岔变截面轮轨接触几何问题的求解。区间线路常用的迹线法适用于钢轨沿纵向截面不变的情况，而法向切割法适用于钢轨沿纵向截面变化的情形。

2. 岔区轮轨廓形的采样

车轮踏面与道岔区钢轨廓形的采样数据是进行轮轨空间几何接触计算的前提，因此选取精确的廓形采样数据尤为重要。回转体车轮的踏面回转面由一个二维曲线围绕车轮轴回转360°形成，它的形状与坐标位置 x、y、z 相关。用平面切割车轮时采用车轮坐标系中的平面 $x'=0$，使其与轮轴交线成为主轮廓线，主轮廓线上的点集记为 W_0^k，$k=L,R$。其中，$W_0^k=\{w_0^{k_1},w_0^{k_2},\cdots,w_0^{k_i}\}$，$w_0^{k_j}=(0,\ w_{0-y_j}^{k_j},\ w_{0-z_j}^{k_j})$。考虑最不利因素情况下车轮上可能接触范围在车轮踏面的主轮廓线两侧法向角度 $(\alpha_a^k,\ \alpha_b^k)$ 以内的区域，在该范围内将车轮进行法向均分，切割为 n 份，从而得到第 i 条轮廓线上的离散点集合，记为 W_i^k，如图 2.7 和图 2.8 所示，具体计算公式为

$$\begin{cases} W_i^k = f_{\text{rolate}}\left(W_0^k, A_i^k\right) \\ A_i^k = \begin{bmatrix} 0 & 0 & \sin\alpha_i^k \\ 0 & 1 & 0 \\ 0 & 0 & \cos\alpha_i^k \end{bmatrix} \\ \alpha_i^k \in \left(\alpha_a^k, \alpha_b^k\right) \\ k = L, R \end{cases} \tag{2.23}$$

理想条件下的基本轨侧廓形和区间线路相同，并且在线路延伸方向上保持一致，因此在计算过程中仅需采用一组廓形数据，便可通过离散的方式得到基本轨侧廓形样本集合 R^L。根据尖轨侧的组合廓形及变截面钢轨廓形的特点，利用文献[8]建立的尖轨空间三维型面及尖/基轨组合型面的计算方法获得道岔廓形区样本集合 R^R。

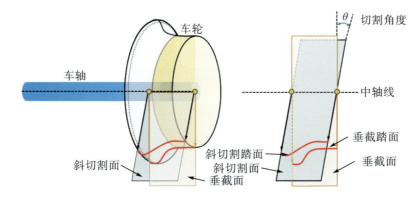

图 2.7　车轮踏面切割方法

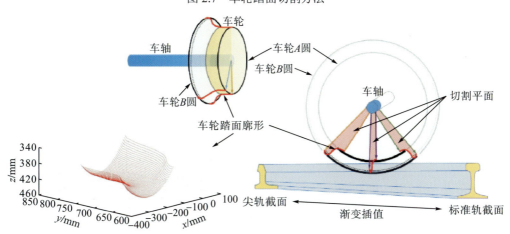

图 2.8　车轮和钢轨轮廓模拟

3. 轮轨无摇头时轮轨接触点计算

当轮轨无摇头时，车轮不存在超前或滞后的现象，车轮与钢轨接触问题可转化为车轮主轮廓线和主轮廓线所在平面 $x' = 0$ 所对应的钢轨轮廓线——线线接触的二维平面问题。通过经验值判断车轮与钢轨在最不利状态下接触时初始侧滚角范围为 (θ_c, θ_d)，假设

$\theta_m = (\theta_c + \theta_d)/2$，给定轮对横移量为 y_w、摇头角 $\delta = 0$，则利用坐标转换矩阵得到侧滚横移后主轮廓线上的点集为

$$\begin{cases} W_{0\_\text{rolate}}^k = f_{\text{rolate}}\left(W_0^k, B^k, y_w\right) \\ B^k = \begin{bmatrix} \cos\delta & \sin\delta\cos\theta & \sin\delta\sin\theta \\ -\sin\delta & \cos\delta\cos\theta & \cos\delta\sin\theta \\ 0 & -\sin\theta & \cos\theta \end{bmatrix} \end{cases} \quad (2.24)$$

$\delta = 0$，点 $W_{0\_\text{rolate}}^k$ 所形成的曲线与初始主轮廓线在 $x=0$ 的同一平面上，因此可用 $W_{0\_\text{rolate}}^k$ 的横坐标 $w_{0\_y_j}^{k_j}$ 在 $x=0$ 时的点集 $R_{x=0}^k$ 形成的踏面曲线上插值出和车轮横坐标一一对应的点 $R_0^{k_j}$，插值方法可用样条插值或线性插值等，从而得到左右轮轨最小距离 $d_{\min}^k$ 及左右轮轨最小间隙差 $f(\theta_m)$，具体计算公式为

$$\begin{cases} f(\theta_m) = \left| d_{\min}^L - d_{\min}^R \right| \\ d_{\min}^k = w_{0\_z_j}^{k_j} - r_{0\_z_j}^{k_j} \\ r_{0\_z_j}^{k_j} = f_{\text{interp}}\left(R_{x=0}^k, w_{0\_y_j}^{k_j}\right) \end{cases} \quad (2.25)$$

（1）若 $f(\theta_m)=0$，则说明在轮对无摇头、给定轮对横移量为 y_w 下，当 $\theta=\theta_m$ 时，车轮与钢轨正好接触。

（2）若 $f(\theta_m)\neq 0$，则说明在给定的 δ 和 y_w 下，当 $\theta=\theta_m$ 时，车轮与钢轨未发生接触，此时，若 $f(\theta_a)f(\theta_m)>0$，则 $\theta_a=\theta_m$；若 $f(\theta_a)f(\theta_m)<0$，则 $\theta_b=\theta_m$。不断循环迭代，直至 $|\theta_a-\theta_b|<\varepsilon$ 时，车轮与钢轨正好接触，此时侧滚角为 θ_m。

4. 轮对有摇头时轮轨接触点计算

当车轮有摇头时，车轮上的轮轨接触点不一定在主车轮线上，此时需要 n 条轮廓线上的点，给定轮对摇头角和轮对横移量，假设初始侧滚角，基于左右间隙差最小原则不断缩小切割范围，再利用轮对无摇头时侧滚角迭代法确定轮轨接触点。在搜寻最小间隙时，基本轨侧由于钢轨等截面特点，基本轨侧的最小距离仍然可用一维三次样条插值法将车轮与钢轨一一对应后搜寻得到；尖轨侧由于钢轨变截面特点，钢轨截面随轨道纵向发生变化，该侧的钢轨 z 轴坐标需要用曲面插值法得到。

当轮对摇头角为 δ、轮对横移量为 y_w 时，车轮上的轮轨接触点不一定在主车轮线上，此时需要 n 条轮廓线上的点。假设初始侧滚角为 θ_m，初始法向切割角范围为 $\left(\alpha_a^k, \alpha_b^k\right)$，基于左右间隙差最小原则不断缩小切割范围，迭代 c 次后得到该侧滚角下最小间隙差所在车轮线的切割角 α_c^k；$k=L,R$；$c=1,2,\cdots$，见式（2.26）：

$$\begin{cases} \alpha_c^k \in \left[\alpha_{c-1}^k - \dfrac{\alpha_a^k + \alpha_b^k}{2n^c}, \alpha_{c-1}^k + \dfrac{\alpha_a^k + \alpha_b^k}{2n^c} \right] \\ \left| d_{\min}^c - d_{\min}^{c-1} \right| \leqslant \varepsilon \\ k=L,R \\ c=1,2,\cdots \end{cases} \quad (2.26)$$

从而得到此时左右轮轨最小距离 $d_{\min}^{k}$ 及左右轮轨最小间隙差 $f(\theta_m)$，见式(2.27)，再利用轮对无摇头时侧滚角迭代法确定轮轨接触点。

$$
\begin{cases}
f(\theta_m) = \left| d_{\min}^{L} - d_{\min}^{R} \right| \\
d_{\min}^{L} = w_{i\_z_j}^{L_j} - r_{0\_z_j}^{L_j} \\
d_{\min}^{R} = w_{i\_z_j}^{R_j} - r_{i\_z_j}^{R_j} \\
r_{0\_z_j}^{k_j} = f_{\text{interp}}\left(R_{x=0}^{k}, w_{i\_y_j}^{L_j} \right) \\
r_{i\_z_j}^{R_j} = f_{\text{interp}}\left(R_{x=w_{i\_x_j}^{R_j}}^{R}, w_{i\_y_j}^{R_j} \right)
\end{cases}
\tag{2.27}
$$

为了寻找在一定的侧滚角下，钢轨与每条车轮线的最小距离，需要曲面插值很多次，影响计算速度。为了提高计算速度，可以采用基于先验经验的窗口放缩搜索法快速得到轮轨接触点，认为仅较小幅度地改变轮对摇头角，其他条件不变的情况下，轮轨接触点位置的变化不大，侧滚角等接触参数的变化范围也不大，将上一步轮对接触点附近的钢轨变截面曲线加密可快速搜索得到轮轨接触点。

5. 与迹线法的比较

通过对比分析迹线法和法向切割法计算的区间线路上轮轨接触几何参数，来验证其正确性，并通过对比分析迹线法和法向切割法计算的道岔区的轮轨接触几何参数，论证两种算法的差别。

1)区间线路中法向切割法和迹线法的对比

以 LMA 车轮与 60N 钢轨接触为例，当轮对摇头角为 0.05rad 时，在法向切割法和迹线法计算得到在不同轮对横移量情况下，钢轨上及车轮上接触点分布的比较如图2.9所示。由图可见，在轮对有摇头角的情况下，两种算法下的轮轨接触点分布基本一致，偏差不超过 1mm；当轮对摇头角为 0.05rad、轮对横移量不到 8mm 时，钢轨上和车轮上的接触点突变到了钢轨轨距角和车轮轮缘处。

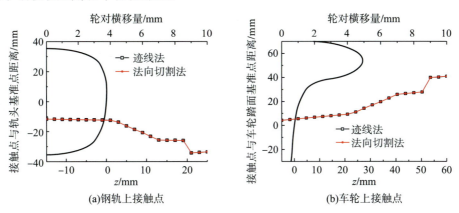

(a)钢轨上接触点　　　　　　　　(b)车轮上接触点

图2.9　法向切割法和迹线法计算的区间线路中接触点比较

2)道岔区法向切割法和迹线法的对比

以 LMA 高速车轮与中国铁路客运专线系列 60N 钢轨 350km/h 18 号高速铁路道岔尖轨顶宽 15mm 断面接触为例,当轮对摇头角为 0.05rad 时,在法向切割法和迹线法计算得到在不同轮对横移量的情况下,基本轨上及尖轨上接触点分布的比较如图 2.10 所示。由图可见,两种算法计算结果在钢轨上的轮轨接触点向轨距角附近移动时差别较大;尖轨侧钢轨上的轮轨接触点发生变化主要是在钢轨上的轮轨接触点从基本轨上跳跃到尖轨上后,尖轨上的轮轨接触点分布不同。这是由于在一定的轮对摇头角和轮对横移量下,轮轨接触点出现"超前"或"滞后"的情况,轮轨接触点未在顶宽 15mm 的直尖轨上,法向切割法中考虑了道岔区钢轨廓形发生变化,而迹线法中未考虑道岔区钢轨廓形的变截面特点,从而两种算法下钢轨上的轮轨接触点位置不同。

计算表明,当轮对摇头角在 0~0.05rad 范围内变化、轮对横移量在-12~12mm 变化时,迹线法和法向切割法计算的基本轨侧和尖轨侧的轮轨接触点在钢轨纵向(x 向)、横向(y 向)和垂向(z 向)的最大差值分别为:基本轨侧 49.5mm、8.2mm 和 7.2mm,尖轨侧40.7mm、38.1mm 和 7.5mm。由此可见,在道岔区轮对有摇头的情况下,运用法向切割法计算轮轨接触几何关系是十分必要的。

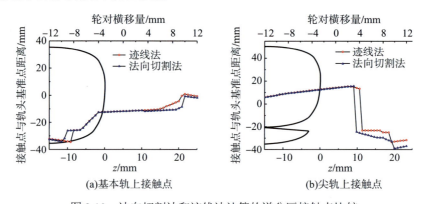

图 2.10　法向切割法和迹线法计算的道岔区接触点比较

三、轮轨准弹性接触计算

迹线法和法向切割法均是刚性接触算法,均以假设车轮、钢轨刚性接触为前提,其优点是计算速度快,缺点是受轮轨廓形的变化较敏感,因轮轨接触点处不变形,接触点位置可能会发生较大的跳跃。而弹性接触法[9, 10]考虑轮轨接触点处变形,计算精度高,但需要进行有限元分析,计算速度慢、效率低。Arnold[11]提出轮轨准弹性接触算法,在此基础上,为了快速分析处理大量的车轮踏面磨耗数据,干锋等[12]提出磨耗车轮踏面精确轮轨接触关系的计算方法,并给出磨耗后轮轨接触状态及等效锥度变化趋势。

准弹性模型是在轮轨接触范围内,计算轮轨接触点附近车轮踏面与钢轨轨面间的最小距离,并在此最小距离的基础上采用指数加权法计算其变形权重,同时结合接触点附近点与接触点间的横向距离信息来修正轮轨接触点,修正后的轮轨接触点为准弹性接触点。假

设 q 为车轮踏面上的点，q^0 为轮轨刚性接触点，p 为 q 在钢轨轨面上的投影点，s 为点 q 与 q^0 间的横向距离，$d(s,q,p)$ 为车轮踏面和轨道截面间的垂向距离函数，表示为

$$d(s,q,p) = q_z - p_z \tag{2.28}$$

根据弹性力学和对数应变原理，轮轨在接触点处变形量最大，在接触点以外区域距离接触点越远变形量越小。假设接触面间距与变形量间关系按指数变化，则其权重函数 $w(s,q,p)$ 可表示为

$$w(s,q,p) = \exp\left[\frac{-d(s,q,p)}{\varepsilon}\right] \tag{2.29}$$

式中，ε 为对数应变系数，根据材料成型原理，对于轮轨接触，ε 的取值范围常为 1×10^{-5} ～ 5×10^{-5}。

结合横向距离 s 和权重函数 $w(s,q,p)$ 修正刚性接触点 q^0，修正后的横向距离为 $\overline{s}$，修正后的接触点为准弹性接触点，修正公式为

$$\overline{s} = \frac{\int_{s_{\min}}^{s_{\max}} sw(s,q,p)\mathrm{d}s}{\int_{s_{\min}}^{s_{\max}} w(s,q,p)\mathrm{d}s} \tag{2.30}$$

以 S1002CN 高速车轮与 CN60 钢轨接触为例，轮对横移量在-12～12mm 变化时，准弹性接触与刚性接触时车轮踏面上接触点位置的变化如图 2.11 所示；当 S1002CN 高速车轮运行 20.4 万 km、凹形踏面最大磨耗量约为 1.2mm 时，准弹性接触与刚性接触时车轮踏面上接触点位置的变化如图 2.12 所示。

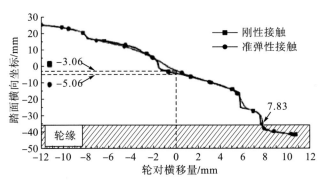

图 2.11 标准车轮与 CN60 钢轨接触比较

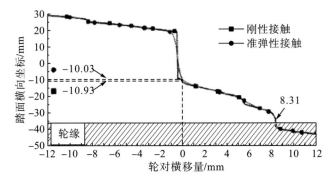

图 2.12 磨耗车轮与 CN60 钢轨接触比较

由图 2.11 和图 2.12 可见，准弹性接触对轮轨接触点横坐标具有较明显的修正；准弹性接触考虑整个轮轨交界处接触斑的弹性变形，根据准弹性接触力学理论，计算得到的轮轨接触关系平滑、均匀、连续，无接触跳变现象，满足轮轨接触条件，与刚性接触相比在轮轨接触关系方面有较大的改善，能很好地计算磨耗后车轮踏面接触区域内轮轨接触关系，符合实际车轮踏面磨耗特征。

四、道岔区多点接触计算

前述利用法向切割法计算轮轨接触点时假设轮轨为刚体，通过搜寻轮轨间距离最小的点作为轮轨接触点，但实际上轮轨型面并非纯刚体材料，轮轨接触时在一定轴重下接触点处轮对可能会存在一定的弹性压缩变形，此时就可能存在两点接触。特别是在道岔轮载过渡区段，尖轨滑床台板下和基本轨轨下弹性垫层的压缩会改变两者间的相对高差和组合廓形，必然会存在两点接触情况，使轮载在两根钢轨上缓慢过渡，避免轮轨接触点从一根钢轨突然跳跃至另一根钢轨上而影响行车平稳性。

1. 道岔区轮轨多点接触计算方法

道岔区轮轨多点接触可以采用以下方法计算：首先采用法向切割法分别计算车轮与尖轨、基本轨的刚性接触点位置，从而确定轮轨主接触点和次接触点的位置；然后根据钢轨的刚体位移和轮轨间垂向刚体穿透量等参数确定轮轨的接触状态，并给出考虑尖轨和基本轨相对运动的轮轨接触状态判别公式；最后根据数学模型计算轮轨力在尖轨和基本轨上的分配情况，考虑尖轨和基本轨的相对运动，轮轨接触问题则基于虚拟穿透原理来解决。车轮在辙叉部分与在翼轨、心轨处的计算类似，只是考虑护轨对轮对横移的约束作用[13]。

仅考虑由于轮轨材料弹性压缩变形所引起的多点接触，可以采用如下方法进行计算：首先采用法向切割法确定轮轨接触时的一个接触点及轮轨空间距离曲线；然后考虑实际的轮轨压缩量，并将轮轨空间距离曲线按压缩量的大小往下平移；最后采用分区域切割法来判断轮轨间的另一个接触点。

若要同时考虑道岔区基本轨与尖轨的相对位移及轮轨材料弹性压缩变形，则需要采用如下方法来计算多点接触。图 2.13 为道岔转辙器部分轮轨接触点示意图。保持轮对姿态不变，分别计算车轮到基本轨的最小垂向距离 d_{st}，车轮到尖轨的最小垂向距离 d_{sw}，两者间较小者为主接触点，较大者为次接触点。

当轮轨接触到达平衡位置后，车轮、基本轨和尖轨间具有的位移协调条件为

$$h_{ms} + \delta_{sw} - (\delta_{st} + w_{st}) = 0 \tag{2.31}$$

式中，h_{ms} 为主、次接触点位置之间的垂向距离差，$h_{ms} = d_{sw} - d_{st}$；w_{st} 为基本轨相对于尖轨的垂向位移，由作用在基本轨上的荷载、扣件支承刚度及基本轨抗弯刚度等因素确定；δ_{sw} 为车轮与尖轨之间的垂向刚体穿透量；δ_{st} 为车轮与基本轨之间的垂向刚体穿透量。采用 Sichani 等[14]提出的 ANALYN 法向接触模型进行计算，计算公式为

$$P_{\text{st}} = \left(\frac{\delta_{\text{st}}}{\delta_{\text{st}}(1)}\right)^{3/2}, \quad P_{\text{sw}} = \left(\frac{\delta_{\text{sw}}}{\delta_{\text{sw}}(1)}\right)^{3/2} \tag{2.32}$$

式中，P_{sw} 为尖轨上的轮轨垂向力；P_{st} 为基本轨上的轮轨垂向力；$\delta_{\text{st}}(1)$ 为单位法向力作用下车轮与基本轨之间的法向刚体穿透量；$\delta_{\text{sw}}(1)$ 为单位法向力作用下车轮与尖轨之间的法向刚体穿透量。

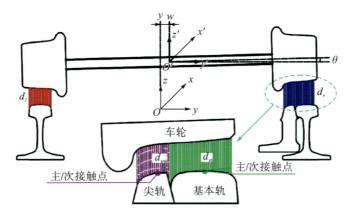

图 2.13　道岔转辙器部分轮轨接触点示意图

ANALYN 接触模型中，车轮与钢轨接触时的变形关系如图 2.14 所示。图中，$Oxyz$ 为轮轨接触局部坐标系，$g(y)$ 为轮轨法向间隙，δ 为轮轨之间的法向刚体穿透量，$d(y)$ 为轮轨接触区域法向渗透量，y_l、y_r 分别为轮轨接触斑的左、右边界，$+a(y)$、$-a(y)$ 分别为轮轨接触斑的上、下边界。

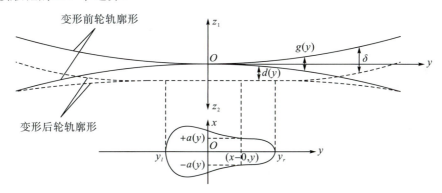

图 2.14　ANALYN 接触模型中的轮轨接触变形关系

轮轨接触斑内的法向接触应力分布如式(2.33)所示，在确定轮轨接触斑内的法向接触应力分布后，采用二重积分的方法即可求解轮轨法向力。对于轮轨多点接触的情况，将主接触点位置作为原点，根据轮轨力和轮轨法向间隙的分布情况，多个轮轨接触斑的位置和尺寸可通过轮轨法向刚体穿透量的迭代求解得到。

$$p(x,y) = p_0(y)\sqrt{1 - \left(\frac{x}{a(y)}\right)^2} \tag{2.33}$$

式中，$p_0(y)$ 为轮轨接触斑内沿车轮滚动方向呈椭圆分布的法向接触应力最大值。

2. 高速铁路道岔轮轨接触几何关系

以 LMA 型高速车轮与中国铁路客运专线系列 CN60 钢轨 250km/h 18 号高速铁路道岔转辙器部分接触为例，从轮轨接触点对的分布及轮载转移、荷载转移等方面来评价静态轮轨接触几何关系。

首先计算基本轨与尖轨在移动荷载作用下的相对位移。移动荷载大小为 60.8kN，基本轨抗弯刚度取为 $6.63 \times 10^6 \, \mathrm{N \cdot m^2}$，点支承刚度取为 300kN/mm，相邻两个点支承位置之间的距离为 600mm，车轮名义滚动圆半径取为 430mm。然后，假设轮对横移量范围取 0～12mm（轮对向尖轨方向移动为正），考虑尖轨和基本轨相对运动和不考虑尖轨和基本轨相对运动两种情况，在距离尖轨尖端 7m 处的轮轨接触点比较如图 2.15 所示，图中第 1 接触点为主接触点，第 2 接触点为次接触点。由图可见，考虑尖轨和基本轨相对运动时，轮轨发生两点接触的情况较为普遍(轮对横移量为 0～9mm)，第 1 接触点的位置大部分在基本轨上，第 2 接触点的位置大部分在尖轨上，车轮荷载由基本轨和尖轨共同承担；而不考虑尖轨和基本轨相对运动时，仅在轮对横移量为 0～1mm 及 8～9mm 时，轮轨发生两点接触，其他情况下只有一个接触点，轮对横移量较小时接触点在基本轨上，轮对横移量较大时接触点在尖轨上。总之，只有考虑尖轨和基本轨的相对运动，才能较准确地把握道岔区的轮轨接触几何关系。

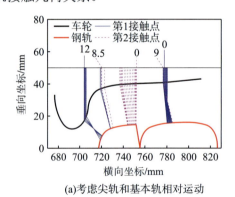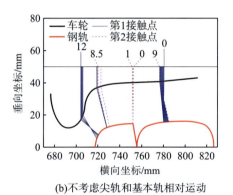

(a)考虑尖轨和基本轨相对运动　　　　　(b)不考虑尖轨和基本轨相对运动

图 2.15　道岔区轮轨接触点对分布

考虑尖轨和基本轨相对运动，在距离尖轨尖端 7m 断面处，不同轮对横移量情况下车轮与基本轨、尖轨间的接触行为比较如图 2.16 所示。轮对横移量在-12～-6mm 时，车轮踏面仅与尖轨发生单点接触，尖轨承受全部的车轮荷载；轮对横移量在-3～9mm 时，车轮与基本轨、尖轨同时发生接触，尖轨和基本轨共同承受车轮荷载；轮对横移量为 12mm 时，车轮轮缘贴靠尖轨轨距角位置，尖轨单独承受车轮荷载。

由图 2.16 还可见，轮对的横向位移量由-12mm 变化到 12mm 的过程中，接触斑的形状、面积和接触应力均在发生变化，尖轨一侧的轮轨法向接触应力最大值由 1652MPa 降低到 584MPa 后又增大到 4790MPa，而基本轨一侧的轮轨法向接触应力最大值则由 0MPa 增大到 3500MPa 后又减小为 0MPa，表明轮对横向位移对道岔区轮轨接触几何关系的影响很大。

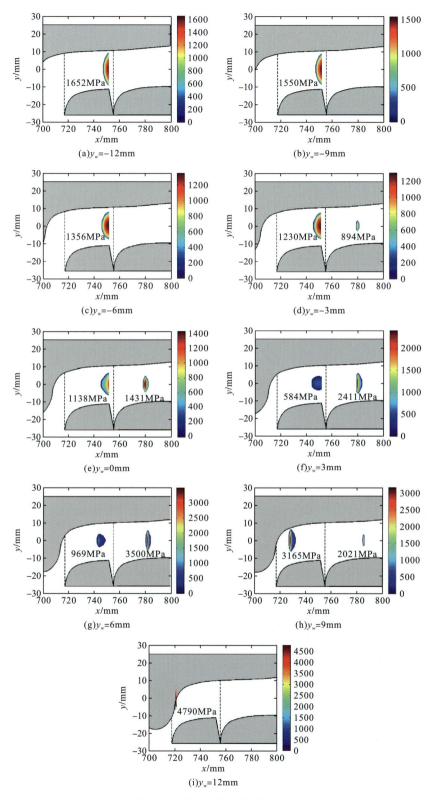

图 2.16　道岔区轮轨接触斑分布

第二节　高速铁路道岔轮轨接触几何关系评价

轮轨接触几何关系是影响行车安全性与稳定性的直接因素,是评价轮轨服役状态的关键指标。目前区间线路中运用最多的、最具代表意义的轮轨接触几何评价指标主要有等效锥度、接触带宽、滚动圆半径差等。道岔自身的结构致使轮轨接触几何关系与区间线路具有不同的特点,需要在常用的接触几何评价指标基础上进一步发展,例如,在高速铁路道岔结构设计中,法国采用了轮对倾角、德国采用了滚动圆半径差、中国采用了结构不平顺等评价指标。评价轮轨接触几何关系时一般都以静态、单点、刚性接触为主,后期还应进一步发展动态、多点、弹性接触几何评价指标及方法。

一、轮对横移量分布规律

在轮轨系统中,轨道随机不平顺是典型的非确定性激励。轨道不平顺的随机特征由许多富有随机性的影响因素综合作用而成,例如,轨道存在初始弯曲,路基的沉降量和刚度变化不均匀,道床不均匀的强度和级配或有脏污、松动、板结等现象,轨枕间距不均匀、质量不完全相同,以及钢轨发生磨耗、损伤等问题。而列车-轨道耦合系统受到轨道随机不平顺的激扰,使旅客乘坐舒适性、货物运输平稳性、车辆运行安全可靠性等均下降,轨道和车辆部件的抗疲劳性降低、线路累积的变形及反向作用使轨道结构的几何形位恶化加剧。

道岔区钢轨变截面特点和列车实际运行过程中随机不平顺的影响,列车动态运行中轮轨并非无横移或沿车辆运行方向横移不变,若用无横移状态的轮轨接触几何评价指标,或某一确定轮对横移量处的轮轨接触几何评价指标,并不能真实地反映道岔区轮轨接触几何状态,故结合列车-道岔动力学模型,统计在不同随机轨道不平顺条件下的高速铁路道岔区列车轮对横移量,利用假设检验确定高速铁路道岔区列车轮对横移量的动态分布规律,确定沿列车运行方向的最大概率轮对横移量动态分布情况。

以 LMA 型踏面的 CRH2 型高速列车通过客运专线系列 350km/h 无砟轨道 18 号道岔转辙器区为例。在中国高速铁路无砟轨道不平顺谱的激励下[15],高速列车入岔姿态会随机变化,在道岔区受轮轨接触关系变化的影响,其运行姿态会进一步变化。采用列车-道岔动力学分析模型,得到在不同尖轨断面处的轮对横移量分布如图 2.17 所示,由拉依达准则(3σ 准则)来确定轮对横移量的分布范围。

由图 2.17 可见,受几何不平顺随机激励和道岔结构不平顺激励共同作用,车轮通过高速铁路道岔转辙器部分的轮对横移量呈现出明显的正态分布;在尖轨尖端处轮对横移量为0mm 出现的概率最大,随着尖轨顶宽增大,轮对横移量的概率峰值向尖轨侧移动,这主要是由于尖轨薄弱断面处因其顶面降低,接触点位于曲基本轨上并随弯折量的增大而不断外移,尖轨侧与直基本轨侧的滚动圆半径差不断增大,在横向蠕滑力作用下车轮逐渐向尖轨横移;随着尖轨顶宽增大,轮对横移量的下限升高,且变化范围变窄,概率分布更为集中。

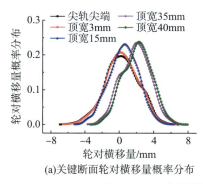
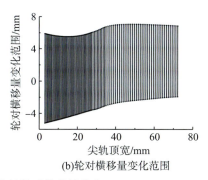

(a)关键断面轮对横移量概率分布　　　　(b)轮对横移量变化范围

图 2.17　尖轨各断面处的轮对横移量分布

二、道岔区等效锥度

等效锥度通常是根据左右车轮的滚动圆半径差随轮对横移量变化的函数，即 RRD 函数计算所得。目前计算等效锥度的方法有简化法[16]、UIC519 法[17]、简谐线性法[18]、概率法[19]、梯形积分法[20]和线性回归法[21]等，但均是针对区间线路中左右两侧轮轨是等截面对称廓形的情况。因此，可以从运动微分方程入手，通过推导一般情况下的轮对通过左右两侧为等截面的对称或非对称钢轨的等效锥度，并依据重力刚度最小原则求解特殊状态下的等效锥度，得到道岔区各个非对称截面的等效锥度分布。

1. 一般情况下的轮对等效锥度计算方法

轮对的蛇形运动是一种自激振动，由于车轮踏面具有斜率，轮缘与钢轨侧面有间隙，轮对在前进的同时还做周期性的左右运动。假设轮对横移量为 Δy 时，轮轴中心的运动轨迹为一条幅值为 $\hat{y}$、波长为 L 的波形曲线。

假设轮对横移量为 Δy 时的蛇形运动波长初始条件为：①当 $\Delta r = 0$ 时，$y = y_w$；②当 $x = 0$ 时，$y = y_{w\max}$，$\dfrac{\mathrm{d}y}{\mathrm{d}x} = 0$；③当 $x = \dfrac{L}{2}$ 时，$y = y_{w\min}$，$\dfrac{\mathrm{d}y}{\mathrm{d}x} = 0$。

则轮对的蛇形运动波形如图 2.18(a)所示，若左右两侧轮轨廓形为对称等截面廓形，则 $y_w = 0$，$y_{w\max} = |y_{w\min}| = \Delta y$；若左右两侧轮轨廓形为非对称等截面廓形，则 $y_w \neq 0$，$y_{w\max} \neq |y_{w\min}|$；若左右两侧钢轨廓形为非对称变截面廓形，则轮对的蛇形运动为不稳定的蛇形运动，蛇形运动的波长在不断变化。

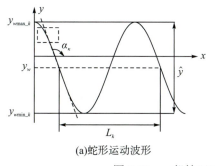
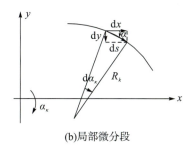

(a)蛇形运动波形　　　　　　　(b)局部微分段

图 2.18　一般情况下的轮对蛇形运动

根据自由轮对蛇形运动微分方程可得轮对横移量为 Δy 时的等效锥度为

$$
\begin{cases}
\lambda_w = br_0 \left(\dfrac{2\pi}{L} \right)^2 \\[2mm]
L = 2\displaystyle\int_{y_{w\min}}^{y_w} \dfrac{1}{\alpha}\,\mathrm{d}y + 2\int_{y_w}^{y_{w\max}} \dfrac{1}{\alpha}\,\mathrm{d}y \\[2mm]
C_l = -\displaystyle\int_{y_{w\min}}^{y_w} \Delta r\,\mathrm{d}y \\[2mm]
C_r = -\displaystyle\int_{y_w}^{y_{w\max}} \Delta r\,\mathrm{d}y
\end{cases}
\tag{2.34}
$$

式中，L 为轮对横移量为 Δy 时的蛇形运动波长；b 为轮轨接触点间的横向距离，即左右车轮滚动圆之间的距离之半；r_0 为名义滚动圆半径。

2. 道岔关键断面处的等效锥度

道岔各关键断面处的左右轮滚动圆半径差随轮对横移量的变化如图 2.19 所示，等效锥度随轮对横移量的变化如图 2.20 所示。

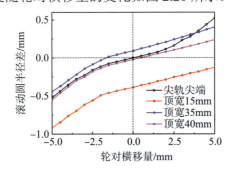
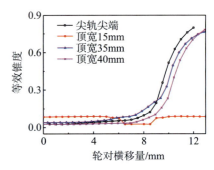

图 2.19　关键断面滚动圆半径差　　　　　　图 2.20　关键断面等效锥度

由图 2.19 和图 2.20 可见，尖轨顶宽 15mm 处位于轮载发生过渡之前，车轮只与基本轨接触，两接触点之间的距离较大，因而等效锥度较大；而尖轨顶宽 35mm 处位于轮载发生过渡之后，车轮只与尖轨接触，两接触点之间的间距较小，因而等效锥度较小，但此时受轮对横移的影响最大，在轮对横移量大于 4mm 时，等效锥度即开始显著增加；由于该高速铁路道岔轮轨关系设计较为合理，轮对横移量为 3mm 时各断面处的等效锥度均未超过 350km/h 高速铁路限值 0.15。

3. 磨耗型车轮与道岔接触时的等效锥度

等效锥度的计算中需要确定 $\Delta_r = 0$ 时轮对横移量 y_w，而磨耗后的轮对与道岔区非对称钢轨截面匹配时，RRD 曲线中 $\Delta_r = 0$ 的点可能并不唯一，轮对横移量 y_w 并非一个点，可能有两个点、三个点甚至多个点，图 2.21 为磨耗型车轮与尖轨顶宽 35mm 断面接触时的左右滚动圆半径差随轮对横移量的变化，车轮凹形踏面最大磨耗量约为 1.2mm。图中滚动圆半径差为零的有 A、B、C 三个点，$y_A = 0.5\text{mm}$，$y_B = 4.5\text{mm}$，$y_C = 8\text{mm}$。利用式(2.34)求解等效锥度，y_w 点的取值不同，结果也不同，故该段的等效锥度直接利用式(2.34)无法求解，需寻找真实的 y_w 点从而计算等效锥度。

等效锥度作为轮轨接触几何关系的重要评价指标，反映轮对的对中性能，对车辆运行稳定性具有重要的影响。y_w 点的含义为当轮对横移量为 y_w 时，滚动圆半径差为零，此刻轮轨接触处于最稳定平衡状态。而重力刚度是评价轮对对中性能的一个接触几何指标，重力刚度越小，重力横向复原力越小，轮轨接触状态越稳定。由此可知，若滚动圆半径差为零所对应的轮对横移不唯一，则以重力刚度最小的原则寻找 y_w。轮对重力刚度 K_{gy} 和重力刚度系数 K_y 按式 (2.35) 求解，求得磨耗型车轮在道岔区的等效锥度分布如图 2.22 所示。

$$\begin{cases} K_{gy} = \dfrac{F_{gy}}{y_w} = \dfrac{W}{2y_w}\big[\tan(\delta_r + \theta) - \tan(\delta_l - \theta)\big] = \dfrac{W\theta}{y_w} \\ K_y = \dfrac{\theta}{y_w} \end{cases} \tag{2.35}$$

式中，W 为轮对轴重；δ_l、δ_r 为左、右侧轮轨接触角；θ 为轮对侧滚角；y_w 为轮对横移量。

由图 2.22 可见，磨耗型车轮通过道岔时，等效锥度随车轮横移波动较为剧烈，表明列车过岔稳定性不易保持；当轮对横移量为 6mm 时，等效锥度即已达到 0.33，此时引起过岔晃车现象。

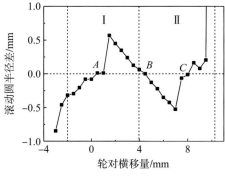

图 2.21　磨耗型车轮滚动圆半径差

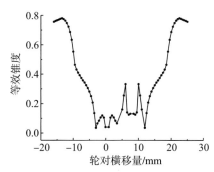

图 2.22　磨耗型车轮在道岔区的等效锥度

4. 道岔区名义等效锥度分布

UIC519 规范规定轮对蛇形运动幅值为 3mm 时对应的等效锥度为区间线路的名义等效锥度，在道岔区可以将每个截面处出现最大概率的轮对横移所对应的等效锥度作为该截面处的轮对名义等效锥度。尖轨不同截面处最大概率横移变化率如图 2.23 所示，计算的道岔区名义等效锥度分布如图 2.24 所示。

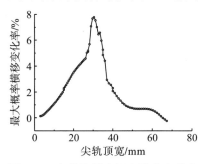

图 2.23　车轮的最大概率横移变化率

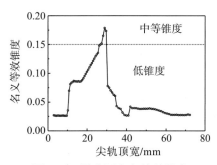

图 2.24　道岔区名义等效锥度

由图 2.24 可见，当车轮与尖轨顶宽为 0～26mm 的钢轨匹配时，名义等效锥度小于 0.15，为低锥度；当轮对与尖轨顶宽为 26～30mm 的钢轨匹配时，名义等效锥度随尖轨顶宽的增大而增大，在顶宽为 28.92mm 处名义等效锥度达到最大值为 0.1788，但仍处于中等锥度范围；当轮对与尖轨顶宽超过 30mm 的钢轨匹配时，名义等效锥度处于低锥度范围。对比图 2.23 和图 2.24，道岔区名义等效锥度分布规律与车轮的最大概率横移变化率分布具有相似性，两者间是否有理论上的联系，尚需深入研究。

三、基于最大概率轮对横移的道岔结构不平顺

尖轨或心轨的顶宽、高度的变化导致轮轨接触点的位置、车轮重心高度发生改变，从而产生轮轨接触点在横向及竖向的变化，它是由道岔结构特点所决定的，是不可避免的。因此，可将这种道岔自身特点导致的轮轨接触点在横向和垂向的变化规律称为道岔结构不平顺，它是引起列车与道岔振动的激振源之一。最大概率的轮对横移能真实地反映车辆过岔时轮对横移状态，故基于最大概率轮对横移的结构不平顺，能更真实地反映车辆过岔时轮轨接触点在横向及竖向的动态变化规律。LMA 型高速车轮通过中国 18 号高速铁路道岔转辙器部分时产生的竖向及横向不平顺如图 2.25 所示。

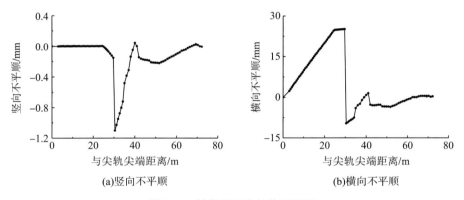

(a)竖向不平顺　　　　　(b)横向不平顺

图 2.25　转辙器部分结构不平顺

由图 2.25 可见，车轮在从基本轨向尖轨过渡的过程中，轮轨接触点先沿着曲基本轨顶面中心向外侧移动，车轮重心下降；随着尖轨顶面加宽、升高，轮轨接触点又向尖轨轨距角移动；过渡至尖轨以后，又随着尖轨顶宽的变化向顶面中心移动，且车轮重心不断抬高。因此，可以用岔区结构不平顺来反映轮载过渡时接触点的变化。

四、道岔区接触带宽

接触带宽是指轮对在某一轮对横移量下正负方向移动时单侧钢轨或车轮踏面接触点横坐标变化的范围，表征轮轨型面在钢轨或车轮横向上的匹配关系。接触带宽越宽说明在轮对动态横移范围内，轮轨接触点横向移动范围越宽，车辆运行越不稳定。接触带宽率用以表征车轮踏面或钢轨踏面的磨耗状态，接触带宽率变化越大说明轮轨接触点的横移量在

单位横移量内越大，磨耗区越宽，车轮踏面磨耗量增长越快。LMA 型高速车轮通过中国 18 号高速铁路道岔转辙器部分时轮轨上的接触带宽如图 2.26 所示。

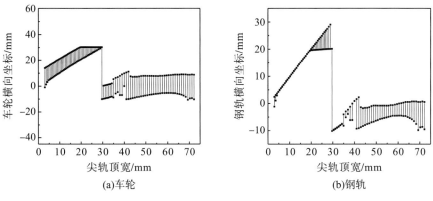

(a)车轮   (b)钢轨

图 2.26 转辙器部分接触带宽

由图 2.26 可见，车轮上的接触点在尖轨顶宽 0～20mm 随尖轨顶宽的增大接触点向外侧偏移，但接触带宽基本保持不变；在顶宽 20～30mm 接触带宽逐渐减小直至为零；当在顶宽 30mm 处轮对接触点发生跳跃时，接触带宽幅值变化不大。钢轨上的接触点在尖轨顶宽 0～20mm 基本不变，只是随着曲基本轨弯折而外移；轮轨转移过程中，钢轨上的接触点波动较大，转移至尖轨上后刚开始保持不变，随着尖轨加宽而向内移；轮载转移完成后，尖轨上接触带宽有所波动，但变化不大。总的来看，列车过岔时，轮轨上的接触带宽均会出现较大的波动、转移，但接触带宽幅值变化不大。

第三节 道岔区三维非赫兹轮轨稳态滚动接触行为

轮轨滚动接触是滚动与滑动混合的一种运动，即滚滑。由于车轮和钢轨型面由多段圆弧和直线组成，当接触区内车轮和钢轨型面的曲率不固定时，其接触斑便会呈现非椭圆形，称为非赫兹接触(纵向遵循赫兹接触假设，表现为对称分布)。若考虑轮对的摇头角或道岔的变截面特性，则接触斑将呈现三维非对称形状，这与轴承接触、齿轮啮合、轮胎-路面接触等常表现出的椭圆形或圆形接触斑是不同的，是轮轨滚动接触的另一个基本特征。因此，道岔区的轮轨滚动接触的基本特征可描述为"包含蠕滑和自旋的三维非对称滚动接触"。

一、轮轨滚动接触理论的发展

在铁路领域，滚动接触力学模型最主要的应用是列车-轨道动态相互作用模拟和数值再现轮轨滚动接触行为。对于前者，接触模型应该具备快速求解动态接触力的能力；而后者则需要接触模型能精确求解详细的滚动接触解，考虑任意接触几何、弹塑性材料本构关系和瞬态效应等。当考虑轮轨磨耗等接触界面长期演化现象的模拟时，需要结合列车-轨道动力学和轮轨滚动接触力学进行联合仿真，即滚动接触模型应兼顾计算效率和准确性。

1. 经典滚动接触理论

学术界普遍认为接触力学由赫兹在 1882 年开创,因为正是赫兹首次严格推导了两接触体的法向接触解,突破了 Winkler 基于弹性支撑法只能给出近似解的局限性[22]。虽然赫兹理论的建立需遵循诸多假设,如弹性接触体、光滑接触面、接触几何表示为二次函数,它至今仍广泛应用于列车-轨道动力学和轮轨磨耗预测的研究。同时,赫兹理论求得的椭圆接触斑和法向应力分布是后人发展滚动接触力学的基础。

率先开展轮轨滚动接触行为研究的是 Carter,他于 1926 年创建了二维滚动接触理论[23],其最大贡献在于成功划分了接触斑内的黏着区与滑动区,并给出了详细的解析解和蠕滑率/力的关系(又称蠕滑曲线)。1958 年,Johnson 教授将其推广到球体与半空间的三维滚动接触问题上[24],考虑纵、横向蠕滑率的影响,并建立了小自旋条件下蠕滑率/力的关系。随后,Vermeulen 和 Johnson 又将该方法拓展到三维椭圆接触斑的情形中,建立了 V-J 三维滚动接触理论[25]。

1963 年,Group 等建立了条形理论[26],将接触斑视为若干沿着滚动方向的条带,在每个条带上应用 Carter 的二维理论,即如果每个条带上存在黏着区,便只会存在于条带的前端,从而在接触斑的前沿部分形成黏着区,该理论仅考虑了纵向蠕滑的情形。1966 年,Kalker 对其进行了补充,可以将横向蠕滑率和小自旋考虑其中[27]。与 Carter 的二维理论一样,仅当接触椭圆纵向与横向半轴长度的比值较小时,条形理论才成立。2016 年,Sichani 等利用 Kalker 的线性理论和简化理论对条形理论进行了修正,使其能适用于任意椭圆几何和大自旋条件[28]。

对轮轨滚动接触力学做出最大贡献的是荷兰代尔夫特理工大学的 Kalker 教授,他于 1967 年利用级数方法研究了无限小蠕滑率和自旋条件下的蠕滑率/力的关系,由于该条件下的接触斑不存在滑动区,蠕滑率与蠕滑力表现为线性关系,这个理论也称为线性理论[29]。线性理论可获得接触条件下的精确解,因此其虽然几乎不直接应用于铁路列车-轨道动力学的研究,但它是后续研究建立非线性蠕滑率/力的关系(如简化理论、沈氏理论和 Polach 模型)的基础。

上述理论模型均是基于赫兹接触假设建立的并且具有显式表达式,但仍尚无一个理论模型可以获得任意蠕滑率与自旋条件下滚动接触解的解析表达。若再考虑非赫兹接触,这个问题将变得更加复杂,只能借助边界元或有限元方法获得数值解。求解该问题,学术界内最广泛认可的是 Kalker 于 1979 年建立的三维非赫兹弹性体滚动接触理论[30, 31],即精确理论或 Kalker 的变分方法。该方法基于 Duvaut 和 Lions 的变分原理,将经典弹性力学中的接触问题转化为求余能最小值的数学规划问题,无法获得解析表达,因此采用边界元法对接触表面的局部潜在接触区进行离散,并开发了专门的数值程序 CONTACT 对其迭代求解。

2. 赫兹型轮轨滚动接触简化理论

CONTACT 程序的计算效率很低,故至今尚未广泛应用于列车-轨道动力学的在线计算和轮轨损伤的长期演化行为模拟,通常作为后处理程序或用于对工程近似方法的精度验证。因此,近几十年来,轮轨滚动接触理论主要侧重于兼顾计算效率和精度的简化算法研究。

Kalker 于 1982 年提出了简化理论[32]，假设接触斑内的接触应力仅与相应方向的弹性位移相关且呈线性关系，利用这个关系通过满足赫兹接触理论的几何条件和 Kalker 的线性理论(不考虑滑动)，获得了三个方向的柔度系数表达式。其算法是将接触斑划分为若干平行于滚动方向的网状条带，通过假定接触斑前沿处的切向应力为零及引入切向边界判定条件，由接触斑前沿向后递推获取切向应力在每一条带上的分布，积分获得所需蠕滑力和力矩，并开发了相应的数值算法 FASTSIM，它是列车-轨道动力学分析中最常用的一种滚动接触模型。

我国沈志云院士于 1983 年建立了"沈氏理论"(国际上也称为 Shen-Hedrick-Elkins 模型)，也被广泛应用于列车-轨道动力学的研究[33]。该模型借用 Kalker 的线性理论改造 V-J 三维无自旋理论，这样使得 V-J 模型可以考虑自旋的影响，并使改造后获得的蠕滑率/力曲线的初始斜率更加逼近准确解。学术界普遍认为该模型并不适合大自旋的情形。

1999 年，Polach 提出了另一个经典模型[34]，参考 Kalker 简化理论假定切向力在黏着区呈线性分布，得到纯蠕滑条件下的蠕滑力解析解，借用 Kalker 线性理论获得纯自旋条件下的横向力表达式，可以获得的精度与 FASTSIM 相当，但计算效率比 FASTSIM 的更高。

除此之外，基于 CONTACT 建立的蠕滑率/力数表也是一种非常高效的方法[35]。列车-轨道动力学使用的上述蠕滑模型都是基于赫兹接触斑建立的，为了更加准确地模拟轮轨损伤，急需在仿真分析中引入比赫兹接触理论更为先进的非赫兹接触模型。

3. 非赫兹型轮轨滚动接触简化理论

针对非赫兹型轮轨滚动接触问题的快速求解，目前业界普遍采用的方法是虚拟穿透法，其思路是通过简化弹性变形预先确定接触斑形状，从而使接触边界方程具有显式解；同时，将接触斑视为若干纵向条带，使其可采用赫兹接触理论求解。其中，最为典型的虚拟穿透法是分别由 Kik 等[36, 37]、Linder 等[38, 39]、Ayasse 等[40]提出的三种方法。

Kik 和 Piotrowski 提出的方法(简称 KP 法)将非赫兹接触斑等效为一个椭圆，并提出了一种形状校正方法以获得更准确的接触斑形状，采用一个经验值为 0.55 的缩减因子来确定初始接触区域，并通过接触点处的曲率修正接触斑形状，假定沿横向的法向应力分布与接触斑纵向长度成正比，而法向应力沿纵向的分布则满足赫兹假设。KP 法是目前最快速的非赫兹接触算法，适于在线进行列车-轨道动力学和轮轨损伤计算。

在 Linder 和 Brauchli 模型中，仍然采用 KP 法确定接触区域，但并不进行形状修正，对于接触斑内横向压应力分布的确定，其思路是将接触斑分解为若干沿滚动方向的条带，每个条带从属于相应的等效椭圆，每个条带上接触应力便由赫兹接触理论确定。其核心是将非赫兹接触斑等效为椭圆，据此改变 FASTSIM 中基于椭圆建立的柔度系数和 Kalker 的蠕滑系数。

Ayasse 和 Chollet 提出的方法(简称 AC 法)与 Linder 和 Brauchli 方法类似，也是将接触斑分解成若干沿着滚动方向的条带，并假设每个条带具有与赫兹接触理论相同的特征，但该方法不同的地方在于其认为每个条带位于对应椭圆的中心处，称为半赫兹方法(semi-Hertian 方法，简称 SH 法)，开发的数值程序为 STRIPES。

Sichani 等[14]提出 ANALYN 法向接触模型，其思路与 STRIPES 类似，不同之处在于该模型中在每个条带上用赫兹理论近似求得弹性变形，如此可获得更高的计算精度，但该方法同样需要对横向曲率进行平滑处理。上述三种基于虚拟穿透的非赫兹接触算法中的切向接触问题均采用的是 FASTSIM，Sichani 等发现在某些非赫兹接触工况下，它们的计算精度不能满足要求，为此，发展了 FaStrip 算法[28]。该算法也是基于椭圆接触斑假设而建立的，但条带不需要再进一步划分，将其与 ANALYN 模型结合即可应用于非赫兹接触工况。

4. 复杂滚动接触问题的有限元法

近年来，随着计算机性能的提高以及有限元算法的发展，用有限元法解决复杂的轮轨滚动接触问题越来越普遍。把滚动行为引入有限元模型，目前学术界主要有两种方法：ALE 建模和瞬态建模。

ALE 是指任意拉格朗日-欧拉(arbitrary Lagrangian-Eulerian)方法，其思想是将车轮的滚动分解为车轮的刚体运动和变形，分别采用欧拉方法和拉格朗日方法描述，常崇义[41]借助 ABAQUS 软件中的拉格朗日乘子法构建了剪切应力与相对滑移速度的本构关系，使得该方法可以考虑滚滑问题，但仍只适用于求解稳态滚动行为。

目前，学术界处理瞬态滚动接触问题最常用的手段是利用中心差分法显式求解基于拉格朗日方法描述的有限元模型。借助有限元法建立的三维轮轨瞬态滚动接触模型，可考虑应变率相关的实测材料本构关系、复杂的变摩擦模型和任意三维接触几何不平顺，车轮和钢轨采用实体建模可以考虑真实几何的结构变形，将界面滚动接触与结构振动耦合在一起，能够数值重现高速轮轨瞬态滚动接触行为。2005 年，Wen 等率先利用 ANSYS/LS-DYNA 建立了轮对与钢轨绝缘接头的动态冲击模型，采用隐-显式顺序求解方法探究了轴重和滚动速度对轮轨冲击力及钢轨体内动态应力的影响[42]。在此之后，各国学者陆续开发了多个瞬态滚动接触模型，来处理各种瞬态滚动接触问题[43-45]。

5. 各种经典滚动接触理论的对比

以上各种典型的轮轨滚动接触理论的发表时间、法向/切向接触条件、应用导向、求解方式和解的精度等对比如表 2.1 所示。

表 2.1　典型轮轨滚动接触理论/模型的对比

名称	时间	法向接触条件	切向接触条件	应用导向	求解方式	解的精度
Carter	1926	二维	纵向蠕滑	稳态接触	显式	精确解
V-J 理论	1958	椭圆	无自旋	稳态接触	显式	近似解
Hains-Ollerton 条形理论	1963	椭圆 (纵轴远小)	纵向蠕滑	稳态接触	显式	精确解
Kalker 条形理论	1966	椭圆 (纵轴远小)	任意蠕滑 和小自旋	稳态接触	显式	精确解
Kalker 线性理论	1967	椭圆	无限小的 蠕滑和自旋	校正简化算法	显式	精确解

续表

名称	时间	法向接触条件	切向接触条件	应用导向	求解方式	解的精度
Kalker 精确理论	1979	非椭圆	任意蠕滑和自旋	稳态接触	隐式	边界元 数值解
Kalker 简化理论	1982	椭圆	任意蠕滑和自旋	车辆动力学、 接触计算	显式	近似解
沈氏理论	1983	椭圆	任意蠕滑 和小自旋	车辆动力学	显式	近似解
Polach 模型	1999	椭圆	任意蠕滑 和小自旋	车辆动力学	显式	近似解
ALE 模型	2002	非椭圆 (任意几何)	任意蠕滑和自旋	稳态接触	隐式	有限元 数值解
瞬态模型	2005	非椭圆 (任意几何)	任意蠕滑和自旋	瞬态接触	显式	有限元 数值解
KP 法	2005	非椭圆	与简化理论相同	车辆动力学	显式	近似解
Linder 模型	2005	非椭圆	与简化理论相同	稳态接触	显式	近似解
AC 法	2005	非椭圆	与简化理论相同	稳态接触	显式	近似解
FaStrip 算法	2016	椭圆	任意蠕滑和自旋	车辆动力学、接触计算	显式	近似解

二、三维非对称接触几何的轮轨滚动接触行为

Kalker 变分法应用于轮轨滚动接触行为的分析时，需预先给定两接触体的法向间隙、蠕滑率和自旋以执行 CONTACT 算法，这便涉及轮轨接触几何的计算分析。在列车-轨道动力学仿真中，轮轨接触通常简化为一个刚性接触点，并将其视为具有椭圆形状的接触斑，但由于车轮及钢轨顶面廓面曲率非定值，多数情况下轮轨接触几何间隙或接触斑形状沿纵向不再遵循椭圆分布，呈现为纵向对称分布；当轮对存在摇头角时，空间几何形状沿纵向也不再对称。

1. 三维非对称接触几何形状的确定

将车轮视为旋转体，可以得到车轮表面任一点 (x_3, y_3) 对应的垂向坐标 $z_3(x, y)$ 为

$$z_3(x, y) = -\sqrt{Ry_3^2 - x_3^2} \tag{2.36}$$

然后，利用给定的摇头角 ψ 和计算得到的侧滚角 φ，生成最终接触状态时车轮表面在轨道坐标系的表达式为

$$\begin{bmatrix} x_1 \\ y_1 \\ z_1 \end{bmatrix} = \begin{bmatrix} \cos\psi & -\sin\psi\cos\varphi & \sin\psi\sin\varphi \\ \sin\psi & \cos\psi\cos\varphi & -\cos\psi\sin\varphi \\ 0 & \sin\varphi & \cos\varphi \end{bmatrix} \begin{bmatrix} x_3 \\ y_3 \\ z_3 \end{bmatrix} + \begin{bmatrix} 0 \\ \Delta y \\ 2R_0 \end{bmatrix} \tag{2.37}$$

式中，Δy 为车轮横向位移；R_0 为车轮名义滚动圆半径。假设接触斑位于接触切平面内，即满足半空间假设。通过式(2.38)可将车轮和钢轨表面坐标转换为切平面内局部接触系下的坐标。

$$\begin{bmatrix} x_{Li} \\ y_{Li} \\ z_{Li} \end{bmatrix} = \begin{bmatrix} \cos\theta & \sin\theta\sin\delta & -\sin\theta\cos\delta \\ 0 & \cos\delta & \sin\delta \\ \sin\theta & -\cos\theta\sin\delta & \cos\theta\cos\delta \end{bmatrix} \begin{bmatrix} \Delta x_i \\ \Delta y_i \\ \Delta z_i \end{bmatrix}, \quad i = w, r \tag{2.38}$$

式中，下标 w 代表车轮，r 代表钢轨；δ 为接触角；$(\Delta x_i, \Delta y_i, \Delta z_i)$ 为车轮或钢轨表面任一点与接触点的空间相对距离；θ 为轮轨接触点与所在接触圆最低点之间的夹角，其计算表达式如下：

$$\theta = \arcsin\left(\frac{x_{3c}}{z_{3c}}\right) \tag{2.39}$$

一般情况下，θ 是一个很小的值，可将其忽略。因此，任意三维轮轨非对称接触几何间隙最终可由式 (2.40) 得出：

$$h = z_{Lw} - z_{Lr} \tag{2.40}$$

一个特例是当摇头角 ψ 为零时，式 (2.40) 可降为二维问题，仅需考虑横向真实的几何间隙 $f(y_L)$，其纵向接触几何间隙分布仍遵循椭圆分布，见式 (2.41)，称为非赫兹接触几何间隙。

$$h = A x_L^2 + f(y_L) \tag{2.41}$$

式中，A 为轮轨接触点沿纵向组合的曲率，表达式为

$$A = \frac{\cos\delta(y_{3c})}{2R(y_{3c})} \tag{2.42}$$

式中，$R(y_{3c})$ 和 $\delta(y_{3c})$ 分别为接触点处的车轮半径和接触角。

2. 基于 Kalker 变分法的三维非对称滚动接触求解

求解三维非对称滚动接触可以采用有限元法或基于无限半空间假设的 Kalker 变分法。Kalker 变分法的思路是将经典的弹性力学基本方程通过位移的变分转化为滚动接触问题的余能表达。车轮和钢轨若为具有相同属性的材料，便可将法向和切向问题解耦；若为具有不同属性的材料，则需要借助 Panagiotopoulos 方法进行迭代，实现法向和切向接触的耦合。

两接触体刚性接触时的法向间隙还可表示为

$$h = \delta_p - u(x, y) \tag{2.43}$$

式中，δ_p 为轮轨间的穿透量；$u(x, y)$ 为无限半空间假设下的弹性位移量，可以通过 Boussinesq-Cerruti 的力-位移方程得到：

$$u(x, y) = \frac{2(1 - \upsilon^2)}{\pi E} \iint\limits_{A_c} B_{I_z J_z} p_{J_z}(x, y)\mathrm{d}x\mathrm{d}y \tag{2.44}$$

式中，$B_{I_z J_z}$ 为影响因子，表示当单元 J 承受单位荷载时单元 I 处产生的弹性位移；p_{J_z} 为单元 J 上的法向应力；υ 和 E 为材料的泊松比和弹性模量。

由式 (2.44) 可得，弹性变形是由接触斑内的压应力所决定的，而接触边界又是由弹性变形所决定的。因此，式 (2.43) 没有解析解，只能通过迭代，直到任意单元 I 上的压应力满足 Kalker 变分法在法向的余能表达式：

$$\begin{cases} \min \phi = \dfrac{1}{2} p_{I_z} B_{I_z J_z} p_{J_z} + (h_I - \delta_p) p_{I_z} \\ \text{sub}: p_{J_z} \geqslant 0 \end{cases} \tag{2.45}$$

式中，p_{I_z}、p_{J_z} 分别为单元 I、J 上的法向应力；$B_{I_z J_z}$ 为单元 J 承受单位荷载时单元 I 处产生的弹性位移；h_I 为两接触体刚性接触时的法向间隙；δ_p 为轮轨间穿透量。

同样，可以得到 Kalker 变分法在切向的余能表达式：

$$\begin{cases} \min \phi = \dfrac{1}{2} p_{I_i} B_{I_i J_j} p_{J_j} + (W_{I_i} - u'_{I_i}) p_{I_i}, \quad i, j = x, y \\ \text{sub}: \left| p_{I_i} \right| \leqslant g_I \end{cases} \tag{2.46}$$

式中，g_I 为切向接触边界。

对于前一时刻 t' 对应的弹性位移差 u'_{I_i}，其求解需要引入稳态滚动接触假设，即任意时刻的接触力保持不变，$p_{J_j} = p'_{J_j}$。W_{I_i} 为 $[t', t]$ 时段内单元 I 处经历的刚性滑动量，考虑半空间假设可将接触面假定为一平面，其表达式为

$$\begin{cases} W_{I_x} = \delta q \left[c_x - c_\varphi \left(y_I + \dfrac{1}{6} \delta q \sin \alpha \right) \right] \\ W_{I_y} = \delta q \left[c_y + c_\varphi \left(x_I + \dfrac{1}{6} \delta q \cos \alpha \right) \right] \end{cases} \tag{2.47}$$

式中，c_x、c_y 和 c_φ 分别为纵向蠕滑率、横向蠕滑率和自旋量；α 为接触体滚动方向与 x 轴的夹角。值得注意的是，为保证计算的精度和稳定性，令 $\delta q = v(t - t') = \Delta x$，即刚性滑动量与时间和速度无关，因此 Kalker 理论仅能处理稳态滚动接触问题。

在获得接触几何参数后，就可以通过式 (2.48) ~ 式 (2.50) 得到轮轨滚动接触计算中重要的输入参量，即蠕滑率与自旋量，式 (2.48) ~ 式 (2.50) 仅列出了左侧接触的情形。

$$c_x = \left[1 - \frac{R(y_{3c})}{R_1} \right] \cos \psi \tag{2.48}$$

$$c_y = -\sin \psi \cos \left[\varphi + \delta(y_{3c}) \right] \tag{2.49}$$

$$c_\varphi = -\frac{\sin \delta(y_{3c})}{R(y_{3c})} \tag{2.50}$$

式中，R_1 为轮对对中时对应的接触半径。

3. 三维非对称接触斑几何形状

以 S1002CN 高速车轮与 CN60 钢轨接触为例，轨底坡坡度为 1∶40，假设轮轨材料相同，泊松比和剪切模量分别取为 0.28 和 82GPa，轮轨接触界面之间的摩擦系数取为 0.5 以考虑界面干燥的条件，垂向荷载为 83.3kN。车轮摇头角为 0mrad、−50mrad 时的轮轨接触几何间隙分布比较如图 2.27 所示。当摇头角为 0mrad 时，轮轨接触几何间隙为纵向对称的非赫兹接触；当存在摇头角时，轮轨接触几何间隙呈三维非对称分布。无论哪种接触几何形状，均与赫兹型椭圆接触差别较大，因此列车-轨道动力学中将接触几何间隙考虑成椭圆分布是一种极为简化的方法[46]。

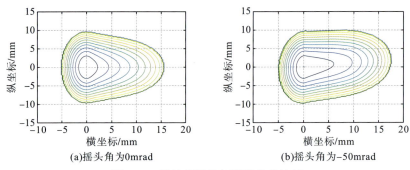

(a)摇头角为0mrad (b)摇头角为−50mrad

图 2.27　轮轨接触几何间隙分布比较

轮轨接触斑几何形状还与轮对横移量相关。图 2.28 为不同轮对横移量条件下接触斑形状与法向接触应力在钢轨上的分布(轮对摇头角为 0mrad)，图中接触斑的纵向坐标人为地沿 x 轴的正向进行了移动，轮对横移量自左向右为−3～7mm 且间隔 1mm。由图可见，在不同的轮对横移量情况下，轮轨接触斑几何形状差别很大；大多数情况下，接触斑均为非赫兹型；仅当轮对横移量为 $\Delta y = 3$mm 时，轮轨接触斑形状才近似为椭圆；接触斑面积越小，接触应力越大。可见，只有考虑真实的轮轨接触斑几何形状，才能得到准确的轮轨界面受力状况。

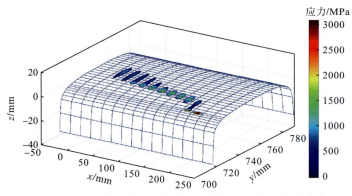

图 2.28　不同轮对横移量条件下的接触斑形状及应力分布

4. 接触斑几何形状对法向接触的影响

轮对横移量为 $\Delta y = -2$mm 、 $\Delta y = 6$mm 时，接触斑几何形状、轮轨接触几何间隙($x=0$ 处)、接触应力分布($x=0$ 处)的对比如图 2.29～图 2.31 所示，摇头角分别为 $\psi = 5$mrad 、 $\psi = 25$mrad 作为对比，图中还给出了接触斑假设为椭圆的情况。

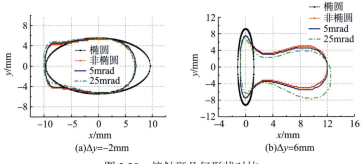

(a)Δy=−2mm (b)Δy=6mm

图 2.29　接触斑几何形状对比

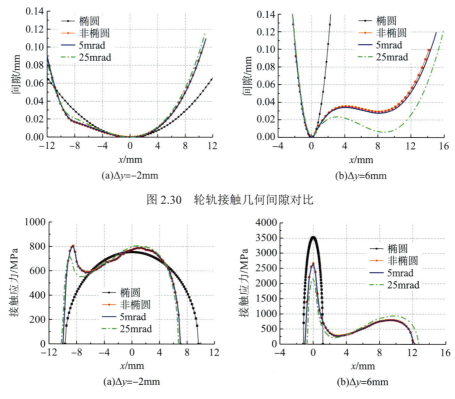

(a)$\Delta y=-2$mm　　　　　　　(b)$\Delta y=6$mm

图 2.30　轮轨接触几何间隙对比

(a)$\Delta y=-2$mm　　　　　　　(b)$\Delta y=6$mm

图 2.31　接触应力分布对比

由图 2.29～图 2.31 可见，非赫兹型、三维非对称接触与赫兹接触斑几何形状、接触几何间隙、接触应力分布差别很大，除赫兹接触，接触几何间隙、接触应力均为非对称分布，接触应力出现了两个峰值；车轮横移对轮轨接触的影响比较显著，特别是当轮对横移量较大、车轮由钢轨踏面接触转移至轨距角接触时，接触斑逐渐转变为由两个椭圆合并而成的情形，最大接触应力显著升高；摇头角对轮轨接触的影响较小，仅会显著影响接触点在轮缘附近的接触应力分布，这主要是由于钢轨踏面廓形变化平缓，而轨距角处变化剧烈。因而踏面-轨顶接触计算中可以不考虑摇头角对几何间隙的影响，采用非赫兹型几何间隙假设即可满足精度要求，但轮缘-轨距角处的接触计算需考虑真实的三维非对称几何间隙建模。

5. 接触斑几何形状对切向接触的影响

蠕滑率随轮对横移量和摇头角的变化如图 2.32 所示。由图可见，由于纵向蠕滑率和自旋蠕滑率主要取决于接触半径和接触角，其变化与摇头角关系不大，但在轨距角接触后受轮对横移量的影响较大。而对于横向蠕滑率，摇头角的影响十分明显，当轮对横移量未超过 7mm 时，可认为其变化与摇头角的正弦成正比，一旦轮对横移量超过 7mm，横向蠕滑率便会明显地受接触角的影响。

当轮对横移量为 $\Delta y=-2$mm 时，接触斑内黏滑分布、剪切应力幅值及其方向分布在不同的车轮摇头角下的比较如图 2.33 所示，作为对比，图中还给出赫兹接触情况下的计算结果。图中，红线包围的区域为滑动区，其余部分表示黏着区。矢量指向表示为剪切应力的方向，其长度与剪切应力的幅值成正比。

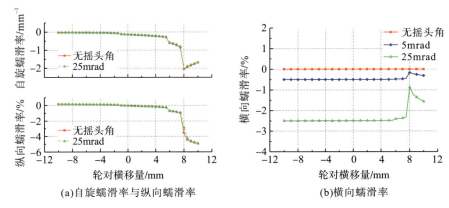

(a)自旋蠕滑率与纵向蠕滑率　　　　　　(b)横向蠕滑率

图 2.32　蠕滑率随轮对横移量和摇头角的变化

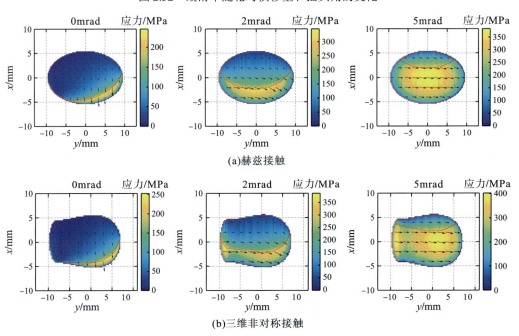

(a)赫兹接触

(b)三维非对称接触

图 2.33　剪切应力及黏滑分布随摇头角的变化（$\Delta y = -2\,\text{mm}$）

由图 2.33 可见，随着摇头角的增大，滑动区逐渐占据主导地位，同时剪切应力的方向也由纵向变为横向。虽然三维非对称接触斑与赫兹接触斑形状不同，但摇头角对黏滑分布和剪切应力方向的影响是一致的，可见仅在钢轨顶面发生轮轨接触时，简化为赫兹接触不会显著影响轮轨系统的宏观切向荷载。

当轮对横移量为 $\Delta y = 6\,\text{mm}$ 时，接触斑内黏滑分布、剪切应力幅值及其方向分布在不同的车轮摇头角下的比较如图 2.34 所示，作为对比，图中还给出赫兹接触情况下的计算结果。图中示例线型颜色含义与图 2.33 相同。

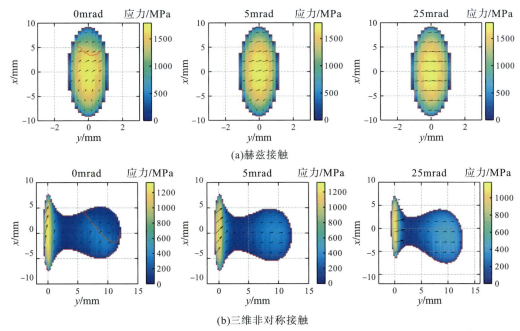

(a)赫兹接触

(b)三维非对称接触

图 2.34　剪切应力及黏滑分布随摇头角的变化（$\Delta y = 6\text{mm}$）

由图 2.34 可见，当车轮与钢轨轨距角接触时，一旦出现摇头角，接触斑就很容易达到全滑动状态，且纵向蠕滑率和自旋蠕滑率相对较大，此时需要较大的横摆角（或横向蠕变）来改变剪切应力的方向。因为剪切应力的方向与钢轨表面裂纹的方向垂直，所以准确考虑轮轨接触的滚动特征是精准预测裂纹萌生及扩展的关键。

当轮对横移量为 $\Delta y = -2\text{mm}$、$\Delta y = 6\text{mm}$ 时，赫兹型、非赫兹型与三维非对称接触对蠕滑率/力关系的影响如图 2.35 和图 2.36 所示，此时只模拟了单一纵向蠕滑率或纯自旋蠕滑率的情形，忽略了由摇头角引起的横向蠕滑率，但考虑了摇头角引起的接触斑形状的改变。

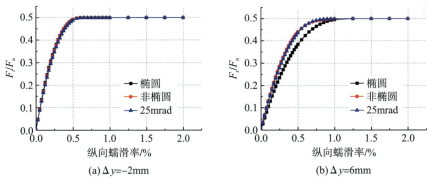

(a) $\Delta y = -2\text{mm}$　　　　(b) $\Delta y = 6\text{mm}$

图 2.35　单一纵向蠕滑率条件下的蠕滑曲线

由图 2.35 可见，由于横向蠕滑力在单一纵向蠕滑率条件下为零，纵向蠕滑力在较高的蠕滑率作用下达到饱和；摇头角为 0mrad 时的非赫兹型间隙预测的蠕滑率/力关系与摇头角为 25mrad 情况下的三维非对称接触是一致的，且当 $\Delta y = -2\text{mm}$ 时与赫兹接触也是一致的，但当 $\Delta y = 6\text{mm}$ 时，赫兹接触预测的结果因接触斑形状差异较大而出现了明显的不同，表现为曲线的初始斜率较低，从而较慢地达到饱和。

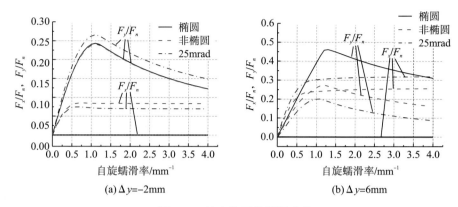

图 2.36　纯自旋下的蠕滑曲线

由图 2.36 可见，纯自旋条件下三种接触模型预测的蠕滑曲线差别较大，特别是赫兹接触中横向蠕滑力错误地预测为零，这是其接触斑假设成横向对称引起横向力抵消造成的。可见在大自旋情况下，采用三维非对称接触模型才能较好地反映实际情况。由于大自旋现象常见于列车脱轨分析的工况，若采用赫兹接触建模则会因无法模拟横向蠕滑力而丢失解的精度。

三、曲面接触时的轮轨滚动接触行为

接触斑位于轨顶或接近轨距角的位置是绝大多数情况下的轮轨滚动接触状态。然而，当车辆通过小半径曲线或道岔时，可能会出现轮缘与轨距角或尖轨的情况，其接触面为曲面，形成"共形接触"。Kalker 三维非赫兹滚动接触理论仅适用于平面形式的接触斑，当轮轨发生轮缘接触时，该理论只能得到近似解。求解曲面滚动接触需要考虑的三个主要因素为曲面接触几何间隙、接触斑内自旋变化对滑动量的改变和有限空间的影响因子。在此基础上，采用 Kalker 变分法建立曲面接触处 CURVE 算法，拓展 CONTACT 算法在曲面接触中的应用，平面接触只是其一种特例，因而 CURVE 算法也适用于平面接触计算。

1．曲面接触间隙

由于曲面接触时接触斑内横向任意单元的局部法向不再相同，需要建立如图 2.37(a) 所示的局部法向坐标系 $Oxsn$，其坐标原点 O 为刚性接触点，x 指向滚动方向，s 为曲面接触斑的横向，n 为局部法向。假设 OA 和 OC 具有相同的距离，那么 AC 的中点 D 应位于实际的接触曲面 Osx 上且距离为曲面接触间隙。

先采用迹线法或法向切割法确定轮轨刚性接触点 O，然后建立接触点附近轮轨型面位于直角坐标系 $Oxyz$ 的局部坐标，如图 2.37(b) 所示。考虑 $x=0$ 处的截面 Oyz，对于轮轨型面的局部离散点坐标，相邻两点的横向和垂向坐标差可表示为

$$\Delta y_k = y_{k+1} - y_k \tag{2.51}$$
$$\Delta z_k = z_{k+1} - z_k \tag{2.52}$$

式中，$k=1,2,\cdots,m$ 表示离散点的序号。当离散点取得较为密集时，相邻两点的绝对距离

可近似为

$$\Delta s_k \approx \sqrt{\Delta y_k^2 + \Delta z_k^2} \tag{2.53}$$

潜在接触区内任意单元相距刚性接触点 O（对应的接触点序号为 N）的绝对距离为

$$s_k = \sum_{k=1}^{m} \Delta s_k, \quad s_{ref} = s_k - s_{k=N} \tag{2.54}$$

这样，就建立起了 Oyz 坐标系与曲面坐标 (y, z, s) 的联系。将 AC 段的距离投影至 D 点所在的局部法向，即求得曲面接触间隙 d 为

$$d = \overline{AC} \cdot \cos\theta = \overline{AC} \cdot \cos\left(\frac{\pi}{2} - \beta - \delta\right) \tag{2.55}$$

式中，δ 为 D 点在直角坐标系下的接触角；β 为线段 CE 和 AE 对应的正切角。

不考虑摇头角时，假设轮轨接触在纵向遵循赫兹接触假设，因而曲面接触间隙在三维空间的表达式为

$$h(x, s) = A(s) \cdot x^2 + d(s) \tag{2.56}$$

式中，接触斑内每一单元的纵向曲率 $A(s)$ 均需考虑相应的接触角。

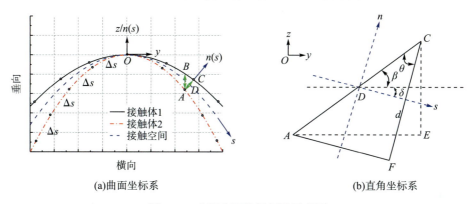

(a)曲面坐标系　　　　　　　　　　　　　　(b)直角坐标系

图 2.37　求解曲面接触间隙示意图

2. 变自旋对滑动量的影响

求解曲面接触的第二个特点是需要考虑接触斑内接触角的变化。由于 $v_{ref} = (v + \omega R_0) / 2$ 且 $c_x = (v - \omega R_0) / v_{ref}$，刚性滑动量沿纵横向的分量可表示为

$$s_x = c_x + \frac{\omega(R_0 - R)}{v_{ref}} = c_x + \frac{(R_0 - R)(2 - c_x)}{2R_0} \approx c_x + \frac{R_0 - R}{R_0} \tag{2.57}$$

$$s_y = c_y + \frac{\omega(x_0 - x)}{v_{ref}} \sin\delta = c_y + x\frac{c_x - 2}{2R_0} \sin\delta \approx c_y + x\frac{-\sin\delta}{R_0} \tag{2.58}$$

当接触角保持不变时，$R_0 - R = y \sin\delta_0$，式 (2.57) 和式 (2.58) 即可简化为平面假设表达式。因此，曲面接触推导的公式也适用于平面接触问题的求解。

3. 任意曲面影响因子的近似解析表达

平面接触中的力-位移关系可采用基于半空间假设推导的影响因子描述，而进行曲面滚动接触分析时，需考虑轮轨接触体的真实影响因子，分别属于四分之三和四分之一空间。

对此，可采用 Blanco-Lorenzo 等提出的修正方法[47]来获得任意曲面影响因子的近似解析表达式：

$$B_{nn\_c} \approx B_{zz} \cos\alpha - B_{zy} \sin\alpha \qquad (2.59)$$

$$B_{xx\_c} \approx B_{xx} \qquad (2.60)$$

$$B_{ss\_c} \approx B_{yy} \cos\alpha + B_{yz} \sin\alpha \qquad (2.61)$$

$$B_{xs\_c} \approx B_{xy} \cos\alpha + B_{xz} \sin\alpha \qquad (2.62)$$

$$B_{sx\_c} \approx B_{yx} = B_{xy} \qquad (2.63)$$

$$B_{xn\_c} \approx B_{xz} \cos\alpha - B_{xy} \sin\alpha \qquad (2.64)$$

$$B_{sn\_c} \approx B_{yz} \cos\alpha - B_{yy} \sin\alpha \qquad (2.65)$$

$$B_{nx\_c} \approx B_{zx} \qquad (2.66)$$

$$B_{ns\_c} \approx B_{zy} \cos\alpha + B_{zz} \sin\alpha \qquad (2.67)$$

式中，B_{ij} 为基于半空间假设求得的弹性位移差；B_{ij_c} 为任意曲面求得的近似弹性位移差；α 为单元 J 与单元 I 的法向角度之差。

4. 轮轨曲面接触几何

以 S1002CN 高速车轮与 CN60 钢轨接触为例，当轮对横移量为 7.78mm 时，车轮轮缘与钢轨轨距角接触，轮轨接触半径分别为 14mm 和 13mm，为典型的共形接触，如图 2.38 所示。轮轨曲面接触几何间隙、接触斑形状、垂向接触应力、黏滑分布及 CURVE 与 CONTACT 的比较分别如图 2.39～图 2.42 所示。

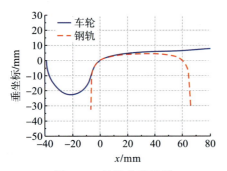

图 2.38　轮轨共形接触

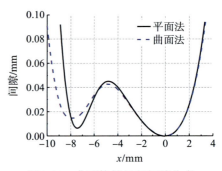

图 2.39　曲面接触几何间隙分布

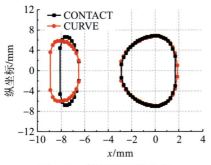

图 2.40　接触斑形状分布

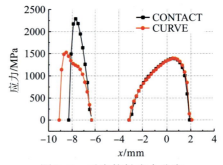

图 2.41　垂向接触应力分布

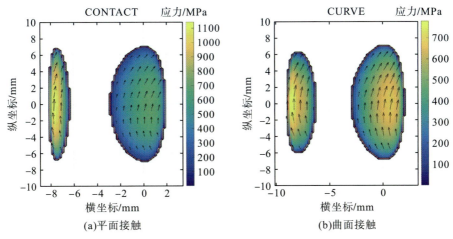

图 2.42　黏滑分布比较

由图 2.39～图 2.42 可见，在共形接触情况下，会在踏面及轮缘出现两个接触斑，平面假设得到的钢轨侧面接触斑形状及法向、切应力分布与真实情况有较大差别，可见考虑曲面接触间隙、拓展 CONTACT 精确算法是十分必要的。共形接触时，接触斑的面积更大，因而最大压应力相应地降低；但自旋变化引起的滑动量改变对局部滚动接触行为的影响十分明显，会显著影响局部剪切应力和相对滑动速度的分布。

四、高速铁路道岔区轮轨滚动接触行为

道岔中由于轮对横移、摇头及轨道布置方式不对称等影响因素的作用，车轮与基本轨、尖轨（或翼轨、心轨）的接触关系十分复杂，经常发生两点甚至多点接触的情况，基于赫兹型的滚动接触理论假设条件较多，无法准确反映岔区复杂的轮轨接触关系。此外，轮轨磨耗、滚动接触疲劳研究中，要求尽可能得到准确的轮轨接触斑形状及接触应力分布，因此需要采用计算精度更高的非赫兹滚动接触方法进行研究。

选用应用较为广泛的四种非赫兹滚动接触方法：Kalker 的三维非赫兹滚动接触理论的 CONTACT 程序、Sichani 的计算模型 ANALYN 的程序、Ayasse 和 Chollet 的计算模型的 STRIPES 程序、Kik 和 Piotrowski 的计算模型 KIKPIO（也简称 KP 法）的程序，利用这四种方法来研究 LMA 型高速车轮与中国铁路客运专线系列250km/h 18 号高速铁路道岔直尖轨顶宽 35mm 断面处的滚动接触行为。其中，CONTACT 是最为精确的接触算法程序，STRIPES、KIKPIO 采用了 Kalker 的简化理论及其数值算法 FASTSIM 来处理切向问题，ANALYN 采用了 Sichani 改进的条带算法 FaStrip 来处理切向问题。

1. 轮轨接触斑形状与面积

考虑基本轨与尖轨的相对位移及多点接触，不同轮对横移量情况下（向尖轨移动为正）轮轨接触斑形状比较如图 2.43 所示。图中以黑色虚线为基准，将车轮与基本轨和尖轨的接触划分为两个独立的区域，左侧为车轮与尖轨接触的区域，右侧为车轮与基本轨接触的区域，横坐标的零点代表主接触点的位置。

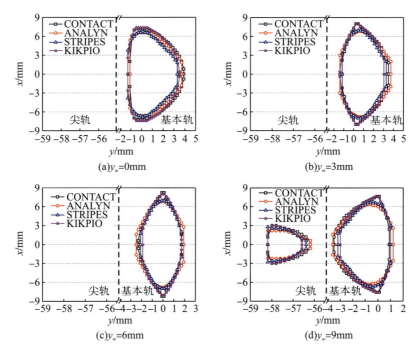

图 2.43　轮轨接触斑形状比较

由图 2.43 可见，轮对横移量为 0mm 时，车轮仅与基本轨发生接触，与 CONTACT 的轮轨接触斑形状相比，ANALYN 计算的接触斑边界形状最为吻合。轮对横移量为 3mm、6mm 时，车轮仅与基本轨发生接触，与 CONTACT 的轮轨接触斑形状相比，ANALYN 计算的轮轨接触斑形状最为吻合，但是在主接触点位置处，KIKPIO 计算的接触斑边界形状与 CONTACT 最为吻合，原因是在该方法中仅考虑轮轨主接触点位置处的相对曲率，而 ANALYN、STRIPES 两种计算模型则考虑了整个接触斑范围内车轮和钢轨的相对曲率，并且存在曲率修正和平滑的过程，会造成部分法向接触信息的缺失。轮对横移量为 9mm 时，四种方法均计算得到车轮与基本轨和尖轨同时接触为两点接触的情况，无论是在尖轨的接触区域还是在基本轨的接触区域，与 CONTACT 的轮轨接触斑形状相比，ANALYN 计算的接触斑边界形状最为吻合。

从接触斑面积比较来看，与 CONTACT 计算结果相比，采用 ANALYN 和 KIKPIO 两种数值程序得到的轮轨接触斑面积较为吻合，计算误差大部分在 6% 以内；而采用 STRIPES 数值程序得到的计算结果则相差较大，计算误差为 8%~12%。

2. 轮轨法向接触应力

不同轮对横移量情况下（向尖轨移动为正）轮轨法向接触应力分布比较如图 2.44 所示。由图可见，与 CONTACT 计算的轮轨法向接触应力相比，ANALYN 及 STRIPES 的计算结果较为吻合，最大值偏差在 10% 以内；而 KIKPIO 的计算结果偏差较大，为 30%~50%。

综合比较轮轨接触斑面积、形状、法向接触应力三项指标，采用 Sichani 的 ANALYN 计算模型解决道岔区轮轨法向接触问题较为合适。

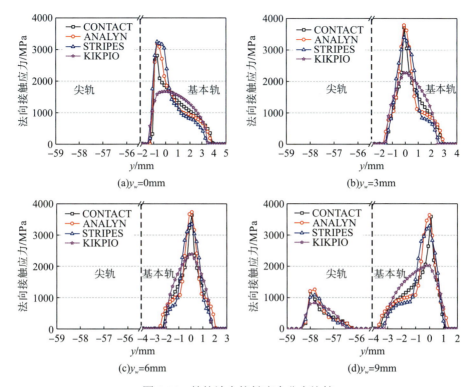

图 2.44　轮轨法向接触应力分布比较

3. 轮轨切向接触应力

以轮对横移量为 9mm、尖轨及基本轨上均有接触点这一工况为例，纯蠕滑情况下，四种非赫兹接触算法的轮轨切向接触应力分布比较如图 2.45 所示。轮轨纵向蠕滑率 $f_x=-3\times10^{-3}$，横向蠕滑率 $f_y=-3\times10^{-3}$，自旋蠕滑率 $f_{in}=0$；图中上半部分为车轮与基本轨的接触区域，下半部分为车轮与尖轨的接触区域，接触斑内颜色的深浅代表切向接触应力的大小，纵坐标的零点代表主接触点的位置。

由图 2.45 可见，由于该工况下蠕滑率较大，轮轨切向接触应力的最大值主要分布在主接触点断面位置上，主要是由于大蠕滑工况下轮轨接触斑内滑动区面积大大增大，切向接触应力基本都能达到饱和的状态。与 CONTACT 计算的轮轨切向接触应力相比，ANALYN 的计算结果较为吻合，STRIPES 的计算结果有较大差别，而 KIKPIO 的计算结果差别最大，切向接触应力的幅值约为 CONTACT 的 1/2。

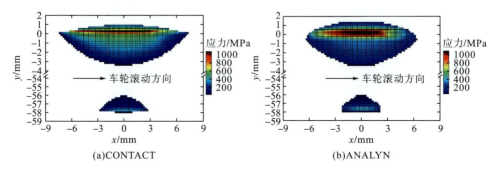

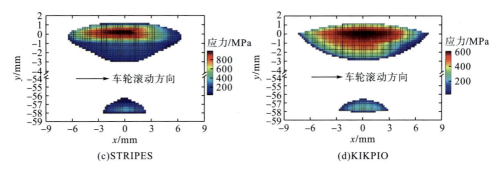

图 2.45　纯蠕滑时轮轨切向接触应力分布比较

　　纯自旋情况下，四种非赫兹接触算法的轮轨切向接触应力分布比较如图 2.46 所示。轮轨纵向蠕滑率 f_x =0，横向蠕滑率 f_y =0，自旋蠕滑率 f_{in} = $-0.5\mathrm{m}^{-1}$。图中示例区域分布和颜色含义与图 2.45 相同。

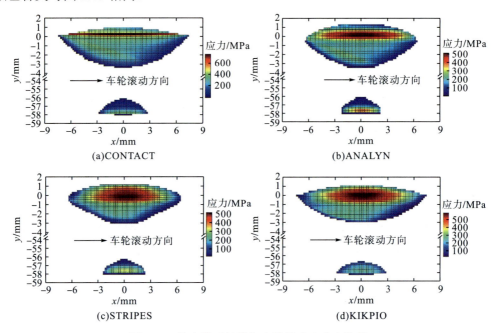

图 2.46　纯自旋时轮轨切向接触应力分布比较

　　由图 2.46 可见，纯自旋蠕滑工况下，车轮与尖轨接触斑的中心位置距离主接触点的横向距离为 57.9mm，因此自旋蠕滑在尖轨侧接触斑内的纵向分量很大，其切向接触应力会全部达到饱和的状态。而在车轮与基本轨的接触斑内，由于自旋蠕滑率较小，接触斑内同时存在滑动区和黏着区。与 CONTACT 的计算结果相比，ANALYN 的计算结果较为吻合，而 STRIPES 和 KIKPIO 的计算结果差异较大。

4. 轮轨黏着与滑动分布

　　以轮对横移量为 9mm、尖轨及基本轨上均有接触点这一工况为例，纯蠕滑情况下，四种非赫兹接触算法的轮轨接触斑内的黏滑分布比较如图 2.47 所示。轮轨纵向蠕滑率 f_x =$-3\times$

10^{-3}，横向蠕滑率 $f_y=-3×10^{-3}$，自旋蠕滑率 $f_{in}=0$；图中，红色代表滑动区，蓝色代表黏着区，纵坐标的零点代表主接触点的位置，上半部分为基本轨侧接触斑，下半部分为尖轨侧接触斑。

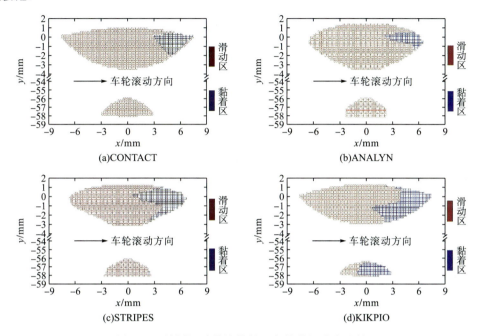

图 2.47　纯蠕滑时轮轨接触斑内的黏滑分布比较

由图 2.47 可见，纯蠕滑工况下，轮轨黏着区的分布面积较小，位置分布在沿车轮滚动方向上接触斑的前端，由于轮轨蠕滑率较大，CONTACT 和 ANALYN 数值程序得到的尖轨接触斑内为轮轨全滑动的状态，不存在发生轮轨黏着的情况，STRIPES 则存在少量轮轨黏着情况，而 KIKPIO 计算的黏着区占比较大。CONTACT 计算的轮轨黏着区面积占比约为 11.4%，ANALYN 约为 7.7%，STRIPES 约为 20.5%，KIKPIO 约为 22.5%。由此可见，在纯蠕滑工况下，与 CONTACT 计算的轮轨黏滑分布情况相比，ANALYN 较为吻合，另两种数值程序则相差较大。

纯自旋情况下，四种非赫兹接触算法的轮轨接触斑内的黏滑分布比较如图 2.48 所示。轮轨纵向蠕滑率 $f_x=0$，横向蠕滑率 $f_y=0$，自旋蠕滑率 $f_{in}=-0.5\mathrm{m}^{-1}$。图中示例颜色和区域分布含义与图 2.47 相同。

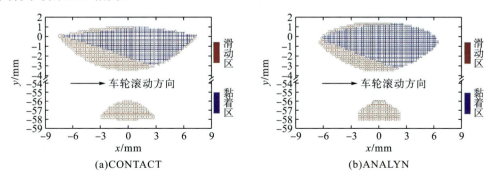

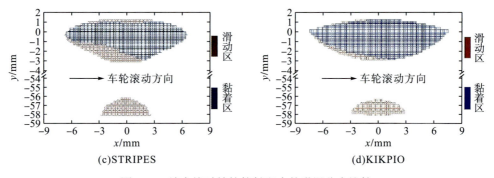

图 2.48　纯自旋时轮轨接触斑内的黏滑分布比较

由图 2.48 可见，自旋蠕滑率较小时，轮轨黏着区的分布面积较大，位置主要分布在沿车轮滚动方向上接触斑的前端及中间位置，滑动区则主要分布在后端及两侧位置，尖轨接触斑内全部达到滑动状态。CONTACT 计算的轮轨黏着区面积占比约为 55.9%，ANALYN约为 65.5%，STRIPES 约为 66.8%，KIKPIO 约为 80.0%。由此可见，在纯自旋工况下，与 CONTACT 计算的轮轨黏滑分布情况相比，ANALYN 也较为吻合，而另两种数值程序则相差较大。

5. 轮轨蠕滑率/力曲线

在纯蠕滑和纯自旋工况下，四种非赫兹接触算法的轮轨蠕滑率/力曲线比较如图 2.49和图 2.50 所示。纯蠕滑工况下，轮轨纵向蠕滑率等于横向蠕滑率，自旋蠕滑率为零；纯自旋工况下，轮轨纵向蠕滑率与横向蠕滑率均为零。

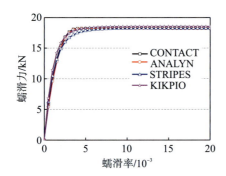

图 2.49　纯蠕滑时蠕滑率/力曲线比较

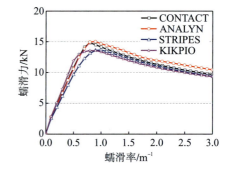

图 2.50　纯自旋时蠕滑率/力曲线比较

由图 2.49 可见，随着蠕滑率的增大，蠕滑力逐渐增大直至饱和状态，四种方法计算得到的规律基本一致，对于 CONTACT 和 ANALYN 程序，当蠕滑率超过 4×10^{-3} 时，蠕滑力逐渐达到饱和状态，而对于 STRIPES 和 KIKPIO 程序，当蠕滑率超过 10×10^{-3} 时，蠕滑力才会达到饱和状态。

由图 2.50 可见，随着自旋蠕滑率的增大，轮轨蠕滑力先增大后减小，自旋蠕滑率超过 $0.8\ \mathrm{m}^{-1}$ 后，轮轨蠕滑力有所下降，原因是随着自旋蠕滑率的增大，轮轨接触斑内部滑动区的面积将有所减小，从而造成蠕滑力的降低，由四种方法计算得到的规律基本一致。与 CONTACT 计算结果相比，自旋蠕滑率较小时，ANALYN 的计算误差最小，其次是

KIKPIO，STRIPES 的误差最大；自旋蠕滑率较大时，STRIPES 的误差最小，原因是该方法在解决切向接触问题时采用了平均柔度系数的修正方法，能够有效提升大自旋蠕滑情况下的计算精度，ANALYN 的误差稍大，原因是该方法采用了改进的条带理论来解决切向接触问题，而条带理论在处理大自旋蠕滑情况时有一定的局限性。

综合比较轮轨接触切向应力、黏滑分布、蠕滑率/力曲线三项指标，采用 Sichani 的 ANALYN 计算模型解决道岔区轮轨切向接触问题较为合适。

6. 计算效率

不同蠕滑工况条件下，四种非赫兹接触算法的计算时间对比如表 2.2 所示。表中各程序应用于道岔区时，均结合尖轨和基本轨的相对运动，以及车轮与尖轨、基本轨的接触状态判断。

表 2.2 四种非赫兹接触算法计算时间对比 （单位：s）

数值程序名称	计算工况			平均计算时间
	纯蠕滑(小蠕滑)	纯蠕滑(大蠕滑)	纯自旋蠕滑	
CONTACT	124.55	108.80	108.24	113.86
ANALYN	0.47	0.40	0.41	0.43
STRIPES	0.45	0.37	0.37	0.40
KIKPIO	0.29	0.29	0.29	0.29

由表 2.2 可见，CONTACT 程序在计算轮轨接触斑形状及黏滑分布时需要进行边界元和数学规划问题的计算，求解过程极为复杂，计算最为耗时；KIKPIO 程序可以对轮轨之间的渗透量进行实时修正，计算耗时最少；ANALYN、STRIPES 程序需要迭代求解刚体穿透量，因而计算耗时居中，且两种算法相当。综合比较来看，ANALYN 是目前为止应用于列车-轨道系统动力学仿真中精度与效率兼顾且最佳的一种非赫兹接触算法，为进一步提升计算精度尚需不断改进接触算法。

第四节 轮轨三维非赫兹滚动接触快速算法

基于 Kalker 变分法的三维非对称轮轨滚动接触模型，其迭代本质导致计算效率低，并不适于列车-轨道动力学和轮轨磨耗预测等需要大量轮轨滚动接触计算问题的研究。针对非赫兹型轮轨滚动接触问题的快速求解，近二十年来各国学者做了大量的工作，认可度较高的四种简化法向接触模型分别是基于虚拟穿透法的 Kik-Piotrowski 模型、Linder 模型、Ayasse-Chollet 模型和近似虚拟穿透法的 Sichani 模型；三种非椭圆适应方法分别是 KP 等效椭圆法、Linder 局部椭圆法和 AC 局部椭圆法；两种简化切向接触模型分别是 Kalker 的简化理论 FASTSIM 和 Sichani 的改进条带理论 FaStrip。四种简化法向接触模型与三种非椭圆适应方法、两种简化切向接触模型可以任意组合。本章对道岔区的对比分析表明，基于 Sichani 模型而建立的 ANALYN+FaStrip+AC 算法所预测的结果与 CONTACT 最为吻合。但该方法在处理某些法向非赫兹接触问题时仍存在不可忽略的误差，同时不准确的法向接触也影响了切向接触结果的精度。为更为准确而快速地求解道岔区复杂的轮轨滚动接触问题，特建立了一个新的滚动接触模型。

一、基于影响因子的滚动接触模型及其算法 INFCON

大量的分析表明，以上四种法向接触模型采用虚拟穿透法预测的接触斑与真实形状十分接近，但由于法向接触应力计算采用了不同程度的简化，如 Kik 和 Piotrowski 的方法假设压应力分布与纵向接触边界近似、Linder 的方法假设条带对应的虚拟椭圆具有相同的宽度、STRIPES 和 ANALYN 需对接触斑内的横向曲率进行缺少物理含义的修正等，是误差较大的原因。为此，仍利用虚拟穿透法初始假定一个适宜的接触斑形状，然后通过 Boussinesq-Cerruti 的力-位移公式显式求解压力分布，这种方法不需要迭代，可实现快速计算，可以兼顾计算精度和效率。

1. 初始接触斑形状的确定

图 2.51 给出了 $x = 0$ 处一个典型的轮轨非赫兹接触几何间隙的横向分布，图中也包含了基于虚拟穿透法用以预测接触斑横向边界的阈值 $\chi\delta$。在确定了横向接触边界之后，刚性接触点处的纵向半轴长度可由式(2.68)获得。

$$a_0 = \sqrt{h(0) / A} \tag{2.68}$$

式中，$h(0)$ 为 $x=0$、$y=0$ 时的接触几何间隙；A 为两个接触体在刚性接触点处沿 x 方向的组合曲率。由此可见，刚性接触点处的纵向半轴长度取决于缩减系数 χ。当不考虑摇头角时，轮轨滚动接触可简化为非赫兹型纵向对称的滚动接触，此时可引入半轴调和因子 γ 来修正 $h(y)$，如图 2.52 所示。初次修正后的纵向接触斑边界为

$$a(y) = \frac{a_H}{a_0} \sqrt{h(y) / A} \tag{2.69}$$

式中，a_H 为由赫兹接触理论计算得到的纵向半轴长度；$h(y)$ 为轮轨几何间隙；A 为两个接触体在刚性接触点处沿 x 方向的组合曲率。

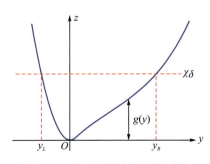

图 2.51 接触斑横向边界的确定

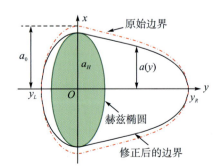

图 2.52 潜在接触斑的修正

2. 压应力分布求解

将潜在接触区域离散成尺寸为 $2\delta_x \times 2\delta_y$ 的 $\zeta \times \eta$ 个矩形，如图 2.53 所示。其中，实心和空心圆圈分别表示接触区和非接触区。假设车轮和钢轨的材料特性相同，接触斑内任一点 $I(x_i, y_i)$ 的弹性变形差可以通过式 (2.70) 求得：

$$u(x_i, y_i) = \frac{2(1-\upsilon^2)}{\pi E} \iint_C A_{IJ} p(x_j, y_j) \mathrm{d}x_j \mathrm{d}y_j \tag{2.70}$$

式中，υ 和 E 为材料的泊松比和弹性模量；$p(x_j, y_j)$ 为接触斑内的压力；A_{IJ} 称为影响因子，表示由于 J 点承受单位荷载引起 I 点的变形：

$$A_{IJ} = \frac{1}{\sqrt{(x_i - x_j)^2 + (y_i - y_j)^2}} \tag{2.71}$$

式 (2.70) 的显式表达式为

$$u(x_i, y_i) = \frac{2(1-\upsilon^2)}{\pi E} \big[f(x_1, y_1) + f(x_2, y_2) - f(x_1, y_2) - f(x_2, y_1) \big] \tag{2.72}$$

$$f(x, y) = x \ln\left(y + \sqrt{x^2 + y^2} \right) + y \ln\left(x + \sqrt{x^2 + y^2} \right) \tag{2.73}$$

$$\begin{cases} x_1 = x_j - x_i - \delta_x \\ x_2 = x_j - x_i + \delta_x \\ y_1 = y_j - y_i - \delta_y \\ y_2 = y_j - y_i + \delta_y \end{cases} \tag{2.74}$$

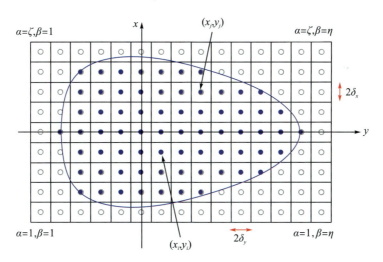

图 2.53　潜在接触区域离散化

接触斑内的渗透量 δ 可表示为几何间隙 $h(x, y)$ 和弹性变形差 $h(x, y)$ 之和，在渗透量已知的情况下，可以得到 $\zeta \times \eta$ 个等式以求解压应力分布。初始假定的接触斑与准确解不完全相同，因此获得的压应力在横向边界附近可能会出现负值或沿纵向呈现非椭圆分布的情况，此时可以通过判定压应力是否大于零得到修正的纵向边界 $a_c(y)$。随后，采用椭圆形式重新计算压应力沿纵向的分布：

$$p(x,y) = p(0,y)\sqrt{1 - \left[\frac{x}{a_c(y)}\right]^2} \tag{2.75}$$

最后，通过对接触斑内各单元的压应力积分得到总的接触力：

$$N = \sum 4p(x_i, y_j)\delta_x\delta_y, \quad \forall\, p(x_i, y_j) > 0 \tag{2.76}$$

3. 步进式缩减系数

有了合适的缩减系数 χ 才能准确地确定横向接触边界，其接触条件为使式(2.77)求得的接触边界的压应力均为负值：

$$p(0, y_1), p(0, y_r) < 0 \tag{2.77}$$

在 Kik、Piotrowski 和 Linder 的方法中，χ 取为 0.55，这是通过大量的数值试验获得的最优值，但对于某些轮轨接触工况，$\chi = 0.55$ 不足以确定接触斑的横向宽度。在 STRIPES 方法中，χ 由刚性接触点处的曲率计算得到，仍然会误判接触斑的宽度。可采用步进式缩减系数的方法来解决这个问题：χ 的初始值设为 0.55，并以 0.1 的步长增加，直到获得的初始压力满足式(2.77)表示的接触条件。步长取 0.1，可以在一至两步得到满足精度的计算结果，试算表明，$\chi = 0.75$ 几乎可以满足所有的轮轨接触工况。

4. 接触力条件下的渗透量修正

在以往的研究中，简化算法较多采用由赫兹接触理论计算得到给定荷载情形下的渗透量作为输入量。这种简化的渗透量用于处理接近椭圆形状的接触工况是合理的。但是，对于极度非赫兹接触工况，由于真实的渗透量比赫兹接触理论获取的渗透量小，这显然会高估真实的应力状态。为此，提出一个有效的修正方法，避免迭代过程，从而有效提高计算效率。

若给定荷载为 P，通过赫兹接触理论可获得其渗透量 δ_H，见式(2.78)，将该值作为初始渗透量，并通过式(2.76)计算得到总的接触力 N。

$$\delta_H = \left\{ r\left[\frac{3P(1-\upsilon^2)}{2E}\right]^2 (A+B) \right\}^{\frac{1}{3}} \tag{2.78}$$

引入一个渗透量缩放因子 $\lambda = (P/N)^{2/3}$，来修正渗透量 δ_H：

$$\delta = \lambda\delta_H \tag{2.79}$$

采用 MATLAB 语言编制了相应的数值程序，由于所提出的接触模型采用影响因子表示力-位移关系，该程序命名为 INFCON。前面分析表明，FaStrip 和 Ayasse-Chollet 的局部椭圆法(简称 AC 法)是目前最为有效的切向简化算法和非椭圆适应方法，且具有较高的精度，因此该模型的切向接触问题采用 INFCON+FaStrip+AC 进行求解。

二、算法验证与分析

以 S1002CN 高速车轮与 CN60(轨底坡度为 1∶40)接触为例，假设轮轨材料相同，泊松比和剪切模量分别取为 0.28 和 82GPa，轮轨接触界面之间的摩擦系数取为 0.5 以考虑界面干燥的条件，垂向荷载为 83.3kN。

1. 法向接触

轮对横移量为-3～6mm 下的轮轨法向接触解在钢轨表面的分布如图 2.54 所示。轮对横移量 $\Delta y =-2$mm、$\Delta y =6$mm 情况下接触斑几何形状、法向接触应力分布对比如图 2.55 和图 2.56 所示，图中 CONTACT 结果为对比用的精确结果，INFCON 的建模中借鉴了 KP 法的虚拟穿透思想以及采用赫兹接触理论修正纵向半轴长度，因此也选取这两种方法以示对比。

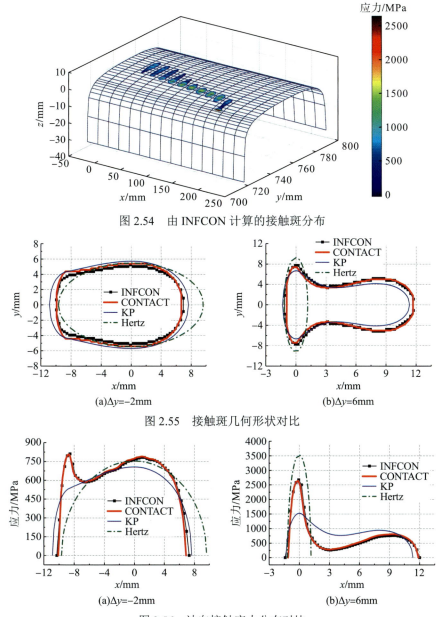

图 2.54　由 INFCON 计算的接触斑分布

(a)$\Delta y =-2$mm

(b)$\Delta y =6$mm

图 2.55　接触斑几何形状对比

(a)$\Delta y =-2$mm

(b)$\Delta y =6$mm

图 2.56　法向接触应力分布对比

由图 2.55 和图 2.56 可见，当轮对横移量为-2mm 时，INFCON 计算的接触斑几何形状、法向接触应力分布与 CONTACT 非常吻合。特别地，INFCON 成功捕捉到了 Δy =-2mm 处几何间隙局部曲率的改变引起的法向接触应力局部突变现象，在该接触条件下法向接触应力存在两个明显的峰值。显然，由于 KP 法假设法向接触应力分布与纵向边界一致而无法捕捉到这一特征，且由于法向接触应力假设限制，仅能预测一个峰值。当 Δy =6mm 时，INFCON 也成功地预测了接触斑几何形状和法向接触应力分布，尽管 KP 法可以获得较为近似的接触斑几何形状，但其预测的法向接触应力分布与 CONTACT 却存在着明显的差异。

更多接触模型预测在不同轮对横移量工况下的最大压应力对比如图 2.57 所示，由图可见，在所有接触模型中，INFCON 的结果最接近 CONTACT，ANALYN 和 STRIPES 次之，KP 和 Linder 仅在某些特定工况比较准确。

在列车-轨道动力学仿真中，需要轮轨接触模型由给定的渗透量计算每个时刻的接触力，从而求解下一时刻的动态差分方程。轮对横移量为 6mm 时，INFCON 预测的渗透量-接触力关系曲线如图 2.58 所示，其接触力与 CONTACT 的结果较为吻合，可以满足列车-轨道动力学的仿真需要。

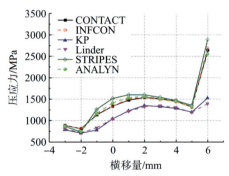 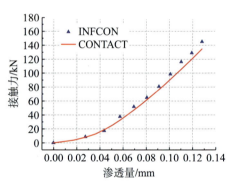

图 2.57　各种简化模型的最大压应力对比　　　　图 2.58　渗透量-接触力曲线对比

2. 切向接触

轮对横移量为 Δy =-2mm、Δy =6mm 情况下接触斑内的剪切应力分布、黏着区分布对比如图 2.59 和图 2.60 所示，图中滑动区为由红色实线包围的区域，接触斑内余下的部分则为黏着区，箭头指向为剪切应力方向，其长度与剪切应力的幅值成正比。

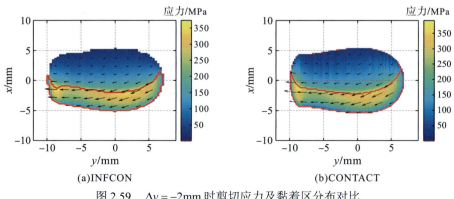

(a)INFCON　　　　　　　　　　　　　(b)CONTACT

图 2.59　Δy =-2mm 时剪切应力及黏着区分布对比

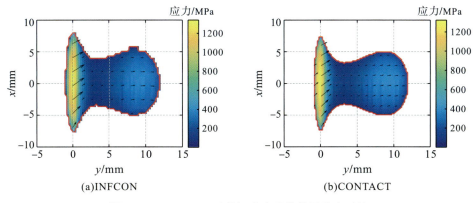

图 2.60　$\Delta y = 6\text{mm}$ 时剪切应力及黏着区分布对比

由图 2.59 和图 2.60 可见，基于 INFCON 的计算方法能够准确地预测剪切应力在黏着区的非线性分布，其法向接触解不会影响切向接触边界的判定；由于计算中轮轨接触界面的摩擦系数取为 0.5，这一较高的摩擦条件会使得计算结果对切向接触边界更为敏感，计算结果表明蠕滑状态无论是轻度滑动还是全滑动，采用该方法均可获得令人满意的结果。

3. 计算效率

测试表明，INFCON 的计算效率可以较 CONTACT 提高两个数量级，但低于其他简化算法，在现有计算能力下能够满足在线模拟列车-轨道动力学仿真和轮轨损伤计算的时间要求。

三、简化算法在列车-轨道动力学中的应用

商业化的多体动力学软件 SIMPACK、UM、NUCARS、ADMAS 等均内嵌有赫兹、FASTIM、KP 等轮轨接触算法，INFCON 在获得广泛认可后，除了自编程序使用，也将逐步内嵌至商业化多体动力学软件中。

综合比较各类轮轨接触算法，根据其计算精度、计算效率和适用范围，可以分为四类：第一类是赫兹接触理论和 KP 模型，适于动力学的在线接触力计算，其中赫兹接触理论适于椭圆或近似椭圆的接触工况，KP 模型适用于纵向对称的非赫兹接触工况，精度较低，但计算速度最快；第二类是 STRIPES 和 ANALYN，适用于赫兹接触和一般非赫兹轮轨接触计算，精度尚可，计算速度较快；第三类是 INFCON，适用于明显的非赫兹接触工况的计算，精度较高，计算尚可；最后一类是 CONTACT 及其拓展（如 CURVE），应用于非对称接触和曲面接触的计算，精度最高，速度最慢。为最大限度地发挥每个模型的特点，并兼顾整体计算效率和精度，可在列车-轨道动力学的每一个时刻根据轮轨接触特征，选择合适的算法，实现轮轨接触的混合建模。非赫兹接触表现为两个典型的特征，其一是接触斑形状的横向非对称性，另一个是接触应力的分布呈现非椭圆分布。可以建立相应的接触斑形状的横向对称性几何参数、接触应力或接触几何梯度突变等指标[46]，据此来选用合适的接触模型。

本 章 小 结

本章通过对尖轨轨头刨切过程的分析，建立了尖轨空间三维型面及尖/基轨组合型面的计算方法。其次提出了考虑道岔变截面特征的法向切割法求解轮轨接触几何问题，考虑接触点附近的弹性变形，对刚性接触点进行准弹性修正，能更好地计算磨耗后车轮踏面接触区域内轮轨接触关系。为提升道岔转辙器区轮轨接触研究的准确性，基于道岔转辙器区基本轨和尖轨的空间相对位置及结构形式，研究了钢轨的垂向刚体位移变化规律，提出了考虑尖轨和基本轨相对运动的轮轨多点接触计算方法。

基于 Kalker 的三维非赫兹滚动接触理论 CONTACT 程序、Sichani 的计算模型 ANALYN 的程序、Ayasse 和 Chollet 提出的计算模型的 STRIPES 程序、Kik 和 Piotrowski 提出的计算模型 KIKPIO 的程序这四种轮轨非赫兹滚动接触求解方法，考虑尖轨和基本轨相对运动，对比分析了四种方法在求解道岔转辙器区轮轨法向和切向滚动接触行为时的计算精度和效率。最后提出了一种求解法向接触的非赫兹型快速计算方法 INFCON，并采用 FaStrip 和 Ayasse、Chollet 提出的局部椭圆法处理切向接触问题。该方法可兼顾计算效率和精度：一方面，该方法通过虚拟渗透法确定接触区，从而得到压应力分布的解析解，因此该方法的计算效率比 CONTACT 更高；另一方面，该方法采用 Boussinesq-Cerruti 的力-位移方程求解应力分布，因而其应力解比简化接触算法更为准确。

参 考 文 献

[1] Ren Z S, Sun S G, Xie G. A method to determine the two-point contact zone and transfer of wheel-rail forces in a turnout[J]. Vehicle System Dynamics, 2010, 48(10): 1115-1133.

[2] Sugiyama H, Tanii Y, Matsumura R. Analysis of wheel/rail contact geometry on railroad turnout using longitudinal interpolation of rail profiles[J]. Journal of Computational and Nonlinear Dynamics, 2011, 6(2): 1.

[3] 曹洋. 道岔平面线型动力分析及其设计方法研究[D]. 成都: 西南交通大学, 2013.

[4] 王树国. 延长重载道岔使用寿命的关键技术研究[D]. 北京: 中国铁道科学研究院, 2014.

[5] 王健. 基于轮轨关系的小号码道岔转辙器区脱轨机理研究[D]. 成都: 西南交通大学, 2018.

[6] 王开文. 车轮接触点迹线及轮轨接触几何参数的计算[J]. 西南交通大学学报, 1984, 19(1): 89-99.

[7] 钱瑶. 高速铁路道岔轮轨接触几何关系与廓形优化研究[D]. 成都: 西南交通大学, 2019.

[8] 钱瑶, 王平, 赵思琪, 等. 车轮廓形的演变对道岔区轮轨接触几何的影响[J]. 铁道学报, 2020, 42(8): 107-115.

[9] Wen Z F, Jin X S, Zhang W H. Contact-impact stress analysis of rail joint region using the dynamic finite element method[J]. Wear, 2005, 258(7-8): 1301-1309.

[10] Ali Arslan M, Kayabaşl O. 3-D rail-wheel contact analysis using FEA[J]. Advances in Engineering Software, 2012, 45(1): 325-331.

[11] Arnold M. The geometry of wheel-rail contact[C]. Proceedings of the First Workshop on "Dynamics of Wheel-Rail Systems", Rostock, 1994.

［12］干锋, 戴焕云, 高浩. 磨耗车轮踏面精确轮轨接触关系计算方法［J］. 交通运输工程学报, 2014, 14（3）: 43-51.

［13］马晓川. 高速铁路道岔直尖轨滚动接触疲劳行为与优化控制研究［D］. 成都: 西南交通大学, 2018.

［14］Sichani M, Enblom R, Berg M. A novel method to model wheel-rail normal contact in vehicle dynamics simulation［J］. Vehicle System Dynamics, 2014, 52（12）: 1752-1764.

［15］徐井芒. 高速道岔曲尖轨磨耗仿真分析研究［D］. 成都: 西南交通大学, 2015.

［16］王福天. 车辆系统动力学［M］. 北京: 中国铁道出版社, 1994.

［17］International Union of Railways. UIC Code 519 Method for Determining the Equivalent Conicity［S］. Paris: International Union of Railways, 2004.

［18］Kisilowski J, Knothe K. Advanced Railway Vehicle System Dynamics［M］. Warsaw: Wydwanictwa Naukowo-Techniczne, 1991.

［19］Pearce T G. Derivation of conicity and contact angle parameter from rolling radius difference and contact angle differences graph［R］. Derby: British Rail Research, 1993.

［20］Grove Thomsen P G, True H. Non-smooth Problems in Vehicle System Dynamics［M］. Berlin: Springer, 2010.

［21］British Standards Institution. Railway applications method for determining the equivalent conicity［S］. BS EN 15302-2008 + Al-2010. Brussels: British Standards Institution, 2007.

［22］Hertz H. Ueber die Berührung fester elastischer Körper［J］. Journal für die Reine und Angewandte Mathematik, 1882, 92: 156-171.

［23］Carter F W. On the action of a locomotive driving wheel［J］. Proceedings of the Royal Society A: Mathematical, Physical and Engineering Sciences, 1926, 112: 151-157.

［24］Johnson K L. The effect of a tangential contact force upon the rolling motion of an elastic sphere on a plane［J］. Journal of Applied Mechanics, 1958, 25（3）: 339-346.

［25］Vermeulen P J, Johnson K L. Contact of nonspherical elastic bodies transmitting tangential forces［J］. Journal of Applied Mechanics, 1964, 31（2）: 338-340.

［26］Group L A W, Haines D J, Ollerton E. Contact stress distributions on elliptical contact surfaces subjected to radial and tangential forces［J］. Proceedings of the Institution of Mechanical Engineers, 1963, 177（1）: 95-114.

［27］Kalker J J. A strip theory for rolling with slip and spin［R］. Delft: Technische Universiteit Delft, 1966.

［28］Sh Sichani M, Enblom R, Berg M. An alternative to FASTSIM for tangential solution of the wheel-rail contact［J］. Vehicle System Dynamics, 2016, 54（6）: 748-764.

［29］Kalker J J. On the rolling contact of two elastic bodies in the presence of dry friction［D］. Delft: Delft University of Technology, 1967.

［30］Kalker J J. The computation of three-dimensional rolling contact with dry friction［J］. International Journal for Numerical Methods in Engineering, 1979, 14（9）: 1293-1307.

［31］Kalker J J. Three-dimensional Elastic Bodies in Rolling Contact［M］. Dordrecht: Springer Netherlands, 1990.

［32］Kalker J J. A fast algorithm for the simplified theory of rolling contact［J］. Vehicle System Dynamics, 1982, 11（1）: 1-13.

［33］Shen Z Y, Hedrick J K, Elkins J A. A comparison of alternative creep force models for rail vehicle dynamic analysis［J］. Vehicle System Dynamics, 1983, 12（1-3）: 79-83.

［34］Polach O. A fast wheel-rail forces calculation computer code［J］. Vehicle System Dynamics, 1999, 33（sup1）: 728-739.

［35］Kalker J J. Wheel-rail rolling contact theory［J］. Wear, 1991, 144（1-2）: 243-261.

［36］ Kik W, Piotrowski J. A fast, approximate method to calculate normal load at contact between wheel and rail and creep forces during rolling［C］. Proceedings of the Second Mini Conference on Contact Mechanics and Wear of Rail/Wheel Systems, Budapest, 1996.

［37］ Piotrowski J, Kik W. A simplified model of wheel/rail contact mechanics for non-Hertzian problems and its application in rail vehicle dynamic simulations［J］. Vehicle System Dynamics, 2008, 46(1-2): 27-48.

［38］ Linder C, Brauchli H. Prediction of wheel wear［C］. Proceedings of the Second Mini Conference on Contact Mechanics and Wear of Rail/Wheel Systems, Budapest, 1996.

［39］ Linder C. Verschleiss von Eisenbahnrädern mit Unrundheiten［D］. Zurish: ETH Zurich, 1997.

［40］ Ayasse J, Chollet H. Determination of the wheel rail contact patch in semi-Hertzian conditions［J］. Vehicle System Dynamics, 2005, 43(3): 161-172.

［41］ 常崇义. 有限元轮轨滚动接触理论及其应用研究［D］. 北京: 中国铁道科学研究院, 2010.

［42］ Wen Z F, Jin X S, Zhang W H. Contact-impact stress analysis of rail joint region using the dynamic finite element method［J］. Wear, 2005, 258(7-8): 1301-1309.

［43］ Li Z L, Zhao X, Esveld C, et al. An investigation into the causes of squats-correlation analysis and numerical modeling［J］. Wear, 2008, 265(9-10): 1349-1355.

［44］ Li Z L, Dollevoet R, Molodova M, et al. Squat growth-some observations and the validation of numerical predictions［J］. Wear, 2011, 271(1-2): 148-157.

［45］ Zhao X, Li Z L, Dollevoet R. The vertical and the longitudinal dynamic responses of the vehicle-track system to squat-type short wavelength irregularity［J］. Vehicle System Dynamics, 2013, 51(12): 1918-1937.

［46］ 安博洋. 轮轨滚动接触行为的数值研究［D］. 成都: 西南交通大学, 2020.

［47］ Blanco-Lorenzo J, Santamaria J, Vadillo E G, et al. On the influence of conformity on wheel-rail rolling contact mechanics［J］. Tribology International, 2016, 103: 647-667.

第三章　高速铁路道岔轮轨弹塑性瞬态滚动接触理论

第一节　轮轨系统动力学及滚动接触研究历程

一、轮轨系统动力学研究现状分析

区间线路列车-轨道耦合系统动力学模型的发展已经非常完善，主要经历了从列车动力学、轨道动力学分别研究到列车-轨道系统耦合动力学分析的过程，模型也逐渐从垂向研究发展到空间耦合作用，频率范围也从低频逐渐扩展到高频，列车-轨道耦合系统动力学模型的发展也趋向于精细化和完善化。区间线路列车-轨道耦合系统动力学的发展也在一定程度上促进了道岔区轮轨系统动力学研究的发展。道岔结构复杂、状态多变，导致道岔轮轨关系远比区间线路复杂，且对结构工作状态、外部荷载环境的改变具有高度敏感性。早期的列车道岔动态相互作用研究大多将道岔钢轨简化为梁模型或刚体，并将道岔钢轨廓形沿纵向的几何不平顺作为轮轨激励。王平等[1,2]基于区间线路轮轨系统动力学，全面考虑了道岔的主要结构特点，结合有限单元法率先在国内建立了高速列车-道岔空间耦合动力学体系，并编制了道岔动力学分析程序 DCFZ，通过对比仿真与多次现场试验结果，验证了上述理论。Ren 等[3,4]采用欧拉梁模拟道岔钢轨结构，探讨了列车通过道岔的横向动力响应，提出了基于轮轨弹性压缩量的多点接触判定方法，揭示了道岔区轮载过渡规律。马晓川等[5]基于 SIMPACK 软件探明了列车通过道岔转辙器时的动力相互作用，考虑尖轨和基本轨的垂向相对运动，采用所编制的 TCSC 程序分析了转辙器轮载转移和分配特性。Kassa 等[6]建立了考虑设计条件下的道岔系统柔性特性的有限元模型，基于所获取的实际模态通过 DIFF3D 软件计算了道岔区轮轨相互作用。Alfi 等[7]考虑弹性轨道的影响，建立了可分析 0～500Hz 频率范围轮轨动态响应的列车-道岔耦合动力学模型。李苍楠[8]基于 ABAQUS 所分析的桥上无砟轨道系统模态，结合 SIMPACK 软件实现了桥上无砟道岔刚柔耦合联合仿真，但未反映道岔多根轨线的实际布置方式对系统振动模态的影响。赵卫华[9]通过动力学仿真，研究了翼轨增加值、心轨降低值及轮缘槽宽度对列车-道岔空间耦合振动的影响，对比选择了不同固定辙叉设计方案。马晓川等[10]探讨了尖轨降低值超限对道岔转辙器区轮载过渡、车辆稳定和行车安全指标的影响。Xu 等[11,12]结合实测的曲尖轨磨耗廓形，分析了钢轨磨耗对轮轨动态相互作用和轮缘接触性能的影响，并利用所建立的道岔三维有限元模型，探明了道岔横向刚度和纵向刚度的分布规律，随后结合列车-道岔耦合动力学模型，对比分析了道岔板下胶垫刚度优化前后的系统动态响应。Johansson

等[13]研究了轮轨关系演变所致的钢轨塑性变形与损伤，利用基于拉丁超立方体抽样法模拟了实际运营条件下随机变化的列车动荷载，结合 GENSYS 软件获取了轮轨动力响应，随后根据局部轮轨接触三维模型分析了钢轨的塑性变形和滚动疲劳。

目前，国内外学者已将列车-轨道耦合系统动力学模型扩展至道岔领域，并将发展出来的列车-道岔耦合动力学分析理论成功应用于道岔轮轨关系优化、道岔刚度设计及钢轨累积损伤评价等一系列工作中，然而受限于道岔自身的结构复杂特征，模型的仿真计算结果和实测结果存在一定的偏差，需要进一步完善。例如，高速铁路道岔转辙器部件中，由滑床台板对基本轨、尖轨的支承方式差异导致的尖/基轨相对滑动，影响轮载过渡和分配特性，由道岔固有结构平顺导致的轮轨高频冲击传递，影响道岔钢轨螺栓孔裂纹萌生，进而对列车-道岔系统的振动特性和损伤发展产生极大的影响，因此有必要改进相应的研究方法，以取得更为精确的仿真结果。

二、轮轨滚动接触理论研究现状分析

对于轮轨滚动接触，它是铁路系统的主要特征之一。为实现轮轨间的低滚动阻力，客观需要选用高刚度的轮轨材质，这导致轮轨接触的基本特征为接触斑面积狭小和高应力分布。具体问题分析时，又往往会涉及复杂接触几何、材料非线性、摩擦系数的波动、接触斑的迅速移动、复杂边界等条件，很难求得轮轨关系的解析解。这些因素使得轮轨滚动接触问题成为铁路研究领域的难点和热点，是目前很多铁路行业内相关研究的主要制约因素之一，例如，列车-轨道动态相互作用、轮轨损伤及噪声等方面的研究。轮轨滚动接触理论主要分为轮轨接触几何学和轮轨接触力学，其中轮轨接触几何学主要包括车轮与钢轨间的几何接触关系。轮轨间的廓形对轮轨受力特性有显著影响，当轮轨型面匹配良好时，轮轨将在服役过程中保持良好的接触几何关系；而当轮轨型面不匹配时，轮轨间接触几何关系恶化，并加剧轮轨间动态相互作用，导致钢轨构件受力复杂多变，致使损伤发生。因此，合理的轮轨接触几何对轮轨间的接触状态起重要的作用。轮轨接触力学主要分析车轮与钢轨间的相互作用情况，轮轨间的作用力作用在面积小于 $1cm^2$ 的接触斑上，会产生巨大的法向接触应力和切向作用力，接触区内两接触表面间的变形不同，因此接触斑内会存在接触表面发生滑移的一个特殊区域，为滑动区，而剩余区域没有滑移，为黏着区。另外在道岔区内，道岔钢轨廓形沿纵向发生变化，导致轮轨接触信息时刻改变，表现出显著的瞬态特征，因此轮轨接触力学是非常复杂的一个学科。

Kalker 等的三维弹性体非赫兹滚动接触理论被誉为目前为止滚动接触理论方面最完善的理论[14]，并发展了相应的数值程序——CONTACT，它对赫兹接触问题和非赫兹接触问题同样适用，而且具有足够的精度。但是 CONTACT 运行速度较慢，难以直接应用于机车车辆动力学仿真计算，因此该理论一般只适用于对工程近似方法精度的验证。该理论虽然称为最完善的理论，但它基于以下假设条件：弹性半空间假设；滚动速度与瑞利表面波的传播速度相比很小，可以忽略惯性力；静摩擦系数和动摩擦系数均为常数；假设同一性，即两个物体材料相同或不可压缩，接触面上的法向位移对切向应力无影响。Kalker 等的三维弹性体非赫兹滚动接触理论基于以上假设条件，因此必然存在局限性。

研究表明，在车轮高速旋转、紧急制动和冲击时，惯性力对接触斑蠕滑力有影响。该理论只能处理轮轨稳态滚动问题，对于接触斑半径与不平顺波长之比大于 1/20 几何缺陷处的轮轨瞬态滚动接触问题，如钢轨波磨，该理论无法精确求解。边界元法对接触体内部不进行网格划分，只适用于求解线弹性问题，目前无法有效处理非线性问题。弹性半空间假设不考虑轮轨在接触斑之外物体的几何形状、边界条件和弹性变形，意味着有效接触面积必须比每个相关联物体的曲率半径小很多，尤其当发生两点接触时，在轨距角附近接触半径和接触面积较为接近，弹性半空间假设就会出问题。

对于法向接触，Pascal 等[15]基于赫兹理论提出了一种车轮和钢轨表面变形量的计算方法，该方法可以考虑多个接触斑的尺寸影响，并能够在主接触斑的基础上确定次接触斑。Piotrowski 等[16]利用 Boussinesq 变形来修正 Sauvage 等方法，防止在接近主接触斑位置获得错误的次接触斑，该方法计算所得的轮轨变形曲线呈钟形分布而不是椭圆分布。Ayasse 等[17]采用预先设计的表格和公式简化了多赫兹接触计算方法，获得了预设法向接触力的情况下，轮轨接触斑内的接触信息。另一种比较广为接受的方法为虚拟穿透法，该方法将车轮作为圆柱体，法向接触应力沿车轮滚动方向的分布符合赫兹理论假设，因此该方法也称为半赫兹方法。Piotrowski 等[18]基于赫兹理论提出了一种计算轮轨接触信息更精确的方法，通过修正接触区域几何形状来获得更为接近实际的轮轨接触斑。Ayasse 等[19]提出并发展了一种类似半赫兹接触方法——STRIPES 方法，STRIPES 方法将渗透区域沿车轮滚动方向划分为数个条带，每个条带上利用赫兹接触条件单独考虑，并针对性地提出了局部曲率的修正方法，随后将该方法计算得到的仿真结果和 CONTACT 数值程序的结果进行了对比，结果显示该方法的计算精度较高且计算效率更高[20]。Sichani 等[21]发现了虚拟穿透法与 CONTACT 虽然计算效率较高，但在某些特定情况下，两者的计算结果存在较大的偏差，因此 Sichani 等在虚拟穿透法的基础上进行了改进，发展并提出了可考虑材料弹性变形的仿真数值程序——ANALYN，结果显示该方法在研究轮轨接触行为时具有更高的精度[22]。

对于切向接触，切向接触模型主要解决蠕滑力/率的问题，和法向接触类似，切向接触可分为两种，分别在赫兹接触和非赫兹接触条件下发展得到。以赫兹理论为条件的切向接触理论主要以 Carter 的二维轮轨滚动接触理论、Johnson 的三维轮轨滚动接触理论和 Kalker 的线性蠕滑理论为代表。随后，Kalker[23]又提出了一种高精度和高效率的数值程序——FASTSIM，该方法可考虑车轮和钢轨在接触斑内发生相对滑动的情况。随后 Polach[24,25]提出了一种计算效率远高于 CONTACT 和 FASTSIM 的轮轨切向力的快速算法，该方法以解析方法为主，因此不适用于大自旋蠕滑工况[26]。以非赫兹接触条件为代表的理论则以 Kalker 的精确三维非赫兹滚动接触理论为主，该方法突破了赫兹理论的基本假设，可精确解决轮轨切向问题。Sichani 等[27,28]利用条带方法改进了 FASTSIM，使其能够突破赫兹理论假设，求解了轮轨切向滚动接触问题。对于蠕滑力/率的关系，金学松等[29]认为在高速运行环境下计算轮轨滚动接触时，还需要考虑车辆和轨道结构的柔性变形，轮轨接触点位置不仅与轮轨几何尺寸、自身型面、轮轨的相对刚性运动状态有关，而且与轮轨结构弹性有关，轮轴的变形可以导致轮轨接触点从踏面转向轮缘根部。轮轨结构的高频变形对轮轨接触表面相对运动或滑动以及接触点位置影响很大，因此直接影响轮轨蠕滑力/率的计算结果。刘潇等发现轮对的一阶弯曲模态和二阶弯曲模态对轮轨接触点位置影响较大，当轮对发生弯曲振动时，车轮相对轨道发生横向微小滑动，使得踏面接触点在横向上的分布区域变大[30,31]。

随着计算机性能的提高和有限元算法的发展，利用有限元技术来解决轮轨滚动接触问题越来越普遍，有限元技术能考虑更多复杂的因素，如轮轨的真实几何型面、材料力学特性、高速振动惯性力等。肖乾[32]建立了可考虑轮轨真实几何型面和非线性材料的轮轨有限元模型，取消了CONTACT所采取的假设，并对轮轨疲劳损伤进行了分析。钟万勰等[33]利用参变量变分原理和有限元二次规划法来进行三维弹塑性接触问题的求解，其中参变量变分原理比经典变分原理应用更广泛，该方法不受流动理论中Drucker假设的限制，可以很方便地解决弹塑性材料的不可逆流动、摩擦接触非法向滑动等问题，另外，参变量变分原理简化了非线性材料问题的计算方法，其数值求解不需要传统非线性问题求解需要冗长的迭代过程，该方法迭代过程简单且具有精度高的特点，但理论模型和数值方法无法考虑滚动和相对自旋运动引起的蠕滑效应，包括大滑动非稳态情况下的弹塑性解。因此，该方法不能求解在已知物体滚动接触条件下的弹塑性问题[34]。常崇义[35]采用ALE方法研究了高速铁路轮轨稳态滚动接触行为，该方法的主要思想和流程为：滚动车轮总的变形可以分解为车轮的刚体运动和车轮的变形。车轮的刚体运动可用欧拉方法描述，车轮的变形可以用拉格朗日方法描述。基于ALE的轮轨稳态滚动有限元法集合欧拉和拉格朗日有限元法的优点，将它们的缺点降至最低。利用该方法对轮轨滚动接触问题进行求解不需要建立很长的轨道模型，可以考虑接触剪切应力与相对滑移速度的接触本构关系。鉴于ALE方法的现有理论框架，ALE有限元模型只适用于求解稳态滚动行为，不适用于瞬态分析[35]。高速铁路轮轨滚动接触具有以下特点：滚动速度更大，轮轨间动态相互作用更强，更多的高频振动可能被激发(高频振动意味着局部损伤)，同时与其相关的自旋、陀螺仪效应等现象的重要性增加[36-39]；材料承载时间更短，惯性力、应力波等材料瞬态响应因素变得更加重要；材料加、减载时的应变率更高；一方面由于相对滑动，轮轨表面将由摩擦热而产生数百乃至上千摄氏度的瞬时高温，足以加剧氧化磨损，造成钢轨金相变化，并引起表面软化，另一方面由于滑动速度较大，滑动摩擦系数随滑动速度的增加而降低的效应会加剧，这种轮轨间黏着特性随速度变化的规律，会造成滚滑运动的差异[40]。在道岔中，为使列车转换轨线以改变行车方向，道岔需要采用变截面钢轨以保证轮载完成过渡，但这种轮载过渡会形成类似于区间线路高低及方向偏差的固有结构不平顺，其不平顺波长较小(高速铁路道岔辙叉部分的竖向动态结构不平顺波长为0.05~0.1m)，会激发车轮与道岔钢轨间的高频振动，弱约束轨件，例如，尖轨或心轨在高速列车滚动荷载作用下会出现独立运动与高频颤振，并与车轮发生接触振动，进一步考虑道岔钢轨的变截面特性导致的轮载过渡与冲击，接触斑尺寸及其应力和微滑分布会出现剧烈变化，表现出明显的瞬态滚动接触行为，引发道岔钢轨的高频颤振，显著影响道岔钢轨的服役寿命。因此，上述方法的不足在于：①道岔钢轨由梁单元来模拟，难以反映道岔固有结构不平顺导致的轮轨高频冲击和振动；②基于稳态假设建立的接触算法不适用于精确求解道岔区轮轨瞬态滚动接触行为，如多点接触、材料塑性变形等；③静态有限元法无法考虑轮轨的局部滚滑接触行为与结构动力学的耦合效应。因此，需要发展一种新的方法来精确求解道岔区轮轨瞬态滚动接触行为。

　　由于计算机计算能力的发展，一些学者开始利用显式有限元法研究轮轨瞬态滚动接触行为，利用实体单元划分轮轨网格，完全摒弃了上述模型的局限性。赵鑫[41]借助于商业软件 ANSYS/LS-DYNA，发展了三维轮轨弹塑性滚动接触模型，分析了车轮滚过钢轨塌陷时引起的轮轨冲击行为，瞬态有限元建模采用显式时间积分格式，即显式有限元法，该模型应用拉格朗日网格描述实现了高速条件下的滚滑接触分析，其中车轮和钢轨采用实体单元离散，并考虑了轮轨的真实廓形，采用"面-面"接触算法在时域内求解轮轨滚动接触，并通过对比广泛接受的 CONTACT 算法对模型进行了验证。轮轨瞬态滚动有限元模型舍弃了 CONTACT 中所隐含的无限半空间假设、稳态滚动假设和线弹性材料假设。Pang等[42]建立了轮轨接触动态有限元模型，模拟了钢轨接头处的轮轨瞬态滚动接触行为。Li等[43]采用轮轨瞬态滚动有限元模型调查了钢轨 Squats 缺陷的起因，并解释了现场测试的观测结果。安博洋等[44]采用轮轨瞬态滚动有限元模型，分析了高速铁路钢轨焊缝引起的轮轨系统高频振动情况，通过与实测的轴箱加速度响应进行比较，发现钢轨焊缝引起的轴箱加速度存在两处较高频率的振动，分别处于 350~500Hz 和 1000~1200Hz。可见，轮轨瞬态滚动有限元模型能够详细分析轮轨弹性滚动接触和弹塑性滚动接触之间的差异，计算出接触斑内的详细信息和轮轨体内的弹塑性应力应变场，可真实反映轮轨实际接触刚度，即使在严重的钢轨波磨和焊接接头严重塌陷的激励下，轮轨局部弹性变形甚至大变形(只要考虑材料非线性特性)和作用力之间的关系也能够反映真实情况，对于实际轮轨高频高速冲击，轮轨弹塑性变形也能够有效地缓冲轮轨冲击振动。近年来，部分学者开始利用此类模型数值重现道岔区的轮轨动态相互作用，Pletz 等[45]建立了车轮与辙叉钢轨相互作用下的有限元模型，基于显式积分算法计算了接触斑内蠕滑力和微滑等瞬态滚动接触解，研究了辙叉区轮轨冲击作用对车轮角速度的影响，并结合双线性随动硬化材料模型探明了车轮荷载作用下的辙叉钢轨应力应变场大小及其分布规律。Xin 等[46,47]利用辙叉区轮轨瞬态滚动有限元模型求取了轮轨接触斑内的法/切向蠕滑力，并结合 Jiang-Swhitoglu 疲劳准则预测了辙叉心轨处裂纹的疲劳寿命及其扩展方向。Wiedorn 等[48]基于简化的车轮-辙叉轮轨瞬态滚动有限元模型，研究了轮轨冲击角和滚动接触半径对辙叉心轨处应力应变分布特性的影响。Ma 等[49]通过分析有限元仿真结果和现场测试数据，探明了辙叉区钢轨轨面黏滑及其接触应力的分布特性，并结合 ESAH-M 加速度测量试验结果验证了模型计算的精确性。上述提及的针对道岔的瞬态动力学研究均以固定辙叉为研究对象，并未涉及高速铁路道岔的相关研究。因此，建立考虑结构振动与接触力学耦合作用，任意接触几何与材料非线性的道岔区瞬态滚动接触有限元模型，对探明高速铁路道岔与轮对高频相互作用规律及界面接触行为具有迫切需求。

第二节　有限元法轮轨弹塑性滚动接触理论

　　在轮轨滚动接触的有限元理论方面以弹塑性接触问题的参变量变分原理及基于此原理的有限元参数二次规划算法，以及基于 ALE 方法的滚动接触理论最为典型，但它们均只适用于求解稳态滚动行为(或建模过程中的稳态滚动假设),不适用于轮轨瞬态滚动接触分析。

一、有限元参数二次规划法

弹塑性摩擦接触问题因具有多重非线性而成为计算力学领域的难点,钟万勰院士提出的参变量变分原理及基于此原理的有限元参数二次规划算法是求解这一问题的有效手段之一[33]。弹塑性问题和接触问题都是边界待定问题,在物体受力后,内部既可能产生弹性区又可能产生塑性区,弹性区和塑性区的交界面是待定的;在接触交界面处,两个物体的实际接触区也是待定的。但这两个边界待定问题的特点都是:待定的边界总是由总体平衡和受物体各部分刚度比制约的内部变形决定的,即需要通过变分才能弄清边界面在何处。

参变量变分原理突破了经典变分原理的局限性,引入了现代控制论中的极值变分思想,将原问题转化为在由本构关系导出的状态方程控制下求泛函最小值的问题。空间弹塑性摩擦接触问题在区域 $\Omega = \Omega_1 + \Omega_2$ 上的基本方程如下所示,由于塑性力学的状态与加载历史有关,对一般公式的描述需要用增量理论来进行。

其中, $\mu_i(x_j, 0)$ 为初始速度。一般来说,三维瞬态结构动力学问题可以用以下偏差分控制方程来约束。

(1)动量守恒方程:

$$\sigma_{ij,j} + \rho f_i = \rho \ddot{\mu}_i, \quad \text{in}\,\Omega, \quad i,j = 1,2,3 \tag{3.1}$$

(2)质量方程:

$$P = J\rho \tag{3.2}$$

(3)能量方程:

$$\dot{E} = V S_{ij} \dot{\varepsilon}_{ij} - (p+q)V \tag{3.3}$$

(4)位移边界条件:

$$\mu_i = \mu_i(x_j, t) = D_i, \quad \text{on}\,\Gamma_{s^1} \tag{3.4}$$

(5)面力边界条件:

$$\sigma_{ij} n_j = T_i, \quad \text{on}\,\Gamma_{s^2} \tag{3.5}$$

(6)滑动接触面处的不连续条件:

$$\left(\sigma_{ij}^+ - \sigma_{ij}^-\right) n_i = 0, \quad \text{on}\,\Gamma_{s^3} \tag{3.6}$$

(7)初始条件:当 $t = 0$ 时,有

$$\mu_i(x_j, 0) = \mu_i(x_j), \quad \dot{\mu}_i(x_j, 0) = V_i(x_j), \quad \text{in}\,\Omega \tag{3.7}$$

(8)材料本构关系:

$$\dot{\sigma}_{ij} = \dot{\sigma}_{ij}\left(E, \upsilon, E_t, x_i, \mu_i, \dot{\varepsilon}_{ij}, \cdots\right) \tag{3.8}$$

(9)应变-位移关系:

$$\dot{\varepsilon}_{ij} = \left(\dot{\mu}_{i,j} + \dot{\mu}_{j,i}\right)\big/2 \tag{3.9}$$

式中，σ_{ij} 为柯西应力；ρ 为初始质量密度；f_i 为单位质量体积力；$\ddot{\mu}_i$ 为加速度；P 为当前质量密度；J 为雅可比行列式；$\dot{E}$ 为总体能量；V 为现时构形体积；$\dot{\varepsilon}_{ij}$ 为应变率的张量；q 为体积黏性阻力；偏应力可以表示为 $S_{ij}=\sigma_{ij}+(p+q)\sigma_{ij}$；压力可以表示为 $p=-\dfrac{1}{3}\sigma_{kk}-q$；$D_i$ 为在部分边界 $\varGamma_{s_1}$ 上给定的位移边界函数；T_i 为部分边界条件上的面力荷载；n_j $(j=1,2,3)$ 为现时构形边界 S_3 的法外线方向余弦；μ_i 和 V_i 分别为初始位移和初始速度；E、υ、E_t 分别为轮轨材料的弹性模量、泊松比和剪切模量。

弹塑性接触问题参变量最小势能原理规定，在所有满足应变-位移关系式和几何边界条件式的可能位移增量场中，真实解使弹塑性接触系统的总势能在接触系统状态方程的控制下取总体最小值，离散成二次规划方程的形式，即可得到弹塑性接触问题参数二次规划方程如下：

$$\begin{cases} \min_{\hat{u}} \prod = \dfrac{1}{2}\hat{\boldsymbol{u}}^{\mathrm{T}}\cdot\boldsymbol{K}\cdot\hat{\boldsymbol{u}}-\hat{\boldsymbol{u}}(\boldsymbol{\varPhi}\hat{\boldsymbol{\lambda}}+\hat{\boldsymbol{p}}) \\ \text{s.t.}\quad \boldsymbol{C}\hat{\boldsymbol{u}}-U\hat{\boldsymbol{\lambda}}-\boldsymbol{d}+\hat{\boldsymbol{v}}=0 \\ \hat{\boldsymbol{v}}^{\mathrm{T}}\cdot\hat{\boldsymbol{\lambda}}=0,\quad \hat{\boldsymbol{\lambda}}\geqslant0 \end{cases} \tag{3.10}$$

标准二次规划问题是一个凸规划问题，其解法是成熟的，这就从根本上保证了计算的高效率和高精度[50]。有限元模型通过加载机车作用在轮对上的轴重和牵引电机产生的驱动力矩的方式，可以分析列车启动和制动时轮轨弹塑性滚动接触行为。

参变量变分原理比经典变分原理应用更广泛，它不受塑性流动理论中 Drucker 假设的限制，可以很方便地解决弹塑性材料的不可逆流动、摩擦接触非法向滑动等问题。另外，参变量变分原理简化了非线性问题的解算过程，其数值求解不像传统非线性问题求解有冗长的迭代过程，该方法迭代过程简单且精度高。但是，该方法把接触单元定义为接触点对的两个点沿切向和法向连接两体的两根弹簧，因此在接触定义时只能考虑接触面点对点的情况，这对轮轨的滚动接触计算会造成一定的困难。该理论模型和数值方法中没有考虑滚动和相对自旋运动引起的蠕滑效应，包括大滑动非稳态情况下的弹塑性解。因此，该方法不能求解在已知物体滚动接触条件下的弹塑性问题。

二、基于 ALE 方法的滚动接触有限元

轮轨滚动接触行为是高度非线性动态问题，较静态接触分析需要更多的计算资源，为了实现高效计算，模型合理化和网格精细化是非常重要的。几十吨的列车交变荷载施加在 100mm^2 左右的接触斑上，接触斑内出现应力集中和塑性应变，致使其与非接触区存在较大的应力梯度，其计算精度主要取决于有限元网格的精细程度，即有限元网格越精细，计算结果越精确。若仍采用该方法求解轮轨滚动接触问题，则会导致计算模型庞大、计算效率过低及误差不易控制等问题。为解决上述问题，可运用 ALE 方法来求解轮轨滚动接触问题。基于 ALE 方法的滚动接触方法是由德国的 Udo 教授提出的，已嵌入 ANSYS/LS-DYNA、ABUQUS 等通用的商业有限元软件中，目前广泛应用于轮轨滚动接触行为分析。

ALE 网格自适应方法结合了拉格朗日方法和欧拉方法的特征，主要用来使网格在整个分析过程中保持一种比较良好的状态，不出现巨大的扭曲与变形(通常情况下，网格与材料是联系在一起的，当发生大变形时，材料流动显著，这会导致某些网格节点在材料流动的带动下发生很大位移，造成网格畸变与扭曲，主要在大变形或材料破坏流失的情况下作用明显)。该方法的主要原理是使网格脱离材料而流动，但与欧拉方法不同，比较明显的一个不同点是，它的网格必须被一种材料充满，而且材料边界条件复杂。ALE 网格自适应方法使得网格脱离材料独立流动，可以改善网格状况，使得网格在整个分析过程中保持比较良好的状态。ALE 网格自适应方法不会改变网格的拓扑结构。

ALE 方法将轮轨滚动接触分解为车轮刚体运动和车轮弹塑性变形(图 3.1)，车轮刚体运动分为车轮滚动和车轮平动，可以用欧拉公式模拟，车轮弹塑性变形可以用经典拉格朗日公式模拟。ALE 方法的实现过程：$x = \phi(X, t)$，在将研究对象自初始形态 Ω_0 映射至当前形态 Ω 的同时，需要建立相应的参考域 $\hat{\Omega}$，$\chi = \chi(X, t)$ 是将研究对象自初始形态 Ω_0 映射至参考域形态 $\hat{\Omega}$，χ 称为 ALE 坐标，采用参考域 $\hat{\Omega}$ 来描述单元网格的刚体运动，且与材料运动相互独立。另外，ALE 方法通过映射 $\hat{\phi}$ 来实现 ALE 参考域 $\hat{\Omega}$ 上的点 χ 到空间域点 x 的映射，有限元单元网格的变形可表示为

$$x = \hat{\phi}(\chi, t) \tag{3.11}$$

轮轨接触有限元网格划分如图 3.2 所示，结合单元网格的变形和参考域映射 χ，研究对象材料的运动可表示为

$$x = \phi(X, t) = \hat{\phi}(\chi(X, t), t) \tag{3.12}$$

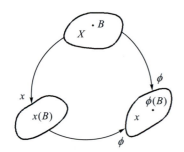

图 3.1　ALE 方法运动分解　　　　图 3.2　轮轨接触有限元网格划分

运用欧拉公式模拟车轮刚体运动为车轮滚动和车轮平动的组合，可表示为刚性位移与时间的关系式，质点运动全导数需要根据相应链规则确定，可得

$$\frac{\mathrm{D}f}{\mathrm{D}t} = \dot{f}(\chi, t) = \frac{\partial f(\chi, t)}{\partial t} + \frac{\partial f(\chi, t)}{\partial \chi_i} \frac{\partial \chi_i(X, t)}{\partial t} = f_{,t[\chi]} + \frac{\partial f}{\partial \chi_i} \frac{\partial \chi_i}{\partial t} \tag{3.13}$$

车轮的刚体平动速度 v 及绕车轴的角速度 ω 可定义为

$$v = \frac{\partial \phi(X, t)}{\partial t} = \frac{\partial \hat{\phi}(\chi, t)}{\partial t} + \frac{\partial \hat{\phi}(\chi, t)}{\partial \chi_i} \frac{\partial \chi_i(\chi, t)}{\partial t} \tag{3.14}$$

$$\dot{\chi} = \frac{\partial \chi(X, t)}{\partial t} = \left. \frac{\partial \chi}{\partial t} \right|_{\chi} + \omega \times \chi \tag{3.15}$$

在参考域 $\hat{\Omega}$，需满足相应的动量守恒定律：

$$\hat{\rho}\frac{\mathrm{D}v}{\mathrm{D}t}-\hat{\rho}b-\nabla\hat{\sigma}=0 \tag{3.16}$$

根据冲量定理、面力边界条件和内力平衡等理论，通过虚功变分原理推导平衡方程：

$$\int_{\hat{\Omega}}\delta\eta\cdot\hat{\rho}\frac{\mathrm{D}v}{\mathrm{D}t}\mathrm{d}\Omega+\int_{\hat{\Omega}}\delta\mathrm{D}:\hat{\sigma}\mathrm{d}\Omega-\int_{\hat{\Omega}}\delta\eta\cdot\hat{\rho}\mathrm{d}\Omega-\int_{\hat{\Gamma}_t}\delta\eta\cdot t\mathrm{d}\Gamma=0 \tag{3.17}$$

若式(3.17)考虑接触力所做的虚功，则可得

$$\int_{\hat{\Omega}}\delta\eta\cdot\hat{\rho}\frac{\mathrm{D}v}{\mathrm{D}t}\mathrm{d}\Omega+\int_{\hat{\Omega}}\delta\mathrm{D}:\hat{\sigma}\mathrm{d}\Omega-\int_{\hat{\Omega}}\delta\eta\cdot\hat{\rho}\mathrm{d}\Omega-\int_{\hat{\Gamma}_t}\delta\eta\cdot t\mathrm{d}\Gamma-\delta\int_{\hat{\Gamma}_t}(pd+\tau s)\mathrm{d}\Gamma=0 \tag{3.18}$$

另外，轮轨接触法向力和切向力虚功可表示为

$$W_c=-\delta\int_{\hat{\Gamma}_t}(pd)\mathrm{d}\Gamma-\delta\int_{\hat{\Gamma}_t}(\tau s)\mathrm{d}\Gamma=-\delta\int_{\hat{\Gamma}_t}(pd+\tau s)\mathrm{d}\Gamma \tag{3.19}$$

综合式(3.18)和式(3.19)可得

$$\int_{\hat{\Omega}}\delta\eta\cdot\hat{\rho}\frac{\mathrm{D}v}{\mathrm{D}t}\mathrm{d}\Omega+\int_{\hat{\Omega}}\delta\mathrm{D}:\hat{\sigma}\mathrm{d}\Omega=\int_{\hat{\Omega}}\delta\eta\cdot\hat{\rho}\mathrm{d}\Omega-\int_{\hat{\Gamma}_t}\delta\eta\cdot t\mathrm{d}\Gamma-\delta\int_{\hat{\Gamma}_t}(pd+\tau s)\mathrm{d}\Gamma \tag{3.20}$$

运用罚函数方法即可处理轮轨滚动接触中的黏着问题，求解式(3.20)可得到任意状态下轮轨滚动接触应力的分布及大小。基于 ALE 方法的轮轨稳态滚动接触模型能够突破经典轮轨接触理论弹性半空间假设的局限性，并使轮轨滚动接触问题变成一个真正的动力学问题。常崇义[35]建立了接触剪切应力与相对滑移速度的本构关系，采用相对滑移速度定义轮轨滚动接触斑内的滑动和黏着条件，可以从物理意义上更清晰、更准确地描述轮轨滚动接触状态。舍弃了弹性半空间假设，ALE 方法可以更准确地得到接触角对横向蠕滑力的影响，横向蠕滑力作为蠕滑力合力的分量力相对较大，蠕滑力分布具有明显的自旋效应。

三、基于 ALE 方法的道岔轮轨接触行为

1. 转辙器部分稳态接触行为

以 LMA 型高速车轮踏面与 350km/h 18 号高速铁路道岔标准钢轨型面和磨耗后型面的法向接触行为为例，尖轨顶宽 35mm 处标准廓形及磨耗廓形对比如图 3.3 所示，钢轨廓形曲率变化对比如图 3.4 所示。不同轮对横移量(尖轨方向为正)下车轮和钢轨接触斑形状对比、接触斑面积及最大接触应力对比如表 3.1 和表 3.2 所示。

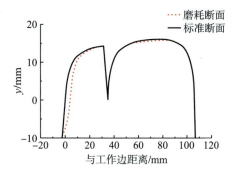

图 3.3　钢轨廓形对比

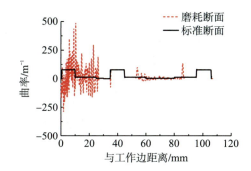

图 3.4　钢轨廓形曲率变化对比

表 3.1　车轮和钢轨接触斑形状对比

轮对横移量/mm	标准钢轨		磨耗钢轨	
	CONTACT	有限元法	CONTACT	有限元法
0				
3				
6				
9				

表 3.2　接触斑面积及最大接触应力对比

轮对横移量/mm	接触斑面积和最大接触应力	标准钢轨		磨耗钢轨	
		CONTACT	有限元法	CONTACT	有限元法
0	接触斑面积/mm²	69.5	71.3	57.8	61.3
	最大接触应力/MPa	2121.2	2053.5	2754.7	2857.8
3	接触斑面积/mm²	59.2	81.0	67.6	64.3
	最大接触应力/MPa	2527.4	1610.5	2355.4	2581.4
6	接触斑面积/mm²	56.6	73.5	83.1	88.2
	最大接触应力/MPa	2564.6	1739.5	1490.7	1988.0
9	接触斑面积/mm²	76.0	78.6	89.5	70.2
	最大接触应力/MPa	1695.4	1854.5	1833.2	2485.2

　　由表 3.1 和表 3.2 可见，随着轮对横移量的变化，轮轨接触斑形状也逐渐变化，有限元法计算得到的接触斑形状和面积与 CONTACT 较为吻合；钢轨磨耗后，钢轨廓形的曲率半径发生了较大变化，轮轨间出现了较为明显的异形接触；轮对横移量达到 9mm 时，标准钢轨会在尖轨和基本轨上出现两点接触，而磨耗后的廓形仅在尖轨轨距角处发生轮轨接触，Kalker 非赫兹接触理论计算得到的接触斑不连续，间断为三个分离的接触，而有限

元法仅有一个接触斑，可见，CONTACT 的无限半空间假设在轨距角处有较大偏差，需采用曲面接触和真实轮轨进行计算；CONTACT 计算的接触斑面积和最大接触应力与有限元法均有一定的误差，标准廓形的接触面积相差较大，最大面积相差 26.8%，钢轨磨耗后的接触面积在轮对横移量小于 9mm 时相差略小一些，最大偏差为 5.7%，但在轮对横移量为 9mm 时偏差高达 27.5%；一般情况下，接触面积越小，最大接触应力越大，但有些情况下会出现相反的规律，说明接触应力在接触斑内的分布极不均匀。

2. 辙叉部分稳态接触行为

车宇翔[51]利用 ABAQUS 软件建立了 LMA 型高速车轮与中国 350km/h 18 号道岔辙叉部分接触有限元模型，模型中还考虑了车轮轮背与护轨接触的情形和轮轨材料的弹塑性本构关系，长心轨顶宽 40mm 处计算得到的接触应力、接触剪切应力、接触斑形状如表 3.3 所示。

表 3.3　辙叉部分轮轨接触行为

	参数	左轮	基本轨	护轨	右轮	心轨	翼轨
内部应力	最大 von Mises 应力/MPa	533.8	538.6	234.9	745.8	965.7	678.3
	最大剪切应力/MPa	211.4	224.0	142.6	369.5	476.0	284.4
	最大等效塑性应变/10^{-3}	0	0.414	0	9.239	13.260	5.153
	法向接触应力/MPa	834.9	835.2	560.0	2021.0	2165.0	1049.0
接触应力	横向剪切应力/MPa	250.0	250.1	168.0	311.4	386.6	494.7
	纵向剪切应力/μPa	66.9	67.0	1.9	37.28	46.4	4.16
	接触斑面积/mm^2	—	120.6	53.3	—	52.9	76.5
	接触斑形状						

由表 3.3 可见，右侧车轮与心轨接触区内部应力、接触应力都相对较大，并且车轮和钢轨均发生了较大的塑性变形，车轮和钢轨的磨耗加剧。左侧车轮和基本轨接触区应力相对较小，接触斑形状和接触斑法向应力分布与过直线工况相似。由于横向力的作用，基本轨 von Mises 应力区向横向力施加的方向发生了移动。心轨与右侧车轮的接触斑面积最小，基本轨与左侧车轮的接触斑面积最大。心轨、基本轨蠕滑区主要分布在接触斑的中心，黏着区主要分布在接触斑四周。

第三节　轮轨三维弹塑性瞬态滚动接触理论

经典的接触力学理论已经难以满足高速铁路发展的需要，不能用来解决轮轨滚动接触过程产生的某些具体问题，如轮轨滚动接触过程中产生的两点接触和共形接触、弹塑性接触和残余变形积累、接触表面的疲劳、钢轨波浪形磨耗、车轮多边形磨损、擦伤、焊缝不平顺、道岔区轮载过渡、"第三介质"、惯性力的影响等，有限元法已成为解决这类复杂轮轨关系问题的主要途径。而这类问题通常表现为振动条件下的滚动接触行为，即瞬态滚动接触，是接触动力学的研究范畴，已超出 Kalker 系列稳态滚动接触理论的适用范围。

2003 年，温泽峰等[52]率先利用 ANSYS/LS-DYNA 建立了轮对与钢轨绝缘接头的动态冲击模型，采用隐-显式顺序求解方法探究了轴重和滚动速度对轮轨冲击力及钢轨体内动态应力的影响。然而，该模型没有考虑电机的驱动转矩，因此接触斑内仅包含由弹性变形和接触几何引起的微小蠕滑和自旋，该情况类似于从动轮的接触状态。在该模型建立后，各国学者陆续开发了自己的瞬态滚动接触模型，其中最著名的是荷兰代尔夫特理工大学的李自力团队基于 ANSYS/LS-DYNA 建立的瞬态模型，该模型与温泽峰等建立的模型相似，但通过施加转矩考虑了牵引工况下轮轨滚动接触状态(可模拟驱动轮)，并不断地寻求验证模型有效性的方法及将该模型推广到工程应用中[53]。

一、基本理论及算法描述

利用商业软件(如 ANSYS/LS-DYNA、ABAQUS/Explicit 等)建立轮轨瞬态滚动接触模型的方法已取得长足发展。但商业软件不具有专用于轮轨滚动接触的模块，建模方式更多依赖于研究人员的经验，需要建立统一的规则化建模描述，并对其内部算法进行详细描述，使其滚动接触解缺少有效的物理含义解释。

1. 基于拉格朗日坐标描述的动力学方程建立

在 LS-DYNA 早期版本中使用 20 节点 $2\times2\times2$ 高斯积分实体单元，然而高阶单元虽然能精确处理低频轮轨动力响应问题，但是不适用于高速冲击、应力波传递以及高频振动问题，而这些问题正是高速铁路轮轨中关注的重要因素，另外，该单元会显著提升计算成本，因此用来模拟轮轨的实体单元采用 8 节点六面体网格单元(可以退化为 6 节点或者 4 节点的实体单元)，本节以该类型单元为例介绍其在 LS-DYNA 中的空间有限元离散法。基于位移的有限元法(或基于力的有限元法)可以通过所包含的约束条件来求解动态问题，通过删除所有的位移约束，并假定反作用已知，通过哈密顿原理可以推导出变分控制方程，伽辽金法的弱平衡方程如下：

$$\int_{\Omega}\left(\rho\ddot{\mu}_i - \sigma_{ij,j} - \rho f_i\right)\delta\mu_i\mathrm{d}\Omega + \int_{\Gamma_s}\left(\sigma_{ij}n_j - T_i\right)\delta\mu_i\mathrm{d}\Gamma + \int_{\Gamma_c}\left(\sigma_{ij}^+ - \sigma_{ij}^-\right)n_j\delta\mu_i\mathrm{d}\Gamma = 0 \quad (3.21)$$

式中，$\delta\mu_i$ 为位移的变化，在 Γ_s 边界上满足位移边界条件。通过高斯散度定理，该曲面积分可以转化为体积积分：

$$\int_{\Omega}\left(\sigma_{ij}\delta\mu_i\right)_{,j}\mathrm{d}\Omega - \int_{\Gamma_s}\left(\sigma_{ij}n_j\right)\delta\mu_i\mathrm{d}\Gamma + \int_{\Gamma_c}\left(\sigma_{ij}^+ - \sigma_{ij}^-\right)n_j\delta\mu_i\mathrm{d}\Gamma = 0 \quad (3.22)$$

又由于：

$$\left(\sigma_{ij}\delta\mu_i\right)_{,j} = \sigma_{ij,j}\delta\mu_i + \sigma_{ij}\delta\mu_{i,j} \quad (3.23)$$

伽辽金法平衡方程的弱形式可以改写为

$$\sigma\pi = \int_{\Omega}\rho\ddot{\mu}_i\delta\mu_i\mathrm{d}\Omega + \int_{\Omega}\sigma_{ij}\delta\mu_{i,j}\mathrm{d}\Omega - \int_{\Omega}\rho f_i\delta\mu_i\mathrm{d}\Omega + \int_{\Gamma_s}T_i\delta\mu_i\mathrm{d}\Gamma = 0 \tag{3.24}$$

式(3.24)为虚功原理的变分列式。为了从数值上对式(3.24)进行求解，可通过空间离散方程将该平衡方程表示为时变节点的未知量和基函数，因此单元内任意节点的坐标用差值表示为

$$\mu_i = \mu_i\left(x_j(\xi,\eta,\zeta),t\right) = \sum_{N=1}^{n}\varphi^N(\xi,\eta,\zeta)\mu_i^N(t), \quad i,j = 1,2,3 \tag{3.25}$$

该方程利用矩阵表达如下：

$$\{u(\xi,\eta,\zeta,t)\} = [N]\{u\}^e \tag{3.26}$$

式中，φ^N 为自然坐标 (ξ,η,ζ) 下的形函数；$\mu_i^N(t)$ 为 t 时刻第 i 个节点的坐标值；单元内任意点的坐标矢量 $\{u(\xi,\eta,\zeta,t)\}^{\mathrm{T}} = [u_1 \ u_2 \ u_3]$；单元节点的坐标矢量为 $\{u\}^{e\mathrm{T}} = [u_1^1,u_2^1,u_3^1,\cdots,u_1^8,u_2^8,u_3^8]$。当有限元模型具有的单元总数为 m 时，可以得到位移的半离散方程的矩阵形式：

$$\sum_{M=1}^{m}\left(\int_{\Omega}\rho N^{\mathrm{T}}N\ddot{u}\mathrm{d}\Omega + \int_{\Omega_e}B^{\mathrm{T}}\sigma\mathrm{d}\Omega - \int_{\Omega_e}\rho N^{\mathrm{T}}f\mathrm{d}\Omega - \int_{\Gamma_{s,e}}N^{\mathrm{T}}t\mathrm{d}\Gamma\right)^M = 0 \tag{3.27}$$

式中，σ 为柯西应力矢量，且 $\sigma^{\mathrm{T}} = (\sigma_{xx},\sigma_{yy},\sigma_{zz},\sigma_{xy},\sigma_{yz},\sigma_{zx})$；$\ddot{u}$ 为节点加速度矢量；N 为由形函数构造的形状矩阵；B 为包含一阶空间导数形函数的应变位移矩阵；f 和 t 分别为施加的体力矢量和面力矢量，体力矢量 $f^{\mathrm{T}} = [f_1 \ f_2 \ f_3]$，面力矢量 $t^{\mathrm{T}} = [t_1 \ t_2 \ t_3]$。用于轮轨瞬态滚动接触的显式有限元模型通常采用六面体网格来模拟钢轨和车轮，对于 8 节点六面体单元，有

$$N(\xi,\eta,\zeta) = \begin{bmatrix} \varphi^1 & \varphi^2 & \cdots & \varphi^8 & & & & & \\ & & & & \varphi^1 & \varphi^2 & \cdots & \varphi^8 & \\ & & & & & & & & \varphi^1 & \varphi^2 & \cdots & \varphi^8 \end{bmatrix} \tag{3.28}$$

$$\varphi^N(\xi,\eta,\zeta) = \frac{1}{8}(1+\xi\xi^N)(1+\eta\eta^N)(1+\zeta\zeta^N), \quad N = 1,2,\cdots,8 \tag{3.29}$$

$$B(\xi,\eta,\zeta) = \begin{bmatrix} \dfrac{\partial}{\partial x} & 0 & 0 \\[2mm] 0 & \dfrac{\partial}{\partial y} & 0 \\[2mm] 0 & 0 & \dfrac{\partial}{\partial z} \\[2mm] \dfrac{\partial}{\partial y} & \dfrac{\partial}{\partial x} & 0 \\[2mm] 0 & \dfrac{\partial}{\partial z} & \dfrac{\partial}{\partial y} \\[2mm] \dfrac{\partial}{\partial z} & 0 & \dfrac{\partial}{\partial x} \end{bmatrix} \tag{3.30}$$

式中，$N(\xi,\eta,\zeta)$ 为插值矩阵；$\varphi^N(\xi,\eta,\zeta)$ 为形函数；$B(\xi,\eta,\zeta)$ 为应变位移矩阵。时间维

度是连续的，因此单元质量矩阵 $m=\int_{\Omega_e}\rho N^{\mathrm{T}}N\mathrm{d}\Omega$ 的同行矩阵元素可以合并到对角元素项，

进而生成集中质量矩阵。通过单元计算、组集后，一般瞬态动力学问题的半离散运动方程
可以改写为另一种精简方式：

$$M\ddot{u}=f_{\mathrm{ext}}-f_{\mathrm{int}}\quad\text{或}\quad\delta u^{\mathrm{T}}\left[M\ddot{u}-f_{\mathrm{ext}}+f_{\mathrm{int}}\right]=0 \tag{3.31}$$

式中，M 为总体质量矩阵；$\ddot{u}$ 为总体节点加速度矢量；f_{ext} 为总体荷载矢量；f_{int} 为单
元应力场的等效内力矢量（或称为应力散度）组集而成的荷载矢量。这些参数可以通过
式(3.32)～式(3.34)计算得到

$$M=\sum_{M=1}^{m}\left(\int_{\Omega_e}\rho N^{\mathrm{T}}N\mathrm{d}\Omega\right)^{M} \tag{3.32}$$

$$f_{\mathrm{ext}}=\sum_{M=1}^{m}\left(\int_{\Omega_e}\rho N^{\mathrm{T}}f\mathrm{d}\Omega+\int_{\Gamma_{s,e}}N^{\mathrm{T}}t\mathrm{d}\Gamma\right)^{M} \tag{3.33}$$

$$f_{\mathrm{int}}=\sum_{M=1}^{m}\left(\int_{\Omega_e}B^{\mathrm{T}}\sigma\mathrm{d}\Omega\right)^{M} \tag{3.34}$$

随后通过引入另外两个额外的参数 f_{con} 和 H，轮轨动态相互作用问题的半离散平衡
方程可改进如下：

$$M\ddot{u}=f_{\mathrm{ext}}-f_{\mathrm{int}}+H+f_{\mathrm{con}} \tag{3.35}$$

式中，H 为各单元节点的沙漏黏性阻尼力组集而成的总体结构的沙漏黏性阻尼力，其只
出现在控制零能模式的简化积分中；f_{con} 为接触力矢量。

2. 恒应力单元与沙漏控制关键技术

在进行非线性动力学分析计算时，非常关键的是如何有效降低计算耗时。而单元的刚
度矩阵计算涉及如下体积积分：

$$\int_v g\mathrm{d}v=\int_{-1}^{1}\int_{-1}^{1}\int_{-1}^{1}g\left|J\right|\mathrm{d}\xi\mathrm{d}\eta\mathrm{d}\zeta \tag{3.36}$$

式中，g 为定义在体上的函数；ξ、η 和 ζ 为局部坐标；J 为雅可比矩阵。数值计算中，
式(3.36)由适当选取的有限个积分点上的函数值近似为

$$\int_v g\mathrm{d}v=\sum_{j=1}^{n}\sum_{k=1}^{n}\sum_{l=1}^{n}g_{jkl}\left|J_{jkl}\right|w_j w_k w_l \tag{3.37}$$

$$g_{jkl}=g\left(\xi_j,\eta_k,\zeta_l\right) \tag{3.38}$$

式中，w_j、w_k 和 w_l 为权函数；n 为选取积分点的个数。对于 8 节点六面体单元，n 最大
可取 8，所对应的积分格式通常称为全积分。为降低计算成本，采用一点积分，即 $n=1$。
如此，任一单元只在位于其中心的一个积分点计算，其应力结果只在积分点处已知，因此
此类单元又称为恒应力单元。试验表明，一点积分所得到的接触结果足够精确。

一点积分的最大缺点是能引起零能量振动，即沙漏模态。沙漏模态产生的原因可由某
一单元积分点处的应变率（$\dot{\varepsilon}_{ij}$）来理解：

$$\dot{\varepsilon}_{ij}=\frac{1}{2}\left[\sum_{k=1}^{8}\left(\frac{\partial\phi_k}{\partial x_i}\dot{x}_j^k+\frac{\partial\phi_k}{\partial x_j}\dot{x}_i^k\right)\right] \tag{3.39}$$

无论各节点位移如何，当对角线上的两个节点具有相同的速度时，即

$$\dot{x}_i^1 = \dot{x}_i^7, \quad \dot{x}_i^2 = \dot{x}_i^8, \quad \dot{x}_i^3 = \dot{x}_i^5, \quad \dot{x}_i^4 = \dot{x}_i^6 \tag{3.40}$$

应变率因形函数偏导数在对角节点上的反对称性（$\partial \phi_1 / \partial x_i = -\partial \phi_7 / \partial x_i \cdots$）变为零（$\dot{\varepsilon}_{ij} = 0$），因此产生了相互正交的沙漏模态。

然而，高斯单点积分可能导致六面体和四边形单元出现零能模式或沙漏效应。对于实体单元，单元形心处进行单点高斯积分时，其形函数为

$$\frac{\partial \phi_k}{\partial \xi} = \frac{1}{8}\xi_k = \frac{1}{8}\Lambda_{1k}, \quad \frac{\partial \phi_k}{\partial \eta} = \frac{1}{8}\eta_k = \frac{1}{8}\Lambda_{2k}, \quad \frac{\partial \phi_k}{\partial \zeta} = \frac{1}{8}\zeta_k = \frac{1}{8}\Lambda_{3k} \tag{3.41}$$

式中，ϕ_k 为形函数；Λ_{1k}、Λ_{2k}、Λ_{3k} 为基矢量的第 k 个分量。可见，单点高斯积分导致单元变形的沙漏模态丢失，但不影响单元应变能的计算，因此该状态称为零能模式。计算过程中的沙漏模态不受控制，并引入数值振荡，因此通常沙漏黏性阻尼力矢量 $\boldsymbol{H}$ 可引入计算公式中，以避免沙漏效应对仿真结果的影响。沙漏黏性阻尼力可以表示为

$$\boldsymbol{H} = f_{iM}^N = \frac{1}{4}Q_{HG}\rho C_d V_e^{2/3} \sum_{N=1}^{8}(\dot{u}_i \gamma_M)^N \gamma_M^N, \quad i = 1,2,3; M = 1,2,3,4 \tag{3.42}$$

式中，Q_{HG} 为沙漏系数；V_e 为单元体积；C_d 为材料声速；ρ 为当前材料的密度；节点速度 $\dot{u}_i^N$ 等于沙漏场 $\dot{u}_{HG}^N$ 和节点速度 $\dot{u}_{LIN}^N$ 的线性分量之和：

$$\dot{u}_i^N = \dot{u}^N = \dot{u}_{HG}^N + \dot{u}_{LIN}^N \tag{3.43}$$

沙漏模态向量 γ_M^N 主要由表 3.4 中的沙漏基矢量 $\boldsymbol{\Gamma}_M^N$ 来决定：

$$\gamma_M^N = \boldsymbol{\Gamma}_M^N - \varphi_i^N \sum_{N=1}^{8} \dot{u}_i^N \boldsymbol{\Gamma}_M^N \tag{3.44}$$

表 3.4　六面体单元的沙漏基矢量

节点 N	Γ_1^N	Γ_2^N	Γ_3^N	Γ_4^N
1	1	1	1	−1
2	1	−1	−1	1
3	−1	−1	1	−1
4	−1	1	−1	1
5	−1	−1	1	1
6	−1	1	−1	−1
7	1	1	1	1
8	1	−1	−1	−1

沙漏模态向量 γ_M^N 与实际变形下的线性速度场 $\dot{u}_{LIN}^N$ 正交，因此导致沙漏黏性阻尼力矢量 f_{iM}^N 与线性速度场 $\dot{u}_{LIN}^N$ 正交，成为准确检测沙漏的必要因素。而沙漏模态会在仿真计算中不断控制，沙漏黏性阻尼力做功远小于总能量，因此沙漏黏性阻尼力的计算成本较低，单元采用单点积分时能显著提升计算效率。

换句话说，唯一积分点处的值无法充分体现单元的变形。一般来说，沙漏模态的频率明显高于通常关注的物理系统振动模式，具体表现为计算结果的波动。黏性阻尼或弹性刚度可加在模型中生成沙漏力，以阻碍沙漏模态的发生，即沙漏控制。为保证结果可靠，沙

漏控制的能量与物理振动能量相比必须是可以忽略的。针对轮轨系统的高速动态模拟，通常保证沙漏能量远小于系统总动能的 1%。

为此，选用 Flanagan-Belytschko 的沙漏控制方案，即在单元的各节点处沿坐标轴引入沙漏黏性阻尼力，其表示为

$$H_i = \frac{1}{4} Q_{\mathrm{HG}} \rho C_d V_e^{2/3} \sum_{N=1}^{8} (\dot{u}_i \gamma_M)^N \gamma_M^N \tag{3.45}$$

式中，沙漏系数 Q_{HG} 在 LS-DYNA 中的默认值为 0.1，为保证系统的稳定性可设为 0.001；γ_M^N 为沙漏模态；V_e 为单元体积；C_d 为材料声速，可表示为

$$C_d = \sqrt{\frac{E(1-\upsilon)}{(1+\upsilon)(1-2\upsilon)\rho}} \tag{3.46}$$

3. 轮轨法向接触模拟

轮轨真实几何界面的接触和相对滑动是重要的研究目标，在 LS-DYNA 中存在 20 多种不同的接触类型可供选择，主要包含三种不同的算法：节点约束法、分配参数法和对称罚函数法。

1) 节点约束法

节点约束法是采用最早的接触算法，主要应用于固连界面，它的原理比较复杂，在每个时间步长对结构构形进行修正前，会检查每一个未与主表面发生接触的从节点，并判断该时间步长内从节点是否会贯穿主表面，若从节点已经贯穿主表面，则时间步长会缩短，并使得贯穿的从节点将不再贯穿主表面，并保证其中贯穿量最大的从节点刚好到达主表面。在下一个时间步长开始时，对刚好到达主表面的从节点施加碰撞条件，并对所有已经与主表面发生接触作用的从节点施加约束条件，保证从节点与主表面时刻接触。另外，还需对主表面接触的从节点所属单元是否存在受拉交界面力进行检查，当存在受拉交界面力时，需要释放约束条件，使得从节点脱离主表面。该方法原理复杂，仅适用于固连界面。

2) 分配参数法

分配参数法在 LS-DYNA 中原理较为简单，仅适用于滑动界面，例如，炸药爆炸燃烧时产生的气体对结构的爆轰压力作用，且炸药爆炸产生的燃烧气体与接触的结构之间仅存在相互滑动，但未发生分离。其原理为：在每一个时间步长范围内发生接触的从单元的一半质量分配到被接触的主表面上，并根据每个从单元的内应力，确定作用在主表面面积上的分布压力。在完成质量和接触应力的分配后，主表面加速度将被修正，随后对节点速度和加速度施加约束，保证从节点可沿主表面运动。在分配参数法中，从节点不被允许穿透主表面，这是为了避免反弹作用。

3) 对称罚函数法

对称罚函数法是运用最为广泛的一种方法，该方法于 1982 年 8 月引入 LS-DYNA 中，可用来精确模拟轮轨间的动态接触作用。其原理为：在每一个时间步长范围内检查从节点

是否穿透主表面，若从节点未发生穿透，则对该节点不做任何处理；当从节点穿透主表面后，需要在从节点与主表面之间引入一个较大的界面接触力，该界面接触力大小和接触主片刚度、穿透深度成正比，称为罚函数值。该方法可以将从节点和被穿透主表面之间的相互作用近似认为放置了一根弹簧，以限制从节点对主表面的穿透。对称罚函数法需要对各个主节点进行相似处理，其算法和从节点相似。另外，对称罚函数法的原理及编程方法较为简洁，可以避免网格沙漏效应的出现，且计算过程中算法具有对称性、动量守恒准确等优点，且无须碰撞和释放条件，因此计算过程中没有噪声。罚函数值的大小受积分稳定性的影响，若计算过程中发生明显穿透，则可以利用增大罚函数值或缩小时间步长来进行处理。由于接触算法的迭代特性，对称罚函数法适合求解显式有限元接触问题，且广泛应用于加强轮轨接触约束。对称罚函数法可作为子程序直接在显式有限元程序中实现。该研究将车轮表面作为从表面，钢轨表面作为主表面。

在轮轨接触仿真中，一个车轮上的从节点很少和钢轨上的主节点发生确切的接触。相反，车轮上的从节点经常接触钢轨表面四个节点组成的主片。在每一个时间步中，需要寻找位于钢轨表面上的接触主片。对于定义在车轮接触面上的任意一个从节点 N_s，首先需要定位轨道表面离该从节点最近的主节点和主片。

如图 3.5 所示，图中的实心圆点为从节点 N_s，离该从节点最近的主节点 N_m 则位于主片 $S_i(i=1,2,3,4)$ 中。当节点 N_s 和 N_m 未重合时，若满足以下两个不等式，则从节点 N_s 可能位于该主片 S_i 中。

$$(\boldsymbol{c}_i \times \boldsymbol{s})\cdot(\boldsymbol{c}_i \times \boldsymbol{c}_{i+1})>0, \quad (\boldsymbol{c}_i \times \boldsymbol{s})\cdot(\boldsymbol{s} \times \boldsymbol{c}_{i+1})>0, \quad i=1,2,3,4 \tag{3.47}$$

式中，矢量 $\boldsymbol{c}_i$ 和 $\boldsymbol{c}_{i+1}$ 为沿主片 S_i 上的两条边，且由主节点 N_m 处指向外；矢量 $\boldsymbol{s}$ 为矢量 $\boldsymbol{h}$ 在主表面上的投影，且位于最近的主片上，可表示为 $\boldsymbol{s}=\boldsymbol{h}-(\boldsymbol{h}\cdot\boldsymbol{m})\boldsymbol{m}$；矢量 $\boldsymbol{h}$ 为主节点 N_m 指向从节点 N_s 的矢量；$\boldsymbol{m}$ 为主片 S_i 的法线单位矢量，可表示为 $\boldsymbol{m}=(\boldsymbol{c}_i\times\boldsymbol{c}_{i+1})/|\boldsymbol{c}_i\times\boldsymbol{c}_{i+1}|$。若满足式(3.47)，则矢量 $\boldsymbol{s}$ 和主片 S_i 发生接触；若不满足，则另外一个包含节点 N_m 的主片将被检查，直至满足式(3.47)。该算法不限制包含节点 N_m 的主片数，因此由上一步所决定的主片将作为每一个时间步中优先检查的对象。

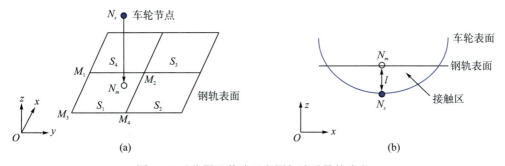

图 3.5　对称罚函数法示意图与渗透量的确定

随后需要确定从节点 N_s 在主片上可能接触点的位置，其中假设接触点 N_c 为车轮上从节点 N_s 在钢轨主片上的投影，所确定的主片在局部坐标系中的参数表示法如下：

$$\boldsymbol{r}(\xi,\eta)=\sum_{i=1}^{3}f_i(\xi,\eta)\boldsymbol{i}_i \tag{3.48}$$

$$f_i(\xi,\eta) = \sum_{N=1}^{4} \varphi^N(\xi,\eta)x_i^N, \quad i=1,2,3 \tag{3.49}$$

$$\varphi^N(\xi,\eta) = \frac{1}{4}(1+\xi\xi^N)(1+\eta\eta^N), \quad N=1,2,3,4 \tag{3.50}$$

式中，$r(\xi,\eta)$ 为主片；i_i 为单位方向矢量；x_i^N 为主片所含节点的节点坐标。h 为指向从节点 N_s 的矢量。位于主片上坐标为 (ξ_c,η_c) 的接触点 N_c 可以通过满足式(3.51)和式(3.52)来决定：

$$\frac{\partial r}{\partial \xi}(\xi_c,\eta_c)\cdot\left[h-r(\xi_c,\eta_c)\right]=0 \tag{3.51}$$

$$\frac{\partial r}{\partial \eta}(\xi_c,\eta_c)\cdot\left[h-r(\xi_c,\eta_c)\right]=0 \tag{3.52}$$

式(3.51)和式(3.52)中接触点的坐标 (ξ_c,η_c) 可通过 Newton-Raphson 迭代方法进行数值求解。网格畸变对 Newton-Raphson 迭代方法计算影响较大，影响轮轨滚动接触解的精确求解，因此在显式有限元模型中，需要对轮轨潜在的接触区进行细致的单元划分，并从雅可比数、翘曲度和倾斜角等多方面保证网格质量。车轮从节点是否穿透钢轨主片可通过标量 l 来判断：

$$l=n\cdot\left[h-r(\xi_c,\eta_c)\right] \tag{3.53}$$

$$n=n_i(\xi_c,\eta_c)=\left(\frac{\partial r}{\partial \xi}\times\frac{\partial r}{\partial \eta}\right)\Big/\left|\frac{\partial r}{\partial \xi}\times\frac{\partial r}{\partial \eta}\right| \tag{3.54}$$

式中，若标量 $l\geq0$，则说明没有穿透发生，不需要进行任何处理；当 $l<0$ 时，说明从节点 N_s 已经穿透主片 S_i。因此，一个垂直于主片的界面力矢量 f_{cN} 引入并施加到接触点上，其数值和穿透量成正比：

$$f_{cN}=-lkn \tag{3.55}$$

因此，在发生穿透的车轮从节点和钢轨主表面间假设存在一个界面弹簧，该罚函数接触(弹簧)刚度在本质上是几何惩罚项和速度惩罚项的结合。对于轮轨接触界面中包含主片的六面体单元，其刚度因子 k 可以表示为

$$k=\frac{f_{SI}KA^2}{V} \tag{3.56}$$

式中，K 为体积弹性模量；V 为单元体积；A 为主片面积；f_{SI} 为接触刚度比例因子，LS-DYNA 中设定的默认值为 0.1，若设定过大，则可能导致积分不稳定。从节点 N_s 上附加的法向力接触矢量为 f_s，根据反作用原理，作用在主片接触点上的等大、反向接触力 f_{master}^J 可根据等效到主片 S_i 的四个主节点上的接触力进行计算：

$$f_{\text{master}}^J=-\varphi^J(\xi_c,\eta_c)f_{cN}=\varphi^J(\xi_c,\eta_c)lkn, \quad J=1,2,3,4 \tag{3.57}$$

式中，φ^J 为主片 S_i 上的二维形函数，且在接触点 $C(\xi_c,\eta_c)$ 处的值满足 $\sum_{J=1}^{4}\varphi^J(\xi_c,\eta_c)=1$。

可见，在显式有限元法中用基于罚函数接触理论的面面接触算法，可以处理任意形状曲面的接触，是模拟轮轨滚动接触和相互作用的精确算法。

对于轮轨间的切向接触问题，LS-DYNA 采用基于库伦摩擦定律的方法来模拟轮轨间

切向接触作用，时间步长为 $t+1$ 时刻的从节点 N_s 的法向接触力为 F_y^t，其最大摩擦力等于该时刻法向接触力 f_{cN}^t 和摩擦系数的乘积：

$$F_y^t = \mu f_{cN}^t \tag{3.58}$$

式中，μ 为摩擦系数。若时间步长 t 时刻的摩擦力为 f_{cT}^t，则时间步长为 $t+1$ 时刻的摩擦力 $\boldsymbol{f}^*$ 为

$$\boldsymbol{f}^* = \boldsymbol{f}_{cT}^t - k\Delta e \tag{3.59}$$

式中，k 为罚函数的界面接触刚度；Δe 为车轮从节点沿轨面的递增运动长度，其计算公式如下：

$$\Delta e = \boldsymbol{r}^{t+1}\left(\xi_c^{t+1}, \eta_c^{t+1}\right) - \boldsymbol{r}^{t+1}\left(\xi_c^t, \eta_c^t\right) \tag{3.60}$$

时间步长为 $t+1$ 时刻的摩擦力可表示为

$$\boldsymbol{f}_{cT}^{t+1} = \begin{cases} \boldsymbol{f}^*, & \left|\boldsymbol{f}^*\right| \leqslant f_y^{t+1} \\ \dfrac{f_y^{t+1}\boldsymbol{f}^*}{\left|\boldsymbol{f}^*\right|}, & \left|\boldsymbol{f}^*\right| > f_y^{t+1} \end{cases} \tag{3.61}$$

根据反作用原理可计算对应主片 S_i 上的四个主节点的摩擦力。在轮轨动态相互作用的过程中，根据经典库伦摩擦定律，摩擦系数一般考虑为常量，而在实际过程中，摩擦系数会在轮轨相对滑动速度、接触应力、表面润滑和污染、粗糙度、温度和湿度等多因素的影响下发生改变，因此需要采用时变的库伦摩擦定律运用在轮轨滚动接触过程中，该函数称为函数型摩擦函数。根据函数型摩擦函数的定义，在每个时间步长更新的摩擦系数可以分别采用静摩擦系数 u_s 和动摩擦系数 u_d 来表示，而两者之间用指数插值函数来使二者平滑过渡，在同一时刻，从节点和主片之间的衰减系数 c 以及轮轨相对滑动速度 $\dot{\boldsymbol{u}}_{\mathrm{rel}}$ 表示如下：

$$\mu\left(\dot{\boldsymbol{u}}_{\mathrm{rel}}\right) = \mu_d + \left(\mu_s - \mu_d\right)\mathrm{e}^{-c\left|\dot{\boldsymbol{u}}_{\mathrm{rel}}\right|} \tag{3.62}$$

$$\dot{\boldsymbol{u}}_{\mathrm{rel}} = \Delta e / \Delta t \tag{3.63}$$

式中，衰减系数 c 代表静摩擦系数接近动摩擦系数的速度。μ 通常定义为常数，但也可以由式 (3.64) 定义为与滑动速度 $\boldsymbol{v}_s$ 相关的函数型摩擦系数。

$$\mu = \mu_d + \left(\mu_s - \mu_d\right)\mathrm{e}^{-c\left|v_s\right|} \tag{3.64}$$

$$\boldsymbol{v}_s = \Delta e / \Delta t \tag{3.65}$$

式中，μ_s 和 μ_d 分别为静摩擦系数和动摩擦系数；c 为衰减系数，可由试验间接求得；Δt 为计算时间步长。图 3.6 为一个典型的随绝对滑动速度变化的函数型摩擦系数，恒定摩擦系数也包含其中，以示对比。可见，随着滑动速度的增加，函数型摩擦系数先急剧下降，随后趋近于动摩擦系数 (0.32)。

库伦摩擦可能造成界面剪切应力在某些特定情况下非常大，以致超过材料可承受的最大剪切应力，因此需要对其添加限制：

$$f^{t+1} = \min\left(f_{cT}^{t+1}, kA\right) \tag{3.66}$$

式中，f_{cT}^{t+1} 为 $t+1$ 时刻的库伦摩擦力；A 为主片 S_i 的面积；k 为黏性系数。轮轨接触力在物理上可解释为外部施加的面力，切向接触力矢量可以表示为

$$f_{\text{con}}^{t} = \sum_{M=1}^{m} \left(\int_{\Gamma_{\text{ce}}} N^{\text{T}} \left(f_{cN}^{t} + f_{cT}^{t} \right) \mathrm{d}\Gamma \right)^{M} \tag{3.67}$$

可见，基于弹性接触体之间点的摩擦传递对法向接触解的影响可以忽略，而在传统分析方法中，轮轨接触问题一般分为法向接触问题和切向接触问题。而在显式有限元法中，法向接触和切向接触在每个时间步长上依次独立计算，这对求解非线性问题十分有必要。在显式有限元法中的罚函数接触算法中，切向弹塑性轮轨接触解对法向接触解有显著的影响，切向轮轨力的增加会显著提升材料塑性流动，导致接触斑面积增大，并向车轮滚动方向有一定的滑移。

基于罚函数接触理论决定的接触临界时间步长与最小值 $\sqrt{m^{J}/k}$ 成正比，其中 $m^{J}(J=1,2)$ 本质上是附着在接触弹簧上的质量，k 为给出的罚函数接触刚度。应用于显式有限元法中的时间步长 Δt 不能超过基于接触的临界时间步长，这样可以避免接触不稳定。增加基于接触的临界时间步长的最简单的方法是缩小罚函数接触刚度值 k：

$$k = \frac{f_s A^2 K}{V} \tag{3.68}$$

式中，V 为体积；f_s 为一个参数，其值为惩罚比例因子×默认从比例因子/主比例因子；A 为接触段的面积；K 为接触段的体积模量。

4. 基于中心差分法的非线性方程组的显式求解

位移是非线性方程组的基本解，可求得当前时刻的加速度：

$$\ddot{u}^{n} = M^{-1}\left(F_{\text{ext}}^{n} - F_{\text{int}}^{n} + H^{n} + F_{\text{con}}^{n} \right) \tag{3.69}$$

下一时刻的位移结果采用中心差分法显式求解（图 3.7）。

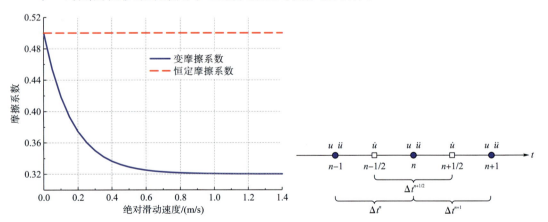

图 3.6　摩擦系数随绝对滑动速度的变化　　　　图 3.7　中心差分法示意图

$$\dot{u}^{n+1/2} = \dot{u}^{n-1/2} + \ddot{u}^{n} \Delta t^{n} \tag{3.70}$$

$$u^{n+1} = u^{n} + \dot{u}^{n+1/2} \Delta t^{n+1/2} \tag{3.71}$$

$$\Delta t^{n+1/2} = \left(\Delta t^{n} + \Delta t^{n+1} \right)/2 \tag{3.72}$$

由式（3.70）～式（3.72）可知，显式求解不需要迭代，因此其计算效率较高。但中心差分法是有条件稳定的，即每一时间步长应遵循 Courant-Friedrichs-Lewy 准则，以确保声波在该时间步长内不会穿过最小单元。具体来说，以当前时刻整个模型中的最小时间步长 Δt_{calc} 作为下一时间步长：

$$\begin{cases} \Delta t_{calc} = \min\{\Delta t_1, \Delta t_2, \Delta t_3, \cdots, \Delta t_i, \cdots, \Delta t_N\} \\ \Delta t_i = s_f \cdot L_i / C_d \end{cases} \tag{3.73}$$

式中，s_f 为人为设定的衰减因子，以保证计算的稳定性，可取为 0.9；L_i 为 i 单元的最小长度，等于单元体积与最大单元面积的比值。

对于轮轨材料，材料声速 C_d 接近于 6km/s。在轮轨接触计算中，接触区单元的尺寸一般取为 1mm，以保证合理的精度，若再考虑网格不均匀划分时生成更小尺寸的单元和衰减因子 s_f，模型计算时间步长 Δt_{calc} 一般为 10^{-7}s 量级。微小的时间积分步长足以保证模型有效捕捉轮轨系统的高频振动特性。单元的最小尺寸由单元体积和最大单元面积决定，而非单纯的网格划分尺寸。因此，模型划分网格时应确保单元尽量方正而不发生明显的扭曲，以避免过小的时间步长显著增加模型的整体计算时间。

5. 计算流程

算法 3.1 简要地列出了上述算法在 LS-DYNA 中的计算流程，在每一时间步输出节点位移、速度、加速度及相关的节点力、单元应力/应变。

算法 3.1		
	1	设置初始位移、速度和时间步长：u_i^0、$\dot{u}_i^{1/2} = \dot{u}_i^0$、$\Delta t^0 = 0$
	2	定义轮轨接触的主从面
	3	设置集中质量矩阵 $\boldsymbol{M}$
	4	Do 19 $n = 0, 1, \cdots, t$（时间步长）
	5	应用荷载边界条件构建 $\boldsymbol{F}_{ext}$
	6	对单元施加内部力矢量 $\boldsymbol{F}_{int}$
	7	设置沙漏黏性阻尼力 $\boldsymbol{H}$
	8	生成轮轨接触力 $\boldsymbol{F}_{con}$
	9	Do 14 $N = 1, 2, \cdots, m$（从节点个数）
	10	确定主从面对应节点间的相对位置
	11	If 穿透量存在
	12	计算法向、切向接触力
	13	End if
9→	14	Continue
	15	更新时间步长、节点加速度 Δt^{n+1}、$\ddot{x}_i^n$
	16	施加位移约束
	17	更新节点速度、位移 $\dot{x}_i^{n+1/2}$、x_i^{n+1}
	18	更新结构几何
4→	19	Continue

二、三维轮轨瞬态滚动接触模型的建立

1. 模型概述

车轮擦伤、钢轨波磨等接触表面损伤处的轮轨相互作用属于高频范畴，而列车-轨道耦合系统的高频响应主要由轮对和轨道的柔性决定[54]，因此车辆一系悬挂以上的所有部件简化为刚体或质点，并通过一系悬挂与车轮相连。轮对和轨道的高频特性通过三维建模充分考虑在内。

图 3.8 为建立的常用三维轮轨瞬态滚动耦合作用模型，考虑了我国某高速线路上轮对-轨道系统的典型特征。当只关注轮轨系统的瞬态滚动接触，侧重于垂向和纵向的动态响应分析时以轮对中心位于轨道中心且无摇头角的情形为例，消除横向蠕滑和大自旋的影响。该接触条件下轮对的侧滚角为零，且左、右轮对的接触状态对称，因此图中仅包含了半个轮对和轨道，以降低计算量。簧上质量简化为质点，并通过一系悬挂与车轴相连。轮对和钢轨采用实体单元建模，接触区的网格最小尺寸为 1mm，如此可将其实际接触几何和固有频率考虑其中。轮轨廓形选取高速线路常见的 LMA 与 CHN60 型面匹配，并预置 1∶40 轨底坡。模型中轨道的长度为 15.2m。轨道为无砟轨道，其建模考虑了钢轨、扣件、轨道板和砂浆层，轨垫采用弹簧与阻尼单元表征其振动特性，轨道板则采用实体建模。

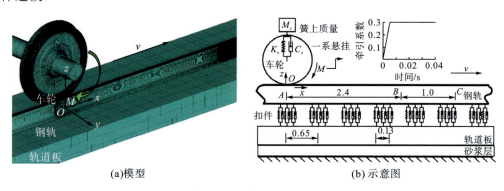

(a)模型　　　　　　　　　　　　　(b)示意图

图 3.8　常用三维轮轨瞬态滚动耦合作用模型(单位：m)

引入笛卡儿坐标系 $Oxyz$，其原点 O 固定于初始时刻轮轨接触斑的刚性接触点位置，x 轴和 z 轴分别沿纵向和垂向，y 轴垂直于 Oxz 平面指向轨道外侧。模拟中，车轮由初始位置 O 点沿 Ox 轴向前滚动。

车轮和钢轨的滚动接触采用对称罚函数法模拟，并通过定义 Master 面和 Slave 面指定，分别对应钢轨和车轮表面潜在接触区的节点。该潜在区的选取与接触几何间隙一致，即接触间隙小于 0.1mm 所对应的区域。钢轨沿纵向采用不均匀网格划分(过渡区和精细区分别对应 OA 段和 AB 段)，这是因为轮轨滚动接触的初始阶段存在数值激扰，需要一段距离进行动态松弛，以释放没有物理意义的能量波动，如此划分网格可以有效降低模型整体规模。

为与 CONTACT 对比，轮轨材料主要采用弹性材料模拟，同时也考虑了与高频振动相关的瑞利刚度阻尼系数。模型的具体参数如表 3.5 所示。

表 3.5　模型参数

参数		数值	参数		数值
摩擦系数 μ		0.5	轮对、钢轨材料	弹性模量/GPa	205.9
簧上质量/kg		6914		密度/(kg/m³)	7790
车辆一系悬挂	刚度系数/(MN/m)	0.88		泊松比	0.3
	阻尼系数/(kN·s/m)	4		刚度阻尼系数	0.0001
簧下质量	轮径/mm	860	轨道板材料	弹性模量/GPa	34.5
	轮对/kg	586		密度/(kg/m³)	2400
橡胶垫	刚度系数/(MN/m)	22		泊松比	0.25
	阻尼系数/(kN·s/m)	60			

2. 轮轨接触界面任意几何不平顺的施加

网格划分完成后的轮轨表面都是光滑的，轮轨表面的三维几何不平顺通过自编程序修改表面相关节点的坐标施加，但坐标的修改量应小于表面单元特征尺寸的 15%，以保证不会造成单元畸形。

现以钢轨为例介绍接触界面几何不平顺的施加方法。其思路是首先将钢轨所在的坐标系统 $Oxyz$ 转化为不平顺所在的相对于轨底坡的切平面坐标系统 $Oxy'z'$：

$$\begin{bmatrix} y' \\ z' \end{bmatrix} = \begin{bmatrix} \cos(\alpha-\beta) & -\sin(\alpha-\beta) \\ \sin(\alpha-\beta) & \cos(\alpha-\beta) \end{bmatrix}^{-1} \begin{bmatrix} y \\ z \end{bmatrix} \tag{3.74}$$

式中，α 和 β 分别为接触点处的接触角和轨底坡，如图 3.9 所示。

如此，可在 $Oxy'z'$ 坐标系中施加任意三维几何不平顺，包括实测几何不平顺和理想几何不平顺。以理想几何不平顺为例进行说明，假定波磨的深度(或 z')在纵向和横向分别呈余弦和抛物线分布，其函数表达式为

$$z' = -d_c/2 \cdot \left\{1 - \sin\left[2\pi \cdot (x-x_0)/l_c + \pi/2\right]\right\} \tag{3.75}$$

$$z' = d_c \cdot \left[1 - (2y'/w_c)^2\right] \tag{3.76}$$

式中，l_c 和 d_c 为波磨的长度和最大深度；x_0 为波磨的纵向起始位置；w_c 为波磨的宽度。

最后，需要将在 $Oxy'z'$ 系中新获取的型面几何参数转化回原始坐标系 $Oxyz$：

$$\begin{bmatrix} y \\ z \end{bmatrix} = \begin{bmatrix} \cos(\alpha-\beta) & -\sin(\alpha-\beta) \\ \sin(\alpha-\beta) & \cos(\alpha-\beta) \end{bmatrix} \begin{bmatrix} y' \\ z' \end{bmatrix} \tag{3.77}$$

图 3.9 为该波磨最大深度在横向的分布，为了清楚地显示与光滑表面的比较，图中最大深度 d_c 取为 3mm。图 3.10 为该波磨在有限元模型中的三维分布。

车轮表面几何不平顺的施加与上述方法类似，只是需额外建立原点位于 O 点上方轮轴中心处的极坐标系 $O'yz\theta$，由车轮周向的角度 θ 取代式(3.75)中的纵向坐标 x。

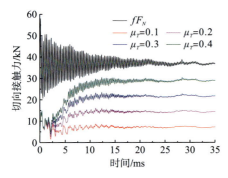
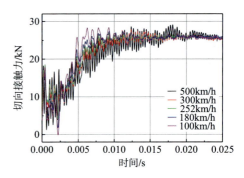

图 3.15　不同牵引系数的切向接触力　　　　　　　图 3.16　不同速度下的切向接触力

在牵引系数 μ_T =0.3 的作用下，车轮以 300km/h 速度滚动过程中牵引系数和蠕滑率的变化如图 3.17(a)所示，该模型考虑了轮轨的弹性变形，因此结果中包含了轮轨连续体振动的影响。在初始 0～0.8m 区段，牵引转矩的持续提高使牵引系数和蠕滑率均线性增加；随后保持牵引转矩的恒定加载，牵引系数和蠕滑率在 2.0～2.4m 范围逐渐平稳。选取 2.0～2.4m 区段牵引系数和蠕滑率的均值，以表征其接触状态，不同牵引系数对应的蠕滑率如图 3.17(b)所示，CONTACT 的计算结果也包含其中，以示对比。可见，两种模型十分吻合，该结果可证明本章建模方法的有效性。

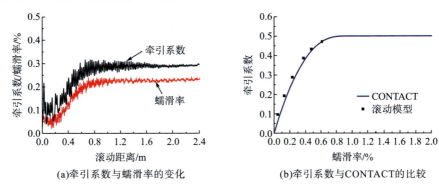

(a)牵引系数与蠕滑率的变化　　　　　　　(b)牵引系数与CONTACT的比较

图 3.17　瞬态滚动接触模型计算结果及验证

2. 接触斑黏滑分布及接触应力

众所周知，由于牵引力或制动力的作用，车轮平动速度和转动速度存在一定的差异，即轮轨蠕滑的宏观表现。图 3.18 显示了车轮和钢轨表面一质点对(圆圈和三角形)随车轮滚动的接触变化。当车辆的牵引水平未达到其极限时，轮轨接触斑划分为黏着区和滑动区。在接触斑前沿，上述接触点对无相对滑移，即处于黏着状态，到达滑移区后会出现相对滑移，如图 3.19 所示。接触斑的后沿存在滑动区，这个区域的面积与牵引水平(或牵引系数)呈正相关关系，当牵引系数达到动摩擦系数时，整个接触斑完全处于滑动区，即全滑动状态。相反，当无牵引力时，接触斑处于全黏着状态，即纯滚动。

图 3.19 显示的接触斑形状横向不是对称的，这有别于赫兹接触理论中对接触斑椭圆分布的假设。这种现象是由轮轨表面不同曲率半径造成的。瞬态滚动接触工况下，接触斑关于纵向仍然不是完全对称的，虽然轮轨型面沿纵向并不存在几何不平顺，这与静态有限元的计算

结果有所区别，图 3.14 清楚地解释了这种现象：静态接触条件下，钢轨垂向位移严格关于 $x=0$ 对称；瞬态滚动接触条件下，钢轨垂向位移非对称，相当于静态结果绕其波谷点逆时针转动一个角度，正是这种垂向位移非对称现象，导致瞬态滚动接触斑纵向半轴长度不一。

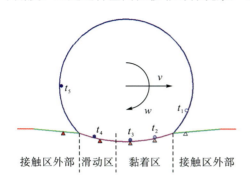

图 3.18　轮轨接触点接触状态的时间演变

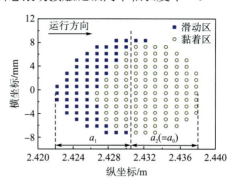

图 3.19　接触斑黏滑分布

3. 接触应力与剪切应力

在 $t=29.15\text{ms}$ 时，接触斑上的三维应力结果如图 3.20 所示。钢轨剪切应力在平面上的分布如图 3.21 所示，图 3.21(a) 中箭头的长度表征力的大小，图 3.21(b) 中还显示了库伦摩擦极限（压应力与动摩擦系数的乘积）。

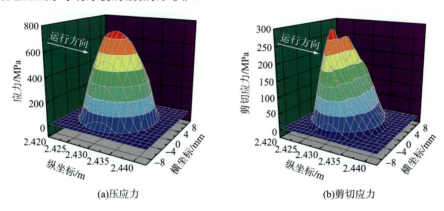

(a)压应力　　　　　　　　　　　　(b)剪切应力

图 3.20　接触斑上的三维应力结果

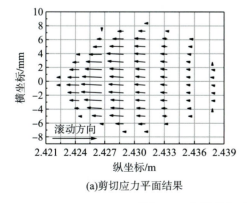

(a)剪切应力平面结果

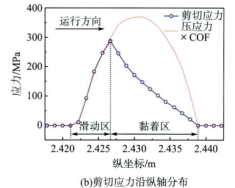

(b)剪切应力沿纵轴分布

图 3.21　钢轨剪切应力在平面上的分布

由图 3.20 和图 3.21 可见，轮轨型面存在一定的斜率，剪切应力方向存在一定的角度，并不是完全沿纵向分布的，接触斑边缘的剪切应力非常小，易造成接触斑边缘个别点方向的误差；随着纵坐标的增加，剪切应力在滑动区单调增加，且剪切应力均达到其摩擦极限；相反，剪切应力在黏着区依次递减，由于剪切应力未达到摩擦极限，轮轨间相应的质点在该区域未发生相对滑动。

4. 微滑

接触斑滑动区存在轮轨质点对的相对滑移，微滑的宏观表现是蠕滑率，其微滑(向量箭头表示)分布如图 3.22 所示，图中圆圈表示质点处于黏着区。由图可见，所建模型忽略了车轮的横移，因此其微滑方向几乎沿着钢轨纵向，图中微滑的横向分量是由钢轨的几何型面引起的。

5. 摩擦功

轮轨接触表面某点的摩擦功 W_f 的计算公式如下：

$$W_f = \int_0^t \tau s \mathrm{d}t = \sum_{i=1}^{n_t} \tau_i s_i \Delta t_w \tag{3.80}$$

式中，τ、s 为选取点处的剪切应力和微滑速度，均为时间的函数。τ_i、s_i 对应 Δt_w 时刻，磨耗计算步长 Δt_w 取为 1×10^{-5} s。若假定磨耗与摩擦功成正比[58]，材料的磨损可直接由摩擦功结果得到。接触斑上的摩擦功三维分布如图 3.23 所示，黏着区质点不存在微滑，因此其摩擦功为零，较高的摩擦功存在于滑动区。

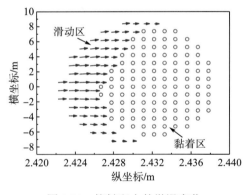

图 3.22　接触斑上的微滑变化

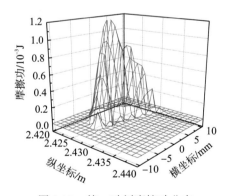

图 3.23　某一时刻摩擦功分布

四、基于显式有限元法建立的三维轮轨高速滚动接触模型特点

采用显式有限元法建立的三维轮轨高速滚动接触模型，可用以精确求解不同条件下的法向、切向瞬态滚动接触问题，其主要特点如下：

(1)可考虑轮轨系统的真实几何形状，突破了经典滚动接触理论中的理想几何限制；

(2)可模拟轮轨接触表面任意的三维不平顺或粗糙度，如波磨、多边形、塌陷、擦伤、断缝等；

（3）同时考虑了列车-轨道耦合系统的结构振动和轮轨材料的连续体振动，而目前的轮轨系统动力学模型均只能考虑轮轨结构振动，而不能将连续体振动对接触的影响纳入其中，因此三维轮轨高速流动接触模型也是一种列车-轨道系统动力学模型；

（4）可于时域内求解轮轨间的瞬态滚动问题；

（5）可数值重现车轮滚动行为，将蠕滑率、自旋、陀螺效应等均考虑在内；

（6）最高模拟速度为 500km/h，为高速铁路提供理论支撑；

（7）可模拟不同的牵引、制动工况，可以考虑牵引力、制动力对轮轨接触的影响；

（8）可考虑材料的非线性行为，如弹塑性、应变率效应等，突破了经典滚动接触理论的线弹性假设；

（9）可引入随相对滑动速度变化的黏着模型，突破了经典滚动接触理论定常摩擦系数的限制；

（10）通过设置轮轨黏着系数沿轨面的波动可模拟低黏着区（low adhesion zone，LAZ）的轮轨接触行为，拓展了滚动接触理论的工程应用范围；

（11）可同时求得瞬态法、切向接触解及材料内部对接触荷载的响应；

（12）可求得瞬态的摩擦功和等效应力分布。

第四节　转辙器区轮轨瞬态滚动接触的显式有限元算法及接触行为

为引导列车按照预定方向运行，客观要求道岔的设计采用变截面，以使轮载完成轮载过渡。但这种轮载过渡会形成类似于区间线路高低及方向偏差的固有结构不平顺，会激发车轮与道岔间的激烈冲击及高频振动，造成道岔钢轨损伤。高速铁路道岔变截面可动轨件较长，在部分范围内没有扣件扣压，只有牵引点处转换锁闭设备的弱约束作用，例如，尖轨自由放置于滑床台板表面保持相互刚性接触，而基本轨外侧和内侧轨底分别采用弹条和弹性夹扣压，并通过扣件系统轨下胶垫与滑床台板实现弹性接触，这导致基本轨与尖轨的约束和支撑条件不一致，在高速行车条件下，道岔钢轨间抗弯刚度、约束和轨下支撑条件的差异，钢轨间必然会发生相对运动并产生动态位移差，导致组合廓形动态重构，致使轮轨接触点空间位置在道岔轮载过渡范围内发生突变，引起道岔动态轮轨关系演变，车轮与道岔钢轨滚动接触过程中的接触参数显著变化，表现出明显的瞬态滚动接触特征，直接影响轮轨接触信息及其损伤行为。在此之前，道岔区轮轨接触研究中，通常结合列车-道岔耦合动力学模型和轮轨接触模型进行了研究，忽略了轮轨动力响应和轮轨介观接触的耦合效应。另外，道岔区轮轨接触将尖轨、基本轨视为一体，忽略了尖轨和基本轨相对运动对轮轨滚动接触状态的影响。道岔区轮轨实体间的冲击接触难以避免会存在中频振动和高频振动，而上述算法无法反映其高频振动，且基于稳态假设的接触算法不适用于求解道岔区轮轨瞬态滚动接触行为，如多点接触、非线性材料等。因此，亟须发展一种能够考虑上述因素并精确探明道岔区真实轮轨瞬态滚动接触行为的计算方法。

显式动力学方法特别适用于求解需要分解成许多短小的时间增量来达到高精度的高速动力学问题，且该方法能考虑接触等一些极度非线性问题。显式有限元法将轮轨动力响应计算和轮轨接触计算耦合起来，使显式有限元法成为求解轮轨动力相互作用的一种合适方法，并为轮轨动力接触解的间接验证提供了理论基础。本章基于道岔区瞬态滚动接触有限元模型所采用的核心算法，从理论角度展示了显式有限元法在轮轨动力相互作用分析中的适用性，对显式有限元法分析道岔区瞬态轮轨滚动接触行为的优点进行了总结，并进行了该区接触行为的研究。

一、控制及边界条件

在弄清显式有限元法的约束条件和离散化后，需要了解其采用的中心差分法使用的时间离散过程。

1. 时间积分和时间步长控制

显式算法采用对角或者集中质量矩阵来求解加速度，因此无须联立求解方程组，任何节点的加速度均取决于节点质量及其作用在节点上的力，进而导致加速度的计算成本较低。速度和位移矢量可以通过基于中心差分法的显式积分获得，通过在计算速度的变化过程中假定加速度为常数，并在这个速度的变化值加上前一个时间步长增量中点的速度，速度对时间的积分并加上在时间步长增量开始时的位移，以确定增量结束时的位移。

为了保证仿真结果的精确性，时间步长的增量必须小，因此在极小的时间步长增量中的加速度几乎为常数，由于不需要联立方程组求解，每个时间步长增量的计算成本相对较低。因此，显式积分算法拥有一个简洁而又高效的求解过程，该方法唯一需要具备的条件就是计算稳定：当利用显式有限元法求解时刻 t 的模型状态时，模型状态会根据时间步长增量时刻发生变化。因此，时刻变化下的状态还应保留对问题的精确描述，而时间步长增量一般相对较短。当时间步长增量大于极限时间步长增量时，该时刻的时间步长增量就超出了稳定极限，这样会导致数值仿真不稳定，进而引起结果不收敛。稳定极限是根据系统的最高频率 ω_{max} 计算的，无阻尼时的稳定极限为

$$\Delta t_c = \frac{2}{\omega_{max}} \tag{3.81}$$

当有阻尼存在时：

$$\Delta t_c = \frac{2}{\omega_{max}}\left(\sqrt{1+\varsigma^2} - \varsigma\right) \tag{3.82}$$

式中，ς 是为了控制高频振动具有最高频率模型的临界阻尼比。对于整个模型，系统的实际最高频率取决于车轮、钢轨、扣件等多组复杂相互作用的因素，精准确定系统的稳定极限相对较难，因此一般采用有效、保守的估计值来替代模型整体，通过估算模型中每个单独扣件的最高频率，该频率常和扩展模态相关，而 Courant-Friedrichs-Lewy 稳定条件可以用来保证收敛，它要求声波在一个时间步长内不能通过最小单元：

$$\Delta t_c \leqslant \partial L_c / C_d \tag{3.83}$$

式中，Δt_c 为极限时间步长；L_c 为单元最短的特征长度；C_d 为材料的膨胀波速率，一般表示为 $C_d=\sqrt{E/\rho}$；E 为弹性模量；ρ 为材料密度；∂ 为时间步长因子，其默认值为 0.9。对于车轮和钢轨等六面体实体单元：

$$L_c = V_e / A_{e\max} \tag{3.84}$$

式中，V_e 为单元体积；$A_{e\max}$ 为单元最大一侧的表面面积。

对于弹性材料：

$$C_d = \sqrt{E(1-\upsilon)/[(1+\upsilon)(1-2\upsilon)\rho]} \tag{3.85}$$

在轮轨相互作用的计算中，车轮和钢轨一般考虑为钢，其参数 $E=290\text{GPa}$，$\upsilon=0.3$ 和 $\rho=7800\text{kg/m}^3$，因此 C_d 大约等于 6km/s。由于材料参数或几何形状的变化，以式(3.83)为特征的极限时间步长 Δt_c 可能会在非线性动力学分析中发生变化。材料模型通过其扩展波速的效果影响稳定极限，线性材料中的波速为常数，因此分析过程中影响稳定极限的唯一变化来自最小单元尺寸的改变。在非线性材料中，波速会随材料的屈服和刚度发生变化。因此，时间步长 Δt 需要进行保守调整，进而使得所有的时间步长都满足式(3.83)的要求。为了保证计算稳定性并降低求解时间，一个适合的比例因子 sf（质量缩放控制时间增量）可以用来控制时间步长。轮轨质量密度影响稳定极限，因此在某些特定条件下，轮轨缩放质量密度可以显著提高分析的效率。受模型复杂离散性的影响，尤其是道岔尖轨等部位包含控制稳定极限的非常小或者形状极限差的单元，这些控制单元数量很少，并可能存在于尖轨尖端等局部区域，但这些单元不影响轮轨动态响应和轮轨滚动接触解。通过控制这些控制单元的质量，稳定极限可以显著增加，但是对轮轨动力响应和滚动接触解的影响可以忽略不计，如 $\Delta t=\text{sf}\times L_c/C_d$。

从数值上获得的结构最高固有频率受离散化后，任意独立单元的最高频率受限制，只要单元尺寸和时间步长足够小，一个显式有限元模型可以在其仿真解中包含所有相关结构和连续体的振动模态及波导特性。除此之外，极小的时间步长可以降低截断误差，但会增加舍入误差。

2. 荷载边界条件和材料应力修正

1) 荷载边界条件

LS-DYNA 中包含金属和非金属的材料共计 100 多种材料模型，而轮轨滚动接触作用中不仅需要考虑应力应变的本构关系，还需要考虑轮轨材料的非线性行为，从弹性变形到塑性变形，最后到材料的损伤行为，都需要考虑材料的本构关系。另外，不同弹塑性材料下加载及卸载过程中的应力应变本构关系也存在不同，这也意味着应力应变的性质和加载时间历程有关。首先需要对本节研究的轮轨滚动接触过程所需要的力进行分析。

（1）总体荷载矢量。

总体荷载矢量 f_{ext}^t 可以直接通过施加外部荷载条件来建立，对于分析轮轨动力学的显式有限元模型，常见的外部荷载主要包括重力、驱动力矩(牵引力/制动力)等。

①重力。

本节采用的是隐-显式方法相结合的算法来模拟轮轨间动态作用，因此在进行轮轨动力响应计算前，需要将重力荷载施加到整个模型中来初始化内力，防止不真实激励对轮轨瞬态滚动接触解的影响。重力一般通过设置一个固定的重力加速度 g 作为体力施加：

$$f_{\text{grav}} = \sum_{M=1}^{m} \left(\int_{\Omega_e} \rho N^{\text{T}} f \mathrm{d}\Omega \right)^{M} = \sum_{M=1}^{m} \left(\int_{\Omega_e} \rho N^{\text{T}} N g \mathrm{d}\Omega \right)^{M} = Mg \tag{3.86}$$

②驱动力矩(牵引力/制动力)。

除了重力，驱动力矩也是另外一个模拟轮轨牵引摩擦接触的边界条件之一。道岔多位于车站附近，列车过岔时在牵引力/制动力作用下变速通过，因此牵引力是本节研究的重点之一。

显式有限元模型中的车轮和钢轨均由六面体单元构造而成，六面体单元退化而成的 Hughes-Liu(H-L) 梁单元可用来施加力矩。如图 3.24 所示，每个车轮处采用长度为 L 的 H-L 梁单元来施加力矩，其中梁单元的长度 L 不能太小，以避免稳定积分导致 H-L 梁单元时间积分步长较短。

$$\Delta t = \frac{L}{\sqrt{E/\rho}} \tag{3.87}$$

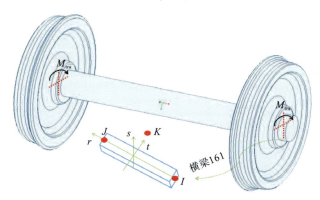

图 3.24　牵引/制动力矩

H-L 梁单元包含三个节点：$I_j(j=1,2,3,4)$、J 和 K。节点 $I_j(j=1,2,3,4)$ 和 J 均位于车轮模型上，并位于同一个平面 S。节点 J 是位于轮轴中心处的驱动节点，因此需要根据节点方位定义梁单元的方向轴，并保证从 K 指向 J 的矢量与平面 S 垂直。随后将驱动力矩 M_{tra} 施加到驱动节点 J 上，其方向可根据右手定则来决定。

在驱动力矩的作用下，车轮将在轮轨纵向蠕滑力 F_L 的作用下沿着钢轨向前滚动，并满足牵引系数 μ_T 小于摩擦系数 μ 的要求。

当考虑速度相关的摩擦系数时，全局摩擦系数可能和某些节点处的局部摩擦系数不同。另外，牵引系数可在稳定滚动中一般假定为常数，并在轮轨相互作用中受振动的作用随时间发生改变，其名义上的数值和施加的驱动力矩成正比。施加的驱动力矩会改变轮轨的运动状态，并为轮轨滚动系统带来显著的激励作用。驱动力矩数值逐渐增加，可用来避免出现激励，并降低动态松弛过程所需距离的长度，驱动力矩 M_{tra} 的函数公式如下：

$$M_{\text{tra}} = \begin{cases} \dfrac{M_0}{2}\left[1 - \cos\left(\dfrac{\pi t}{t_0}\right)\right], & t < t_0 \\ M_0, & t \geqslant t_0 \end{cases} \tag{3.88}$$

式中，M_0 为力矩的最大值；t_0 为力矩逐渐增大并接近 M_0 所需要的时间。

（2）内力矢量。

典型的显式动态分析包含成千上万个时间步长增量，而由于不需要联立方程组求解，每个时间步长增量的计算成本相对较低，绝大多数时间计算成本消耗在单元的计算和依次确定作用在节点上的单元内力上。单元的计算包括确定单元应变和轮轨材料的本构关系，进而获得单元应力，进一步计算内力。内力矢量采用应变-位移矩阵 $\boldsymbol{B}$ 和应力向量 $\boldsymbol{\sigma}$ 来计算，以六面体实体单元为例，雅可比矩阵 $\boldsymbol{J}$ 用来将坐标从参数坐标系转化到全局坐标系：

$$\begin{bmatrix} \dfrac{\partial \varphi^N}{\partial x} \\[2mm] \dfrac{\partial \varphi^N}{\partial y} \\[2mm] \dfrac{\partial \varphi^N}{\partial z} \end{bmatrix} = \boldsymbol{J}^{-1} \begin{bmatrix} \dfrac{\partial \varphi^N}{\partial \xi} \\[2mm] \dfrac{\partial \varphi^N}{\partial \eta} \\[2mm] \dfrac{\partial \varphi^N}{\partial \zeta} \end{bmatrix} \tag{3.89}$$

应变-位移矩阵 $\boldsymbol{B}$ 可通过一阶空间导数形函数的应变-位移矩阵计算得到，而应变率 $\dot{\boldsymbol{\varepsilon}}$ 和应力速率 $\dot{\boldsymbol{\sigma}}$ 可通过应变-位移关系以及材料的本构关系计算得到，线性和非线性材料的本构关系均适合作为材料本构关系的补充，柯西应力可以通过显式时间积分获得：

$$\boldsymbol{\sigma}(t + \Delta t) = \boldsymbol{\sigma}(t) + \dot{\boldsymbol{\sigma}} \Delta t \tag{3.90}$$

由于 $\boldsymbol{G}(\xi, \eta, \zeta) = \boldsymbol{B}^{\mathrm{T}} \boldsymbol{\sigma}$，结构内力与材料体积相关，结构内力可通过高斯单点积分将其更新如下：

$$\int_{\Omega_e} \boldsymbol{G}(\xi, \eta, \zeta) \mathrm{d}\Omega = 8 \boldsymbol{G}(0,0,0) |\boldsymbol{J}(0,0,0)| \tag{3.91}$$

式中，$8|\boldsymbol{J}(0,0,0)|$ 可近似看成单元体积。

2）应力修正

在对用于轮轨滚动接触分析的显式模型中的力进行分析后，还需要对轮轨材料本构模型进行考虑，该模型采用各向同性随动硬化材料弹塑性本构关系来模拟真实的轮轨几何材料特性，对于混合硬化材料，通常会引入一个位于 $0 \sim 1$ 的参数 β 来描述各向同性随动硬化材料。随动硬化材料的 von Mises 屈服条件为

$$\phi = \frac{3}{2} \xi_{ij} \xi_{ij} - \sigma_y^2 = 0 \tag{3.92}$$

式中，$\xi_{ij} = \boldsymbol{S}_{ij} - \boldsymbol{\alpha}_{ij}$；$\boldsymbol{S}_{ij}$ 为应力偏量，表示为 $\boldsymbol{S}_{ij} = \boldsymbol{\sigma}_{ij} - \dfrac{1}{3} \boldsymbol{\sigma}_{kk}$；$\boldsymbol{\alpha}_{ij}$ 为移动张量；屈服强度表示为 $\sigma_y = \sigma_0 + \beta E_p \varepsilon_e^p$；$E_p$ 为塑性硬化模量，表示为 $E_p = \dfrac{E E_T}{E - E_T}$；$\varepsilon_e^p$ 为有效塑性应变，表示为 $\varepsilon_e^p = \int_0^t \left(\dfrac{2}{3} \dot{\varepsilon}_{ij}^p \dot{\varepsilon}_{ij}^p \right)^{1/2} \mathrm{d}t$。

对于移动张量 $\boldsymbol{\alpha}_{ij}$，其增量可以表示为

$$\boldsymbol{\alpha}_{ij}^{\Delta} = \frac{2}{3} (1 - \beta) E_p \dot{\varepsilon}_{ij}^p \tag{3.93}$$

$$\alpha_{ij}^{n+1} = \alpha_{ij}^n + \left(\alpha_{ij}^{\nabla n+1/2} + \alpha_{ik}^n \Omega_{kj}^{n+1/2} + \alpha_{ik}^n \Omega_{ki}^{n+1/2} \right) \Delta t^{n+1/2} \tag{3.94}$$

对于随动硬化模型，即参数 $\beta = 0$ 时，材料的屈服条件为

$$\phi = \frac{3}{2}\left(S_{ij} - \frac{2}{3} E_p \dot{\varepsilon}_{ij}^p \Delta t \right)\left(S_{ij} - \frac{2}{3} E_p \dot{\varepsilon}_{ij}^p \Delta t \right) - \sigma_0^2 = 0 \tag{3.95}$$

为了计算各向同性混合硬化材料在 t_{n+1} 时刻的应力 σ^{n+1}。根据弹性变形应力应变原理，利用式 (3.90) 求取 t_{n+1} 时刻的应力数值 σ^{∇}。结合式 (3.95) 检查屈服条件，若计算结果满足 $\phi \leqslant 0$ 时，则表示应力小于屈服强度，材料仍处于弹性变形范围内，并利用式 (3.99) 求取 σ_{ij}^{n+1}；当计算结果满足 $\phi > 0$ 时，应力大于屈服强度，材料处于塑性变形范围内，此时需要对有限塑性应变进行适当修正，则

$$\varepsilon_e^{n+1} = \varepsilon_e^n + \Delta\varepsilon_e^n = \varepsilon_e^n + \frac{\left[\frac{3}{2}\left(S_{ij} - \alpha_{ij}^n\right)\left(S_{ij} - \alpha_{ij}^n\right)\right]^{\frac{1}{2}} - \sigma_y^n}{3G + E_p} \tag{3.96}$$

将偏应力按比例缩小至新的屈服面上，并修正屈服面的中心位置：

$$S_{ij}^{n+1} = S_{ij} - \frac{3G\Delta\varepsilon_e^p \left(S_{ij} - \alpha_{ij}^n\right)}{\left[\frac{3}{2}\left(S_{ij} - \alpha_{ij}^n\right)\left(S_{ij} - \alpha_{ij}^n\right)\right]^{\frac{1}{2}}} \tag{3.97}$$

$$\alpha_{ij}^{n+1} = \alpha_{ij}^n + \frac{E_p\Delta\varepsilon_e^p \left(S_{ij} - \alpha_{ij}^n\right)}{\left[\frac{3}{2}\left(S_{ij} - \alpha_{ij}^n\right)\left(S_{ij} - \alpha_{ij}^n\right)\right]^{\frac{1}{2}}} \tag{3.98}$$

结合式 (3.99) 求取 σ_{ij}^{n+1}：

$$\sigma_{ij}^{n+1} = S_{ij}^{n+1} + \left[-k\ln\left(\frac{V^{n+1}}{V_0}\right) + q\right]\delta_{ij} \tag{3.99}$$

式中，k 为体积模量；V_0 和 V^{n+1} 分别为初始和 t_{n+1} 时刻的单元体积；q 为人工体积黏性阻尼。

对于高速铁路道岔中的轮轨冲击，道岔固有结构不平顺会激发剧烈的轮轨动态作用，道岔钢轨高频导波所携带的能量将引发钢轨高频振动，使钢轨表现出高应变率相关的力学行为，尤其是钢轨材料的力学性能，例如，屈服应力、强度极限等会随应变率的增加而增加，因此显式模型中需要考虑应变率对材料的影响，应变率根据 Cowper 和 Symond 应变率模型来确定，该模型通过与应变率相关的因子来衡量屈服应力。因此，在考虑应变率的情况下，屈服面的 σ_y 与初始屈服强度 σ_0 和增长率 $\beta E_p \varepsilon_e^p$ 的和有关，可表示为

$$\sigma_y = \left[1 + \left(\frac{\dot{\varepsilon}}{c}\right)^{\frac{1}{p}}\right]\left(\sigma_0 + \beta E_p \varepsilon_e^p\right) \tag{3.100}$$

式中，p 和 c 为应变率参数，为常数；$\dot{\varepsilon}$ 为应变率，定义为 $\dot{\varepsilon} = \sqrt{\dot{\varepsilon}_{ij}\dot{\varepsilon}_{ij}}$；$E_p$ 为塑性硬化模量，可以表示为 $E_p = \dfrac{E_t E}{E - E_t}$；$\varepsilon_e^p$ 为等效塑性应变，可表示为 $\varepsilon_e^p = \displaystyle\int_0^t \left(\frac{2}{3}\dot{\varepsilon}_{ij}^p\dot{\varepsilon}_{ij}^p\right)^{1/2} \mathrm{d}t$；塑性应变率为 $\dot{\varepsilon}_{ij}^p$，其等于总应变率和弹性应变率的差，可表示为 $\dot{\varepsilon}_{ij}^p = \dot{\varepsilon}_{ij} - \dot{\varepsilon}_{ij}^e$。

二、基于轮轨相互作用的显式有限元模型计算流程

平衡方程式(3.69)在空间和时间域的离散化表明，轮轨动态接触问题的数值解依赖于恒定的质量矩阵和四个时变的力矢量。因此，显式轮轨有限元动态相互作用分析的数值仿真流程主要由质量矩阵和矢量力的计算组成。为了提高显式有限元法的计算效率和实用性，可于迭代前构造集中质量矩阵。对于力矢量，总体荷载矢量 f_{ext} 可以直接通过所给的荷载条件来计算；而由应力造成的内力矢量 f_{int} 可以通过单元和材料模型的本构和应变-位移公式进行求解；沙漏黏性阻尼力 H 和接触力矢量 f_{con} 则分别通过 Flanagan-Belytschko 沙漏黏性阻尼算法和对称罚函数法来计算。

图 3.25 概述了轮轨动态相互分析的显式有限元模型计算流程。该流程已在商业有限元程序中实施，并在以往的轮轨接触和动力学研究中进行了运用。

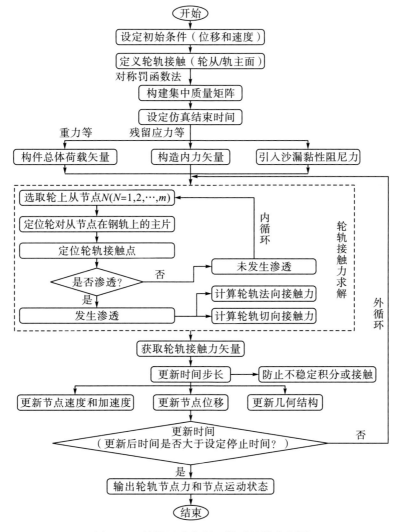

图 3.25　轮轨显式有限元模型计算流程图

数值求解程序主要包含两个循环，外循环主要通过构造运动方程，并利用中心差分法来求解该方程，内循环计算轮轨接触，这在结构动力响应更新前的每一个时间步长上称为子程序，因此该数值方法中耦合了轮轨动力学计算和轮轨接触计算，可为轮轨动态相互作用解的间接验证提供理论基础。可见，显式有限元法可成为分析轮轨瞬态滚动接触作用的合适和高效的手段之一。

三、转辙器区轮轨瞬态滚动接触行为研究

在铁路道岔转辙器区中，一方面，为引导列车在道岔中按预定方向运行，需要扳动转辙器区的可动轨件，以保证尖轨与基本轨在一定范围内保持面密贴状态。因此，高速铁路道岔变截面可动轨件较长，且在该范围内无扣件扣压，只有牵引点处存在转换锁闭设备的弱约束作用，尖轨自由放置于滑床台板表面保持相互刚性接触，而基本轨外侧和内侧轨底分别采用弹条和弹性夹扣压，并通过扣件系统轨下胶垫与滑床台板实现弹性接触，这将导致基本轨与尖轨之间的约束和支撑条件不同，加之结构不平顺所致的轮对横移、摇头运动和复杂的轨线布置方式，转辙器区车轮和尖轨、基本轨间的相互接触作用关系异常复杂，存在显著的动态位移差，导致组合廓形动态重构，轮轨接触点的空间位置在道岔轮载过渡区出现突变，发生两点接触或多点接触等特殊状态，而以稳态假设的方法无法准确反映道岔转辙器中的轮轨接触行为。因此，需要采用能考虑宏观动力和轮轨介观接触行为耦合特性的显式有限元法进行研究。本节主要介绍道岔区轮轨瞬态滚动接触模型的建立及计算流程，进而为接下来的道岔轮轨瞬态滚动接触、性能演化和损伤机理等分析提供理论支撑。该节主要分为三部分进行阐述，分别为道岔转辙器区轮轨瞬态滚动接触有限元模型的建立、道岔转辙器区轮轨瞬态滚动接触有限元模型仿真结果的验证、转辙器区轮轨介观瞬态滚动接触行为分析。

1. 道岔转辙器区轮轨瞬态滚动接触有限元模型的建立

轮轨瞬态滚动接触有限元模型通过将实际的列车-道岔结构抽象为合理的力学模型，考虑到弱约束轨件尖轨在高速列车滚动荷载作用下的独立运动和高频颤振，进一步模拟道岔钢轨变截面特性所致的轮载过渡与冲击，研究车轮与道岔钢轨接触时的接触斑尺寸及其应力和微滑分布的瞬时、剧烈变化，进而评判不同运营条件下车辆通过道岔时的安全性和平稳性指标，在列车-道岔结构合理模型化的基础上，建立与之对应的模型进行动力响应分析。

1) 三维参数化几何模型的建立

道岔钢轨截面沿空间纵向会发生动态改变，因此为保证所建轮轨瞬态滚动接触模型钢轨廓形的准确性，可通过 Creo 三维参数化建模方法来建立高速铁路道岔的几何模型。在进行参数化建模前，首先需要对模型进行形体分析，主要包括定义和控制轮轨参数化几何模型的尺寸和界面形状等。Creo 三维参数化建模方法是以尺寸驱动来建立模型的，因此在建立道岔钢轨和车轮时需要引入很多标准参数，主要包含道岔钢轨和车轮的几何参数

等。随后以全局坐标系为绝对基准坐标系，尖轨尖端截面作为初始基准面，并以此基准面作为草图的放置面，将基本轨轨顶以下 16mm 处的轨距角作为基准点来定位标准件草图的定位原点，基于所提取的高速铁路道岔转辙器关键断面廓形，通过消除廓形中非接触区的微小几何倒角，来保证良好的网格划分策略。然后以基本轨轨顶中心为原点，通过等弧长原则离散道岔关键截面轮廓，获得连续且平滑的各个离散点的平面坐标。随后将离散点的坐标导入 Creo 中，利用混合扫描方法生成连续变化的转辙器变截面钢轨廓形，为确保所建道岔模型几何特征的准确性，可在纵向位置线性插值生成任一断面廓形，经过多次试算后，每隔 0.1m 取一个断面可有效避免该建模误差。本节以 18 号高速铁路道岔为研究目标，其钢轨关键断面如图 3.26 所示。模型主要包含钢轨、轮对和扣件等与轮轨动态行为密切相关的因素。该道岔钢轨标准廓形为 CN60 轨，轮对的标准廓形选用 LMA 踏面。

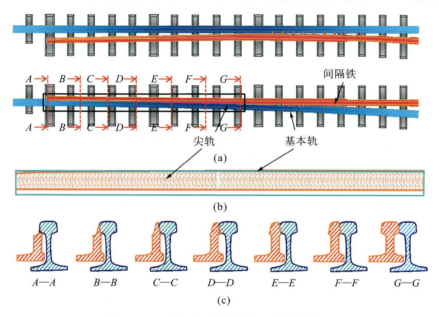

图 3.26　18 号高速铁路道岔区钢轨关键断面

道岔钢轨几何模型建立完成后，需要注意各个构件之间的相互约束关系，基于轮对和道岔钢轨间精确的接触几何关系，通过装配各个构件来形成完整的转辙器几何模型。其中，确定基准构件和其他各个构件之间的相对位置及其几何关系称为装配约束。装配约束主要包含装配特征、约束关系和装配设计管理树等三部分，并根据装配系统中轮轨之间的接触约束关系与自由度进行推算得到。首先，在 Creo 装配模式中确定基本轨的定位基准，然后在建立好的道岔钢轨几何模型的基础上建立虚拟装配区域分层，并划分装配层次。再以定位基准为标准，逐步将剩余的尖轨、另一侧基本轨和轮对的位置确定下来，并形成完善的道岔转辙器钢轨和车轮的几何模型。

2) 单元的选取及网格划分

道岔转辙器钢轨和车轮的几何模型在 Creo 中建立完成后，需要将其输入 Hypermesh 中进行网格划分，最终模型如图 3.27 所示。在对三维实体模型进行网格划分时，六面体网格的计算精度要高于四面体单元，为获得较为精确的仿真结果，采用六面体单元对实体几何模型进行离散。

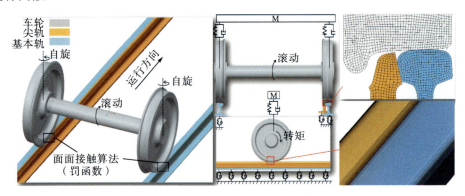

图 3.27　高速铁路道岔转辙器区显式有限元模型

　　将实体模型导入后，需要提前对模型进行几何清理，而几何清理是决定模型网格质量的重要条件之一：一方面，若几何清理进行不当，则很可能导致畸变网格出现，甚至无法生成体网格；另一方面，几何清理会显著降低工作量，通过适当抑制一些模型几何特征，如小倒角、小圆角等，可以显著提升网格质量，并同时降低网格划分工作量。另外，几何清理也能提升有限元模型的美观度。当几何清理完成后，首先通过布尔运算将尖轨和基本轨各个构件分别连接起来，消除实体之间的间隙，因此相邻体之间的曲面在运算中会发生连续性错误，主要包括曲面不连续、面缺失等。为保证模型网格高质量，几何清理容差应当控制在一定范围内，主要通过选项 Option 和 Geom-autocleanup 等命令实现，其中容差设置为 0.1 时效果较好。几何清理完成后，需要通过 Visualization Options 进行观测，以判断几何清理的实际效果，其效果通过 Edges：Free、Shared、T-junctions 和 Suppressed 等选项进行检测，若模型相应的边界分别显示为红色、绿色、黄色和蓝色，则分别对应自由边、共享边、T 形边和压缩边。因此，当相邻边为红色时，则代表该相邻边不连续，需要进一步利用面剖分、相邻点合并等功能对模型进行进一步清理。

　　几何清理完毕后，就需要对模型进行网格划分，道岔钢轨截面廓形复杂且沿纵向发生变化，因此采用完全理想的单元对结构进行离散是不可能的，只能尽量保证离散后的单元几何形态接近于理想单元，同时考虑单元网格的数量、疏密、质量和单元阶次等因素对计算精度和规模的影响。对道岔钢轨模型进行划分时，一般遵循从一端至另一端依次逐步划分，从复杂部分(尖轨尖端)向简单部分进行划分(尖轨跟端)的原则。具体步骤为：首先利用 2D-automesh-size and bias 命令生成钢轨廓形处的四边形面单元，然后利用 3D-solid map-general 功能逐层生成六面体网格。根据同样的方法对尖轨和基本轨进行划分，并利用 Tool-organize 命令把不同的区域网格分配给不同的 component。若进行六面体网格划分时出现不连续或质量较差的单元，则可在二维面网格划分过程中，利用网格质量检查指标对网格质量进行检查，并可随时调整面及边界处的网格参数，或修改网格形状，使其接近理想单元。若通过映射后的三维实体单元质量仍很差，则可利用 Tool-check elem-3D 命令找出模型中网格质量差的单元，然后通过 Tool-project 等命令人工调整单元形状。网格质量检查指标主要包含以下几种。

(1) 雅可比数。

雅可比数是单元刚度矩阵计算中衡量网格质量的一个参数。雅可比比例是网格各高斯积分点计算雅可比数的最小值和最大值的比值。二维单元通过投影映射到平面上,随后利用实体单元计算雅可比行列式。当四边形单元不为凸型,雅可比阈值为负值时,仿真计算无法进行,即四边形任意两节点的矢量方向指向网格外的区域时,雅可比阈值为正,反之为负。

(2) 翘曲度。

翘曲度是单元被对角线分割成的两个三角形的垂直矢量间的夹角,四边形单元四个顶点不一定处于同一平面上,因此翘曲度可用来评价节点偏离平面的指标。当翘曲度为零时,节点在同一个平面上,翘曲度数值越大,偏离平面越远。实体网格的翘曲度数值取决于各个四边形面翘曲度的最小值。

(3) 单元纵横比。

单元纵横比是单元最长边和最短边的比值,主要体现在单元外观的差异,当比值为 1 时,单元质量最好。一般可接受的单元边长比值的范围线性单元长宽比小于 3,二次单元则小于 10。对于同形态单元,线性单元纵横比敏感性高于高阶单元,非线性比线性分析更敏感。

(4) 倾斜度。

倾斜度主要表示单元夹角的偏斜程度,对于理想单元,倾斜度为零。

为增加计算效率,在道岔轮轨瞬态滚动有限元模型中,可采用自适应性的过渡性网格划分方法,其中,车轮接触面处的网格最小单元尺寸为 1mm,到轮轴中心单元网格尺寸逐渐变大,最大可达到 6mm。对于钢轨,其接触区网格最小单元尺寸为 1mm,而非接触区单元网格尺寸最大可达 20mm。轮轨初始接触区域的最小单元长度为 1mm;从初始接触区向尖轨顶宽 20mm 以内的区域为动态松弛区,其最小单元长度从 1mm 逐渐增加至 6mm,随后从 6mm 又逐渐降低至 1mm;尖轨顶宽 20mm 以后,其最小单元长度保持为 1mm,不再改变。

3) 有限元模型和约束边界

车轮和钢轨均采用 8 节点的实体单元建模,车轮与转辙器钢轨实体单元间的冲击作用难免会包含中、高频成分,而轮轨耦合系统高频响应主要由轮对和轨道的柔性决定,且簧上质量的振动波长一般以米为单位进行量化,其数值远大于接触斑的面积($1cm^2$),因此轮轨瞬态滚动接触信息将不会受簧上质量振动的影响,一系悬挂以上的所有部件可简化为刚体,并通过一系悬挂与轮轴相连。一系悬挂采用三向线性弹簧-阻尼器单元来模拟,为防止集中荷载的影响,轮侧一系悬挂采用 8 根弹簧进行支撑。

对于车轮和钢轨间的接触,采用基于罚函数的面面接触算法来模拟,其中轮轨间的摩擦系数采用 0.5,以模拟干摩擦状态。轮轨间接触刚度为 1。然后在轮轴处建立梁单元,并与四根梁的交点处施加驱动力矩,以模拟列车牵引/制动方式通过道岔,为保证仿真结果的精确性,驱动力矩从零开始先缓慢增大,直至增大到一定值后将保持不变。

　　图 3.28 为转辙器区结构形式及轮轨接触状态。多根弹簧支撑的方式可有效降低荷载集中的影响，因此扣件可采用矩阵为 7×7 分布的线性弹簧-阻尼单元模拟，滑床台板采用矩阵为 5×5 单向受压弹簧模拟。转辙器尖轨由滑床台板和弹性胶垫同时承担，基本轨则由弹性胶垫承受，因此基本轨下的支撑作用由两层弹簧模拟，分别代表滑床台板和弹性胶垫。对于扣件横向刚度，尖轨无扣件扣压部分为零，而基本轨单侧扣压时的横向刚度取为扣件横向刚度的一半。另外，在车轮荷载的作用下，受道岔钢轨间抗弯刚度、约束和轨下支撑条件差异的影响，尖轨和基本轨间存在显著的动态位移差，导致尖轨和基本轨的组合廓形动态重组，轮轨接触点空间位置在轮载过渡范围内发生变化，致使轮轨接触关系改变，并加剧了轮轨动态相互作用。为考虑尖轨与基本轨之间接触时的相互作用力对轮轨滚动接触关系的影响，道岔钢轨间的相互作用采用面面接触算法模拟，摩擦系数选用 0.5，以模拟干摩擦条件。另外，模型中的基本材料参数如表 3.6 所示。

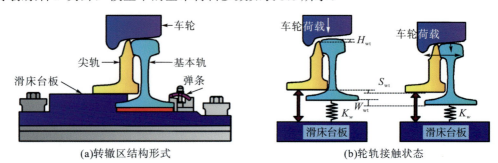

(a)转辙区结构形式　　　　　　　　　(b)轮轨接触状态

图 3.28　转辙器区结构形式及轮轨接触状态

表 3.6　轮轨瞬态滚动接触有限元模型材料参数

参数			单位	数值	参数			单位	数值
车辆参数	车体绕 x 轴转动惯量		kg·m²	$7.06×10^5$	轮对参数	轮对绕 x 轴转动惯量		kg·m²	700
	车体绕 y 轴转动惯量		kg·m²	$2.27×10^6$		轮对绕 y 轴转动惯量		kg·m²	100
	车体绕 z 轴转动惯量		kg·m²	$2.08×10^6$		轮对绕 z 轴转动惯量		kg·m²	700
	质量		t	35.2		质量		kg	1145
一系悬挂（每轴箱）	刚度	x	MN/m	3.6	扣件橡胶垫	刚度	x	MN/m	30
		y	MN/m	3.6			y	MN/m	90
		z	MN/m	17			z	MN/m	—
	阻尼	x	N·s/m	—		阻尼	x	kN·s/m	60
		y	N·s/m	3			y	kN·s/m	75
		z	N·s/m	—			z	kN·s/m	—
钢轨材料	屈服强度		MPa	610	车轮材料	屈服强度		MPa	600
	硬度		HV	400		硬度		HV	380
	弹性模量		Pa	$2.1×10^8$		弹性模量		Pa	$2.1×10^8$
	泊松比		—	0.30		泊松比		—	0.30
	密度		kg·m³	7800		密度		kg·m³	7800

车轮和钢轨材料的阻尼性能以瑞利阻尼的形式引入控制方程，如式(3.79)所示。

对于边界约束条件，一系悬挂以上的构件采用自由边界，不施加任何约束来保证轮对在道岔间的真实过岔姿态。另外，模型中的道岔钢轨长度有限，而实际中的道岔钢轨可视为无限边界，因此需要在道岔钢轨模型的边界上施加模拟连续介质的辐射阻尼，保证由轮轨相互作用所激发的散射波从有限域穿过边界而不发生反射，防止边界效应对轮轨滚动接触行为的影响，而比较成熟的局部人工边界包括黏性边界、傍轴近似边界、higdon边界、叠加边界、黏弹边界和人工透射边界等。黏性边界是应用最广泛的一种方法，它虽然只有一阶精度，但是物理含义和处理方法较为简单易懂，且能用程序实现，但是该方法仅考虑了对散射波的吸收。因此，Deeks在黏性边界的基础上提出了黏弹性边界方法[59]，本模型采用黏弹性边界来处理道岔钢轨边界问题。黏弹性边界是基于弹性散射场的运动解，采用与黏性边界类似的推导过程建立的一种局部人工边界。通过设置一系列由线性弹簧和阻尼器组成的力学模型来吸收射向边界的波动能量和反射波的散射，从而达到模拟波射出人工边界的透射工程。在半径 r_s 处截断钢轨介质，并在截断边界上设置相应分布的线性弹簧 k_b 和黏性阻尼器 c：

$$k_b = \frac{G}{2r_b}, \quad c_b = \rho c \tag{3.101}$$

若能精确定位轮轨接触斑到人工边界的距离，则可通过式(3.101)确定人工边界施加的物理元件的参数，这样可以完全消除散射波在边界上的反射，精确模拟波由有限域到无限域的传播。

4) 仿真流程和后处理分析

由轮轨瞬态滚动接触模型的计算流程(图 3.29)可知，当前处理和模型建立步骤完成后，需要进行仿真结果的求解过程和后处理过程，其中求解过程主要根据隐-显式积分法来进行，后处理过程则根据模型节点力和位移等运动学和动力学结果，利用数学方法对轮轨瞬态滚动接触解进行计算，其具体步骤如下。

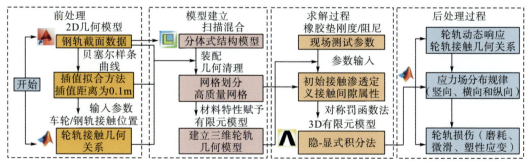

图 3.29　轮轨瞬态滚动接触模型的计算流程

有限元模型建立完成后，一个典型的复杂计算过程主要包含两个部分：隐式静态计算和显式动态计算。首先将轮对置于钢轨上，并施加重力加速度场，获取静轮载作用下的轮轨系统所有节点的位移场(静态隐式解)；并将计算得到的位移场作为轮轨系统的初始状态，将纵向平动速度赋予车轮和车体，同时将滚动速度赋予车轮作为初始条件，然后显式时间积分算法用来求解轮对滚动通过转辙器时的瞬态滚动接触行为(动态显式解)。隐式和显式计算过程中的积分方法和模型初始状态不同,因此轮对从静态过渡至滚动状态时,会引入一个初始激扰,为避免该初始激扰对仿真结果造成影响,需要利用静态隐式解对模型进行动力松弛,并在求解区前引入一段动力松弛区域,保证初始激扰的能量在车轮进入道岔时被消耗掉。

在后处理过程中,轮轨瞬态滚动模型计算得到的是轮轨模型的节点力和位移等运动学和动力学结果,无法直接反映出轮轨介观滚动接触信息,因此需要对所得结果进行进一步处理(图 3.30)。

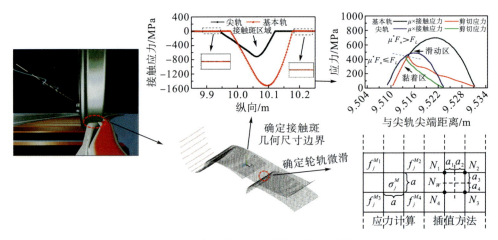

图 3.30　动力学和运动学的后处理过程

首先需要根据节点力的大小定义轮轨滚动接触斑的几何范围及其信息。轮轨间约 $1cm^2$ 大小的接触斑提供支承、导向、牵引力/制动力,因此轮轨接触斑内的接触应力相对接触斑外区域的应力要大得多,且从轮轨接触斑中心向外的应力衰减速度很快。因此,当节点位于接触斑内时,该节点处的竖向力 F_n 相对较大,在惯性效应的影响下,非接触斑内的节点力在零左右极小幅波动,因此为减少惯性效应对定义接触斑尺寸时的影响,需要引入一个允许公差来定义接触斑尺寸和黏滑分布特性。当节点位于接触斑内时,该节点的轮轨竖向力应满足:

$$|F_n| \geqslant \varepsilon_n \times F_{\max} \tag{3.102}$$

式中, $F_{\max}$ 为模型节点中最大的竖向力; F_n 为节点力; ε_n 为容许公差。轮轨接触斑外节点应力振幅约在 1.5MPa 波动,约为 $F_{\max}$ 的 0.1%(图 3.31),因此当容许公差为 0.1%时可以显著降低误差。当接触斑尺寸定义后,需要对接触斑内的黏着分布特性进行分析,接触斑内的黏着分布特性可以通过式(3.103)来定义:

$$\begin{cases} \mu F_{\max} - F_n \geqslant \varepsilon_T \cdot F_{T\max} (黏着) \\ \mu F_{\max} - F_n < \varepsilon_T \cdot F_{T\max} (滑动) \end{cases} \tag{3.103}$$

式中, ε_T 为容许公差。在接触斑滑动区域内,轮轨切向应力会略小于轮轨垂向应力和摩擦系数的乘积,其差值约为最大轮轨剪切应力的 0.2%,因此容许公差定义为 0.2%时,可以获得较为准确的结果。

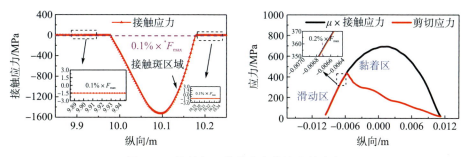

图 3.31　接触斑及黏着分布特性公差确定

在确定的接触斑区域内，需要将节点力转化为轮轨接触应力或者剪切应力，可采用插值拟合的方法进行计算，以轮轨接触应力为例，对于一个单元上的接触应力，可通过求取构成该单元四个节点的平均应力作为该单元上的接触应力，该表达式可通过四边形的节点力得到：

$$\sigma_{\text{stress}} = \sum_{i=1}^{4} \frac{f_j^{M_i}}{4a^2}, \quad j = 1, 2, 3 \tag{3.104}$$

式中，$j = 1, 2, 3$ 分别代表垂向、横向和纵向；$f_j^{M_i}$ 为节点力；a 为单元的长度。对于轮轨接触斑内的微滑，需要计算钢轨节点与其对应的车轮节点之间的速度差，而在实际中，车轮和钢轨节点在任意时刻都不是一一对应的，因此需要通过插值拟合对其进行处理。假设钢轨上任意一个节点 N_c 在车轮上对应的节点 N_w 位于车轮单元上，该单元上的四个车轮节点 $N_i (i = 1, 2, 3, 4)$ 代表该单元上的四个节点。N_w 节点上的速度可以表示为

$$v_w = \frac{a_2 a_4 v_1 + a_1 a_4 v_2 + a_2 a_3 v_3 + a_1 a_3 v_4}{(a_1 + a_2)(a_3 + a_4)} \tag{3.105}$$

$$v_m = v_w - v_r \tag{3.106}$$

式中，v_w 为车轮节点的速度；v_m 为微滑速度；v_r 为钢轨节点的速度。

2. 道岔转辙器区轮轨瞬态滚动接触有限元模型仿真结果的验证

车轮滚动通过道岔时，受道岔结构不平顺的影响，轮轨间接触几何关系发生改变，尤其是轮对横移量和倾角等。轮对横移量和倾角改变会显著影响轮轨间的动力相互作用。另外，轮对横移量对道岔的通过速度起决定性的影响，也是道岔区动力学研究和设计的一个重要参数。为验证模型计算的正确性，本节对轮对横移量和过渡段应力分布规律分别进行验证。

1）轮对横移量验证

车辆滚动通过道岔时的轮对横移量对道岔的通过速度起决定性作用，也是影响动力学研究和道岔设计参数的重要指标。本节以合宁客运专线铁路道岔为例进行研究，对列车通过转辙器区的轮对横移量进行测试，探明列车过岔的轮对横向移动规律。试验中，列车直逆向过岔，通过速度为 300km/h。

轮对横移量测试布点在道岔上分布如图 3.32 所示，其中转辙器共有 12 个测点，导曲线部分有 2 个测点、辙叉部分有 6 个测点、整组道岔共有 20 个测点，分别位于尖轨尖端，尖轨顶宽 1mm、5mm、12mm、15mm、20mm、26.8mm、30mm、35mm、45mm、50mm、55mm、

60mm、65mm 和 72mm 断面处，所有测点均布置于直基本轨外侧的岔枕端部，轮对横移测点与岔枕编号对应关系如表 3.7 所示，且各个测点根据以下原则进行布设：①在道岔区轮载过渡段内，特别是轮轨接触点发生横向突变位置需布置测点；②对于尖轨降低值变化断面，如尖轨尖端，尖轨顶宽 1mm、12mm、26.8mm 和 55mm 断面处，需要布置测点。

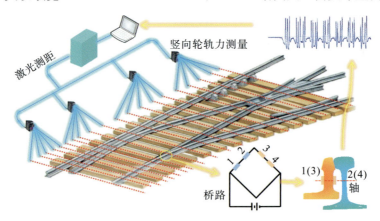

图 3.32　轮对横移量和应力分布实测示意图

表 3.7　轮对横移测点与岔枕编号对应表

测点编号	1	2	3	4	5	6	7	8	9	10
岔枕编号	2	6	9	11	13	15	17	19	22	26
测点编号	11	12	13	14	15	16	17	18	19	20
岔枕编号	33	40	55	70	90	93	95	97	99	102

　　轮对横移量测试现场如图 3.33 和图 3.34 所示，通过在线路外侧设置激光传感器，测量轮对和激光传感器之间的水平距离，然后利用轮对、道岔钢轨和传感器之间的几何关系，推导得出轮对横移量 ΔS 的计算式：

$$\Delta S = \frac{L}{2} + L_{tw} + L_{dw} - \left(\frac{T}{2} + L_{wr} + L_{dr} \right) \tag{3.107}$$

式中，T 为测点处的钢轨轨距；L_{wr} 为钢轨轨头的宽度；L 为轮背距；L_{tw} 为车轮厚度；L_{dw} 为被测轮对端面距离至传感器的距离；L_{dr} 为钢轨外侧至传感器的距离。

　　如图 3.35 所示，在钢轨外侧的位移敏感器件(displacement sensing device，PSD)激光位移传感器为非接触式位移传感器，当动车组通过道岔时，从传感器发射一束激光，通过聚焦透镜在被测量的车轮表面汇聚成一个光点，光点在被测轮对表面发生漫反射，并通过成像光镜投影到一个极为敏感的线性感光片上。反射激光点位置变化被感光片识别，原始数据通过数字信号处理器(digital singal processor，DSP)计算后，将对应的被测物体位置输出，传感器传出的模拟信号通过控制器与采集器相连，再接入计算机，通过相应软件转换为数字信号，并记录存储。

图 3.33　激光传感器安装及布置

图 3.34　道岔测点布置

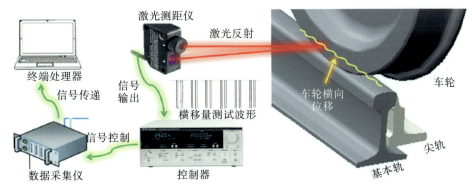

图 3.35　轮对横移量测试原理图

所测高速列车以直向、逆向通过道岔，过岔速度为 300km/h，测试所得的轮对横移量如图 3.36 所示，从轮对的最大轮对横移量来看，现场实测的轮对最大轮对横移量为 5.29mm，仿真模型中的轮对最大轮对横移量为 4.68mm，两者误差为 11.5%，这可能是车轮进入道岔时的轮对横移量不为零导致的。另外，实测轮对最大位移发生于第 5 测点（13 号岔枕），即距离尖轨尖端距离约为 9.8m，而仿真模拟测得的最大轮对位移发生在 8.9m，其误差为 9.18%。可见，仿真模拟所计算的轮对横移量大小及发生位置和实测结果相差不大，结果可信。

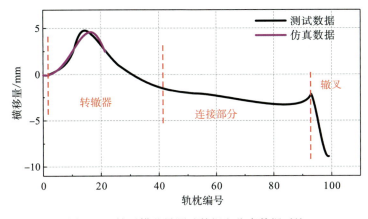

图 3.36　轮对横移量测试数据和仿真数据对比

2）轮载过渡段应力分布规律验证

在对轮对横移量进行验证后，为证明所建模型垂向计算结果的精确性，可通过轮载过渡范围及其应力分配规律来进行验证，多点轨腰压缩法是测试垂向应力的一种可行方法。利用多点轨腰压缩法测试道岔不同断面宽度尖轨的竖向荷载，而轮轨过渡范围可通过测试所得的竖向荷载范围来确定。轨腰压缩法一般通过钢轨轨腰在车轮荷载作用下发生的压缩应变关系来测量。

一般来说，钢轨压缩应变为轮轨垂直力的正应变，其测试方法如图 3.37 所示。测试区域通常位于钢轨跨中位置，在钢轨两侧轨腰处的竖直方向粘贴应变片，然后通过两侧应变片串联组合成惠斯登电桥的单臂，并联合温度补偿应变片构成惠斯登电桥，利用电桥测试尖轨竖向荷载。

图 3.38 为动车组以 300km/h 直向通过 18 号道岔时，尖轨上轮载分布规律[60]。蛇形运动的影响使车轮滚动通过道岔时存在一定的横移，因此在实测结果中，尖轨可能提前承受车轮荷载，实测结果中的尖轨顶端 20～30mm 区域承受极小部分轮载，这是车轮蛇形运动所造成的。当尖轨轮载占比呈直线增加时，该区域应为轮载过渡段，实测轮载过渡段为尖轨顶宽 32～52mm，而仿真所得到的轮载过渡段为尖轨顶宽 30～50mm，与实测结果相同，且尖轨承受荷载占比的演变规律与实测基本符合，可见仿真得到的轮载过渡区长度与应力分配规律符合。

图 3.37　轮载过渡处应力测试

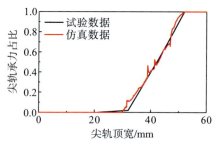

图 3.38　测试结果对比

3. 转辙器区轮轨介观瞬态滚动接触行为分析

相比于区间钢轨，道岔区钢轨磨耗及滚动疲劳损伤严重，而轮轨之间的瞬时蠕滑接触行为直接影响接触表面材料的磨耗及其疲劳破坏。受道岔区结构不平顺和变截面钢轨的影响，轮对滚动通过道岔时的运动状态剧烈变化，导致轮轨接触斑信息如接触应力、微滑和接触斑面积等均发生一定程度的变化。为探明转辙器区轮轨接触行为的演变规律，利用显式有限元模型模拟车轮滚动通过高速铁路道岔的过程，获得轮对通过道岔时的轮轨力演变规律，同时对轮载过渡段接触斑内的黏滑分布、接触应力、轨面剪切应力进行计算。仿真模型中列车以直、逆（顺）向通过道岔为仿真工况，其运行速度为 300km/h。

1）轮轨动态响应计算

当车轮滚动通过道岔时，图 3.39 为三个方向下轮轨接触力沿转辙器钢轨纵向的演变规律。

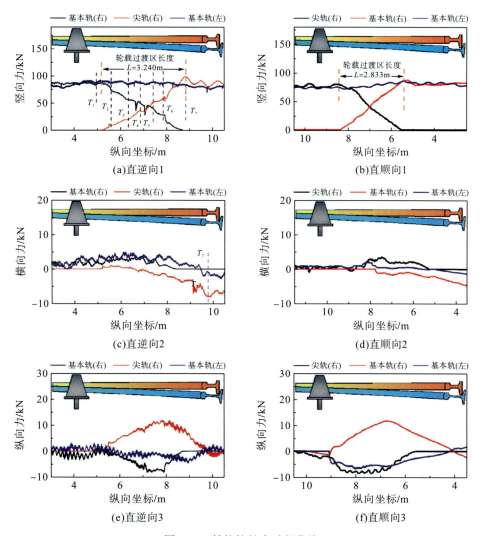

图 3.39　轮轨接触力时程曲线

　　对于轮轨竖向力，轮载未发生过渡时，轮轨竖向力以静轮载为中心小幅波动。当车轮沿道岔纵向继续向前滚动时，车轮将与尖轨和基本轨同时发生接触，且轮载逐渐从基本轨过渡至尖轨，轮载过渡范围为距尖轨尖端 5.269～8.609m，轮载过渡区长度为 3.34m。对于直顺向过岔工况，轮载过渡范围为 5.624～8.457m，轮载过渡区长度为 2.833m，略小于直逆向过岔。轮载过渡完成后，轮轨冲击所激发的最大垂向力分别为 98.3kN 和 97.1kN，两者相差较小，且发生于过渡完成后 0.2m 的位置，该冲击对另一侧车轮的轮轨竖向力大小及变化规律影响较小。对于轮轨纵向力，车轮车轴处未施加牵引/转动效果，轮载过渡前的轮轨纵向力较小，且以零为中心小幅波动。受尖轨侧结构不平顺及轮载过渡的影响，尖轨侧车轮与道岔发生冲击，导致轮轨纵向力显著增加，该冲击以导波的形式沿轮对向另一侧车轮传递，致使左侧车轮处的轮轨接触纵向力小幅增加。另外，左、右轮轨间的纵向蠕滑力数值存在差异，形成使轮对运动的效应力矩，尖轨侧较大的纵向力将使轮对发生顺时针的摇头运动，尖轨上的轮轨接触斑相对基本轨上的轮轨接触斑滞后，导致尖轨和基本轨上的轮轨力朝着相反的方向增大，反过来又加剧了轮对的摇头运动，导致轮轨间动态作用显著增强，整个过程中的最大轮轨纵向力为 10.2kN。对于轮轨横向力，在轮对摇头和道岔结构不平顺的影响下，尖轨和基本轨之间的横向力相反，且最大横向力作用于尖轨上，其最大值为 8.5kN，发生在轮轨间纵向力数值差为零的时刻，即摇头角最大的时刻。当车轮继续向前滚动时，在重力复原力的作用下，轮对逐渐恢复至平衡状态，尖轨承受的轮轨横向力将逐渐减小。

　　图 3.40 为所选的图 3.39 中 6 个典型时刻（$T_1 \sim T_6$）的轮轨接触状态。由于车轮前进方向和道岔基本轨中心线纵向不一致，在轨距加宽的影响下，尖轨侧基本轨与车轮的接触点逐渐向踏面外侧移动。受道岔结构不平顺及轮对摇头运动的影响，轮对横移量逐渐增大，且尖轨处轮轨接触中心纵坐标斑滞后于基本轨轨顶处接触斑中心，以 T_3 时刻为例，尖轨和基本轨处接触中心的纵向坐标分别为 5.848m 和 5.850m。另外，由于车轮轮缘处的截面曲率较小，尖轨处轮轨接触角大于基本轨轮轨接触角。随着轮载过渡段尖轨廓形高度的增加，车轮将与基本轨和尖轨同时发生接触，荷载逐渐从基本轨过渡至尖轨，并最终由尖轨独立承受车轮荷载。

　　图 3.41 为车轮冲击道岔时的轮轨接触斑信息，其中左侧为近似稳态滚动时的轮轨滚动接触解，而右侧为车轮冲击道岔钢轨时的轮轨滚动接触解。由图可知，在道岔结构不平顺所致的轮对不对称激励的影响下，冲击后的轮轨接触应力、轨面剪切应力和微滑显著大于稳态情况，轮轨接触应力、剪切应力和微滑分别提升 46%、30% 和 28%，可见接触应力所受的影响更大。另外，受轮轨冲击的影响，加之轮对横移所致的轮轨接触空间点位置及接触曲率的变化，轮轨接触斑尺寸有一定的增加，接触斑面积从 124mm^2 增加至 152mm^2。轮轨滚动方向和道岔钢轨纵向不一致，导致轮轨横向蠕滑增加，轮轨横向力增加，致使轮轨剪切应力矢量和微滑矢量的方向与钢轨纵向间的夹角略微增加。由于轮轨剪切应力和微滑的增加，接触斑内滑动区面积占比从 25% 上升至 32%。

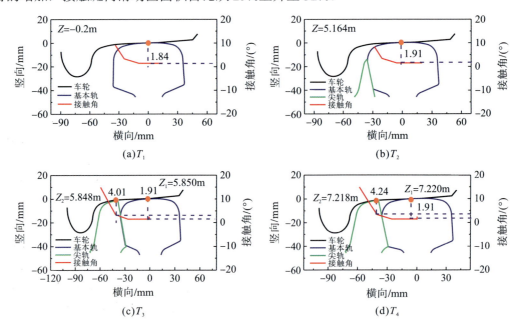

(a) T_1　　　　　　　　　　　　　　　　　　(b) T_2

(c) T_3　　　　　　　　　　　　　　　　　　(d) T_4

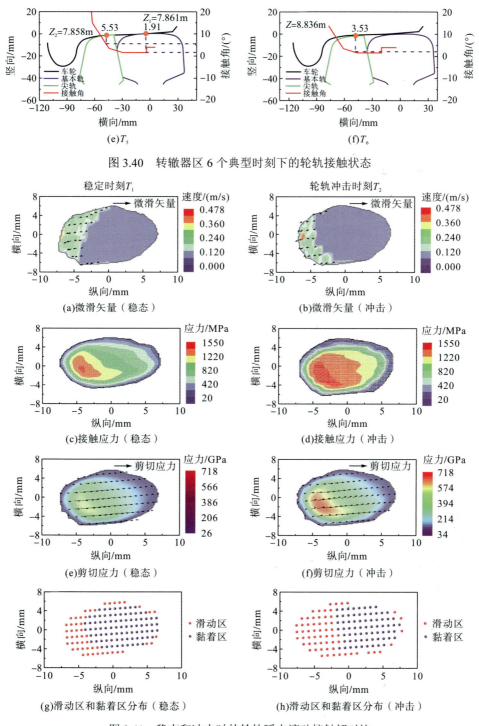

图 3.40　转辙器区 6 个典型时刻下的轮轨接触状态

图 3.41　稳态和冲击时的轮轨瞬态滚动接触解对比

　　由图 3.42 可知，以直逆向工况为例，车轮滚动通过道岔转辙器区时，其横向速度在 S_1 时刻达到最大，其值为 0.14m/s，该时刻下尖轨和基本轨同时承受车轮荷载，对应的轮重减载率达到最大值，为 0.19。轮对横向速度随车轮继续向前，滚动逐渐降低，但其横向位移仍然继续增大，在 S_2 时刻，轮对竖向位移达到最大，该时刻对应轮轨纵向力最大的时刻。该时刻下轮对两边纵向力间的差异达到最大，因此轮对脱轨系数也达到最大，为0.12，该时刻仍对应两点接触的特殊状态。当车轮继续向前滚动时，S_3 时刻下轮对两边的纵向力差异逐渐降低，但车轮摇头角在轮对弯矩的影响下仍持续增大，直到两边车轮纵向力趋向一致，摇头角在该时刻达到最大，此时车轮仅与尖轨发生接触，且车轮向尖轨侧的横向位移达到最大，最后在重力复原力的作用下重新向基本轨侧逐渐移动回来。

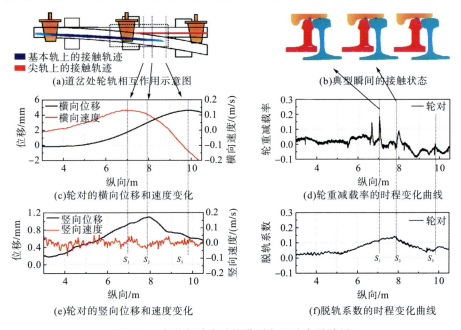

图 3.42   直逆向过岔时的模型宏观动力学结果

图 3.43 为车轮滚动通过道岔时的轮对侧滚角和摇头角沿纵向分布的时程曲线，以直逆向工况为例，由图可知，受道岔钢轨固有结构不平顺及变截面的影响，轮轨冲击所致的不对称激励会使得轮对的运动姿态发生显著变化。在转辙器区，轮对摇头角呈先增大后减小的趋势，轮对摇头角主要受轮轨纵向力的影响。由图 3.44 可知，只要轮对两边轮轨纵向力存在差值，轮对摇头角会持续增加，摇头角最大值出现在轮载过渡后左、右轮轨纵向力相等的时刻。而轮轨侧滚角的演变规律和摇头角相反，侧滚角先增大后减小，且其最大值对应轮对竖向位移出现最大值的时刻。

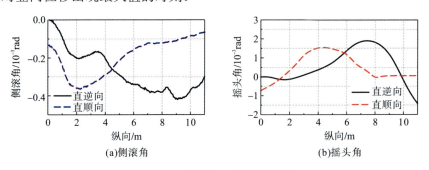

图 3.43   模型宏观动力学结果

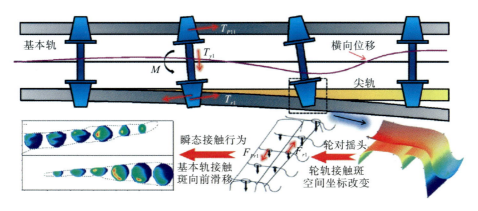

图 3.44　轮轨过岔姿态分析

由此可见,道岔转辙器尖轨与基本轨间存在轮载过渡,导致变截面尖轨上接触点空间位置变化,这些必然会增强车轮与钢轨的动态相互作用,致使尖轨受力复杂多变,加之道岔结构不平顺所致的冲击作用,导致轮轨间接触斑内的微滑提升,在轮轨高剪切应力的共同作用下将产生较大的摩擦功,高摩擦功会引起尖轨磨耗严重,且呈非一致分布,严重影响高速铁路道岔正常使用以及长期服役性能。

2) 转辙器区轮轨介观瞬态滚动接触行为分析

道岔区钢轨磨耗及疲劳损伤现象是影响轮轨寿命的重要因素,而轮轨之间的介观瞬态滚动接触行为直接影响钢轨损伤的发展。因此,本节通过轮载过渡区内的轮轨瞬态滚动接触解,探明车轮与尖轨和基本轨发生两点接触时,接触斑内信息的演变规律。以道岔区瞬态滚动接触模型为研究目标,提取轮载过渡区关键时间段接触斑内的介观接触信息,从宏观角度对轮轨瞬态滚动接触行为进行研究,主要研究内容包括轮轨接触应力、轨面剪切应力、轮轨微滑、轮轨黏滑分布规律等,下述内容以轮对直逆向通过道岔为主。

图 3.45 为图 3.39 中 7 个关键时刻 ($T_1 \sim T_7$) 接触斑内的黏滑分布特性。车轮未进入轮载过渡区时,由于模型中未考虑作用于轮轴处的牵引力/制动力作用,轮轨接触区黏着区面积远大于滑动区面积,其面积占比约为 71% ($T_1 \sim T_2$)。当轮轨接触点位于轮载过渡区时,受道岔结构不平顺的影响,尖轨侧车轮纵向力大于另一侧车轮,轮对同时发生横向移动和摇头运动,尖轨和基本轨接触斑内的滑动区面积逐渐增大,而黏着区面积逐渐减小。另外,轮载过渡初期 (T_3) 尖轨接触斑将达到饱和,轮轨接触斑处于全滑动状态。随着轮载继续从基本轨向尖轨过渡 ($T_4 \sim T_6$),尖轨轨面接触斑内开始出现黏着区,且黏着区占比逐渐增大。而基本轨上接触斑内的滑动区面积占比逐渐增大,直至接触斑处于全滑动状态。轮载过渡完成后 (T_7),尖轨将独立承受车轮荷载,尖轨处廓形最终将演变成 CN60 钢轨的标准廓形,因此滑动区面积占比将增大至一定程度后保持稳定状态。

图 3.46 为图 3.39 中 7 个关键时刻 ($T_1 \sim T_7$) 转辙器区轮轨接触应力分布规律。从 T_1 时刻到 T_2 时刻,受轨距加宽的影响,轮对滚动方向和基本轨纵向不一致,导致接触斑面积下降约 6%,而接触应力幅值无显著提升。从 T_3 时刻到 T_6 时刻,随尖轨轨顶高度和宽度的增加,该时段内基本轨和尖轨将同时承受车轮荷载,轮轨接触应力的转移和分配大致呈

线性变化的规律，尖轨上接触斑长度和宽度也不断提升。另外，由于尖轨断面的承载宽度小于基本轨，加之车轮踏面外侧的横向接触半径小于车轮踏面，尖轨上的接触斑呈狭长状。轮载过渡完成后(T_7)，该时刻对应轮对横移量最大，受轮轨冲击和车轮摇头角的作用，尖轨上接触应力提升至最大，为1495MPa。

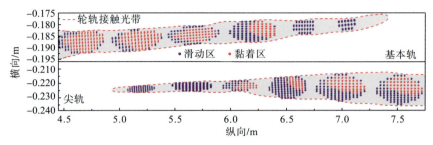

图 3.45　转辙器区轮轨黏滑分布特性

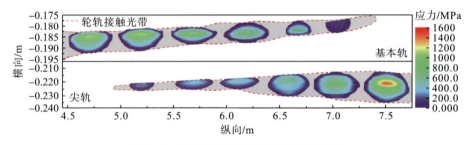

图 3.46　转辙器区轮轨接触应力分布规律

图 3.47 为图 3.39 中 7 个关键时刻($T_1 \sim T_7$)转辙器区轨面剪切应力分布规律，每个时刻下剪切应力的最大值均位于黏着区和滑动区的连接处。当车轮进入道岔前(T_1)，轮对滚动方向和钢轨纵向一致，此时轨面剪切应力和纵轴基本平行。当轮轨接触点位于道岔内(T_2)时，受轨距加宽的影响，轮对向尖轨侧横向移动，轮轨间出现横向蠕滑，加之轮对滚动方向和钢轨纵向不一致，导致钢轨轨面剪切应力方向与轮对滚动方向发生一定程度的偏转。T_2 时刻轮对发生横移，轨面剪切应力的侧向分量增加，其数值增加约 12%。当轮轨接触点位于轮载过渡区($T_3 \sim T_6$)时，在结构不平顺及轮对两侧纵向力大小差异的影响下，轮对发生顺时针摇头，致使尖轨上承受的轮轨剪切应力方向和基本轨承受的剪切应力方向相反，随着轮载从基本轨逐渐过渡至尖轨，基本轨上承受的剪切应力逐渐减小，而剪切应力逐渐增加。当轮载完全过渡至尖轨上(T_7)时，轮轨纵向力降低至零，此时的轮对摇头角达到最大，轮轨横向力也同时达到最大。整个过程中，轮轨剪切应力的最大值为 682MPa。

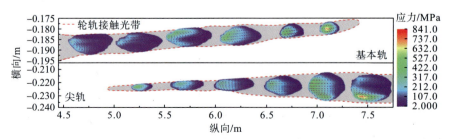

图 3.47　转辙器区轨面剪切应力分布规律

　　图 3.48 为轮轨接触应力和剪切应力沿钢轨纵向的分布规律，为方便展示应力的分布规律，在图中给出了轮轨接触应力和摩擦系数的乘积。轮轨剪切应力在所有时刻均发生在接触斑的后半部分，只有当接触斑内切向蠕滑力达到饱和后，接触斑前部才会存在剪切应力。另外，在 T_1 时刻，轮轨切向力相对于竖向力较小，且主要分布在接触斑后部。当轮轨接触斑位于道岔区时，随道岔轨距加宽，轮对向尖轨一侧发生横向移动，导致轮轨切向力在一定程度上增加。当轮轨接触点位于轮载过渡段($T_2\sim T_6$)时，受变截面钢轨和两点接触的影响，尖轨接触斑内切向蠕滑力饱和(T_2)。随着轮载继续向尖轨过渡，尖轨接触斑内重新恢复至部分滑动状态(T_4)。由于轮轨剪切应力的衰减速度低于垂向力，基本轨接触斑内的切向蠕滑力达到饱和，此时，基本轨接触斑处于全滑动状态(T_5)。轮载过渡完成后，轮载将由尖轨独立承担，垂向应力和剪切应力从 T_1 到 T_7 时刻分别增加52.0%和138.8%。

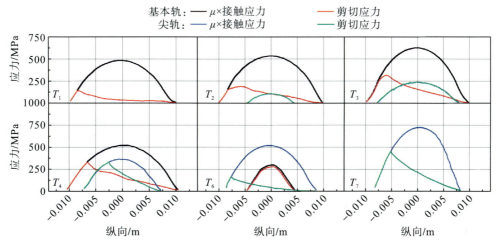

图 3.48　转辙器区轮轨接触斑内应力分布规律

　　图 3.49 为轮轨接触斑内微滑的大小和分布规律。由图可知，微滑在黏着区部分数值为零。接触斑内微滑方向和轮轨剪切应力方向相反，轮轨微滑最大值为 0.56m/s，且位于接触斑后方边界处。从 T_1 到 T_7 时刻，轮轨微滑增加了 62.1%。左、右轮轨间纵向蠕滑力大小不同，形成使轮对摇头的效应力矩，尖轨处接触斑滞后于基本轨处接触斑，因此尖轨和基本轨接触斑内的微滑方向相反。另外，当车轮进入道岔前，轮轨微滑方向与水平方向平行(T_1)，而在道岔变截面钢轨的影响下，轮对滚动方向和转辙器钢轨纵向不一致，接触斑内微滑方向存在小幅转动(T_2)。当接触斑位于轮载过渡段($T_3\sim T_6$)时，受道岔结构不平

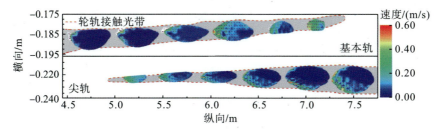

图 3.49　转辙器区轮轨接触斑内微滑分布规律

顺的影响，轮轨间激发含有一定高频成分的冲击作用，该高频振动将以导波的形式在钢轨中传递，并导致轮轨接触斑局部区域内存在反复的加载和卸载作用，引起接触斑内的微滑变化，尤其在 T_7 时刻，此时的轮轨竖向力达到最大，微滑也在冲击的影响下达到最大。

3）转辙器区冲击时的高频行为

基于上述获得的轮轨瞬态滚动接触解，为分析转辙器区轮轨冲击（轮轨竖向力最大时刻）对极短时间内瞬态滚动接触解的影响，以轮轨冲击时刻为主要分析对象，前后选取 9 个特殊时刻，以 0.0004s 为时间间隔，计算得到冲击对轮轨瞬态滚动接触解的影响，以探明轮轨宏观动力和轮轨介观接触间的耦合关系。

轮轨冲击时刻及其附近 8 个时刻的轮轨黏着分布如图 3.50 所示。由图可知，在转辙器区轮轨冲击力逐渐达到顶峰的时间段（$T_1 \sim T_7$）内，接触斑内黏着区和滑动区面积在极短时间内会发生变化，但滑动区面积始终大于黏着区面积，其中滑动区面积逐渐增加，而黏着区面积逐渐降低，在 0.0024s 的极短时间内，其滑动区面积占比从最小 72.9%（T_1 时刻）增加到最大 78.8%（T_7 时刻），同时黏着区面积占比从最大 27.1%减小至最小 21.2%。另外，受轮对横移的影响，接触斑内黏着区节点逐渐迁移至接触斑的右下角部分。当轮轨冲击后，在该过程中（$T_8 \sim T_9$），轮轨滑动区面积有一定程度的减小。在整个冲击过程中，轮轨接触斑面积几乎没有显著改变。图 3.51 为 9 个特殊时刻的轮轨瞬时接触应力分布规律。

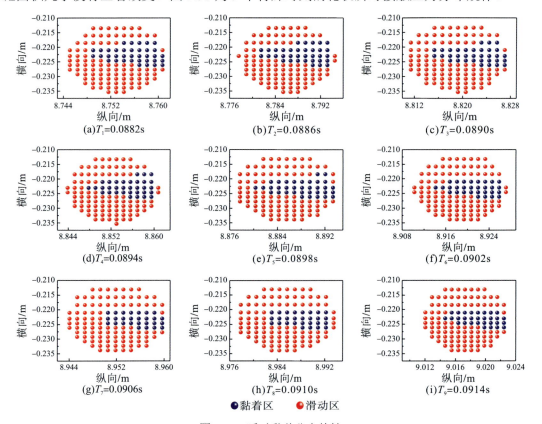

图 3.50　瞬时黏着分布特性

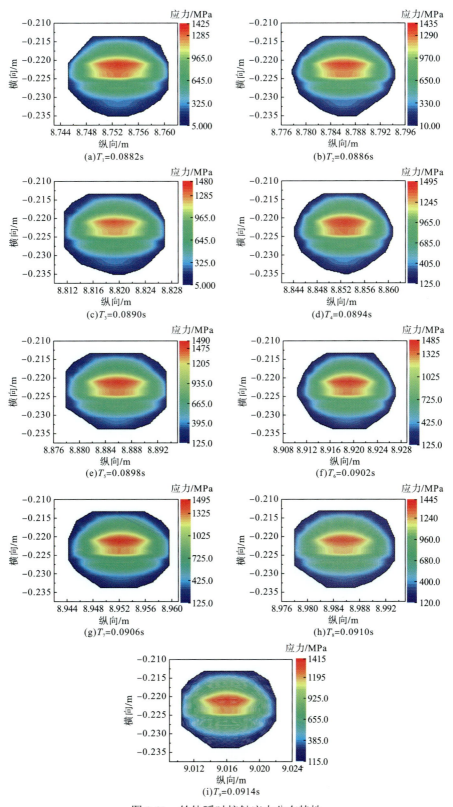

图 3.51 轮轨瞬时接触应力分布特性

由图 3.51 可知，转辙器区内的轮轨冲击对轮轨接触应力的分布影响较小，且轮轨接触应力最大值均位于接触斑中心位置。但在 0.0024s 的极短时间内，轮轨接触应力大小存在一定程度的改变，且在 $T_1 \sim T_7$ 时刻范围增大，增加幅度为 4.9%。轮轨接触应力在 $T_8 \sim T_9$ 时刻减小，这也和轮轨力的变化规律一致。可见，轮轨冲击对轮轨接触应力的影响程度较小，不会急剧改变轮轨接触应力的分布和大小。

图 3.52 为 9 个特殊时刻的轨面剪切应力分布规律。

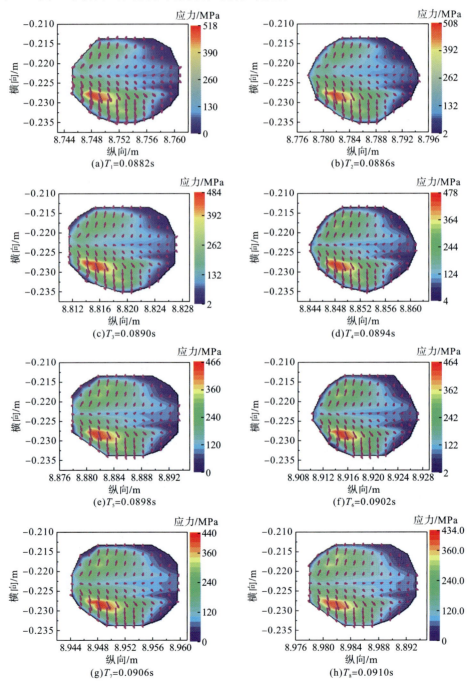

(a)$T_1 = 0.0882$s

(b)$T_2 = 0.0886$s

(c)$T_3 = 0.0890$s

(d)$T_4 = 0.0894$s

(e)$T_5 = 0.0898$s

(f)$T_6 = 0.0902$s

(g)$T_7 = 0.0906$s

(h)$T_8 = 0.0910$s

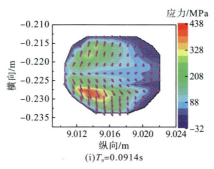

(i)T_9=0.0914s

图 3.52　轨面剪切应力分布特性

由图 3.52 可知，转辙器区轮轨冲击作用对轮轨剪切应力的影响比接触应力显著。受轮对横移的影响，轮轨横向蠕滑增加，因此轮轨剪切应力的最大值位于接触斑左下角，原因是该位置在轮轨滑动区域范围内，与轮轨黏着区域相比，其切向接触应力能够达到饱和。和轮轨接触应力的规律相反，轮轨剪切应力在 $T_1 \sim T_9$ 时刻呈逐渐减小的趋势，其减小幅度为 15.2%。变截面钢轨导致的蠕滑改变使得轮轨剪切应力改变剧烈，受轨距加宽的影响，轮对向尖轨侧横向移动，轮轨间出现横向蠕滑，因此轮轨纵向力的衰减速度远大于轮轨横向力衰减速度，轮轨剪切应力矢量和钢轨纵向间的夹角反而逐渐增大。而轮轨冲击对轮轨轨面剪切应力的分布规律影响较小。

图 3.53 为 9 个特殊时刻的轮轨微滑分布规律。

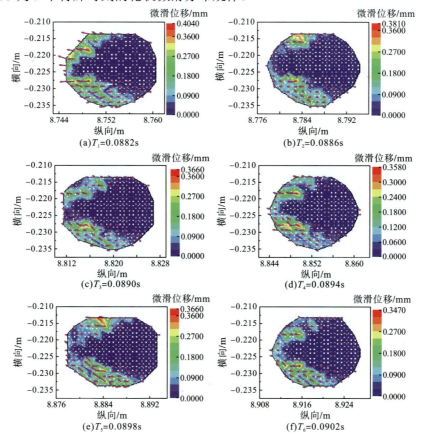

(a)T_1=0.0882s

(b)T_2=0.0886s

(c)T_3=0.0890s

(d)T_4=0.0894s

(e)T_5=0.0898s

(f)T_6=0.0902s

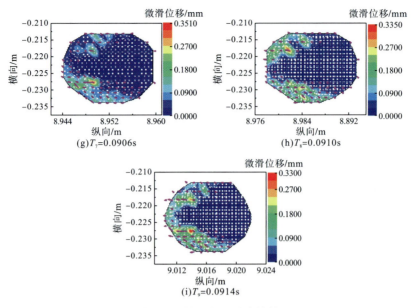

图 3.53 轮轨微滑分布特性

由图 3.53 可知，转辙器区轮轨冲击作用对轮轨剪切应力的影响非常显著。由于轮轨黏着蠕滑特性在固有结构不平顺、变截面钢轨的影响下出现重分布，轮轨微滑分布出现显著改变。$T_1 \sim T_4$ 时刻微滑最大值位于轮轨接触斑左下角，而 $T_5 \sim T_9$ 时刻其最大值移动至左上角。可见，轮轨黏着蠕滑特性改变，轮对冲击导致微滑分布时刻发生变化。对于微滑大小，轮轨黏着区内的微滑为零，滑动区内数值不为零。从 $T_1 \sim T_9$ 时刻，轮轨微滑相对减小，其衰减幅度为 17%。另外，轮轨微滑方向和轮轨剪切应力方向完全相反，因此轮轨微滑矢量的方向和钢轨纵向间的夹角也会增大。可见，轮轨冲击所致的高频成分会导致轮轨接触斑内的瞬态信息时刻发生改变。

第五节　高速铁路道岔辙叉部分瞬态轮轨接触行为分析

一、动态轮轨力

LMA 型高速车轮以 300km/h 的速度直逆向通过 18 号高速铁路道岔辙叉部分时，轮轨动态力分布如图 3.54 所示，垂向力分布随速度的变化如图 3.55 所示。由图 3.54 和图 3.55 可见，轮轨力在初始阶段产生了大幅波动，经历动态松弛阶段后逐渐稳定在 86.5kN。当车轮运行至 A 点时，翼轨中心线发生偏折，车轮与翼轨的轮轨接触点向远离轨道中心线的方向移动，导致翼轨垂向力骤减至 46.2kN，此时轮重减载率为 0.46。车轮在 B 点开始轮载过渡，此时心轨轨顶宽度为 24.2mm，翼轨轮轨力开始逐渐减小，心轨轮轨力逐渐增大，直至 C 点心轨垂向力达到最大值 105kN，心轨纵向力达到最大值 22.1kN，此时心轨顶宽为 40mm，轮载过渡在该处完成。车轮过岔发生轮载过渡的过程中，心轨会受到强烈的冲击作用。当车轮以不同速度过岔时轮轨垂向力变化规律相同，随着过岔速度提高，轮轨垂向力波动幅值有所增大，轮载过渡位置略有后移。

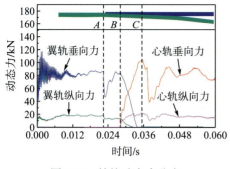

图 3.54 轮轨动态力分布

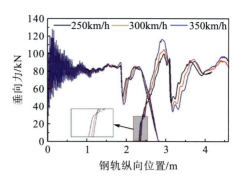

图 3.55 垂向力分布随速度的变化

二、接触应力

选取车轮滚动过程中的四个具有代表性时刻的瞬态计算结果：S_1 时刻为车轮刚好完成动态松弛实现稳态滚动后的轮轨接触位置；S_2 时刻为心轨顶宽 24mm 位置处，即车轮即将与心轨接触的位置；S_3 时刻接触斑所处位置为心轨顶宽 30mm 处，轮载过渡正在进行；S_4 时刻轮载过渡恰好完成，接触斑位于心轨顶宽 38.2mm 位置处。四个典型时刻下的轮轨接触斑形状及接触压力分布如图 3.56 所示。

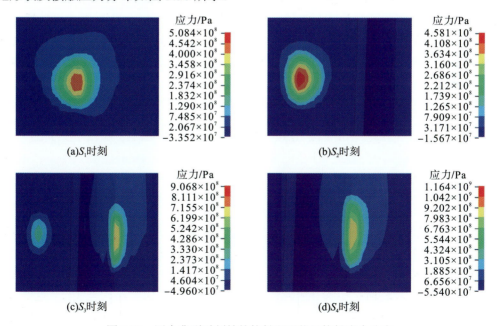

图 3.56 四个典型时刻轮轨接触斑形状及接触应力分布

由图 3.56 可见，$S_1 \sim S_2$ 时刻接触斑最大应力由 508.4MPa 减小至 458.1MPa，该过程翼轨中心线偏折、轮轨接触点外移、接触斑面积增大，导致接触应力减小了 10%。S_3 时刻正处于轮载过渡范围，翼轨上的轮轨接触斑接近椭圆，在轮载过渡过程中翼轨上的接触斑面积、压应力均逐渐减小；心轨因轨顶凸出、接触面积较小，其接触斑也为狭长的椭圆状，在轮载过渡过程中接触斑面积、接触应力均逐渐增大。S_4时刻已完成轮载过渡，接触斑仅存在心轨上，此时心轨的接触应力最大，达到了1164MPa，是心轨上受力最薄弱的断面。

三、等效应力

四个典型时刻下的轮轨接触等效应力分布如图 3.57 所示。由图可见，S_1 时刻车轮经过动态松弛达到稳态滚动，此时翼轨最大等效应力处于轮轨接触表面下 3mm 处，最大值为 481.6MPa。随着车轮通过翼轨中心线偏折点后到达 S_2 时刻，此时在心轨顶宽 20mm 位置处，最大等效应力位于轮轨接触表面下 2mm 处，为 437.1MPa。当车轮荷载逐渐过渡到心轨上，在 S_3 时刻，心轨等效应力最大值位于心轨顶端表面轮轨接触点的位置，最大等效应力为 625.6MPa。随着轮载过渡完成，心轨等效应力达到最大值 650.1MPa。

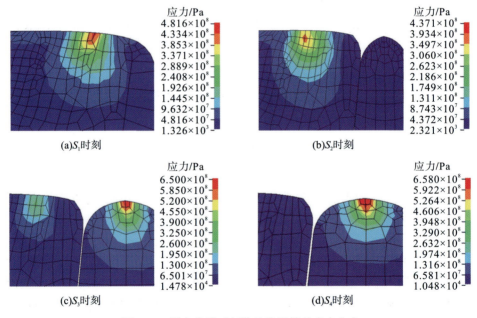

图 3.57　四个典型时刻轮轨接触等效应力分布

四、黏滑分布

四个典型时刻下的轮轨接触黏滑分布如图 3.58 所示。由图可见，从 S_1～S_2 时刻，接触斑总面积从264mm²减少到248mm²，接触斑中的滑动区面积占比从27.3%减少到16.1%。轮载过渡初始阶段，心轨由于受到的垂向荷载较小，接触斑中节点基本都处于滑动状态；翼轨接触斑中滑动区的面积占比先减小后增大；心轨接触斑滑动区的面积占比从 20%逐渐减小至 15.6%。此外，黏着区沿钢轨纵轴不是呈对称分布的，翼轨和心轨接触斑的滑动区均位于接触斑尾部，且越靠近轮缘方向滑动区越大。

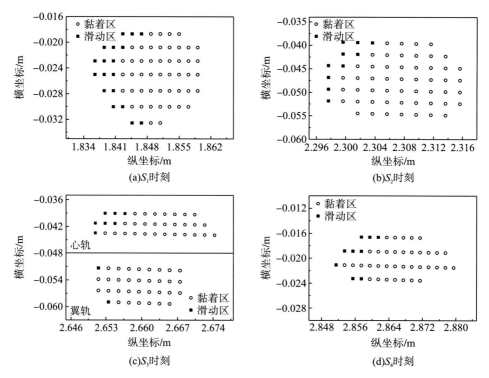

图 3.58　四个典型时刻轮轨接触黏滑分布

本 章 小 结

  本章主要介绍了高速铁路道岔轮轨弹塑性瞬态滚动接触理论，包括有限元法轮轨弹塑性滚动接触理论以及轮轨三维弹塑性瞬态滚动接触理论，并且详细介绍了道岔区轮轨瞬态滚动接触行为。首先详细介绍了三维轮轨瞬态滚动接触模型的建立以及轮轨接触界面任意几何不平顺施加的具体过程，并在此基础上模拟轮轨滚动过程，采用隐-显式顺序方式进行求解；探究了光滑接触表面滚动接触行为，得到了接触斑黏滑分布、接触应力、剪切应力以及微滑速度等结果。然后建立了考虑结构振动与接触力学耦合作用、任意接触几何与材料非线性的道岔瞬态滚动接触有限元模型，探明了高速铁路道岔与轮对高频相互作用规律及界面接触行为，详细分析了轮轨在道岔滚动两点接触时的接触解，特别是切向结果，如接触斑黏滑分布、切向应力和微滑等；分析了包括高速铁路道岔转辙器区瞬态轮轨动态响应、高速铁路道岔转辙器区瞬态轮轨接触行为以及高速铁路道岔辙叉部分瞬态轮轨接触行为。

参 考 文 献

［1］ Wang P. Design of High-Speed Railway Turnouts: Theory and Applications［M］. Amsterdam: Academic Press, 2015.

［2］ 王平, 陈嵘, 徐井芒, 等. 高速铁路道岔系统理论与工程实践研究综述［J］. 西南交通大学学报, 2016, 51 (2)：357-372.

［3］ Ren Z, Sun S, Zhai W. Study on lateral dynamic characteristics of vehicle/turnout system［J］. Vehicle System Dynamics, 2005, 43（4）: 285-303.

［4］ Ren Z S. Multi-point contact of the high-speed vehicle-turnout system dynamics［J］. Chinese Journal of Mechanical Engineering, 2013, 26（3）: 518-525.

［5］ 马晓川, 徐井芒, 王平. 铁路道岔尖基轨相对运动对轮载转移与分配的影响研究［J］. 铁道学报, 2017, 39（3）: 75-81.

［6］ Kassa E, Nielsen J C O. Dynamic train-turnout interaction in an extended frequency range using a detailed model of track dynamics［J］. Journal of Sound and Vibration, 2009, 320（4-5）: 893-914.

［7］ Alfi S, Bruni S. Mathematical modelling of train-turnout interaction［J］. Vehicle System Dynamics, 2009, 47（5）: 551-574.

［8］ 李苍楠. 基于刚柔耦合联合仿真的高速铁路桥上无砟道岔动力学研究［D］. 北京: 北京交通大学, 2011.

［9］ 赵卫华. 固定辙叉轮轨关系优化及动力学仿真分析研究［D］. 成都: 西南交通大学, 2014.

［10］ 马晓川, 王平, 王健, 等. 尖轨降低值超限对转辙器动力特性的影响研究［J］. 铁道学报, 2016, 38（3）: 98-105.

［11］ Xu J M, Wang P, Wang L, et al. Effects of profile wear on wheel-rail contact conditions and dynamic interaction of vehicle and turnout［J］. Advances in Mechanical Engineering, 2016, 8（1）: 1-14.

［12］ Xu J M, Wang P, Ma X C, et al. Stiffness characteristics of high-speed railway turnout and the effect on the dynamic train-turnout interaction［J］. Shock and Vibration, 2016, 2016: 1-14.

［13］ Johansson A, Pålsson B, Ekh M, et al. Simulation of wheel-rail contact and damage in switches & crossings［J］. Wear, 2011, 271（1-2）: 472-481.

［14］ Li Z L, Kalker J. Simulation of severe wheel-rail wear［J］. Computers in Railways Ⅵ, 1998, （2）: 393-402.

［15］ Pascal J, Sauvage G. New method for reducing the multicontact wheel/rail problem to one equivalent contact patch［J］. Vehicle System Dynamics, 1992, 20（sup1）: 475-489.

［16］ Piotrowski J, Chollet H. Wheel-rail contact models for vehicle system dynamics including multi-point contact［J］. Vehicle System Dynamics, 2005, 43（6-7）: 455-483.

［17］ Ayasse J, Chollet H, Maupu J. Parametres caracteristiques du contact roue-rail［R］. INRETS report No. 225, 2000.

［18］ Piotrowski J, Kik W. A simplified model of wheel/rail contact mechanics for non-Hertzian problems and its application in rail vehicle dynamic simulations［J］. Vehicle System Dynamics, 2008, 46（1-2）: 27-48.

［19］ Ayasse J B, Chollet H. Determination of the wheel rail contact patch in semi-Hertzian conditions［J］. Vehicle System Dynamics, 2005, 43（3）: 161-172.

［20］ Quost X, Sebes M, Eddhahak A, et al. Assessment of a semi-Hertzian method for determination of wheel-rail contact patch［J］. Vehicle System Dynamics, 2006, 44（10）: 789-814.

［21］ Sichani M, Enblom R, Berg M. Comparison of non-elliptic contact models: Towards fast and accurate modelling of wheel-rail contact［J］. Wear, 2014, 314（1）: 111-117.

［22］ Sichani M, Enblom R, Berg M. A novel method to model wheel-rail normal contact in vehicle dynamics simulation［J］. Vehicle System Dynamics, 2014, 52（12）: 1752-1764.

［23］ Kalker J J. A fast algorithm for the simplified theory of rolling contact［J］. Vehicle System Dynamics, 1982, 11（1）: 1-13.

［24］ Polach O. A fast wheel-rail forces calculation computer code［J］. Vehicle System Dynamics, 1999, 33（sup1）: 728-739.

［25］ Polach O. Solution of wheel-rail contact forces suitable for calculation of rail vehicle dynamics［C］. Proceedings of the Second International Conference on Railway Bogies, Budapest, 1992: 10-17.

［26］ Vollebregt E, Iwnicki S, Xie G. Assessing the accuracy of different simplified frictional rolling contact algorithms［J］. Vehicle

System Dynamics, 2012, 50(1): 1-17.

[27] Sh Sichani M, Enblom R, Berg M. An alternative to FASTSIM for tangential solution of the wheel-rail contact[J]. Vehicle System Dynamics, 2016, 54(6): 748-764.

[28] Sh Sichani M, Enblom R, Berg M. A fast wheel-rail contact model for application to damage analysis in vehicle dynamics simulation[J]. Wear, 2016, 366-367: 123-130.

[29] 金学松, 郭俊, 肖新标, 等. 高速列车安全运行研究的关键科学问题[J]. 工程力学, 2009, 26(S2): 8-22, 105.

[30] 刘潇. 轮对模态对轮轨系统性能的影响研究[D]. 北京: 北京交通大学, 2017.

[31] Thompson D. Railway noise and vibration: Mechanisms, modelling and means of control[J]. Railway Gazette International, 2010, 166(2): 85.

[32] 肖乾. 轮轨滚动接触弹塑性分析及疲劳损伤研究[D]. 北京: 中国铁道科学研究院, 2012.

[33] 钟万勰, 张洪武, 吴承伟. 参变量变分原理及其在工程中的应用[M]. 北京: 科学出版社, 1997.

[34] 金学松, 张雪珊, 张剑, 等. 轮轨关系研究中的力学问题[J]. 机械强度, 2005, 27(4): 408-418.

[35] 常崇义. 有限元轮轨滚动接触理论及其应用研究[D]. 北京: 中国铁道科学研究院, 2010.

[36] 钟庭生. 高速铁路板式轨道轮轨振动噪声预测[D]. 成都: 西南交通大学, 2018.

[37] Baeza L, Fayos J, Roda A, et al. High frequency railway vehicle-track dynamics through flexible rotating wheelsets[J]. Vehicle System Dynamics, 2008, 46(7): 647-659.

[38] 杨光. 考虑轮对弹性和旋转走行的高速轮轨系统动力学性能研究[D]. 北京: 北京交通大学, 2017.

[39] 吴兵. 高速轮轨黏着特性数值与实验研究[D]. 成都: 西南交通大学, 2015.

[40] Zhang W, Chen J, Wu X, et al. Wheel/rail adhesion and analysis by using full scale roller rig[J]. Wear, 2002, 253(1): 82-88.

[41] Zhao X. Dynamic wheel/rail rolling contact at singular defects with application to squats[D]. Delft: Delft University of Technology, 2012.

[42] Pang T, Dhanasekar M. Dynamic finite element analysis of the wheel-rail interaction adjacent to the insulated joints[C]. Proceedings of the 7th International Conference on Contact Mechanics and Wear of Rail/Wheel Systems, Brisbane, 2006: 1-8.

[43] Li Z L, Zhao X, Esveld C, et al. An investigation into the causes of squats—Correlation analysis and numerical modeling[J]. Wear, 2008, 265(9): 1349-1355.

[44] 安博洋, 马道林, 王平, 等. 函数型摩擦系数对轮轨滚动接触行为的影响分析[J]. 铁道学报, 2017, 39(7): 98-104.

[45] Pletz M, Daves W, Ossberger H. A wheel set/crossing model regarding impact, sliding and deformation—Explicit finite element approach[J]. Wear, 2012, 294-295: 446-456.

[46] Xin L, Markine V L, Shevtsov I Y. Numerical analysis of the dynamic interaction between wheel set and turnout crossing using the explicit finite element method[J]. Vehicle System Dynamics, 2016, 54(3): 301-327.

[47] Xin L, Markine V L, Shevtsov I Y. Numerical procedure for fatigue life prediction for railway turnout crossings using explicit finite element approach[J]. Wear, 2016, 366-367: 167-179.

[48] Wiedorn J, Daves W, Ossberger U, et al. Simplified explicit finite element model for the impact of a wheel on a crossing-validation and parameter study[J]. Tribology International, 2017, 111: 254-264.

[49] Ma Y, Mashal A A, Markine V L. Modelling and experimental validation of dynamic impact in 1: 9 railway crossing panel[J]. Tribology International, 2018, 118: 208-226.

[50] 吴昌华, 孙丽萍, 张健. 机车曲线通过的接触分析[C]. 中国科学院技术科学论坛第二十三次学术报告会议(CAE 自主创新发展战略), 上海: 2006: 255-262.

［51］车宇翔. 轮轨滚动接触弹塑性及棘轮效应分析［D］. 南昌: 华东交通大学, 2013.

［52］温泽峰, 金学松, 张卫华. 钢轨轨缝接触-冲击的有限元分析［J］. 摩擦学学报, 2003, 23（3）: 240-244.

［53］Li Z L, Zhao X, Dollevoet R, et al. Differential wear and plastic deformation as causes of squat at track local stiffness change combined with other track short defects［J］. Vehicle System Dynamics, 2008, 46（S1）: 237-246.

［54］Chaar N, Berg M. Simulation of vehicle-track interaction with flexible wheelsets, moving track models and field tests［J］. Vehicle System Dynamics, 2006, 44（S1）: 921-931.

［55］赵鑫, 温泽峰, 王衡禹, 等. 三维高速轮轨瞬态滚动接触有限元模型及其应用［J］. 机械工程学报, 2013, 49（18）: 1-7.

［56］Kazymrovych V, Bergström J, Thuvander F. Local stresses and material damping in very high cycle fatigue［J］. International Journal of Fatigue, 2010, 32（10）: 1669-1674.

［57］Zhao X. Modeling of high-speed wheel-rail rolling contact on a corrugated rail and corrugation development［J］. Journal of Zhejiang University: Science A, 2014, 15（12）: 946-963.

［58］Clark R, Scott G, Poole W, et al. Short wave corrugations-an explanation based on slip-stick vibration［J］. Applied Mechanics Rail Transportation Symposium, 1988, 96: 141-148.

［59］Deeks A J, Randolph M F. Axisymmetric time-domain transmitting boundaries［J］. Journal of Engineering Mechanics, 1994, 120（1）: 25-42.

［60］王平, 刘学毅, 陈嵘. 我国高速铁路道岔技术的研究进展［J］. 高速铁路技术, 2010, 1（2）: 6-13.

第四章　高速列车-道岔刚柔耦合动力学分析模型

轮轨系统动力学的主要任务是研究在轨道不平顺激励情况下列车的脱轨安全性、抗颠覆性、直线运行稳定性、乘坐舒适性，以及曲线通过能力、轮轨部件的疲劳特性等。列车低速运行时，轨道不平顺的激励波长较长，车辆及轨道系统在中低频范围内振动，轮对、构架、车体和轨道系统的振动频率一般在 50Hz、5Hz、2Hz 及 500Hz 以内，因此轮对、构架和车体均可视为刚性体，部件之间采用弹性件和阻尼件连接在一起，轮轨界面间采用稳态滚动接触理论将两者耦合起来，因此传统的轮轨系统动力学的研究主要是基于多刚体系统动力学来开展的，目前已经取得了较完善的研究成果[1-3]。

但列车在高速运行条件下，因轮轨表面的擦伤、钢轨波磨、焊接接头及岔区结构不平顺、车轮多边形磨损等激励的波长较短，列车通过这些激扰的时间急剧缩短，轮轨激励的频率急剧增加，随机激励频率的频域加宽，激振能量较高。这种轮轨高频激振力将会激起轮轴的高频弯曲和车轮的节径、扇形模态等高频柔性变形，同时轮对的高速旋转效应和惯性效应又会影响轮轨相互作用和轮轨滚动接触行为。

轮轨激振力向上通过轮对传递至转向架再传递至车体，向下通过钢轨扣件传递至道床再传递至路基等线下基础结构，高频振动虽有所衰减，但振动能量仍较列车低速运行时大得多，轮对、钢轨及列车轨道系统中其他关键部件的高频变形仍会被激发出来，传统的多刚体轮轨系统动力学无法准确模拟轮轨系统的这种高频振动，需要发展能考虑轮轨结构高频柔性变形的刚柔耦合动力学，甚至是多柔性或者多弹性体系统动力学。同时，在高速运行环境下，车辆和轨道结构会发生高频柔性变形：一方面，由半空间假设推导出的力-位移关系不再适用；另一方面，轮轨结构的变形对轮轨接触表面相对运动或滑动影响很大，直接影响着接触斑黏滑分布和轮轨蠕滑率/力的计算结果。因此，车辆-道岔系统动力学也应随轮轨系统动力学的发展而发展，从多刚体系统动力学逐渐转向刚柔耦合、多柔性体、多弹性体系统动力学。

第一节　列车-道岔系统动力学的发展现状

轮轨系统动力学通过研究列车运行过程中复杂的轮轨接触力学问题，从系统工程的角度出发，应用所建立的解决针对性问题的轮轨系统动力学模型、高效的数值分析方法或恰当的解析方法，仿真轮轨系统在各种激励下的振动，从而得到列车系统、轨道系统及桥隧等基础结构在时域、频域内的各项动力响应。根据相应的评价准则，判定列车运行的安全性、平稳性和舒适性，轨道结构的承载能力、变形特性、荷载传递特性，以及轮轨系统各部件的疲劳特性、使用可靠性等，以指导优化轮轨系统的结构设计、材料选择、参数配置，寻求最优的轮轨接触匹配，控制轮轨激励源，为确保列车安全、平稳、以规定速度不间断运行提供理论支撑。

一、轮轨系统动力学的发展现状

Iwnicki[4]认为，轮轨相互作用系统及其部件的模型选择主要基于以下考虑：仿真的目的，包括输出量及其准确性；感兴趣的频率范围；采用的模拟软件包；相关的模型参数；可用的时间和费用。例如，当只关心轮轨作用力时，车辆二系悬挂可不用考虑，简单、原始的轮轨系统模型即可满足要求。通常，只考虑 0～20Hz 范围内的振动即可了解轮轨系统基本的动力学行为。当然，研究乘坐舒适性和轮轨接触疲劳问题时所考虑的频率要高一些；研究噪声问题时需要考虑宽频振动及相应的模型。普速铁路上，轮轨系统动力学问题通常需要考虑的频率范围如表 4.1 所示[5]。

表 4.1　普速铁路上轮轨系统动力学问题需要考虑的频率范围

序号	研究领域	研究问题	频率范围/Hz
1	车辆	曲线通过性能、平稳性、舒适性	0～20
2	转向架和簧下质量	车轮承载、车轴疲劳、制动装置疲劳	0～500
3	轮轨运行界面不平顺	车轮踏面扁疤、车轮失圆、车轮波磨、钢轨波浪磨耗、钢轨波纹磨耗、低焊缝和低接头、剥离掉块、凹坑等	0～1500
4	轨道部件	钢轨弯曲疲劳、垫板破损、混凝土轨枕失效、道床退化下沉及轨道几何形态劣化	0～1500
5	轮轨噪声	滚动噪声、冲击噪声、啸叫声	0～5000
6	结构振动与二次噪声	大地和高架桥振动	0～500

陈泽深等[6]研究指出，高速列车-轨道系统在运行中出现的新问题如表 4.2 所示，其振动频率范围与表 4.1 有所不同，而有关轨道组成部分的频率范围则引用了文献[7]测试的中国高速铁路无砟轨道的振动特性。

表 4.2　高速列车-轨道系统动力学问题需要考虑的频率范围

序号	研究领域	研究问题	频率范围/Hz
1	车辆	车体弯曲振动大，舒适性降低	5～30
		转向架疲劳裂纹	30～100
		轮对车轴、轴承及制动装置等疲劳损坏	60～250
2	轮轨表面	车轮踏面扁疤	50～1000
		车轮不圆	50～600
		车轮表面波磨	50～800
		钢轨表面长波波磨	50～800

续表

序号	研究领域	研究问题	频率范围/Hz
2	轮轨表面	钢轨表面短波波磨	800～3000
		擦伤、剥离	50～2000
3	轨道组成部分	钢轨弯曲疲劳	100～3000
		弹条疲劳断裂	100～2000
		轨道板弯曲疲劳	50～1000
		支承层破损	20～150
		基床表层沉降	5～100
4	轮轨噪声	滚动噪声、冲击噪声、啸叫声	50～6000
5	结构噪声与振动	地基-建筑物振动、高架桥振动	0～500

1. 列车系统动力学模型

列车系统动力学模型发展从简单到复杂,从单轮对模型发展到转向架、整车模型,从半车模型、单节车模型到三节车模型、整列车模型,从垂向耦合模型到垂横向耦合模型、纵/垂/横三向耦合模型等。根据分析问题的不同,可以选择不同的列车系统模型。列车车辆多刚体系统动力学模型一般将车辆系统的主要部件如车体、构架和轮对考虑成刚性体,而各部件之间的悬挂部件一般采用线性或非线性的弹簧-阻尼连接单元。对于铁道列车车辆多刚体模型,系统的柔性由转向架上安装的一、二系悬挂元件及车间悬挂元件提供。车辆多刚体模型推导简单,计算效率高,在铁路动力学研究发展中起到了非常重要的作用。该模型可以研究车辆运行品质、脱轨安全性和曲线通过性能等。基于多刚体动力学理论,多种铁道车辆系统力学分析软件被开发应用,运用比较广泛的有NUCARS、SIMPACK、UM、VAMPIRE、GENSYS等。

以往的列车系统动力学研究按列车运动方向划分为列车纵向、横向和垂向动力学研究。列车纵向动力学研究旨在预测车钩力、速度、距离和时间的关系,同时研究列车编组、列车操纵、制动系统的设计和研究缓冲装置及其设计。列车横向动力学模型将作用在车辆上的车钩力的横向分量与车辆上其他横向作用力相结合,如列车系统的横向稳定性、轮轨相互作用力、车辆不同部件上所受的离心力和轨道超高所引起的作用力。列车垂向动力学研究列车在运行过程中,在垂直平面内的列车振动性能,同时可研究脱钩和车体与转向架分离等情况下的列车运行安全性等问题。现代高速列车均采用密接式的风挡、车钩缓冲装置及车间减振器,使得高速列车各车辆之间存在着较强的耦合作用。国内高速铁路线路现场试验结果表明,高速列车头车、尾车、不同位置的中间车辆的动力学性能存在较大差别[8,9]。因此,针对高速列车的动力学行为研究也逐渐成为热点,文献[10]和[11]研究了高速列车纵、垂、横三向耦合动力学行为。

随着铁道车辆的高速化和轻量化,高速列车运行过程中车辆系统部件的中高频柔性振动对整车系统动力学性能的影响越来越显著。基于多刚体系统的铁道车辆模型的有效分析频率在20Hz以下,难以模拟高速列车服役过程中的中高频振动现象;而基于多柔体系统的车辆系统刚柔耦合动力学模型则能模拟0～2000Hz范围内的车辆系统中高频振动问题。

因此，分析高速列车车辆的中高频振动问题，需要建立考虑车辆关键部件柔性振动行为的刚柔耦合动力学分析模型。随着计算技术的发展，国内外针对高速列车系统中高频柔性振动问题的研究也逐渐增多。

许多学者在列车-轨道耦合动力学模型中，考虑了轮对高频柔性的影响。轮对柔性振动行为分析的理论研究模型主要有四种：半解析模型、基于傅里叶变换的一维有限元模型（半解析）、二维有限元模型及三维有限元模型。其中，半解析模型将轮轴简化为等截面的梁，而将车轮辐板简化为柔性圆板，轮辋采用柔性圆环模拟，这种模型的优点在于计算速度快，效率高；其不足在于不能模拟轮对的纵、横、垂三维柔性耦合振动行为，且有效分析频率有限[12]。基于有限元理论的柔性轮对模型最接近实际，可以模拟轮对高阶模态振动（包括瞬时柔性及扭转变形等）及纵、横、垂三维柔性耦合振动行为，但基于有限元完全求解的柔性轮对模型计算耗时，故一般采用模态叠加法来建立柔性轮对的刚柔耦合动力学模型[13]。但由于轮轨接触几何分析计算中考虑轮对中高频振动的影响存在较大的困难，已有的轮轨接触几何计算模型都忽略了轮对中高频柔性变形的影响。Zhong 等推导了轮对弯曲变形对轮轨接触几何结构的影响，分析了轮对前两阶弯曲模态对轮轨系统动力特性的影响[14]。弹性轮对模型可以模拟轮轨接触时的轮轨变形，当轮对含有局部缺陷（包括轮对磨耗、疲劳擦伤等）时，可以利用弹性轮对模型真实地模拟轮对响应。Kaiser 等分析了刚体轮对和选取不同阶数的弹性体轮对对转向架传递函数的影响，提出中频段（50～500Hz）使用四阶垂弯模态即可满足精度要求；在考虑高频段（>500Hz）的振动响应时，需要选取更多的轮对垂弯模态[15]。

针对构架柔性振动行为建模的方法有多种，其中采用有限元（采用模态叠加法求解柔性振动响应）与多体动力学混合建模的方法应用最为广泛。可根据研究问题的侧重点，仅选取关注频率范围内构架的柔性模态，从而避免了因模态数过多而造成的计算效率低的问题。Dietz 等将转向架构架考虑为柔性体，分析了转向架在直线、曲线和道岔上时的结构振动响应和疲劳特征[16]。针对转向架弹性对列车稳定性及列车响应的影响，任尊松等分析了弹性转向架的结构振动特性及其对车体、轮对等部件振动响应的影响[17]。仿真计算表明：在高速工况下，弹性转向架的横向与垂向平稳性指标明显高于刚性转向架时的动力学指标；低频段刚性转向架和弹性转向架的差别不大，但是在中高频段，弹性转向架的振动响应明显增大。在研究不同频率的振动在列车系统中传递时，还要考虑列车悬挂参数的频变特性。Fancher 等[18]给出了空气弹簧在变形量为 2mm 时的垂向刚度随频率的变化情况，这对乘坐舒适性的影响非常显著。岳彩姝研究了抗蛇行减振器的温变特性，发现其温变特性对车辆稳定性影响最大[19]。

高速车辆的车体结构柔性振动分析模型主要有两种：基于柔性梁理论的车体柔性振动模型（半解析模型）和基于有限元理论的车体柔性分析模型。车体柔性振动模型的优点在于建模简单，计算效率高，但其不足之处在于只能模拟车体的低阶弯曲振动，适用范围小。而有限元法能够对任意几何形状的车体结构进行建模，且采用模态叠加法的车体刚柔耦合模型的计算速度也能满足工程应用的需求。但是，车体的高频模态极其丰富，如要研究高速列车车体的高频振动噪声及强度问题，基于模态叠加法的车体柔性分析模型的计算精度仍无法满足要求。通过将有限元车体模型导入多体动力学车辆模型中，Carlbom 采用仿真和实车测量对比的方法研究了车体的弹性对乘坐舒适性的影响，他提出通过模态参与因子和舒适性滤波等方法来选择对乘坐舒适性影响最大的车体弹性模态，来提高计算效率[20,21]。Diana 等考虑车体的弹性对乘坐舒适性的影响，提出采用模态叠加法来计算车体和转向架的振动响应，仿真中采用 0～50Hz 范围内的 33 阶车体弹性模态，包括车体弯曲、扭转等全局模态以及顶板、底板、侧墙振动等局部模态[22,23]。

总体来看，随着计算机运算速度的快速发展和刚柔耦合动力学的不断向前推进，列车系统刚柔耦合振动问题的研究也越来越深入。考虑轮对柔性、转向架柔性及车体柔性的列车系统刚柔耦合模型已经有了较大的发展。

2. 轨道系统动力学模型

轨道模型同样经历了从简单到复杂、从单层到多层、从连续支承到点支承、从二维到三维的发展过程。Popp 等认为，仅考虑车辆的曲线通过性能、旅客的乘坐舒适度和运行平稳性时，20Hz 以下的振动频率即可，因此可以简化轨道模型[24]。对于更高的振动频率，轨道部件的质量惯性作用就显得很重要了，在 250Hz 范围以内时，道砟及路基的振动很重要，胶垫对 700Hz 范围内的振动很重要，钢轨对 700Hz 以上的振动很重要。轨道结构可以有限长也可以无限长，这取决于求解技术。无限长轨道通常采用频域求解技术；而有限长轨道则适合采用时域求解技术，特别是存在非线性因素时，其缺点是在研究移动荷载下的动力响应时存在边界效应。研究轨道的静态和稳态力学行为时，钢轨通常被模拟成欧拉梁，这在研究竖向荷载激励下振动频率低于 500Hz 时的轨道力学行为是合适的，但当考虑钢轨截面剪切变形后更高频率的振动时就不再合适了，需要采用铁木辛柯梁模型[25]。对于三维的轨道结构模型，可将胶垫视为轨底范围内分布的黏弹性层,对于二维钢轨模型,胶垫就被视为钢轨底部某点的支承。

高速铁路多采用无砟轨道，在目前的轨道动力学分析模型中，对轨道板的处理方法主要有四种：刚性质量块模型、一维连续梁模型、基于板壳理论的半解析模型、基于有限元理论及模态叠加法的数值模型[26]。凌亮基于有限元理论和模态叠加法，将轨道板三维模型引入列车-轨道耦合动力学分析中[27]。为了能够考虑高速铁路的高频和高速移动荷载，需要考虑整辆车，要求轨道足够长，时间步长足够小，因此计算量比较大。Sheng 等提出了基于傅里叶变换的方法，用于计算传统有砟轨道在高频高速移动荷载作用下的高频振动响应，这种方法将轨道的振动响应表达为波数域到空间域的傅里叶逆变换，并基于周期结构理论的方法，建立了高速铁路无砟板式轨道在移动荷载作用下的高频振动预测模型[28]。

有砟轨道结构的振动可按频率分为三类：低频振动(0～40Hz)、中频振动(40～400Hz)、高频振动(400～1500Hz)。低频振动主要影响乘坐舒适性、轨下结构的破坏等，轨下基础的特性主要影响低频振动；轨枕、道床等部件主要影响轨道的中频振动；钢轨、扣件、胶垫主要影响轨道的高频振动。轨道结构的高频振动特性对激励点处的轮轨相互作用起着十分重要的作用，而且对钢轨辐射噪声也有十分重要的影响。早期的车轮钢轨高频动力学模型均是为研究轮轨系统噪声而建立的，最高分析频率与轮轨噪声相关，轮轨动力学模型应能模拟出人类听觉的上限频率 5000Hz。Wu 等[29]提出了能考虑钢轨截面扭转振动的简单竖向模型，采用双层铁木辛柯梁来表示钢轨的头部、腰部和底部，中间采用弹性元件连接，其不仅可以表示出轨底的振翅运动，而且可以考虑至 6500Hz 的振动，且模型较有限元法简单。双层铁木辛柯钢轨叠合梁模型可以分析更高的频率范围，有限条法和有限元法也能实现高阶频率分析。Valdivia 认为轮轨高频振动是导致钢轨波磨产生的机理，即波长固定机理，需要考虑的频率范围至少要达到 2000Hz[30]。钢轨横向高频振动的原因不如竖向高频振动明显，除了钢轨波磨产生的钢轨竖向与横向耦合振动，轮轨间的黏滑振动也会引起钢轨的横向高频振动。胶垫也有显著的温变、频变和幅变特性[31]，需要建立非线性轨道模型来研究轨道系统的高频振动特性。

从以上研究可知，应根据研究的具体问题和感兴趣的频率范围建立轨道系统动力学模型，针对其主要部件(钢轨、轨枕、轨道板及路基等)进行合理的理论简化及参数识别。轨枕的建模方法主要有三种：刚性质量块模型，其可模拟轨枕横、垂及侧滚三向的刚体运动；离散点支承的连续梁模型，其可考虑轨枕的弯曲振动；采用有限元法中三维实体单元对实际轨枕进行离散，轨枕响应求解借助模态叠加法，此方法能考虑轨枕的实际形状及三维运动响应的耦合效应。刚性质量块模型能够描述轨枕在轨道横、垂平面内的低频响应，其有效分析频率为 100Hz 以下，故不能用于对轮轨高频冲击作用下轨枕的中高频响应的模拟。当轨枕用欧拉梁模拟时，其对应的轨道动力学模型将对 600Hz 频率范围内的动力学具有很好的表征。而进一步将轨枕由欧拉梁模型推进为铁木辛柯梁模型，即考虑轨枕剪切变形和转动惯量对其弯曲振动的影响，从现有的计算结果来看，两种模型的差异极小[32]。道床及路基是轨道结构的重要组成部分，散粒状碎石组成的有砟道床不仅要承受轨枕传递的各种力的作用，保持轨道结构的稳定性，还要便于养护维修。有砟轨道碎石道床的理论分析模型主要有三种：多参数的等效离散质量块模型[33]，这类模型一般只考虑每个等效质量块质心的垂向运动，左右、前后相邻道床块之间采用剪切弹簧和剪切阻尼连接，其能够模拟道床块在轨道垂横面内的顺时针和逆时针转动；有限元模型[34]，这类模型认为碎石道床为一个大的柔性体，道床的组成部分规格整齐，不存在间隙，虽然这些假设与实际情况相差较大，但只要模型参数设置合理，能在一定程度上反映道床的振动行为；离散元模型[35]，相对于有限元模型，离散元模型更加接近道床的实际情况，此类模型可随机生成任意形状的刚性碎石，且能较好地处理碎石之间的相互作用，但离散元理论目前还不够成熟，离大规模应用还有一定的差距。因此，如何建立精确的有砟轨道道床模型，至今还是全世界铁路动力学研究的一个难题。

3. 轮轨系统耦合模型

轮轨系统耦合模型主要包括轮轨滚动接触模型及列车-轨道界面耦合模型。前者决定轮轨接触斑内轮轨踏面的几何关系及相互作用，在第二章中已详细介绍了轮轨接触几何形状、各种快速高效且适用于轮轨系动力学的滚动接触理论及其算法。后者主要反映列车与轨道的空间相对移动所产生的惯性效应。

列车-轨道界面耦合模型主要包括定点荷载模型、移动荷载模型、移动不平顺模型和移动车辆模型四种。定点荷载模型是最简化的列车-轨道界面耦合模型，该类模型将列车系统简化为相对于线路系统在纵向方向静止不动的时变荷载激励，此模型最适用于计算线路系统固有频率、振型和导纳特性。定点荷载模型所得到的线路系统动态响应与荷载激励点位置相关，尤其是采用此模型计算线路系统模态特性时，若荷载作用点位于系统模态节点处，则该频率的系统动态响应可能无法被有效激发，进而可能会漏掉某些模态信息。例如，当定点荷载作用位置位于轨枕支撑上方时，由于荷载作用点在钢轨 pinned-pinned 共振模态的节点处，其计算结果对此频率的钢轨响应会体现不足，需要略微变更荷载作用位置来关注线路系统相应的频响特性。

移动荷载模型是定点荷载模型的拓展。与定点荷载模型相比，移动荷载模型最大的区别是荷载将以列车运行速度沿其行进方向移动。此模型主要用于早期的铁路系统动力学理论研究中，当关心的问题只是线路系统的定性响应或是线路参数对线路动态响应的影响时，选择此模型既能满足计算精度要求，又能提高计算速度。移动不平顺模型是定点荷载模型的另一种拓展。模型中，列车系统被简化为相对线路系统在纵向方向静止不动，轮轨不平顺以列车运行速度沿其行进方向反向移动。此模型能考虑纵向分布的几何不平顺对列车-轨道耦合系统动力学的影响，相对于移动车辆模型，它具有简单、高效的显著优势，特别是在频域求解时。但其不能解决线路纵向结构或动力不平顺对列车-轨道系统耦合动力学性能的影响。

移动质量模型是与实际列车运行情况最符合的列车-轨道界面耦合模型。此模型也是现有列车-轨道耦合激励模型中最复杂的，通常用于研究列车-轨道系统动力学时域特性。移动模型能更好地模拟列车和线路系统在横、垂和纵向的空间振动行为，计算结果与实际情况更为接近，但计算量庞大且复杂，尤其是当线路系统为了考虑中高频振动特性对系统动态响应影响时或需要捕捉线路下部结构(如地基土层)波动特性时，需要采用实体有限元建模分析。当需要对较长区段线路运行下的高速列车-线路大系统动态行为进行研究时，往往会由于线路系统过于庞大，超出目前计算机所能承受的运算和存储能力范围，使得最终采用移动模型在实际计算中无法实施。为了克服移动模型的不足，Dong 提出了一种对轨道结构进行"增加和缩减"的技术，即当车辆运行过一个轨枕间距时，将轨道模型最后长度为轨枕间距的一段去掉，并在模型最前端增加同样的一段[36]。肖新标提出了一种"跟踪窗口"模型来更为高效地进行列车-轨道耦合激励模拟，在每一个计算时间步长时，对计算钢轨长度内的轨下支撑进行判断，认为只有在"跟踪窗口"之内的轨下支撑对该时刻的列车-轨道耦合系统起到支撑激振作用，其他则忽略不计[37]。

4. 轮轨系统动力学激励

列车-轨道系统的动力学激励主要有五种：参数激励、轨道几何不平顺激励、轮轨界面激励、接触不平顺激励、外荷载激励。不同类型激励激起的列车-轨道系统振动频率不同，需要采用不同的轮轨系统动力学模型，高速列车、有砟轨道以及高低频轮轨系统动力学的振动频率范围如表 4.3 所示。第三章介绍的高速轮轨瞬态滚动接触模型就是一类轮轨多弹性体系统动力学模型，可以较准确地模拟轮轨界面附近的高频振动情况，但因复杂模型的简化，对于中低频振动的模拟则又有所不足。受计算能力限制，目前还没有一种可对轮轨系统高、中、低频振动全面模拟的模型。

表 4.3   轮轨系统振动频率界定范围

主要系统	部件	低频振动	中频振动	高频振动
车辆系统	车体	0~5Hz	5~8Hz	8Hz 及以上
	构架	0~10Hz	10~20Hz	20Hz 及以上
	轮对	0~50Hz	50~100Hz	100Hz 及以上
轨道系统	有砟轨道	0~40Hz	40~400Hz	400~3000Hz
轮轨系统	动力学模型	0~50Hz	50~500Hz	500~5000Hz
		多刚体系统	刚柔耦合系统	多弹性体系统

参数激励是指轮轨系统中因结构设计参数而确定的以某固定波长或固定频率的激励，主要有车轮通过频率、车轮旋转频率、转向架固定轴距、车辆定距、轨枕通过频率、轨道板长、简支桥梁跨度等，多为中低频激励。例如，某动车组以 200km/h 运行时，车轮旋转频率约为 20Hz，测得构架上各部位的垂向振动加速度频谱如图 4.1 所示[38]，从图中清晰可见，各部件的垂向振动频率峰值均是按 20Hz 倍增的，可见车轮旋转频率的影响十分显著。某 32m 简支梁地段轨检车测得的高低不平顺时域图中可以明显看出以 32m 为周期的激励，如图 4.2 所示。

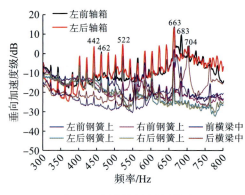

图 4.1   车轮旋转频率激励

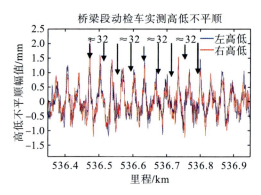

图 4.2   简支桥梁固定跨度激励

轨道几何不平顺激励是指钢轨随其支撑在空间中的几何尺寸变化而引起的激励，包括静态几何不平顺激励和动态几何不平顺激励两部分，波长通常为 1~120m，激励频率为中低频。静态几何不平顺包括钢轨自身轧制过程中形成的不平顺(如周期性轧制不平顺)、道床或轨下基础变形引起的不平顺、部件安装时的几何偏差所导致的不平顺等，可以采用实测的几何不平顺或从统计的轨道谱经时频转换而得到的时域样本作为轮轨系统动力学的激励输入，这类不平顺是轮轨系统动力学中最常使用的激励。动态几何不平顺是由轨下支承刚度不均匀、有砟轨道轨枕空吊或暗坑、无砟轨道层间离缝等造成的，当列车经过时形成的动态不平顺，据统计，中国无砟轨道动态不平顺在 95% 的置信区间内较静态不平顺增大不超过 2.0mm，且两者间的变化规律吻合得较好。随着列车速度的提高，车体"1Hz"共振的敏感波长越来越长，以至于部分曲线、坡道、缓和曲线、竖曲线的长度与敏感波长越来越接近，导致这些线路平纵断面几何也成为另一类几何不平顺。

轮轨界面激励是指车轮与钢轨接触界面处的局部几何缺陷引起的激励，包括车轮踏面擦伤、硌伤、扁疤、车轮失圆及多边形损伤、钢轨焊头不平顺、钢轨波磨、钢轨擦伤/硌伤等，因其波长较短，激振频率通常为中高频。由于接触滤波效应，当这些局部不平顺的波长小于接触斑尺寸时，其激振频率就不会再增长。为了研究更高频率范围内的轮轨滚动噪声问题，通常可以采用轮轨粗糙谱为其激励，其波长通常在 5～250mm、幅值在 0.1～250μm。

接触不平顺激励是国内外学者在近几年研究等效锥度对行车稳定性影响中逐渐认识到的一种新的不平顺，主要是指轮轨间滚动接触变化、跳跃、黏滑波动等原因引起的激励，包括道岔区内的轮载过渡与接触转移、凹磨车轮的接触跳跃、局部低黏区的黏滑波动、轨底坡变化率过大等，它同样会激起轮轨系统的振动，激励频率通常也为中高频。近几年在中国高速铁路的运营实践中，接触不平顺的影响越来越显著，部分线路出现了多起几何不平顺偏差很小，但因接触不平顺导致列车晃车、构架横向加速度超限停车的现象。

外荷载激励是指轮轨系统受到的自然横风、交会列车风、空气动力抬升、隧道空气动力效应、地震动等外部荷载的激励，激励频率通常为中低频。外荷载激励下的动力学行为研究通常被认为是轮轨系统动力学的应用拓展，但对高速铁路的安全运营也是至关重要的。

二、列车-道岔系统动力学发展现状

道岔区轮轨系统动力学是随区间线路上的轮轨系统动力学的发展而不断发展的。列车-道岔系统动力学模型也经历了由简单到复杂、由低频向中高频的发展过程。

1. 国内的列车-道岔系统动力学发展现状

受道岔自身复杂的结构特点以及大型计算技术欠缺的影响，早期的道岔力学分析基本都停留在静态或准静态的阶段。1982 年，由于轮轨集总参数模型的发展，顾经文采用这种方法研究了固定辙叉区垂向不平顺对车辆运行过程中产生的振动相互作用[39]。随后，罗雁云也采用与之相同的方法研究了列车通过固定辙叉时的振动特性[40]，然而，这种集总参数模型的简化较多，导致计算精度普遍不高。之后到 1988 年，为了提升计算精度，赵曦使用有限元法建立了车轮-辙叉系统振动模型，分析车辆通过固定辙叉时的垂向轮轨动力相互作用，并以此确定了轨下胶垫垂向刚度的合理取值范围[41]；随后，张远荣首次将变截面心轨采用变截面梁单元模拟，研究车辆通过可动心轨辙叉时的轮轨动力响应，进一步提高了振动模型的可靠性[42]。

随着列车-轨道多刚体系统动力学的发展，作者建立了较为完善的列车-道岔耦合系统动力学模型和求解方法，列车模型采用区间线路已有的成熟模型，即 31 自由度整车模型，轨道采用转辙器、连接部分、辙叉分区建模的两层结构，沿线路纵向考虑尖/心轨等变截面钢轨、间隔铁等不同的连接零件造成的影响，沿线路垂向考虑尖轨、基本轨等轨下支承方式不同造成的影响，沿线路横向考虑长岔枕、轨道参振个数等造成的影响，同时还从静态和动态两方面研究了道岔区的轮轨接触理论，在此基础上编制了计算机仿真程序，能够研究车辆和道岔系统的耦合振动特性，并在道岔纵向刚度分布不均匀、可动心轨辙叉、转辙器部件力学特性、道岔区行车安全和平稳等方面进行了大量的理论分析和应用实践[43-50]。任尊松等则基于最小距离搜索法提出了道岔区轮轨多点接触的判定方法，并将该方法应用到列车-道岔系统动力学的研究中，在此基础上研究了尖/基轨不密贴、固定辙叉磨耗、间隔铁失效等损伤病害对岔区轮轨动力相互作用的影响[51-55]。随后，在提速铁路道岔及高速铁路道岔研制过程中，作者团队在岔区刚度分布不均匀、尖轨及心轨转换异常、岔区轨道不平顺、道岔平面线型对车辆过岔时的平稳性和安全性展开研究，并分别提出了岔区刚度均匀化方法、转换不足位移及夹异物尺寸限值、岔区不平顺限值控制和调整方法、道岔低动力平面线型设计方法[56-59]；对固定辙叉区轮轨关系进行优化设计，并研究了系统结构参数对车辆过岔时振动特性的影响规律[60]；建立了较为完善的列车-道岔-桥梁耦合系统动力学模型，提出了能够解决道岔上桥这一关键性难题的理论分析方法，并利用现场实测的数据验证了理论模型的正确性[61]；研究了道岔区钢轨的磨耗机理，采用半赫兹方法解决列车-道岔系统动力学中的轮轨接触问题，并分析了曲尖轨侧面磨耗、基本轨垂直磨耗以及尖/基轨高度偏差对车辆运行品质的影响[62]；建立了考虑尖轨和基本轨相对运动的转辙器区轮轨接触分析模型，对道岔转辙器区轮轨滚动接触行为、钢轨滚动接触疲劳损伤仿真分析以及面向钢轨疲劳控制的廓形优化进行了系统的研究[63]；建立了考虑道岔区钢轨变截面特点的轮轨接触几何模型——法向切割模型，基于道岔区轮对横移随机变化规律，提出了适用于道岔区非对称截面的等效锥度计算方法及非对称钢轨型面反向优化设计的方法，通过优化尖轨廓形来提高列车通过道岔转辙器部件时的平稳性[64]；建立了适用于转辙器区动态脱轨分析的弹性定位轮对动力学仿真模型，对轮对侧逆向和侧顺向通过转辙器时的动态脱轨行为及影响因素进行了仿真研究，提出从岔前平面线型和尖轨降低值优化两个方面对小号码道岔转辙器区行车安全性进行提升[65]等。

与此同时，部分学者利用商用多刚体软件开展列车通过道岔时的动力仿真分析。1996年，赵国堂将商业软件NUCARS引入高速铁路道岔轮轨动力响应的仿真研究中，建立了列车-道岔系统多体动力学模型，来研究车辆高速通过18号道岔时的动力特性，包括轮轨力、磨耗、车体加速度等[66]。之后，孙加林基于NUCARS建立列车与道岔的多刚体动力学模型，分析了大号码道岔平面线型对轮轨系统耦合振动的影响[67]；吴安伟等基于SIMPACK软件建立了车辆通过道岔的多刚体模型，研究车轮踏面与道岔参数对系统振动特性的影响，模型中考虑了道岔钢轨变截面特性[68]；同样，李刚基于SIMPACK研究了高速动车组通过42号道岔的振动响应问题[69]。李苍楠则通过SIMPACK与ABQUES进行刚柔耦合联合仿真，研究桥梁对车辆通过无砟道岔时动力性能的影响[70]。本书作者团队基于多体动力学软件，研究了道岔尖轨降低值对车岔动力相互作用的影响，并分析了由尖轨降低值超限引起的车辆晃车现象，还分析了岔区钢轨轧制不平顺对车岔垂向动力相互作用的影响[71,72]。

无论是自编软件还是基于商用软件，我国的列车-道岔多刚体系统动力学研究已经取得了长足的进步，成功指导了中国自主研发的各种提速铁路道岔、重载铁路道岔及高速铁路道岔的研制，也为道岔病害分析、养护维修提供了科学指导。

2. 国外列车-道岔系统动力学发展现状

国外学者在列车-道岔耦合系统动力学领域也进行了大量的研究工作。Zarembski 利用多体动力学仿真软件研究了车辆通过道岔时的横向振动问题[73]。Schmid 等则建立了转向架-道岔耦合动力学模型，研究了转向架通过道岔转辙器部件时的轮轨动力相互作用[74]。Andersson 等则以固定辙叉为例，研究了车辆通过固定辙叉时的动态响应[75]。Schupp 等则研究了轮轨之间的多点接触特性，并提出了轮轨多点接触在多刚体动力学仿真中的实现方法[76]。Pletz 等利用有限元法，建立了单车轮滚动通过辙叉部件的动力学模型，可研究车轮不同通过方式下，轮轨之间的动态相互作用力及内部等效应力等[77]。Kassa 等利用不同的多刚体系统软件仿真分析了车辆与道岔之间的动态相互作用，并与现场试验得到的数据进行了对比，发现两者的结果较为吻合[78,79]，此外，Kassa 等建立了标准道岔的有限元模型，能在更高频域范围内研究车辆与道岔之间的动态相互作用，使用该模型计算道岔前500 阶的本征模态，最高计算频率可达到 300Hz[80]。Alfi 等通过建立数学模型的方式来研究中低频(0~500Hz)条件下列车-道岔系统的振动特性，在该模型中，充分考虑了单个车轮与多根钢轨同时接触的情况，能够更精确地预测车轮在转辙器部件和辙叉部件发生转移时对列车-道岔系统动力性能的影响[81]。Sugiyama 等提出了一种道岔区计算轮轨两点接触的方法，在该方法的计算过程中，尖轨与基本轨的廓形合并为一个整体廓形参与计算，并未考虑尖/基轨之间的相互错动[82,83]。Burgelman 等均通过列车-道岔耦合系统动力学的手段研究轮轨的磨耗和滚动接触疲劳，在动力学仿真分析中，尖轨与基本轨之间视为刚性约束，即不考虑尖/基轨相对运动对动力响应和接触应力的影响[84,85]。Sebes 等将轮轨半赫兹接触算法应用到列车-道岔系统动力学仿真分析中，相比于赫兹算法，该方法最大的好处是能够较为精确地求解轮轨接触斑形状及接触应力[86]。

不同于我国的研究，国外针对列车通过道岔时的动力响应研究主要基于商用软件来进行，研究对象大多是固定辙叉式道岔，因为此类型的道岔在低速铁路上使用普遍且病害较多。

目前，国内外针对中高频激励下的列车-道岔系统动力学的研究才刚起步。中国高速铁路运营实践中，发现具有凹形磨耗、高阶多边形磨耗、踏面擦伤、轮径差等病害的高速车轮通过道岔时，会在道岔区激起中高频的轮轨系统振动，而导致岔区轨道部件出现了较多的疲劳损坏等病害，也需要跟随区间线路轮轨系统动力学的发展，开展高速列车-道岔刚柔耦合系统动力学的研究。

第二节　高速列车-道岔刚柔耦合系统动力学建模

运行速度提高后，列车对轮轨激扰的敏感性增强，轮轨激扰频率范围进一步增大，为深入研究高速动车组振动及传递规律，全面认识车辆系统振动特性，任尊松等[87]在车辆上布置加速度和空气压力传感器，获得了武广客运专线高速动车组车辆轴箱、构架以及车体振动加速度在通过道岔时的变化，测试总里程约为 2130km，列车最高运行速度为325km/h，动车组运用状态良好。

测试得到的轴箱垂、横向振动加速度频谱如图 4.3 所示，构架和车体的垂向振动加速度频谱如图 4.4 所示。测试表明，高速列车通过道岔时，轴箱加速度最大值超过 600m/s²，且在短时间内激烈振动和衰减；通过分析一个完整的道岔通过的频率分布，轴箱振动能量在 300～500Hz 范围内更为集中；构架和车体的最大加速度幅值分别为 30m/s²、1.0m/s² 左右；构架振动频率和振动能量主要分布在 28～46Hz 范围内，而车体的振动频率主要分布在 0～2Hz 范围内，且其振动功率谱密度远小于构架和轮轴振动能量；道岔区轮轴及构架的主振频率范围较区间线路有所增加；从轮轴、构架以及车体振动频率来看，它们的主振频率呈 1 个数量级关系衰减，振动能量一般呈 2 个数量级衰减；高速车辆通过道岔时构架振动频率范围，已经涵盖了构架第一阶弹性振动频率（45Hz），意味着高速列车以 300km/h 及以上速度通过道岔时，构架在一定程度上发生了弹性振动，若简化为刚性运动，必然会导致一定的误差。

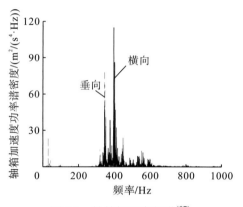

图 4.3　轴箱加速度频谱[87]　　　　图 4.4　构架和车体垂向加速度频谱[87]

上述道岔区的中高频振动还仅是由道岔本身的接触不平顺所激起的；若动车组运用状态不良，或者道岔服役性能劣化，在轮轨界面局部不平顺的激励下，轮轴及构架的主振频率范围还会升高，显然也会导致道岔部件的高频振动能量增加，需要深入开展高速列车-道岔系统的中、高频振动分析研究。

一、刚柔耦合系统动力学原理

建立刚柔耦合动力学方程可基于如下三种原理：牛顿-欧拉法；以哈密顿原理、虚功原理为基础的分析力学法，基于达朗贝尔原理对刚柔耦合动力方程进行推导，可以实现与刚体系统或有限元结构的衔接；极值原理[88,89]。

建立如图 4.5 所示的坐标系，设 G 为某刚柔耦合系统的任一柔性体，e^r 为刚柔耦合系统的大地坐标系，e^b 为固结在柔性体 G 上的连体坐标系 O^b-$X^bY^bZ^b$。连体坐标系 e^b 相对于大地坐标系 e^r 进行移动和转动，连体坐标系在大地坐标系中的坐标称为参考坐标。与刚体系统不同的是，柔性体需要考虑结构的弹性变形，即在动态过程中柔性体内各点的相对位置随时间而变化，只通过连体坐标系是不能够完全描述柔性体各点在大地坐标系内的相对运动的。为此，引入一个弹性坐标，柔性体在动态变形过程中，其内部各点相对于连体坐标的形位变化，由弹性坐标将其描述成连体坐标的刚性运动和弹性变形的合成运动。

假设柔性体 G 的连体坐标系的原点位置为 B，由于柔性体结构的弹性变形，内部某一点由位置 p 运动到 p'，在小变形的情况下，柔性体的运动可以分解成自身的刚性移动、自身的刚性转动及柔性体自身的变形。柔性体发生弹性变形以后其内部任意一点 p 在大地坐标系中的位置向量 r_p 为

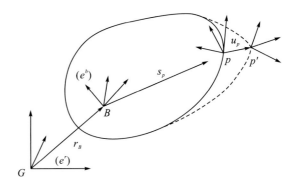

图 4.5 柔性体变形模型坐标系

$$r_p = r_B + A\left(s_p + u_p\right) \tag{4.1}$$

式中，r_B 为连体坐标系的原点 B 在大地坐标系中的向量；A 为连体坐标系 e^b 的方向余弦矩阵；s_p 为柔性体 G 内某一点 p 在柔性体内最初的位置，即在连体坐标系中的最初向量；u_p 为 p' 对 p 点的相对变形向量。

当柔性体变形不大时，通过模态向量 q 可将变形向量 u_p 表示为

$$u_p = \Phi_p q \tag{4.2}$$

式中，Φ_p 为柔性体中节点 p 满足里茨模态集要求的变形模态矩阵；里茨模态集是刚柔耦合系统在变形不大情况下的线性模态。而柔性体上 p 点的速度向量和加速度向量可通过对式（4.1）求导得到，速度向量为

$$\dot{r}_p = \dot{r}_B + \dot{A}\left(s_p + u_p\right) + A\Phi_p \dot{q} \tag{4.3}$$

加速度向量为

$$\ddot{r}_p = \ddot{r}_B + \ddot{A}\left(s_p + u_p\right) + 2\dot{A}\Phi_p \dot{q} + A\Phi_p \ddot{q} \tag{4.4}$$

考虑到柔性体变形以后节点 p 的形位和 NM 阶模态，柔性体在大地坐标系中的坐标 ζ 可表示为

$$\zeta = \begin{bmatrix} x & y & z & \phi & \psi & \beta & q_1 & \cdots & q_n \cdots & q_{NM} \end{bmatrix}^{\mathrm{T}} \tag{4.5}$$

式中，坐标 ζ 总共由沿三个坐标轴的平动坐标 x、y、z，沿三个坐标轴的转动坐标 ϕ、ψ、β，以及 NM 阶模态坐标 $q_n (n=1, 2, \cdots, NM)$ 组成。

若柔性体系统的动力学模型中总共有 k 个约束，则得到该系统的基于拉格朗日法的动力学方程为

$$\begin{cases} \dfrac{\mathrm{d}}{\mathrm{d}t}\left(\dfrac{\partial L}{\partial \dot{\zeta}}\right) - \dfrac{\partial L}{\partial \zeta} + \dfrac{\partial \Gamma}{\partial \dot{\zeta}} + \left[\dfrac{\partial \Psi}{\partial \zeta}\right]^{\mathrm{T}} \lambda - Q = 0 \\ \Psi = 0 \end{cases} \tag{4.6}$$

式中，$\Psi = 0$ 为系统的 k 个完整约束方程；λ 为对应于约束方程的拉格朗日乘子；ζ 为广义坐标；Q 为投影到 ζ 上的广义力；L 为拉格朗日函数，定义为 $L = T - W$，T 和 W 分别为柔性体的动能和势能；Γ 为系统的能量损耗函数。

柔性体各阶模态的自由度 NM 很大,因此必须对式(4.6)开展变换以约束其自由度,才能进行有效的求解计算。为此,用柔性体的子结构组合来近似代替原柔性体,这组子结构的模态自由度远小于原结构。将子结构组通过模态坐标变换可得到柔性体系统的低阶动力学方程,对该方程求解之后再通过逆变换求得原柔性体系统动态响应。

二、高速列车及柔性轮对模型

1. 高速列车动力学模型

以我国 CRH2 型高速列车为例,基于多体动力学理论,建立高速列车模型,其拓扑结构如图 4.6 所示。车辆动力学模型中,1 组车体通过空气弹簧与 2 组构架连接,每组构架通过 4 个轴箱与 2 组轮对连接;拓扑图中铰接单元旁边的括号表示该刚体所考虑的自由度,如车体、构架和轮对各考虑 6 个自由度,包括纵移 x、横移 y、沉浮 z、侧滚角 ϕ、摇头角 ψ 和点头角 β,而每组轮对两端各与一个轴箱铰接,每组轴箱只考虑点头角 β 自由度。车辆动力学模型考虑了悬挂力元的非线性特性(如垂向减振器、横向减振器、抗蛇行减振器和横向止挡等),图中数字分别表示:1~4 为轮轨力,5~8 为一系弹簧力,9~12 为一系垂向减振器力,13~16 为轴箱转臂节点力,17、18 为二系空气弹簧力,19、20 为抗蛇行减振器力,21、22 为二系横向减振器力,23 为牵引拉杆力,24 为横向止挡力。

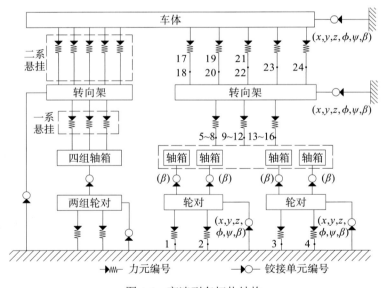

图 4.6　高速列车拓扑结构

2. 欧拉坐标系下考虑轮对旋转效应的柔性轮对模型

采用有限元软件,建立轮对实体模型,表 4.4 表示了轮对在自由状态下的模态特性。在 2000Hz 频率范围内,轮对模态振型可主要划分为轮对扭转、轮对弯曲、车轮伞形变形、车轮径向模态等类别。其中,振型(b-1)和(b-2)分别表示轮对在平行轨道平面(xOy 平面)和垂直轨道中心线平面(yOz 平面)的弯曲变形;轮对在自由状态下,这两阶振型对应相同的频率；模态振型(f-1)～(f-4)均为固有频率为 460.2Hz 的车轮 2 节径模态，在图(f-1)中，括号(2, 0, 45, 135)中的"2"表示节径数(不变形直径数)，"0"表示节圆数(不变形圆周数)，"45"表示 2 个节径中其中一条节径与 x 轴(轨道中心线方向)的夹角为 45°，"135"表示另外一条节径与 x 轴(轨道中心线方向)的夹角为 135°。同理，(m-1)～(m-4)表示固有频率为 1207.8Hz 的车轮 3 节径轮对模态，以(m-1)的(3, 0, 0, 60, 120)对称模态为例，括号中的"3"表示节径数，"0"表示节圆数，"0, 60, 120"分别为 3 个节径与 x 轴的夹角，该模态振型相对轮轴中心圆截面对称。

表 4.4　自由状态下轮对模态振型和频率

序号	振型		频率/Hz
$f_{(1)}$	(a)轮对扭转 f_{tor}		90.0
$f_{(2, 3)}$	(b-1)xOy 平面轮对第一阶弯曲 $f_{b1\text{-}xOy}$	(b-2)yOz 平面轮对第一阶弯曲 $f_{b1\text{-}yOz}$	108.3
$f_{(4, 5)}$	(c-1)xOy 平面车轮同向偏转 $f_{b\text{-}asym\text{-}xOy}$	(c-2)yOz 平面车轮同向偏转 $f_{b\text{-}asym\text{-}yOz}$	190.5
$f_{(6)}$	(d)一阶对称车轮伞形 $f_{u1\text{-}sym}$		320.6
$f_{(7, 8)}$	(e-1)xOy 平面车轮反向偏转 $f_{b\text{-}sym\text{-}xOy}$	(e-2)yOz 平面车轮反向偏转 $f_{b\text{-}sym\text{-}yOz}$	361.2
$f_{(9\sim12)}$	(f-1) (2, 0, 45, 135)对称 $f_{n2(2, 0, 45, 135)\text{-}sym}$ 　(f-3) (2, 0, 45, 135)反对称 $f_{n2(2, 0, 45, 135)\text{-}asym}$	(f-2) (2, 0, 0, 90)对称 $f_{n2(2, 0, 0, 90)\text{-}sym}$ 　(f-4) (2, 0, 0, 90)反对称 $f_{n2(2, 0, 0, 90)\text{-}asym}$	460.2

序号	振型		频率/Hz
$f_{(13)}$	(g) 一阶反对称车轮伞形 $f_{u1\text{-}asym}$		485.5
$f_{(14, 15)}$	(h-1) xOy 平面轮对第二阶弯曲 $f_{b2\text{-}xOy}$	(h-2) yOz 平面轮对第二阶弯曲 $f_{b2\text{-}yOz}$	674.2
$f_{(16, 17)}$	(i-1) xOy 平面轮对第三阶弯曲 $f_{b3\text{-}xOy}$	(i-2) yOz 平面轮对第三阶弯曲 $f_{b3\text{-}yOz}$	895.9
$f_{(18)}$	(j) 二阶对称车轮伞形 $f_{u2\text{-}sym}$		1066.6
$f_{(19, 20)}$	(k-1) xOy 平面轮对第四阶弯曲 $f_{b4\text{-}xOy}$	(k-2) yOz 平面轮对第四阶弯曲 $f_{b4\text{-}yOz}$	1164.1
$f_{(21)}$	(l) f_{axle}		1175.9
$f_{(22\sim25)}$	(m-1) (3, 0, 0, 60, 120) 对称 $f_{n3(3, 0, 0, 60, 120)\text{-}sym}$　　(m-3) (3, 0, 0, 60, 120) 反对称 $f_{n3(3, 0, 0, 60, 120)\text{-}asym}$	(m-2) (3, 0, 30, 90, 150) 对称 $f_{n3(3, 0, 30, 90, 150)\text{-}sym}$　　(m-4) (3, 0, 30, 90, 150) 反对称 $f_{n3(3, 0, 30, 90, 150)\text{-}asym}$	1207.8
$f_{(26, 27)}$	(n-1) xOy 平面轮对第五阶弯曲 $f_{b5\text{-}xOy}$	(n-2) yOz 平面轮对第五阶弯曲 $f_{b5\text{-}yOz}$	1589.4

序号	振型		频率/Hz
$f_{(28)}$	 (o) 二阶反对称车轮伞形 $f_{u2\text{-asym}}$		1853.0
$f_{(29,30)}$	 (p-1)xOy 平面轮对第六阶弯曲 $f_{b6\text{-}xOy}$	 (p-2)yOz 平面轮对第六阶弯曲 $f_{b6\text{-}yOz}$	1860.5

车辆轮对作为高速旋转的结构，若采用拉格朗日坐标系描述轮对的变形，则轮对上的节点将随轮对发生大角度旋转；若存在作用点不随轮对旋转的力作用在轮对上，如轮轨力等，则在考虑该作用力对轮对运动的贡献时，在每一个时刻都需要重新定位其作用点在拉格朗日坐标系中的位置，增大了计算量。Fayos 等[90]推导了在欧拉坐标系下考虑旋转效应的轮对运动方程，如式(4.7)～式(4.13)所示。欧拉坐标系的特点是：它不与物体上的某个点相关联，而是可以随轮对一起旋转。

$$\ddot{q} + 2\Omega\tilde{G}\dot{q} + \left(\tilde{K} + \Omega^2\tilde{C}\right)q = Q + \Omega^2 L \tag{4.7}$$

$$\tilde{C} = \tilde{J}\tilde{J}^{\mathrm{T}} - \tilde{G}\tilde{G}^{\mathrm{T}} - \tilde{E} \tag{4.8}$$

式中，q 为欧拉坐标系下的轮对模态坐标；$\dot{q}$ 和 $\ddot{q}$ 分别为 q 的一阶和二阶导数；Ω 为轮对旋转角速度；Q 为作用于柔性轮对的广义力向量；矩阵 $\tilde{G}$、$\tilde{K}$、$\tilde{C}$、$\tilde{J}$、$\tilde{E}$ 和向量 L 不随时间变化，可在开展动力学分析前结合有限元理论和模态分析结果进行计算：

$$\tilde{K} = \mathrm{diag}(\omega_1^2, \omega_2^2, \cdots, \omega_{NM}^2) \tag{4.9}$$

$$\tilde{J} = \boldsymbol{\Phi}_{\mathrm{FE}}^{\mathrm{T}}\left(\sum_{e=1}^{N_E}\int_{\mathrm{RCV}_e}\rho N_e(v)^{\mathrm{T}} J N_e(v)\mathrm{d}v\right)\boldsymbol{\Phi}_{\mathrm{FE}} \tag{4.10}$$

$$\tilde{G} = \boldsymbol{\Phi}_{\mathrm{FE}}^{\mathrm{T}}\left(\sum_{e=1}^{N_E}\int_{\mathrm{RCV}_e}\rho\left(\sum_{i=1}^{3}\frac{\partial N_e(v)^{\mathrm{T}}}{\partial v_i}(Jv)_i\right)N_e(v)\mathrm{d}v\right)\boldsymbol{\Phi}_{\mathrm{FE}} \tag{4.11}$$

$$\tilde{E} = \boldsymbol{\Phi}_{\mathrm{FE}}^{\mathrm{T}}\left(\sum_{e=1}^{N_E}\int_{\mathrm{RCV}_e}\rho N_e(v)^{\mathrm{T}} E N_e(v)\mathrm{d}v\right)\boldsymbol{\Phi}_{\mathrm{FE}} \tag{4.12}$$

$$L = \boldsymbol{\Phi}_{\mathrm{FE}}^{\mathrm{T}}\left(\sum_{e=1}^{N_E}\int_{\mathrm{RCV}_e}\rho N_e(v)^{\mathrm{T}} Ev\mathrm{d}v\right) \tag{4.13}$$

式中，N_E 为轮对有限元模型的单元总数；RCV_e 为单元体积；$\omega_i (i=1,2,\cdots,NM)$ 为轮对特征模态的圆频率，NM 为轮对模态截止阶数；$\boldsymbol{\Phi}_{\mathrm{FE}}$ 为轮对正则振型矩阵；$N_e(v)$ 为单元 e 的形函数；ρ 为材料密度；v 为未变形轮对有限元模型上某个节点在欧拉坐标系中的空间位置。式(4.10)的矩阵 $\tilde{J}$ 与轮对旋转引起陀螺效应相关，式(4.12)的矩阵 $\tilde{E}$ 和式(4.13)的向量 L 与部分模态在轮对旋转过程中产生的离心效应相关，其中的矩阵 J 和 E 的求解方式如下。

设 A 为在拉格朗日坐标系中，轮对坐标系与参考坐标系之间的转换矩阵，即轮对绕

车轴的旋转矩阵，θ 为车轮绕轮轴中心线旋转的角度，则

$$A=\begin{bmatrix} \cos\theta & 0 & \sin\theta \\ 0 & 1 & 0 \\ -\sin\theta & 0 & \cos\theta \end{bmatrix} \tag{4.14}$$

矩阵 J 为旋转矩阵 A 的一阶导数与 A 倒置矩阵的乘积，矩阵 E 是 A 的二阶导数与 A 倒置矩阵的乘积，表示为

$$J=A_\theta A^{\mathrm{T}} \tag{4.15}$$
$$E=-A_{\theta\theta} A^{\mathrm{T}} \tag{4.16}$$

式中，A_θ 和 $A_{\theta\theta}$ 分别为矩阵 A 的一阶导数和二阶导数。因此，柔性轮对动力学模型的频响函数为

$$H(\omega)=\Phi\left[-\omega^2 I+\left(\tilde{K}+\Omega^2\tilde{C}\right)+\mathrm{i}2\omega\Omega\tilde{G}\right]\Phi^{\mathrm{T}} \tag{4.17}$$

式中，I 为维度为 $NM\times NM$ 的单位矩阵。

图 4.7 表示了在速度 0km/h、200km/h 和 350km/h 下，高速旋转轮对在踏面基点处的位移导纳函数 H，图中序号 $f_{(i)}(i=1,2,\cdots,NM)$ 对应未考虑旋转效应、速度为零时的轮对模态特征频率，如表 4.4 所示。当轮对旋转时，具有多个相同特征频率的轮对模态(如轮对弯曲模态、轮对多节径模态)会发生频率分叉现象，如轮对第一阶弯曲模态 $f_{(2,3)}$，在轮对运行速度 350km/h 下，分叉后的位移导纳共振峰对应的频率分别为黄色标记的 $f_{(2,3)}^F$ 和 $f_{(2,3)}^R$，因图 4.7 空间有限，未能标记所有轮对频率分叉后对应的位置。分叉后两阶模态频率与忽略旋转效应的模态频率的差值绝对值大致相同，即 $\left|f_{(2,3)}^F-f_{(2,3)}\right|\approx\left|f_{(2,3)}^R-f_{(2,3)}\right|$；同时，频率分叉的幅值随旋转速度增大而增大。

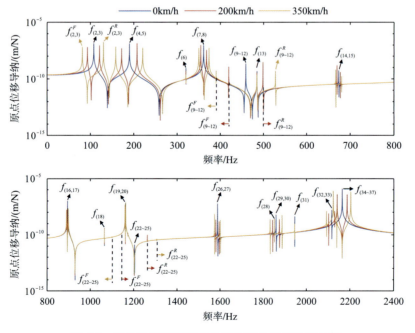

图 4.7　柔性轮对踏面基点处垂向原点位移导纳函数

　　图 4.8 给出了不同旋转速度对轮对频率分叉的影响，即 Campbell 图，图中垂直虚线表示不随旋转速度变化的轮对固有频率，这些固有频率对应的模态是特征值的重根。其中，对于轮对多节径模态旋转之后得到的特征频率，频率分叉后的频率变化幅值与节径数 n 相关。例如，对名义滚动圆半径为 0.43m 的车轮，当轮对前进速度为 200km/h、旋转转速为 20.56r/s 时，旋转后 2 节径模态的特征频率分别为 $f_{(9\sim12)}^{F}$=420.2Hz 和 $f_{(9\sim12)}^{R}$=499.1Hz，与速度为零时的固有频率 $f_{(9\sim12)}$=459.7Hz 的差值分别为 39.5Hz 和 39.4Hz，约等于节径数×转速=2×20.56=41.1Hz；当轮对前进速度为 400km/h 时，$f_{(9\sim12)}^{F}$ 和 $f_{(9\sim12)}^{R}$ 分别为 380.7Hz 和 538.5Hz，与 $f_{(9\sim12)}$ 的差值分别为 79.0Hz 和 78.8Hz，近似于节径数与转速的乘积 82.2Hz。同理，对 3 节径模态，在速度 200km/h 时，旋转后模态对应的特征频率分别为 $f_{(22\sim25)}^{F}$=1145.4Hz 和 $f_{(22\sim25)}^{R}$=1263.0Hz，其与不考虑旋转效应时的模态频率 $f_{(22\sim25)}$=1204.3Hz 的差值分别为 58.9Hz 和 58.7Hz，近似于 3×20.56=61.7Hz。

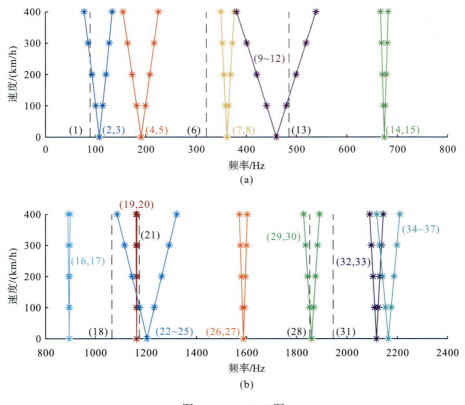

图 4.8　Campbell 图

　　不同于传统刚性轮对，当柔性轮对受垂向激励时，在横向和纵向上也有对应的响应。图 4.9 给出了在踏面基点施加垂向激励时，踏面基点的横向和纵向交叉位移导纳，交叉导纳在大部分考虑旋转效应前后的特征频率上存在峰值。如图 4.9 (a) 所示，针对轮对伞形变形模态 (如 $f_{(6)}$、$f_{(13)}$、$f_{(18)}$ 和 $f_{(28)}$ 等)，相比于垂向原点位移导纳，垂向-横向交叉导纳幅值显著增大；该现象也与轮对伞形变形模态主要以横向变形为主相吻合。如图 4.9(b)所示，轮对旋转使轮对垂向-纵向交叉导纳在旋转模态 $f_{(1)}$ 处出现共振峰。

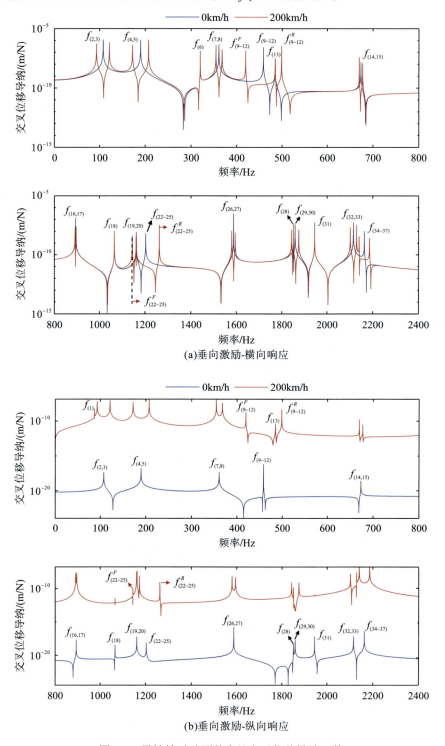

图 4.9 柔性轮对踏面基点处交叉位移导纳函数

3. 基于 Craigh-Bampton 模态综合法的柔性轮对模型及验证

1) Craigh-Bampton 模态综合法

在分析大型复杂结构的动力特性和动力响应时，用有限元离散方法所得到的系统自由度较多；动态子结构方法将大型复杂结构按一定的原则划分成若干个子结构，分析每个子结构的动力特性，保留其低阶主要模态信息，再根据各子结构交界面的协调关系，组装得到整体结构的动力特性。本节选用 Craigh-Bampton 模态综合法，所构造的 Craigh-Bampton 模态集包含非正交约束模态和正交的固定边界特征模态；该模态集除了选取对结构变形贡献较大的特征模态外，还补充静力或位移作用下的静态响应模态（约束模态），以补偿高阶模态截断造成的误差。

将自由度分为两个集合，分别为结构与其他结构连接的边界自由度 u_B 和结构内部自由度 u_I，将运动方程按该集合分块[91]：

$$\begin{bmatrix} M_{BB} & M_{BI} \\ M_{IB} & M_{II} \end{bmatrix}\begin{bmatrix} \ddot{u}_B \\ \ddot{u}_I \end{bmatrix} + \begin{bmatrix} K_{BB} & K_{BI} \\ K_{IB} & K_{II} \end{bmatrix}\begin{bmatrix} u_B \\ u_I \end{bmatrix} = \begin{bmatrix} F_{fB} \\ 0 \end{bmatrix} \tag{4.18}$$

$$u = \begin{bmatrix} u_B \\ u_I \end{bmatrix} = \begin{bmatrix} I & 0 \\ f_B & f_I \end{bmatrix}\begin{bmatrix} u_B \\ q_m \end{bmatrix} = \begin{bmatrix} \Phi_C & \Phi_N \end{bmatrix}\begin{bmatrix} u_B \\ q_m \end{bmatrix} \tag{4.19}$$

式中，F_{fB} 为边界自由度作用力，内部自由度受力为零；f_B 为边界自由度刚性位移与内部自由度弹性变形之间的变换矩阵；f_I 为模态响应与内部自由度弹性变形之间的变换矩阵；I 为单位矩阵；Φ_C 和 Φ_N 分别为约束模态集和固定边界特征模态集，即采用 Craigh-Bampton 变换将物理坐标 u_B 和 u_I 变换为边界自由度物理坐标 u_B 和内部自由度模态坐标 q_m 的混合自由度集。

约束模态是一系列结构静态变形的集合，对每个边界自由度给定单位位移，在其他边界自由度固定约束的条件下，计算结构静态变形，组成约束模态集。它完全涵盖了所有可能的边界自由度运动，约束模态的模态坐标和相应的边界自由度的位移之间是一一对应的。针对上述边界条件计算静平衡，从而为每个保留自由度生成约束模态。

除了约束模态外，还可以添加固定边界特征模态，以在较高频率范围内获取更精确的结果。固定边界特征模态是将边界自由度全部约束，然后对结构进行特征值分析，特征频率和振型组成了该模态集。有限元软件子结构分析通过选取主节点，约束所有保留的自由度进行模态分析，计算固定边界特征模态，其变形通过广义坐标来描述。

在获取上述模态集 $\Phi_{CB} = \begin{bmatrix} \Phi_C & \Phi_N \end{bmatrix}$ 后，Craigh-Bampton 模态集为非正交模态集，需对其进行正交化变换，为求得变换矩阵，设有限元模型的质量矩阵和刚度矩阵分别为 M_f 和 K_f，则

$$M_{CB} = \Phi_{CB}^{\mathrm{T}} M_f \Phi_{CB}, \quad K_{CB} = \Phi_{CB}^{\mathrm{T}} K_f \Phi_{CB} \tag{4.20}$$

对式(4.21)进行特征值分析，有

$$(K_{CB} - \omega^2 M_{CB})\phi = 0 \tag{4.21}$$

计算出特征向量并采用质量矩阵进行正则化，得到正交化后的频率值 ω 和特征向量 ϕ_i，这些特征向量非原系统的特征向量，没有明确的物理含义。将这些特征向量组成变换

矩阵：

$$T=\left[\boldsymbol{\phi}_1, \boldsymbol{\phi}_2, \cdots, \boldsymbol{\phi}_{NM\_CB}\right] \tag{4.22}$$

NM_CB 为约束模态与固定边界特征模态数总和，可得到正交化后的 Craigh-Bampton 模态集为

$$\bar{\boldsymbol{\Phi}}_{CB}=\boldsymbol{\Phi}_{CB}\boldsymbol{T} \tag{4.23}$$

在获取正交化后的 Craigh-Bampton 模态集后，将构造正交化后的轮对振动方程。含瑞利阻尼的结构有限元系统方程可表示为

$$\boldsymbol{M}_f\ddot{\boldsymbol{u}}+\boldsymbol{C}_f\dot{\boldsymbol{u}}+\boldsymbol{K}_f\boldsymbol{u}=\boldsymbol{F}_f \tag{4.24}$$

式中，$\boldsymbol{F}_f$ 为有限元模型所受外部力向量；$\boldsymbol{u}$ 为节点位移；$\boldsymbol{C}_f$ 为瑞利阻尼矩阵，即 $\boldsymbol{C}_f=\alpha\boldsymbol{M}_f+\beta\boldsymbol{K}_f$，其中 α 和 β 为比例系数。用所选模态集将上述方程变换到模态坐标系，则

$$\boldsymbol{u}=\bar{\boldsymbol{\Phi}}_{CB}\boldsymbol{q} \tag{4.25}$$

将式(4.25)代入式(4.24)，并将方程两边同乘以 $\bar{\boldsymbol{\Phi}}_{CB}^{\mathrm{T}}$，得

$$\boldsymbol{M}_{\mathrm{sub}}\ddot{\boldsymbol{q}}+\boldsymbol{C}_{\mathrm{sub}}\dot{\boldsymbol{q}}+\boldsymbol{K}_{\mathrm{sub}}\boldsymbol{q}=\boldsymbol{F}_{\mathrm{sub}} \tag{4.26}$$

$$\boldsymbol{M}_{\mathrm{sub}}=\bar{\boldsymbol{\Phi}}_{CB}^{\mathrm{T}}\boldsymbol{M}_f\bar{\boldsymbol{\Phi}}_{CB}, \quad \boldsymbol{C}_{\mathrm{sub}}=\bar{\boldsymbol{\Phi}}_{CB}^{\mathrm{T}}\boldsymbol{C}_f\bar{\boldsymbol{\Phi}}_{CB}, \quad \boldsymbol{K}_{\mathrm{sub}}=\bar{\boldsymbol{\Phi}}_{CB}^{\mathrm{T}}\boldsymbol{K}_f\bar{\boldsymbol{\Phi}}_{CB} \tag{4.27}$$

$$\boldsymbol{F}_{\mathrm{sub}}=\bar{\boldsymbol{\Phi}}_{CB}^{\mathrm{T}}\boldsymbol{F}_f \tag{4.28}$$

式中，$\boldsymbol{q}$ 为模态坐标；$\boldsymbol{M}_{\mathrm{sub}}$、$\boldsymbol{C}_{\mathrm{sub}}$ 和 $\boldsymbol{K}_{\mathrm{sub}}$ 分别为缩减有限元模型的质量矩阵、阻尼矩阵和刚度矩阵；$\boldsymbol{F}_{\mathrm{sub}}$ 为力向量。

2）自由状态下轮对频响函数

如图 4.10 所示，在 ANSYS 有限元平台中，采用 SOLID45 实体单元建立轮对有限元模型。沿轮轴方向，在轮轴中心、轴箱位置和踏面基点对应的横向位置对称选取 5 个横截面；每个横截面内，在轮轴中心线上通过 MASS21 单元建立无质量质点并选取为主节点，通过 TARGE170 和 CONTA173 单元将轮轴中心线上的无质量质点与轮轴表面节点耦合；同时，沿车轮踏面圆周方向，将踏面基点选为主节点，主节点通过 MPC184 单元与踏面上附近节点耦合。子结构分析所选取的主节点，将作为多体动力学中柔性体的 Marker 点，与力元、铰接等单元进行连接。

为验证有限元模型子结构分析后获取的 Craigh-Bampton 模态集，表 4.5 在不考虑轮对旋转效应时，对比了子结构分析前后轮对的模态特征频率，可知两者的相对误差最大值为 1.6%。同时，分析了在结构阻尼比 ζ=0 时，轮对旋转效应对子结构分析后柔性轮对踏面基点处垂向原点位移导纳的影响。对比图 4.7 中未开展子结构分析的旋转轮对频响函数，图 4.11 中经子结构缩减后的旋转轮对特征模态频率分布位置与其相近。如对三节径模态，在轮对旋转线速度 200km/h 时，$f_{(22\sim25)}^F$=1158.2Hz

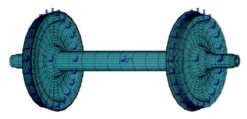

图 4.10　柔性轮对子结构分析主节点选取

和 $f_{(22\sim25)}^R = 1270.2\text{Hz}$，其与不考虑旋转效应时的模态频率 $f_{(22\sim25)} = 1212.6\text{Hz}$ 的差值分别为 54.4Hz 和 57.6Hz，近似于 3×20.56=61.7Hz，从而验证了子结构分析的合理性。

表 4.5　自由状态下子结构分析前后柔性轮对模态特征频率（V=0km/h）

序号	振型	有限元模型/Hz	子结构分析后/Hz	相对误差/%
$f_{(1)}$	轮对扭转 f_{tor}	90.0	90.0	0.0
$f_{(2,3)}$	轮对第一阶弯曲 f_{b1}	108.3	108.0	-0.3
$f_{(4,5)}$	车轮同向偏转 $f_{b\text{-asym}}$	190.5	189.9	-0.3
$f_{(6)}$	一阶对称车轮伞形 $f_{u1\text{-sym}}$	320.6	320.5	0.0
$f_{(7,8)}$	车轮反向偏转 $f_{b\text{-sym}}$	361.2	358.8	-0.7
$f_{(9\sim12)}$	车轮 2 节径变形 f_{n2}	460.2	460.2	0.0
$f_{(13)}$	一阶反对称车轮伞形 $f_{u1\text{-asym}}$	485.5	485.6	0.0
$f_{(14,15)}$	轮对第二阶弯曲 f_{b2}	674.2	668.3	-0.9
$f_{(16,17)}$	轮对第三阶弯曲 f_{b3}	895.9	888.9	-0.8
$f_{(18)}$	二阶对称车轮伞形 $f_{u2\text{-sym}}$	1066.6	1067.0	0.0
$f_{(19,20)}$	轮对第四阶弯曲 f_{b4}	1164.1	1146.4	-1.5
$f_{(21)}$	f_{axle}	1175.9	1173.0	-0.2
$f_{(22\sim25)}$	车轮 3 节径变形 f_{n3}	1207.8	1212.6	0.4
$f_{(26,27)}$	轮对第五阶弯曲 f_{b5}	1589.4	1562.2	-1.7
$f_{(28)}$	二阶反对称车轮伞形 $f_{u2\text{-asym}}$	1853.0	1862.5	0.5
$f_{(29,30)}$	轮对第六阶弯曲 f_{b6}	1860.5	1845.9	-0.8

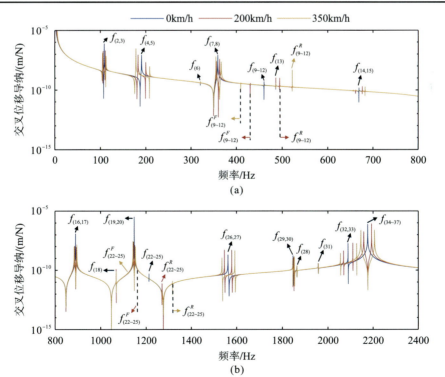

图 4.11　柔性轮对踏面基点处垂向原点位移导纳函数

3) 约束状态下轮对特征模态

车辆在实际运行过程中，轮对受轴箱约束，并承受一系悬挂力和轮轨力作用；将经子结构分析的柔性轮对模型嵌入高速车辆动力学模型中，开展车辆系统特征模态分析。表 4.6 以轮对弯曲和多节径变形模态为例，对比其在不同速度、约束及自由状态下的特征频率。

表 4.6　自由和约束状态下部分柔性轮对模态特征频率　　　　　（单位：Hz）

序号	振型	速度 V=0km/h		速度 V=350km/h	
		自由	约束	自由	约束
$f_{(2,3)}$	轮对第一阶弯曲 f_{b1}	108.0	102.9 106.2	103.9	104.3 108.7
$f_{(4,5)}$	车轮同向偏转 $f_{b\text{-asym}}$	189.9	173.4 186.7	177.3	155.6 186.8
$f_{(7,8)}$	车轮反向偏转 $f_{b\text{-sym}}$	358.8	322.7 340.1	354.7	324.0 330.2
$f_{(9\sim12)}$	车轮 2 节径变形 f_{n2}	460.2	460.1	409.1 521.6	385.1 439.9 489.6 499.9
$f_{(14,15)}$	轮对第二阶弯曲 f_{b2}	668.3	359.6 477.6	655.8	359.7 474.8
$f_{(16,17)}$	轮对第三阶弯曲 f_{b3}	888.9	435.5 589.6	883.1	431.5 591.7
$f_{(19,20)}$	轮对第四阶弯曲 f_{b4}	1146.4	779.1 918.7	1141.0	779.2 918.3
$f_{(22\sim25)}$	车轮 3 节径变形 f_{n3}	1212.6	1212.3	1119.6 1315.8	1099.6 1105.9 1272.4 1281.9
$f_{(26,27)}$	轮对第五阶弯曲 f_{b5}	1562.2	1055.9 1284.9	1535.5 1592.1	1055.3 1287.1
$f_{(29,30)}$	轮对第六阶弯曲 f_{b6}	1845.9	1280.4 1505.7	1844.8 1851.8	1278.5 1506.2

表 4.6 中，第一列代表模态的序号，如 $f_{(22\sim25)}$ 代表第 22～25 阶共 4 阶模态：

(1) 在速度 V=0km/h 且自由、V=0km/h 且约束这两种状态下，这四阶模态的振动频率特征值均对应 1 个重根，故四阶模态的频率均相同，均为 1212.6Hz，故只列 1 个数；

(2) 在速度 V=350km/h 且自由状态下，这四阶模态的振动频率特征值对应 2 个重根，故每组有 2 个数；

(3) 在速度 V=350km/h 且约束状态下，这四阶模态的振动频率特征值不再对应重根，故每组有 4 个数，各模态分别对应各异的频率。

在不考虑轮对旋转效应、速度 V=0km/h 时，轮对弯曲模态在约束状态下的频率比在自由状态下的频率低；当轮轴弯曲阶数大于 1 时，约束状态下轮对弯曲模态特征频率的降低幅值显著增大。同时，在约束状态下，轮对在 xOy 平面内和在 yOz 平面内的弯曲模态频率不同。但是，针对车轮多节径变形模态，其在轮轴处的变形很小，故其在自由和约束状态下的模态特征频率几乎相等。

在约束状态和车轮旋转效应的共同作用下，表 4.6 中每一阶振动模态的频率不再对应特征值的重根，各模态的特征频率不再相同。在约束状态下，轮对旋转速度对轮对弯曲模态特征频率的影响较小。但是，车轮旋转对约束状态下车轮多节径变形模态的特征频率有较大影响。例如，当速度为 350km/h 时，车轮 3 节径变形模态 f_{n3} 在自由和约束状态下的特征频率范围分别为 1119.6～1315.8Hz 和 1099.6～1281.9Hz，其频率范围差值分别为 196.2Hz 和 182.3Hz。

三、基于模态叠加法的高速铁路道岔动力学模型

1. 可动心轨高速铁路单开道岔整体动力学模型

本节以客运专线速度 350km/h 18 号高速铁路道岔为例，构建其道岔动力学模型，高速铁路道岔的总体布置如图 4.12 所示。

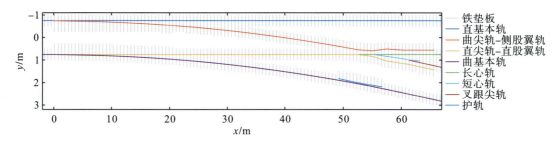

图 4.12　客运专线速度 350km/h 18 号道岔平面布置图

高速铁路道岔在转辙器区和辙叉区的动力学模型示意图如图 4.13 和图 4.14 所示，受限于页面大小，图中只列举了部分具有典型特征的铁垫板的分布情况，不代表铁垫板的实际尺寸和所有分布形式。

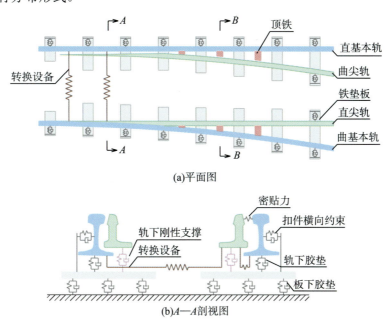

(a)平面图

(b)A—A剖视图

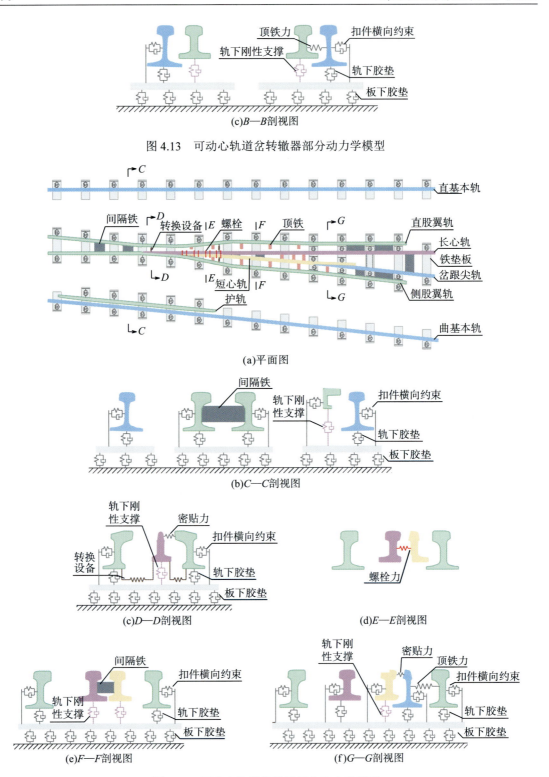

(c)B—B剖视图

图 4.13 可动心轨道岔转辙器部分动力学模型

(a)平面图

(b)C—C剖视图

(c)D—D剖视图

(d)E—E剖视图

(e)F—F剖视图

(f)G—G剖视图

图 4.14 可动心轨道岔辙叉部分动力学模型

模型中所考虑的道岔主要结构特点和部分处理要点如下。

1）钢轨

道岔钢轨采用铁木辛柯梁模拟，考虑其垂向和横向弯曲，并约束梁节点的纵向和侧滚自由度。道岔钢轨类型众多，其截面形状和抗弯刚度不同；除了直基本轨、曲基本轨以等截面梁模拟之外，其他钢轨采用变截面梁模拟，部分变截面梁几何特性参数如图 4.15 所示。

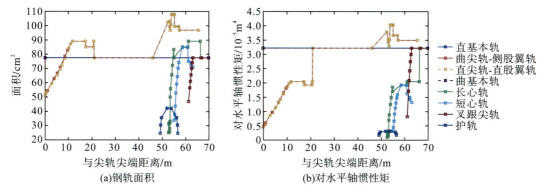

图 4.15　道岔钢轨梁截面几何特性

2）铁垫板

在转辙器和辙叉区存在两根以上钢轨共用垫板的情况，多根钢轨共用垫板使作用在一股道上的轮载有效传至另一股道钢轨上，另一股道钢轨起"帮轨"作用。道岔区多根钢轨共用的铁垫板较细长，故采用铁木辛柯梁模拟，考虑其垂向弯曲变形。根据垫板实际几何尺寸，模拟其截面特性。在转辙器区和辙叉区，滑床板上的台板与铁垫板用螺栓连接后，螺栓头与铁垫板点焊焊死；为考虑台板对铁垫板几何特性的影响，将滑床台板考虑为变截面梁。

3）间隔铁

为了在钢轨间传递温度力和保证轨道几何形位，道岔在辙叉实际咽喉前两根翼轨之间、长心轨与短心轨之间、长心轨与叉跟尖轨之间、长心轨与侧股翼轨之间、叉跟尖轨与直股翼轨之间，均安设了尺寸不一的间隔铁。动力学模型将间隔铁模拟为短梁，实现轮载在多根钢轨之间的传递，增大了道岔的整体刚度。

4）轨下刚性支撑

图 4.16 列举了转辙器和辙叉区典型位置的扣件系统约束示意图。在转辙器区，弹性扣件系统将基本轨扣压在滑床板上，两者之间存在一层橡胶垫板，为弹性支撑；为保证尖轨的顺利扳动，尖轨直接置于滑床板上，两者为刚性接触。因此，尖轨轨下刚性支撑刚度显著大于基本轨轨下胶垫刚度。同理，在辙叉区，翼轨和叉跟尖轨轨下均安设橡胶垫板，为弹性接触；为顺利扳动长心轨和短心轨，在长心轨端头至叉跟尖轨尖端(弹性可弯中心附近位置)范围内，长心轨与台板均为刚性接触，短心轨在全长范围内均与台板刚性接触。通过模拟不同钢轨轨下支撑刚度，可更真实地模拟道岔钢轨垂向相对运动，实现道岔组合廓形的动态重构。

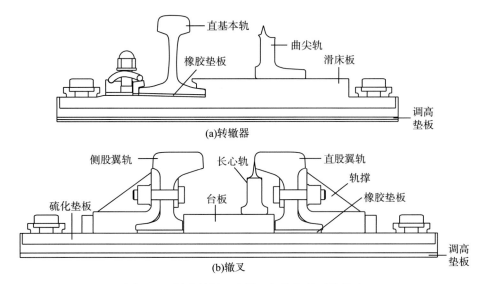

图 4.16   道岔转辙器和辙叉钢轨扣件系统约束

5)板下胶垫

道岔扣件系统的弹性主要由板下胶垫提供，板下胶垫简化为线性弹簧阻尼装置，其刚度值参考高速铁路道岔轨下刚度均匀化结果、沿横向均匀分布支承设置。

6)道岔钢轨间约束

道岔多根钢轨之间有复杂的约束和连接条件，可简化分类为密贴力、顶铁力、螺栓力和转换设备约束力。

(1)当尖轨前端与基本轨、长心轨前端与翼轨相互密贴时，存在密贴横向力。此时，作用在尖轨或心轨密贴段上的轮轨横向力将传递至基本轨或翼轨，且尖轨或心轨密贴段的横向位移将受限于基本轨和翼轨的扣件或轨撑等横向约束。

(2)基本轨、翼轨、短心轨的轨腰上均设置顶铁，它们分别限制着尖轨与基本轨、长心轨与翼轨、长心轨与短心轨在非密贴区域内的横向相对位移。动力学模型中两根钢轨之间的密贴力和顶铁力简化为弹簧连接，其横向刚度通过力锤试验标定。

(3)在长心轨满顶宽区段与短心轨变截面范围内，两根钢轨轨腰处通过 8 组螺栓相互连接，保证其同步扳动，并在垂向和横向上共同受力；两根钢轨之间的螺栓连接简化为线性弹簧。

(4)道岔牵引点处的转换设备通过锁钩和锁闭框，约束相互密贴的转辙器区尖轨与基本轨、辙叉区心轨与翼轨的振动。通过锁闭杆，在转辙器区限制另一侧基本轨和非工作尖轨的振动；同理，在辙叉区限制非工作翼轨的振动。相关转换设备的约束可视为线性弹簧装置。

为减小动力学模型的边界效应，在尖轨尖端前和辙叉跟端后设置了 45m 长的区间线路。有限元模型单元总数为 21951，总节点数为 27559，总自由度为 58062。

设道岔有限元模型的动力学方程为

$$Mü + Cu̇ + Ku = F \tag{4.29}$$

式中，M、C 和 K 分别为结构的质量矩阵、阻尼矩阵和刚度矩阵；F 为作用在节点上的外荷载向量；u、$u̇$ 和 $ü$ 分别为节点位移、速度和加速度。在不考虑结构阻尼的条件下，结构第 n 阶模态的圆频率 ω_n、振型向量 $\boldsymbol{\phi}_n$、振型矩阵 $\boldsymbol{\Phi}$ 可由下面公式计算：

$$\left(K - \omega_n^2 M\right)\boldsymbol{\phi}_n = 0 \tag{4.30}$$

$$\boldsymbol{\Phi} = \left[\boldsymbol{\phi}_1, \cdots, \boldsymbol{\phi}_n, \cdots, \boldsymbol{\phi}_{NM}\right] \tag{4.31}$$

式中，NM 为所考虑的模态阶数。基于模态叠加法，坐标向量 u 可转化为振型矩阵 $\boldsymbol{\Phi}$ 与正则振型坐标向量 q 的乘积：

$$u = \boldsymbol{\Phi}q = \sum_{n=1}^{NM} \boldsymbol{\phi}_n q_n \tag{4.32}$$

式中，q_n 为第 n 阶振型的正则振型坐标。将正则坐标表达式及其对时间的导数代入式(4.29)，并前乘第 n 个振型向量的转置 $\boldsymbol{\phi}_n^T$，得

$$\boldsymbol{\phi}_n^T M \boldsymbol{\Phi} \ddot{q} + \boldsymbol{\phi}_n^T C \boldsymbol{\Phi} \dot{q} + \boldsymbol{\phi}_n^T K \boldsymbol{\Phi} q = \boldsymbol{\phi}_n^T F \tag{4.33}$$

考虑振型矩阵的正交性，即

$$\boldsymbol{\phi}_m^T M \boldsymbol{\phi}_n = 0, \quad \boldsymbol{\phi}_m^T K \boldsymbol{\phi}_n = 0, \quad m \neq n \tag{4.34}$$

则式(4.33)中第 n 阶振型广义坐标运动方程表示为

$$M_n \ddot{q}_n + C_n \dot{q}_n + K_n q_n = F_n \tag{4.35}$$

式中，M_n、C_n、K_n 和 F_n 分别为第 n 阶振型的广义质量、广义阻尼、广义刚度和广义荷载，即

$$M_n = \boldsymbol{\phi}_n^T M \boldsymbol{\phi}_n, \quad C_n = \boldsymbol{\phi}_n^T C \boldsymbol{\phi}_n, \quad K_n = \boldsymbol{\phi}_n^T K \boldsymbol{\phi}_n, \quad F_n = \boldsymbol{\phi}_n^T F \tag{4.36}$$

考虑振型矩阵的正交性，第 n 阶振型的广义刚度与广义质量之间的关系为

$$K_n = \omega_n^2 M_n \tag{4.37}$$

此时，将式(4.35)除以广义质量，得

$$\ddot{q}_n + 2\xi_n \omega_n \dot{q}_n + \omega_n^2 q_n = \frac{F_n}{M_n} \tag{4.38}$$

$$\xi_n = \frac{C_n}{2\omega_n M_n} \tag{4.39}$$

式中，ξ_n 为第 n 阶振型的黏滞阻尼比。

经有限元软件模态分析，获取了截止频率为2000Hz、共6254阶模态，相比于有限元模型的总自由度，采用模态叠加法后道岔动力学模型自由度数大幅缩减。图 4.17 给出了道岔动力学模型部分以垂向变形为主的模态分析结果。虽然高速铁路道岔通过优化滑床台板板下胶垫刚度，大幅降低了道岔沿纵向和横向的整体刚度不平顺，尽可能实现了道岔结构轨下刚度均匀化；但是，道岔转辙器、导曲线和辙叉部分轨道整体动刚度仍存在少量差异。故分别在这三个区域，展示了道岔结构一阶、二阶垂向弯曲模态。其中，由于辙叉区轨道部件较多，且多根钢轨共用滑床台板，结构参振质量较大，故辙叉一、二阶垂向弯曲模态频率较低，对应道岔第8、10阶特征模态，其频率分别为 $f_8=60.1$Hz 和 $f_{10}=61.0$Hz。反之，导曲线部分钢轨未共用铁垫板，结构参振质量较低，其第一、二阶垂向弯曲模态分

别对应道岔第 99、117 阶特征模态，频率为 f_{99}=104.4Hz 和 f_{117}=104.7Hz。转辙器结构的一、二阶垂向弯曲模态频率分别为 f_{27}=81.6Hz 和 f_{28}=82.6Hz。

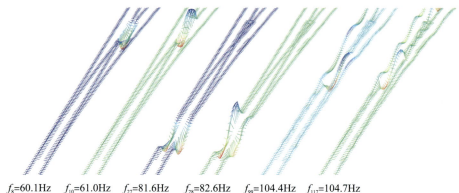

f_8=60.1Hz f_{10}=61.0Hz f_{27}=81.6Hz f_{28}=82.6Hz f_{99}=104.4Hz f_{117}=104.7Hz

图 4.17   道岔转辙器、导曲线和辙叉区第一、二阶垂向弯曲模态

2. 道岔动力学模型力锤试验验证及典型模态分类

道岔辙叉区固有结构不平顺幅值和变化率较大，轮载在翼轨和心轨之间过渡，能引起更宽频率范围内的轮轨系统振动。针对高速铁路道岔辙叉（图 4.18），当轮载在辙叉区直股发生轮载过渡时，轮轨冲击主要分布在 93#～94#岔枕范围内直股翼轨，以及 94#～96#岔枕范围内长心轨。选取上述典型位置，开展力锤试验，获取辙叉区钢轨的振动频响特性；对比钢轨原点加速度导纳的实测和仿真结果，验证动力学模型的正确性。

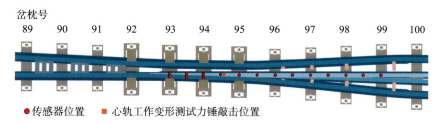

岔枕号
89   90   91   92   93   94   95   96   97   98   99   100

● 传感器位置   ■ 心轨工作变形测试力锤敲击位置

图 4.18   辙叉翼轨、长心轨、短心轨布置图

为更系统地理解辙叉结构的频响特性，本节对辙叉长心轨开展了工作变形（operating deflection shape，ODS）分析[92,93]。工作变形分析是频响函数在不同频率下的空间表示，它既类似于模态分析，可关注各自由度的相对大小，又可以呈现各自由度的绝对大小。同时，它可通过测量原点和传递频响函数，方便地开展后处理分析。结合本章第三节对轮轨垂向冲击力分布规律的分析，当车辆直逆向通过道岔时，轮轨垂向力最大值发生在 94#岔枕（长心轨顶宽 39mm）和 94#～95#岔枕跨中位置（长心轨顶宽 50mm），并激励起多阶中、高频变形模态。因此，用力锤在 94#～95#岔枕跨中处对长心轨轨头施加激励，模拟轮载过渡冲击；并在 93#～99#岔枕范围内，每隔半跨岔枕，在长心轨轨头安设加速度传感器，测试传递加速度导纳。通过分析长心轨的工作变形特征，对比和验证道岔模态振型仿真结果，并开展辙叉典型模态分类。

1) 原点加速度导纳

直股翼轨和长心轨的垂向原点加速度导纳对比结果如图 4.19 所示，其中图 4.19(c)标记了实测与仿真中所对应的特征模态，将在第 2)小节中做详细描述。对比发现以下典型特征：

(1) 93#～96#岔枕内两种钢轨加速度导纳的第 1 个共振峰，所对应的实测和仿真频率相吻合，均在 60～65Hz 范围内。

(2) 如图 4.19(a)和(b)所示，实测与仿真结果表明，93#～94#岔枕范围内直股翼轨分别在 1150～1350Hz 和 1000～1200Hz 范围内表现出与一阶垂向 pinned-pinned 模态相似的加速度导纳分布特征。相比于区间线路钢轨一阶垂向 pinned-pinned 模态特征频率的集中分布，翼轨的特征频率分布范围较宽，该现象可能与翼轨扣件系统弱约束相关：如图 4.16(b)所示，直股翼轨的外侧由轨撑提供垂向和横向约束，内侧与长心轨密贴，无相关约束；故不同于内外两侧弹条扣压的区间线路钢轨，直股翼轨所受扣压约束更弱。

(3) 如图 4.19(c)和(d)所示，考虑多根钢轨共用滑床台板、间隔铁连接、长心轨和短心轨螺栓连接等垂向约束条件后，长心轨原点加速度导纳出现了多个共振峰，且实测和仿真的共振峰对应频率相近，变化趋势相似。第 2)小节将结合实测的长心轨工作变形特性，分析多个典型共振峰所对应的振型特征。在 150～400Hz 范围内，仿真所得共振峰的幅值比实测幅值小，这可能与扣件系统的非线性频变、幅变特性相关。

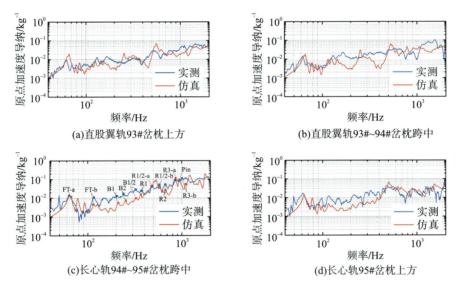

(a)直股翼轨93#岔枕上方　　　　　　(b)直股翼轨93#～94#岔枕跨中

(c)长心轨94#～95#岔枕跨中　　　　　　(d)长心轨95#岔枕上方

图 4.19　辙叉钢轨垂向原点加速度导纳

图 4.20 展示了直股翼轨和长心轨的横向原点加速度导纳。直股翼轨在横向上为离散支撑，实测和仿真所得的一阶横向弯曲模态频率分别为 73Hz 和 88Hz；在 150Hz 以上的频率范围内，实测与仿真的共振峰频率位置及幅值相吻合。96#岔枕处的长心轨在横向上通过螺栓与短心轨连接，而短心轨通过顶铁与直股翼轨相互传力，此处长心轨横向加速度导纳的仿真与实测结果相吻合，验证了动力学模型中校正所得的螺栓约束和顶铁约束横向刚度的合理性。

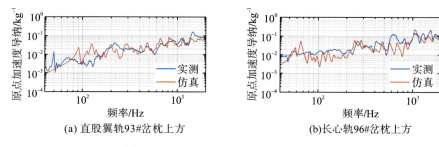

(a) 直股翼轨93#岔枕上方　　　　　　　　(b)长心轨96#岔枕上方

图 4.20　辙叉钢轨横向原点加速度导纳

2)长心轨工作变形及典型模态分类

　　通过提取各原点和传递位移频响函数的虚部，获取了长心轨在不同频率下的工作变形；当所提取的工作频率与道岔固有特征频率相近时，该工作变形形状与模态振型相似[94]。图 4.21 选取了图 4.19(c)中频响函数所标记的典型频率，展示了在上述典型频率下实测的长心轨工作变形，可知钢轨工作变形的波长随特征频率的增大而减小。由于试验天窗时间与传感器数量的限制，未测试其他轨道部件，如翼轨、短心轨、铁垫板的工作变形，下面将结合道岔动力学模型的模态分析结果，系统地获取辙叉部件的振动变形分布。

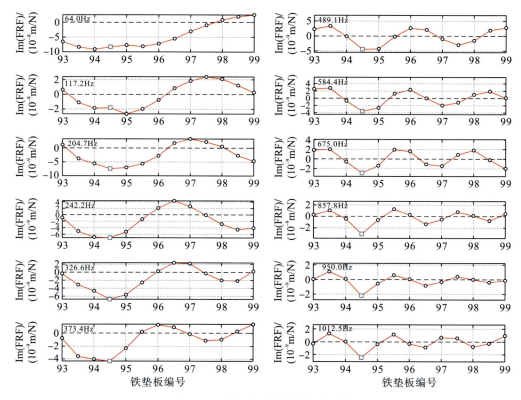

图 4.21　长心轨工作变形位移特征

○、□分别表示传感器测点和力锤敲击点

　　对于与上述特征频率相对应的模态分析仿真结果，图 4.22 和图 4.23 分别给出了辙叉范围内多根钢轨的垂向振型，以及长心轨工作变形测试的力锤敲击点附近 93#～96#铁垫板的垂向振型。通过对比图 4.21 和图 4.22 中长心轨变形特征频率，以及长心轨变形的波长、力锤敲击点(93#~94#铁垫板跨中)和其他传感器测点的相对变形等特征，发现实测与仿真结果基本吻合，验证了道岔结构动力学模型模态分析的正确性。

辙叉区多根钢轨共用铁垫板，辙叉区铁垫板长度是区间线路铁垫板长度的 1.5~3.0 倍，其结构形式类似于区间线路有砟轨道两侧钢轨受轨枕约束；不同之处是区间线路有砟轨道钢轨被扣压于混凝土轨枕两端，而无砟道岔辙叉区钢轨主要置于铁垫板中部。因此，参考区间线路有砟轨道结构模态分析的分类方法[95]，表 4.7 开展了辙叉典型模态的分类。

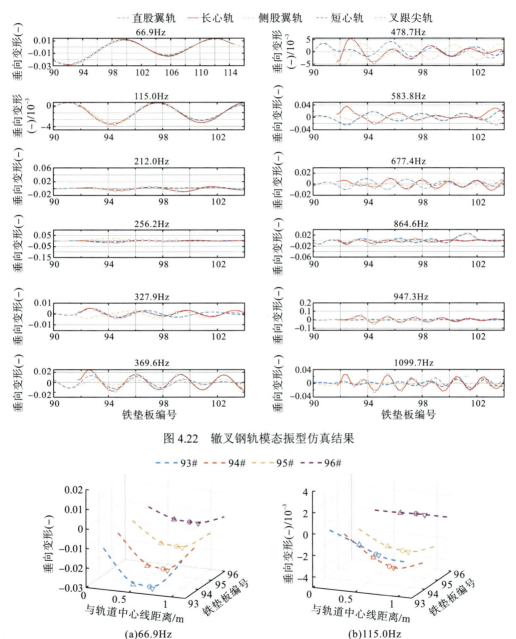

图 4.22 辙叉钢轨模态振型仿真结果

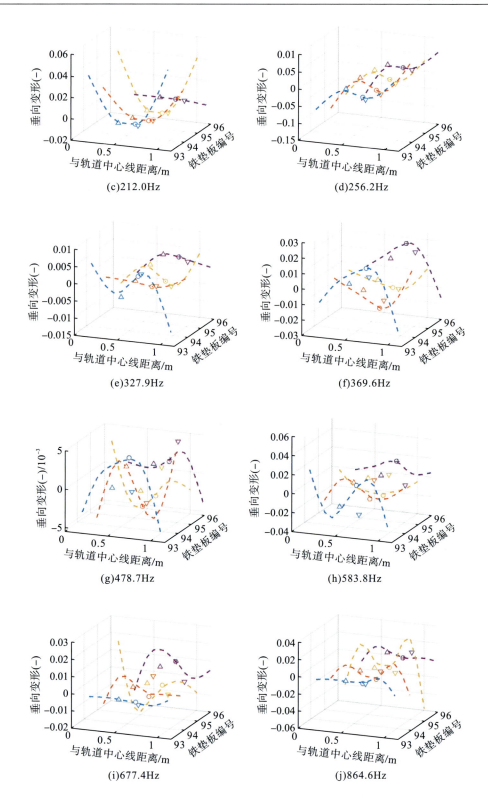

(c)212.0Hz

(d)256.2Hz

(e)327.9Hz

(f)369.6Hz

(g)478.7Hz

(h)583.8Hz

(i)677.4Hz

(j)864.6Hz

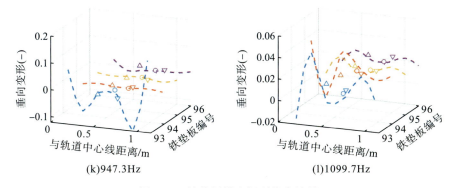

图 4.23　铁垫板模态振型仿真结果

○、△、▽、+分别表示长心轨、侧股翼轨、直股翼轨、短心轨在对应铁垫板上方的垂向变形

表 4.7　辙叉模态振型垂向变形特征

符号	实测频率/Hz	仿真频率/Hz	长心轨波长	铁垫板变形	翼轨变形对称性	钢轨-铁垫板关系
FT-a	64.0	66.9	13L	一阶弯曲	对称	同向
FT-b	117.2	115.0	6L	旋转	对称	同向
B1	204.7	212.0	5L	一阶弯曲	对称	同向
B2	242.2	256.2	4L	二阶弯曲	反对称	同向
B1/2	326.6	327.9	4L	一阶/二阶弯曲	相位差	同向
R1	373.4	369.6	3L	一阶弯曲	同相变化	翼轨与垫板分离
R1/2-a	489.1	478.7	2.5L～3L	一阶/二阶弯曲	π 相位差	翼轨与垫板分离
R1/2-b	584.4	583.8	2.5L	一阶/二阶弯曲	同相变化	翼轨与垫板反向
R2	675.0	677.4	2.5L	二阶弯曲	波长不同	翼轨与垫板反向
R3-a	857.8	864.6	2L	三阶弯曲	同相变化	翼轨与垫板反向
pin	950.0	947.3	2L	三阶弯曲	相位差	同向
R3-b	1012.5	1099.7	1.5L～2L	三阶弯曲	相位差	翼轨、心轨与垫板分离

注：L 为岔枕(铁垫板)跨距。

(1)轨道整体共振(full track resonance，FT-a/b)：钢轨与铁垫板同向变形；随着特征频率的增大，钢轨波长从无限长逐步缩小至 $6L$(L 为岔枕/铁垫板跨距)，直股与侧股翼轨对称变形；铁垫板变形幅值较小，变形形状类似于其平移或旋转等刚性模态。

(2)铁垫板共振(base plate resonance，B1，B2，B1/2)：钢轨与铁垫板同向变形，因此当铁垫板发生一阶和二阶弯曲时，铁垫板上两侧翼轨会分别发生对称和反对称弯曲变形。由于长心轨和翼轨沿纵向变截面，且辙叉铁垫板上焊接的台板长度不同，故同一特征频率下各铁垫板的变形可能会有差异。例如，当特征频率为327.9Hz时，对应模态 B1/2 中，93#和95#岔枕处铁垫板发生二阶弯曲，对应翼轨反对称变形，而94#和96#铁垫板发生一阶弯曲，对应位置翼轨对称变形，故直股和侧股翼轨沿纵向分布的垂向变形呈相位差。

（3）钢轨共振（rail resonance，R1，R1/2-a/b，R2，R3-a/b）：当铁垫板发生一阶、一阶或二阶、二阶、三阶弯曲时，对应模态振型符号分别为 R1、R1/2、R2 和 R3，铁垫板上方钢轨的振幅比对应横向位置的垫板变形更显著。由于翼轨与铁垫板之间垂向约束刚度比心轨与铁垫板间垂向约束刚度小，振型中翼轨与铁垫板在垂向上更容易发生分离；随着模态频率的增大，铁垫板与其上方的翼轨发生反向振动，长心轨也与铁垫板发生较显著的分离。

（4）pinned-pinned 共振（pin）：长心轨振动波长为 2L，在铁垫板上方钢轨变形趋于零，而钢轨变形峰值位于跨中。

四、轮轨接触模型

1. 道岔三维廓形模拟

道岔廓形的精细化模拟，对轮轨接触几何和钢轨廓形曲率半径计算有重要影响。对每根道岔钢轨的一组变截面廓形，在不同纵向里程处，获取不同钢轨典型截面的廓形离散点。对每根钢轨的二维廓形，在保证相同离散点数的基础上，沿纵向采用 Bezier 样条曲线拟合其三维廓形。图 4.24 给出了拟合所得的转辙器范围内直尖轨-曲基本轨组合廓形，以及辙叉范围内长心轨-直股翼轨组合廓形。

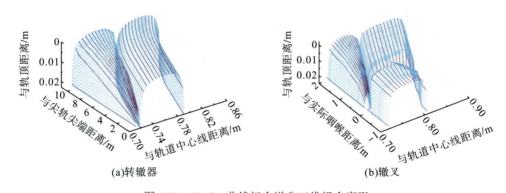

(a)转辙器　　　　　　　　(b)辙叉

图 4.24　Bezier 曲线拟合道岔三维组合廓形

2. 考虑轮对柔性变形的轮轨接触几何模型

考虑轮对中高频柔性变形的关键是建立相适应的轮轨接触模型。对传统刚性轮对的轮轨接触模型，左右轮轨接触空间几何结构的确定可基于迹线法，直接通过轮对的刚体运动得到，即左右车轮的空间位置是有关联的。但是在考虑轮对柔性之后，左右车轮的运动相互独立，且在考虑车轮辐板变形之后，轮轨接触的空间几何的确定将更加复杂。

高速车辆直逆向通过道岔时，将激发轮轨系统的中高频模态，本节考虑轮轨柔性变形，发展了相应的轮轨接触几何算法。图 4.25 表示了 yOz 平面内轮轨接触几何状态，以 O_1 为质心的轮对（蓝色实线）表示轮对不考虑变形的初始（$t=0$）状态，以 O_2 为质心的轮对（粉色实线）表示轮对运动变形（$t=t_1$）状态。结合轮对的自由模态分析，由轮对模态的径向断面图可知，轮辋未发生显著的变形，故假设轮对踏面保持刚性。基于虚拟刚性半轮对方法[96]，在左右两侧分别引入两个以 O_{3L} 和 O_{3R} 为质心的虚拟刚性半轮对，其踏面与变形后的轮对踏面重合，考虑轮对变形后，分析其轮轨接触几何结构。

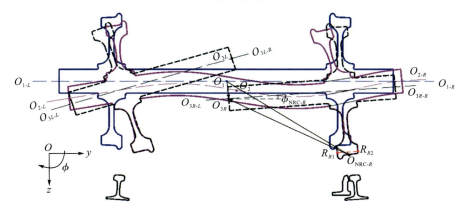

图 4.25　柔性轮对与虚拟刚性半轮对在 yOz 平面内的空间位置

1）计算 yOz 平面内侧滚角 $\phi_{\text{NRC-}R}$

基于轮辋不变形假设，图 4.25 中点 R_{R1} 和 R_{R2} 为右侧车轮轮辋与车轮辐板的交接点，其空间位置可由式(4.40)确定；两点连线（红色虚线）$R_{R1}R_{R2}$ 与右侧虚拟刚性半轮对的轮轴中心线 $O_{3L\text{-}R}O_{3R\text{-}R}$ 平行，其与轨道坐标系 $Oxyz$ 的 y 轴的夹角为右侧虚拟刚性半轮对的侧滚角 $\phi_{\text{NRC-}R}$，计算公式为

$$\phi_{\text{NRC-}R}=\frac{z_{R_{R2}}(t)-z_{R_{R1}}(t)}{y_{R_{R2}}(t)-y_{R_{R1}}(t)}-\frac{z_{R_{R2}}(0)-z_{R_{R1}}(0)}{y_{R_{R2}}(0)-y_{R_{R1}}(0)} \tag{4.40}$$

式中，$z_{R_{R2}}(t)$ 和 $z_{R_{R1}}(t)$ 分别为柔性轮对节点 R_{R1} 和 R_{R2} 在 t 时刻的垂向坐标，而 $y_{R_{R2}}(t)$ 和 $y_{R_{R1}}(t)$ 分别为节点 R_{R1} 和 R_{R2} 在 t 时刻的横向坐标，当括号中的 $t=0$ 时，表示初始时刻对应的空间坐标。该侧滚角 $\phi_{\text{NRC-}R}$ 既包括轮对刚性运动发生的侧滚角，也包括轮轴、轮毂和辐板柔性变形所引起的轮对侧滚。

2）计算向量 $\overrightarrow{O_1O_{3R}}$

如图 4.25 所示，以在 yOz 平面内右侧虚拟刚性半轮对为例，在轨道坐标系中，向量 $\overrightarrow{O_1O_{3R}}$ 表示为

$$\overrightarrow{O_1O_{3R}}=\overrightarrow{O_1O_{\text{NRC-}R}}+\overrightarrow{O_{\text{NRC-}R}O_{3R}} \tag{4.41}$$

$$\overrightarrow{O_1O_{\text{NRC-}R}}=\left\{x_{\text{NRC-}R},\,y_{\text{NRC-}R},\,z_{\text{NRC-}R}\right\}[i,j,k]^{\text{T}} \tag{4.42}$$

式中，$O_{\text{NRC-}R}$ 为右侧虚拟刚性半轮对踏面与名义滚动圆的交点，$[i,j,k]$ 为轨道坐标系的基向量，$x_{\text{NRC-}R}$、$y_{\text{NRC-}R}$ 和 $z_{\text{NRC-}R}$ 为 $O_{\text{NRC-}R}$ 点在轨道坐标系中的空间坐标。在轮对坐标系 $O_{3R}\text{-}x_{3R}y_{3R}z_{3R}$ 中，向量 $\overrightarrow{O_{\text{NRC-}R}O_{3R}}$ 可表示为

$$\overrightarrow{O_{\text{NRC-}R}O_{3R}}=\left\{0,-l_0,-R_0\right\}[i_{3R},j_{3R},k_{3R}]^{\text{T}} \tag{4.43}$$

式中，R_0 和 l_0 分别为名义滚动圆半径、名义滚动圆至右侧虚拟刚性半轮对质心 O_{3R} 的横向

距离；$[i_{3R}, j_{3R}, k_{3R}]$ 为右侧虚拟刚性半轮对坐标系 O_{3R}-$x_{3R}y_{3R}z_{3R}$ 的基向量。考虑在 yOz 平面内轮辋的侧滚角 $\phi_{\text{NRC-}R}$，则 yOz 平面内轮对坐标系与轨道坐标系的转换矩阵 M_1 表示如下：

$$[i_{3R\text{-}yOz}, j_{3R\text{-}yOz}, k_{3R\text{-}yOz}]^{\text{T}} = M_1[i_{yOz}, j_{yOz}, k_{yOz}]^{\text{T}} \tag{4.44}$$

$$M_1 = \begin{bmatrix} 1 & 0 & 0 \\ 0 & \cos\phi_{\text{NRC-}R} & \sin\phi_{\text{NRC-}R} \\ 0 & -\sin\phi_{\text{NRC-}R} & \cos\phi_{\text{NRC-}R} \end{bmatrix} \tag{4.45}$$

同时考虑在图中未表示的 xOy 平面内轮辋的摇头角 $\psi_{\text{NRC-}R}$，则 xOy 平面内轮对坐标系与轨道坐标系的转换矩阵 M_2 表示如下：

$$[i_{3R\text{-}xOy}, j_{3R\text{-}xOy}, k_{3R\text{-}xOy}]^{\text{T}} = M_2[i_{xOy}, j_{xOy}, k_{xOy}]^{\text{T}} \tag{4.46}$$

$$M_2 = \begin{bmatrix} \cos\psi_{\text{NRC-}R} & \sin\psi_{\text{NRC-}R} & 0 \\ -\sin\psi_{\text{NRC-}R} & \cos\psi_{\text{NRC-}R} & 0 \\ 0 & 0 & 1 \end{bmatrix} \tag{4.47}$$

因此，右侧虚拟刚性半轮对坐标系的基向量与轨道坐标系基向量的转换矩阵 M 表示为

$$[i_{3R}, j_{3R}, k_{3R}]^{\text{T}} = M[i, j, k]^{\text{T}} = M_1 M_2 [i, j, k]^{\text{T}} \tag{4.48}$$

$$M = \begin{bmatrix} \cos\psi_{\text{NRC-}R} & \sin\psi_{\text{NRC-}R} & 0 \\ -\cos\phi_{\text{NRC-}R}\sin\psi_{\text{NRC-}R} & \cos\phi_{\text{NRC-}R}\cos\psi_{\text{NRC-}R} & \sin\phi_{\text{NRC-}R} \\ \sin\phi_{\text{NRC-}R}\sin\psi_{\text{NRC-}R} & -\sin\phi_{\text{NRC-}R}\cos\psi_{\text{NRC-}R} & \cos\phi_{\text{NRC-}R} \end{bmatrix} \tag{4.49}$$

结合式 (4.40)～式 (4.49)，可获取 $\overrightarrow{O_1 O_{3R}}$。基于空间迹线法，结合轮对摇头角 $\psi_{\text{NRC-}R}$、侧滚角 $\phi_{\text{NRC-}R}$、向量 $\overrightarrow{O_1 O_{3R}}$，以及多根钢轨的垂向及横向位移，分别获取考虑柔性变形后的车轮与多根钢轨之间的轮轨法向间隙。

3. 轮轨接触力学模型

在获取道岔区轮轨接触点等接触几何信息后，第 i 个接触点处的轮轨接触法向力 N_i 由轮轨接触法向弹性力 N_{E_i} 和法向阻尼力 N_{D_i} 组成：

$$N_i = N_{E_i} + N_{D_i} \tag{4.50}$$

其中，轮轨接触法向弹性力计算基于 STRIPES 的半赫兹算法，法向阻尼力由式 (4.51) 计算：

$$N_{D_i} = 2\xi_c \sqrt{c_c m_w}\, \dot{\delta}_i \frac{\text{sign}(\dot{\delta}_i) + 1}{2} \tag{4.51}$$

式中，ξ_c 为接触阻尼比；c_c 为轮轨法向接触刚度；m_w 为车轮质量。轮轨法向接触渗透量的一阶导数 $\dot{\delta}$ 可由式 (4.51) 计算：

$$\dot{\delta} = (v_{wi} - v_{ri}) \cdot n_i \tag{4.52}$$

式中，v_{wi} 和 v_{ri} 分别为第 i 个轮轨接触点在车轮和钢轨上的速度向量；n_i 为第 i 个轮轨接触点的法向向量。此外，轮轨蠕滑力由 FASTSIM 算法求解；通过将轮轨法向力和蠕滑力投影至轨道坐标系的坐标方向，在 x、y 和 z 方向上求和，可分别得到轮轨纵向力、横向力和垂向力。

第三节　高速铁路道岔区轮轨系统动力学行为

本节在建立考虑轮对和道岔结构柔性变形的列车-道岔刚柔耦合动力学模型的基础上，分析车辆直逆向通过道岔的轮轨系统动力特性，并分别对比轮对和道岔结构弹性对轮轨动态相互作用的影响，分析车辆过岔速度对道岔区轮轨系统共振频带的影响。

一、道岔区轮轨动态相互作用

考虑轮对和道岔结构的弹性，模态截止频率为 2000Hz，图 4.26 给出了轴重为 11.7t 的 CRH2 型高速车辆，以速度 350km/h 直逆向通过客运专线 18 号高速铁路道岔时，轮载过渡引起的轮轨力和接触点的分布；在最下方的接触点分布图中，钢轨表面颜色深浅表示钢轨表面与全局坐标系水平面的垂直距离，反映了道岔变截面钢轨的降低值。

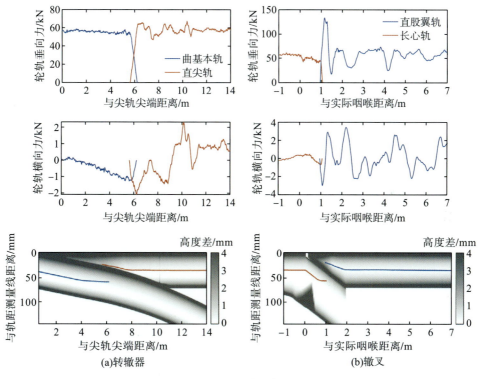

图 4.26　轮轨力和接触点

在转辙器区，轮载从曲基本轨过渡至直尖轨，轮载过渡范围为距尖轨尖端 5.61～6.21m，对应直尖轨顶宽 29～33mm 范围；轮轨垂向力变化幅值较小，增载约 10kN。在辙叉区，轮载从直股翼轨过渡至长心轨，轮载过渡范围为距实际咽喉 0.93～1.05m，对应长心轨顶宽 38～43mm 范围；道岔固有的垂向结构不平顺使轮轨垂向力增大至 133.72kN。

在不考虑轨道不平顺的情况下，道岔横向不平顺的幅值较小，波长较长，转辙器区和辙叉区轮轨横向力幅值较小，均小于 4kN。

二、轮轨系统柔性对道岔区轮轨动态相互作用的影响

1. 刚性和柔性道岔轮轨动态相互作用对比

刚性道岔动力学模型是随轮对共同向前运动的三层刚体模型，其拓扑结构如图 4.27 所示。其中第一层(底层)反映铁垫板垂向振动，中间层反映钢轨的垂向和横向振动，最上面一层是虚拟的弹簧-质量-阻尼系统，不反映轨道结构的物理特性，但可通过增大结构阻尼反映更宽频率范围内的轮轨振动。每个体的铰接单元所对应的自由度也标注于图中，拓扑图最上层中填充了颜色的钢轨体分别与轮对建立轮轨接触对。

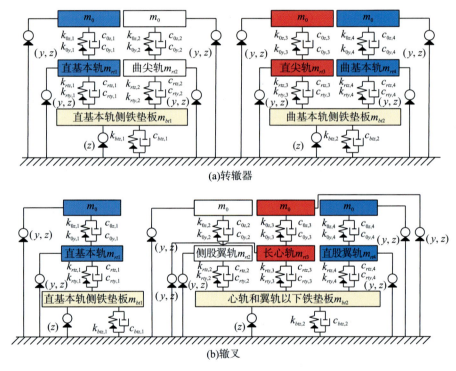

(a)转辙器

(b)辙叉

图 4.27　刚性道岔拓扑结构

为建立可准确模拟道岔轮载过渡行为的刚性道岔动力学模型，需将离散支撑的轨道参数折算为连续支撑的约束参数。以连续支撑条件下，钢轨与铁垫板之间的轨下约束、铁垫板板下胶垫的等效垂向刚度与阻尼为例，钢轨的有效计算长度 $L_{\text{eff},r}$ 等于轨道静刚度 K_{st} 与等效连续支撑刚度 k_s 的商[97]：

$$L_{\text{eff},r} = K_{st} / k_s \tag{4.53}$$

$$K_{st} = 2\sqrt{2}\left(E_r I_{rz}\right)^{1/4} k_s^{3/4} \tag{4.54}$$

$$k_s = \frac{k_{pz}k_{bz}}{L_s(k_{pz} + k_{bz})} \tag{4.55}$$

式中，k_{pz} 和 k_{bz} 分别为离散支撑条件下轨下约束和板下胶垫的垂向刚度；L_s 为岔枕（铁垫板）跨距；E_rI_{rz} 为钢轨的垂向弯曲刚度。对于长度较大的道岔区铁垫板，可参考有砟轨道的轨枕，计算其有效计算长度 $L_{\text{eff},b}$、板下胶垫垂向刚度 k_{bz} 和阻尼 c_{bz}：

$$L_{\text{eff},b} = \frac{2}{\left(\dfrac{s_{bz}}{4E_bI_{bz}}\right)^{1/4}} \tag{4.56}$$

$$k_{bz} = s_{bz}L_{\text{eff},b} \tag{4.57}$$

$$c_{bz} = d_{bz}L_{\text{eff},b} \tag{4.58}$$

式中，s_{bz} 和 d_{bz} 分别为单位长度范围内板下胶垫的垂向刚度和阻尼；E_bI_{bz} 为铁垫板的垂向弯曲刚度。连续支撑条件下，轨下约束的等效垂向刚度 $k_{rtz,m}$ 与阻尼 $c_{rtz,m}$（$m=1\sim4$）、板下胶垫的等效垂向刚度 $k_{btz,n}$ 与阻尼 $c_{btz,n}$（$n=1,2$）可由下面公式计算：

$$k_{rtz,m} = k_{pz,m}L_{\text{eff},rm}/L_s, \quad c_{rtz,m} = c_{pz,m}L_{\text{eff},rm}/L_s \tag{4.59}$$

$$k_{btz,n} = k_{bz,n}L_{\text{eff},rn}/L_s, \quad c_{btz,n} = c_{bz,n}L_{\text{eff},rn}/L_s \tag{4.60}$$

式中，$k_{pz,m}$、$c_{pz,m}$ 和 $L_{\text{eff},rm}$ 为第 m 根钢轨对应的离散支撑轨下垂向约束刚度、阻尼和钢轨有效计算长度；$k_{bz,n}$ 和 $c_{bz,n}$ 为第 n 组铁垫板对应的板下胶垫垂向支撑刚度和阻尼；$L_{\text{eff},rn}$ 为第 n 组铁垫板上支撑钢轨的有效计算长度。

轨下约束的横向刚度和阻尼计算仍可参考式(4.53)~式(4.55)以及式(4.59)和式(4.60)，需将钢轨垂向弯曲刚度、垂向扣压刚度及阻尼替换为其在横向的数值。

刚性道岔集总参数模型中，钢轨和铁垫板的等效质量 $m_{rt,m}$（$m=1\sim4$）和 $m_{bt,n}$（$n=1,2$），也可参考式(4.59)和式(4.60)进行折算：

$$m_{rt,m} = A_{r,m}\rho_rL_{\text{eff},rm} \tag{4.61}$$

$$m_{bt,n} = A_{b,n}\rho_bL_{\text{eff},bn}L_{\text{eff},rn}/L_s \tag{4.62}$$

式中，$A_{r,m}$ 为第 m 根钢轨的截面面积；$A_{b,n}$ 和 $L_{\text{eff},bn}$ 分别为第 n 组铁垫板的截面面积和有效计算长度；ρ_r 和 ρ_b 分别为钢轨和铁垫板的密度。

为了更准确地模拟道岔在更宽频率范围内的动力特性，最顶层直接与车轮接触的体的质量可假设为哑元质量 m_0，顶层与中间钢轨层之间弹簧的垂向刚度 $k_{0z,m}$、横向刚度 $k_{0y,m}$（$m=1\sim4$），分别与轨下约束的垂向刚度 $k_{rtz,m}$、横向刚度 $k_{rty,m}$ 相同。其中垂向阻尼器的数值可由式(4.63)计算：

$$c_{0z,m} = 2A_{rz,m}\sqrt{0.4G_r\rho_r} \tag{4.63}$$

式中，$A_{rz,m}$ 为第 m 根钢轨的垂向剪切面积；G_r 为钢轨的剪切模量。

选取刚性道岔和截止频率为2000Hz的弹性道岔动力学模型，且均不考虑轮对弹性，图 4.28 和图 4.29 分别从钢轨原点垂向位移导纳和轮轨垂向力两方面，对比两类模型的差别。

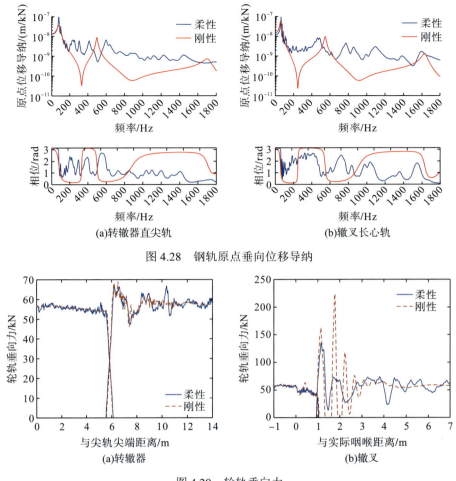

图 4.28　钢轨原点垂向位移导纳

图 4.29　轮轨垂向力

在计算刚性道岔模型的垂向位移导纳时,刚性模型在转辙器和辙叉区分别选用直尖轨顶宽 50mm 和长心轨顶宽 50mm 横截面的几何参数。同时,分别与柔性道岔在对应钢轨顶宽位置,即 18#～19#岔枕跨中、94#～95#岔枕跨中的垂向原点位移导纳做对比。如图 4.28 所示,将轨下离散支撑参数转换为等效连续支撑参数后,刚性和柔性道岔模型的原点位移导纳幅值曲线中,两类模型的第一个共振峰对应主频相近;刚性和柔性道岔模型在转辙器区一阶主频均为 82Hz,在辙叉区一阶主频分别为 58Hz 和 64Hz,刚性模型在共振峰处的动柔度较小。在 100～200Hz 范围内,刚性与柔性道岔模型的频响曲线幅值变化趋势相吻合,但刚性模型无法反映轨道整体共振引起的共振峰。当频率大于 200Hz 时,刚性模型动柔度幅值明显小于柔性模型。因此,刚性模型的有效频率范围小于 100Hz。

如图 4.29 所示,刚性和柔性道岔模型的轮载过渡范围相近,表明刚性道岔模型中等效连续支撑刚度折算的合理性。如图 4.29(a)所示,刚性和柔性道岔模型的轮轨垂向力在转辙器区差别较小,轮载过渡后引起的轮轨垂向力幅值变化相似,其最大值分别为 69.09kN 和 66.48kN;在距尖轨尖端 10.35m 处,即转辙器第三牵引点附近,转换设备约束轨件导致轨道刚度不平顺,使柔性道岔的轮轨垂向力出现一个 66.90kN 的峰值。但是,在图 4.29(b)

中，刚性道岔模型在辙叉区难以准确模拟轮载过渡引起的中高频轮轨冲击，轮轨垂向力容易减载至零。

2. 柔性道岔截止频率对轮轨动态相互作用的影响

通过对比刚性和柔性道岔动力学模型的轮轨动力响应，发现道岔结构柔性对辙叉区轮轨响应的影响更显著。因此，本小节对比柔性道岔动力学模型在截止频率为100～2000Hz时，且不考虑轮对柔性时的轮轨垂向冲击力；结合钢轨频响函数和同步压缩小波变换，辨识该工况下使轮轨力收敛的截止频率。

图4.30给出了道岔不同截止频率下心轨侧轮轨垂向力(作用于直股翼轨和长心轨的合力)，当柔性道岔动力学模型的截止频率分别为100Hz、250Hz、500Hz、750Hz、1000Hz、1500Hz、2000Hz 时，辙叉区距实际咽喉 1.5m 以前范围内，轮轨垂向力最大值分别为176.92kN、147.66kN、147.71kN、144.29kN、140.45kN、136.98kN 和 135.00kN。当道岔动力学模型的截止频率为1500Hz 时，轮轨垂向力可基本收敛。当截止频率为100Hz时，轮轨冲击后动轮载减载至零，车轮瞬间脱空。当截止频率大于 500Hz 时，轮轨垂向力在距实际咽喉0.973m、1.129m、1.245m(分别对应长心轨顶宽 40mm、45mm 和 50mm)处出现明显的 3 个峰值。车轮从翼轨过渡至长心轨后，车轮随心轨降低值减小而逐步抬升；当车轮通过心轨降低值减小至零(长心轨顶宽 50mm)的位置(长心轨顶宽 50mm)后，轮轨垂向力发生显著减载。

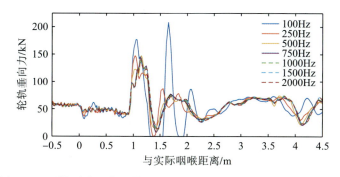

图4.30　柔性道岔动力学模型截止频率对辙叉区垂向冲击力的影响

如图 4.31 所示，在距实际咽喉 0.5～1.5m 范围内，设轮轨垂向冲击力含 4 个特征频率 f_{Ipi} ($i=1\sim4$)；在距实际咽喉 1.5m 之后，设轮轨垂向力衰减的 3 个特征频率为 f_{Atj} ($j=1\sim3$)。对比图 4.31(a)和(b)，当道岔模型截止频率从 500Hz 增大至 750Hz 时，轮轨垂向冲击力主频从 $f_{Ip4}=210$Hz 增高至 $f_{Ip2}=670$Hz；当车辆过岔速度为 350km/h 时，其对应的结构不平顺波长分别为 0.463m 和 0.145m；其中 0.145m 波长对应图 4.30 中 3 个轮轨垂向力峰值的变化波长。

对比图 4.31(b)和(c)，当道岔模型截止频率从 750Hz 增大至 1500Hz 以上时，轮轨垂向力时频图中 $f_{Ip1}=1150$Hz 对应的轮轨力幅值显著减小；结合图 4.32 可知，扩大道岔模型截止频率可在更宽频率范围内增大辙叉仿真模型的动柔度，减小轮轨冲击力。结合图 4.30，可知 f_{Ip1} 对应轮轨垂向力首个峰值(距实际咽喉 0.97m 处)，而图 4.26(b)已说明辙叉区轮载过渡范围为距实际咽喉 0.93～1.05m。因此，首个轮轨垂向力峰值是伴随车轮从翼轨开始过渡、并冲击长心轨而产生频率为 f_{Ip1}=1150Hz 的轮轨冲击，其后 2 个轮轨垂向力峰值是轮载已完全过渡至长心轨、由固有结构不平顺（心轨降低值减小）而产生频率为 f_{Ip2}=670Hz 的轮轨冲击。

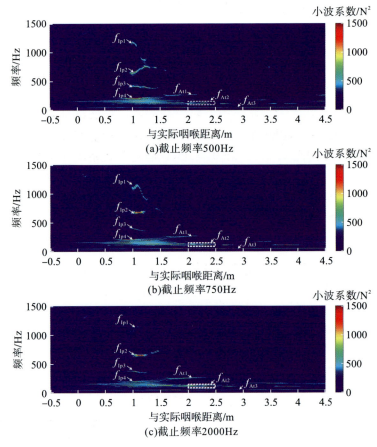

图 4.31　辙叉区轮轨垂向冲击力小波变换

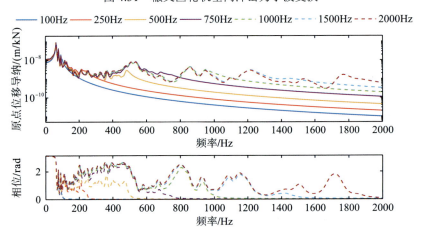

图 4.32　柔性道岔动力学模型截止频率对长心轨原点位移导纳的影响

结合图 4.31(c)与表 4.7，发现部分轮轨垂向冲击力的典型频率，如 f_{Ip2}=670Hz、f_{Ip3}=380Hz、f_{Ip4}=210Hz，均与道岔结构振动模态频率相近，分别对应 R2(677.4Hz)、R1(369.6Hz)、B1(212.0Hz)。同理，轮轨垂向力衰减的典型频率，如 f_{At1}=255Hz、f_{At2}=110～135Hz、f_{At3}=50Hz，也分别与道岔结构模态频率 B2(256.2Hz)、FT-b(115.0Hz)和 FT-a(66.9Hz)相近。轮轨垂向力的典型频率与道岔振动模态特征频率密切相关。

3. 轮对柔性对轮轨动态相互作用的影响

由前面可知，辙叉区轮载过渡激励频率可达 1150Hz，这将激励起轮对的中高频模态，影响轮轨动态相互作用。当道岔动力学模型的截止频率为 2000Hz 时，本节对比考虑轮对柔性变形前后的轮轨动态相互作用。如图 4.33(a)所示，考虑轮对柔性变形对轮载过渡范围的影响很小。对于在距实际咽喉 0.99m 处、激励频率为 f_{Ip1} 的首个轮轨垂向力峰值，刚性和柔性轮对的幅值分别为 97.12kN 和 93.87kN；而对于在距实际咽喉 1.13m 处、激励频率为 f_{Ip2} 的第二个轮轨垂向力峰值，刚性和柔性轮对的幅值分别为 135.00kN 和 133.71kN。因此，考虑轮对柔性变形减小了在中高频范围内的冲击响应，但以辙叉区冲击为例，其减小幅值较小，仅为 1.0%～3.3%。如图 4.33(b)所示，考虑轮对柔性变形后，辙叉区心轨侧轴箱垂向加速度最大值从 168.06m/s² 增大至 190.80m/s²，且加速度波形振荡更剧烈。

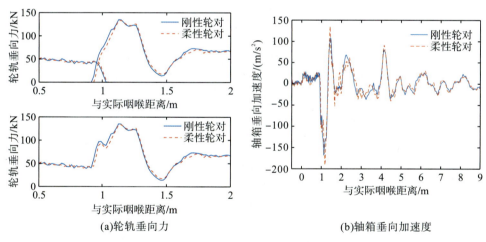

(a)轮轨垂向力　　　　　　　　　　　(b)轴箱垂向加速度

图 4.33　考虑轮对柔性前后辙叉区轮轨动力响应对比

结合图 4.34 的小波变换结果可知，刚性轮对轴箱垂向加速度典型频率的大小和里程分布位置，与轮轨垂向力(图 4.31(c))中典型频率结果相似。考虑轮对柔性变形后，辙叉区轴箱加速度的主频从 f_{Ip2}=670Hz 改变至 580～610Hz 范围；结合表 4.6，可知该频率范围对应轮对三阶弯曲约束模态频率 f_{b3}=592Hz；同时，柔性轮对轴箱加速度时频图在距实际咽喉 1.05m、频率 1255Hz 处也有能量聚集，该频率对应轮对五阶弯曲约束模态频率 f_{b5}=1287Hz；在 f_{Ip3}=380Hz 以下频率范围内，刚性与柔性轮对轴箱加速度的典型频率大小和分布位置相似。因此，轮载过渡时轮轨冲击力的频率成分 f_{Ip1} 和 f_{Ip2}，分别引起频率范围相近的轮对模态 f_{b5} 和 f_{b3} 的模态共振，并反映至轴箱加速度主频中。

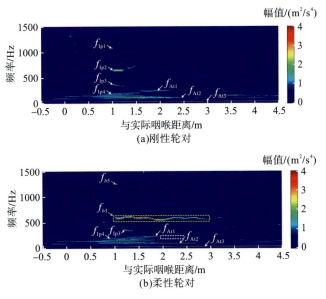

图 4.34　辙叉区轴箱垂向加速度小波变换结果

如图 4.35(a)所示，李谷等[98]列举了车辆以速度约 293km/h 直向通过 18 号道岔时，道岔全长范围内的轴箱垂向加速度的时域和频谱图。实测轴箱垂向加速度的主频为 57Hz，其他特征频率包括 343～365Hz、580Hz 和 646Hz；同时，李谷等[98]说明了该道岔区实测频谱图为异常值，体现在由道岔结构变化形成的轮轨垂向力和轴箱垂向加速度以约 50Hz 持续振动。

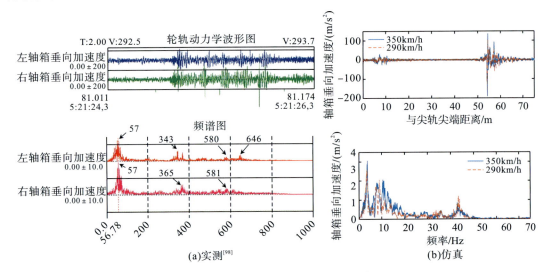

图 4.35　道岔全长范围内轴箱垂向加速度对比

图 4.35(b)仿真计算了车辆分别以速度 350km/h 和 290km/h 通过道岔全长时，尖/心轨侧轴箱垂向加速度的时域和频谱结果：两种速度下轴箱加速度的主频为 50Hz，与实测主频 57Hz 相近。但是，结合时频分析可知仿真所得的 50Hz 主频振动体现在轮载过渡后的振动衰减，并与辙叉轨道结构整体共振模态 FT-a 相关，而非在道岔全长范围内的连续振

动；同时，仿真中未考虑轨道不平顺和廓形磨耗；故仿真主频对应的频谱幅值比实测异常结果小。仿真频谱中也发现与实测频谱相对应的其他共振峰，如 343～365Hz 和 580Hz，进一步验证了仿真模型的合理性。

最后，图 4.35(b) 频谱图中，相比于速度 350km/h 的轴箱垂向加速度在 580Hz 处的频谱幅值，速度为 290km/h 对应的频谱幅值更大；这是因为两种速度对应结构不平顺波长 0.145m 的冲击频率 f_{Ip2} 分别为 670Hz 和 556Hz，当速度为 290km/h 时，轮轨冲击激励频率更接近轮对三阶弯曲约束模态频率 f_{b3}=592Hz，故引起更剧烈的轮对模态共振。

本 章 小 结

传统的轮轨系统动力学研究主要是基于多刚体系统动力学来开展的，目前已经取得了较完善的研究成果，但列车在高速运行环境下，多刚体系统动力学无法准确模拟轮轨系统的高频振动及其柔性变形。因此，本章基于列车-道岔系统动力学的发展现状，总结了高速列车-道岔刚柔耦合系统动力学建模方法，分析了考虑轮对和道岔结构柔性后列车-道岔系统的动力特性，其主要内容如下：

(1) 针对轮轨系统动力学的发展现状，分别从列车系统动力学模型、轨道系统动力学模型、轮轨系统耦合模型及轮轨系统动力学激励进行了总结；在此基础上，阐述了国内外列车-道岔系统动力学的发展，表明了开展高速列车-道岔刚柔耦合系统动力学研究的必要性。

(2) 介绍了高速列车-道岔刚柔耦合系统动力学建模方法，基于 Craigh-Bampton 模态综合法，建立并验证了考虑轮对旋转效应的柔性轮对动力学模型，获取了其在自由和约束状态下的特征模态。基于模态叠加法，构建了速度 350km/h 客运专线 18 号高速铁路道岔精细化动力学模型；针对轮轨冲击最显著的辙叉结构，结合力锤试验，验证了道岔动力学模型的正确性，辨识并开展了道岔结构模态分类；发展了考虑轮对柔性变形的轮轨接触几何算法，构建了相应的轮轨接触模型。

(3) 以车辆直逆向通过高速铁路道岔的轮轨系统动力特性为例，分别对比了道岔结构柔性和轮对柔性对轮轨系统动力响应的影响。辨识了辙叉区轮轨垂向冲击的激励频率和结构不平顺波长，提出了道岔区轮轨垂向冲击力的截止频率为 1500Hz，探索了道岔结构不平顺激励对轮轨系统共振频带的影响。

参 考 文 献

[1] Garg V, Dukkipati R. Dynamics of Railway Vehicle Systems[M]. New York: Academic Press, 1984.

[2] 翟婉明. 车辆-轨道耦合动力学-上册, Volume 1[M]. 4 版. 北京: 科学出版社, 2015.

[3] Popp K, Kruse H, Kaiser I. Vehicle-track dynamics in the mid-frequency range[J]. Vehicle System Dynamics, 1999, 31: 423-464.

[4] Iwnicki S. Handbook of Railway Vehicle Dynamics[M]. Boca Raton: CRC/Taylor & Francis, 2006.

［5］ Knothe K L, Grassie S L. Modelling of railway track and vehicle/track interaction at high frequencies［J］. Vehicle System Dynamics, 1993, 22(3-4): 209-262.

［6］ 陈泽深, 王成国. 车辆-轨道系统高中低频动力学模型的理论特征及其应用范围的研究［J］. 中国铁道科学, 2004, 25(4): 1-10.

［7］ 王嘉斌. 高速条件下路基上 CRTS Ⅱ 型无砟轨道频谱特性研究［D］. 北京: 北京交通大学, 2017.

［8］ 张曙光. 高速列车设计方法研究［M］. 北京: 中国铁道出版社, 2009.

［9］ Kobayashi M. A simulation of freight car motion due to end-to-end impact［J］. Quarterly RePorts of RTRI, 1974, 15(2): 96-101.

［10］ 凌亮. 考虑多节车的高速列车/轨道耦合动力学研究［D］. 成都: 西南交通大学, 2012.

［11］ Ling L A, Jin X S. A 3D model for coupling dynamics analysis of high-speed train/track system［J］. Journal of Zhejiang University Science A, 2014, 15(12): 964-983.

［12］ Jaiswal J, Blair S, Stevens A, et al. A systems approach to evaluating rail life［C］. Railway Engineering Conference, 2002

［13］ 崔潇. 车辆-轨道系统刚柔耦合动力学软件开发及动态响应特性研究［D］. 北京: 中国铁道科学研究院, 2019.

［14］ Zhong S Q, Jin X S. Effect of the first two wheelset bending modes on wheel-rail contact behavior［J］. Journal of Zhejiang University Science A, 2014, 15: 984-1001.

［15］ Kaiser I, Popp K. Modeling and Simulation of the Mid-frequency Behaviour of an Elastic Bogie［M］//Popp K, Schiehlen W. System Dynamics and Long-term Behaviour of Railway Vehicles, Track and Subgrade. Berlin: Springer, 2003.

［16］ Dietz S, Netter H, Sachau D. Fatigue life prediction of a railway bogie under dynamic loads through simulation［J］. Vehicle System Dynamics, 1998, 29(6): 385-402.

［17］ 任尊松, 孙守光, 刘志明. 构架作弹性体处理时的客车系统动力学仿真［J］. 铁道学报, 2004, 26(4): 31-35.

［18］ Fancher P S, Ervin R D, Macadam C C, et al. Measurement and representation of the mechanical properties of truck leaf springs［C］. SAE International West Coast International Meeting and Exposition, 1980.

［19］ 岳彩姝. 抗蛇行减振器温变特性及低温环境对动车组动力学性能影响研究［D］. 成都: 西南交通大学, 2017.

［20］ Carlbom P. Carbody and passengers in rail vehicle dynamics［D］. Stockhdm: KTH, 2000.

［21］ Carlbom P. Combining MBS with FEM for rail vehicle dynamics analysis［J］. Multibody System Dynamics, 2001, 6(3): 291-300.

［22］ Diana G, Cheli F, Collina A, et al. The development of a numerical model for railway vehicles comfort assessment through comparison with experimental measurements［J］. Vehicle System Dynamics, 2002, 38(3): 165-183.

［23］ Diana G, Bruni S, Collina A, et al. High speed railway: Pantographs and overhead lines modelling and simulation［C］. Proceedings of the International Conference on Computer Aided Design, 1998, 2: 847-856.

［24］ Popp K, Kruse H, Kaiser I. Vehicle-track dynamics in the mid-frequency range［J］. Vehicle System Dynamics, 1999, 31(5-6): 423-464.

［25］ Cai Z Q. Modelling of rail track dynamics and wheel/rail interaction［D］. Kingston: Queen's University, 1992.

［26］ Knothe K, Grassie S L. Modelling of railway track and vehicle/track interaction at high frequencies［J］. Vehicle System Dynamics, 1993, 22(3): 209-262.

［27］ 凌亮. 高速列车-轨道三维刚柔耦合动力学研究［D］. 成都: 西南交通大学, 2015.

［28］ Sheng X, Jones C J C, Thompson D J. Responses of infinite periodic structures to moving or stationary harmonic loads［J］. Journal of Sound and Vibration, 2005, 282(1-2): 125-149.

[29] Wu T X, Thompson D J. A double Timoshenko beam model for vertical vibration analysis of railway track at high frequencies[J]. Journal of Sound and Vibration, 1999, 224(2): 329-348.

[30] Valdivia A R. A linear dynamic wear model to explain the initiating mechanism of corrugation[J]. Vehicle System Dynamics, 1988, 17(sup1): 493-496.

[31] 韦凯, 周昌盛, 王平, 等. 扣件胶垫刚度的温变性对轮轨耦合随机频响特征的影响[J]. 铁道学报, 2016, 38(1): 111-116.

[32] Dahlberg T, Nielsen J. Dynamic behaviour of free-free and in-situ concrete railway sleepers[C]. International Symposium on Precast Concrete Railway Sleepers, 1991.

[33] 赵坪锐, 刘学毅. 列车-轨道-路基系统动力学[M]. 北京: 科学出版社, 2018.

[34] Ferreira P A. Modelling and prediction of the dynamic behavior of railway infrastructures at very high speeds[D]. Lisbon: Instituto Superior Técnico, 2010.

[35] Chen C. Discrete element modelling of geogrid-reinforced railway ballast and track transition zones[D]. Nottingham: The University of Nottingham, 2013.

[36] Dong R G. Vertical dynamics of railway vehicle-track system[D]. Montréal: Concordia University, 1995.

[37] 肖新标. 复杂环境状态下高速列车脱轨机理研究[D]. 成都: 西南交通大学, 2013.

[38] 韩光旭. 高速列车车轮非圆化对振动噪声的影响及演变规律研究[D]. 成都: 西南交通大学, 2015.

[39] 顾经文. 高锰钢整铸辙叉的垂直不平顺及其与机车车辆的相互作用[D]. 北京: 铁道部科学研究院, 1982.

[40] 罗雁云. 列车通过道岔辙叉时的振动分析[C]. 中国铁道学会全路轨道专业学术讨论会及轨道学组年会, 1986.

[41] 赵曦. 固定式辙叉区轮轨动力有限元分析及其弹性值的优选[D]. 北京: 铁道部科学研究院, 1988.

[42] 张远荣. 可动心轨辙叉道岔对高速运行条件的适应性[D]. 北京: 中国铁道科学研究院, 1993.

[43] 王平. 道岔区轮轨系统动力学的研究[D]. 成都: 西南交通大学, 1998.

[44] 王平. 道岔区轮轨系统空间耦合振动模型及其应用[J]. 西南交通大学学报, 1998, 33(3): 284-289.

[45] 王平, 万复光. 列车与可动心轨道岔的耦合振动及仿真分析研究[J]. 中国铁道科学, 1999, 20(3): 20-30.

[46] 王平, 刘学毅, 寇忠厚. 道岔竖向刚度沿线路纵向分布规律的探讨[J]. 西南交通大学学报, 1999, 34(2): 143-147.

[47] 王平, 刘学毅, 万复光. 列车-可动心轨式道岔空间耦合系统动力分析[J]. 铁道学报, 1999, 21(3): 72-76.

[48] 王平. 道岔转辙器部分轮载分布规律的研究[J]. 西南交通大学学报, 1999, 34(5): 550-553.

[49] 王平. 道岔转辙器部分的力学特性分析[J]. 铁道学报, 2000, 22(1): 79-82.

[50] 王平. 列车在道岔中的运行稳定性分析[J]. 西南交通大学学报, 2000, 35(1): 28-31.

[51] 任尊松. 列车-道岔系统动力学研究[D]. 成都: 西南交通大学, 2000.

[52] Ren Z S, Sun S G, Zhai W M. Study on lateral dynamic characteristics of vehicle/turnout system[J]. Vehicle System Dynamics, 2005, 43(4): 285-303.

[53] Ren Z S, Sun S G, Xie G. A method to determine the two-point contact zone and transfer of wheel-rail forces in a turnout[J]. Vehicle System Dynamics, 2010, 48(10): 1115-1133.

[54] Ren Z S. Multi-point contact of the high-speed vehicle-turnout system dynamics[J]. Chinese Journal of Mechanical Engineering, 2013, 26(3): 518-525.

[55] 任尊松, 翟婉明, 王其昌. 几种道岔病害对轮轨相互作用的影响[J]. 铁道工程学报, 2000, 17(4): 38-41.

[56] 陈小平. 高速道岔轨道刚度理论及应用研究[D]. 成都: 西南交通大学, 2008.

[57] 蔡小培. 高速道岔尖轨与心轨转换及控制研究[D]. 成都: 西南交通大学, 2008.

[58] 全顺喜. 高速道岔几何不平顺动力分析及其控制方法研究[D]. 成都: 西南交通大学, 2012.

[59] 曹洋. 道岔平面线型动力分析及其设计方法研究[D]. 成都: 西南交通大学, 2013.

[60] 赵卫华. 固定辙叉轮轨关系优化及动力学仿真分析研究[D]. 成都: 西南交通大学, 2014.

[61] 陈嵘. 高速铁路车辆-道岔-桥梁耦合振动理论及应用研究[D]. 成都: 西南交通大学, 2009.

[62] 徐井芒. 高速道岔曲尖轨磨耗仿真分析研究[D]. 成都: 西南交通大学, 2015.

[63] 马晓川. 高速铁路道岔直尖轨滚动接触疲劳行为与优化控制研究[D]. 成都: 西南交通大学, 2018.

[64] 钱瑶. 高速铁路道岔轮轨接触几何关系与廓形优化研究[D]. 成都: 西南交通大学, 2019.

[65] 王健. 基于轮轨关系的小号码道岔转辙器区脱轨机理研究[D]. 成都: 西南交通大学, 2018.

[66] 赵国堂. 高速铁路道岔区动力响应的模拟研究[J]. 中国铁道科学, 1996, 17(4): 90-94.

[67] 孙加林. 秦沈客运专线大号码道岔线型分析和动力响应研究[D]. 北京: 中国铁道科学研究院, 2004.

[68] 吴安伟, 罗赟. 机车侧向过岔时对护轨的横向冲击[J]. 电力机车与城轨车辆, 2005, 28(6): 13-15.

[69] 李刚. 高速动车组道岔通过性能及影响因素分析[D]. 成都: 西南交通大学, 2012.

[70] 李苍楠. 基于刚柔耦合联合仿真的高速铁路桥上无砟道岔动力学研究[D]. 北京: 北京交通大学, 2011.

[71] 马晓川, 王平, 王健, 等. 尖轨降低值超限对转辙器动力特性的影响研究[J]. 铁道学报, 2016, 38(3): 98-105.

[72] 马晓川, 王平, 徐金辉, 等. 钢轨轧制不平顺对车岔耦合系统垂向动力特性的影响[J]. 中南大学学报(自然科学版), 2017, 48(7): 1942-1950.

[73] Zarembski A M. Reducing wheel/rail forces in turnouts[J]. Railway Track & Structures, 1991, (5): 8-9.

[74] Schmid R, Endlicher K O, Lugner P. Computer-simulation of the dynamical behavior of a railway-bogie passing a switch[J]. Vehicle System Dynamics, 1994, 23(1): 481-499.

[75] Andersson C, Dahlberg T. Wheel/rail impacts at a railway turnout crossing[J]. Journal of Rail and Rapid Transit, 1998, 212(2): 123-134.

[76] Schupp G, Weidemann C, Mauer L. Modelling the contact between wheel and rail within multibody system simulation[J]. Vehicle System Dynamics, 2004, 41(5): 349-364.

[77] Pletz M, Daves W, Ossberger H. A wheel passing a crossing nose: Dynamic analysis under high axle loads using finite element modelling[J]. Journal of Rail and Rapid Transit, 2012, (10): 1-9.

[78] Kassa E, Nielsen J. Dynamic interaction between train and railway turnout: Full-scale field test and validation of simulation models[J]. Vehicle System Dynamics, 2008, 46(SI): 521-534.

[79] Kassa E, Andersson C, Nielsen J. Simulation of dynamic interaction between train and railway turnout[J]. Vehicle System Dynamics, 2006, 44(3): 247-258.

[80] Kassa E, Nielsen J. Dynamic train-turnout interaction in an extended frequency range using a detailed model of track dynamics[J]. Journal of Sound and Vibration, 2009, 320(4-5): 893-914.

[81] Alfi S, Bruni S. Mathematical modelling of train-turnout interaction[J]. Vehicle System Dynamics, 2009, 47(5): 551-574.

[82] Sugiyama H, Tanii Y, Matsumura R. Analysis of wheel/rail contact geometry on railroad turnout using longitudinal interpolation of rail profiles[J]. Journal of Computational and Nonlinear Dynamics, 2011, 6(2): 1.

[83] Sugiyama H, Sekiguchi T, Matsumura R, et al. Wheel/rail contact dynamics in turnout negotiations with combined nodal and non-conformal contact approach[J]. Multibody System Dynamics, 2012, 27(1): 55-74.

[84] Burgelman N, Li Z, Dollevoet R. A new rolling contact method applied to conformal contact and the train-turnout interaction[J]. Wear, 2014, 321: 94-105.

[85] Johansson A, Pålsson B, Ekh M, et al. Simulation of wheel-rail contact and damage in switches & crossings[J]. Wear, 2011,

271(1-2): 472-481.

[86] Sebes M, Ayasse J B, Chollet H, et al. Application of a semi-Hertzian method to the simulation of vehicles in high-speed switches[J]. Vehicle System Dynamics, 2006, 44(SI): 341-348.

[87] 任尊松, 刘志明. 高速动车组振动传递及频率分布规律[J]. 机械工程学报, 2013, 49(16): 1-7.

[88] 杜超凡. 基于无网格法的刚-柔耦合系统的动力学建模与仿真[D]. 南京: 南京理工大学, 2017.

[89] 黎亮. 刚-柔耦合复合结构的动力学建模理论研究[D]. 南京: 南京理工大学, 2014.

[90] Fayos J, Baeza L, Denia F D, et al. An Eulerian coordinate-based method for analysing the structural vibrations of a solid of revolution rotating about its main axis[J]. Journal of Sound and Vibration, 2007, 306(3-5): 618-635.

[91] 高浩. 车辆系统刚柔耦合动力学仿真方法及仿真平台研究[D]. 成都: 西南交通大学, 2013.

[92] Schwarz B J, Richardson M H. Introduction to operating deflection shapes[J]. CSI Reliability Week, 1999, 10(538): 121-126.

[93] Richardson M H. Is it a mode shape, or an operating deflection shape?[J]. SV Sound and Vibration, 1997, 31: 54-61.

[94] Zhang P, Li S, Núñez A, et al. Multimodal dispersive waves in a free rail: Numerical modeling and experimental investigation[J]. Mechanical Systems and Signal Processing, 2021, 150: 107305.

[95] Oregui M, Li Z, Dollevoet R. An investigation into the vertical dynamics of tracks with monoblock sleepers with a 3D finite-element model[J]. Journal of Rail and Rapid Transit, 2016, 230(3): 891-908.

[96] 钟硕乔. 车辆轨道耦合系统中的旋转柔性轮对建模研究[D]. 成都: 西南交通大学, 2017.

[97] Shih J Y, Ambur R, Dixon R. Developing a detailed multi-body dynamic model of a turnout based on its finite element model[J]. Vehicle System Dynamics, 2023, 61(3): 725-738.

[98] 李谷, 张志超, 祖宏林, 等. 高速铁路典型轨道病害下轮轨力响应特性试验研究[J]. 中国铁道科学, 2019, 40(6): 30-36.

第五章　高速运营车辆通过道岔时的动力响应

中国高速铁路建设前期,动车组与高速铁路道岔等各项关键技术均在同步开展自主研发或引进、消化、吸收、再创新工作,在高速铁路道岔研制过程中主要参考德国 ICE3、法国 TGV、日本 700 系等国家高速动车组的固定轴距、悬挂参数、车轮踏面形状等较为粗略的参数来进行道岔轮轨关系及轨道刚度的设计、检算,再通过现场试铺验证、实际高速列车的逐级提速试验、高铁开通前的联调联试、高铁线的试运营考核等,经过不断完善优化而最终形成定型产品,并在高速铁路建设中大规模推广应用。由此可见,高速铁路道岔在设计过程中并未考虑服役实际情况的运营车辆通过道岔时的轮轨动力作用,也未评估其过岔安全性、平稳性和舒适性,因未掌握动车组的服役情况,在高速铁路道岔设计过程中也不可能完成该项工作。

自主研制的上万组各型客运专线道岔在近十年的运用中,总体服役状态良好,但也出现了第一章所介绍的一些病害,一方面是由长期列车荷载作用下道岔各部件的磨损和疲劳损伤造成的,另一方面与高速动车组的运用状态恶化导致轮轨作用力增大有关,特别是即将镟修的车轮,若踏面存在凹形磨耗、扁疤、失圆、左右轮径差过大等病害,在道岔区不可避免的接触不平顺耦合激励作用下,会激起幅值较大的轮轨中高频振动,加剧道岔部件损伤,并显著影响运营车辆通过道岔时的平稳性、舒适性,严重时可能还会影响安全性,缩短车轮镟修周期。因此,开展高速运营车辆通过道岔时的动力响应分析是十分必要的。

第一节　车轮凹形磨耗对高速车辆过岔时的动力影响

为保证高速列车的运行稳定性,轮轨接触点就必须在很窄的范围内变化,因此我国高速铁路钢轨均打磨成 60N 廓形或直接采用 60N 钢轨,轮轨接触点长期保持在钢轨顶面中心附近,接触点在 20～30mm 范围变化。但是,这种集中在较窄范围内的动态磨损,对车轮踏面保持极为不利,会形成凹形磨耗,导致车轮踏面廓形发生改变,出现接触点跳跃、转移、多点接触等现象,严重影响轮轨接触行为和轮轨动态相互作用。相比于区间线路,在道岔区因钢轨组合廓形的变化,轮轨相互作用将更为剧烈,影响列车过岔的平稳性与安全性[1]。

一、车轮踏面廓形演变

为研究车轮踏面廓形演变对道岔区轮轨接触行为的影响,跟踪测量[2]某线路上运行速度级为 250km/h CRH2 型动车组的车轮磨耗情况，该动车组轮对采用 LMA 磨耗型踏面，车轮踏面及磨耗随运营里程变化如图 5.1 所示。

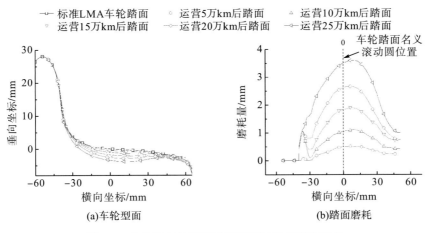

图 5.1　动车组车轮踏面及磨耗随运营里程的变化

　　由图 5.1 可见，随着列车运营里程的增大，踏面磨耗逐渐加深，从而引起车轮踏面的廓形变化。车轮磨耗的主要分布范围在踏面横坐标 -20～40mm。车轮踏面磨耗增加将产生较大的轮轨接触应力和轮轨横向力，加剧钢轨损伤，使钢轨表面出现开裂、剥落、波纹磨损等问题[3]，而在轮缘处的磨耗则相对较小。在里程为 25 万 km 时，车轮踏面磨耗量已达到 3.5mm 左右。

　　下面以 60kg/m 钢轨 250km/h 客运专线 18 号道岔为例，分析具有不同凹形磨耗量的 CRH2 型动车组直向通过该道岔时的轮轨接触行为及动力响应。

二、道岔转辙器部分轮轨接触行为

1. 轮轨接触点分布

　　具有不同凹形磨耗量的 LMA 型车轮与高速铁路道岔尖轨顶宽 0mm、20mm、35mm、50mm 接触时，接触点随轮对横移量（移向尖轨为正）的变化如图 5.2 所示。由图可见，标准 LMA 车轮踏面与标准钢轨的接触点随轮对横移量变化较为连续且均匀，而随着磨耗量的增大，接触点均会出现不同程度的跳跃。由于受到道岔结构的影响，接触点在尖轨上的位置变化情况更复杂，接触点的跳跃也更为剧烈，如图中 A、B 两点，凹形磨耗严重的车轮其轮轨接触点会在基本轨、尖轨上发生跳跃转换。在尖轨顶宽 20mm 断面处，车轮无磨耗发生时在轮对横移量 9mm 范围内，接触点主要集中于基本轨中部位置，分布较为均匀连续，轮对横移量超过 9mm 后，钢轨上的接触点由基本轨侧转移至尖轨侧并逐渐达到轨距角位置。随列车运营里程的增大，车轮踏面磨耗增加，较小轮对横移量范围内的接触点位置向外侧分散，并且接触点转移至轨距角和轮缘所需的轮对横移量明显变小，即轮缘与钢轨接触所需轮对横移量变小，增大了发生"两点接触"的概率。在尖轨顶宽 50mm 断面，此时已发生轮载转移，由尖轨侧完全承载，随车轮踏面磨耗量增加，接触点向钢轨两侧分散，分布在尖轨尖端位置的接触点数量明显增多。由于道岔结构较为复杂，接触点在道岔区钢轨上的位置变化比区间线路更剧烈，而车轮磨耗极大地增加了接触点的跳跃性与不连续性，必将影响行车的平稳性。

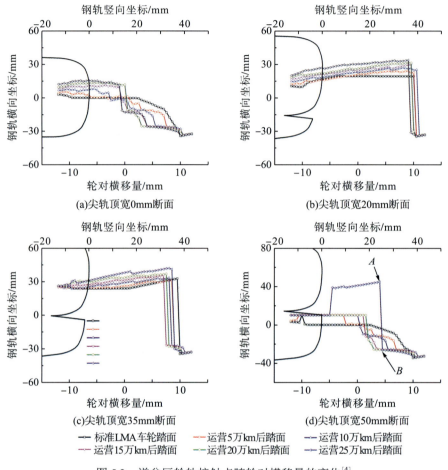

图 5.2　道岔区轮轨接触点随轮对横移量的变化[4]

2. 结构不平顺

　　道岔尖轨截面的宽度及高度是沿纵向不断变化的，因此即便在理想情况下(无横移、无摇头角、无几何不平顺)，轮轨接触点位置也会随着道岔截面位置的不同而发生改变，于是产生了轮轨接触点在横向及竖向的变化。接触点位置的这种变化规律，与区间线路钢轨存在轨道不平顺时的变化规律类似，称为道岔的"结构不平顺"[5]，它是由道岔特殊的结构特点所决定的，同时也是引起列车与道岔振动的激振源之一。根据列车通过道岔时产生的激扰作用的方向，结构不平顺可以分为横向不平顺和竖向不平顺。具有不同凹形磨耗量的 LMA 型车轮与高速铁路道岔转辙器部分接触处形成的横向、竖向结构不平顺分布如图 5.3 所示。由图 5.3 可见，对于横向结构不平顺，车轮无磨耗时的幅值为 23.6mm，随着列车运营里程增加，横向结构不平顺幅值明显增大，当里程达 25 万 km 后，不平顺幅值为 57.4mm，相较无磨耗时增幅 143.2%；竖向结构不平顺随列车运营里程增加变化量较小，但运营里程达 20 万 km 后，竖向结构不平顺的分布规律与运营里程较小工况相比发生明显变化。随着车轮磨耗加深，不平顺的波动程度也更为剧烈，轮载转移发生的位置延后。尖轨侧的轮轨接触点在轮载发生转移之前随着尖轨顶宽的增大而不断外移，直到轮载转移时接触点位置发生突变，轮轨接触点位置突变至尖轨侧，而后再随尖轨顶宽的增大而逐渐外移至轨头中心线位置附近。由此可见，车轮凹形磨耗对列车过岔的横向相互作用影响更为剧烈。

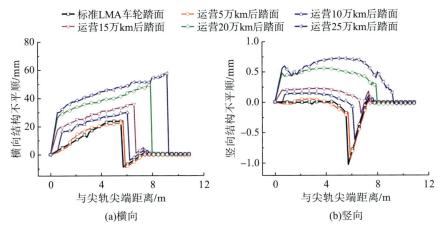

图 5.3　道岔区结构不平顺随廓形演变的变化

3. 无横移时的接触应力与接触斑面积

设列车轴重为 14t，车轮半径为 430mm，轮轨间材料摩擦系数为 0.3，泊松比为 0.28。不考虑轮对横移，尖轨不同断面处的法向接触应力及接触斑面积随车轮运营里程的变化如图 5.4 和图 5.5 所示。

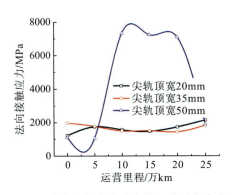

图 5.4　法向接触应力随车轮运营里程变化

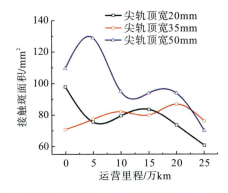

图 5.5　接触斑面积随车轮运营里程变化

由图 5.4 和图 5.5 可见，不考虑轮对横移量时，尖轨顶宽 20mm 和尖轨顶宽 35mm 断面处轮轨接触点均主要分布在基本轨侧，车轮经过初期磨耗，增大了轮轨型面共形度，因此从一定程度上降低了接触应力，造成接触应力总体呈现出先略微减小而后增大的情况。而尖轨顶宽 50mm 断面处法向接触应力和接触斑面积随车轮凹形磨耗量变化而呈现较大的波动，在车轮不同运营里程情况下该断面处的法向接触应力分布如图 5.6 所示。

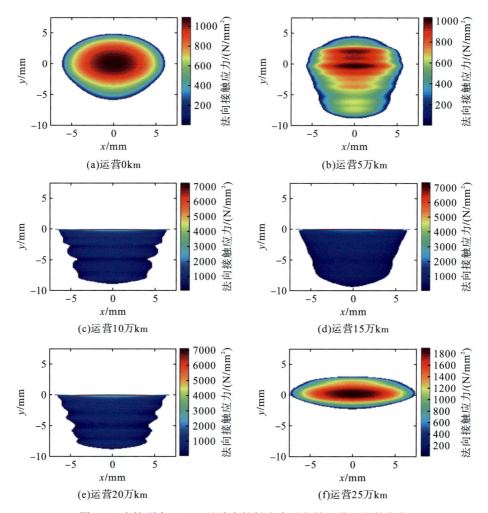

图 5.6　尖轨顶宽 50mm 处法向接触应力随车轮运营里程的变化

由图 5.6 可知，在尖轨顶宽 50mm 处，在车轮磨耗量较小的情况下，接触点主要分布在尖轨中部，接触斑面积较大，接触应力较小；而当列车运营里程达到 10 万 km 时，接触点转移至尖轨非工作边顶角处，形成应力集中现象，造成接触应力突变并产生了一个极大值，由此可见，在凹形磨耗车轮作用下容易造成尖轨非工作边疲劳损伤；当运营里程达到 25 万 km 后，接触点又转移至基本轨侧，由基本轨承载，因此接触应力有所降低。

4. 有横移时的接触应力与接触斑面积

当轮对横移量在 0～8mm 变化时，尖轨顶宽 20mm 处的法向接触应力和接触斑面积的变化如图 5.7 所示，尖轨顶宽 50mm 处的法向接触应力和接触斑面积的变化如图 5.8 所示。由图 5.7 和图 5.8 可见，车轮踏面凹形磨耗对岔区的轮轨接触应力及接触斑面积影响较大，采用非赫兹滚动理论求接触应力时，法向间隙受接触点附近的轮轨型面影响，因此道岔区多变的轮轨关系造成了此处的接触应力和接触斑面积呈波动分布，原因主要有：当接触点位于尖轨非工作处时，会产生较大的应力集中现象；当轮对横移量较大、轮缘与钢轨发生接触时，该处轮轨廓形的接触曲率较小，造成轮轨接触斑面积较小，相同条件下会引发较大的轮轨法向接触应力。尖轨顶宽 20mm 处，接触点主要位于基本轨上，因此接触应力的波动较小；而在尖轨顶宽 50mm 处，接触点随车轮凹形磨耗量、轮对横移量的变化在尖轨、基本轨上转换，因此接触应力波动较大。随着车轮踏面磨耗的加深，接触应力总体上会呈现出先减小后增大的状态，这是由于磨耗产生的初期，凹形磨耗增加了轮轨型面共形度，磨耗车轮与钢轨更容易发生共形接触，在一定程度上降低了接触应力的幅值；而随着车轮磨耗逐渐增大，道岔区钢轨与车轮接触产生多个接触应力峰值，导致轮轨接触应力增大。一般情况下，轮轨接触应力与接触斑面积呈反比关系，因而变化规律也相反。

(a)法向接触应力　(b)接触斑面积

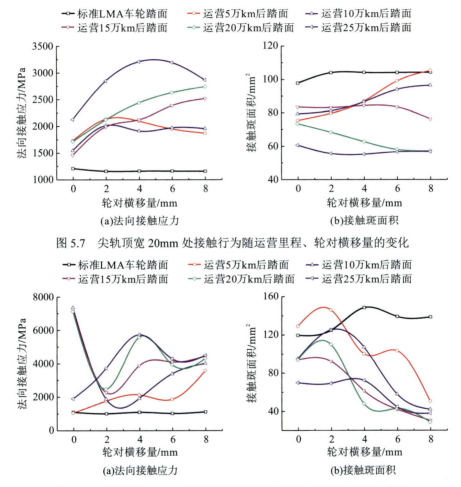

图 5.7　尖轨顶宽 20mm 处接触行为随运营里程、轮对横移量的变化

(a)法向接触应力　(b)接触斑面积

图 5.8　尖轨顶宽 50mm 处接触行为随运营里程、轮对横移量的变化

三、车轮凹形磨耗对列车过岔时的动力影响

1. 轮轨垂向相互作用时域特性

车轮凹形磨耗量不同的动车组以 250km/h 直向通过 18 号道岔时，转辙器部分及辙叉部分的轮轨垂向力分布、尖轨及心轨断面分布如图 5.9 所示。

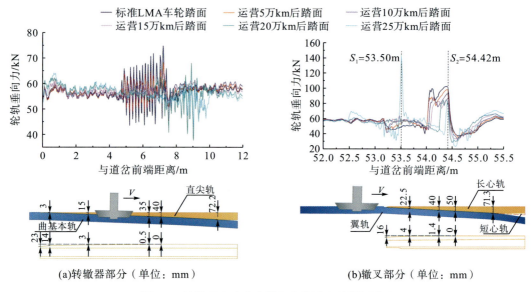

图 5.9　轮轨垂向力分布[6]和尖轨及心轨断面分布

由图 5.9 可见，车轮在从基本轨/翼轨过渡至尖/心轨位置时存在轮轨垂向力极大值；随着车轮运营里程延长、车轮廓形演化、车轮踏面凹形磨耗的增大，过渡段处的轮轨垂向力逐渐减小，转辙器区轮轨垂向力最大值从 74.8kN 降低至 61.6kN，辙叉区轮轨垂向力最大值从 102.3kN 降低至 80.1kN。不同凹形磨耗量的车轮均在辙叉区心轨顶宽 50mm 处完成轮载的过渡，但运营 25 万 km、凹形磨耗量达到 3.5mm 的车轮却在心轨顶宽 20mm 附近（S_1 位置）出现了极大值，约为 143.3kN，这对心轨薄弱断面的受力极为不利，长时间作用有可能会导致心轨从该处折断，从保护心轨受力及行车安全的角度考虑，该车轮应立即进行廓形镟修。

轮轨垂向力的变化与道岔竖向结构不平顺密切相关。以辙叉部分为例，不同凹形磨耗量的车轮在翼轨或心轨上接触点处的滚动圆半径的分布、垂向接触不平顺变化如图 5.10(a)所示，实线和虚线分别表示翼轨和长心轨上的接触点，而实线到虚线的突变表示轮载过渡；运营 25 万 km 的车轮在 S_1 位置处的轮轨接触点对分布及其与标准车轮的比较如图 5.10(b)所示。轮载过渡范围内垂向接触不平顺 dz_{trans} 指标可采用以下公式表示：

$$dz_{trans} = \frac{1}{n}\sum_{i=1}^{n}\left|z_p(x_i) - z_w(x_i)\right|, \quad x = 1, 2, \cdots, n \tag{5.1}$$

式中，x_i 为车轮位置；n 为轮载过渡范围内时程总步长；$z_p(x_i)$ 和 $z_w(x_i)$ 分别为车轮与长心轨、翼轨的第一个接触点的实际滚动圆半径。

由图 5.10 可见，随着车轮运营里程延长、凹形磨耗量增加，车轮滚动圆半径逐渐减小；从零演化至 20 万 km，垂向接触不平顺 dz_{trans} 指标减小了 87%，导致轮轨垂向力最大值也随之减小；同时，轮载过渡位置逐步延后。在 S_1 位置处，标准踏面车轮和钢轨上的接触点分别集中在车轮踏面和翼轨轨距角；而对运营里程为 25 万 km 的车轮踏面，车轮和钢轨上的接触点分别集中在假轮缘和翼轨轨顶与铣削非工作边的交点，该交点随翼轨向外弯折而移动变化，故 S_1 附近接触点位置和实际滚动圆半径变化剧烈，引起轮轨垂向力突变。

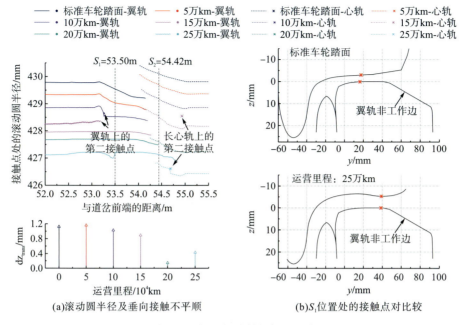

(a)滚动圆半径及垂向接触不平顺　　　　　　　(b)S_i位置处的接触点对比较

图 5.10　辙叉部分轮轨接触行为

2. 轮轨垂向相互作用频域特性

为从频域角度分析凹形磨耗车轮过岔时的轮轨垂向相互作用，以转辙器部分为例，对轴箱垂向加速度开展连续小波变换分析，采用全局小波谱（global wavelet spectrum，GWS）$\overline{W}^2(s)$ 来反映局部小波系数随时间平均的变化规律[7]：

$$\overline{W}^2(s) = \frac{1}{N}\sum_{n=0}^{N-1}\left|W_n(s)\right|^2 \tag{5.2}$$

式中，N 为小波分析的数据样本总长度；$W_n(s)$ 为某频率下随时程变化的小波系数。标准车轮、运行 15 万 km、运行 25 万 km 车轮的轴箱垂向加速度时频如图 5.11 所示，图中白色实线和虚线分别表示轮载过渡的起点和终点；不同凹形磨耗量车轮的轴箱垂向加速度的频谱图比较如图 5.12 所示。

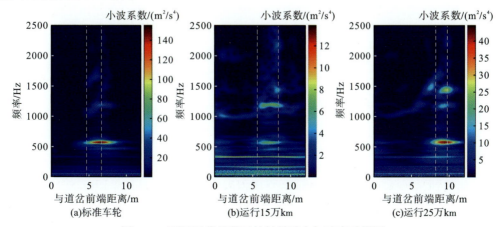

(a)标准车轮　　　　　　　(b)运行15万km　　　　　　　(c)运行25万km

图 5.11　不同运营里程下的轴箱垂向加速度时频图

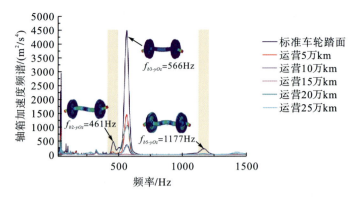

图 5.12　不同凹形磨耗量车轮轴箱垂向加速度频谱图比较

由图 5.11 和图 5.12 可见，道岔区轮载过渡时会激起轮对的高阶振动模态，表明岔区接触不平顺是一种中高频激励；标准踏面车轮从曲基本轨过渡至直尖轨时，激发了轮对的 yOz 平面内第三阶弯曲模态（$f_{b3\text{-}yOz}$=566Hz）和 yOz 平面内第五阶弯曲模态（$f_{b5\text{-}yOz}$=1177Hz）；当轮载过渡至直尖轨后，主要激发了轮对 yOz 平面内第二阶弯曲模态（$f_{b2\text{-}yOz}$=461Hz）。当车轮运营里程从 0km 增加至 15 万 km 时，其发生轮对振动主频 566Hz 的位置向后偏移，其 GWS 显著降低，相应在转辙器区轮轨垂向力振荡显著减缓。但是，随着车轮运营里程达到 20 万~25 万 km 时，轮对高阶弯曲模态被激发，且轮轨垂向力变化加剧。总体而言，转辙器区轮轨垂向力变化与第三阶弯曲模态共振密切相关。

3. 轮轨横向相互作用时域特性

车轮凹形磨耗量不同的动车组以 250km/h 的速度直向过岔时，导向轮对横向位移的变化如图 5.13 所示，图中正值表示轮对往尖/心轨侧横移。由图可见，标准踏面的轮对在转辙器区先横移至直尖轨侧而后发生振荡；随着车轮廓形演化，凹形磨耗量增加，逐步先横移至直基本轨侧再发生振荡；当轮对运营里程为 15 万 km 时，轮对横移量最小；随着车轮廓形演化，轮对横移波长变小，振动频率加大。

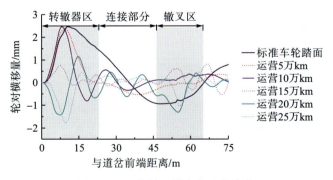

图 5.13　导向轮对横向位移的变化

不同凹形磨耗量的车轮在尖/心轨侧的接触点横向位置变化如图 5.14 所示，为清楚地区分接触点位置，接触点横向位置均标示在标准车轮踏面的三维图形上。

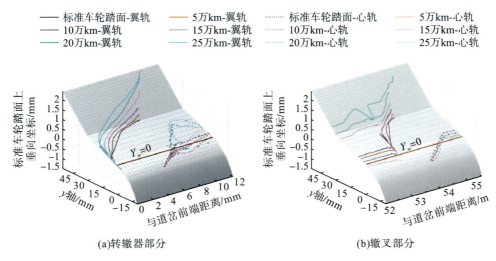

图 5.14　不同凹形磨耗量的车轮在尖/心轨侧的接触点横向位置变化

由图 5.14 可见，车辆直逆向过岔时，车轮首先与向外弯折的基本轨/翼轨接触；随着车轮廓形演化，横向接触点向外侧横移变化的速率增加，轮载过渡位置后移至尖/心轨顶宽更大、更坚固的横截面，横向接触不平顺显著增大。此外，针对标准踏面，车轮与尖轨、非弯折段翼轨的轮轨接触点主要集中在名义滚动圆附近；对于运营里程为 5 万～10 万 km 的踏面，接触点主要集中在轮缘侧；当运营里程达到 15 万 km 时，接触点既分布在名义滚动圆附近，也分布在假轮缘处；当运营里程达到 20 万～25 万 km 时，接触点主要集中在假轮缘处。由此可见，车轮廓形演化加剧了接触点横向位置的变化。

4. 轮轨横向相互作用频域特性

为揭示车轮廓形演化对轮轨横向冲击时频域响应的影响，以辙叉区为例，不同凹形磨耗量车轮的横向轴箱加速度的连续小波变换如图 5.15 所示(图中考虑了运营 0km、10 万 km、15 万 km、25 万 km 四种情况)，图中白色实线和虚线分别表示轮载过渡的起点和终点。

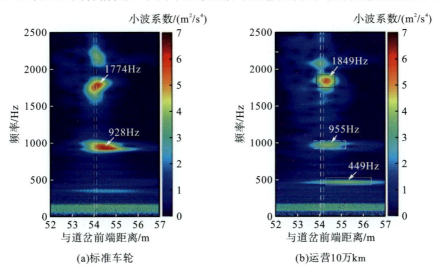

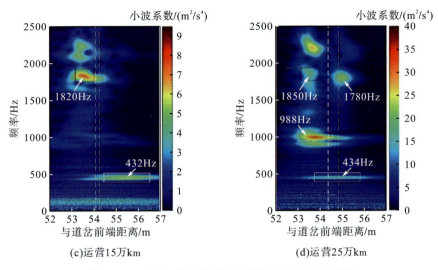

图 5.15   不同运营里程下的轮轴横向加速度时频图

由图 5.15 可见，凹形磨耗量小的车轮在轮载过渡段附近、凹形磨耗量大的车轮在进入辙叉区后会激起轮轴的横向高频振动。标准踏面车轮的轴箱横向加速度在轮载过渡时的主频为 1774Hz，在过渡至心轨后其主频为 928Hz。当车轮运营里程达到 10 万 km 时，轮载过渡位置后移增加了横向接触不平顺，主频增大至对应于三阶对称车轮伞形模态的 1849Hz(红色实线矩形)；轮载过渡至心轨后，激发了轮对的 955Hz 二阶对称车轮伞形模态(白色虚线矩形)和 449Hz 一阶反对称车轮伞形模态(白色实线矩形)。当车轮运营里程达到 15 万 km 时，车轮上接触点首先集中在踏面和假轮缘处，随着翼轨向外弯折，两点接触变为假轮缘处的单点接触，轴箱横向加速度的主频 1820Hz 位置前移至轮载过渡之前。当车轮廓形运营里程达到 25 万 km 时，翼轨上接触状态更恶劣，导致轮轨垂向力和轴箱横向加速度的剧烈变化，激发了 988Hz 和 1850Hz 的对称车轮伞形模态。由此可见，辙叉区轴箱横向加速度与车轮轮辋伞形模态密切相关，随着车轮廓形演化，横向振动加剧；假轮缘接触的存在，导致主频发生位置由心轨变化为翼轨。

第二节   车轮多边形磨耗对高速车辆过岔时的动力影响

铁路车轮多边形化又称车轮波磨、车轮谐波磨耗或车轮周期性非圆化。铁路车轮多边形化现象是列车运行过程车轮损伤中较为普遍的一种。随着高速列车运行速度的不断提高，车轮多边形化对轮轨相互作用的影响已不容忽视。车轮多边形化现象将引起轮轨之间的强烈冲击作用，对行车安全性和稳定性有很大影响。因此，探讨车轮多边形化对车辆系统动力学性能影响具有重要的学术价值。国内外学者在车轮多边形化的试验检测和数值模拟方面展开了一些研究。具有多边形车轮的列车经过道岔时，会明显加剧轮轨动态作用力，这将对道岔和车辆构件的可靠性产生不利影响，进而对列车运行安全性构成潜在威胁。因此，有必要针对该问题开展进一步的深入研究。

一、多边形车轮数学描述

目前车轮多边形化模型有些采用等效轨道激扰的方法,该方法假设所有车轮具有相同的多边形,将车轮的不圆顺转换为轨道的几何不平顺,作为轨道的高低不平顺激励输入列车-轨道耦合系统,也有些采用简谐波形式或者多种简谐波的线性组合形式的车轮半径偏差来模拟。这里采用的模型为 SIMPACK 刚柔耦合列车-道岔系统动力学模型。车轮多边形可用 Untrue Wheels 模块模拟,此模块将车轮多边形简化,该模拟方法仅改变车轮轮廓相对于钢轨的垂直位置,而在接触计算中,使用的纵向车轮曲率和车轮的重心都不改变。车轮多边形化主要通过以下三种方法模拟。

1. 半径偏差法

车轮半径偏差通过输入函数在极坐标中逐点描述,即形式为 $(x, f(x))$ 的一系列点描述,然后对这些点进行线性插值,使插值后的点间距足够小,然后将其输入模型,实现多边形半径偏差加载到车轮上。其中 x 为车轮周向里程,定义区间为 $[0, 2\pi]$。$f(x)$ 是以 m 为单位的半径偏差 $\Delta R(x)$ 或实际包含半径偏差的车轮半径 $R(x)$(若数据以其他单位表示,则可使用缩放因子将输入数据单位等效为 m)。此方法可以使全部车轮加载同一多边形,也可以使每车轮单独添加,可用来模拟实测多边形车轮[8]。

2. 傅里叶级数法

半径偏差 ΔR 通过傅里叶级数来描述,即将多边形化车轮周向半径变化看成一系列不同波长的简谐波的线性组合。该方法在研究中也广泛被采用[9]。

$$\Delta R = A_0 + \sum_{i=1}^{n} A_i \cos\left[i\left(\beta + \beta_0 \right) \right] + \sum_{i=1}^{n} B_i \sin\left[i\left(\beta + \beta_0 \right) \right] \tag{5.3}$$

3. 简谐函数法

车轮多边形由简单的谐波函数描述,其中 A 为振幅,n 为多边形阶数,1 阶表示偏心,2 阶表示椭圆,3 阶表示三角形等。

$$\Delta R(x) = A \sin\left[n\left(x + x_0 \right) \right] \tag{5.4}$$

在此,采用简谐函数法研究车轮多边形化分布、阶数等对车辆通过道岔的动力性能的影响;采用半径偏差法研究实测多边形下车辆通过道岔的动力性能,以及随着实测多边形幅值的变化,动力响应的变化情况。

二、简谐形式的多边形车轮通过道岔时动力响应

车轮无多边形化的车辆通过道岔,在辙叉部分的心轨处会有一个响应最大的点,而当多边形车轮经过该点时,对应车轮上的点所处的不同多边形形式,会影响该点的动力响应,会随着车轮上接触点的状态而改变。取多边形车轮半径偏差为简谐波,考虑到简谐波的特

性,经过尖轨与心轨时的半径偏差将对轮轨相互作用产生影响,车辆经过道岔的动力响应,心轨部分一般比尖轨部分大,因此仅考虑多边形车轮过心轨处的工况。

1. 多边形车轮的过岔响应极值点

为研究经过道岔时多边形状态对动力响应的影响,采用简谐函数法实现车轮多边形化,根据简谐波的特点,选取一个周期内的四个特殊点,如图 5.16 所示,A 为半径偏差变化率最大的点,B 为半径偏差值最大的点,C 为半径偏差变化率最小的点,D 为半径偏差值最大的点。为便于计算和控制计算精度,取多边形阶数较少且波长较长的简谐波多边形车轮,此处选取 3 阶简谐半径偏差计算,轮对左右分布相同的简谐半径偏差,没有相位差,多边形幅值取 0.1mm,计算了 200km/h 工况下,直逆向通过 12 号客运专线可动心轨道岔,A、B、C、D 四个点分别位于心轨响应最大的位置。动车组经过心轨处对应车轮的不同多边形状态下的轮轨垂向力的最大值、最小值比较如图 5.17 所示。

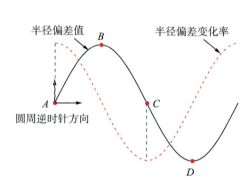

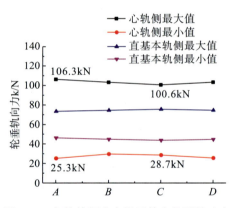

图 5.16　简谐波多边形特征点　　　　图 5.17　车轮特征点在辙叉特定位置的响应

由图 5.17 可见,直尖轨侧轮轨垂向力最大值均大于直基本轨侧,最小值均小于直基本轨侧;在半径偏差变化率最大的 A 点,轮轨垂向力最大值为 106.3kN,最小值为 25.3kN;在半径偏差变化率最小的 C 点,直逆向轮轨垂向力最大值为 100.6kN,最小值为 28.7kN;而半径偏差值最大和最小的 B、D 两点的值差异不大,且轮轨垂向力最大值和最小值均介于 A、C 两点之间。由此可见,当半径偏差变化率最大的 A 点经过心轨处,对行车安全性影响最大,下面将以 A 点的响应进行分析。

2. 多边形阶数的影响

具有 2~18 阶简谐波的多边形车轮直逆向、直顺向通过道岔时,辙叉处 A 点响应的最大值、最小值及与区间线路的比较如图 5.18 所示。

由 5.18 可见,多边形车轮直逆向、直顺向经过道岔和经过区间线路时,随着多边形阶数的增加,轮轨垂向力最大值总体上呈上升的趋势;当多边形阶数超过 8 阶时,区间线路上轮轨垂向力的增加量大于道岔区;轮轨垂向力最小值的变化趋势与最大值的变化趋势相反。多边形车轮对道岔区的轮轨相互作用的影响程度虽然较区间线路上小,但与道岔本身的结构不平顺叠加后,对道岔区的轮轨动力响应远大于区间线路。相同工况下,直顺向过岔的动力响应大于直逆向过岔的动力响应，下面可根据直顺向通过道岔的动力响应，分析多边形车轮的影响。

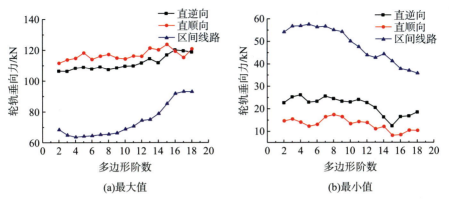

(a)最大值　　　　　　　　　　　　(b)最小值

图 5.18　多边形车轮上 A 点在辙叉处的垂向力比较

3. 多边形分布的影响

以 15 阶简谐多边形为例，考虑左右车轮多边形分布同相位和反相位两种工况，动车组以 200km/h 的速度直顺向通过 12 号客运专线道岔时的轮轨垂向力和横向力分布如图 5.19 所示。由图可见，同相位简谐分布的半径偏差引起的动力响应大于反相位简谐分布的半径偏差引起的动力响应。

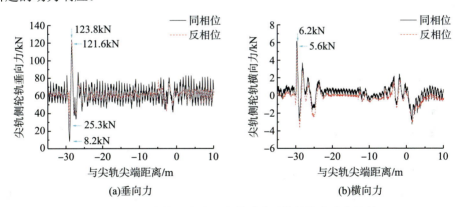

(a)垂向力　　　　　　　　　　　　(b)横向力

图 5.19　15 阶简谐多边形车轮过岔时的轮轨力分布比较

三、实测多边形车轮通过道岔时动力响应

1. 实测车轮多边形分布

选取如图 5.20 所示的实测车轮多边形分布，该车轮半径偏差幅值为 0.16mm，15 阶的阶数成分最大，为主阶数。将该多边形以相同相位分布在左右轮上，通过调整里程使半径偏差变化率最大点刚好经过心轨轮载过渡处。动车组通过道岔速度为 200km/h，过岔方式为响应较大的直顺向过岔。

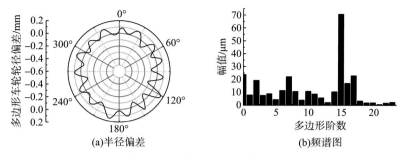

图 5.20 实测车轮多边形分布

2. 轮轨力分布

实测多边形车轮直顺向过岔时的轮轨垂向力和横向力分布及与无多边形车轮过岔时的响应比较如图 5.21 所示。由图可见，0.16mm 幅值多边形车轮影响下的轮轨垂向力最大值为 161.8kN，略小于限值 170kN，较无多边形时最大轮轨垂向力 118.4kN 增大 43.4kN；轮轨横向力较无多边形时变化不大。我国《高速动车组整车试验规范》中规定：对于最高运行速度 200km/h 以上的电动车组，轮轨垂向力限值为 170kN，轮轨横向力限值为 40% 轴重。由此可见，车轮多边形会显著增大轮轨垂向力，也是心轨或翼轨损伤的原因之一。

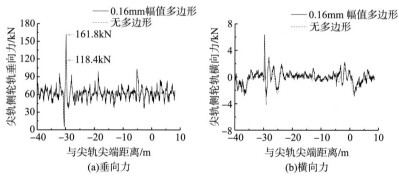

图 5.21 实测多边形车轮过岔时的轮轨力分布比较

3. 轮轴加速度

实测多边形车轮直顺向过岔时的轮轴垂向和横向加速度分布及与无多边形车轮过岔时的响应比较如图 5.22 所示。

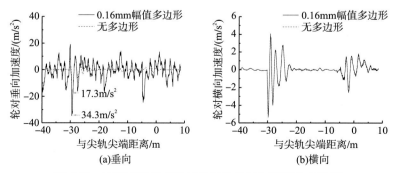

图 5.22 实测多边形车轮过岔时的轮轴加速度分布比较

由图 5.22 可见，0.16mm 幅值多边形车轮影响下的轮对垂向加速度最大值为 34.3m/s²，较无多边形时最大轮对垂向加速度增大 17m/s²；轮对横向加速度较无多边形时变化不大。

4. 过岔安全性

实测多边形车轮直顺向过岔时的脱轨系数和轮重减载率分布及与无多边形车轮过岔时的比较如图 5.23 所示。由图可见，0.16mm 幅值多边形车轮影响下脱轨系数为 0.078，较无多边形时有所增加，但仍然很小；轮重减载率为 0.5，较无多边形时的 0.45 增大 0.05 且未超过 0.8 的限值，但转辙器部分轮重减载率增加幅度较大，由无多边形时的 0.1 增加至有 0.16mm 幅值多边形时的 0.4。总体来看，在 0.16mm 多边形车轮的影响下，车辆通过道岔是安全的，但多边形车轮过岔时对轮轨垂向相互作用的影响较为显著。

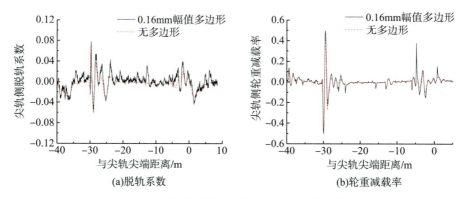

(a)脱轨系数　　　　　　(b)轮重减载率

图 5.23　实测多边形车轮过岔时安全性比较

5. 轮径差幅值及速度的影响

轮径差 0～0.24mm 的实测多边形在不同速度下通过 12 号客运专线可动心轨道岔时的轮轨垂向力及轮轴垂向加速度如图 5.24 所示。

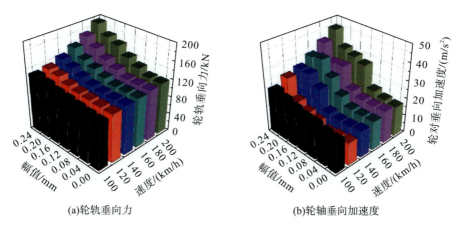

(a)轮轨垂向力　　　　　　(b)轮轴垂向加速度

图 5.24　多边形幅值和速度对车轮过岔时动力响应的影响

由图 5.24 可见，随着多边形车轮轮径差幅值的增大和过岔速度的提高，轮轨垂向力和轮轴加速度均呈单调递增；当过岔速度大于 140km/h 或实测多边形幅值大于 0.12mm 时，车轮多边形化对动车组过岔时的轮轨相互作用影响已较为明显；在 180km/h、幅值 0.24mm 和 200km/h、幅值 0.20mm 及 200km/h、幅值 0.24mm 三种工况下，轮轨垂向力的最大值已超过 170kN，应及时对多边形车轮进行镟修。

第三节　车轮扁疤对高速车辆过岔时的动力影响

车轮扁疤是踏面擦伤、剥离、缺损、熔渣等影响车轮滚动圆圆度，造成车轮周期性撞击钢轨故障的统称。带有扁疤的车轮在车辆行驶过程中会对轮轨产生间歇性的脉冲激扰源，当车轮滚至扁疤处时会产生更大的轮轨冲击力。车轮扁疤会降低车辆和线路的使用寿命，增加维修成本，还会造成车轴热切、车轴冷切等危害。研究大多集中于车轮扁疤作用在区间线路上的动力学效应[10]，很少有关于车轮扁疤对车辆过道岔动力学影响的研究，道岔区固有的结构不平顺会引起高速列车与道岔之间强烈的动力作用，两者的叠加激励可能会对动车组过岔安全产生更不利的影响，需要采用列车-道岔刚柔耦合动力学分析理论来分析扁疤车轮过岔时的动力响应问题。

一、扁疤车轮的数学描述

采用变轮径法建立车轮扁疤模型，如图 5.25 所示[11]，图中 L_0 为新扁疤长度，L_1 为扁疤边缘位置随着列车运行产生的塑性变形部分，L 为旧扁疤长度。车轮扁疤在产生之初的形状类似于车轮踏面圆周上的弦线，但随着列车的运行，新扁疤的棱角会在冲击荷载的作用下产生塑性变形，扁疤逐渐变长变圆，直至平坦部分完全消失，最终变成形状类似于连续光滑曲线的旧扁疤。为更符合实际车辆运行情况，采用旧扁疤模型进行计算。

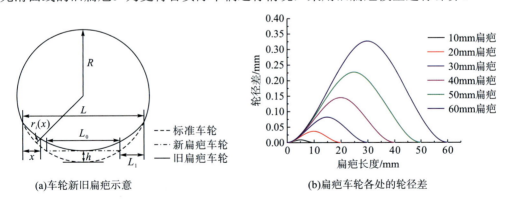

(a)车轮新旧扁疤示意　　　　(b)扁疤车轮各处的轮径差

图 5.25　车轮扁疤数学模型

车轮扁疤处的车轮滚动圆轮径差公式为[12]

$$r_i(x) = \frac{h}{2}\left[1 - \cos\left(\frac{2\pi x}{L}\right)\right] \tag{5.5}$$

式中，x 为沿车轮表面的坐标；h 为车轮扁疤的深度；L 为车轮扁疤的长度。考虑 10mm、

20mm、30mm、40mm、50mm、60mm 六种长度的扁疤车轮以 350km/h 的速度直向通过 18 号高速过岔的工况，扁疤设置在前转向架第一轮对右侧车轮上，将通过道岔的尖轨及心轨侧。

二、扁疤车轮过岔时的动力学时域响应

1. 扁疤车轮的过岔响应极值点

车轮扁疤尺寸较小，而道岔较长且结构复杂，无法事先确定车轮扁疤作用在道岔哪个位置时能激发出最大的轮轨垂向力，为了找出带扁疤车辆过岔时最不利的工况，将车轮以 10° 为步长(对应车轮作用在轨道上的位置约为 0.08m)划分为 36 块，将计算的每种尺寸的车轮扁疤依次设置在这 36 处进行扫描计算，如图 5.26 所示。

以 50mm 长的车轮扁疤为例，通过扫描计算得到车轮扁疤作用在道岔区各位置时的最大轮轨垂向力包络线分布及与正常车轮过岔的轮轨垂向力的比较如图 5.27 所示。由图可见，由于转辙器区和辙叉区的轮轨接触关系比较复杂，车轮扁疤作用在这两块区域不同位置时轮轨垂向力的波动较大，且在辙叉区会出现一处明显的峰值。通过与扁疤作用在转辙器区和辙叉区之间区域(此区域可视为区间线路)时的轮轨垂向力及无扁疤车辆过岔时的轮轨垂向力比较，可得出结论：车轮扁疤在道岔区能激发出比无扁疤车轮过岔及扁疤作用在区间线路上时均大的轮轨垂向力。由此可确定出道岔区轮轨垂向力最大时的车轮扁疤位置，以此进行下面的分析研究。

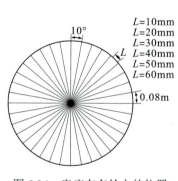

图 5.26 扁疤在车轮上的位置

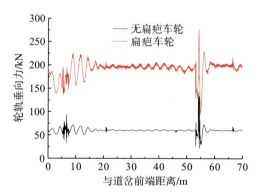

图 5.27 道岔区激起的最大轮轨垂向力比较

2. 扁疤长度对轮轨垂向力的影响

不同扁疤长度的车轮通过道岔区的轮轨垂向力分布比较及最大轮轨垂向力随扁疤长度的变化如图 5.28 所示。由图 5.28 可见，以轮周长为周期，每当扁疤作用在钢轨上均出现较大的冲击作用力；在区间线路和道岔区，车轮扁疤激发出的最大轮轨垂向力均随扁疤尺寸的增大而增大，且道岔区的最大轮轨垂向力比在区间线路上的最大轮轨垂向力增大约 80kN，当扁疤长度为 60mm 时，道岔区的最大轮轨垂向力约为静轮载的 5 倍，巨大的轮轨冲击力会导致心轨薄弱断面处过早发生疲劳损伤；激发出的最大轮轨垂向力均在辙叉区

心轨顶宽 39~40mm 处，即轮载过渡结束处，这是因为车轮扁疤和辙叉垂向结构不平顺的叠加作用，激发出了带扁疤车辆过岔时的最大轮轨垂向力。

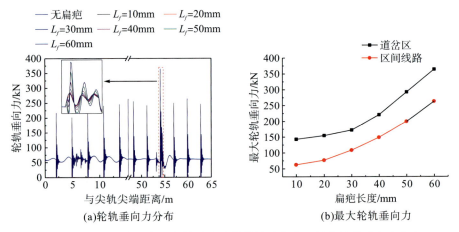

图 5.28   不同长度的扁疤车轮过岔时的轮轨垂向力及最大轮轨垂向力分布

3. 扁疤长度对轮轴垂向加速度的影响

不同扁疤长度的车轮通过辙叉区时的轮轴垂向加速度分布比较及最大轮轴垂向加速度随扁疤长度的变化如图 5.29 所示。由图可见，车轮扁疤作用在道岔区时能产生比车轮扁疤作用在区间线路上时更大的轴箱垂向加速度，且在区间线路和道岔区，扁疤作用时的轴箱垂向加速度都随车轮扁疤尺寸的增大而增大；在道岔区，当车轮扁疤尺寸小于 40mm 时，扁疤作用下轴箱垂向加速度随车轮扁疤尺寸的增大增长较缓；当车轮扁疤尺寸大于 40mm 时，扁疤作用下轴箱垂向加速度随车轮扁疤尺寸的增大迅速增长，这主要是由两种激励的作用规律不同造成的；而在区间线路上，当车轮扁疤尺寸大于 20mm 时，轴箱垂向加速度即随车轮扁疤尺寸近似呈线性增长。

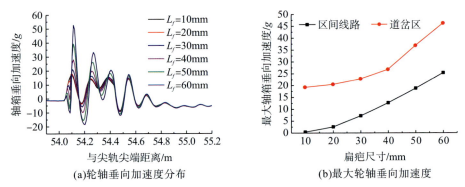

图 5.29   不同长度的扁疤车轮通过辙叉区时的轮轴垂向加速度分布

4. 列车速度对扁疤车轮的影响

不同扁疤长度的车轮以不同速度通过道岔时的最大轮轨垂向力的变化及其与区间线路的比较如图 5.30 所示。由图可见，扁疤车轮通过道岔区或区间线路时轮轨最大垂向力的变化规律有明显不同：在区间线路上，当速度为 150km/h 时轮轨垂向力具有最大值，然后随着速度的提升，轮轨垂向力逐渐降低，当扁疤长度为 10mm 时，轮轨垂向力几乎不随列车速度而变化；而在道岔区，轮轨垂向力随着扁疤长度和列车速度的增加而增加，即使当扁疤长度为 10mm 时轮轨垂向力也是随列车速度增加的，这主要是由辙叉处的竖向结构不平顺激励随速度的增加而增加的幅值较大所致。

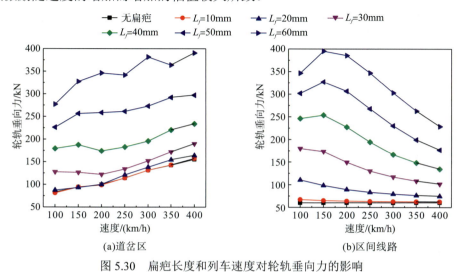

图 5.30　扁疤长度和列车速度对轮轨垂向力的影响

三、扁疤车轮过岔时的动力学频域响应

1. 扁疤长度对轴箱加速度频域特性的影响

对轴箱垂向加速度开展连续小波变换分析，采用全局小波谱 $\overline{W}^2(s)$ 来反映局部小波系数随时间平均的变化规律，计算公式见式(5.2)。当扁疤长度为 60mm、列车速度为 350km/h 时，道岔区的轴箱垂向加速度时频图、不同扁疤长度下的频谱图如图 5.31 所示。作为比较，区间线路上的轴箱垂向加速度时频图、频谱图如图 5.32 所示。

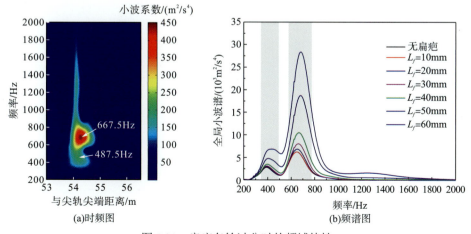

图 5.31　扁疤车轮过岔时的频域特性

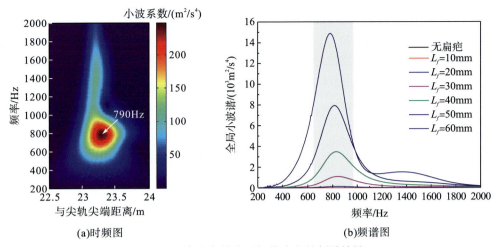

(a)时频图   (b)频谱图

图 5.32   扁疤车轮在区间线路上的频域特性

由图 5.31 可见，轴箱加速度在道岔区存在两个主频带，分别为 322～467Hz 和 582～775Hz，主频在 667.5Hz；即使是无扁疤的车轮通过道岔时，也存在着这两个主频带，可见这两个主频带是由辙叉区的结构不平顺所决定的；随着扁疤长度的增加，轴箱加速度主频略有增加，但能量幅值却有较大幅度的增加；轮对三阶弯曲振动的频率约为 654.5Hz，因此动车组过岔时会激起这一模态振动。

由图 5.32 可见，扁疤车轮在区间线路上运行时，轴箱加速度只有一个主频带为 650～945Hz，主频约为 790Hz；该频域特性与道岔区不同，主要是由车轮扁疤所激起的，当车轮扁疤长度小于 10mm 或者没有扁疤时，该主频带几乎不存在；随着扁疤长度的增加，轴箱加速度主频不变，但能量幅值大幅增加。

2. 列车速度对轴箱加速度频域特性的影响

以扁疤长度 60mm 为例，动车组以不同速度通过道岔时，150km/h 及 400km/h 下的轴箱垂向加速度时频图、轴箱加速度频谱图随列车速度的变化如图 5.33 所示。作为比较，车轮扁疤长度为 60mm 的动车组以不同速度在区间线路上运行时的轴箱垂向加速度时频图、频谱图如图 5.34 所示。

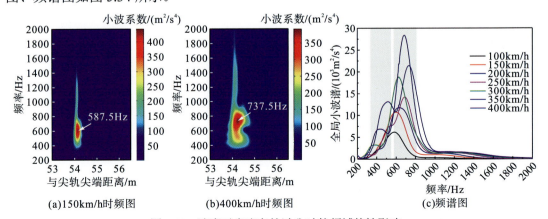

(a)150km/h时频图   (b)400km/h时频图   (c)频谱图

图 5.33   速度对扁疤车轮过岔时的频域特性影响

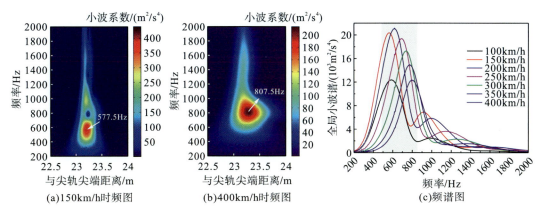

图 5.34　速度对扁疤车轮在区间线路上运行时的频域特性影响

由图 5.33 和图 5.34 可见，车轮具有扁疤的动车组以不同速度通过道岔时，轴箱加速度具有两个主频带，主频及能量幅值均随列车速度的提高而增加。车轮具有扁疤的动车组以不同速度在区间线路上运行时，轴箱加速度主频基本上随列车速度的提高而增加，能量幅值在 250km/h 以下时随速度的提高而增加，在 250km/h 以上时却随速度的提高而减小。这主要是由道岔结构不平顺和车轮扁疤这两种激励受速度的影响不同而导致的。

第四节　具有轮径差的高速车辆通过道岔时的动力响应

轮径差是由车轮在制造中受机械加工精度的影响、在运营中的踏面圆周磨耗以及在镟修中保留在限度内车轮间轮径匹配，引起的轮对两侧车轮半径之差。此时，轮对往小轮径方向横移且改变摇头角以寻找新的稳态条件。许多学者针对不同轮径差类型和幅值对区间线路上的车辆动力学特性的影响进行了研究[13]。列车通过道岔时，在由道岔顶面降低值和顶宽变化、基本轨及翼轨弯折引起的固有结构不平顺作用下，车轮冲击尖轨和心轨，并在横向蠕滑力下向尖轨和心轨偏移发生轮载过渡[14]。而轮径差的存在必然会改变轮对在道岔区的横移，加剧道岔区轮轨动力相互作用。为此，需要开展具有轮径差的高速车辆通过道岔时的动力响应分析。

一、轮径差与转向架运动状态

1. 轮径差类型

标准转向架下前后轮对四个车轮轮径相同，这只是一种理想工况。在实际运营中，由于车轮运行磨耗、加工和镟修误差，车轮轮径存在差异，轮径差定义为两侧车轮在距轮背 70mm 处半径的差值，道岔区轮对轮径差可表示为

$$\Delta R = R_{stock} - R_{switch} \tag{5.6}$$

式中，R_{stock} 为基本轨侧车轮名义滚动圆半径；R_{switch} 为尖轨或心轨侧车轮名义滚动圆半径。$\Delta R > 0$ 表示小轮径车轮位于尖轨或心轨侧。根据同一转向架前、后轮对轮径差 ΔR_{front} 和

ΔR_{row} 的关系，可将轮径差分为以下五类，如图 5.35 所示，所有轮径差的分布都可由以下几种基本形式组合。

2. 具有轮径差的转向架运行状态

当转向架导向轮对的小轮径车轮在列车前进方向左侧时，如图 5.36 所示，在同一轮轴转动角速度下，左侧小轮径车轮线速度比右侧小，左轮在右轮牵引下有相对于钢轨向前的蠕滑趋势。两侧车轮沿纵向反向的蠕滑力 T_{Lx1} 和 T_{Rx1} 构成的偏转力矩 M_{T1} 使前轮对发生逆时针的摇头运动，产生指向左侧的横向蠕滑力 T_{y1}，导向轮对向小轮径车轮方向运动。前轮对的偏转运动通过一系悬挂力 F_{psRxi}、F_{psLxi} 和 $F_{psyi}(i=1,2)$ 的传递使后轮对也发生逆时针的摇头运动，产生的横向蠕滑力 T_{y2} 使后轮对向左侧发生横移。标准轮径的后轮对发生与导向轮对相反的滚动圆半径变化和纵向蠕滑力分布，在顺时针偏转力矩和重力复原力 N_{g2} 作用下朝轨道中心线移动。前后轮对在一系悬挂传递作用下进行反复偏转以寻找新的等效纯滚线位置，而轮径差的类型和幅值决定了轮对运动收敛于平衡位置或逐步失稳。其他工况下，转向架有受力状态可以做类似分析。

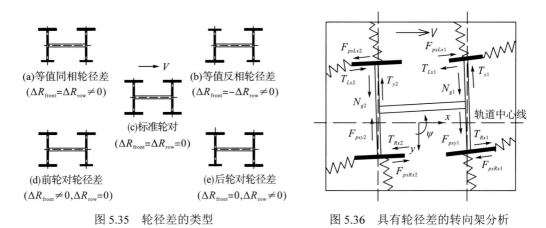

图 5.35 轮径差的类型   图 5.36 具有轮径差的转向架分析

3. 轮径差运用限度

针对轮径差检修限度的规定，各国标准并不统一。在日本，同一轮对、同一转向架、同一车辆的轮径差分别为 1mm、3mm 和 6mm。而欧洲同一车辆的轮径差为 8mm。在中国，对于铁路客车，车速不同，轮径差检修限度规定值也有所不同。一般情况下，对于速度为 120～160km/h 的低速客车，同一轮对轮径差检修限度为 0.5mm，同一转向架轮径差检修限度为 5mm，同一车辆轮径差检修限度为 10mm；对于速度为 200km/h 以上的高速客车，不同车型的轮径差限度也不同。CRH2 型动车组轮径差检修限度如表 5.1 所示，CRH1/3/5 型动车组轮径差检修限度如表 5.2 所示。

表 5.1　CRH2 型动车组轮径差检修限度

项目		原型/mm	一级修/mm	二级修/mm	三级修/mm
车轮直径		860	≥790	≥790	≥800
轮缘高度 h		28	27.5≤h≤33	27.5≤h≤33	
轮缘厚度 e		32	26≤e≤33	26≤e≤33	
车轮直径之差	同一车轮	—	≤0.5	≤0.5	≤0.5
	同一轮对		≤1	≤1	≤0.5
	同一转向架		≤4	≤4	≤3
	同一车辆		≤10	≤10	≤3
	同一列车		≤40	≤40	≤40

表 5.2　CRH1/3/5 型动车组轮径差检修限度

车型	项目			原型/mm	一级修/mm	二级修/mm
CRH1	车轮直径			915	≥835	≥835
	车轮直径之差	同一车轮		—	≤0.5	≤0.5
		同一轮对			≤0.5	≤0.5
		动车同一转向架			≤5	≤5
		拖车同一转向架			≤10	≤10
CRH3	车轮直径			920	动车≥835 拖车≥860	动车≥835 拖车≥860
	车轮直径之差	同一轮对		≤0.3	≤1 镟轮或换轮后	≤1
		同一转向架		≤2	≤3	≤3
		同一车辆		≤2	≤3	≤3
CRH5	车轮直径			890	动车≥810	≥810 每 6 万 km 实施 ≥815 镟修后
	车轮直径之差	同一轮对		—	≤1.2	≤1.2
		同一转向架			≤20	≤20
		同一牵引单元内动轴			≤5	≤5

4. 我国动车组实际运用状态

李润华[15]统计了 CRH2 型动车组车轮直径随运营里程变化数据,分析车轮圆周磨耗速度及轮径差故障分布规律,表 5.3 为跟踪某 16 辆编组的动车组在 30 天内 13 次检测数据的统计结果。

表 5.3　某运用动车组轮径差分布规律

同一轮对轮径差		同一转向架轮径差		同一车辆轮径差	
数值范围/mm	所占比例/%	数值范围/mm	所占比例/%	数值范围/mm	所占比例/%
0~1	75.9	0~2.5	85.7	0~3	87.1
1~1.5	20.7	2.5~3	11.4	3~3.5	11.7
1.5~2	3.4	3~4	2.9	3.5~4	1.2

统计结果表明，同一轮对轮径差相对集中在 0～1.5mm 范围，最大值为 2mm；同一转向架轮径差相对集中在 0～3mm 范围，最大值为 3.6mm；同一车辆轮径差相对集中在 0～3.5mm 范围，最大值为 3.7mm。

二、轮径差对道岔区轮轨接触几何关系的影响

设转向架前轮对具有轮径差，正值表示基本轨一侧车轮滚动圆半径大于尖轨侧的车轮滚动圆半径，车轮踏面为 LMA 型，道岔为 250km/h 客运专线 12 号道岔。轮对横移以在尖轨侧为正。

1. 接触点对分布

以尖轨顶宽 35mm 断面、心轨顶宽 50mm 断面为例，轮径差为±3mm 时，在不同轮对横移量下的轮轨接触点对分布及与标准车轮的比较如图 5.37 和图 5.38 所示。

(a)轮径差-3mm (b)标准车轮 (c)轮径差3mm

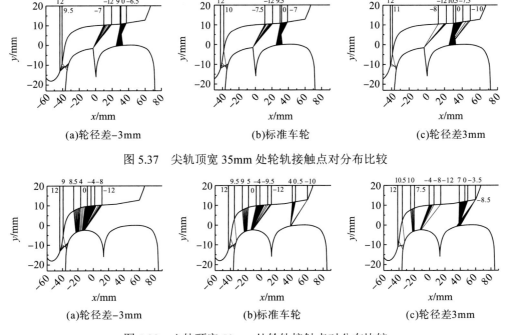

图 5.37 尖轨顶宽 35mm 处轮轨接触点对分布比较

(a)轮径差-3mm (b)标准车轮 (c)轮径差3mm

图 5.38 心轨顶宽 50mm 处轮轨接触点对分布比较

由图 5.37 和图 5.38 可见，轮径差会显著改变道岔特征断面处轮轨接触点对。对于顶宽 35mm 尖轨断面，轮径差为-3mm 时，在轮对横移量为 9.5～12mm 及-12～-7mm 范围轮载过渡至尖轨侧；当轮径差为 3mm 时，轮载过渡至尖轨侧的轮对横移量范围缩小至 11～12mm 及-12～-8mm。对于顶宽 50mm 心轨断面，轮径差为-3mm 时，不同轮对横移量下轮载都位于心轨断面上，而当轮径差为 3mm 时，轮载只在轮对横移量为 7.5～12mm 及-12～-4mm 范围过渡至心轨上。由此可见，在同一轮对横移量下，小轮径车轮位于基本轨侧时会使轮载过渡位置提前，小轮径车轮位于尖轨侧时会使轮载过渡位置延后。

2. 侧滚角

以尖轨顶宽 35mm 断面、心轨顶宽 50mm 断面为例，轮径差为±3mm 时，轮对侧滚角在不同轮对横移量下的变化如图 5.39 所示。

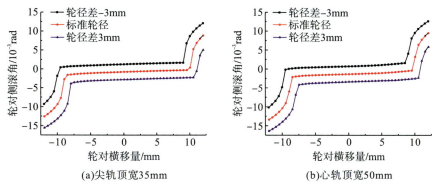

(a)尖轨顶宽35mm　　　　　　　(b)心轨顶宽50mm

图 5.39　典型断面处车轮侧滚角随轮对横移量的变化

由图 5.39 可见，随着轮径差由-3mm 到 3mm，轮对侧滚角曲线向负方向偏移；当小轮径车轮位于尖轨侧时，轮对侧滚角幅值增大，运行平稳性指标恶化。

3. 道岔结构不平顺

轮径差在±6mm 范围内变化，无轮对横移量通过道岔时，由固有的道岔结构变化引起的钢轨上轮轨接触点位置沿纵向的变化如图 5.40 和图 5.41 所示。

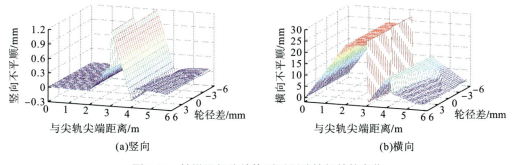

(a)竖向　　　　　　　　　　(b)横向

图 5.40　转辙器部分结构不平顺随轮径差的变化

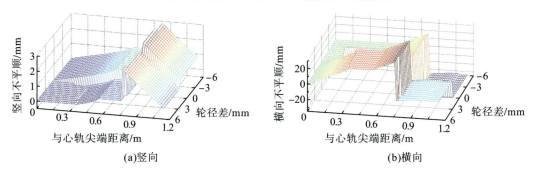

(a)竖向　　　　　　　　　　(b)横向

图 5.41　辙叉部分结构不平顺随轮径差的变化

由图 5.40 和图 5.41 可见，轮径差对道岔结构不平顺有较大影响；随着轮径差由-6mm变化至 6mm，轮轨接触点在转辙器部分的竖向位置变化较小；当小轮径车轮位于基本轨侧时，由于荷载过渡至心轨前轮轨接触点在翼轨外侧轨顶，接触点由翼轨过渡至心轨的较大高度差使接触点竖向位置变化比标准轮径下增大 16%；当小轮径车轮位于尖轨侧时，轮轨接触点横向位置在转辙器部分荷载过渡位置后及辙叉部分荷载过渡位置前变化剧烈，尖轨侧车轮接触角有较大变化。

三、轮径差对道岔区轮轨动态相互作用的影响

1. 轮径差分布的影响

考虑等值同相和等值反相两种轮径差分布，动车组以 200km/h 的速度直向通过 12 号道岔时，基本轨侧及尖轨侧的最大垂向力、横向力随轮径差的变化如图 5.42 所示。由图可见，轮径差分布对轮轨横向力的影响较大，对轮轨垂向力的影响相对较小。当轮径差等值同相分布时，意味着轮对横移量较大，对两侧轮轨垂向力的影响很小；当轮径差等值同相分布且小轮径车轮位于尖轨侧，其幅值为 0～1.5m 时，轮轨横向力随轮径差幅值增大而快速增大；当轮径差为 2mm 时，尖轨处轮轨横向力达到 25.4kN，为标准工况下的 6.7 倍；当轮径差为 3～4mm 时，轮轨横向力趋于稳定。当轮径差等值反相分布时，意味着转向架摇头角较大；当前轮对小轮径车轮位于尖轨侧时，尖轨上的垂向力随轮径差的增大而减小，而基本轨侧的垂向力则随之增大；无论小轮径分布在哪一侧，尖轨上的横向力均随轮径差的增大而增大，其幅值为 0～2mm 时，尖轨处轮轨横向力达到 15.2kN，随后增长趋缓；当前轮对小轮径车轮位于尖轨侧时，基本轨侧的轮轨横向力与尖轨侧的横向力同步增大。

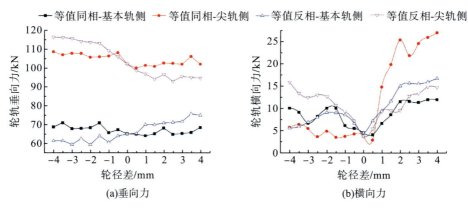

图 5.42　轮径差分布对轮轨动态相互作用的影响

2. 等值同相分布对轮轨接触的影响

当轮径差为等值同相分布时，动车组直向过岔时尖轨侧的轮轨垂向力、横向力分布在不同轮径差时的比较如图 5.43 所示。由图可见，不同轮径差下，轮轨垂向力的分布规律相同，均是在辙叉部分具有较大的动轮载波动，而在转辙器部分波动较小，且最大值的变化量不大。轮径差的存在会导致轮轨横向力呈现有规律的波动，表明存在着转向架的二次

蛇形运动；当小轮径车轮位于尖轨侧，且幅值达到 2mm 时，轮轨横向力的分布规律与其他工况显著不同，存在着突然增大的现象，表明轮缘出现了贴靠现象。

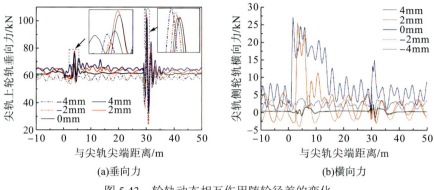

(a)垂向力　　　　　　　　　　　(b)横向力

图 5.43　轮轨动态相互作用随轮径差的变化

前轮对横移量(正值表示向尖轨侧移动)分布随不同轮径差的变化如图 5.44 所示。由图可见，无轮径差的车轮过岔时，受道岔结构不平顺的激励，轮对会产生横移波动，先向尖轨侧横移而后向基本轨侧横移，但最大轮对横移量仅为 2.5mm；而当轮径差仅为 0.5mm 时(这种工况会普遍存在)，轮对横移量便会大幅增加，但仍会呈波动状态；当小轮径车轮位于尖轨侧时，轮对向尖轨侧横移，最大轮对横移量约为 7.5mm；当小轮径车轮位于基本轨侧时，轮对向基本轨侧横移，最大轮对横移量约为 6.5mm；当轮轨游间为 7.5mm 时，若轮径差大于 0.5mm 或小于 -1mm，此时便会出现轮缘接触现象。

当轮径差为 2mm 时，尖轨侧轮轨接触点的分布及每个接触点上的横向力分布如图 5.45 所示，图中虚点线表示踏面上的第一接触点、黑实圆圈表示第二接触点、黑空圆圈表示第三接触点、红色实线表示第一接触点上的轮轨横向力、蓝色实线表示第二接触点上的轮轨横向力、浅蓝色实线表示第三接触点上的轮轨横向力。由图可见，当轮径差为 2mm 时，车辆发生波长较大的蛇形运动，车轮在尖轨顶宽 34mm 处发生轮缘接触，与顶宽更小、结构更薄弱的截面发生碰撞，轮缘上的轮轨横向力增加，并与后续轮载过渡引起的横向力突变正向叠加，导致横向力突然增大；轮缘发生接触区域正是轮载过渡区域，轮轨关系极为复杂，甚至出现了三点接触现象，在尖轨顶面、基本轨顶面、尖轨轨距角均与车轮发生了接触；轮轨接触在道岔连接部分才恢复为踏面单点接触；辙叉部分因轮载过渡范围较短，未出现轮缘接触现象。

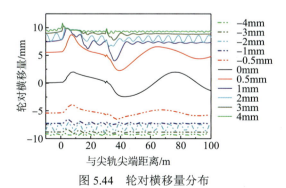

图 5.44　轮对横移量分布

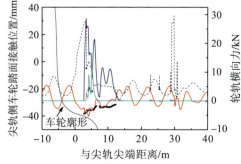

图 5.45　轮径差 2mm 时接触点及横向力分布

3. 等值反相分布对轮轨接触的影响

当轮径差为等值反相分布时，动车组直向过岔时尖轨侧的轮轨垂向力、横向力分布在不同轮径差时的比较如图 5.46 所示。由图可见，随着轮径差从-4mm 变化到 4mm，尖轨侧轮轨垂向力减小，基本轨侧增加，两侧车轮的轮轨垂向力差值由导向轮对小轮径车轮位置决定。当其位于基本轨侧，幅值为-4mm 时，两侧车轮在心轨处垂向力差值最大，心轨侧垂向力最大值为 116.4kN，比标准工况下增大 14.2kN。只要存在轮径差，轮轨横向力幅值均较正常情况大、较等值同相分布时小，也呈现为波动状态，当轮径差大于 2mm 时也会出现轮缘贴靠。

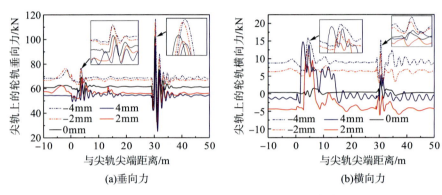

(a)垂向力　　　　　　　　　　　　　(b)横向力

图 5.46　轮轨动态相互作用随轮径差的变化

前轮对横移量(正值表示向尖轨侧移动)分布随不同轮径差的变化如图 5.47 所示。由图可见，轮径差等值反相分布时，前轮对横移分布规律与等值同相分布近似，表明转向架摇头角也起到了增大导向轮对横移的作用。

当轮径差为 2mm 时，尖轨侧轮轨接触点的分布及每个接触点上的横向力分布如图 5.48 所示，图中虚点线表示轨距线及基本轨外轮廓，黑实线表示第一接触点，黑实圆圈表示第二接触点，黑空圆圈表示第三接触点，红色实线表示第一接触点上的轮轨横向力，深蓝色实线表示第二接触点上的轮轨横向力，浅蓝色实线表示第三接触点上的轮轨横向力。由图可见，当轮径差为 2mm 时，与等值同相分布一样，也存在三点接触现象，但主接触点与轮缘接触点的轮轨横向力方向相反，且由于前后轮对反向摇头角间的约束作用，轮对受到的合力(矩)在纯滚线上容易达到平衡，轮对运动收敛，不会发生蛇行失稳，叠加的横向力比等值同相时小。

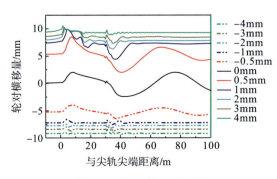

图 5.47　轮对横移量分布

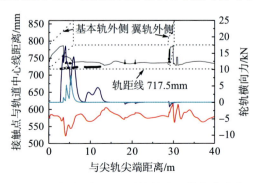

图 5.48　轮径差 2mm 时接触点及横向力分布

四、轮径差对过岔安全性的影响

考虑等值同相和等值反相两种轮径差分布，动车组以 200km/h 的速度直向通过 12 号道岔时，基本轨侧及尖轨侧的最大脱轨系数、轮重减载率随轮径差的变化如图 5.49 所示。

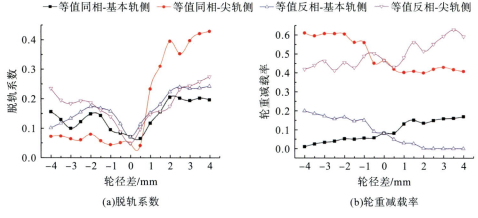

图 5.49　轮径差分布及幅值对过岔安全性的影响

由图 5.49 可见，轮径差的存在会增大动车组过岔时的脱轨系数和轮重减载率，降低过岔安全性；脱轨系数的分布规律与横向力近似，轮重减载率的分布规律与垂向力相反。对于等值同相轮径差，小轮径车轮位于尖轨侧时，脱轨系数在 0～2mm 范围快速增大后趋于稳定，最大值达到了 0.43；当轮径差等值反相分布时，尖轨侧脱轨系数随轮径差幅值增大而增大，最大值为 0.27。轮重减载率最大值发生在车辆通过辙叉，车轮冲击心轨并发生轮载过渡后；当轮径差等值同相分布且小轮径车轮位于尖轨侧时，轮重减载率随轮径差幅值的增大而增大，最大值为 0.61，较标准轮径轮对增加了 33%；轮径差等值反相分布且小轮径车轮位于尖轨侧时，尖轨侧轮重减载率随轮径差幅值的增大而增大，最大值为 0.62。

五、轮径差对过岔平稳性的影响

以 Sperling 指数表示动车组过岔时的平稳性。考虑等值同相和等值反相两种轮径差分布，动车组以 200km/h 的速度直向通过 12 号道岔时，车体的垂向、横向 Sperling 指数随轮径差的变化如图 5.50 所示。由图可见，轮径差等值同相分布对车体垂向、横向稳定性影响较大；在轮径差为 1～3mm、-2.5～-1mm Sperling 指数增加明显，垂向 Sperling 指数增大至 2.00，比标准轮径下增加 94%；轮径差较小或轮径较大时，因轮缘不发生贴靠或一直贴靠运行，处于新的平衡状态，过岔平稳性相对较好。而轮径差等值反相分布时对过岔平稳性的影响相对较小，主要是由于前后轮对反向摇头角约束了轮对的蛇行运动。

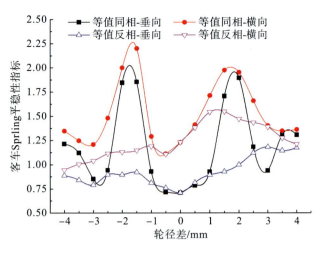

图 5.50　轮径差对过岔平稳性的影响

六、轮径差对钢轨磨耗的影响

　　考虑等值同相和等值反相两种轮径差分布，动车组以 200km/h 的速度直向通过 12 号道岔时，导向轮尖轨侧的轮轨磨耗指数随轮径差的变化如图 5.51 所示。由图可见，两种轮径差分布情况下，轮轨磨耗指数的变化规律相同。当小轮径车轮位于基本轨侧时，磨耗指数变化较小；当小轮径车轮位于尖轨侧时，因轮缘接触使磨耗指数随轮径差的增大而迅速增大，且等值同相情况下大于等值反相，最大值达到了 756.7N，而标准轮径工况下磨耗指数最大值仅为 18.9N；当轮径差大于 2.5mm 时，虽然动车组过岔较为平稳，但仍因轮缘与钢轨工作边的持续接触而使磨耗指数快速增加。

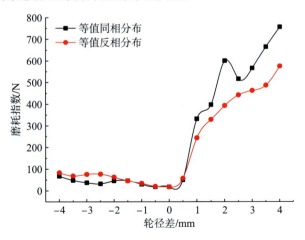

图 5.51　轮径差对轮轨磨耗的影响

　　综合上述分析，建议将同相分布下同轴轮径差 2mm 作为运用限度，避免车辆过岔失稳；同时，结合车辆运行平稳性及技术经济性，可将反相分布下同轴轮径差的运用限度放宽至 3mm，减小车辆过岔长时间轮缘接触所加剧的轮轨磨耗。在高速车辆一、二级检修中，为保证车辆在镟轮周期内安全运行，保留一定安全裕量，可将同轴轮径差检修限度控制在 1.5mm 内。

第五节　轮对安装偏转角对高速车辆过岔时的动力影响

由于制造水平及加工工艺的局限，转向架前后轮对不可避免地会存在初始安装偏差，轮对处于非对称接触状态。国内外许多学者围绕各种形位轮对初始安装偏转角及其运行稳定性、曲线通过性能等问题开展过研究[16]。高速列车轮对存在因定位不准导致的不同程度初始安装偏差，在通过道岔等薄弱环节时因轮轨关系急剧恶化，可能会影响过岔平稳性与安全性。因此，有必要开展轮对安装偏转角对高速车辆过岔时的动力学影响分析。

一、初始安装偏转角类型与入岔姿态分析

1. 初始安装偏转角类型

理想状态下标准转向架前后轮对的车轴与轨道中心线相互垂直，即同一转向架下前后车轴的轴距相等且对角线距离相同。在加工装配时，受工艺水平及其他因素限制，常导致装配完成的转向架存在初始安装形位偏差，主要包括轴距误差、对角线误差及二者组合误差[17]。为综合考虑各种轮对初始安装形位偏差，选取前轮对偏转、后轮对偏转、前后轮对同向偏转、前后轮对反向偏转四种基本工况展开分析；由于初始安装偏转角的组合形式较多，为简化计算，在分析前后轮对同时存在安装偏转角时，假定前轮对与后轮对偏转角度相等。不同类型的轮对初始安装偏转角类型如图 5.52 所示(图中 T_{y1} 与 T_{y2} 表示前后轮对横向蠕滑力)；转向架在道岔中的位置如图 5.53 所示，轮对向基本轨侧偏转为正相位偏转，向尖轨侧偏转为负相位偏转。

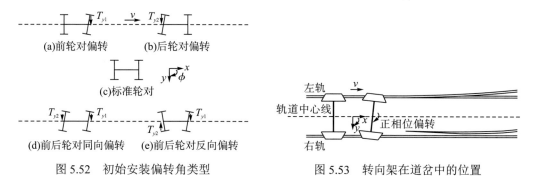

图 5.52　初始安装偏转角类型　　　　图 5.53　转向架在道岔中的位置

2. 前轮对偏转时的入岔姿态

邹瑞明等[18]详细分析了车辆前轮对存在初始偏转角情况的受力状态。车辆前轮对存在初始偏转角 1mrad 时，入岔前摇头角及横移量变化如图 5.54 所示。

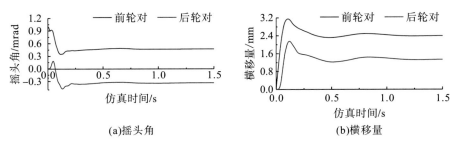

(a)摇头角　　　　　　　　　　　　(b)横移量

图 5.54　前轮对偏转时的入岔时程曲线

3. 后轮对偏转时的入岔姿态

因车辆后轮对偏转与前轮对偏转均属于单轮对偏转，受力原理基本相同。邹瑞明等[18]的研究表明，单轮对偏转时，同一偏转角下有初始偏转角的轮对入岔姿态的变化趋势基本相同，即图 5.55 中后轮对的摇头角及横移量的变化趋势与图 5.54 中的前轮对基本一致。而单轮对偏转中，标准轮对的入岔姿态取决于该轮对(标准轮对)在同一转向架中所处的位置，可以利用转向架受到的横向蠕滑力矩进行整体受力分析推得。

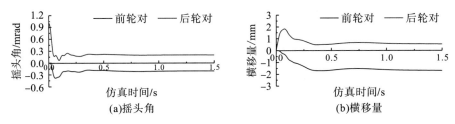

(a)摇头角　　　　　　　　　　　　(b)横移量

图 5.55　后轮对偏转时的入岔时程曲线

4. 前后轮对反向偏转时的入岔姿态

对于前后轮对同时存在初始安装偏转角的情况，宜采用整体法进行分析，将前轮对与后轮对及转向架的悬挂系统看成一个统一的整体。此时系统主要受到横向蠕滑力 T_y、横向复原力 F_g、纵向蠕滑力产生的蠕滑力矩 M_{Tz}，分别表示为

$$T_{yi} = f_{22} \cdot \Phi_i \tag{5.7}$$

$$F_{gi} = -K_{gy} \cdot y_{wi} \tag{5.8}$$

$$M_{Tzi} = -C \cdot y_{wi} \tag{5.9}$$

式中，T_{yi} 中的 i 为 1 时代表前轮对，为 2 时代表后轮对；f_{22} 为横向蠕滑系数；Φ_i 为偏转角；K_{gy} 为重力刚度；y_{wi} 为横移量；C 为与接触点横向跨距、名义滚动圆半径及纵向蠕滑系数有关的正常数。

由受力平衡公式可知：

$$T_{y1} + T_{y2} + T_{g1} + T_{g2} = 0 \tag{5.10}$$

$$M_{Tz1} + M_{Tz2} + M_H + M_F = 0 \tag{5.11}$$

式中，M_H 为前后轮对横向蠕滑合力偶；M_F 为前后轮对横向复原力矩之和。计算得前后轮对反向偏转 1mrad 时的前后轮对的摇头角、横移量入岔时程曲线分布如图 5.56 所示。

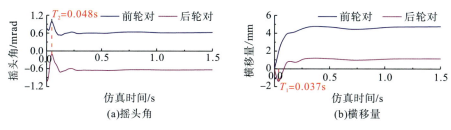

图 5.56　前后轮对反向偏转时的入岔时程曲线

当前轮对正向偏转 Φ_1（顺时针为正），后轮对负向偏转 Φ_2 时，系统初始横移量 y_{w1} 与 y_{w2} 均为 0，故横向复原力 F_{gi} 及纵向蠕滑力矩 M_{Tzi} 为零。因前后轮对初始偏转角等值反向，故 $T_{y1}=-T_{y2}$，系统受到的合外力为零。但横向蠕滑力 T_{y1} 与 T_{y2} 产生的合力偶迫使系统顺时针偏转，加剧前轮对摇头作用，即 Φ_1 增大，Φ_2 减小。偏转角 Φ 的改变将引起蠕滑力的改变，T_{y1} 不断增加，T_{y2} 逐渐减小，系统受到的合外力不再为零，合力矩方向仍沿顺时针方向。同时，在合外力的作用下，前轮对沿正向横移量为 y_{w1}，后轮对沿负向横移量为 y_{w2}，轮对产生与横向蠕滑力反向的横向复原力。因横向蠕滑力 $T_{y1}>T_{y2}$，易证横移量 y_{w1} 比 y_{w2} 变化快，故系统沿逆时针方向的纵向蠕滑力矩与横向复原力矩共同抵制系统顺时针偏转。但后轮对横向蠕滑力 T_{y2} 的持续减小限制了横向复原力 F_{g2} 的增长，故横移量 y_{w2} 增大到某值时开始减小（T_1 时刻），而前轮对受到的横向蠕滑力 T_{y1} 与横向复原力 F_{g1} 均不断增加，系统受到的横向复原力偶矩及纵向蠕滑力矩沿逆时针不断增加，抑制轮对顺时针的摇头作用，直到合力矩变为零，但系统合力却不为零。为使系统受到的合力相互平衡，合力矩将变为逆时针方向，Φ_1 开始减小，Φ_2 开始增加（T_2 时刻）。轮对将始终在合力平衡位置与合力矩平衡位置间循环往复，最终直到合力与合力矩均达到平衡。

5. 前后轮对同向偏转时的入岔姿态

同样，可计算得前后轮对同向偏转 1mrad 时的前后轮对的摇头角、横移量入岔时程曲线分布如图 5.57 所示。前述分析表明，前轮对偏转、后轮对偏转、前后轮对同向偏转及前后轮对反向偏转四种工况中，前后轮对反向偏转对入岔摇头角及横移量的影响最大。

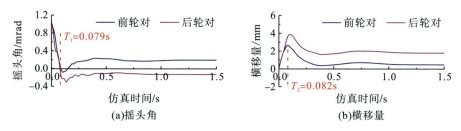

图 5.57　前后轮对同向偏转时的入岔时程曲线

二、安装偏转角对道岔区轮轨动态作用的影响

以 LMA 型踏面的高速动车组以 350km/h 的速度直向通过 18 号高速铁路道岔转辙器部分为例，考虑前轮对偏转、后轮对偏转、前后轮对同向偏转及前后轮对反向偏转四种工

况，设偏转角在-3mrad 至 3mrad 范围变化。

1. 单轮对偏转

前后单轮对偏转角对动车组过岔时的最大轮轨垂向力、横向力的影响如图 5.58 所示。由图可见，各种工况下，尖轨侧的最大垂向力及横向力均大于基本轨侧对应的动态力。

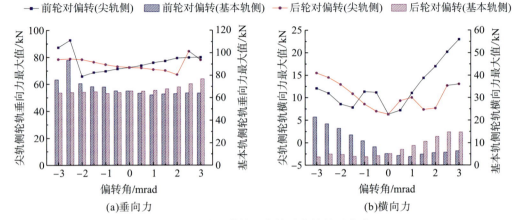

图 5.58　前后单轮对偏转时的轮轨动态力

由图 5.58 可见，前轮对偏转情况下，当偏转角为正时，轮轨垂向力及横向力峰值变化规律相似，基本轨侧受力基本不变，尖轨侧横向力及垂向力均随偏转角的增加而增大，但横向力增大更明显，发生了轮缘接触，这主要是由于导向轮入岔时存在着正偏转角、正横移，叠加上道岔结构不平顺的激励，使得轮对过岔横移量更大。当偏转角为负时，轮轨垂向力及横向力的变化规律存在差异，对于轮轨垂向力，当偏转角为 0～-2mrad 时，轮对蠕滑力及蠕滑力矩引起轮轨接触关系变化，导致左右轨垂向力分配不均匀，基本轨侧垂向力持续增加，尖轨侧垂向力逐渐减小；当偏转角为-2.5mrad 时，车辆摇头作用加剧导致轮对撞击尖轨，基本轨侧与尖轨侧的垂向力峰值均变大，在偏转角为-3mrad 时轮轨垂向力逐渐趋于稳定；对于轮轨横向力，基本轨侧的横向力随负向偏转角的增加而增大，而尖轨侧，当偏转角为 0～-1.5mrad 时，横向力沿抛物线变化趋势，先上升后下降，偏转角为-1.5～-3mrad 时，横向力继续增加。轮轨横向力的变化规律主要是由车轮横移和摇头作用产生的偏载效应与道岔区的横向冲击叠加引起的。

后轮对偏转情况下，轮轨力变化规律与前轮对偏转结果相近，但相同变化规律所对应的初始安装偏转角的偏转相位恰好与前轮对偏转相反。这是由于当前轮对偏转时，转向架在横向复原力、蠕滑力矩及悬挂力矩作用下不断寻找新的平衡点，最终导向轮摇头角虽减小，但偏转方向不变。而对于后轮对存在初始偏转角时，一系悬挂特性使轮对间运动状态相互影响，将迫使导向轮产生与后轮对初始偏转角方向相反的摇头角。

2. 前后轮对偏转

前后轮对共向、反向偏转时对动车组过岔时的最大轮轨垂向力、横向力的影响如图 5.59 所示。

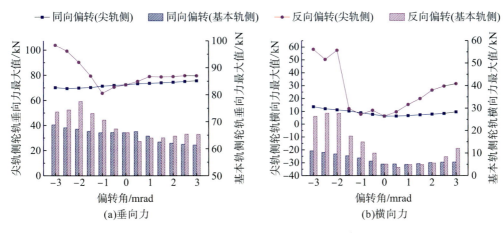

图 5.59　前后轮对偏转时的轮轨动态力

由图 5.59 可见，前后轮对偏转角同向情况下，初始安装偏差主要引起两侧轮轨横向力的变化，而轮轨垂向力峰值基本不受影响。轮轨横向力同时受偏转方向及偏转角度控制，其中尖轨侧轮轨横向力随角度的增加而增大，且偏转角朝直尖轨方向时，轮轨横向冲击更剧烈，最大值达到 13.7kN。基本轨侧横向力受正偏转角影响很小，在负偏转方向下随偏转角的增加而增大。

前后轮对偏转角反向情况下，两侧钢轨的轮轨横向力与垂向力分布规律与前轮对偏转的变化规律大致相同，但轮轨冲击更剧烈，在导向轮存在 -3mrad 的初始偏转角、后轮对存在 3mrad 的初始偏转角时，尖轨侧垂向冲击力为 103.9kN，横向冲击力最大值达到 58kN，是标准工况下的 9.2 倍，严重影响行车安全。这是由于同一转向架前后轮对初始偏转角方向相反时，同一转向架横向蠕滑力虽互相平衡，但蠕滑力矩却不为零，迫使导向轮初始安装偏转角继续增大，轮轨接触关系急剧恶化，加剧岔区冲击响应。前后轮对反向偏转角情况下，尖轨侧轮轨横向力随偏转角的时程变化如图 5.60 所示。

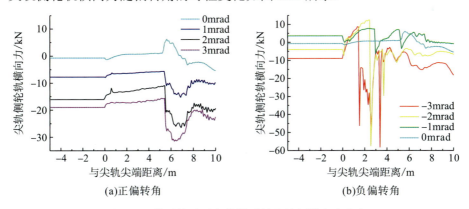

图 5.60　前后轮对反向偏转时的尖轨侧横向力分布

由图 5.60 可见，前后轮对反向偏转工况下，导向轮偏转角为正时，轮载过渡位置基本不变，轮缘贴靠尖轨范围为距离尖轨尖端 5～8m 处，轮轨横向力随偏转角的增大而增大；导向轮偏转角为负时，轮载过渡位置急剧提前，偏转角为 -1mrad、-2mrad、-3mrad 时，轮载过渡点分别提前至尖轨顶宽 21mm、14mm、13mm 处，轮缘贴靠尖轨范围为距离尖轨尖端 1～4m 处，且轮轨横向力急剧增大至 58kN，这对尖轨前端薄弱断面的受力极为不利。

三、安装偏转角对转辙器部分轮轨接触的影响

安装偏转角为-3mrad 时，动车组过岔时的导向轮摇头角变化如图 5.61 所示。由图可见，前后轮对反向偏转，轮对入岔时的摇头角达到 4.4mrad；无论哪种类型的偏转，受到转辙器部分结构不平顺的激励后，在轮载过渡区段均会出现摇头角波动现象，加剧轮轨间的接触波动。

前后轮对反向偏转时，尖轨及基本轨上接触点随偏转角的变化如图 5.62 所示。由图可见，当偏转角为负时，轮缘在尖轨前端处即开始发生接触，且在轮载过渡结束后，轮缘一直贴靠尖轨轨距角运行。当偏转角为正时，轮轨接触点基本上在尖轨顶面轮廓处。

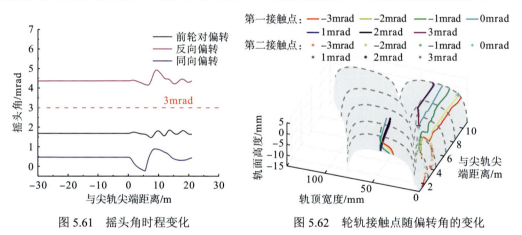

图 5.61　摇头角时程变化　　　　　图 5.62　轮轨接触点随偏转角的变化

四、安装偏转角对过岔安全性的影响

四种类型的轮对偏转角情况下，动车组过岔时的尖轨侧的最大脱轨系数、轮重减载率随偏转角的变化如图 5.63 所示。

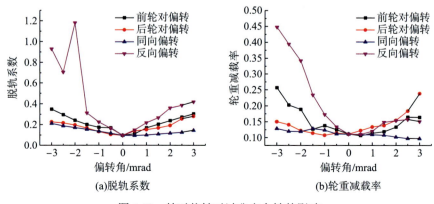

(a)脱轨系数　　　　　　　　　　　(b)轮重减载率

图 5.63　轮对偏转对过岔安全性的影响

　　由图 5.63 可见，动车组过岔安全性随轮对偏转角的增大而降低；前后轮对反向偏转时，对行车安全性影响最大；前后轮对反向偏转的导向轮安装偏转角为-2mrad 时，最大脱轨系数已达 1.18，超过安全限度，最大轮重减载率已达 0.34。因此，从过岔安全性的角度考虑，建议动车组轮对的安装偏转角不宜超过 1mrad。

五、安装偏转角对过岔平稳性的影响

　　四种类型的轮对偏转角情况下，动车组过岔时的横向 Sperling 指数随偏转角的变化如图 5.64 所示。由图可见，轮对偏转对动车组过岔稳定性有所影响，但不是特别显著；当轮对向直尖轨侧偏转时，前轮对偏转及同向偏转的情况下，横向 Sperling 指数随偏转角的增大而增大，过岔平稳性下降，但最大值也仅从 1.15 增加至 1.5，仍在优良指标范围内。

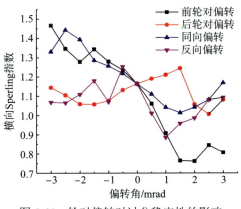

图 5.64　轮对偏转对过岔稳定性的影响

六、安装偏转角对轮轨磨耗的影响

　　四种类型的轮对偏转角情况下，动车组过岔时的轮轨磨耗指数随偏转角的变化如图 5.65 所示。由图可见，无论哪种类型的偏转，轮对磨耗均会随偏转角的增大而增加；前后轮对反向偏转时，轮轨磨耗最为严重。

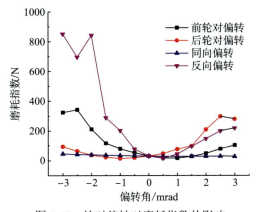

图 5.65　轮对偏转对磨耗指数的影响

本 章 小 结

本章通过建立高速列车-道岔耦合动力学模型，考虑实际运营车辆出现车轮踏面凹形磨耗、多边形磨损、扁疤，轮对有轮径差或安装偏转角等病害时，在道岔区不可避免地接触不平顺耦合激励作用下，车辆过岔的动力响应。结果表明，车轮踏面出现病害时，会激起幅值较大的轮轨中高频振动，加剧道岔部件损伤，并显著影响运营车辆通过道岔时的平稳性、舒适性，严重时可能还会影响安全性。

参 考 文 献

[1] 任尊松, 翟婉明, 王其昌. 几种道岔病害对轮轨相互作用的影响[J]. 铁道工程学报, 2000, 17(4): 38-41.

[2] 崔大宾. 高速车轮踏面设计方法研究[D]. 成都: 西南交通大学, 2013.

[3] Kevin S, 铁海燕. 车轮踏面下凹形磨耗危害大应旋修[J]. 国外铁道车辆, 2000, 37(3): 44-46.

[4] 陈嵘, 方嘉晟, 汪鑫, 等. 车轮型面演变对高速道岔区轮轨接触行为影响分析[J]. 铁道学报, 2019, 41(5): 101-108.

[5] 赵卫华. 固定辙叉轮轨关系优化及动力学仿真分析研究[D]. 成都: 西南交通大学, 2014.

[6] Chen R, Chen J Y, Wang P, et al. Impact of wheel profile evolution on wheel-rail dynamic interaction and surface initiated rolling contact fatigue in turnouts[J]. Wear, 2019, 438-439: 203109.

[7] Torrence C, Compo G P. A practical guide to wavelet analysis[J]. Bulletin of the American Meteorological Society, 1998, 79(1): 61-78.

[8] 王平, 张荣鹤, 陈嘉胤, 等. 高速铁路列车车轮多边形化对道岔区动力学性能的影响[J]. 机械工程学报, 2018, 54(4): 47-56.

[9] 杨亮亮, 罗世辉, 傅茂海, 等. 车轮状态变化对重载货车轮轨作用力影响[J]. 振动与冲击, 2014, 33(3): 110-116.

[10] Xu J M, Ma Q T, Zhao S Q, et al. Effect of wheel flat on dynamic wheel-rail impact in railway turnouts[J]. Vehicle System Dynamics, 2022, 60(6): 1829-1848.

[11] 王忆佳, 曾京, 高浩, 等. 车轮扁疤引起的轮轨冲击分析[J]. 西南交通大学学报, 2014, 49(4): 700-705.

[12] Wu X W, Rakheja S, Ahmed A, et al. Influence of a flexible wheelset on the dynamic responses of a high-speed railway car due to a wheel flat[J]. Proceedings of the Institution of Mechanical Engineers, Part F: Journal of Rail and Rapid Transit, 2018, 232(4): 1033-1048.

[13] 陈嵘, 陈嘉胤, 王平, 等. 轮径差对道岔区轮轨接触几何和车辆过岔走行性能的影响[J]. 铁道学报, 2018, 40(5): 123-130.

[14] 马晓川, 王平, 王健, 等. 尖轨降低值超限对转辙器动力特性的影响研究[J]. 铁道学报, 2016, 38(3): 98-105.

[15] 李润华. CRH2转向架轮对轮径差检修限度研究[D]. 北京: 北京交通大学, 2015.

[16] 陈嵘, 王雪彤, 陈嘉胤, 等. 轮对安装偏角对高速列车过转辙器的动力特性影响[J]. 西南交通大学学报, 2021, 56(4): 872-882.

[17] 张洪. 准高速客车转向架轮缘磨耗原因及改进措施[J]. 铁道车辆, 2000, 38(5): 8-11, 1.

[18] 邹瑞明, 马卫华, 毕鑫. 轮对安装偏角对高速铁道车辆动力学性能的影响[J]. 华东交通大学学报, 2013, 30(6): 6-11, 24.

第六章　高速铁路道岔的长时动力学行为分析

与区间线路中的钢轨一样，道岔在长期使用过程中，也会发生钢轨材料磨耗磨损、钢轨压溃、塑性流变等塑性累积变形及钢轨剥离、掉块、鱼鳞伤等滚动接触疲劳损伤[1,2]。大量的研究表明[3]，钢轨磨耗与接触疲劳损伤之间存在着抑制关系，若材料磨耗能够消除初始疲劳微裂纹，减缓接触疲劳损伤的发生和发展，则钢轨损伤表现为磨耗，若材料磨耗程度轻，不能抑制接触疲劳损伤裂纹的发展，则钢轨损伤表现为接触疲劳裂纹。接触疲劳裂纹与塑性累积变形之间也是相互发展的不同阶段损伤形式，若塑性累积变形量未超过安定极限，塑性变形不再增加，则钢轨损伤表现为塑性变形，若塑性累积变形量超过安定极限，塑性变形将持续增加，当塑性变形到达一定量时，疲劳微裂纹将会萌生，此时钢轨损伤表现为滚动接触疲劳损伤。

从高速铁路道岔的使用情况来看，由于道岔结构形式的特殊性，某些钢轨损伤类型在道岔中表现显著，如曲尖轨侧面磨耗、直尖轨非工作边水平裂纹、钢轨鱼鳞伤等。道岔区钢轨以上特殊损伤的发生机理、发展规律、影响因素、对动车组过岔安全性及平稳性的影响、材料改进与廓形优化等整治措施，以及如何科学地制定道岔钢轨件的维修、更换标准等，均是我国高速铁路开通运营以来出现的新问题。前期在高速铁路道岔设计、评估过程中，主要注重高速铁路道岔的短时动力学行为，而针对其廓形演变、性态劣化等长时动力学行为，还需要借助轮轨材料摩擦磨损、断裂力学等理论及相关模型深入开展研究。

第一节　高速铁路道岔曲尖轨磨耗特征及影响分析

轮轨磨耗是由轮轨系统滚动接触行为导致的，其磨耗情况受轮轨系统动态相互作用、轮轨廓形及轮轨材质等多因素影响，可见轮轨磨耗行为是一系列复杂难题的组合，涉及列车-轨道耦合动力学、轮轨滚动接触理论、轮轨接触几何计算及材料摩擦磨损模型等多个学科，研究难度较大，但随着轮轨系统动力学和计算机仿真分析水平的提升，国内外研究学者针对车轮及区间线路钢轨磨耗开展了大量研究，并取得了一系列研究成果，也促使轮轨磨耗的相关研究趋于完善[4]。然而，道岔结构复杂、轮轨关系多变，极易发生多点接触，使得道岔钢轨磨耗研究难度远大于普通轮轨磨耗，随着列车-道岔耦合动力学及道岔区轮轨滚动接触理论的发展，近年来关于高速铁路道岔曲尖轨侧磨的问题研究也取得了一定的进展。

一、轮轨磨耗模型

轮轨磨耗模型是进行道岔钢轨磨耗仿真分析最直接的工具，决定着钢轨型面磨耗量的大小及分布范围，通常轮轨磨耗模型是基于轮轨系统的动力响应进行磨耗量计算的，可分为以下两类：滑动摩擦磨损模型与基于轮轨摩擦能量耗散的磨耗功模型或磨耗指数模型，上述磨耗模型是在试验研究的基础上结合理论研究进行推导得到的，均有相应的适用条件。

1. 滑动摩擦磨损模型

Archard[5]滑动摩擦磨损模型认为材料磨损只发生在接触斑滑动区内，而黏着区内不发生磨损，并且根据大量试验结果推导得到接触斑内磨耗量的分布公式为

$$V_w = k_w \frac{F_N s}{H} \tag{6.1}$$

式中，V_w 为轮轨接触斑上材料磨耗的体积；k_w 为 Archard 磨耗系数，可根据接触斑内接触应力和轮轨相对滑动速度查表得到；F_N 为轮轨接触法向力；s 为轮轨接触斑界面相对滑动距离；H 为用于磨耗计算的材料硬度，轮轨磨耗计算时，如无特殊说明，则认为车轮和钢轨的材料硬度相同。

参照类似 FASTSIM 方法，将接触斑分为 $N \times N$ 个分块区域，在每个分块区域内应用 Archard 理论计算公式求解磨耗量，即可得到整个接触斑区域的磨耗量分布，接触斑每个小区域上磨耗量计算公式为

$$z_{sd} = \frac{V_w}{A} = k_w \frac{F_N s}{HA} = k_w \frac{p_z \Delta s}{H} \tag{6.2}$$

式中，z_{sd} 为接触斑内某处的磨耗深度；A 为接触斑的磨耗面积；p_z 为接触斑内某处接触应力大小，可由轮轨法向接触计算得到；Δs 为车轮滚动通过接触斑内某分块时的轮轨相对滑动量，其计算公式为

$$\Delta s = v_0 \Delta t = \sqrt{v_x^2 + v_y^2} \frac{\Delta x}{v_r} \tag{6.3}$$

Δx 为接触斑内某分块沿车轮滚动方向的长度；v_r 为车轮滚动前进速度；v_x、v_y 分别为接触斑内某分块处纵向及横向的轮轨相对滑动速度。

接触斑界面处轮轨相对滑动速度可根据轮轨蠕滑率的定义进行推导，若仅考虑轮轨之间的刚性滑动，则相对滑动速度的计算公式为

$$\begin{Bmatrix} v_x \\ v_y \end{Bmatrix} = v_r \begin{Bmatrix} \xi_x - x\xi_\phi \\ \xi_y + y\xi_\phi \end{Bmatrix} \tag{6.4}$$

若轮轨相对滑动速度计算考虑材料弹性剪切变形导致的影响，则相对滑动速度的计算公式为

$$\begin{Bmatrix} v_x \\ v_y \end{Bmatrix} = v_r \begin{cases} \xi_x - x\xi_\phi - \dfrac{\partial u_x}{\partial x} \\ \xi_y + y\xi_\phi - \dfrac{\partial u_y}{\partial y} \end{cases} \tag{6.5}$$

式中，u_x、u_y 为轮轨接触斑内某点处材料弹性剪切变形量。计算表明，接触斑界面上弹性滑动量和刚性滑动量两者存在一定程度上的差异，尤其在小蠕滑工况下，考虑弹性剪切变形产生的弹性滑动量远大于刚性滑动量，因此进行轮轨磨耗仿真计算时，应考虑轮轨弹性剪切变形产生的弹性滑动量，否则会导致磨耗计算值偏小。

在计算得到轮轨接触应力及相对滑动速度后，通过查表就得到 Archard 计算模型的磨耗系数，如图 6.1 所示，此图是根据大量试验结果统计得到的。由图可见，磨耗系数分为四区分布：Ⅰ区为踏面接触的情况，其法向接触应力和相对滑动速度均较小，为轮轨发生轻微磨耗的情况，磨耗系数取值为 $k_1 = 1\times10^{-4} \sim 1\times10^{-3}$；其他三个区域为轮缘接触的情况，其中Ⅱ区为中等磨耗的情况，轮轨相对滑动速度较大，磨耗系数取值为 $k_2 = 3\times10^{-3} \sim 4\times10^{-3}$；Ⅲ区为轻微磨耗，其相对滑动速度过大，而法向接触应力较小，过大的滑动速度导致接触材料局部温度上升，反而降低了磨耗系数，磨耗系数的取值为 $k_3 = 1\times10^{-4} \sim 1\times10^{-3}$；Ⅳ区为严重磨耗，其法向接触应力很大，已经超过了材料硬度的 80%，在轮轨材料发生相对滑动的情况下会产生剧烈的磨耗，磨耗系数的取值为 $k_4 = 3\times10^{-2} \sim 4\times10^{-2}$。磨耗系数在不同分区内均呈非线性分布，精确取值较为困难，通常在应用 Archard 理论模型时，不同分区的磨耗系数取值以本区磨耗系数的中值代替。

2. 磨耗功模型

Zobory[6]通过大量试验发现，轮轨材料磨耗不仅发生在接触斑滑动区，黏着区也会发生轻微磨耗和剥落掉块现象，为此提出轮轨材料磨耗量与接触斑磨耗功耗散量有关，并且给出了材料磨耗量与磨耗功耗散量之间的磨耗系数 k_z，如图 6.2 所示。

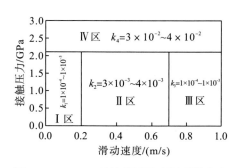

图 6.1 Archard 理论模型的磨耗系数分布

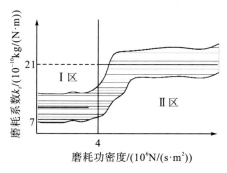

图 6.2 磨耗系数与磨耗功密度关系

由图 6.2 可见，磨耗系数 k_z 根据磨耗功密度分为两个区域：当磨耗功密度小于 4×10^6 N/(s·m²) 时，磨耗系数 k_z 位于Ⅰ区，取为 7×10^{-10} kg/(N·m)；当磨耗功密度大于 4×10^6 N/(s·m²) 时，磨耗系数 k_z 位于Ⅱ区，取为 21×10^{-10} kg/(N·m)。Zobory 模型中将轮轨磨耗功密度定义为

$$\dot{E}_d(r_p,t) = \tau_x(r_p,t)V_x(r_p,t) + \tau_y(r_p,t)V_y(r_p,t) \tag{6.6}$$

式中，$\dot{E}_d(r_p,t)$ 为在 t 时刻接触斑 r_p 处磨耗功密度；$\tau_x(r_p,t)$、$\tau_y(r_p,t)$ 为在 t 时刻接触斑 r_p 处轮轨纵向、横向蠕滑率；$V_x(r_p,t)$、$V_y(r_p,t)$ 为在 t 时刻接触斑 r_p 处轮轨界面的相对滑动速度，可由 FASTSIM 算法计算得到。

Zobory 提出轮轨磨耗质量由磨耗系数和磨耗功密度的乘积得到，如下：

$$\dot{m}(r_p,t) = k_z \dot{E}_d(r_p,t) \tag{6.7}$$

3. 磨耗指数模型

Braghin 等[7]利用两个 1：1 实尺车轮进行滚动摩擦试验，通过大量试验发现轮轨接触斑磨耗量与磨耗指数相关，其中磨耗指数定义为

$$W(x,y) = \frac{T_x(x,y)\xi_x(x,y) + T_y(x,y)\xi_y(x,y)}{A(x,y)} \tag{6.8}$$

式中，$W(x,y)$ 为接触斑坐标 (x,y) 处的磨耗指数；$T_x(x,y)$、$T_y(x,y)$ 为接触斑坐标 (x,y) 处的轮轨纵向、横向蠕滑力；$\xi_x(x,y)$、$\xi_y(x,y)$ 为接触斑坐标 (x,y) 处的轮轨纵向、横向蠕滑率；$A(x,y)$ 为接触斑坐标 (x,y) 处的区域面积。

根据大量试验结果给出了磨耗率与磨耗指数之间的关系，如表 6.1 所示。

表 6.1   磨耗率与磨耗指数之间的关系

磨耗分区	磨耗指数/(N/mm^2)	磨耗率/(μg/(m·mm^2))
K_1	$W(x,y)<10.4$	$5.3W(x,y)$
K_2	$10.4 \leqslant W(x,y) \leqslant 77.2$	$55W(x,y)$
K_3	$W(x,y)>77.2$	$61.9W(x,y)$

在计算接触斑上磨耗指数分布之后，可以通过查询表 6.1 得到轮轨接触斑上材料磨耗质量的分布，根据轮轨材料密度计算得到钢轨型面的磨耗量。

4. 磨耗模型的计算结果对比

设轮轨法向力 $N = 85\text{kN}$，摩擦系数 $f = 0.3$，泊松比 $\upsilon = 0.25$，车轮和钢轨的径向半径分别为 0.5m 和 0.3m，列车运行速度 v 为 100km/h，由赫兹接触理论计算得到椭圆接触斑的长、短半轴分别为 $a = 7.1 \times 10^{-3}\,\text{m}$、$b = 10.14 \times 10^{-3}\,\text{m}$，由接触斑长短半轴长度及轮轨材料泊松比，通过查表可得 Kalker 蠕滑系数为 $C_{11} = 3.81$、$C_{22} = 3.28$、$C_{32} = 1.14$。小蠕滑工况下设纵向蠕滑率 ξ_1 和横向蠕滑率 ξ_2 为 0.0012，自旋蠕滑率 ξ_3 为 0.01；大蠕滑工况下设纵向蠕滑率 ξ_1 和横向蠕滑率 ξ_2 为 0.01，自旋蠕滑率 ξ_3 为 0.5；纯蠕滑工况下设纵向蠕滑率 ξ_1 和横向蠕滑率 ξ_2 与有自旋蠕滑条件下相同，仅把自旋蠕滑率 ξ_3 变为 0。以上三种磨耗模型计算接触斑内磨耗量分布比较如图 6.3 和图 6.4 所示。由图可见，三种磨耗模型计算得到的磨耗量分布规律相近；无论是在自旋蠕滑还是纯蠕滑条件下，也无论是处于小蠕滑工况还是大蠕滑工况，Archard 模型磨耗量最大，基于磨耗指数的磨耗指数模型磨耗量次之，

磨耗功模型磨耗量最小。这主要是由于不同的轮轨磨耗模型是基于不同试验设备、试验条件及试验环境进行的，外部条件如法向荷载、蠕滑率及摩擦系数等对不同轮轨磨耗模型的影响不同，因此计算结果存在着一定的差异。Archard 模型计算的磨耗量远大于其他两种磨耗模型，因此在进行轮轨磨耗仿真计算时作为选取的轮轨磨耗模型，并结合现场测试数据进行模型修正，以确保仿真计算结果的正确性。

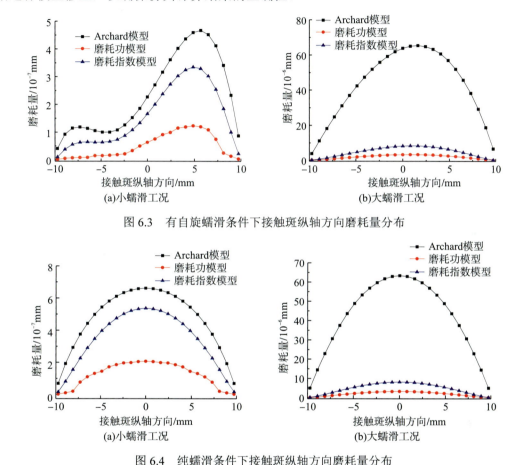

图 6.3　有自旋蠕滑条件下接触斑纵轴方向磨耗量分布

图 6.4　纯蠕滑条件下接触斑纵轴方向磨耗量分布

二、高速铁路道岔曲尖轨磨耗的关键动力学参数分析

本节选用基于正交表设计的 Plackett-Burman 无重复饱和析因设计[8]来分析道岔区钢轨磨耗的关键因素，为道岔钢轨磨耗仿真分析的关键动力学输入参数的选择提供依据。

1. 无重复饱和析因设计方法

Plackett-Burman 无重复饱和析因设计是在 n 次试验中研究 $k(k=n-1)$ 个分析因子的二水平的析因设计，其中 n 要求为 4 的倍数且不是 2 的幂数。对于无重复饱和析因设计问题，通常采用线性模型作为其效应模型，线性效应模型表达式如下：

$$Y = X\beta + \varepsilon \tag{6.9}$$

式中，$\boldsymbol{Y} = (y_1, y_2, \cdots, y_m)^{\mathrm{T}}$ 为观测值阵列；$\boldsymbol{\beta} = (\beta_0, \beta_1, \cdots, \beta_{m-1})^{\mathrm{T}}$ 为待求的未知参数；β_0 为所有观测值的平均值；$\beta_1, \beta_2, \cdots, \beta_{m-1}$ 为所分析因子的效应；$\boldsymbol{X}$ 为 $m \times m$ 的矩阵，$\boldsymbol{X} = (\boldsymbol{I}_m, \boldsymbol{X}_{m-1})^{\mathrm{T}}$；$\boldsymbol{I}_m$ 为 m 维的单位列向量；$\boldsymbol{X}_{m-1} = (x_1, x_2, \cdots, x_{m-1})$ 由无重复饱和试验设计确定；$x_i (i = 1 \sim m-1)$ 为 m 维的阵列；x_i 为 $\boldsymbol{X}_{m-1}$ 中的列向量；$\boldsymbol{\varepsilon} = (\varepsilon_1, \varepsilon_2, \cdots, \varepsilon_m)^{\mathrm{T}}$ 为试验误差阵列，其数据为相互独立的随机变量，均满足正态分布；m 为试验设计次数。

若进行 20 次试验的二水平无重复饱和析因设计，则 $m = 20$，$\boldsymbol{X}_{19}$ 为析因设计 19×19 的试验设计矩阵，$\beta_i (i = 1, 2, \cdots, m-1)$ 的最小二乘法估计 $\hat{\beta}_i (i = 1, 2, \cdots, m-1)$ 称为"对照"，若 $\hat{\beta}_i (i = 1, 2, \cdots, m-1) \neq 0$，则对照 $\hat{\beta}_i$ 是活动的。分析因子效应 β 的最优方差线性无偏估计为

$$\hat{\beta} = \left(\boldsymbol{X}^{\mathrm{T}} \boldsymbol{X} \right)^{-1} \boldsymbol{X}^{\mathrm{T}} \boldsymbol{Y} \tag{6.10}$$

式中，$\hat{\beta}$ 服从正态分布，其数学期望为 β_i，均方差为 $\tau_i = \sigma / \sqrt{\boldsymbol{X}_i^{\mathrm{T}} \boldsymbol{X}_i}$，且 $\hat{\beta}_i (i = 1, 2, \cdots, m-1)$ 相互之间独立。

析因设计就是根据 m 个观测值阵列 $\boldsymbol{Y} = (y_1, y_2, \cdots, y_m)^{\mathrm{T}}$，通过特定的分析方法进行研究，分析各个分析因子是否具有显著效应，即判断每个对照中是否存在活动对照：

$$\begin{aligned} H_0 &: \beta_1 = \beta_2 = \cdots = \beta_m = 0 \\ H_1 &: \beta_1, \beta_2, \cdots, \beta_m \text{不全是零} \end{aligned} \tag{6.11}$$

对式 (6.11) 进行检验，若 H_0 不成立，则说明分析因子中存在显著效应因子，再借助因子筛选方法进行显著效应因子的识别。

稀疏效应原理是目前应用最为成熟的因子筛选方法，该方法认为对响应波动影响较大的通常是由小部分影响因子造成的，也就是说绝大部分影响因子的效应为零，只有较小部分影响因子的效应为非零。稀疏效应原理的根本理念就是基于大量的零效应影响因子来识别少量的非零效应影响因子，即显著影响因子，目前基于稀疏效应原理的无重复饱和析因设计分析方法主要有图形分析法和数值分析法，可综合采用这两种方法进行道岔区钢轨磨耗行为显著影响因子的筛选。

2. 道岔钢轨磨耗影响因子分析

选取如表 6.2 所示的 19 项分析因子进行道岔钢轨磨耗影响分析。表中部分分析因子存在明确的取值范围，如列车过岔速度，正常水平为 80km/h，进行二水平因子分析，则取低水平速度为 40km/h，高水平速度为 120km/h 进行分析；而其他分析因子不存在明确的取值依据，只存在两种不同的分析水平，如列车过岔方向，不能够明确区分高低水平，只存在侧逆向进岔和侧顺向进岔两种工况，故可任意区分其水平高低，取侧逆向进岔为低水平类型，侧顺向出岔为高水平类型；未发生磨耗的车轮和道岔钢轨型面从设计图纸得到，磨耗后的车轮和道岔钢轨型面通过 MiniProf 轮轨型面测量仪器在现场实测得到；轨道不平顺采用美国五级轨道谱生成的时域样本。

影响道岔钢轨磨耗行为最为关键的评价指标为以下三项：轮轨磨耗功 W（$W = F_x \xi_x + F_y \xi_y$，即接触斑蠕滑力与相应蠕滑率的乘积）、轮轨接触法向力 T（T 为垂直于接触斑平面的力总和）及轮轨接触斑面积 A（$A = A_a + A_s$，由滑动区和黏着区组成）。选取上述

三个动力响应作为统计学模型中的观测向量来筛选显著影响因子。

表 6.2　道岔钢轨磨耗影响因素的分析因子水平类型

编号	影响因素	因素水平类型		
		正常水平(0)	低水平(−)	高水平(+)
F_1	列车过岔方向	—	侧逆向进岔	侧顺向出岔
F_2	列车过岔速度/(km/h)	80	40	120
F_3	列车轴重/t	14	10	18
F_4	车轮名义半径/mm	460	420	500
F_5	轨距/mm	1435	1432	1438
F_6	轨底坡	1/40	0	1/20
F_7	车轮踏面	—	已磨耗	未磨耗
F_8	钢轨型面	—	已磨耗	未磨耗
F_9	水平不平顺	—	有	无
F_{10}	方向不平顺	—	有	无
F_{11}	高低不平顺	—	有	无
F_{12}	轨距不平顺	—	有	无
F_{13}	轮轨摩擦系数	0.3	0.1	0.5
F_{14}	轨道整体横向刚度/(kN/mm)	50	30	70
F_{15}	轨道整体垂向刚度/(kN/mm)	100	80	120
F_{16}	一系悬挂横向刚度/(kN/mm)	6.5	5.0	8.0
F_{17}	一系悬挂垂向刚度/(kN/mm)	1.2	1.0	1.4
F_{18}	二系悬挂横向刚度/(kN/mm)	0.15	0.1	0.2
F_{19}	二系悬挂垂向刚度/(kN/mm)	0.18	0.15	0.21

根据所选取的 19 项道岔磨耗行为影响因素的分析因子，采用基于 $L_{20}(2^{19})$ 的无重复饱和析因设计方法构造了 19 个因子的 20 次设计试验，具体设计试验的方案如表 6.3 所示，应用列车-道岔系统耦合动力学模型设计试验进行仿真计算，得到轮轨磨耗功、轮轨接触法向力及轮轨接触斑面积等观测值的动力响应计算结果作为统计分析模型中的试验设计值，对试验设计值进行相应的图形法或数值分析法处理，即可对 19 项影响因素分析因子进行筛选，得到显著影响因子，观测值的动力响应计算结果如表 6.4 所示。

表 6.3　道岔钢轨磨耗行为的无重复饱和试验设计方案

序号	F_1	F_2	F_3	F_4	F_5	F_6	F_7	F_8	F_9	F_{10}	F_{11}	F_{12}	F_{13}	F_{14}	F_{15}	F_{16}	F_{17}	F_{18}	F_{19}
1	−	−	−	+	−	+	−	+	+	+	+	−	−	+	+	−	+	+	−
2	+	−	+	−	−	+	−	+	−	−	+	−	+	+	+	+	−	−	+
3	−	+	−	+	+	+	+	−	−	+	+	−	+	+	−	+	−	−	+
4	+	+	+	−	+	−	+	+	−	−	+	+	−	−	+	+	−	+	−
5	−	−	+	+	+	+	+	+	+	−	−	−	+	−	+	−	+	−	−
6	−	+	−	+	−	+	−	+	+	−	+	+	−	−	+	−	−	+	+
7	+	−	−	+	−	−	+	+	−	−	−	+	−	+	−	+	+	−	+
8	+	−	+	+	+	+	−	+	+	−	+	+	−	−	−	+	−	+	+
9	+	+	−	−	−	+	+	−	+	+	−	−	+	−	−	+	−	+	+

序号	F_1	F_2	F_3	F_4	F_5	F_6	F_7	F_8	F_9	F_{10}	F_{11}	F_{12}	F_{13}	F_{14}	F_{15}	F_{16}	F_{17}	F_{18}	F_{19}
10	−	−	−	−	−	−	−	−	−	−	−	−	−	−	−	−	−	−	−
11	−	−	−	−	+	−	+	−	+	+	+	+	−	−	+	+	−	+	+
12	+	−	−	+	−	−	−	−	+	−	+	−	+	+	+	+	+	−	−
13	+	−	−	−	+	+	+	+	−	−	+	+	−	+	+	−	−	+	+
14	−	−	+	+	−	+	−	+	−	+	+	−	+	−	+	−	+	+	+
15	+	+	+	−	−	+	+	−	+	+	−	−	+	−	+	−	+	+	+
16	+	+	−	+	−	+	+	+	+	−	−	+	−	+	−	+	−	−	−
17	+	−	+	+	+	−	+	−	−	+	−	+	+	+	−	−	+	+	−
18	−	+	+	−	+	+	−	+	−	−	+	−	+	−	+	+	−	−	−
19	−	+	−	+	−	−	+	+	+	−	+	+	−	+	+	−	−	−	−
20	−	+	+	−	−	−	+	−	+	+	+	+	+	−	+	−	+	+	+

表 6.4 观测值的动力响应计算结果

序号	1	2	3	4	5	6	7	8	9	10
W/N	1645.8	1729.3	26277.5	2865.6	1687.7	5655.5	1931.0	1094.4	1647.5	1506.9
T/GPa	73.94	96.88	96.87	114.92	92.88	149.1	60.39	98.29	79.52	67.49
A/mm^2	27.86	24.73	29.43	47.18	32.35	31.01	26.78	55.15	24.82	24.77
序号	11	12	13	14	15	16	17	18	19	20
W/N	723.88	3230.4	27892.7	1111	3071.3	15336.1	2465.7	25839.6	18270.3	15488.5
T/GPa	68.1	146.18	92.7	101.43	162.95	85.25	102.57	179.3	106.19	135.29
A/mm^2	23.26	20.63	20.28	35.47	27.21	25.81	24.87	17.21	24.24	31.38

3. 道岔钢轨磨耗显著影响因子筛选

图形分析法是利用图解的方式分析显著影响因子的方法, 其中半正态(或正态)概率图法是应用较为广泛的因子筛选法, 由 Daniel 于 1959 年提出, 经过 Zahn 改进得到。半正态概率图法是基于半正态分布建立起来的, 若存在随机变量 X 的概率密度可表达为

$$p(x) = \begin{cases} \sqrt{2}/\sqrt{\pi}\tau\, \mathrm{e}^{-x^2/(2\tau^2)}, & x \geq 0 \\ 0, & x < 0 \end{cases} \tag{6.12}$$

则随机变量 X 满足半正态分布, 即 $X \sim \mathrm{HN}(\tau^2)$, 当 $\tau^2 = 1$ 时, 随机变量 X 为标准半正态分布, 可记为 $X \sim \mathrm{HN}(1)$。若无重复饱和析因设计统计模型中 H_0 成立, 则因子效应 β 的最优方差线性无偏估计 $\hat{\beta}$ 满足正态分布, 即 $\hat{\beta} \sim N(0,\tau^2)$, 显然可以得到以下结论:

(1) $|\hat{\beta}|$ 满足半正态分布, 即 $|\hat{\beta}| \sim \mathrm{HN}(\tau^2)$;

(2) 若该分布中的第 j 个估计统计值 $|\hat{\beta}|_j$ 满足

$$P\big(|\hat{\beta}|_j\big) = 2\varPhi\big(|\hat{\beta}|_j\big/\tau\big) - 1 = 2\varPhi(u_j) - 1 \approx (j-0.5)/m \tag{6.13}$$

则 $|\hat{\beta}|_j$ 可称为该分布的 $\alpha = (j-0.5)/m$ 的分位数, 更为特殊的是标准半正态分布 $X \sim \mathrm{HN}(1)$ 的分位数为

$$q_j = \varPhi^{-1}\big[(\alpha+1)/2\big] = \varPhi^{-1}\big[(j-0.5+m)/(2m)\big] \tag{6.14}$$

(3)若H_0成立，则点对$\left(\left|\hat{\beta}\right|_j,q_j\right)(j=1,2,\cdots,m)$应大致位于一条过原点的直线上，则该条由零效应的点对组成的直线称为判别直线。

半正态概率图就是应用判别直线进行显著因子筛选工作的，首先根据观测值进行因子效应估计$\hat{\beta}_i(i=1,2,\cdots,m)$值大小，取其绝对值后进行升序排列，可得统计量排列为$\left|\hat{\beta}\right|_1\leqslant\left|\hat{\beta}\right|_2\leqslant\cdots\leqslant\left|\hat{\beta}\right|_m$，接下来计算标准半正态分布$\mathrm{HN}(1)$的分位数$q_j$，以因子效应值作为横坐标，相应分位数作为纵坐标，在半正态概率图绘制出点对$\left(\left|\hat{\beta}\right|_j,q_j\right)(j=1,2,\cdots,m)$的分布，最后应用判别直线进行显著因子识别，若存在某几个点明显偏离判别直线，则说明相应的因子为显著因子。

按式(6.10)求得各参数的效应估计，作为半正态概率图的横坐标，然后由式(6.14)计算得到各因子的半正态概率值，则可绘制出轮轨磨耗功、法向力及轮轨接触斑的半正态概率分布图，如图6.5所示，图中方框表示各影响因子效应估计的绝对值，三角形表示该影响因子效应被错误估计。

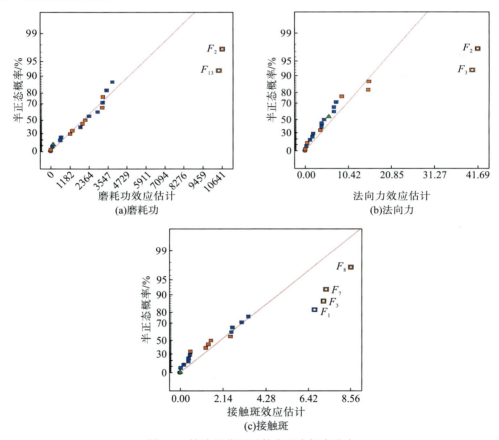

图6.5　筛选显著因子的半正态概率分布

由于半正态概率图根据判别直线进行显著因子筛选工作，若某个点偏离判别直线较大多数点较远，则该点为显著影响因子，轮轨磨耗功的显著因子是F_2、F_{13}，法向力的显著因子是F_2、F_3，轮轨接触斑的显著影响因子是F_1、F_3、F_7、F_8，各影响因子的含义见表6.2。

　　半正态概率图法虽然能够直观地判断显著因子，但在一定程度仍需依靠经验来判断，例如，效应点对偏离判断直线多少才算显著因子，并没严格规定。数值分析法具有判断客观和结论稳健的优点，通常将数值分析法作为半正态概率图的补充方法进一步确定显著影响因子。Dong 提出利用修正后的平均标准误差（average standard error，ASE）来进行效应均方差 σ 的估计，如下：

$$\hat{\sigma}_{\text{Dong}} = \text{ASE} = \sqrt{\sum_{|\hat{\beta}_j| \leqslant 2.5s_0} \hat{\beta}_j^2 \Big/ m_{\text{inactive}}} \tag{6.15}$$

式中，m_{inactive} 为 $|\hat{\beta}_j| \leqslant 2.5s_0$ 的效应因子的数目；$s_0 = 1.5|\hat{\beta}_j|$，因子效应估计 $\hat{\beta}_j$ 的显著效应可由式（6.16）判断：

$$|\hat{\beta}_j|\Big/\text{ASE} > t_{\gamma, m_{\text{inactive}}} \tag{6.16}$$

式中，$\gamma = 0.5\left(1 + \sqrt[m]{0.98}\right)$，若某个因子效应估计 $\hat{\beta}_j$ 能够满足式（6.16），则说明该因子为显著因子，反之为不显著因子。

　　采用数值分析方法得到轮轨磨耗功的显著因子是 F_2、F_{13}，法向力的显著因子是 F_2、F_3，轮轨接触斑的显著影响因子没有筛选出来。综合两种方法，选取道岔区钢轨磨耗行为关键影响因素为车辆过岔方向、过岔速度、车辆轴重、轮轨摩擦系数及轮轨廓形等。

三、道岔钢轨磨耗仿真分析方法

　　列车-道岔系统动力学和轮轨滚动接触理论的发展，使得道岔钢轨磨耗仿真计算成为可能。因道岔钢轨磨耗与列车-道岔系统动力学性能之间存在相互制约的关系，仿真过程中需要不断进行钢轨廓形的更新，以获取实时的列车-道岔系统动力响应作为下一步计算的输入数据，道岔钢轨磨耗仿真分析流程如图 6.6 所示。其中，关键流程包括关键动力学参数随机抽样、列车-道岔系统耦合动力学模型建立、轮轨滚动接触计算、钢轨磨耗模型建立、磨耗叠加计算及钢轨廓形更新等。

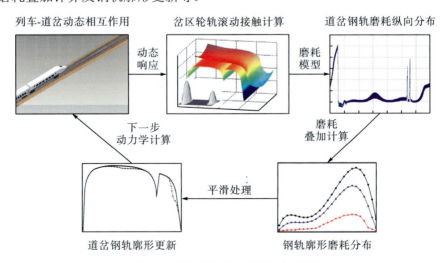

图 6.6　道岔钢轨磨耗仿真分析流程

1. 关键动力学参数随机抽样

在筛选出关键影响因子后,利用多元参数随机取样方法生成关键动力学参数的随机样本,用于道岔钢轨磨耗仿真分析的输入数据,模拟分析周期内整个系统参数的随机性分布,以获得较为真实的磨耗分布计算结果。

目前普遍采用随机样本生成的方法有蒙特卡罗随机抽样和拉丁超立方随机抽样。蒙特卡罗随机抽样方法[9]称为统计试验方法,是用一系列随机数近似解决问题的一种方法,通过寻找一个概率统计的相似体并用试验取样过程获得该相似体近似解,要保证蒙特卡罗随机样本的敛散性,需将随机样本的个数取值足够大,另外,蒙特卡罗方法产生的随机数相互独立,故产生的随机数中可能存在重复数据,导致抽样工作重复进行,浪费计算资源。

拉丁超立方随机抽样提供了一种有效的从多元参数分布中抽样的方法。它通过分层保证所有的采样区域都能够被采样点覆盖,这样做也是为了从多维分布中通过抽样得到一个可信的参数值分布[10]。拉丁超立方随机抽样方法能够得到输出变量均值方差和分布函数的良好估计,样本能更精确地反映输入概率函数值的分布;拉丁超立方随机抽样通过对数据分层确保采样值能够覆盖输入随机变量的整个分布区间。因此,拉丁超立方随机抽样覆盖的输入随机变量的采样空间总是比随机采样的大。拉丁超立方随机抽样被称为“充满空间的设计”,因为在超方体内的 H^n 个小超立方体中,拉丁超立方随机抽样能保证每行和每列小超立方体有且仅有一个被选中,即拉丁超立方随机抽样产生的样本能较均匀地分布在超立方体空间内,拉丁超立方随机抽样的采样方案不会因为维数的增加而增加,更多采样的数目具有独立性。与蒙特卡罗随机抽样方法相比,拉丁超立方随机抽样方法具有估值稳定的优点,较少的抽样就能得到反映变量分布特征的样本,而蒙特卡罗随机抽样方法则需要大量抽样才能得到。

考虑车辆系统参数运营特点及规律,可认为车辆关键动力学参数分布服从正态分布,其中车辆侧向过岔速度的数学期望为 80km/h、均方差为 5.0km/h,车辆轴重的数学期望为 14.0t、均方差为 3.0t,轮轨摩擦系数的数学期望为 0.3、均方差为 0.05。另假定高速铁路每天开行的动车组为 120 对,随机样本个数取为 120。以上关键动力学参数随机样本的分布直方图如图 6.7 所示。

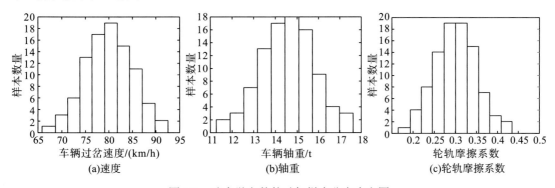

图 6.7　动力学参数的随机样本分布直方图

以 LMA 型车轮踏面的 CRH2 型动车组侧逆向通过 250km/h 的 60kg/m 钢轨 18 号客运专线道岔为例,将关键动力学参数随机样本输入列车-道岔系统动力学程序中,求得的车辆通过道岔时系统的动态响应各不相同。该道岔尖轨顶宽 28mm 断面处,第一轮对下的轮轨垂向力分布及接触点位置如图 6.8 所示。

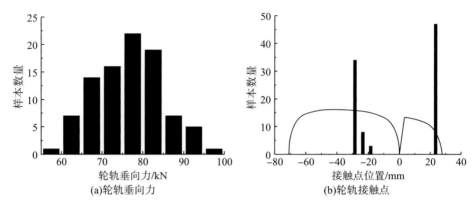

(a)轮轨垂向力   (b)轮轨接触点

图 6.8   关键动力学参数随机样本输入的动力响应

由图 6.8 可见,应用关键动力学参数随机样本进行列车-道岔系统动力学计算,得到的动力响应不再是恒定不变的,而是具有一定的随机分布特性,能够较真实地模拟不同运营条件下车辆通过道岔时的动态响应。轮轨垂向力分布近似为正态分布,轮轨接触点位置分布不再是某一确定位置,而是随机分布在基本轨与尖轨上。由于尖轨顶宽 28mm 断面处于轮载过渡的范围内,当轮对横移量达到某一特定值时,则会发生两点接触,即基本轨与尖轨同时承受车轮荷载。尖轨上接触点位置集中在尖轨的侧面部位,此时尖轨主要是与车轮轮缘相接触,而且接触点的变化范围较小,集中在距轨距测量点 1.5～3.0mm 范围,道岔运营初期尖轨此处会发生较严重的磨耗;基本轨接触点位置较为分散,分布在轨头中心线以右部位,这样有利于磨耗的均匀分布。

2. 接触斑上磨耗量分布

应用 Archard 滑动磨损模型计算接触斑上的磨耗量分布如图 6.9 所示。其计算公式中主要包含轮轨法向接触力、轮轨接触斑面积及接触斑界面轮轨质点的相对滑动速度等,其中轮轨法向接触力及接触斑面积可直接决定磨耗量的大小,接触斑界面轮轨质点的相对滑动速度可由轮轨磨耗功间接反映。

动车组以 80km/h 逆侧向通过道岔时,不同车轮与尖轨之间的轮轨法向力的分布如图 6.10 所示。由图可见,不同车轮与道岔钢轨动态相互作用不尽相同,其中 1 号与 5 号车轮、3 号与 7 号车轮下的轮轨法向力分布规律大致相似,这是因为转向架上前车轮撞击尖轨会产生较大的冲击力,转向架的刚性约束,将使得后车轮受到相反方向的激扰;同时前后两个转向架通过二系弹簧及车体产生相互影响,使得各车轮与道岔钢轨的相互作用产生差异。

根据不同车轮的轮轨动态相互作用响应,结合 Archard 滑动磨耗模型,分别计算车辆同侧四个车轮下的道岔钢轨接触斑的磨耗量分布,如图 6.11 所示。

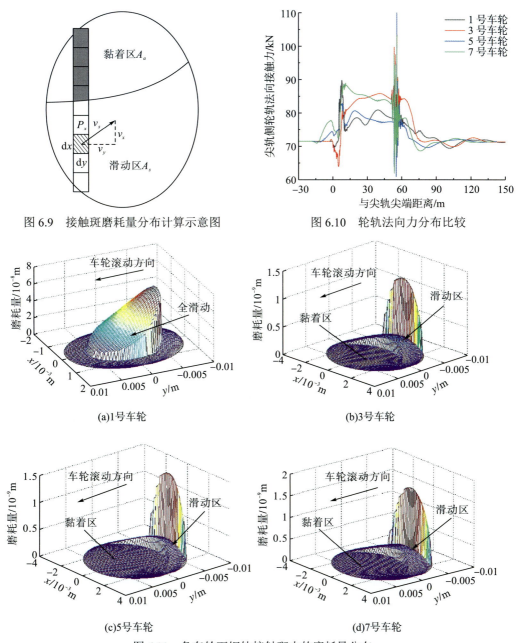

图 6.9　接触斑磨耗量分布计算示意图　　　　图 6.10　轮轨法向力分布比较

(a)1号车轮　　　　　　　　　　　　　(b)3号车轮

(c)5号车轮　　　　　　　　　　　　　(d)7号车轮

图 6.11　各车轮下钢轨接触斑内的磨耗量分布

由图 6.11 可见，1 号车轮下钢轨轮廓的磨耗量最大，其最大磨耗量达到 1.09μm，另外三个车轮下钢轨轮廓的磨耗量相差不大，最大磨耗量在 $5.79×10^{-3} \sim 9.41×10^{-3}$ μm，1 号车轮下钢轨磨耗量是其他三个车轮下钢轨磨耗量的 115～187 倍，这是由于 1 号车轮下钢轨接触斑形状较为狭长，接触斑面积较小，其接触应力较大，表现为轮缘磨耗，磨耗严重；其他三个车轮下钢轨接触斑面积较大，则表现为踏面磨耗，磨耗量小。因此，每进行一次动力学仿真计算，应进行四次钢轨磨耗量计算，即每个轮对下的钢轨磨耗量应分别计算，才能较真实地计算通过一定总重下道岔钢轨磨耗量的大小。

3. 钢轨断面磨耗叠加方法

将接触斑上磨耗量分布转换到道岔钢轨轮廓是轮轨磨耗仿真分析过程中至关重要的一个环节，直接决定仿真精度和计算效率，主要有快速叠加方法和精确叠加方法。

1) 快速叠加方法

快速叠加方法假定车轮滚动通过道岔某个断面的过程中轮轨接触斑状态不变，即接触斑法向力、相对滑动及切向力等保持恒值，因此道岔某断面的磨耗量可以根据此位置处接触斑磨耗分布沿线路方向叠加得到。

应用轮轨滚动接触理论求解接触斑行为信息，通常将接触斑离散为有限个单元格，在此基础上进行磨耗量计算，可直接得到每个单元格上磨耗量分布，将其沿线路纵向依次叠加即可得到车轮滚动通过所选钢轨截面的磨耗量。假定接触斑沿线路纵向和横向划分的单元格个数分别为 N_x 和 N_y，则快速叠加方法可按式(6.17)计算：

$$w_{yr}(j) = \sum_{i=1}^{N_x} w(i,j), \quad j = 1 \sim N_y \tag{6.17}$$

式中，i、j 为接触斑沿线路纵向和横向的单元格编号；N_y 为接触斑坐标系中沿线路横向的单元格数；N_x 为接触斑坐标系中沿线路纵向的单元格数；$w(i,j)$ 为编号 (i,j) 的单元格对应的磨耗量分布；$w_{yr}(j)$ 为车轮滚动通过计算钢轨截面上第 j 个单元格的磨耗量。

在此基础上，按照接触点坐标和单元格编号将叠加后的磨耗量 $w_{yr}(j)$ 依次叠加在计算钢轨轮廓上，如图 6.12 所示。图中 x_1、x_2 和 x_3 分别表示接触斑上纵向、横向和垂向坐标轴。

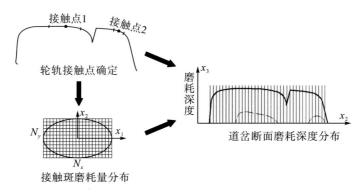

图 6.12　钢轨磨耗快速叠加示意图

2) 精确叠加方法

实际上车轮滚动通过道岔过程中，受到几何不平顺、接触不平顺及表面粗糙度的激扰，各个时刻的轮轨接触斑信息，如接触应力、轮轨滑动量及接触斑面积等磨耗计算参量均发生一定程度的变化，造成不同时刻轮轨磨耗行为各不相同。精确叠加理论就是在磨耗仿真分析过程中考虑了接触斑内的动态信息变化，以便更真实地计算道岔钢轨磨耗量的大小及分布，但这样必然会增加计算工作量，降低计算效率。

车轮滚动通过某个钢轨截面时，也就是从该截面进入接触斑前端至由接触斑后端退出的过程，将整个过程划分为 k 个时刻，将每个时刻下该断面对应接触斑位置处的磨耗量依次进行叠加，即可得到一个车轮滚动通过后钢轨计算断面的磨耗程度，如图 6.13 所示。具体计算过程可用式(6.18)表示：

$$w_{yr}(j) = \sum_{t=1}^{k} w^{(t)}(i,j), \quad j=1\sim N_y, t=1\sim k, i=k-t \tag{6.18}$$

式中，i、j 为接触斑沿线路纵向和横向的单元格编号；k 为车轮滚动通过过程划分时刻总数目；t 为当前仿真计算的时刻或计算接触斑的编号，$t=1\sim k$；N_y 为接触斑坐标系中沿线路横向的单元格数；N_x 为接触斑坐标系中沿线路纵向的单元格数；$w^{(t)}(i,j)$ 为第 t 个时刻或第 t 个接触斑上对应钢轨断面处编号为 (i,j) 的单元格磨耗量分布；$w_{yr}(j)$ 为车轮滚动通过计算钢轨截面上第 j 个单元格的磨耗量。

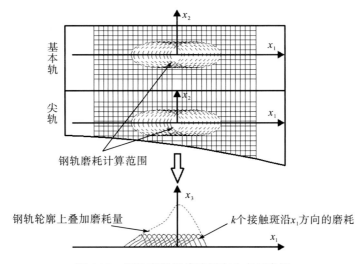

图 6.13　钢轨磨耗沿线路纵向分布示意图

根据式(6.18)可计算得到任意车轮通过时钢轨计算断面的磨耗量，与快速叠加方法相同，需要将计算得到的磨耗深度叠加至计算断面轮廓，叠加位置可根据每时刻动力学计算得到的轮轨接触斑与计算断面相对位置确定，如图 6.14 所示。

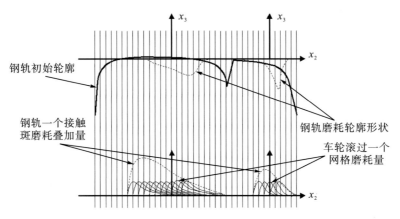

图 6.14　磨耗量叠加钢轨廓形计算示意图

由图 6.14 可以看出，快速叠加方法是精确叠加方法的特殊情况，当车轮滚动通过过程中轮轨接触状态保持不变时，两种叠加方法计算结果相同；另外，精确叠加方法的计算工作量是快速叠加方法的 k 倍。

3) 两种方法的比较

CRH2 动车组以 80km/h 速度侧逆向通过客运专线 18 号无砟道岔时，以距尖轨尖端 5355mm 断面为例，分别应用两种叠加方法计算车轮一次滚动通过该断面的磨耗深度及分布，两者比较如图 6.15 所示。由图可见，两种磨耗叠加方法计算得到的磨耗量最大值及分布范围略有差异，其中快速叠加方法计算得到的磨耗分布在距尖轨工作边 12.32～15.04mm 的范围，最大值为 1.02nm；精确叠加方法计算得到的磨耗分布在距尖轨工作边 12.63～15.65mm 的范围，最大值为 1.07nm，两种方法计算得到的磨耗量最大值仅相差 4.9%，分布范围相差 9.3%，与尖轨工作边的距离仅相差 0.46mm。而精确叠加方法的计算时间为快速叠加方法的几百倍，综合考虑计算精度和计算效率，可采用快速叠加方法进行道岔关键断面钢轨磨耗的仿真计算。

4. 钢轨磨耗数据平滑方法

动力学仿真计算过程的非连续性和求解方法的局限性，导致道岔钢轨截面磨耗深度分布会出现锯齿状突变，但真实情况下由于车轮与钢轨弹塑性挤压变形，钢轨磨耗量分布趋于平缓，这使得仿真分析结果与真实情况下钢轨磨耗分布有较大的差异，为得到较真实的仿真结果，需要采用数据平滑的方法修正数值仿真结果，图 6.16 为使用一组随机样本参数动力学进行计算后距尖轨尖端 5355mm 断面处道岔钢轨磨耗量分布情况，由图可以看出，通过数值仿真计算直接得到的钢轨磨耗分布有多个峰值，并且存在数据噪声点。

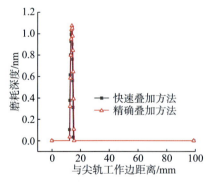

图 6.15　两种磨耗叠加方法的结果对比

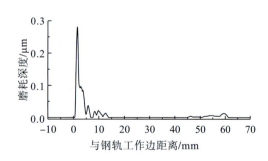

图 6.16　道岔钢轨磨耗量分布情况

数据平滑滤波主要用于消除计算或测试数据中的误差及噪声，保留数据的真实信息。选用滑动平滑、样条平滑及小波平滑三种方法，对图 6.16 中的磨耗数据进行平滑滤波处理，结果如图 6.17 所示。

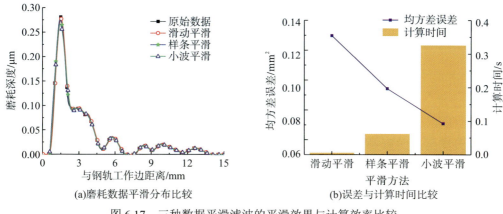

(a)磨耗数据平滑分布比较　　　　　　　　(b)误差与计算时间比较

图 6.17　三种数据平滑滤波的平滑效果与计算效率比较

由图 6.17 可见,小波平滑法平滑效果最优,计算时间较长;滑动平滑法平滑效果最差,计算时间最短;综合考虑平滑效果和计算效率,选取样条平滑法进行磨耗计算数据的平滑处理。

5. 钢轨廓形更新方法

道岔钢轨在实际运营过程中其廓形随车轮碾压是连续改变的,但在一次道岔钢轨磨耗仿真计算过程中其廓形假定为恒定不变,只能在下一次的磨耗仿真计算中考虑其廓形改变,这种非连续的廓形更新方法必然会影响磨耗仿真计算精度。然而,道岔钢轨廓形改变并不一定影响列车-道岔的动态相互作用,只有道岔钢轨磨耗达到一定深度时,才会影响系统动态相互作用,进而影响钢轨的磨耗行为,若每进行一次磨耗仿真计算后即进行廓形更新,势必会影响计算速度,但若在多次仿真计算后进行廓形更新,又会影响计算精度,因此有必要综合考虑计算效率和精度,以确定道岔钢轨廓形更新的合理改变量。

轮轨磨耗仿真分析过程中常用的轮轨廓形更新策略为控制最大通过总轴重(或最大运营里程)和控制廓形最大改变量。因道岔钢轨廓形改变量受车辆运营条件影响较大,采用控制最大通过总轴重的更新策略具有较大的局限性。Braghin 等通过试验和理论的手段比较了轮轨廓形不同的更新策略[11],指出最有效的更新策略是基于最大廓形改变量,并且通过敏感度分析得到廓形最大改变量为 0.1mm 时既可保证良好的计算精度,且不会导致太多的计算量。该结论是否适用于道岔,尚需进一步分析。

以道岔尖轨顶宽 20mm 断面为例,分别取基本轨型面改变量 h 为 0.01mm、0.05mm、0.1mm、0.15mm 和 0.2mm 时,廓形更新后钢轨与 LMA 型车轮踏面的轮轨接触点对分布情况如图 6.18 所示。

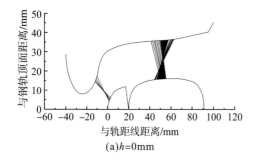

(a)h=0mm

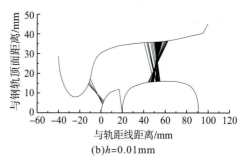

(b)h=0.01mm

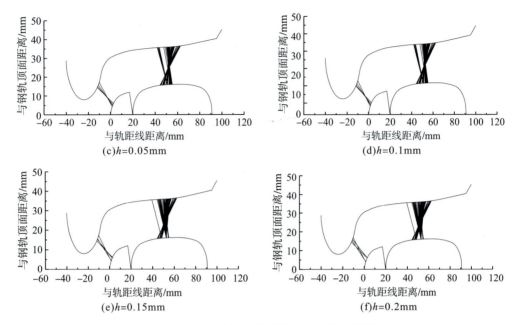

图 6.18   廓形改变量对轮轨接触点对分布的影响

由图 6.18 可见，廓形改变量小于 0.05mm 时，轮轨接触点对分布变化不大，当廓形改变量大于 0.05mm 时，轮轨接触点对分布发生明显变化。因此，在进行道岔钢轨廓形更新时，可将最大的廓形改变量设在 0.05mm 以下。

四、高速铁路道岔曲尖轨磨耗规律

1. 道岔钢轨非一致性磨耗分布

具有 LMA 型踏面的 CRH2 动车组以 80km/h 速度侧逆向通过客运专线 18 号无砟道岔时，根据一次动力学相应计算得到尖轨侧和基本轨侧钢轨磨耗沿道岔全长的分布情况，如图 6.19 和图 6.20 所示，其他计算参数取表 6.2 中的正常水平。

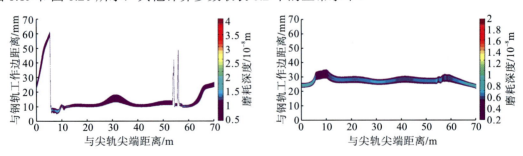

图 6.19   尖轨侧钢轨磨耗沿道岔纵向分布   图 6.20   基本轨侧钢轨磨耗沿道岔纵向分布

由图 6.19 和图 6.20 可见，对于尖轨侧钢轨，轮载过渡使得尖轨及心轨处磨耗位置出现跳跃式的变化，表现为非一致性磨耗，分布在距钢轨工作边 7.5～60mm 范围，磨耗深度最大值在 $0.5\times10^{-8}\sim4\times10^{-8}$ m，其他部位钢轨磨耗量分布位置、范围及量值沿道岔纵向变化较小；对于基本轨侧钢轨，其磨耗在钢轨廓形上分布在距钢轨工作边 25～35mm 范围，磨耗深度最大值在 $0.2\times10^{-8}\sim0.8\times10^{-8}$ m，可视为均匀磨耗。

2. 道岔钢轨磨耗随通过总重的变化

考虑距尖轨尖端 1940mm、3855mm、5355mm 及 6855mm 四个典型断面，其磨耗量分布情况及其磨耗后钢轨廓形随通过总重的变化如图 6.21 所示。通过总重为 100Mt 时，曲尖轨典型断面上的磨耗仿真结果与现场实测结果的对比如图 6.22 所示。

由图 6.21 和图 6.22 可见，随着通过总重的增加，道岔计算断面处的磨耗情况越来越严重，但其磨耗发展速度越来越慢；尖轨断面薄弱，故其损伤情况大于基本轨，这是由于道岔曲股不设置超高，车辆侧向通过道岔时需要轮缘进行导向，曲尖轨侧磨严重。断面一尖轨的磨耗分布的仿真结果为 -6.22～1.41mm，实测磨耗分布在 -6.31～2.24mm 范围；断面二尖轨的磨耗分布的仿真结果为 -9.54～2.19mm，实测磨耗分布在 -10.49～2.44mm 范围；断面三尖轨的磨耗分布的仿真结果为 -19.11～1.68mm，实测磨耗分布在 -19.36～2.41mm 范围；

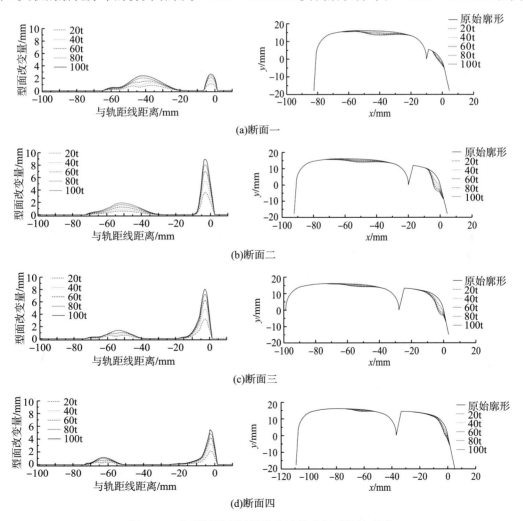

(a)断面一

(b)断面二

(c)断面三

(d)断面四

图 6.21　典型断面磨耗量分布及其磨耗后钢轨廓形

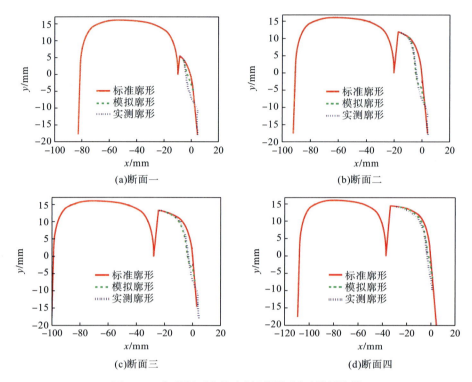

图 6.22 典型断面尖轨磨耗预测与测试结果比较

断面四尖轨的磨耗分布的仿真结果为-25.68~1.48mm，实测磨耗分布在-27.75~1.73mm
范围，各计算断面尖轨的磨耗分布范围基本吻合。磨耗量及磨耗面积的仿真结果均小于现
场实测值，除断面一，其他典型断面的仿真值与实测值相差均在 10%以内。

3. 其他因素对道岔曲尖轨磨耗的影响

以与尖轨尖端 5355mm 断面(典型断面三)为例，尖轨最大磨耗深度随轴重、侧向过岔
速度、道岔轨距、轮轨摩擦系数等因素的变化如图 6.23 所示。由图可见，道岔尖轨的最
大磨耗深度均是随着通过总重的增加、侧向过岔速度的提高、轮轨摩擦系数的增加而增大
的，这与区间线路曲线轨道的磨耗规律是一致的；轨距越大，尖轨磨耗量越小，表明随着
尖轨侧磨量的增大，轨距也逐渐增大，尖轨磨耗速率会逐渐降低。

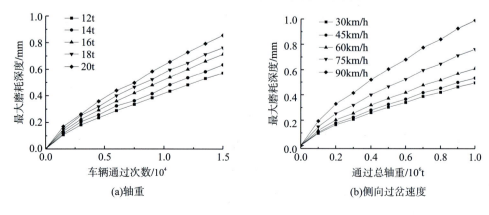

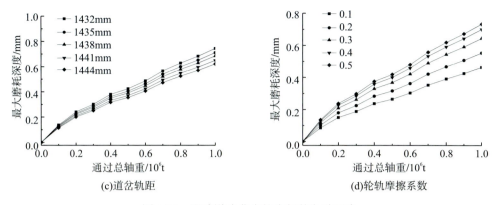

图 6.23 影响道岔曲尖轨磨耗的各种因素

五、钢轨磨耗对道岔区轮轨动态响应的影响

1. 道岔钢轨磨耗廓形的轮轨接触行为

现场测试得到某 12 号提速铁路道岔转辙器部分钢轨的磨耗分布如图 6.24 所示。由图可见，在尖轨前端薄弱断面处，尖轨侧磨严重，是控制尖轨使用寿命的主要因素；尖轨顶面越宽，侧磨反而越小，但垂磨量越大；尖轨前端轮载过渡范围内，基本轨上因垂向荷载降低，也可能有直侧向通过总重差别较大，导致其垂磨量相对较小；尖轨后端与基本轨顶面垂磨量变化规律相同，均呈波动变化；曲尖轨为曲线外轨，因道岔不设超高，承受较大的垂向偏载，因而垂磨较严重。根据该道岔的磨耗结果，设该道岔转辙器部分各典型断面的廓形分布及与设计廓形的比较如图 6.25 所示。

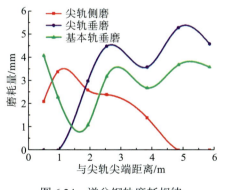

图 6.24 道岔钢轨磨耗规律

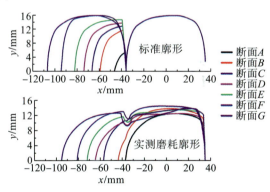

图 6.25 道岔典型断面的设计廓形与磨耗廓形

当提速客车以 50km/h 的速度侧向通过该道岔时，在转辙器部分所形成的结构不平顺如图 6.26 所示。由图可见，尖轨侧磨导致断面变薄，基本轨与尖轨顶面垂磨不同导致相对顶面高差发生变化，列车侧向过岔时的轮载过渡范围虽变化不大，但横向结构不平顺有较大幅度的降低，说明尖轨侧磨对曲线过岔稳定性是有利的；过渡段范围内的垂向结构不平顺也有所减小，但过渡段前部，因直基本轨顶面垂磨与其他部位相比较小，形成了凸形不平顺，最大幅值达到 2.2mm。

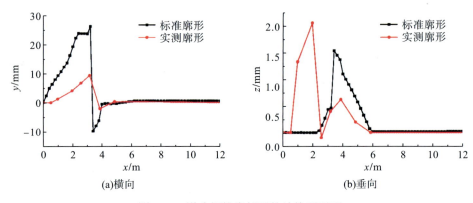

图 6.26 道岔钢轨磨耗后的结构不平顺

道岔钢轨磨耗后,相当于改变了与车轮接触的组合廓形,因而也会改变轮轨接触行为。以典型断面 D 为例,LMA 型车轮与磨耗钢轨的接触点对分布、车轮无横移时的 von Mises 等效应力分布及其与标准廓形的比较如图 6.27 和图 6.28 所示。

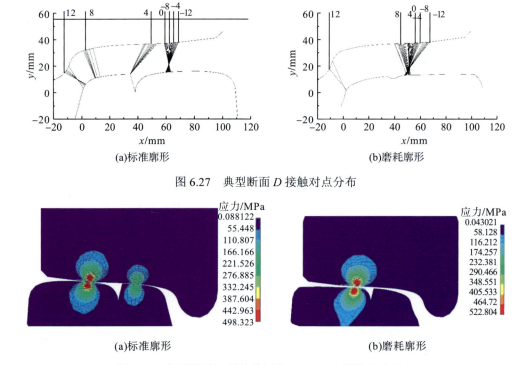

图 6.27 典型断面 D 接触对点分布

图 6.28 典型断面 D 轮轨接触的 von Mises 等效应力分布

由图 6.27 和图 6.28 可见,在车轮向尖轨横移过程中,车轮与尖轨能发生的接触地方均产生了较大的磨耗量,因而当标准 LMA 车轮与 D 断面接触时,磨耗尖轨上基本无轮轨接触点对,只有当轮对横移量相当大(11.5mm、12mm)时才有可能与尖轨发生接触;轮轨接触点基本上都位于基本轨顶面。当车轮无横移时,在标准廓形 D 断面处会发生车轮与基本轨、尖轨的两点接触,最大 von Mises 等效应力约为 490.3MPa;而在磨耗廓形 D 断面处则只有车轮与基本轨顶面的一个接触点,最大 von Mises 等效应力约为 522.6MPa。

2. 道岔钢轨磨耗廓形的轮轨动态响应

当提速客车以 50km/h 的速度侧向通过 12 号提速道岔时，磨耗廓形下的轮轨垂向力、横向力的分布及与标准廓形的比较如图 6.29 所示；车体垂向加速度、车轮横向位移分布及与标准廓形的比较如图 6.30 所示。

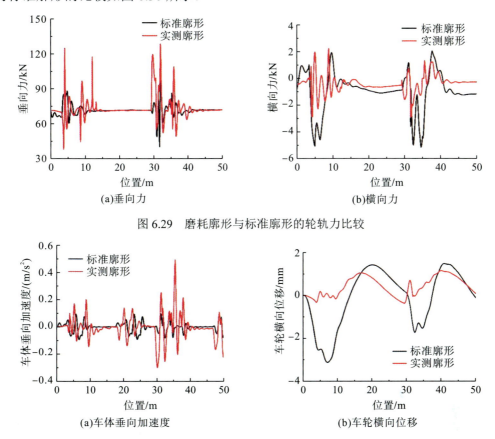

图 6.29　磨耗廓形与标准廓形的轮轨力比较

图 6.30　磨耗廓形与标准廓形的轮轨动力响应比较

由图 6.29 和图 6.30 可见，磨耗廓形下的轮轨垂向动态响应要高于标准廓形，而轮轨横向动态响应要低于标准廓形，这与图 6.26 中的结构不平顺分布规律是一致的；道岔钢轨磨耗后，转辙器部分的轮轨垂向力较标准廓形下大幅增加，几乎与辙叉部分相当，减载率也相应地会加大，同时表明钢轨磨耗后其疲劳损伤也会加速。由两图还可见，同一转向架上后轮对前轮的动态响应有较明显的影响，前后转向架对车体的动态响应均有较明显的影响。

第二节　高速铁路道岔直尖轨滚动接触疲劳行为

道岔尖轨在车轮滚动通过的过程中，塑性累积变形，会在钢轨材料表层萌生裂纹，而当轮轨接触位置不同时，裂纹发展和形成的损伤形式各异，主要包括曲尖轨表面材料剥离掉块和直尖轨非工作边表面裂纹两种类型，如图 6.31 所示。

(a)曲尖轨表面材料剥离掉块　　　　　　　　　　(b)直尖轨非工作边表面裂纹

图 6.31　道岔尖轨滚动接触疲劳损伤

车辆在进出到发线时，会从侧向通过转辙器部件，为了控制速度，车辆存在制动和启动的过程，并会在曲尖轨表面产生较大的切向作用力。轮轨的滚动接触会导致尖轨材料表层位置中萌生裂纹，裂纹萌生后在切向应力的作用下发展，由于尖轨内部材料对裂纹发展的阻力远大于表面材料，因而裂纹会向钢轨表面发展，当表层材料质量较差或承受较大的切向应力时，就会导致材料从尖轨整体剥离下来的情况，这种损伤称为剥离掉块。该病害的产生机理、发展规律及整治措施与区间线路一样。

车辆直向通过道岔转辙器部件时，由于轮对存在横向位移而影响过岔平稳性，为提升车辆通过道岔时的运行稳定性，现场采用以 60N 钢轨廓形为目标对直尖轨轨距角位置处实施优化和打磨，然而直尖轨打磨以后，车轮与钢轨的接触位置会由轨顶中心向非工作边方向转移，直尖轨内部在车轮碾压作用下会产生疲劳裂纹，裂纹在切向应力作用下向四周发展，萌生裂纹的位置太过靠近非工作边表面，因而更容易在非工作边表面形成裂纹，这种损伤称为直尖轨非工作边表面裂纹。这种损伤是高速铁路道岔中特有的损伤形式，与道岔区轮轨滚动接触行为、轮轨系统动态响应密切相关，有必要针对其产生机理及控制措施开展深入研究。

一、道岔钢轨滚动接触疲劳预测模型

轮轨滚动接触疲劳的分析和预测是一项非常复杂的工作，它与材料的多轴应力场分布以及荷载条件等息息相关，另外，轮轨在加工过程中产生的初始塑性变形也会导致残余应力的产生。轮轨材料的滚动接触疲劳损伤模型应该满足三个基本条件，首先应以疲劳机理为科学依据，其次能够结合车辆轨道动力学结果进行快速计算，最后应能从工程的角度出发易于理解和控制，需要进行比选确定。

1. 材料的疲劳强度准则

材料的疲劳强度准则是发展轮轨滚动接触疲劳预测模型以及裂纹萌生、扩展预测模型的基础。目前较为常用的三种材料疲劳强度准则，分别是 Crossland 准则、Dang Van 准则和 Papadopoulos 准则，这三种疲劳强度准则都有一个主要的共同点，即材料的等效应力为切向应力和法向应力相关项的叠加。

1）Crossland 准则

在 Crossland 材料疲劳强度准则的规定中，当材料的等效应力值满足式(6.19)的条件时，材料发生疲劳破坏。

$$\sigma_{\mathrm{eqv}} = \sqrt{J_{2,a}} + k \cdot \sigma_{\mathrm{hyd,max}} \leqslant \lambda \tag{6.19}$$

式中，等号右边第一项为应力张量偏分量中第二不变量的平方根幅值，其计算公式为

$$\begin{cases} \sqrt{J_{2,a}} = \max_{t} \sqrt{\dfrac{1}{2}\left[s(t) - s_m\right]\left[s(t) - s_m\right]} \\ s_m = \min_{s'} \max_{t} \sqrt{\dfrac{1}{2}\left[s(t) - s'\right]\left[s(t) - s'\right]} \end{cases} \tag{6.20}$$

式中，$s(t)$ 为时间 t 节点的应力偏分量；s_m 为荷载路径上最小球面应力偏分量的中值。式(6.19)中，等号右边第二项为流体静力学部分的最大值，其中，k 为 Crossland 准则的常量系数，其数值与材料的属性相关，计算公式为

$$k = 3\frac{\tau_e}{\sigma_e} - \sqrt{3} \tag{6.21}$$

式中，τ_e 为材料的极限剪切强度；σ_e 为材料的极限反向弯曲强度；λ 的取值与材料的极限剪切强度相等。

2）Dang Van 准则

Dang Van 准则与中尺度弹性安定方法的观点相同，在这种观点下，材料真实的应力状态是宏观应力状态以及残余应力状态的叠加，因此在 Dang Van 准则中，当材料的等效应力满足式(6.22)的条件时，材料发生疲劳破坏。

$$\sigma_{\mathrm{eqv}} = \max_{t} \tau_{\max}\left[\overline{s}(t)\right] + \alpha_{\mathrm{DV}}\sigma_{\mathrm{hyd}}(t) \leqslant \lambda \tag{6.22}$$

式中，等号右边第一项是由每一个时间步微观应力张量偏分量计算得到的最大剪切应力，等号右边第二项是指定时间步下流体静力学的应力部分，其微观应力张量值等于宏观应力张量值。其他常量的计算公式如式(6.23)所示，λ 为材料的极限剪切强度。

$$\begin{cases} \alpha_{\mathrm{DV}} = 3\left(\dfrac{\tau_e}{\sigma_e} - \dfrac{1}{2}\right) \\ \lambda = \tau_e \end{cases} \tag{6.23}$$

3）Papadopoulos 准则

Papadopoulos 准则也认为材料由微观层次形成疲劳裂纹，在给定范围内塑性应变的作用下只影响裂纹的形态。在该准则中，考虑各个方向剪切应力分量对疲劳破坏产生的作用，而不仅仅是剪切应力最大值所产生的影响，在 Papadopoulos 准则中，当材料的等效应力满足式(6.24)时，材料发生疲劳破坏。

$$\sigma_{\text{eqv}} = \sqrt{\left\langle T_a^2 \right\rangle} + \alpha \sigma_{\text{hyd,max}} \leqslant \lambda \tag{6.24}$$

式中，等号右边第一部分为剪切应力分量幅值的体积均方根值，换言之，也就是一种在各个可能平面及各个可能方向上剪切应力分量幅值的平均值，其他常量的计算公式如式(6.25)所示：

$$\begin{cases} \alpha = 3\dfrac{\tau_e}{\sigma_e} - \sqrt{3} \\ \lambda = \tau_e \end{cases} \tag{6.25}$$

2. 表层滚动接触疲劳模型

轮轨表层滚动接触的疲劳破坏是由表层材料的棘轮效应和低循环疲劳(low circle fatigue，LCF)引起的。由轮轨表层滚动接触疲劳引起的材料裂纹在表层产生以后，首先会以一个较浅的角度向表面发展，之后以几乎射线的方式偏离原来的方向，随后又以圆周方向进行发展，最后会贯穿材料表面形成数个毫米深度的裂纹。润滑油、水等轮轨材料表面的第三介质都会加剧表层疲劳裂纹的扩展速度，当裂纹贯穿整个材料表层后，材料发生断裂，并从轮轨表面剥离。

目前，使用安定方法是一种快速且合理准确的方式，用来识别荷载水平与滚动接触中材料棘轮效应、低循环疲劳等因素的联系，材料安定图如图6.32所示。BC为材料安定区与棘轮效应区的分界线，当材料超过安定区进入棘轮效应区时，材料本身会发生塑性变形，之后产生裂纹并不断扩展。在材料安定图中，Ⅰ代表弹性状态，在此区域内钢轨材料不会发生接触疲劳的现象；Ⅱ代表弹性安定区，在此区域内钢轨材料会出现高循环疲劳(high circle fatigue，HCF)的现象；Ⅲ代表塑性安定区，在此区域内钢轨材料会出现低循环疲劳的现象；Ⅳ代表棘轮效应区，此区域内钢轨材料出现塑性变形累积，当塑性变形累积到一定程度后，材料甚至会发生断裂现象并产生裂纹。安定方法本身是基于赫兹接触理论推导得出的。基于赫兹接触理论，轮轨接触斑内的法向应力呈椭球分布，且轮轨接触斑内任意一点 (x, y) 的法向应力 p_z 可表达为

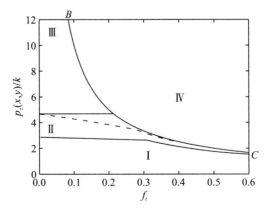

图 6.32 由牵引系数和接触应力确定的材料安定图

$$p_z(x,y) = \frac{3F_N}{2\pi ab}\sqrt{1-\left(\frac{x}{a}\right)^2-\left(\frac{y}{b}\right)^2} \qquad (6.26)$$

式中，F_N 为宏观的轮轨法向力；a 为椭圆接触斑纵向半轴长；b 为椭圆接触斑横向半轴长。接触斑内任意一点 (x,y) 处的切向应力 p_x 和 p_y 满足式(6.27)的条件：

$$\sqrt{[p_x(x,y)]^2+\left[p_y(x,y)^2\right]} = f_t \cdot p_z(x,y) \qquad (6.27)$$

式中，f_t 为牵引系数。当材料的切向接触应力大于自身剪切屈服强度时，认为材料发生塑性变形，满足的条件为

$$f_t \cdot p_z(x,y) > k \qquad (6.28)$$

式中，k 为材料自身的剪切屈服强度。将式(6.28)进一步变换可得

$$f_t - \frac{k}{p_z(x,y)} > 0 \qquad (6.29)$$

基于以上推导内容，可定义轮轨接触斑内任意一点的表层滚动接触疲劳系数为

$$\begin{cases} \mathrm{FI}_{\mathrm{surf}}(x,y) = f_t - \dfrac{k}{p_z(x,y)} \\[3mm] f_t = \dfrac{\sqrt{[p_x(x,y)]^2+\left[p_y(x,y)\right]^2}}{p_z(x,y)} \end{cases} \qquad (6.30)$$

当 $\mathrm{FI}_{\mathrm{surf}}(x,y)$ 大于零时，钢轨表层材料会发生塑性变形，而材料塑性变形是材料产生裂纹的主要原因，因此当表层滚动接触疲劳系数大于零时，预测轮轨表层材料会发生塑性变形。

以上推导均基于赫兹接触理论，而对于非赫兹滚动接触问题，可沿线路横向将轮轨接触斑划分为 n 个条带，并认为在每个条带中心位置处轮轨之间符合赫兹接触的假设条件，通过条带方法能够将赫兹接触和非赫兹接触联系在一起，并可将式(6.30)的应用扩展至非赫兹滚动接触的范围。

3. 次表层滚动接触疲劳模型

轮轨次表层滚动接触疲劳是由高循环疲劳、较高的垂向荷载、较差的轮轨接触关系(导致较高的接触应力)以及材料较差的局部抗疲劳性能等多个因素综合形成的。由次表层滚动接触疲劳形成的材料裂纹主要发生在材料表面下 3~10mm 的位置，与表层滚动接触疲劳相比，裂纹最终贯穿材料表面时，会导致更大体积的轮轨材料剥离掉落。

表层下滚动接触疲劳的分析主要是应用 Dang Van 多轴疲劳准则进行数值方面的研究，Dang Van 多轴疲劳准则指出，当下列条件满足时，材料发生疲劳损伤：

$$\sigma_{\mathrm{EQ}}(x,y) > \sigma_{\mathrm{EQ},e} \qquad (6.31)$$

式中，$\sigma_{\mathrm{EQ}}(x,y)$ 为轮轨接触区域内任意位置 (x,y) 处材料的等效应力；$\sigma_{\mathrm{EQ},e}$ 为材料的极限抗疲劳强度，其数值与材料的极限剪切强度相等。等效应力为应力循环过程中等效应力的最大值，因此接触斑内任意位置处材料的等效应力可表达为

$$\sigma_{\mathrm{EQ}}(x,y) = \max_t[\sigma_{\mathrm{EQ}}(x,y,t)] = \max_t[\tau_a(x,y,t)+a_{\mathrm{DV}}\sigma_h(x,y,t)] \qquad (6.32)$$

式中，$\tau_a(x,y,t)$ 为随时间 t 变化的剪切应力幅值，可由式(6.33)计算得到：

$$\tau_a(x,y,t) = \left| \tau(x,y,t) - \tau_{\mathrm{mid}}(x,y) \right| \tag{6.33}$$

式中，$\tau(x,y,t)$ 为材料剪切应力；$\tau_{\mathrm{mid}}(x,y)$ 为应力循环过程中的剪切应力中值。式(6.32)中，a_{DV} 为与材料相关的参数，$\sigma_h(x,y,t)$ 为流体静应力，拉力为正，计算公式为

$$\begin{cases} \alpha_{\mathrm{DV}} = \dfrac{3\tau_e}{\sigma_e} - \dfrac{3}{2} \\ \sigma_h(x,y,t) = [\sigma_x(x,y,t) + \sigma_y(x,y,t) + \sigma_z(x,y,t)]/3 \end{cases} \tag{6.34}$$

式中，τ_e 为材料的极限剪切强度；σ_e 为材料的极限反向弯曲强度。

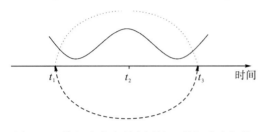

图 6.33 剪切应力向量(点线)、剪切应力幅值
(实线)与流体静应力(虚线)的变化规律

车轮纯滚动通过时，剪切应力向量、剪切应力幅值以及流体静应力三者之间的关系如图 6.33 所示，这一过程中不考虑残余应力的影响。对于剪切应力向量，当时间为 t_1、t_2 和 t_3 时，剪切应力达到最大值，同时由于流体静应力为负值，当时间为 t_1 和 t_3 时，流体静应力等于零，此时等效应力为最大值，即

$$\sigma_{\mathrm{EQ}}(x,y,t_1) = \sigma_{\mathrm{EQ}}(x,y,t_3) = \tau_a(x,y,t_1) = \tau_a(x,y,t_3) \tag{6.35}$$

最大剪切应力幅值与最大剪切应力值具有如下关系：

$$\tau_a(x,y,t_1) = \tau_a(x,y,t_3) \approx \frac{\tau_{\max}}{2} \tag{6.36}$$

式中，$\tau_{\max}$ 为钢轨表面下最大剪切应力值，根据赫兹接触理论，得到最大剪切应力值与法向接触应力值的关系如下：

$$\tau_{\max}(x,y) \approx \frac{F_z}{2\pi ab} = \frac{p_z(x,y)A(x,y)}{2A(x,y)} = \frac{p_z(x,y)}{2} \tag{6.37}$$

联立式(6.35)和式(6.37)可得到车轮纯滚动通过时，钢轨次表层材料的等效应力值经验计算公式为

$$\sigma_{\mathrm{EQ,PR}} = \frac{p_z(x,y)}{4} \tag{6.38}$$

材料内部的残余应力不会影响式(6.32)中剪切应力的幅值，因为残余应力是一种静态应力，能够同时影响式(6.33)中剪切应力向量值和剪切应力中值。然而，残余应力会导致流体静应力的增大，增大系数如下：

$$\sigma_{h,\mathrm{res}} = \left(\sigma_{x,\mathrm{res}} + \sigma_{y,\mathrm{res}} + \sigma_{z,\mathrm{res}} \right)/3 \tag{6.39}$$

综上，当考虑材料内部残余应力影响、车轮滚动通过时，钢轨次表层材料的等效应力值近似值为

$$\sigma_{\mathrm{EQ}} = \sigma_{\mathrm{EQ,PR}} + \alpha_{\mathrm{DV}}\sigma_{h,\mathrm{res}} \tag{6.40}$$

上述考虑材料内部残余应力的影响修正公式并不是非常准确，但是其推导过程依然遵循 Dang Van 多轴疲劳准则中剪切应力幅值的定义。

当车轮纯滚动通过时，若存在横向荷载，则材料的等效应力会有适当的增长，其最大等效应力的位置依然位于钢轨表面下数毫米的位置，考虑横向荷载的影响，钢轨次表层材

料的等效应力值计算公式如下：

$$\sigma_{EQ} \approx \sigma_{EQ,PR}(1+f_t^2) \tag{6.41}$$

综上，联立式(6.38)、式(6.39)和式(6.41)可定义钢轨次表层滚动接触疲劳系数的计算公式如下：

$$\begin{cases} FI_{sub} = \sigma_{EQ} \approx \dfrac{(1+f_t^2)p_z(x,y)}{4} + a_{DV}\sigma_{h,res} \\ f_t = \dfrac{\sqrt{[p_x(x,y)]^2 + [p_y(x,y)]^2}}{p_z(x,y)} \end{cases} \tag{6.42}$$

根据 Dang Van 准则，当式(6.43)条件满足时，钢轨材料发生次表层的滚动接触疲劳损伤：

$$FI_{sub} > \tau_e \tag{6.43}$$

由表层滚动接触疲劳和次表层滚动接触疲劳的分析可知，轮轨表层滚动接触疲劳现象是由材料塑性变形引起的，这种类型疲劳破坏的后果是相对无害的，因为其破坏结果仅会导致轮轨表层材料少许的剥离，裂纹主要发生在表面下 3mm 左右的位置；相反，由次表层滚动接触疲劳造成的裂纹主要发生在表面下 3~10mm 的位置，次表层滚动接触疲劳破坏会导致轮轨表面大面积材料的剥离，甚至造成灾难性的后果，如构件的断裂，当材料内部有缺陷时，会加速材料次表层滚动接触疲劳的发展。但由于次表层滚动接触疲劳的影响因素较多，包括残余应力、内部缺陷等多种因素，这些均需要有相关试验研究的支撑，目前暂不对转辙器区钢轨发生次表层滚动接触疲劳的情况进行讨论，主要关注表层滚动接触疲劳。

二、高速铁路道岔钢轨滚动接触疲劳系数分布

以 LMA 型车轮与 250km/h 的 18 号道岔尖轨顶宽 35mm 断面处接触为例，轴重取为14t，轮对横移量取为9mm，根据不同蠕滑工况下的轮轨接触力学特性，分析钢轨表层滚动接触疲劳系数以及接触斑内钢轨表层材料受力状态在安定图中的位置，钢轨材料的极限剪切强度为350MPa。

1. 无自旋小蠕滑工况

设轮轨纵向蠕滑率 $f_x=-5\times10^{-4}$，横向蠕滑率 $f_y=-5\times10^{-4}$，自旋蠕滑率 $f_{in}=0$。钢轨表层滚动接触疲劳系数在接触斑内的分布及接触斑内钢轨表层材料受力状态在安定图中的位置分布如图 6.34 所示。图 6.34(a)上半部分为车轮与基本轨的接触区域，下半部分为车轮与尖轨的接触区域，黑色实线代表轮轨接触斑的边界，在接触斑内，有颜色的部分代表该区域存在表层滚动接触疲劳的可能，颜色的深浅代表钢轨表层滚动接触疲劳系数的大小，接触斑内空白区域代表钢轨表层滚动接触疲劳系数小于零。图 6.34(b)纵坐标的零点代表主接触点的位置，横坐标代表牵引系数，纵坐标为法向接触应力与材料极限剪切强度的比值。

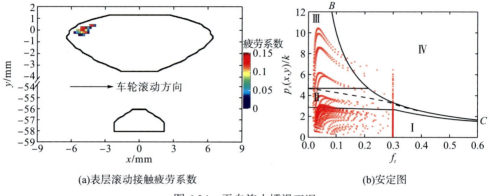

(a)表层滚动接触疲劳系数   (b)安定图

图 6.34   无自旋小蠕滑工况

由图 6.34 可见，无自旋小蠕滑工况下，钢轨表层发生滚动接触疲劳的区域很小，且主要发生在沿车轮滚动方向基本轨一侧接触斑的后缘位置，车轮与尖轨接触斑内钢轨表层滚动接触疲劳系数均小于零，发生表层滚动接触疲劳的区域约占总接触斑面积的 2.9%。轮轨接触斑内钢轨表层材料的受力状态大部分位于材料安定区以内，进入材料棘轮效应区的比例较小，这部分钢轨材料的特点是所受切向应力的数值较大，而所受法向应力的数值相对较小，可见无自旋小蠕滑工况下钢轨材料所受切向应力过大是引起棘轮效应的主要原因。

2. 无自旋大蠕滑工况

设轮轨纵向蠕滑率 $f_x = -3 \times 10^{-3}$，横向蠕滑率 $f_y = -3 \times 10^{-3}$，自旋蠕滑率 $f_{in} = 0$。钢轨表层滚动接触疲劳系数在接触斑内的分布及接触斑内钢轨表层材料受力状态在安定图中的位置分布如图 6.35 所示。

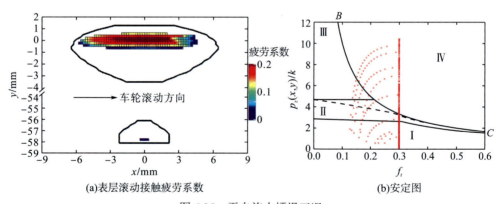

(a)表层滚动接触疲劳系数   (b)安定图

图 6.35   无自旋大蠕滑工况

由图 6.35 可见，无自旋大蠕滑工况下，钢轨表层材料发生滚动接触疲劳的区域相对较大，主要发生在沿车轮滚动方向基本轨一侧接触斑的中央位置，车轮与尖轨接触斑内也有部分钢轨表层材料发生滚动接触疲劳，发生表层滚动接触疲劳的区域约占总接触斑面积的 26.8%。轮轨接触斑内钢轨表层材料的受力状态进入材料棘轮效应区的比例较大，这部分钢轨材料的特点是所受切向应力和法向应力的数值均较大，可见无自旋大蠕滑工况下钢轨材料所受切向应力和法向应力均过大是引起棘轮效应的主要原因。

3. 纯自旋蠕滑工况

设轮轨纵向蠕滑率 $f_x=0$，横向蠕滑率 $f_y=0$，自旋蠕滑率 $f_{in}=-0.5\mathrm{m}^{-1}$。钢轨表层滚动接触疲劳系数在接触斑内的分布及接触斑内钢轨表层材料受力状态在安定图中的位置分布如图 6.36 所示。

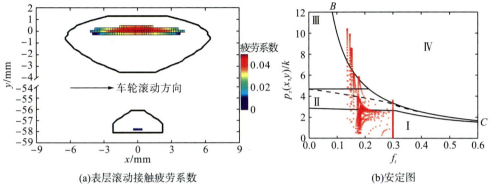

(a)表层滚动接触疲劳系数　　　　　(b)安定图

图 6.36　纯自旋蠕滑工况

由图 6.36 可见，纯自旋蠕滑工况下，钢轨表层材料发生滚动接触疲劳的区域也相对较大，主要发生在沿车轮滚动方向基本轨一侧接触斑的中央位置，车轮与尖轨接触斑内也有部分钢轨表层材料发生滚动接触疲劳，发生表层滚动接触疲劳的区域约占总接触斑面积的 14.2%。轮轨接触斑内钢轨表层材料的受力状态大部分位于材料安定区以内，进入材料棘轮效应区的比例相对较小，这部分钢轨材料的特点是所受切向应力的数值较小，而所受法向应力的数值较大，可见纯自旋蠕滑工况下钢轨所受法向应力过大是引起材料棘轮效应的主要原因。

三、高速铁路道岔钢轨滚动接触疲劳仿真分析方法

1. 道岔钢轨滚动接触疲劳的关键影响因素

采用三水平的无重复饱和析因设计方法，并基于正交表 $L_{27}(3^{13})$ 设计，分析列车通过速度、列车轴重、车轮名义滚动圆半径、车轮踏面、车辆一系悬挂横向刚度、车辆一系悬挂垂向刚度、车辆二系悬挂横向刚度、车辆二系悬挂垂向刚度、轨距、基本轨轨底坡、轨道整体横向刚度、轨道整体垂向刚度和轮轨摩擦系数等 13 个因素对高速铁路道岔钢轨滚动接触疲劳分析结果的影响，从中筛选出列车的通过速度与轴重、车轮和钢轨的廓形以及轮轨摩擦系数作为影响钢轨滚动接触疲劳的关键因素。

采用拉丁超立方随机抽样方法建立关键动力学参数的随机样本。设关键动力学参数的随机变化服从正态分布的规律，即车辆直向通过道岔转辙器部件时的速度，其数学期望为 250km/h、标准差为 25km/h，车辆轴重的数学期望为 14t、标准差为 3t，轮轨摩擦系数的数学期望为 0.3、标准差为 0.05，随机样本的容量为 $N=80$，由此可得车辆通过速度、车辆轴重以及轮轨摩擦系数这三项关键动力学参数的随机样本。以使用 Miniprof 仪器现场实测得

到的 LMA 型车轮廓形数据为统计样本，并利用随机抽样的方法得到车轮踏面的随机样本。

每进行一次车辆道岔系统动力学仿真计算，依次计算四个车轮通过时产生的钢轨滚动接触疲劳损伤，以更为真实地模拟车辆通过道岔转辙器部件时造成的钢轨滚动接触疲劳。

2. 钢轨磨耗与滚动接触疲劳的耦合竞争关系

钢轨磨耗与滚动接触疲劳之间存在耦合竞争的关系，为定性地明确两者之间的竞争关系，2004 年，基于轮轨接触斑内的能量耗散理论，英国铁路安全与标准委员会提出了判断钢轨发生磨耗与滚动接触疲劳的损伤函数[12]，2007 年，在此基础上提出了车轮踏面材料发生磨耗与滚动接触疲劳的损伤模型，在该模型中，采用计算磨耗指数的方法来预测和判断损伤发生的情况，磨耗指数与轮轨之间的摩擦功直接相关，其计算公式如下：

$$T_\gamma = F_x\xi_x + F_y\xi_y \tag{6.44}$$

式中，F_x、F_y 分别为轮轨接触斑中心处的纵向、横向蠕滑力；ξ_x、ξ_y 分别为轮轨接触斑中心处的纵向、横向蠕滑率。损伤函数参数如表 6.5 所示，损伤函数如图 6.37 所示。

表 6.5　轮轨滚动接触损伤函数的参数

序号	参数名称	数值	序号	参数名称	数值
1	疲劳起始值	20N	3	磨耗起始值	100N
2	疲劳发展速度	3.6×10^{-6}r/N	4	磨耗发展速度	-5.4×10^{-6}r/N

根据图 6.37 所示的钢轨发生疲劳和磨耗的趋势及速度，得到钢轨滚动接触疲劳和磨耗在不同区域内所起的作用，如图 6.38 所示，在区域Ⅰ内，疲劳损伤量为零，荷载处于安定极限以内，不会形成不断累加的滚动接触疲劳；在区域Ⅱ内，不存在磨耗的发展，滚动接触疲劳随磨耗指数的增大而增大，直到达到最大值；在区域Ⅲ内，磨耗发展速度高于疲劳发展速度，滚动接触疲劳随磨耗指数的增大而减小，直到降低为零；在区域Ⅳ内，磨耗发展超过疲劳从而占据主导地位，可认为不会出现疲劳损伤。

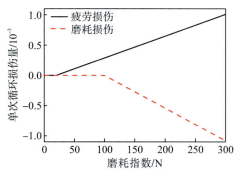

图 6.37　轮轨滚动接触损伤函数

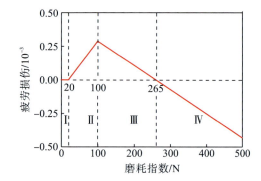

图 6.38　轮轨滚动接触损伤分区

根据轮轨发生滚动接触损伤的分区图，当磨耗指数小于 100N 时，不存在磨耗的情况，疲劳损伤不会被削弱；当磨耗指数大于 265N 时，轮轨磨耗占据主导地位，此时可认为轮轨不会出现疲劳损伤；采用罚函数的方法表征磨耗和疲劳两者之间的耦合竞争关系，罚函

数 p_f 的计算公式如下：

$$p_f = \begin{cases} 1, & T_\gamma \leqslant 100\,\text{N} \\ 53/33 - T_\gamma/165, & 100\,\text{N} < T_\gamma < 265\,\text{N} \\ 0, & T_\gamma \geqslant 265\,\text{N} \end{cases} \tag{6.45}$$

3. 钢轨滚动接触疲劳计算及累加方法

由文献[13]可知，一个车轮滚动通过钢轨时所造成的疲劳损伤可以表述为

$$D_i = \frac{(p_f \cdot \text{FI}_{\text{surf},i})^\delta}{\varepsilon}, \quad \forall \text{FI}_{\text{surf},i} > 0 \tag{6.46}$$

式中，δ 和 ε 为通过曲线拟合三个台架试验（双盘摩擦试验、轮轨摩擦试验、线性试验）结果得到的最佳匹配值，可取为 $\delta = 4$、$\varepsilon = 10$[14]。根据 Palmgren-Miner 原则，N 个车轮滚动通过钢轨后所造成任意位置处的疲劳损伤可表达为

$$D = \sum_{i=1}^{N} D_i \tag{6.47}$$

当 $D = 1$ 时，材料发生破坏，通常使用该指标评价、预测轮轨的服役寿命。将车轮滚动通过钢轨关键断面位置时形成的接触斑划分为有限个单元网格，每一个单元格内对应不同的疲劳损伤数值，如图 6.39 所示。

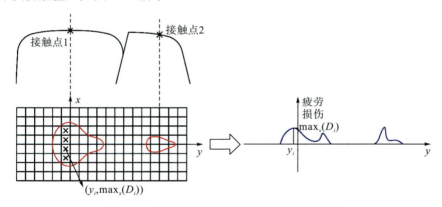

图 6.39 钢轨关键断面滚动接触疲劳计算方法

按照条带计算方法的思想，沿线路横向，可将轮轨接触斑划分为有限个条带，在每个条带范围内，沿线路纵向，条带范围内疲劳损伤的最大数值为该条带位置对应的疲劳损伤值，通过该方法可得到关键断面位置处疲劳损伤的大小和分布，其计算方法可表述为

$$D(y)_i = \max_x \frac{\left[p_f \cdot \text{FI}_{\text{surf},i}(x,y) \right]^4}{10}, \quad \forall \text{FI}_{\text{surf},i}(x,y) > 0 \tag{6.48}$$

由此可得到车轮滚动通过一次时关键断面位置处疲劳损伤的大小和位置分布，当车轮多次滚动通过同一断面时，则存在疲劳损伤的累加问题。车轮每次通过时产生的轮轨动力相互作用各不相同，因此其造成钢轨疲劳损伤的大小和位置分布也不尽相同，对疲劳损伤进行累加时，如图 6.40 所示，不重合的部分保持不变，重合部分相加从而得到累加后钢轨疲劳损伤的大小和位置分布，累加过程可描述为

$$D_a(y) = \sum_{i=1}^{N} D_i(y) \qquad (6.49)$$

道岔区轮轨接触点的位置沿线路纵向必然呈不均匀分布的规律,导致钢轨磨耗及滚动接触疲劳的分布呈不均匀分布,需在关键断面计算结果的基础上,采用线性插值拟合的方法计算其余断面位置处钢轨的磨耗和疲劳损伤情况,从而得到钢轨磨耗和疲劳损伤沿道岔线路纵向的大小和位置分布。

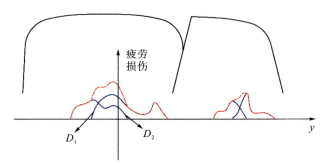

图 6.40　钢轨关键断面滚动接触疲劳累加方法

4. 高速铁路道岔钢轨滚动接触疲劳计算流程

高速铁路道岔钢轨滚动接触疲劳计算流程如图 6.41 所示,其中钢轨的磨耗及廓形更新采用前述 Archard 磨耗模型及相应的方法。

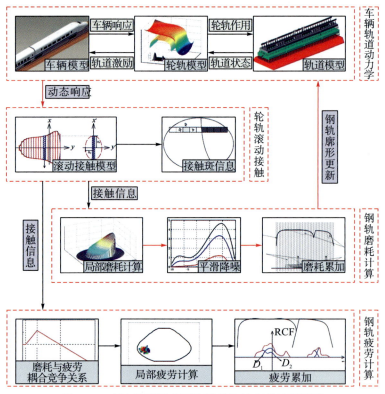

图 6.41　高速铁路道岔钢轨滚动接触疲劳计算流程

四、高速铁路道岔直尖轨非工作边水平裂纹分析

1. 高速铁路道岔直尖轨廓形

针对某车站高速铁路道岔直尖轨非工作边存在明显纵向水平裂纹的情况，使用 Miniprof 仪器在现场测量了转辙器部分典型断面处钢轨的组合廓形，与标准廓形的比较如图 6.42 所示。图中 $A\sim H$ 断面分别为尖轨顶宽 20mm、30mm、35mm、40mm、45mm、50mm、60mm、72.2mm 断面处。由图可见，尖轨轨距角附近，钢轨打磨去除的金属量较多，基本轨的磨耗则主要表现为垂直磨耗。

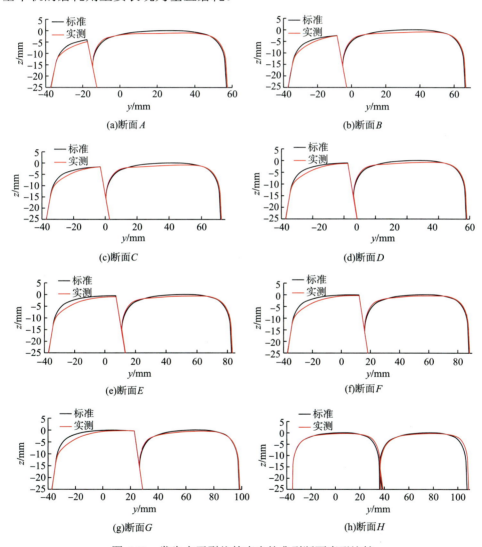

图 6.42　发生水平裂纹的直尖轨典型断面廓形比较

钢轨廓形的变化，导致典型断面处尖轨与基本轨的顶面高差也发生了变化，如图 6.43 所示。由图可见，实测情况下，尖轨与基本轨的相对高差小于标准条件，尖轨有可能提前

承受车轮荷载,尖轨结构比基本轨较为薄弱,提前承受车轮荷载容易产生磨耗、疲劳等损伤病害;断面 F(尖轨顶宽 50mm)位置以后,实测尖轨的垂向高度高于基本轨,由于车轮在该断面范围内已经完成转移到尖轨上运行,该范围降低值变化量对动力响应的影响较小。

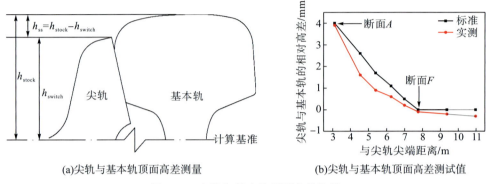

(a)尖轨与基本轨顶面高差测量   (b)尖轨与基本轨顶面高差测试值

图 6.43　尖轨与基本轨顶面高差比较

2. 直尖轨非工作边水平裂纹原因分析

具有 LMA 车轮的 CRH2 型动车组以 250km/h 速度直向通过 18 号客运专线道岔,累计作用 80 次,该道岔转辙器部分实测廓形的钢轨磨耗分布及与标准廓形的比较如图 6.44 所示,实测廓形的钢轨滚动接触疲劳损伤分布及与标准廓形比较如图 6.45 所示。两图中上侧等截面为基本轨,下侧变截面为尖轨。

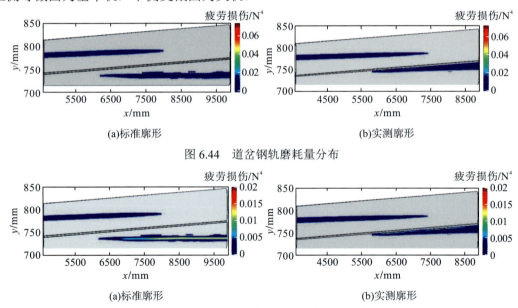

(a)标准廓形   (b)实测廓形

图 6.44　道岔钢轨磨耗量分布

(a)标准廓形   (b)实测廓形

图 6.45　道岔钢轨滚动接触疲劳损伤分布

由图 6.44 可见,标准廓形条件下,统计规律显示车轮在距尖轨尖端 6.2～8.0m 的范围完成转移,轮载转移段长度约为 1.8m,与基本轨相比,尖轨上的钢轨磨耗相对较大,最大磨耗深度约为 0.015mm,尖轨对应的轮轨接触区域主要分布在工作边一侧的轨距角位置处。实测廓形条件下,统计规律显示车轮在距尖轨尖端 5.8～7.5m 的范围完成转移,轮载转移段长度约为 1.7m，与标准廓形相比，轮载转移的位置提前 0.4m，尖轨上的钢轨磨耗相对较大，最大磨耗深度为 0.072mm，约是标准廓形下的 4.8 倍，磨耗位置主要分布在轮载转移范围内，且靠近尖轨顶面与非工作边的交界位置。

　　由图 6.45 可见，标准廓形条件下，钢轨的滚动接触疲劳损伤主要发生在车轮由基本轨转移到尖轨后的位置处，最大疲劳损伤值为 0.015；实测廓形条件下，钢轨最大疲劳损伤值约为 0.020，约是标准廓形下的 1.3 倍。实测廓形下的最大疲劳损伤值大于标准廓形，且实测廓形下的疲劳损伤位置集中分布在尖轨顶面和非工作边的交界处，尖轨顶面与非工作边交界处存在多个连续的滚动接触疲劳峰值，这与图 6.46 中裂纹断口形貌图中存在多个裂纹源区的分析结论一致。

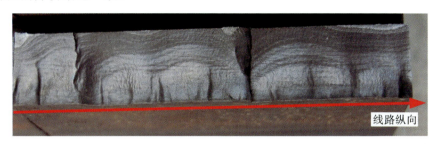

图 6.46　水平裂纹断口形貌

　　实测钢轨廓形下，轮载发生过渡的尖轨顶宽 30mm、35mm、40mm 断面处，轮轨接触的 von Mises 等效应力分布如图 6.47 所示。其他典型断面处尖轨最大等效应力及其作用位置与非工作边的距离如图 6.48 所示。

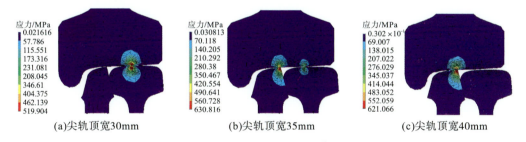

(a)尖轨顶宽30mm　　　　(b)尖轨顶宽35mm　　　　(c)尖轨顶宽40mm

图 6.47　轮载过渡段范围内各典型断面的 von Mises 等效应力分布

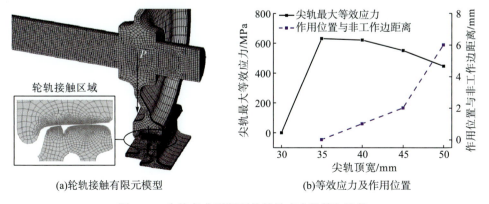

(a)轮轨接触有限元模型　　　　　　(b)等效应力及作用位置

图 6.48　尖轨各典型断面的等效应力计算与比较

由图 6.47 和图 6.48 可见，尖轨顶宽 30mm 断面位置处，车轮与尖轨不发生接触，尖轨内部最大等效应力值为零；顶宽 35mm 断面处，车轮与尖轨发生接触，尖轨内部的最大等效应力值为 630.8MPa，超过了材料的屈服强度，同时其作用位置位于尖轨非工作边表面上，极易产生表面裂纹；顶宽 40mm 断面处，尖轨的最大等效应力值为 621.1MPa，超过了材料的屈服强度 526MPa，其作用位置与尖轨非工作边的垂向距离为 1mm，也存在产生尖轨非工作边表面裂纹的可能性；顶宽 45mm 断面处，尖轨的最大等效应力值为 551.2MPa，超过了材料的屈服强度，作用位置与尖轨非工作边的垂向距离为 2mm，裂纹也容易扩展到尖轨非工作边的表面；尖轨顶宽 50mm 断面处，尖轨的最大等效应力值为 446.9MPa，未超过材料的屈服强度，且其作用位置与尖轨非工作边的垂向距离较大，约为 6mm，不容易在尖轨非工作边表面形成裂纹。由此可见，在尖轨顶宽 30～45mm 范围，易产生直尖轨非工作边水平裂纹，与现场实际情况一致。

3. 各项动力学参数对直尖轨非工作边水平裂纹的影响

道岔直尖轨最大疲劳损伤值随直向过岔速度、列车轴重、道岔轨距、轮轨摩擦系数等因素的变化如图 6.49 所示。由图可见，随着直向过岔速度的提高、列车轴重的增加、轨距的扩大及轮轨摩擦系数的增大，尖轨最大疲劳损伤值也随之增大，即意味着尖轨的疲劳寿命会随之缩短。

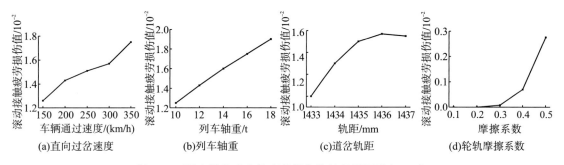

图 6.49　影响道岔直尖轨疲劳损伤值的各种因素(N=80)

五、高速铁路道岔直尖轨非工作边水平裂纹控制措施

为解决高速铁路道岔直尖轨非工作边水平裂纹问题，可采用修复组合廓形、更换高强度材质的钢轨、钢轨表面强化、尖轨非工作边倒圆弧等措施。最为简单的方法是倒圆弧处理，以尖轨顶宽 35mm、40mm 为例，不同的倒圆弧半径对尖轨最大等效应力及其作用位置的影响如图 6.50 所示。由图可见，随着倒圆弧半径的增大，尖轨最大等效应力逐渐降低，作用位置逐渐移向尖轨内部，与非工作边的垂向距离逐渐增大，大大降低了产生尖轨非工作边表面裂纹的可能性。当倒圆弧半径为 3mm 时，最大等效应力作用位置距离尖轨非工作边已超过 3mm，其垂向距离也达到了 3.38mm，建议倒圆弧半径取为 3mm。

尖轨非工作边倒圆弧后，对尖轨与基本轨顶面高差影响较小，因而对轮轨动态相互作用影响不大。尖轨非工作边倒 3mm 圆弧后，道岔转辙器部分过渡段处的钢轨疲劳损伤值分布及与倒圆弧前的比较如图 6.51 所示。

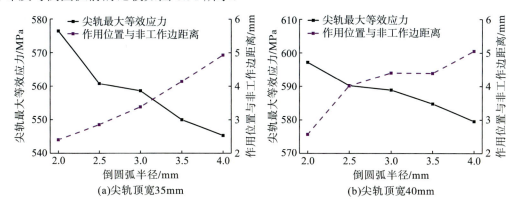

图 6.50 尖轨非工作边不同的倒圆弧半径对尖轨最大等效应力的影响

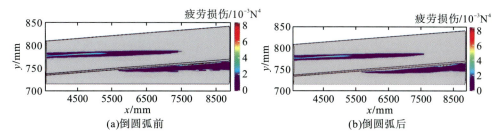

图 6.51 尖轨非工作边倒圆弧对钢轨疲劳损伤值的影响

由图 6.51 可见，尖轨顶面与非工作边交界位置倒圆弧前，尖轨一侧滚动接触疲劳损伤最大值约为 8.3×10^{-3}，发生较大疲劳损伤的位置主要集中分布在尖轨顶面与非工作边的交界位置处，一旦在该位置处尖轨内部萌生疲劳裂纹，就极易穿透尖轨非工作边表面，形成非工作边表面的裂纹。倒圆弧后，尖轨一侧发生滚动接触疲劳损伤的数值总体上有较大程度的降低，疲劳损伤最大值约为 7.6×10^{-3}，一方面降低了尖轨一侧发生滚动接触疲劳损伤的数值，更重要的方面则是增大了尖轨疲劳损伤位置距非工作边的距离，即便尖轨内部产生疲劳裂纹，也不会在切向应力的作用下立即扩展到非工作边的表面，从而达到预防直尖轨发生非工作边表面裂纹的目的。

第三节 道岔钢轨表面层流等离子强化技术研究

目前解决钢轨磨损问题的方法主要有钢轨材料强化、廓形优化、钢轨表面材料改性等。前两种是常用的方法，而最后一种则是近几年在铁路上开始使用的新方法。钢轨表面材料改性是一种能够大幅提高材料抗磨耗能力的方法，材料改性多是对钢轨进行热处理的方法，如在钢轨表面熔覆具有高抗磨损性能的合金，或者对钢轨表面进行激光淬火，使钢轨表面产生硬度高的马氏体，改变钢轨表面组织形貌等。近几年国内还出现了一种崭新的层流等离子表面强化技术，其表面强化原理与激光淬火类似，但具有成本低、生产自动化程度和效率高、变形量小、强化质量高、淬火区不出现裂纹掉块问题等优点，已开始在普速铁路道岔的尖轨、基本轨、护轨上使用，实践表明能有效提高尖轨的耐磨性，具有较广阔的应用前景。但层流等离子表面强化技术在道岔中应用的基础理论及试验研究才刚开始起步，也还未应用至高速铁路道岔中。

在材料改性方面，除了采用激光"涂釉"处理技术在钢轨表面熔覆一层坚固光滑且耐磨性高的金属，Shariff 等对钢轨材料进行激光淬火处理[15]，大幅度提高了轮轨硬度和抗磨损能力，但研究表明可能会引起轮轨材料塑韧性的下降。Medvedev 等研究了等离子淬火技术在减少铁路曲线段钢轨侧磨中的应用[16]，使钢轨的使用寿命延长至原来的 2～3 倍。王智勇等使用激光相变硬化手段对 U74 钢轨材料进行表面处理[17]，使钢轨表面的硬度比原来提升了 3～4 倍。王文健等利用磨损与接触疲劳试验研究了激光淬火处理钢轨材料的抗磨损性能[18]，表明该技术不仅能够大幅提升材料的硬度，还显著地改善了材料的磨耗性能。栾星亮研究了激光离散淬火技术[19]，表明淬火区的强度和周围基体区的韧性相匹配能够达到较为理想的效果，既能提升材料的耐磨性，又能保持韧塑性。Xiang 等开展了等离子体射流处理的钢轨钢磨损试验[20]，结果表明钢轨钢经等离子硬化处理后，其热影响区组织发生了转变，主要由板条、针状马氏体、贝氏体和残余奥氏体组成，能有效提高钢轨钢的耐磨性。但有关层流等离子技术强化钢轨表面的研究较少。

一、层流等离子强化技术工作原理

电弧等离子体束、激光束、电子束是三大高能高温束源，具有广泛的工业应用领域。等离子体在纳米材料生产、新材料合成、材料表面处理、热加工制造、冶炼、煤化工、新能源、航空航天等领域获得广泛应用。等离子体射流与一般流体在流动特征上有相似性，具有两种流动状态：层流与湍流。对某一指定流体，当其流速小于一特定值时，流体做有规则的层状或流束状运动，流体质点没有横向运动，质点间互不干扰地前进，这种流动形式称为层流；当流体流速大于该值时，流体有规则的运动遭到破坏，质点除了主要的纵向运动，还有附加的横向运动，流体质点交错混乱地前进，称为湍流。

在等离子体高温热源方面，目前应用十分广泛的电弧等离子体射流绝大部分采用湍流形态工作，这是由现有湍流电弧等离子体射流发生器技术和工作原理决定的。由于传统的湍流电弧等离子体射流短，并不成长束，不能算一种理想的高温束状热源。

四川金虹等离子技术有限公司研发出了层流电弧等离子体束，在大气压下射流长达 1m 以上，是一种稳定的优质超高温长束热源，与湍流电弧等离子体射流比较如图 6.52 所示。该技术能较好地解决湍流电弧等离子射流弧根宽、弧焰短、噪声大、弧焰不稳定、温度梯度大、空气卷入多等缺点。与激光、电子束等高能束相比，层流电弧等离子体束设备单位成本低，热效率高(转移弧 90%以上，非转移弧 65%以上)，单体功率最高可达 1000kW 以上，可在大气压环境中稳定工作，表面热处理强化深度最高可达 3mm，质量与激光相当，但可加工范围和处理深度及生产成本优于激光。

(a)湍流　　　　　　　　　　　　　　　(b)层流

图 6.52　电弧等离子体射流

层流等离子强化技术原理是通过高能等离子体将钢轨表面快速加热至奥氏体温度以上，然后利用钢轨自身良好的导热性实现快速冷却，获得淬火马氏体等硬化组织，以提高钢轨表面硬度和耐磨性。为避免表面淬硬层剥离掉块，采用了离散圆斑状花纹方案，圆斑直径、占空比、排布形状等技术参数需满足尖轨表面经过等离子强化处理后无灼烧现象。这种离散处理的方法能够在提升钢轨表面淬火区耐磨性的基础上，保证钢轨整体的韧性。根据尖轨表面磨耗范围确定强化范围，并结合尖轨廓形沿纵向的变化，确定不同顶宽断面处的具体强化范围，强化后的尖轨表面如图 6.53 所示。

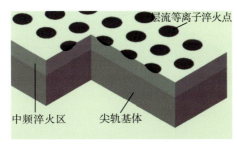

(a)离散圆斑布置方案　　　　　　　　　　(b)强化后的尖轨表面

图 6.53　层流等离子强化尖轨表面

二、层流等离子强化钢轨试验研究

1. 强化钢轨材料的拉伸试验

利用万能材料试验机进行强化钢轨材料的拉伸试验，并得到试样的极限拉伸强度、延伸率、断面收缩率等指标来评价强化材料拉伸力学性能。

1)拉伸试样截面类型的影响

考虑圆形截面或矩形截面两种试样，在试样的纵向及横向中心线的交点处做强化处理，强化斑直径取 5mm，并以未做强化处理的试件作为对比，钢轨材质为 U75V。试验结果如表 6.6 所示，强化材料的拉伸位移-荷载曲线及与未强化材料的比较如图 6.54 所示。

通过对比两组试样可知，强化后的试样，极限强度、延伸率、断面收缩率均大幅下降，拉伸强度折损约为 30%，延伸性能降低幅度较大。从拉伸位移-荷载曲线来看，在弹性阶段，强化试样与未强化对比试样的拉伸特性较为一致，但当荷载继续增大，强化试样已发生断裂，而未强化对比试样在经历屈服阶段与强化阶段后才发生断裂。矩形截面试件所得结论与圆形截面试件相同，但便于强化处理。

表 6.6   强化材料试验结果及与未强化材料对比

试件编号	类别	极限强度/MPa	延伸率/%	断面收缩率/%
1	未强化圆形截面	1144.6	13.33	32.10
2	强化圆形截面	784.3	3.33	0.80
3	未强化矩形截面	1280.0	10.0	18.18
4	强化矩形截面	924.4	2.22	0.72

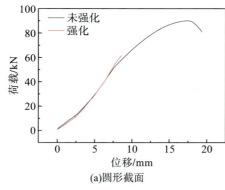
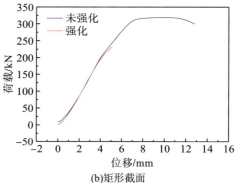

(a)圆形截面   (b)矩形截面

图 6.54   强化材料拉伸位移-荷载曲线及对比

　　试验前后拉伸试样及断口分布如图 6.55 所示。通过断口对比分析可见，未强化试样断口为典型的金属拉伸断口形貌，从内到外分别为纤维区、放射区、剪切区，断口整体出现明显的颈缩现象。强化试样断口在强化斑处较为光滑，而在基体区较为粗糙，且从强化斑处到基体区有明显的放射状纹理，这在矩形试样上表现明显，这说明在断裂时，裂纹产生位置为强化斑处，然后从强化斑向基体区放射状扩展，直到断裂，断口面积无明显缩小，说明断裂形式为脆性断裂。

(a)拉伸试样   (b)圆形截面断口   (c)矩形截面断口

图 6.55   拉伸试样及断口分布

2) 各种因素对强化试件拉伸试验的影响

　　考虑强化斑的形状、排列方式、单双面强化、焊缝、贝氏体材料等因素，制作如图 6.56 所示的 16 种试件。钢轨材质为 U75V，依据 GB/T 228.1—2021《金属材料 拉伸试验 第 1

部分：室温试验方法》，制作的试样厚度为 10mm，试样有效宽度为 30mm，初始测量长度(标距)为 100mm，截面为矩形。强化斑强化位置沿着试件纵向中心线，以试件宽面中心纵向展开。点状强化斑的直径为 5mm，间距为 4mm，采用不同的排列分布；条状强化斑的宽度为 6mm，间距均为 2mm，设置不同的长度；双面强化时两面的强化斑分布相同。

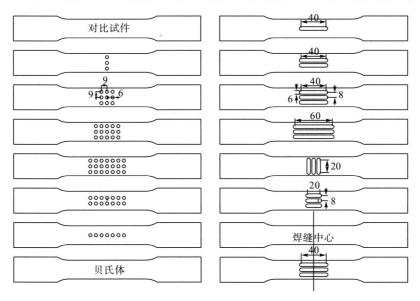

图 6.56　试件类型(单位：mm)

其中试件 11 考虑了单、双面强化两种工况，单、双面强化的拉伸应变-应力曲线及与未强化时的比较如图 6.57 所示。在弹性阶段，三个试件的弹性模量相同，但极限强度不同，无强化时的极限强度是 1182MPa，单面强化时的极限强度为 827MPa、双面强化时的极限强度为 737MPa。总的来看，强化面积越大，极限强度越低，但双面强化仅比单面强化极限强度损失 90MPa。

强化试件、普通 U75V 试件和贝氏体钢试件的拉伸位移-荷载曲线比较如图 6.58 所示，图中考虑了加载历史，先加载到 150kN，再卸载，共循环 3 次，最后加载直至断裂。由图可见，经循环加载、卸载三次后，滞回环几乎重合，强化试件在弹性范围内工作时，加载历史对其拉伸性能没有影响；强化试件的极限强度及塑性变形能力明显低于 U75V 钢和贝氏体钢。

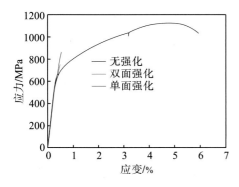

图 6.57　单、双面强化的比较

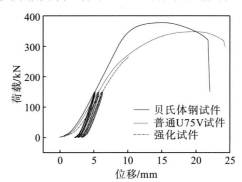

图 6.58　不同材质拉伸试验比较

点状强化斑的拉伸性能比较如表 6.7 所示，由表可见，强化后试件极限强度降低 19.7%～24.3%，延伸率均低于 2%，断面收缩率均低于 4%；点状强化斑列数越多极限强度越低、行数越多极限强度越低，但均不是成比例变化的；结合单、双面强化对极限拉力影响不大的规律及各试件断口来看，所有的断裂均是从强化斑开始的，试件的承载能力并没有随强化面积的增大而显著降低，说明基体的承载能力对极限拉力起着主导作用。

表 6.7　点状强化斑试件拉伸试验结果

试件编号	强化斑布置	极限拉力/kN	极限强度/MPa	延伸率/%	断面收缩率/%
1	无	354.6	1181.9	5.5	26.3
2	3 行 1 列	284.85	949.5	<2	<4
3	3 行 3 列	281.55	938.5	<2	<4
4	3 行 5 列	269.15	897.2	<2	<4
5	3 行 7 列	268.25	894.2	<2	<4
6	2 行 7 列	275.55	918.5	<2	<4
7	1 行 7 列	279.2	930.7	<2	<4
8	无	374.0	1249.8	5	41.5

条状强化斑的拉伸性能比较如表 6.8 所示，各试件均采用双面强化。由表可见，条状强化斑试件的极限强度降低幅度为未强化试件的 30.9%～40.2%，降低幅度大于点状强化斑；焊接接头极限强度较母材降低约 13.7%，焊头强化后极限强度较母材降低约 46.7%，较焊头强度降低约 38.2%。在同样的强化面积情况下，条状强化斑沿试件横向排列时的极限强度降低幅度要低于纵向排列。

表 6.8　条状强化斑试件拉伸试验结果

试件编号	强化斑布置	极限强度/MPa	延伸率/%	断面收缩率/%
1	无	1181.9	5.5	26.3
9	1 条纵排 40mm 长	803.2	<2	<4
10	2 条纵排 40mm 长	750.5	<2	<4
11	3 条纵排 40mm 长	737.3	<2	<4
12	3 条纵排 60mm 长	705.8	<2	<4
13	3 条横排 20mm 长	817.0	<2	<4
14	3 条纵排 20mm 长	762.7	<2	<4
15	焊缝无强化	1020.4	<2	<4
16	焊缝 3 条纵排 40mm 长	630.3	<2	<4

2. 表面强化的钢轨抗弯试验

试件尺寸较小，强化斑与试件截面相比占比较大，因而其断裂表现为脆性断裂；真实的钢轨尺寸较大，强化斑在钢轨截面中占比较小，强化钢轨的断裂有可能是延性破坏，有必要进行抗弯试验。考虑四种钢轨试样：顶面纵向强化有焊缝钢轨、纵向强化无焊缝钢轨、横向强化有焊缝钢轨、横向强化无焊缝钢轨。分别在钢轨顶面、底面、工作边和非工作边施加集中荷载，共计 23 个试样，如图 6.59 所示。试件长为 1.3m，支距为 1m，焊接位置位于钢轨中间，焊接工艺为闪光焊，采用条状强化斑，其长度为 20mm、宽度为 6mm、纵向间距为 5mm、横向间距为 2mm，材质为 U75V。强化钢轨的抗弯试验结果如表 6.9 所示。

(a)钢轨试件　　　　　　　　　　　　　　(b)试验后的试件

图 6.59　强化钢轨抗弯试件

表 6.9　强化钢轨抗弯试验结果

受力状态	工况	荷载	试样个数	平均挠度/mm
轨头受压	纵向强化无焊缝	1450kN 未断	2	11.66
轨头受压	纵向强化有焊缝	1450kN 未断	2	11.48
轨头受压	横向强化无焊缝	1450kN 未断	2	11.68
轨头受压	横向强化有焊缝	1450kN 未断	2	11.49
轨头受拉	纵向强化无焊缝	1330kN 未断	5	10.27
轨头受拉	纵向强化有焊缝	1330kN 未断	5	10.2
轨头受拉	横向强化无焊缝	1330kN 未断	1	10.22
轨头受拉	横向强化有焊缝	1330kN 未断	1	10.18
强化边受压	横向强化无焊缝	600kN 未断	1	45.3
强化边受压	纵向强化无焊缝	600kN 未断	1	44.28
强化边受拉	纵向强化有焊缝	400kN 未断	1	18.2

由表 6.9 可见，强化钢轨无焊缝试件及强化有焊缝钢轨试件均满足规范要求的轨头正压 1430kN 和轨底反压 1330kN 的规定；轨头侧向抗弯荷载目前尚无规定，但意味着可以承受 40t 以上的轮轨横向力，能满足现场运营要求；各试件均展现了良好的延性，强化钢轨无焊缝试件竖向挠度可达 11.7mm、横向挠度可达 45mm，说明强化钢轨试件的破坏为延性破坏。试验说明，钢轨母材基体是承受列车、温度等荷载的主体，因其截面面积大，强化斑对其整体拉伸的力学性能影响较小；强化斑位于钢轨头部顶面，大部分情况下均处于受压工作状态，因此强化钢轨的使用安全性有保证。

3. 强化钢轨材料的耐磨试验

在 GPM 滚动接触疲劳试验机上研究强化钢轨材料的磨损性能，试验中通过对滚动接触的轮轨试样间施加荷载来模拟实际情况下的轮轨接触，并可以设置不同的荷载、滚动速度、滚动滑差等试验条件模拟轮轨实际受力情况，如图 6.60 所示。试件材料为 U75V，表面进行层流等离子强化处理。

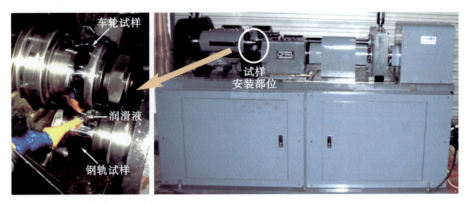

图 6.60　GPM 滚动接触疲劳试验机

基于赫兹模拟准则和赫兹接触理论，由实际轮轨接触荷载 P_{field} 的大小求得模拟试验中施加的荷载 P_{lab} 为

$$P_{\text{lab}} = \left(\frac{A_{\text{field}}}{A_{\text{lab}}}\right)^2 P_{\text{field}} \tag{6.50}$$

式中，A_{field} 为实际的轮轨接触斑面积；A_{lab} 为试验中的轮轨接触斑面积。模拟轴重为 25t 时，计算得到模拟荷载大小为 380N。试验时，车轮试样转速为 400r/min，钢轨试样转速为 398r/min，设置转动滑差率为 0.5%，试样共对磨 20 万转。点状强化斑及条状强化斑试件如图 6.61 所示。

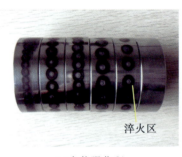

(a)点状强化斑　　　　　　　　　(b)条状强化斑

图 6.61　强化钢轨材料耐磨试件

在强化面积均为 24% 时，点状强化斑、条状强化斑与无强化时轮轨磨耗量的比较如图 6.62 所示。由图可见，钢轨表面强化后，钢轨的磨耗量降低 32.4%～47.8%，车轮的磨耗量增加 10.5%～17.2%；钢轨的耐磨性越好，车轮的磨耗量越大，但车轮的磨耗增加幅度低于钢轨耐磨性增加幅度；条状强化的钢轨耐磨性优于点状强化。

不同强化面积(也可用强化斑占空比表示)下，点状强化与条状强化后钢轨耐磨性变化如图 6.63 所示。由图可见，在一定的强化面积下，强化面积越大，钢轨磨耗量越小；但从条状强化斑来看，当强化面积超过一定比例后，磨耗量反而会随强化面积的增大而增大，这种现象可以通过疲劳与磨耗的竞争耦合关系得到解释，当表面占比到一定程度时，磨耗小于疲劳，钢轨产生的裂纹持续发展，最终形成剥离等损伤，所以此时钢轨的磨耗量又会上升；试验表明，当强化面积占比在 36%～48%范围时，不仅能大幅提高钢轨的耐磨性，而且车轮的磨耗量变化也较小。

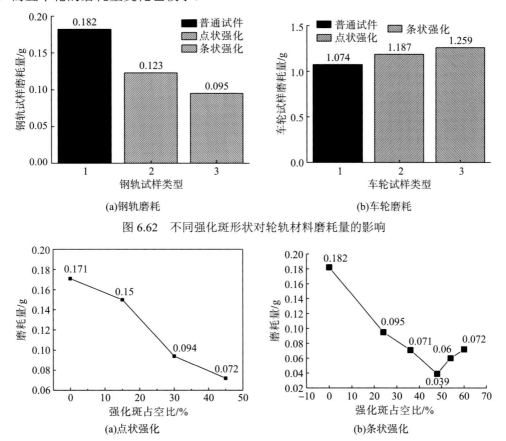

(a)钢轨磨耗   (b)车轮磨耗

图 6.62 不同强化斑形状对轮轨材料磨耗量的影响

(a)点状强化   (b)条状强化

图 6.63 强化面积对钢轨磨耗量的影响

钢轨磨耗量随点状强化斑直径、条状强化斑长度的变化如图 6.64 所示。由图可见，钢轨磨耗量均是先随强化斑尺寸的增大而降低，而后随强化斑尺寸的增大而增大，其原因也是磨耗与疲劳的竞争关系产生的；点状强化斑的合理直径为 5mm，条状强化斑的合理长度为 60mm。

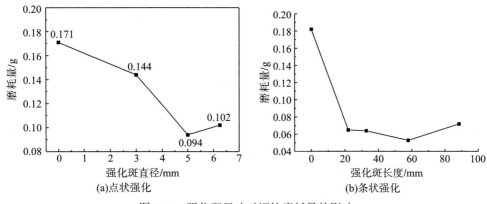

(a)点状强化   (b)条状强化

图 6.64 强化斑尺寸对钢轨磨耗量的影响

4. 强化钢轨材料的金相试验

采用光学显微镜、扫描电子显微镜和透射电子显微镜对等离子淬火试样剖面淬火区、过渡区及基体等不同区域微观组织进行组织观察，如图 6.65 所示。由图可见，淬火区整体呈现明显的球冠状，原始基体组织为片层珠光体和少量仿晶界铁素体；透射电子显微镜形貌显示淬火区组织可观察到具有一定宽度的条状和针状混合的马氏体，马氏体集束间互为一定角度，集束内部条间也不完全平行、有较小的夹角；单个马氏体条宽度为 150～300nm，视野范围内难以观察到除马氏体以外的其他组织，这是由于等离子表面淬火过程中，淬火区内原始组织受热奥氏体化并在随后的自淬火快速冷却过程中发生马氏体相变；淬火区与基体虽然宏观界面较为整齐，但在扫描电子显微镜放大 1000 倍以上时，可见淬火组织伸入基体，界面参差不齐、犬牙交错，过渡区厚度仅为 18μm 左右；界面附近的基体中珠光体受等离子短时快速加热至高温，回火并不充分，组织形貌未发生显著变化。

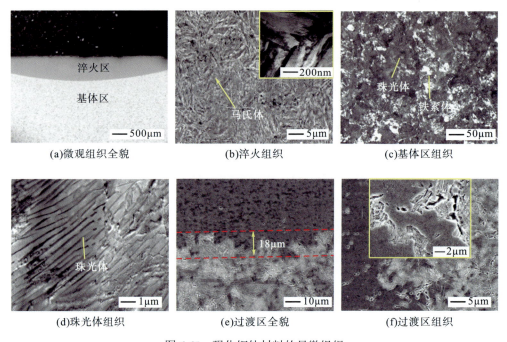

图 6.65　强化钢轨材料的显微组织

使用光学显微镜对磨损后的钢轨试样表面进行观察，强化材料的强化斑边缘部分产生了裂纹，产生位置为强化斑相对滚动方向的后端。裂纹扩展方向为从强化斑边缘位置向强化斑内扩展，未向基体区扩展，裂纹方向与滚动方向呈一定夹角，随着裂纹产生位置从强化斑后端向前端发展，夹角逐渐减小，如图 6.66(a) 所示。使用光学显微镜对磨损后的钢轨试样剖面进行观察，淬火区几乎未见塑性变形，且没有出现明显的剥落坑，淬火区的材料特性还对周围基体区材料的塑性流动有抑制作用，在相对试样滚动方向的月牙状淬火区的后端，出现了裂纹，但裂纹仅在强化斑内发展，未向基体区域扩展，如图 6.66(b) 所示。

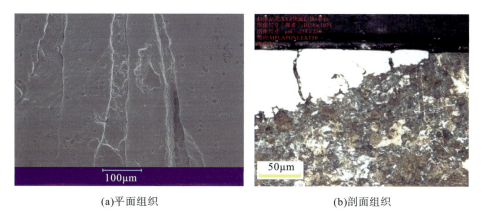

(a)平面组织　　　　　　　　　　　(b)剖面组织

图 6.66　强化钢轨材料磨损后的显微组织

三、道岔尖轨表面强化后的接触行为分析

经层流等离子强化处理的钢轨强化斑，其屈服强度和硬度有了大幅提升，如图 6.67 所示。设强化材料的屈服强度取值从 610MPa 提升到 2037MPa，布氏硬度从 391HB 提升至 810HB。实际上，等离子强化后的基体材料和强化斑之间的界限并不明显，而是存在一定范围金相显微组织形貌渐变的过渡层。通过线性插值的方式对该过渡层的硬度进行简化考虑，并将插值后的硬度赋予模拟过渡层的单元。该方法可模拟过渡层的影响作用，使仿真结果更贴合实际工况，避免强化斑与基体间形成陡增的"台阶"。

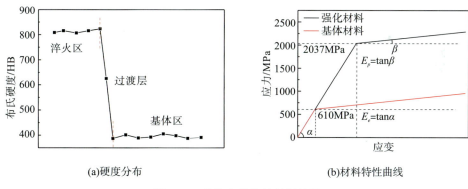

(a)硬度分布　　　　　　　　　　　(b)材料特性曲线

图 6.67　强化和基体的材料差异

设轴重为 25t 的货物列车以 35km/h 的速度侧向通过 9 号道岔时，牵引系数取为 0.3，尖轨顶宽 35.5mm 断面处，表面强化后轮轨接触表面的 von Mises 等效应力分布、钢轨内部横向 von Mises 等效应力分布及与未强化尖轨的比较如图 6.68 所示，表面强化后轮轨接触表面的塑性应变分布、钢轨内部横向塑性应变分布及与未强化尖轨的比较如图 6.69 所示。

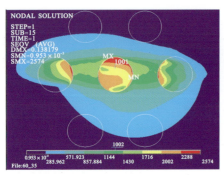

(a)强化尖轨表面1　　(b)未强化尖轨表面1

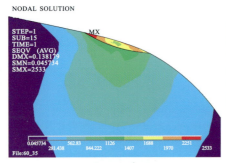
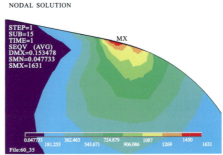

(c)强化尖轨内部横向1　　(a)未强化尖轨表面2

图 6.68　强化尖轨与未强化尖轨的 von Mises 等效应力分布比较

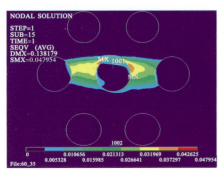
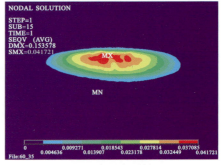

(a)强化尖轨表面2　　(b)未强化尖轨表面2

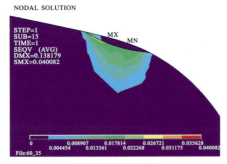

(c)强化尖轨内部横向2　　(d)未强化尖轨表面4

图 6.69　强化尖轨与未强化尖轨的塑性应变分布比较

由图 6.68 和图 6.69 可见，无论是钢轨表面还是内部，强化斑内的 von Mises 等效应力比未强化时大幅增加，也较周围基体部分大得多；而周围基体部分 von Mises 等效应力水平与未强化时大致分布相同；强化斑内塑性应变水平比未强化时大幅度减小，仅在边缘部分产生较小的塑性应变；而在基体部分，相较未强化时塑性应变水平变化较小，仅在强化斑的上部外边缘很小的区域内有所增大。由此可见，尖轨经过层流等离子强化后，接触区域表面的塑性应变水平有所降低，改善了尖轨表面的塑性应变，有利于减缓尖轨磨耗。接触斑中心线上的等效应力及塑性应变分布比较如图 6.70 所示。

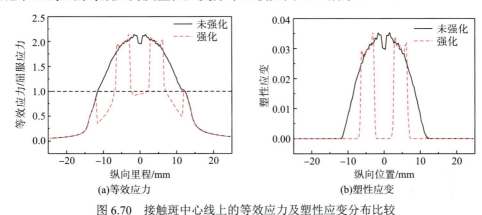

(a)等效应力　　　　　　　(b)塑性应变

图 6.70　接触斑中心线上的等效应力及塑性应变分布比较

由图 6.70 可见，在轮轨接触斑内，强化斑中的等效应力值虽然较大，但应力水平不高，塑性应变仅在外部边缘有小幅增加；整个接触斑内的平均应力及平均塑性应变水平均有较大幅度的降低。

四、钢轨表面强化对抑制波磨发展的作用

采用轮轨瞬态滚动接触有限元分析模型，结合 Archard 滑动摩擦磨损模型和钢轨廓形更新方法，分析钢轨表面强化对波磨发展的抑制作用。设波长为 80mm，波深为 0.15mm，LMA 型车轮速度为 200km/h；钢轨表面采用三行错排的点状斑强化，强化斑直径为 5mm，深度为 0.8mm，牵引系数取为 0.5。

波磨钢轨的磨耗量每变化 0.01mm 和廓形更新后，强化钢轨的垂向力分布及与未强化钢轨的比较如图 6.71 所示。

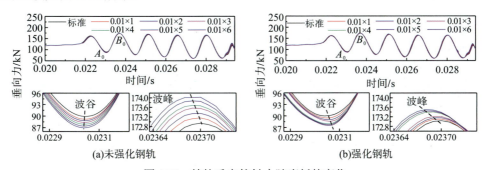

(a)未强化钢轨　　　　　　　(b)强化钢轨

图 6.71　轮轨垂向接触力随磨耗的变化

　　由图 6.71 可见，钢轨磨耗演化对轮轨垂向力的大小、分布均产生较明显的影响：波谷附近的垂向力逐渐减小而波峰附近的垂向力逐渐增大，单个峰或谷两侧的变化并不对称，左侧比右侧的变化更为明显。强化钢轨垂向力的变化小于未强化钢轨；加之未强化钢轨在波峰、波谷处的轮轨力极值逐渐向左(和车轮滚动方向相反)偏移，而强化钢轨在波谷处的极值向车轮滚动方向偏移，与波磨几何的相位差缩小，只在波峰处向左偏移，此差异使得强化钢轨的轮轨关系维持一个较好的水平，且波谷的波磨发展得到一定抑制。

　　同工况下，强化钢轨的纵向力分布及与未强化钢轨的比较如图 6.72 所示。由图可见，纵向力的大小在波峰、波谷位置均随磨耗量的增大而增大，在波谷左侧的变化小于右侧，在波峰左侧的变化较右侧明显。未强化钢轨的纵向力曲线始终保持较好的平滑连续性，而强化钢轨纵向力曲线随磨耗的发展逐渐变得更不规则，这是由于强化区的钢轨硬度及屈服强度大幅提升使得钢轨表面的塑性变形差更为明显，进而使纵向力曲线在波谷处的极值向右偏移，而这与未强化钢轨相反，加之波峰左侧纵向力曲线逐渐下凹，这在一定程度上可抑制波磨的发展。

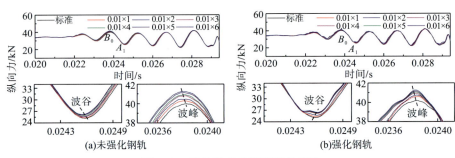

图 6.72　轮轨纵向力随磨耗的变化

　　强化钢轨在不同磨耗阶段下沿纵向路径 L 的磨耗深度分布及与未强化钢轨的比较如图 6.73 所示。图中未强化钢轨的磨耗曲线、强化钢轨磨耗曲线的包络线与波磨几何曲线相似，具有明显的周期性。

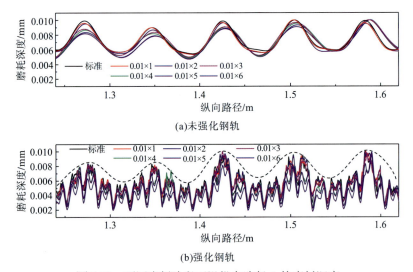

图 6.73　不同磨耗阶段下沿纵向路径 L 的磨耗深度

由图 6.73 可见，随着廓形更新，未强化钢轨的磨耗曲线逐渐向右偏移，促使钢轨波磨向车轮滚动方向发展，而磨耗深度逐渐减小，在 0.01×2～0.01×3 这一阶段磨耗深度的变化较大，随后磨耗深度趋于恒定，原因是磨耗使得轮轨型面逐渐匹配，轮轨关系趋于良好，波磨会逐渐进入一种平衡状态。强化钢轨的磨耗曲线整体上低于未强化钢轨，且磨耗曲线在整体周期性的基础上增加局部周期性(波长变短)，整体周期性由包络线反映，局部周期性由局部强化斑、基体材料上的磨耗峰体现；随着廓形更新，磨耗曲线的平滑性和周期性更为明显，磨耗极值急剧减小且其出现位置向车轮前进方向移动，但曲线整体并未偏移，曲线波谷的范围向外扩大而波峰的范围向内缩小，这意味着波磨波峰"变窄变平"、波谷"变宽变平"，波磨几何形状会因轨面非一致性磨耗不断发生改变导致钢轨廓形呈凹凸分布。该分析从理论上说明层流等离子强化技术具有抑制钢轨波磨发展的作用。

五、道岔强化尖轨的应用实践

采用层流等离子进行表面强化的尖轨已在各铁路局货运站上等成功应用，如图 6.74 所示，部分强化斑内发生裂纹、掉块现象，但并未向基体区扩展，斑内裂纹可随着钢轨的磨耗减轻或消除，表明强化层的强韧性匹配合理，钢轨整体韧性没有削弱。跟踪观测两根尖轨在各个断面的侧磨及垂磨发展，得到强化尖轨的磨耗规律及与未强化尖轨的比较如图 6.75 所示。

(a)使用正常的强化尖轨　　(b)局限于强化斑内的掉块

图 6.74　强化尖轨在现场应用情况

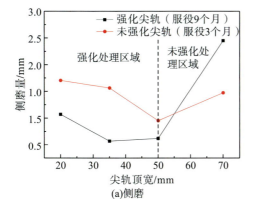

(a)侧磨

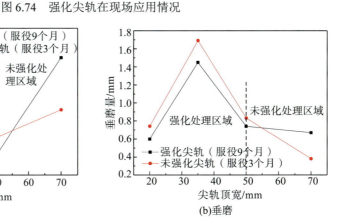

(b)垂磨

图 6.75　强化尖轨磨耗情况对比

由图 6.75 可见，在强化处理区域(50mm 断面前)，服役 9 个月的强化尖轨侧磨量和垂磨量均小于服役 3 个月的未强化尖轨，结合两根尖轨的服役时间分析，层流等离子强化表面技术显著降低了尖轨的磨耗速率，是一种提高尖轨耐磨性的有效处理手段。该技术也开始在小半径曲线外轨上试用。

本 章 小 结

本章主要内容为高速铁路道岔曲尖轨磨耗特征及影响分析、高速铁路道岔直尖轨滚动接触疲劳行为、道岔钢轨表面层流等离子强化技术研究，分别介绍了滑动摩擦磨损模型、磨耗功模型、磨耗指数模型，并对模型的计算结果进行对比，同时分析了高速铁路道岔曲尖轨磨耗的关键动力学参数，展示了道岔钢轨磨耗仿真分析方法，并对快速叠加方法和精确叠加方法两种钢轨断面磨耗叠加方法进行了对比，还介绍了高速铁路道岔曲尖轨磨耗规律及钢轨磨耗对道岔区轮轨动态响应的影响；介绍了道岔钢轨滚动接触疲劳预测模型，分析了无自旋小蠕滑、无自旋大蠕滑、纯自旋蠕滑三种不同工况下高速铁路道岔钢轨滚动接触疲劳系数的分布，介绍了高速铁路道岔钢轨滚动接触疲劳仿真分析方法，分析了高速铁路道岔直尖轨非工作边水平裂纹，并给出了高速铁路道岔直尖轨非工作边水平裂纹的控制措施；介绍了层流等离子强化技术工作原理以及层流等离子强化钢轨的各类试验研究，同时对道岔尖轨表面强化后的接触行为进行了分析，并研究了钢轨表面强化对抑制波磨发展的作用，从理论上说明层流等离子强化技术具有抑制钢轨波磨发展的作用。

参 考 文 献

[1] 冯世彪. 提速道岔常见病害的原因分析及整治[J]. 铁道建筑, 2008, 48(9): 85-86.

[2] 杨忠吉. 提速道岔病害分析及整治[J]. 铁道建筑, 2003, 43(5): 40-41.

[3] 王文健, 郭俊, 刘启跃, 等. 磨损对钢轨滚动接触疲劳损伤的影响[J]. 机械工程材料, 2010, 34(1): 17-19, 23.

[4] 徐井芒. 高速道岔曲尖轨磨耗仿真分析研究[D]. 成都: 西南交通大学, 2015.

[5] Jendel T. Prediction of wheel profile wear-comparisons with field measurements[J]. Wear, 2002, 253(1-2): 89-99.

[6] Zobory I. Prediction of wheel/rail profile wear[J]. Vehicle System Dynamics, 1997, 28(2-3): 221-259.

[7] Braghin F, Bruni S, Resta F. Wear of railway wheel profiles: A comparison between experimental results and a mathematical model[J]. Vehicle System Dynamics, 2002, 37(sup1): 478-489.

[8] 孟涛. 关于 Plackett-Burman 饱和设计数据分析方法的比较研究[D]. 上海: 华东师范大学, 2008.

[9] 李传奇, 王帅, 王薇. 基于 LHS-MC 法的土石坝坝坡失稳风险分析[J]. 隧道建设, 2011, 31(S1): 111-115.

[10] 吴振君, 王水林, 葛修润. LHS 方法在边坡可靠度分析中的应用[J]. 岩土力学, 2010, 31(4): 1047-1054.

[11] Braghin F, Lewis R, Dwyer-Joyce R S, et al. A mathematical model to predict railway wheel profile evolution due to wear[J]. Wear, 2006, 261(11-12): 1253-1264.

[12] Tunna J, Sinclair J, Perez J. The development of a wheel wear and rolling contact fatigue model[R]. London: Rail Standards and Safety Board, 2007.

［13］ Ekberg A, Åkesson B, Kabo E. Wheel/rail rolling contact fatigue-probe, predict, prevent[J]. Wear, 2014, 314(1-2): 2-12.

［14］ Nielsen J C O, Pålsson B A, Torstensson P T. Switch panel design based on simulation of accumulated rail damage in a railway turnout[J]. Wear, 2016, 366-367: 241-248.

［15］ Shariff S M, Pal T K, Padmanabham G, et al. Influence of chemical composition and prior microstructure on diode laser hardening of railroad steels[J]. Surface and Coatings Technology, 2013, 228: 14-26.

［16］ Medvedev S I, Nezhivlyak A E, Grechneva M V, et al. Optimization of plasma hardening conditions of the side surface of rails in PUR-1 experimental equipment[J]. Welding International, 2015, 29(8): 643-649.

［17］ 王智勇, 苏国强, 张辉, 等. 大功率半导体激光相变硬化 U74 钢轨的实验研究[J]. 铁道科学与工程学报, 2007, 4(1): 63-67.

［18］ 王文健, 刘吉华, 郭俊, 等. 激光淬火对重载轮轨磨损与损伤性能的影响[J]. 材料科学与工艺, 2012, 20(6): 69-72, 80.

［19］ 栾星亮. U$_{75}$V 钢轨表面激光强化的研究[D]. 鞍山: 辽宁科技大学, 2013.

［20］ Xiang Y, Yu D P, Cao X Q, et al. Effects of thermal plasma surface hardening on wear and damage properties of rail steel[J]. Proceedings of the Institution of Mechanical Engineers, Part J: Journal of Engineering Tribology, 2018, 232(7): 787-796.

第七章　高速铁路道岔钢轨组合廓形设计优化

　　轮轨关系设计与优化是高速铁路道岔结构研制中的一项极为重要的内容,它直接关系着道岔能否满足高速列车直向通过时的安全性与平稳性。中国高速铁路道岔研制中针对选取的 CHN60 钢轨作为基本轨廓形、UIC60D40 钢轨作为尖轨廓形,侧重开展了尖轨顶降低值及心轨水平藏尖设计,通过将轮载过渡断面提前及缩短轮载过渡范围来保证动车组在转辙器部分运行时的平稳性,通过减缓辙叉部分结构不平顺幅值来降低轮轨间的动态响应,这种轮轨关系的优化设计改善了道岔区的轮轨接触几何关系及接触行为,近十年的运营实践表明我国速度为 350km/h 高速铁路道岔的轮轨关系设计是成功的。

　　但是,由于高速铁路道岔的制造、组装、铺设误差、运营中钢轨廓形的演变以及维修养护中钢轨过度打磨或打磨不当等,要想长期保持与设计相符的轮轨关系是十分困难的,需要进行道岔钢轨打磨廓形的优化,以较小的代价实现高速列车的过岔平稳性及关键部件的长寿命,而不能以较高的代价恢复其设计廓形。因此,应将贴靠在基本轨/尖轨、翼轨/心轨视为一个异形的、沿线路纵向不断变化的三维组合廓形,开展道岔区轮轨关系的研究。

　　德国 BWG 高速铁路道岔的 FAKOP 设计中,将基本轨向外弯折后,可有效减缓左右车轮的滚动圆半径,就是一种将基本轨廓形、尖轨廓形、尖/基轨顶面高差三者纳入统一考虑后的钢轨组合廓形优化设计方法。借鉴该方法,在优化尖轨顶面降低值设计的同时,考虑基本轨及尖轨廓形的优化,将有利于进一步优化中国客运专线高速铁路道岔的轮轨关系设计。

第一节　400km/h 高速铁路道岔钢轨组合廓形设计研究

　　轮轨接触几何关系取决于轮轨型面、轮对内侧距、轨底坡等参数,由此产生不同的轮轨力,影响轮轨相互作用,进而直接影响行车平稳性、安全性和运输成本。轮轨磨耗造成轮轨型面改变、轮径偏差和车轮不圆,滚动圆半径和等效锥度也随之变化,最终会导致车辆动力学性能恶化。因此,合理的轮轨接触几何参数的设计与保持非常关键,优化设计具有良好匹配性能的轮轨型面是十分必要的。该研究领域一直是国内外学者的关注重点。

　　道岔区轮轨匹配更是关系到其是否会成为限速的瓶颈、脱轨的风险源、维护的重点及影响维修成本的主要因素。随着我国高速铁路的大规模建设及成网运营,更高速度(400km/h 甚至以上)的成渝中线铁路已经开工,需要 400km/h 高速铁路道岔这一关键基础设备,但该道岔目前在国际上为空白。如何进行道岔区轮轨关系创新设计,是 400km/h 高速铁路道岔能否成功研制的关键所在。

一、轮轨型面匹配优化的研究现状

设计较好轮轨型面可得到理想的车辆运行性能,包括曲线通过性能、脱轨安全性、运行平稳性和安全性。国内外学者在轮轨型面设计工作方面进行了长期并且广泛的研究,根据不同的设计目标及需求提出了众多外形设计方法。

国外 Heller 等首次综合考虑曲线通过性能、轮轨磨耗和车辆稳定性三方面性能进行了车轮踏面设计并开发了一种单圆弧轮廓的优化设计程序[1]。Wu 基于钢轨型面扩展法指导设计了地铁车轮踏面,轮轨间隙明显减小,轮轨型面之间的共形度明显提高,从而大大减小了轮轨接触应力及轮轨磨损[2]。Shevtsov 等基于响应面拟合的多点逼近技术,以滚动圆半径差为设计目标,优化了轮廓的设计,改善了轮廓匹配和动态性能并减小了轮轨磨损[3]。Polach 以踏面磨耗宽度和等效锥度目标提出了车轮踏面设计方法[4]。Gerlici 等提出了一种通过迭代改变剖面圆弧半径的铁路轮轨型面设计方法[5]。

国内沈钢推导了轮轨接触几何公式,提出了以接触角差或滚动圆半径差为目标的轮轨型面设计方法[6]。崔大宾以降低轮轨接触应力、法向间隙,提高共形度和改善轮轨接触点分布为目的研发了车轮踏面"均良"设计方法[7]。张剑等基于型面扩展法设计了与 CHN60 钢轨相匹配的车轮踏面,具有较高的临界速度及曲线通过性能,轮缘侧接触应力明显降低[8]。李庆升以磨耗形踏面作为父本,结合遗传算法与动力学仿真对车轮踏面进行了优化,该方法可以有效降低轮轨磨耗指数及接触应力[9]。朴明伟等分析了 XP55、S1002G、LMA、S1002 四种型面的轮轨匹配特性,并提出了最佳轮轨匹配五原则[10]。周新建等采用 ERRI 标准车辆模型对 LMA、S1002G 和 JP-ARC 三种踏面与 CHN60 钢轨的匹配性能开展了研究,结果表明,LMA 接触点对分布均匀,磨耗优于 S1002G 和 JP-ARC,S1002G 平稳性和安全性最优[11]。国内学者在轮轨型面匹配方面开展的工作较系统,结论基本一致。

国外学者对道岔区的轮轨匹配也开展了较多研究。瑞典皇家理工学院和查尔姆斯理工大学利用帕累托最优化理论,以降低道岔钢轨接触损伤为目标,对道岔轨距及廓形进行了优化设计[12]。荷兰代尔夫特理工大学建立了固定辙叉瞬态滚动接触有限元模型,以固定辙叉损伤分析为目标,对固定辙叉廓形及叉心降低值进行了优化[13]。文献[14]提出了切削基本轨方法(CATFERSAN)以改善转辙器区轮轨接触关系,并使用动力学分析进行了验证。美国交通技术研究中心(TTCI)使用多体动力学软件 NUCARS 研究了列车-道岔动态相互作用,利用虚拟穿透法求解轮轨接触,提出了预导向技术减缓侧向过岔横向力水平[15]。

二、高速铁路道岔转辙器部分组合廓形优化方法

1. 优化目标

区间线路上车轮和钢轨廓形的优化目标主要有两种:一种是轮轨接触几何关系,关注轮轨关系变化导致的车辆的运行状态变化,另一种则是轮轨接触应力,关注轮轨接触导致的

磨耗、滚动接触疲劳等损伤病害。轮轨接触几何关系比较常见的有车轮滚动圆半径差
（rolling radius difference，RRD）、接触角函数等；轮轨接触应力比较常见的有轮轨法向间
隙、廓形曲率等。除此以外，曲线地段一般采用非对称廓形设计方法，以滚动圆半径差函
数作为优化目标。

　　而对于道岔，由于两侧钢轨结构不对称，车轮即便以对中的状态通过道岔转辙器部分，
也会不可避免地导致同一轮对左右两侧车轮出现滚动圆半径差，如图 7.1 所示，车辆直向
通过道岔转辙器部分时，轮对横移量为零的条件下，随尖轨顶面厚度的增大，直尖轨和曲
基本轨组合一侧的轮轨接触点位置逐渐向轨道外侧移动，两侧车轮的滚动圆半径各不相
同，因此相同时间内，左右车轮滚动前进的距离会出现差异，轮轨之间产生蠕滑作用，轮
对在横向蠕滑力的作用下发生横向移动，高速运行时轮对的横向运动会极大地降低车辆的
运行稳定性。因此，可以将车轮滚动圆半径差函数作为优化目标来提升车辆的运行稳定性。
图 7.1 中，xyz 为轨道中心系统坐标系，x 方向代表线路纵向，y 方向代表线路横向，z 方
向代表线路垂向，A、B 分别为车轮与左右两侧钢轨的轮轨接触点位置，r_0 代表车轮的名
义滚动圆半径。

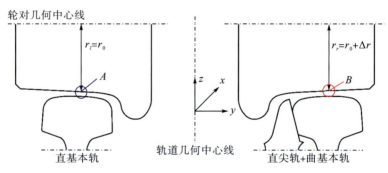

图 7.1　转辙器部分车轮滚动圆半径差

　　沿道岔纵向，尖轨刨切部分的轨头廓形是逐渐变化的，因此不同位置处车轮的滚动圆
半径差也不尽相同。此外，车轮在尖轨和基本轨之间完成转移时会导致轮轨接触状态发生
突变，进而会引发较大的轮轨动力相互作用，因此进行廓形优化时可选择轮载转移区段内
的断面作为关键控制断面，车轮的滚动圆半径差定义如下：

$$\Delta r = |r_r - r_l| \tag{7.1}$$

式中，r_r 为右侧车轮的滚动圆半径（直尖轨+曲基本轨）；r_l 为左侧车轮的滚动圆半径（直基
本轨）。

2. 优化思想

　　轮对滚动圆半径差沿道岔纵向随尖轨顶宽变化，使轮对发生较大的横向动力响应和蛇
形运动，增大轮轨动态相互作用，降低列车运行平稳性和安全性。为减小轮对摇头角和滚
动圆半径差，改善轮轨接触几何关系，国内外学者大多通过控制转辙器范围内轮对横移量，
提出道岔轮轨关系优化方案，其中具有代表性的包括德国 FAKOP 和西班牙 CATFERSAN
两种方案。

1）德国 FAKOP

德国 Voestalpine BWG 公司提出了动态轨距优化设计技术（德文简称 FAKOP），如图 7.2 所示，其将基本轨向外弯折并加宽尖轨，使动车组直向过岔时左右车轮的轮轨接触点能同时外移，以减缓轮对所受的横向作用力，并避免轮对摇头导致轮缘与尖轨尖端的冲击。

德国采用 FAKOP 技术的 18 号道岔基本轨前端为弯折半径 210m 的一段反向曲线，在顶宽 30mm 附近达到最大弯折量 15mm，后端为一直线段，尾端采用半径 1000m 的曲线在 0.98m 范围内过渡至原基本轨线上，整个基本轨的弯折范围为 21.743m，直曲基本轨的弯折情况相同。采用轨距加宽技术后，18 号道岔在弯折范围内的轨距加宽。

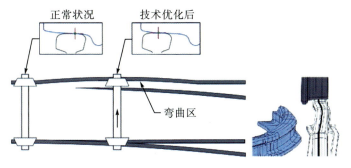

图 7.2　转辙器轨距加宽优化设计

德国道岔的这种动态轨距优化设计是一种带有优化行车动力性能的尖轨和基本轨的特殊设计，能够减少尖轨磨损面积。车轴的两个车轮的滚动圆半径近似相等，起到了减缓车轮蛇行运动的作用。同时，车轮从基本轨到尖轨的过渡部分由于尖轨厚度的快速增加而缩短，也起到了提高行车舒适性的作用。

2）西班牙 CATFERSAN

西班牙的 CATFERSAN 设计方案是通过切削直基本轨轨距角，如图 7.3 所示，改变其轨顶廓形，使直基本轨侧车轮的轮轨接触点向外侧移动，增大轮对向直基本轨侧运动的趋势，从而抵消轮对由于曲基本轨向外弯折所产生的横移量，防止轮缘冲击尖轨尖端。相比于 FAKOP，CATFERSAN 设计所需制造加工量较小，可通过优化直基本轨轨顶廓形，控制车轮在转辙器范围内的蛇形运动。

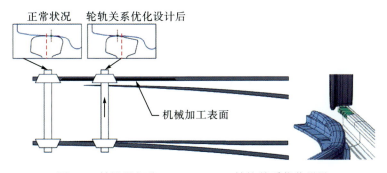

图 7.3　转辙器部分 CATFERSAN 轮轨关系优化设计

3）中国的接触轨迹外移

借鉴 60N 钢轨廓形优化思路，针对莫喀高铁 400km/h 的 25 号高速铁路道岔转辙器部分，通过优化直基本轨工作边的钢轨廓形来减小滚动圆半径差和等效锥度，从而改善列车-道岔系统的动力相互作用。

3．优化策略

道岔转辙器部件的尖轨是一个渐变廓形，因此不能对转辙器区的钢轨进行统一优化，需要制定相应的优化策略来确定优化区域及优化控制断面，最后采用优化方法对优化控制断面处的钢轨廓形进行优化，从而得到优化后的钢轨廓形。转辙器部分优化控制断面如图 7.4 所示。图中，断面 A 为尖轨起点，即尖轨轨头刨切段的起点，断面 B 为尖轨轨头刨切段的终点；断面 A 到断面 B 的区域内，沿线路纵向尖轨廓形是逐渐变化的，这部分区域会导致车轮即便在无轮对横移情况下也会产生滚动圆半径差，因此将这一部分对应直基本轨的区域作为优化设计区域，滚动圆半径差通常会在断面 C 处达到峰值，因此将断面 C 作为廓形优化策略中的控制断面，其余优化区域内的直基本轨廓形则通过线性插值方法得到。

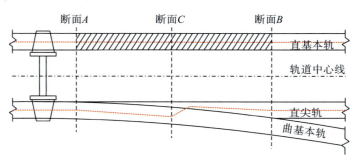

图 7.4　转辙器部分钢轨组合廓形优化的控制断面

设轮对横移量范围为-8～8mm。在该轮对横移量范围内，以尖轨顶宽变化 1mm 为步长考虑道岔截面沿纵向变化，基于迹线法或径向切割矢量投影法计算轮轨接触点对分布变化，若该位置的轮轨接触点对都集中在曲基本轨上，而下一步的轮轨接触点对分布部分转移至直尖轨上，则该位置为断面 $C—C$ 所在的位置。

4．优化方法

为获得断面 $C—C$ 廓形，计算方法如下：直基本轨的优化区域位于工作边一侧，如图 7.5 所示，点 A 距钢轨中心线 20mm，点 B 为直基本轨的轨距测量点，A 到 B 为直基本轨与车轮踏面可能接触的区域，也是钢轨廓形的优化区域，通过改变可动点的位置 $(h_i, v_i, i=1,2,\cdots,n)$ 得到优化的钢轨廓形，h_i 和 v_i 分别是可动点的横坐标和竖坐标。为了简化优化模型，可动点的横坐标 $h_i (i=1,2,\cdots,n)$ 连续，竖坐标 v_i 可变，v_i 在优化问题中是变量，钢轨廓形表达为 $f(v_i)$。

轮对横向位移为 y_k 时，基于迹线法或径向切割矢量投影法可获得左右两侧轨的接触

点位置 $C_{l,k}(y_{l,k}, z_{l,k})$ 和 $C_{r,k}(y_{r,k}, z_{r,k})$，其实际滚动圆半径为 $r_{l,k}$ 和 $r_{r,k}$，故滚动圆半径差函数可表示为

$$\Delta r_k = \left| r_{r,k} - r_{l,k} \right| \tag{7.2}$$

车轮实际滚动圆半径由轮对横移量及道岔组合廓形所决定，故滚动圆半径差函数可表示为

$$\Delta r_k = \Delta r_k(y_k, v_1, v_2, \cdots, v_n) \tag{7.3}$$

考虑到轮对横移量的变化范围为 $-12 \sim 12\text{mm}$，横向移动的子步长为 0.5mm，轮轨接触点到线路中心线的平均距离 S 为

$$S = \frac{\sum\limits_{k=1}^{m} \Delta r_k(y_k, v_1, v_2, \cdots, v_n)}{m} \tag{7.4}$$

式中，m 为轮对横移的总次数，为 49 次。函数中考虑了不同轮对横移量下的权重系数，假设轮对横移量的范围满足正态分布 (μ, σ^2)，且轮对横移量小于 4mm 的可能性最大，故设定轮对横移量正态分布曲线中，数学期望 $\mu=0$，标准差 $\sigma=4$，不同轮对横移量下的权重系数可表示为

$$w = \begin{cases} 0.68, & \left|y_i\right| \in [0,4] \\ 0.27, & \left|y_i\right| \in (4,8] \\ 0.05, & \left|y_i\right| \in (8,12] \end{cases} \tag{7.5}$$

考虑权重系数后，轮轨接触点到线路中心线的平均距离 S 可表示为

$$S = \frac{\sum\limits_{k=1}^{m} w_j \Delta r_k(y_k, v_1, v_2, \cdots, v_n)}{m} \tag{7.6}$$

对于不同轮对横移量下轮轨接触点对的分布，轮对横移量参数 y_k 为已知参数，故式(7.6)可表示为

$$S = S(v_1, v_2, \cdots, v_n) \tag{7.7}$$

式(7.7)为钢轨廓形优化的目标函数。钢轨的廓形是严格凸曲线，因此在优化过程中，为保证钢轨廓形的真实性，定义了以下约束函数：

$$G_i = v_{i+1} - \frac{v_i + v_{i+2}}{2} > 0, \quad i = 1, 2, \cdots, n-2 \tag{7.8}$$

考虑到钢轨廓形的初始状态和优化能力，变量 v_i 的边界范围可定义为

$$7a_i \leqslant v_i \leqslant b_i, \quad i = 1, 2, \cdots, n \tag{7.9}$$

式(7.8)和式(7.9)作为钢轨廓形优化中的约束函数。采用结合 Quasi-Newton 法和 BFGS 法的二次序列优化法(SQP)对直基本轨 $C\text{—}C$ 断面进行优化。根据式(7.7)～式(7.9)，优化问题可表达为

$$\begin{aligned} &\min S = S(v_1, v_2, \cdots, v_n) \\ &\text{s.t.} \quad G_i > 0, \quad a_i \leqslant v_i \leqslant b_i, \quad i = 1, 2, \cdots, n-2 \end{aligned} \tag{7.10}$$

优化算法的流程如图 7.6 所示。

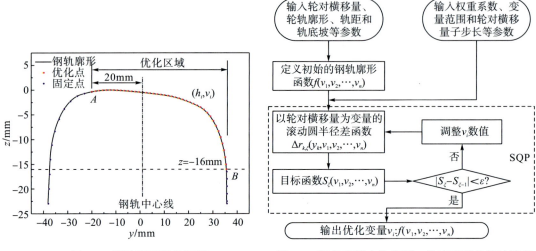

图 7.5　钢轨廓形优化区域　　　　　图 7.6　道岔直基本轨廓形二次序列优化算法流程

5. 优化结果

考虑 CR15 型和 LMA 型两种高速踏面车轮通过莫喀高铁 25 号高速铁路道岔转辙器部分，该道岔基本轨为俄罗斯 P65 钢轨，设置 1:20 轨底坡或轨顶坡，轨距为 1520mm。计算得 CR15 型踏面对应的 $C\!-\!C$ 断面为尖轨顶宽 14mm 处（距尖轨尖端 2.492m），LMA型踏面对应的 $C\!-\!C$ 断面为尖轨顶宽 28mm 处。以轮对滚动圆半径差与等效锥度为目标函数，计算所得的两种车轮踏面廓形下直基本轨优化 $C\!-\!C$ 断面与原 P65 钢轨廓形的对比如图 7.7 所示。

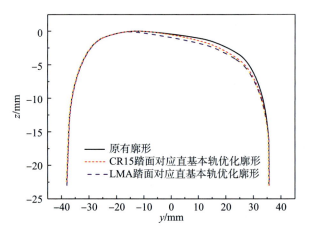

图 7.7　直基本轨控制断面优化前后的廓形对比

三、直基本轨廓形优化对轮轨接触几何关系的影响

车轮踏面设为 LMA 或 CR15，以不考虑直基本轨 $C\!-\!C$ 断面优化为原设计方案，以图 7.7 中 $C\!-\!C$ 断面廓形优化为设计方案 1。

1. 轮轨接触点对

以 LMA 型踏面为例,轮对横移量在-4~4mm 范围变化时,直基本轨控制断面优化前后,基本轨及尖轨组合廓形上的轮轨接触点对分布如图 7.8 所示。

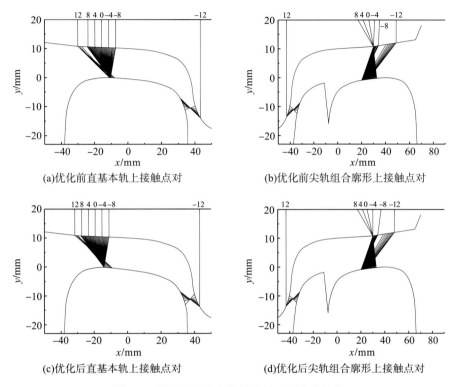

(a)优化前直基本轨上接触点对　　　　　　(b)优化前尖轨组合廓形上接触点对

(c)优化后直基本轨上接触点对　　　　　　(d)优化后尖轨组合廓形上接触点对

图 7.8　控制断面优化前后接触点对分布比较

由图 7.8 可见,直基本轨优化前,轮轨接触点在基本轨侧车轮上的分布范围为-19.68~-11.49mm;优化后,轮轨接触点在基本轨侧车轮上的分布范围为-23.45~-15.26mm,轮轨接触点外移约 3.77mm,减小了基本轨侧车轮滚动圆半径。直基本轨控制断面廓形优化对尖轨组合廓形上的接触点对分布影响较小。

2. 滚动圆半径差

轮对以无横移量和摇头角通过该道岔转辙器部分时,左右车轮的滚动圆半径差在控制断面优化前后的比较如图 7.9 所示。由图可见,相比于原设计,设计方案 1 的道岔截面在发生轮载过渡前,CR15 的滚动圆半径差最大值从 1.72mm 降低至 1.13mm,LMA 滚动圆半径差最大值从 0.62mm 降低至 0.56mm,有利于控制轮对的蛇形运动。当轮载由曲基本轨过渡至直尖轨后,尖轨侧车轮轮轨接触点往内侧偏移,实际滚动圆半径差增大且大于直基本轨侧车轮,而直基本轨侧车轮轮轨接触点仍保持在车轮外侧,实际滚动圆半径较小,设计方案 1 的滚动圆半径差会小幅增大。

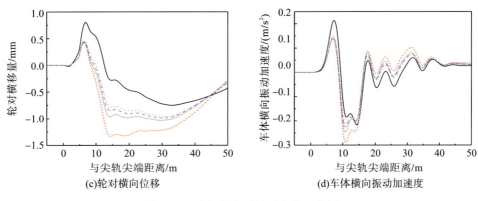

图 7.13　列车-道岔系统动力相互作用

五、翼轨抬高对列车-道岔系统动力响应的影响

1. 翼轨抬高设计方案

中国高速铁路道岔设计中采用心轨水平藏尖设计，有效降低了辙叉部分的轮轨横向动力响应，在莫喀高铁 25 号道岔中也采用了心轨尖端水平藏尖 9.2mm 设计。但可动心轨辙叉因垂向结构不平顺的变化率较大，轮轨冲击作用较剧烈，辙叉部分的轮重减载率及脱轨系数均较转辙器部分大得多，仅采用心轨水平藏尖设计不能有效降低辙叉部分的垂向相互作用，因此可通过翼轨垂向抬高，抵消心轨降低引起的垂向不平顺，以缓解辙叉部分的轮轨动力作用。

在辙叉部分，逆向进岔的车轮由翼轨逐渐过渡至心轨，根据 CR15 踏面车轮与翼轨或心轨接触斑椭圆长轴按 10mm 设计轨顶轮廓，如图 7.14 所示。当辙叉直股开通时，列车轮对基本沿着道岔中心线运行，两侧轮缘分别与基本轨、序号 2 翼轨前段+长心轨直股工作边的间隙基本均等；可动心轨辙叉的曲外股导曲线半径为 2800m，当辙叉侧股开通时，在离心力作用下车轮踏面向序号 1 翼轨前段+长心轨侧股工作边外移，由此可知，在翼轨设置垂向抬高时，侧股相对于直股的抬高量要小一些。为简化设计，两股翼轨抬高取值相同。

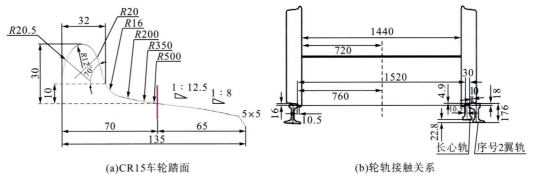

(a)CR15车轮踏面　　　　　　　　(b)轮轨接触关系

图 7.14　心轨顶宽 30mm 断面处轮轨关系示意图(单位：mm)

为降低辙叉纵向不平顺，将心轨 20mm 断面作为承载起始断面，模拟翼轨与心轨实际尖端、心轨 20mm 断面、心轨 30mm 断面、心轨 40mm 断面、心轨 50mm 断面密贴装配时轮轨关系。从而可知，翼轨抬高范围为心轨实际尖端至心轨 50mm 断面，在心轨 30mm

断面处翼轨抬高值最大，为 2.2mm；在心轨 20mm 断面处翼轨抬高 0.7mm。辙叉部分的心轨降低值、翼轨抬高值设计如图 7.15 所示。

将 P65 钢轨倾斜 1∶20 与 CR15 车轮相配合，按轨顶垂直磨耗 0.1mm，考虑 CR15 车轮踏面廓形及其与翼轨、心轨的接触范围，拟定接触斑椭圆长轴为 10mm，边缘距钢轨中心 7.7mm，将翼轨和心轨上所拟定的轮轨接触范围廓形更换为 CR15 车轮踏面相对应的接触范围廓形，以增强轮轨共性接触，设计得到翼轨抬高后的心轨组合廓形如图 7.16 所示。

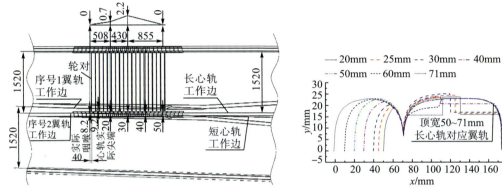

图 7.15　辙叉部分轮轨关系设计（单位：mm）　　图 7.16　翼轨抬高后长心轨与翼轨的组合廓形

2. 翼轨抬高对轮轨接触几何关系的影响

翼轨抬高后，CR15 踏面车轮在不同横移量情况下与心轨顶宽 15mm、23mm、32mm 等典型断面的接触点对分布及与翼轨不抬高情况的比较如图 7.17 所示。

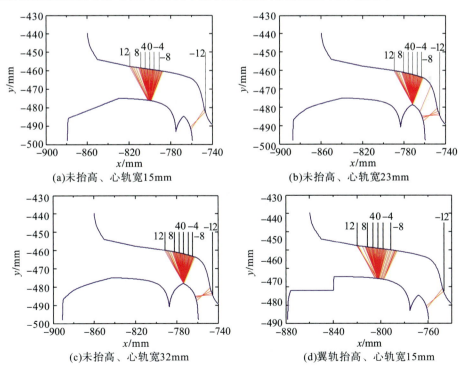

(a)未抬高、心轨宽15mm　　　　　　　(b)未抬高、心轨宽23mm

(c)未抬高、心轨宽32mm　　　　　　　(d)翼轨抬高、心轨宽15mm

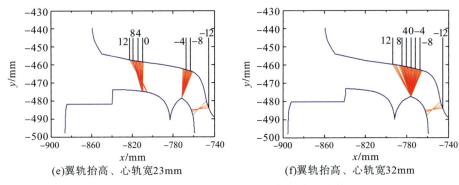

(e)翼轨抬高、心轨宽23mm   (f)翼轨抬高、心轨宽32mm

图 7.17   心轨组合廓形处轮轨接触点对比较

由图 7.17 可见，翼轨抬高延后了轮载过渡位置，原设计在心轨顶宽 23mm 断面处即已完成轮载从翼轨向心轨的过渡，翼轨抬高后在心轨顶宽 32mm 断面处才完成过渡，有利于增加竖向结构不平顺的波长，降低垂向动力相互作用。

不考虑轮对横移及摇头，轮对以对中方式通过道岔变截面钢轨时，在辙叉部分所形成的垂向结构不平顺和横向结构不平顺如图 7.18 所示(图中设计方案 1 为翼轨不抬高工况、设计方案 4 为翼轨抬高工况)。由图可见，通过翼轨抬高，轮载过渡前轮轨接触点位置逐步提升和外移，轮载过渡位置延后；垂向结构不平顺幅值变化不大，但波形由三角形波变为 S 形波，前期高速铁路道岔设计理论分析表明[16]，这样可以有效降低轮轨垂向动力作用，但横向结构不平顺有所增大。

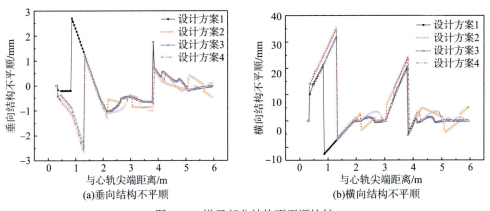

(a)垂向结构不平顺   (b)横向结构不平顺

图 7.18   辙叉部分结构不平顺比较

3. 翼轨抬高对直向过岔动态响应的影响

具有 CR15 踏面的高速动车组以 440km/h 的速度直逆向通过该道岔时，轮轨垂向力、横向力分布及与翼轨未抬高时的比较如图 7.19 所示。由图可见，动车组直逆向过岔时，辙叉部分的轮轨垂向力较转辙器部分大得多，而轮轨横向力相差不大，且量值较小；翼轨未抬高时，辙叉部分的轮轨垂向力最大值约为 145.1kN，最小值约为 39.0kN，翼轨抬高后，辙叉部分的轮轨垂向力最大值约为 129.4kN，最小值约为 42.8kN，由此可见，翼轨抬高有利于降低轮轨垂向相互作用和轮重减载率，有利于提高过岔安全性；但轮轨横向力最大值由 8.1kN 提高至 11.3kN，因量值较小，对列车-道岔系统的横向动力响应影响不大。

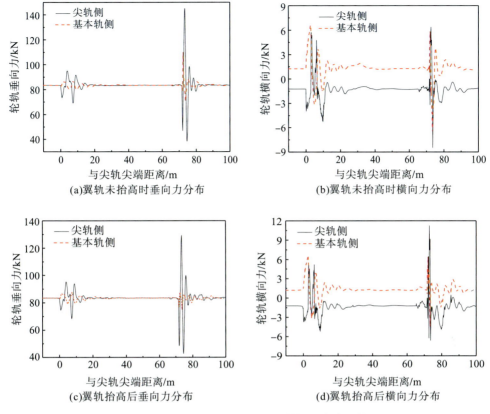

(a)翼轨未抬高时垂向力分布　　　　(b)翼轨未抬高时横向力分布

(c)翼轨抬高后垂向力分布　　　　(d)翼轨抬高后横向力分布

图 7.19　动车组直逆向过岔时轮轨动态力比较

具有 CR15 踏面的高速动车组以 440km/h 的速度直逆向通过该道岔时，车体垂向、横向加速度分布比较如图 7.20 所示(图中方案 1 为翼轨不抬高工况、方案 4 为翼轨抬高工况)。由图可见，翼轨抬高后，车体垂向及横向加速度均有所增大，但车体垂向加速度远小于车体舒适度指标 2.0m/s^2，辙叉部分的车体横向加速度最大值与转辙器部分相当。

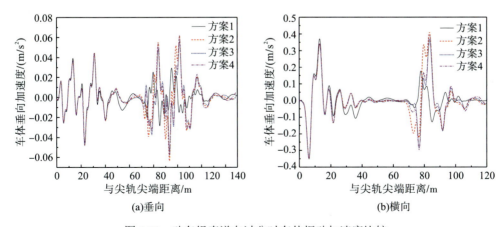

(a)垂向　　　　　　　　　(b)横向

图 7.20　动车组直逆向过岔时车体振动加速度比较

第二节　直曲组合尖轨线型提高曲尖轨耐磨性分析

　　高速列车侧向通过客运专线道岔时，曲股尖轨会产生明显的磨耗，特别是在侧顺向出岔的岔位上，曲尖轨的使用寿命通常只有两年。尖轨磨耗测试结果表明，尖轨侧磨基本上出现在尖轨前端部分，在轨头宽 10～28mm 范围侧磨最为严重，轨头宽 28～48mm 范围侧磨逐渐减小，而 48mm 断面以后基本上无侧磨出现。前述道岔长时动力学分析表明，这是曲尖轨非一致侧磨导致的。为解决好保证侧向过岔平稳性与提高曲尖轨耐磨性的矛盾要求，需要对曲股尖轨及其与直基本轨的组合线型进行深入研究。

一、曲股尖轨线型研究现状

　　在低速、小号码道岔中，曲股尖轨通常为直线型，如图 7.21 所示，尖轨各断面处的轮轨横向冲击角相同，其耐磨性相对较好，但列车侧逆向进岔时的轮对与尖轨贴靠冲击角较大，列车转向动能损失较为严重，因此在道岔平面线型设计中规定动能损失 $\omega = v^2 \sin^2 \beta_c$ 不宜超过 $0.65\text{km}^2/\text{h}^2$。为此，在号码较大的道岔中侧股尖轨通常设计为曲线型，其中切线型（曲线尖轨轨距延伸线与直基本轨相切）曲线尖轨的轮轨横向冲击角最小，如图 7.22 所示，侧向过岔最为平稳，但实践表明这种线型的曲尖轨耐磨性最差，使用寿命最短。

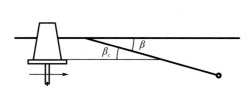

图 7.21　直线型曲股尖轨

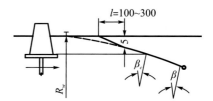

图 7.22　切线型曲线尖轨（单位：mm）

　　曲线型尖轨的轮轨横向冲击角最大值主要取决于轮轨游间，轨距误差容许情况下的轮轨游间极值为 44mm，为减缓尖轨前端薄弱断面的磨耗，进一步在尖轨顶宽 44mm 断面前某处做斜切，可以形成半切线型曲线尖轨，如图 7.23 所示，既可减缓尖轨侧磨，又可控制轮轨横向冲击角不至于过大。我国在 20 世纪 90 年代研制提速道岔的过程中，又采用了相离式（曲线尖轨轨距延伸线与相离于直基本轨一定距离的平行直线相切）半切线型曲线尖轨，如图 7.24 所示，实践表明，在控制轮轨横向冲击角不超限的情况下，可较大程度地减缓曲线尖轨的侧磨。中国 350km/h 的 18 号高速铁路道岔曲尖轨就是采用相离 11.95mm 在尖轨顶宽 26mm 处做斜切的相离式半切线型曲线尖轨。

　　由于相离式半切线型曲线尖轨在相同顶宽下转辙角会有所减小，相当于延后了轮轨冲击角极值出现的位置。在深圳地铁 9 号道岔平面线型优化设计中[17]，以轮轨冲击角不超过全切线型尖轨情况下极限值为前提，首次采用了直曲线组合的曲尖轨线型，曲尖轨与直基本轨相离 30mm，半切线起点位于尖轨顶宽 74mm 处（此时尖轨与基本轨已不再密贴），如

图 7.25 所示，轮轨最大冲击角与全切情况下在尖轨顶宽 44mm（最大轮轨游间）处接触相同，侧向过岔速度为 35km/h 时的动能损失为 0.53km²/h²，仍在容许限度内。该曲尖轨仍为相离式半切线型，但从整个尖轨长度来看，与直基本轨密贴的前半段为直线，而后半段为半径 200m 的圆曲线，是一种半直半曲的直曲组合线型。此线型尖轨的粗壮度在 14mm 以前优于既有线型，相对于其他地铁用的道岔也有较大的提高，可延长尖轨使用寿命，如图 7.26 所示。实践运用表明，直曲组合尖轨线型可延长地铁折返线处曲尖轨使用寿命一倍以上。

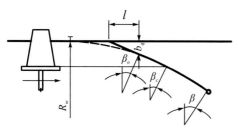

图 7.23　半切线型曲线尖轨

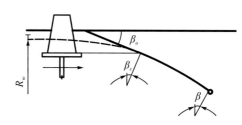

图 7.24　相离式半切线型曲线尖轨

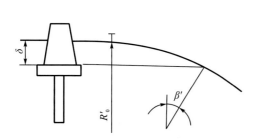

图 7.25　直曲组合尖轨线型

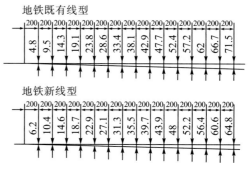

图 7.26　尖轨粗壮度比较

中国铁道科学研究院在研发 27t 轴重 12 号重载道岔时[18]，也采用了这种直曲组合曲尖轨线型，导曲线为半径 300m 的单圆曲线，相离值为 40.8mm，半切线起点处轨头宽度为 66.8mm，尖轨直线段长 5.32m。同时还采用刨切基本轨以便进一步加厚尖轨的技术，如图 7.27 所示。通过刨切基本轨，新增轨距线外侧 θ 角，尖轨前端角度变为 $\alpha+\theta$，使尖轨厚度迅速增加。该道岔中基本轨工作边刨切总量为 5mm，曲线尖轨最大加厚量也达到 5mm。在大秦重载铁路大同南站上试铺表明，道岔侧向年通过总重为 1.79 亿 t，原曲线尖轨的平均使用寿命为 60～70 天，通过总重为 0.29 亿～0.34 亿 t，均是因尖轨顶宽 50mm 断面前部分侧磨超限而下道；而直曲组合线型的曲尖轨的使用寿命为 237 天，通过总重高达 1.11 亿 t，寿命提升 2.4 倍，而侧磨最大值则发生在尖轨顶宽 64～71mm 范围。

理论分析及运营实践表明，采用直曲组合尖轨线型具有以下优点：道岔号码相同时，与直线尖轨道岔相比，导曲线半径可以有所增大，而导曲线半径不变时，道岔长度可缩短；列车逆向进入道岔侧线和顺侧向出岔时的行车平稳性不会显著降低；尖轨前端直线段长度可以显著增加，尖轨较切线型曲线尖轨和半切线型曲线尖轨略长；尖轨前端厚度较切线型曲线尖轨和半切线型曲线尖轨有所增加，抗磨耗能力增加；列车侧向出岔和逆向进岔时，尖轨直线段部分不需要持续起导向作用，轮轨横向力小，车轮对尖轨的磨耗作用弱，尖轨达到最大值。对线型进行优化后，磨耗指数峰值位置和较大作用范围逐渐后移，磨耗功率分别降低为 3541.04N·m/s 和 2793.99N·m/s。"直曲组合型"曲尖轨使轮轨磨耗最大位置后移至曲尖轨粗壮断面，发挥了曲尖轨直线段耐磨的特点。

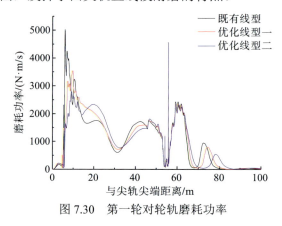

图 7.30　第一轮对轮轨磨耗功率

四、列车侧向通过直曲组合曲尖轨时的动力响应分析

运用列车-道岔耦合动力学理论，对比分析不同平面线型方案下列车-道岔系统动态响应，包括轮轨动态相互作用力、车辆运行平稳性等，对所提平面线型方案进行检验。

1. 轮轨动态相互作用力

由图 7.31 可以看出，列车行驶于道岔侧股，而道岔侧股曲线未设置超高，未被平衡的离心力使钢轨产生偏载现象，导致外侧钢轨上轮轨相互作用增加。列车在通过转辙器和辙叉部分时，由于道岔自身结构不平顺的影响，轮轨间作用力有较大程度的变化，既有线型侧股外侧钢轨上两处最大值达 86.25kN 和 106.11kN。辙叉区不平顺波长较短，其结构不平顺变化率较大导致辙叉处受力偏大。对曲尖轨线型进行优化后，优化线型一和优化线型二侧股通过转辙器时轮轨垂向力最大值分别降低至 81.09kN 和 79.44kN。

由图 7.32 可以看出，由于轮轨间作用力在两侧钢轨上的偏载作用，轮轨横向力的分配也有不同程度的改变，同样在转辙器和辙叉处达到峰值，导曲线部分轮轨横向力值相对平稳。列车侧逆向通过道岔时，将产生对尖轨的撞击作用，横向力发生突变，同时叠加有道岔横向不平顺，使最大值达 32.84kN。将既有线型优化为线型一和线型二时，轮轨横向力在转辙器处出现峰值的位置逐步后移，车轮在顶宽更大、结构更强壮的道岔位置发生轮载过渡，峰值分别减小为 20.55kN 和 15.06kN。可见，线型优化大大减缓了车轮对曲尖轨的冲击作用。

轮轴横向力大小将影响线路稳定性，是产生轨排横移量增加、轨道结构稳定性降低的重要原因之一，对于道岔结构，需严格控制其侧股各部位轨距，可从轮轴横向力角度进行评判。由图 7.33 可知，列车通过道岔时，车轮撞击曲尖轨时产生较大横向力导致轮轴横向力绝对值的最大值达 25.29kN，未超过由我国动车组通过道岔时的轮轴横向力限值计算式 $0.85 \times (10 + P_0/3)$ 所得的限值 47.37kN，其中 P_0 为静轴重。对曲尖轨线型进行优化后，优化线型一和优化线型二侧股通过转辙器时，轮轴横向力最大值分别降低至 14.13kN 和 10.09kN。

图 7.34 中轮对脱轨系数与轮轨横向力变化趋势相似，轮对侧向通过道岔冲击尖轨，三种线型的脱轨系数在转辙器区尖轨侧达到最大值，分别为 0.43、0.26 和 0.19，均小于安全限值 0.8。辙叉区脱轨系数最大值为 0.16，仅由辙叉区结构不平顺导致轮轨间作用力分配变化所致，远小于转辙器区对应值，对行车安全性影响较小。

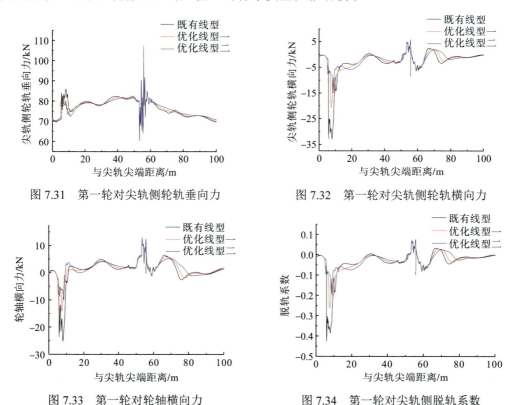

图 7.31　第一轮对尖轨侧轮轨垂向力　　　　　图 7.32　第一轮对尖轨侧轮轨横向力

图 7.33　第一轮对轮轴横向力　　　　　图 7.34　第一轮对尖轨侧脱轨系数

图 7.35 中轮重减载率与轮轨垂向力变化趋势相似，侧股基本轨侧轮轨相互作用减弱，尖轨侧轮轨相互作用增强，对于三种不同线型，轮重减载率最大值出现在辙叉处基本轨侧，均为 0.27 且小于规范限值 0.6。

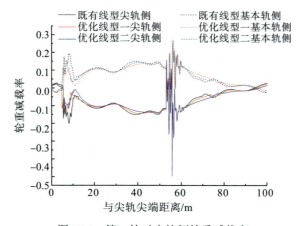

图 7.35　第一轮对尖轨侧轮重减载率

2. 车辆运行平稳性

由图 7.36 可见，当列车行驶于转辙器和辙叉部位时，由于道岔结构不平顺作用将使车体产生明显波动，且从轮轨间垂向力可知，辙叉处道岔不平顺作用较转辙器强烈，使三种线型中列车通过辙叉时垂向加速度幅值均达到最大 0.09m/s²，远小于车体舒适度指标 1.5m/s²，这是因为目前动车组车辆优良的一系和二系减振使由轮对向上传递的振动得到了较大程度的衰减。

图 7.37 中车体横向加速度在车轮通过转辙器和辙叉位置附近达到峰值，且在导曲线上维持较大值，这是列车侧向过岔时未被平衡的加速度，导致车体具有较大的横向加速度，因此相对于车体垂向加速度也有较大程度的提高。考虑到轮对在转辙器处将与尖轨产生撞击，此处既有线型车体横向加速度达到最大值 0.72m/s²。当采用"直曲组合型"曲尖轨优化线型一和优化线型二，延长尖轨前端直线段长度后，横向加速度最大值分别降低为 0.61m/s² 和 0.53m/s²，均小于舒适度控制标准 1m/s²。优化线型提高了列车过岔的舒适性。

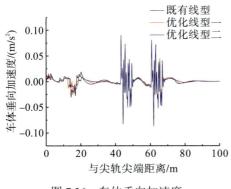

图 7.36 车体垂向加速度

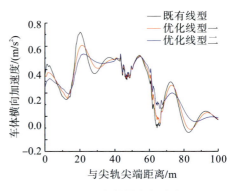

图 7.37 车体横向加速度

图 7.38 中前转向架在下侧两轮对通过转辙器和辙叉结构处振动将加剧，其余部位相对平稳且加速度接近于零，此振动只经由车辆一系减振衰减，因此转向架垂向振动加速度较车体明显增加。对于三种线型，轮对运行于辙叉区时，转向架垂向加速度最大值分别为 2.15m/s²、2.12m/s² 和 2.10m/s²；当轮对运行于转辙器区时，转向架垂向加速度最大值达分别为 0.84m/s²、0.57m/s² 和 0.50m/s²。可见，线型优化降低了前转向架垂向加速度，但变化幅值较小。

图 7.39 中既有线型的前转向架横向加速度在车轮冲击尖轨时产生突变，达到最大值 4.05m/s²，在辙叉处道岔结构不平顺作用下最大达到 1.37m/s²，同时由于列车行驶于道岔侧股曲线时未受平衡加速度的作用，转向架横向加速度在导曲线部位近似维持在一个大于零的平稳值。优化线型一和优化线型二前转向架横向加速度最大值分别降低为 1.89m/s² 和 2.39m/s²，优化线型一更好地降低了轮对冲击曲尖轨引起的前转向架的横向振动作用。

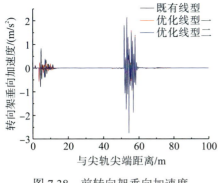

图 7.38　前转向架垂向加速度

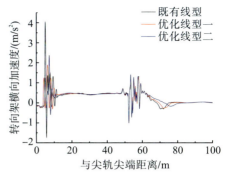

图 7.39　前转向架横向加速度

第三节　60N 钢轨在高速铁路道岔中的应用研究

轮轨廓形几何匹配是轮轨关系的重要发展方向，良好的几何匹配不仅关系着列车的运行平稳性、曲线通过能力，还关系到车轮与钢轨的接触应力、磨损速率及滚动接触疲劳寿命。美国、欧盟、日本、俄罗斯、中国等均在不断修改车轮踏面与钢轨的轨头廓形以适应铁路运输发展的需要。我国车轮从锥形踏面开始，不断发展了 JM、JM2、JM3 三种机车踏面和 LM、LMA 两种车轮踏面，在高速铁路建设中又引进了 SC1002、XP55 等多种新型踏面；钢轨发展了 50kg/m、60kg/m、75kg/m 三种类型，在高速铁路发展中又研发了 60N 钢轨，而我国高速铁路道岔在研制中采用的是标准 60kg/m 轨头廓形，60N 钢轨廓形正在试验研究中。

一、60N 钢轨廓形设计与实践

1. 中国高速铁路轮轨几何匹配现状

中国高速铁路全部采用标准轨距及 60kg/m 钢轨，轨底坡为 1:40，轮对内侧距为 1353mm，近几年又采用了 60N 钢轨。在速度 200～250km/h 的高速铁路上，主要运行 CRH1、CRH2 和 CRH5 三种动车组，其中 CRH1 轴重小于 16t，车轮踏面为中国的 LMA，如图 7.40(a) 所示，新轮直径为 915mm；CRH2 车轮踏面为 LMA，新轮直径为 860mm；CRH5 车轮踏面为 XP55，如图 7.40(b) 所示，新轮直径为 890mm。在速度 300～350km/h 的高速铁路上，主要运行 CRH2-300、CRH3 和中国标准动车组，其中 CRH2-300 轴重小于 17t，车轮踏面为 LMA，新轮直径为 860mm；CRH3 动车组，轴重小于 17t，在国际铁路联盟标准车轮 S1002 基础上，如图 7.40(c) 所示，车轮踏面改进为 S1002CN，如图 7.40(d) 所示，新轮直径为 920mm。中国标准动车组车轮踏面为中国新设计的 LMB-10，新轮直径为 920mm。XP55 车轮实际上是一个锥形车轮，具有 5.5% 的锥度，适合在 1:20 轨底坡的铁路上使用，在中国高速铁路上使用因晃车严重，改为了 LMD 踏面，如图 7.40(e) 所示。由此可见，中国高铁上存在着多种车轮与两种钢轨匹配的情况。

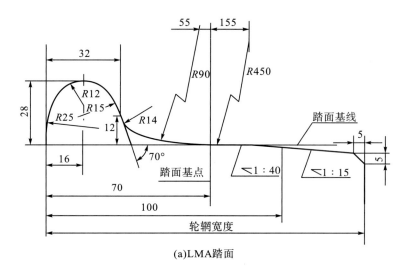

(a)LMA踏面

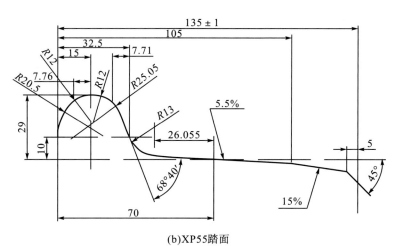

(b)XP55踏面

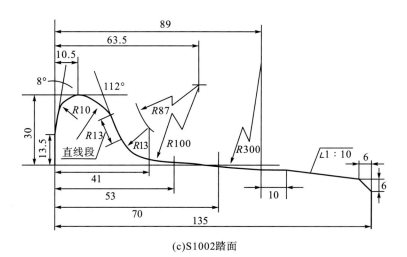

(c)S1002踏面

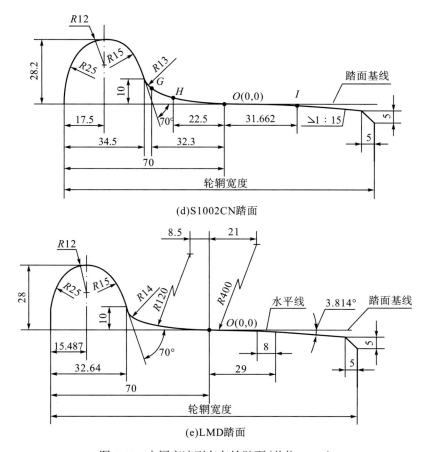

图 7.40　中国高速列车车轮踏面（单位：mm）

2. 轮轨廓形匹配不良造成晃车

车辆通过直线、大半径曲线时，轮轨接触的主要区域期望在轨头踏面中心区域和车轮踏面中心区域，轮轨接触应力最小、横向蠕滑率/力很小，这种接触状态是轮轨型面设计所追求的。而当车辆通过小半径曲线、轨距发生变化或轨面出现不连续（如道岔、接头、擦伤）情况时，轮轨往往会在钢轨轨距角与车轮轮缘根部区域接触，可能使轮轨出现早期作揖以及影响车辆的导向性能和稳定性，是轮轨型面设计力求避免的；但是若轨距角部位与轮缘形成共形接触，与两点接触等接触状态相比，接触应力最低，则又是铁路运行希望出现的。

S1002CN 和 XP55 车轮踏面与 1：40 轨底坡钢轨接触时，轮轨接触角偏向轨距角，不在轨头踏面中心；相比较而言，LMA 车轮与 60kg/m 钢轨的匹配情况要好得多。分析表明，轮轨接触等效锥度越大，动车组运动稳定性越低，临界速度越小。计算表明，S1002、LMA、XP55、S1002CN 与中国 60kg/m 标准钢轨接触时的起初名义等效锥度分别为 0.027、0.036、0.057 和 0.164，由此可见，S1002CN 的起初名义等效锥度比 S1002 高出 6 倍多，这也是 CRH3 型动车组对钢轨轨头廓形敏感的原因之一。

TSI 标准要求，在大于 220km/h 高速铁路上运行的动车组需要加装构架横向加速度报警装置。我国 CRH3 系列动车组按 TSI 的要求加装了构架横向加速度报警装置，其报警逻辑为构架横向加速度经 3～9Hz 滤波,如连续 10 次大于 0.8g,则触发车载报警系统。若第一次发生横向加速度报警,最高速度将限制在 280km/h,持续 120s 之后自动解除;若在 300km 距离内发生两次横向加速度报警,最高速度将一直被限制在280km/h;若最高速度持续被限制在 280km/h 后,在 300km 距离内又发生两次横向加速度报警,最高速度将被限制在 220km/h。我国高铁开通运行以来,CRH3 型动车组先后在武广、哈大、京沪等高铁线路上出现过动车组构架横向加速度报警,在京沪高铁上还出现过车体抖动现象。研究表明,轮轨磨耗导致等效锥度随运营里程的增加稳步增大,是动车组晃车出现构架横向加速度报警的主要原因,通过车轮镟修和钢轨打磨可消除这一现象。

3. 钢轨打磨廓形设计

对钢轨进行预打磨,首先要保证消除高速铁路钢轨上的脱碳层。该脱碳层深度多数小于 0.3mm,个别为 0.3～0.5mm,其中硬度较低的全脱碳层深度为 0.1～0.2mm。因此,为了消除车轮走行面上硬度较低的全脱碳层,钢轨预打磨的深度在非工作边侧应大于0.2mm,在轮轨主要接触部位应大于 0.3mm。其次,为了使走行光带居中,根据具体的车轮踏面,在轨距角部位的打磨深度应达到 0.8～1.5mm。

为保证钢轨打磨面连接的平顺性,同时避免一次进刀量过大而对钢轨造成损伤,需要对一次打磨形成的打磨小平面的宽度进行限制。与车轮接触的轨头半径为 13mm 区域(15°～60°)、半径 80mm 区域(5°～15° 以及-15°～-5°)和半径 300mm 区域(-5°～5°)打磨面的最大宽度分别为 5mm、7mm、10mm。打磨面沿钢轨纵向 100mm 长范围内的打磨面宽度最大变化量应不大于打磨面最大宽度的 25%。

钢轨打磨后,轮轨走行光带不宜太窄。虽然轮轨走行光带居中且较窄对减少晃车有利,但会加速车轮的凹形磨耗,不利于延长车轮的镟修周期。对轨头半径为 13mm 的部位多打磨,可使轮轨走行光带居中;对轨头半径为 80mm 的部位少打磨,可使轮轨走行光带有较大的宽度。钢轨打磨后要形成合理的打磨廓面,不能采用突出中间、磨削两边的方法使轮轨走行光带居中。

为了改善轮轨接触关系,达到轮轨接触的理想状态,中国铁道科学研究院设计了如表 7.1 所示的钢轨预打磨设计廓形,也称为 60D 钢轨。

武广、京沪、哈大等高速铁路运营实践表明,钢轨预打磨后轮轨接触光带居中,宽度为 20～30mm,在车轮镟修周期内,未见动车组失稳现象。即使是与踏面凹形磨耗的车轮接触时,等效锥度也符合要求,动车组不易出现报警。而按标准 60kg/m 廓形的原始型面打磨,会造成光带偏向轨距角,且光带宽度较宽,动车组运行半年至一年以后,光带宽度达到 40～50mm 时出现了动车组构架横向加速度报警事件。但有的施工单位将钢轨轨面打磨成两边低、中间高,这种打磨方法虽然可以光带居中,宽度达到 20～30mm 的要求,但会促进车轮的凹形磨耗,也会破坏动车组的对中性能。轨距角一侧包括 R80mm 部位过度打磨,也会破坏动车组的对中性能,导致直线钢轨交替侧磨。由此可见,按设计廓形进行打磨,是改善轮轨关系的重要手段。

表 7.1　钢轨预打磨深度理论设计值

打磨角度 /(°)	钢轨预打磨深度/mm		打磨角度 /(°)	钢轨预打磨深度/mm	
	运行普通客货列车线路	运行 CRH2 和 CRH3 线路		运行普通客货列车线路	运行 CRH2 和 CRH3 线路
-10	0.26	0.25	10	0.98	0.78
-5	0.53	0.43	15	1.20	0.90
-2	0.50	0.38	20	1.17	0.91
-1	0.45	0.33	25	1.09	0.87
0	0.27	0.30	30	0.99	0.78
1	0.28	0.30	35	0.89	0.67
2	0.30	0.37	40	0.77	0.55
3	0.50	0.52	45	0.64	0.47
4	0.63	0.63	55	0.34	0.29
5	0.70	0.67	60	0.18	0.19

4. 60N 钢轨新廓形研发设计

1）60N 钢轨廓形

轮轨型面优化匹配时主要考虑以下原则：低的轮轨接触应力、良好的曲线通过性能、良好的对中性能、良好的动力学稳定性、良好的车轮踏面均磨性。轮轨几何型面匹配是否良好，不仅影响车辆的动力学性能，同时影响轮轨接触应力，对轮轨接触疲劳的影响作用较大。

从理论上来讲，针对我国铁路线上运行的六种型面车轮，对应设计六种轨头廓形钢轨以实现良好的轮轨匹配较为有利，但从可操作性上来讲，具有不同车轮踏面的车辆均有可能在同一线路上运行，设计一种钢轨轨头廓形适应四种不同的车轮踏面最为理想。因此，轨头廓形优化的总目标是设计研发出一种廓形钢轨，在与普通铁路用 LM 型面车轮匹配时，做到显著减少轨距角剥离掉块、轨头核伤等损伤；在与高速铁路用 LMA、S1002CN 和 XP55 型面的车轮匹配时，能够显著改善车辆动力学性能，使轮轨具有合适的等效锥度，减少动车组构架横向失稳，延长车轮镟修和钢轨打磨周期。同时，在按照对称断面设计新轨头廓形钢轨时，尽量少变动原有钢轨的几何尺寸，尤其要保证轨高、轨头宽度和轨冠以外的几何尺寸不变，以便于钢轨的铺设和更换，减少对钢轨焊接、养护和维修的影响。

为了实现上述目标，在借鉴国外经验、长期跟踪我国铁路钢轨轨头廓形随线路通过总重变化规律以及高速铁路钢轨打磨廓形使用经验的基础上，以标准 60kg/m 钢轨为原型，设计了新廓形 60N 钢轨，60N 钢轨及与原 60 轨、欧洲 60E2 钢轨的比较如图 7.41 所示[19]。可以达到在直线线路上轮轨接触光带居中、在曲线线路上车轮轮缘贴靠钢轨运行时形成轮轨共形接触的预期目标以及具有合适等效锥度的目的。

由图 7.41 可见，60N 钢轨轨头两侧廓形比 60E2 钢轨收敛得更多，这是为了兼顾与 LM 型面车轮有更好的匹配关系，也与欧洲球形钢轨轨头两侧廓形具有相同的趋势，在轨顶宽度 24mm 范围内，60N 与 60E2 钢轨的轨头尺寸基本相同。

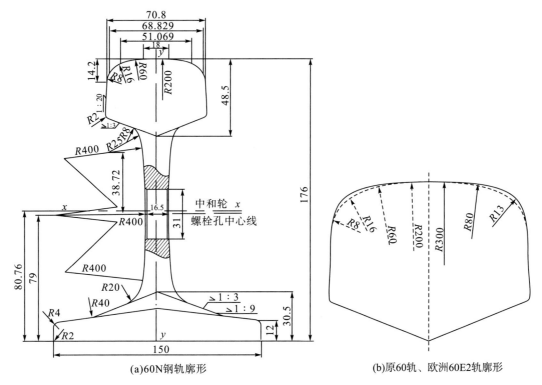

图 7.41　60N 钢轨廓形及与原 60 轨、欧洲 60E2 钢轨的比较(单位：mm)

2)60N 钢轨的轮轨接触几何

　　LMA、S1002CN 和 XP55 三种型面的车轮与 60N 钢轨的轮轨接触点对分布如图 7.42 所示。由图可见，轮对处于对中位置时，LMA、S1002CN 及 XP55 踏面接触点分别位于名义滚动圆半径内侧 0.42mm、3.41mm 和 6.27mm 处。在踏面接触区域，LMA 车轮踏面接触点存在两个较明显的跳动，而 S1002CN 和 XP55 车轮踏面接触点分布则相对较均匀。当轮对横移量范围在−5.0～5.0mm 时，LMA、S1002CN 和 XP55 三种踏面的车轮接触点横向分布宽度分别为 12.71mm、21.21mm 和 12.16mm，钢轨接触点横向宽度分别为 2.63mm、10.83mm 和 2.03mm。LMA 和 XP55 与 60N 钢轨匹配时轮轨接触点横向分布宽度均较小，有利于高速行车时的平稳性，但轮轨接触点分布集中会造成轮轨的集中磨耗[20]。

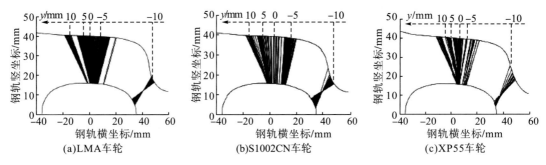

图 7.42　60N 钢轨的轮轨接触点对比较

以 LMA 型面的车轮为例，与 CHN60（标准 60 轨）、60D（预打磨廓形）、60N（优化廓形）钢轨接触时等效锥度随轮对横移量的变化及车轮踏面上接触点变化的横向宽度范围如图 7.43 所示。由图可见，当轮对横移量小于 6mm 时，LMA 车轮与三种廓形钢轨接触时的等效锥度均较小，有利于轮对对中；当横移量大于 6mm 且小于 9mm 时，LMA 车轮与 CHN60 轨匹配时等效锥度显著增大，不利于直线行车稳定；当横移量大于 9mm 时，LMA 车轮与三种钢轨匹配时的等效锥度均急剧增大，均有利于曲线通过。在相同的轮对横移量情况下，LMA 车轮与 CHN60 钢轨匹配时接触带宽最大，60N 钢轨次之，60D 钢轨最小，接触带宽越大越容易造成晃车，接触带宽越小越容易造成车轮凹形磨耗，相比较而言，60N 钢轨廓形最优[21]。

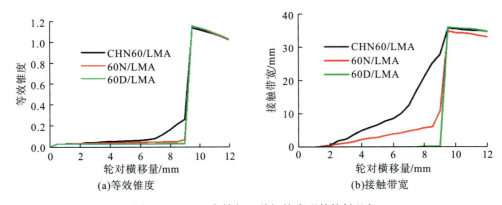

图 7.43　LMA 车轮与三种钢轨廓形的接触几何

以如图 1.2 所示的 LMA 车轮踏面在不同运营里程下的凹形磨耗情况为例（工况 1～6 分别表示运营里程从 0km 按每 5 万 km 增长至 25 万 km），与 CHN60 钢轨和 60N 钢轨接触时，在不同轮对横移量情况下的滚动圆半径差（也表示等效锥度的大小）比较如图 7.44 所示。由图可见，随着车轮踏面磨耗程度的加大，两种钢轨对应的左右车轮滚动圆半径差均随之增大，但 60N 钢轨的增加幅度要小得多；当车辆运行 25 万 km、60N 钢轨在轮对横移量为 7mm 时，轮轨接触点位置向钢轨轨距角位置移动，左右车轮滚动圆半径差约为 2mm，而在相同横移量下 CHN60 钢轨则达到了 6mm 左右。较小的滚动圆半径差有利于轮对直向运行稳定性，较大的滚动圆半径差有利于提高轮对通过小半径曲线的能力。表明即使车轮出现了凹形磨耗，与 60N 钢轨匹配时，仍能保持较好的行车平稳性[22]。

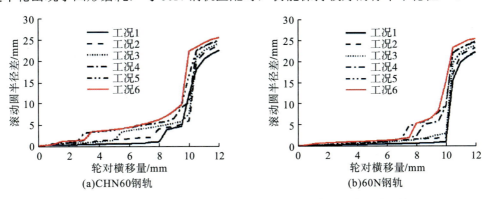

图 7.44　LMA 磨耗车轮与两种钢轨接触时的滚动圆半径差比较

3) 60N 钢轨的轮轨接触应力

LMA、S1002CN 和 XP55 三种型面的车轮与 CHN60、60N 钢轨接触时的滚动接触面积、最大法向接触应力分布如图 7.45 所示。

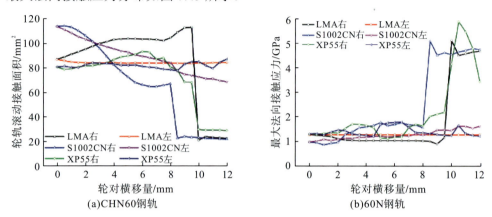

图 7.45　三种车轮与两种钢轨接触时的滚动接触面积及最大法向接触应力比较

由图 7.45 可见，在轮对对中位置时，XP55 踏面与 60N 钢轨接触面积最小，其接触斑内最大法向接触应力最大；LMA 踏面与钢轨接触面积略大于 XP55；S1002CN 与 60N 钢轨接触面积最大，接触斑内最大法向接触应力在三者中最小。在踏面接触范围，随着轮对向右横移，LMA 踏面右轮轮轨滚动接触面积逐渐增大，左轮轮轨滚动接触面积基本保持不变；S1002CN 踏面右轮轮轨滚动接触面积随横移量的增加呈正弦规律变化，左轮轮轨滚动接触面积随横移量的增加线性减小；XP55 踏面右轮轮轨接触面积随横移量的增加呈先增大后减小的变化规律，左轮轮轨滚动接触面积随横移量的增加变化不大。轮轨最大法向接触应力与轮轨接触面积分布规律基本相反。总之，在轮对横移量较小（2.5mm 以内）时，S1002CN 与 60N 钢轨的共形度最高；横移量超过 2.5mm 直至轮缘接触时，LMA 踏面与 60N 钢轨的共形度最高；三种车轮与 60N 钢轨均有良好的匹配。

以 LMA 型面的车轮为例，轮对横移量为 6mm 时，与 CHN60、60N、60D 钢轨接触时的法向应力及切向应力分布比较如图 7.46 和图 7.47 所示。

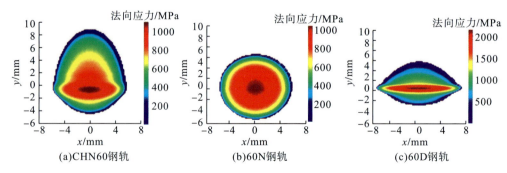

图 7.46　LMA 车轮与三种钢轨接触法向应力比较

1

1

1

1

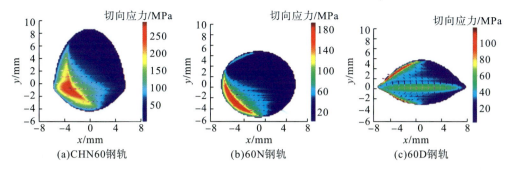

图 7.47　LMA 车轮与三种钢轨接触切向应力比较

　　由图 7.46 和图 7.47 可见，CHN60 钢轨与 LMA 踏面匹配时，接触斑呈哑铃状，接触斑面积为三者中最大，最大法向应力集中程度较低，最大法向应力值与 60N 钢轨相同，与轮轨接触点位置最为分散、接触带宽为三者中最大有关；最大切向应力为三者中最大，与纵向和自旋蠕滑率在三者中最大有关。60N 钢轨与 LMA 踏面匹配时的接触斑呈圆形，接触斑面积较大，最大法向应力集中程度为三者中最低，最大切向钢轨力较大。60D 钢轨与 LMA 踏面匹配时，接触斑呈扁平状，接触斑面积为三者中最小，最大法向应力集中程度为三者中最高，但最大法向应力远高于另外两种钢轨型面的法向应力，与轮轨接触点位置最为集中、接触带宽为三者中最小有关。虽然 60D 钢轨的法向应力显著高于另外两种型面，但其纵向和自旋蠕滑率在三者中最小，因而其最大切向应力为三者中最小。综合来看，60N 钢轨与 LMA 车轮匹配时，接触法向应力及切向应力均较小。

　　以如图 1.2 所示的 LMA 踏面车轮在不同运营里程下的凹形磨耗情况为例(工况 1～6 分别表示运营里程从 0km 按每 5 万 km 增长至 25 万 km)，与 CHN60 钢轨和 60N 钢轨接触时，表面滚动接触疲劳因子随轮对横移的变化如图 7.48 所示。当疲劳因子大于 0 时，说明作用切向应力大于材料剪切屈服强度，进入疲劳区。由图可见，对于标准的 LMA 车轮踏面，其对应的轮轨表面滚动接触疲劳因子较小，磨耗后的车轮踏面，滚动接触疲劳因子大于 0 的情况居多，并且随着车辆运营里程的增大，位于表面滚动接触疲劳区的范围越来越大。相比 60N 钢轨，CHN60 钢轨表面滚动接触疲劳因子大于 0 的情况居多，表明在相同条件下，CHN60 钢轨更容易发生滚动接触疲劳损伤。

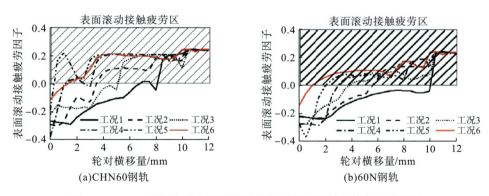

图 7.48　LMA 磨耗车轮与两种钢轨接触时的表面滚动接触疲劳因子

4）60N 钢轨的车辆动力学性能

在德国低干扰谱激励下，LMA、S1002CN 和 XP55 三种型面车轮的动车组以不同速度在直线轨道 60N 钢轨上运行 1000m 时第一轮对横移量比较如表 7.2 所示，动车组以300km/h 速度运行时车轮及钢轨上的接触点分布如图 7.49 所示。

表 7.2　第一轮对横移范围比较　　　　　　　　　　　　　　（单位：mm）

轮轨廓形匹配	车辆运行速度		
	200km/h	250km/h	300km/h
LMA/60N	−3.43～4.01	−3.20～3.43	−2.83～2.78
S1002CN/60N	−6.45～4.92	−6.20～5.02	−5.64～5.01
XP55/60N	−4.44～5.14	−3.97～4.47	−3.72～3.76

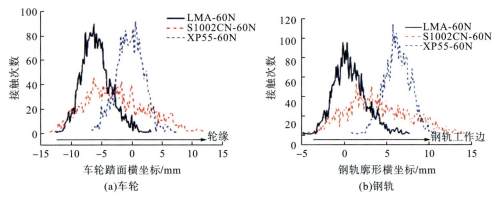

(a)车轮　　　(b)钢轨

图 7.49　三种踏面车轮与 60N 钢轨接触点分布比较

由表 7.2 可见，三种速度下 S1002CN 踏面的轮对横移量幅度最大，对行车平稳性及舒适性较为不利。由图 7.49 可见，德国低干扰谱激扰下，LMA 踏面接触点主要集中于横坐标-8.68～-4.28mm 范围，钢轨表面接触点主要集中于横坐标-1.33～2.07mm 范围；S1002CN 踏面接触点主要集中于横坐标-9.55～5.24mm 范围，钢轨表面接触点主要集中于横坐标-1.44～8.26mm 范围；XP55 踏面接触点主要集中于横坐标-2.68～2.51mm 范围，钢轨表面接触点主要集中于横坐标 2.82～8.09mm 范围。XP55 踏面、LMA 踏面与 60N 钢轨匹配时，轮轨接触点分布较窄，有利于行车的平稳性和舒适性；S1002CN 踏面与 60N 钢轨匹配时，轮轨接触点分布较宽，对行车平稳性及舒适性较为不利。

不同运行速度下，LMA、S1002CN 和 XP55 三种型面车轮在 60N 钢轨上的横向及垂向 Sperling 指标比较如表 7.3 所示。由表可见，不同车轮踏面与 60N 钢轨匹配时主要影响车辆横向平稳性；相同速度下，LMA 车轮踏面横向平稳性最优，XP55 车轮踏面次之，S1002CN 车轮踏面横向平稳性最差。随着速度的提高，三种车轮踏面横向 Sperling 指标均增大；LMA 踏面与 60N 钢轨匹配时横向平稳性指标对速度敏感性较小，S1002CN 踏面与60N 钢轨匹配时横向平稳性指标对速度的敏感性较大。

表 7.3　三种踏面车轮的运行平稳性比较

轮轨廓形匹配	车辆运行速度					
	200km/h		250km/h		300km/h	
	横向	垂向	横向	垂向	横向	垂向
LMA-60N	2.21	2.20	2.36	2.36	2.47	2.51
S1002CN-60N	2.44	2.20	2.63	2.36	2.84	2.51
XP55-60N	2.29	2.20	2.46	2.36	2.61	2.51

临界速度是衡量高速列车运动稳定性能的基本参数，利用时域响应法[23]计算得到不同轮轨匹配情况下高速动车组车辆非线性临界速度如下：LMA 踏面与 CHN60 钢轨匹配时的临界速度约为 536km/h，为三者最低；LMA 踏面与 60N 钢轨匹配时的临界速度约为 598km/h；LMA 踏面与 60D 钢轨匹配时的临界速度约为 763km/h，在三者中最高。由此可见，优化钢轨廓形还可以提高高速列车的临界速度。

不同运营里程下磨耗后的 LMA 踏面车轮与 CHN60、60N 钢轨匹配时，动车组在250km/h 运行速度下受德国低干扰谱的激励，轮轨接触点分布的变化如图 7.50 所示，行车平稳性 Sperling 指标分布如图 7.51 所示。

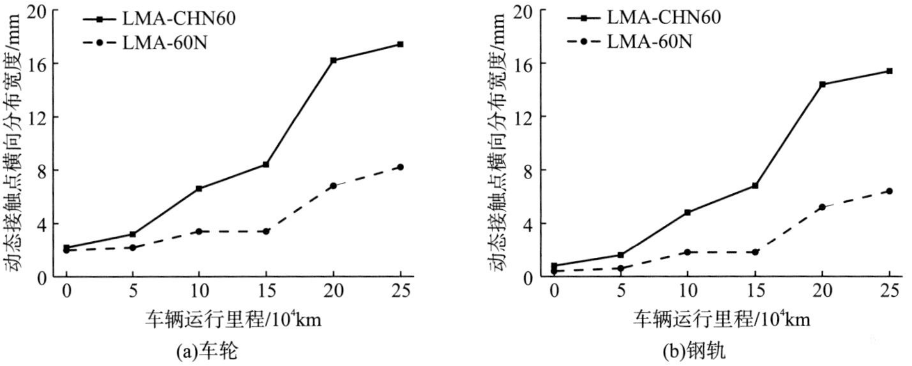

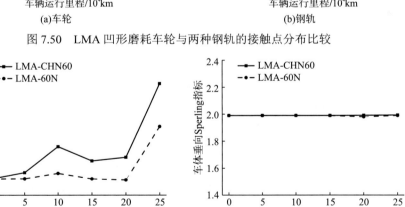

图 7.50　LMA 凹形磨耗车轮与两种钢轨的接触点分布比较

图 7.51　LMA 凹形磨耗车轮与两种钢轨接触时平稳性比较

由图 7.50 可见，随着运营里程的增加，轮轨动态接触点的横向分布宽度逐渐增大，车辆的运行稳定性降低；60N 钢轨的动态接触点横向分布宽度明显小于 CHN60 钢轨，说明 60N 钢轨对应的车辆运行稳定性较好；运行 25 万 km 后，与 60N 钢轨匹配时车轮的动态接触点横向分布宽度为 8.2mm，而与 CHN60 钢轨匹配时为 17.4mm，约是 60N 钢轨的 2 倍；钢轨的动态接触点横向分布宽度变化规律与车轮大致相同。

由图 7.51 可见，随着运营里程的增加，车体横向 Sperling 指标呈增大的趋势，表明车辆的运行稳定性随之降低；60N 钢轨的车体横向 Sperling 指标明显小于 CHN60 钢轨，同样也说明 60N 钢轨的车辆运行稳定性更好。运营里程的增加，对车体的垂向 Sperling 指标基本无影响，该指标基本稳定在 2.0 左右，说明车轮凹形磨耗对车体垂向振动的影响较小。

5）60N 钢轨运用实践

铺设在京石高铁的 60N 钢轨使用情况的跟踪观测表明，运行三年轮轨接触光带居中，光带宽度由打磨后的 20～30mm 变为 25～30mm；与磨耗车轮匹配，等效锥度保持在 0.2 以下，未发生过动车组构架横向加速度报警事件，说明 60N 钢轨可以有效控制运行后等效锥度的增大，对抑制动车组构架横向失稳有利。同时，在高速铁路上铺设使用 60N 钢轨，可减少预打磨工作量约 50%，有效降低了通过钢轨预打磨获得整轨头廓形的难度。

二、60N 钢轨高速铁路道岔设计

1. 道岔钢轨轨头廓形优化设计

为了使高速铁路轨头廓形全线保持一致，道岔钢轨的轨头也应与区间新轨头廓形 60N 保持一致。道岔钢轨轨头廓形优化原则为：轨冠部位采用 60N 尺寸，将轨底坡通过轨头扭转 1：40 的方法改为轨顶坡，对非对称断面钢轨以轧制方法实现，同时设计提供通过加工轨头方法实现轨头优化的设计断面。设计的通过轧制生产的非对称断面 60AT1、60AT2 优化后的断面尺寸如图 7.52 所示。设计的通过道岔生产厂家铣削加工的非对称断面 60AT1、60AT2 优化后的断面尺寸如图 7.53 所示[24]。

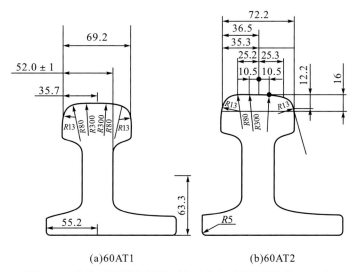

(a)60AT1   (b)60AT2

图 7.52   优化后的道岔用轧制非对称钢轨断面(单位：mm)

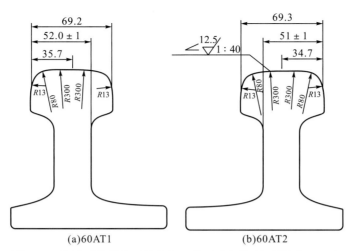

(a)60AT1　　　　　(b)60AT2

图 7.53　优化后的道岔用铣削加工非对称钢轨断面（单位：mm）

2. 350km/h 18 号 60N 钢轨高速铁路道岔设计原则

60N 钢轨道岔的设计原则如下：

（1）在原速度 350km/h 的 60kg/m 钢轨 18 号高速铁路道岔的基础上进行设计，只改变钢轨类型或修改钢轨件轨头廓形，道岔平面线型、结构、混凝土岔枕等轨下基础、转换设备及其接口不变；

（2）道岔内原 60kg/m 钢轨用 60N 钢轨代替，包括配轨、基本轨、叉跟轨，尖轨、心轨仍采用 60AT2 钢轨制造，翼轨仍采用 TY 钢轨制造，扩轨仍采用 33kg/m 槽形轨制造；

（3）尖轨、心轨、叉跟轨轨头均按 60N 钢轨轨头轮廓进行机加工；

（4）直尖轨轨头非工作边与轨顶面的交角增设 R3mm 倒圆；

（5）尖轨、心轨降低值不变，按轨头顶面最高点测量；

（6）各钢轨件除轨头轮廓，其他如长度、支距、螺栓孔、轨底坡过渡、轨腰和轨底加工、安装在钢轨上的零部件等，均与 60kg/m 钢轨 18 号道岔相同。

3. 350km/h 18 号 60N 钢轨高速铁路道岔轨件设计

350km/h 18 号 60N 钢轨高速铁路道岔各钢轨件设计如下。

1）基本轨

基本轨采用 60N 钢轨制造，与尖轨密贴段的工作边侧面在轨顶面下 16mm 处加工成 1∶4.47 的斜面，斜面尺寸与原 60kg/m 钢轨的基本轨相同。

2）尖轨

尖轨顶宽 72mm 断面以后的钢轨高度仍采用 142mm；尖轨跟端的压型不变；尖轨轨头按 60N 钢轨轨头轮廓进行机加工，刀具轮廓如图 7.54 所示，由 60N 钢轨轨头轮廓扭转 1∶40 后，分别与 1∶4 的工作边和轨头水平线相切形成。为防止尖轨实际尖端受逆向进岔车轮的撞击，高速铁路道岔藏尖式结构的尖轨尖端一般较基本轨顶面降低 23mm，并藏入基本轨轨头下颚以内 3mm 左右，尖轨顶宽 3mm 处尖轨廓形如图 7.55 所示。

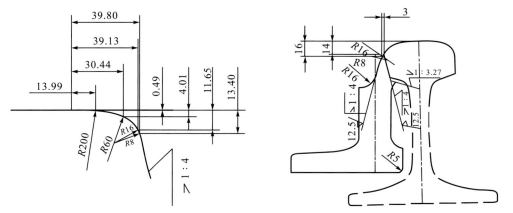

图 7.54　尖轨加工刀具廓形图(单位：mm)　　　图 7.55　尖轨顶宽 3mm 处尖轨廓形(单位：mm)

尖轨各断面轨头与钢轨中心线的相对位置与原设计相同，轨头轮廓按图 7.54 所示的刀具轮廓进行加工，并在直尖轨非工作边侧面与轨顶的交角处增加 $R3mm$ 的倒圆。尖轨顶宽 15mm、35mm、72mm 等特征断面处的轮廓如图 7.56 所示。

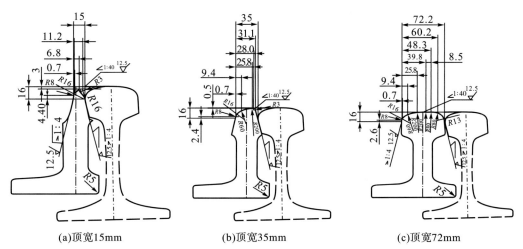

(a)顶宽15mm　　　　　　　(b)顶宽35mm　　　　　　　(c)顶宽72mm

图 7.56　60N 钢轨道岔尖轨各特征断面轮廓图(单位：mm)

3)心轨

心轨顶宽 72mm 断面以后的高度仍采用 142mm；心轨各断面轨头与钢轨中心线的相对位置与原设计相同，轨头按 60N 钢轨轨头轮廓进行机加工，刀具轮廓与尖轨刀具轮廓基本相同，只是工作坡度由 1：4 改为 1：8。长心轨顶宽 22.5mm、50mm、71mm 等特征断面处的轮廓如图 7.57 所示；短心轨顶宽 20mm、50mm 等特征断面处的轮廓如图 7.58 所示。

4)叉跟轨

叉跟轨刀具轮廓如图 7.59 所示，为 60N 钢轨轨头轮廓与水平线和工作边 1：4.42 斜线相切而成。

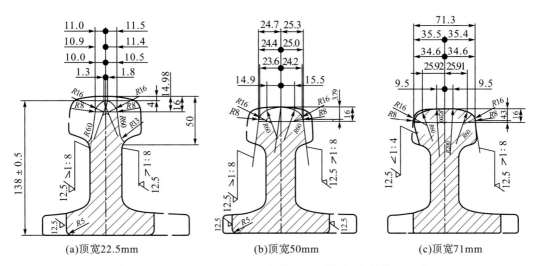

(a)顶宽22.5mm　　　(b)顶宽50mm　　　(c)顶宽71mm

图 7.57　60N 钢轨道岔长心轨各特征断面轮廓图(单位：mm)

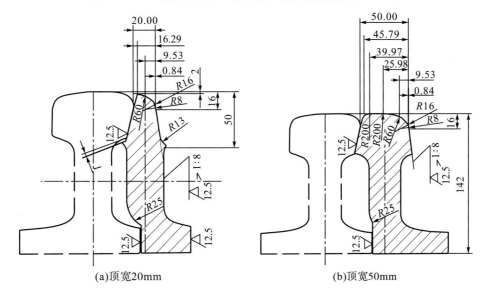

(a)顶宽20mm　　　　　　　(b)顶宽50mm

图 7.58　60N 钢轨道岔短心轨各特征断面轮廓图(单位：mm)

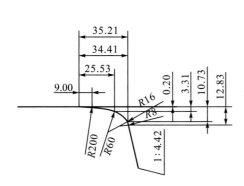

图 7.59　叉跟轨刀具轮廓图(单位：mm)

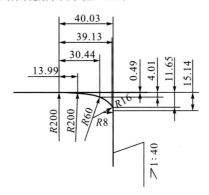

图 7.60　翼轨刀具轮廓图(单位：mm)

5）翼轨

翼轨轨头在辙叉咽喉以前范围按 60N 钢轨轨头轮廓进行机加工，刀具轮廓如图 7.60
所示，为 60N 钢轨轨头轮廓扭转 1∶40 后与水平线相切而成。辙叉咽喉以后部分的翼轨
与原设计相同。

三、60N 钢轨道岔的动力仿真分析

1. 等效锥度

采用 60AT 尖轨和 60NAT 尖轨时，尖轨顶宽 15mm 断面和 40mm 断面处等效锥度随
轮对横移量的变化比较如图 7.61 所示。由图可见，相比于 60AT 尖轨，采用 60NAT 尖轨，
其等效锥度有较明显的减小，这有利于提高车辆直向行车的平稳性，但不利于车辆侧向通
过道岔的能力，轮对发生横向移动时，其抑制轮对回复横向对中的能力不强。

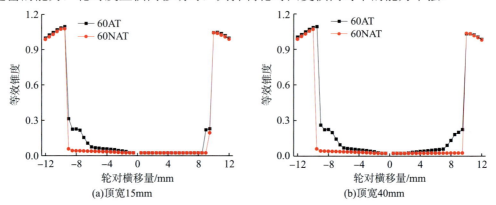

(a)顶宽15mm　　　　　　　　　　　　(b)顶宽40mm

图 7.61　60AT 尖轨与 60NAT 尖轨等效锥度随轮对横移量的变化比较

2. 轮轨接触

以 LMA 踏面车轮与尖轨顶宽 20mm 接触为例，60AT 钢轨与 60NAT 钢轨道岔的法向
应力、切向应力、接触斑黏滑分布的比较如图 7.62 所示。由图 7.62 可见，相比于 60AT
钢轨，60NAT 钢轨对应的轮轨法向应力、切向应力等均较大。接触斑面积相对较小是其
轮轨法向应力较大的原因，而切向应力较大，是由于接触斑黏着区的切向应力主要取决于
轮轨法向应力的大小，但滑动区面积相对较小，有利于减缓轮轨磨耗。

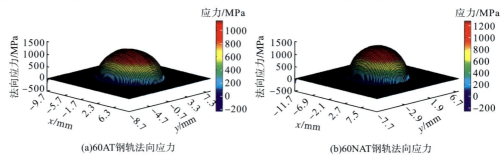

(a)60AT钢轨法向应力　　　　　　　　　　　　(b)60NAT钢轨法向应力

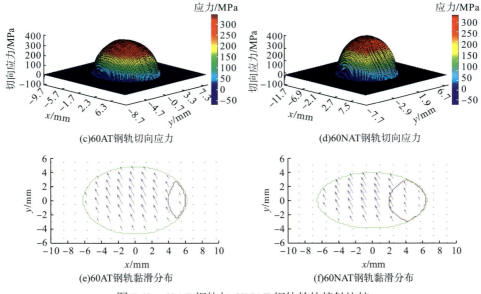

(c)60AT钢轨切向应力　　　　　　　　　(d)60NAT钢轨切向应力

(e)60AT钢轨黏滑分布　　　　　　　　　(f)60NAT钢轨黏滑分布

图 7.62　60AT 钢轨与 60NAT 钢轨轮轨接触比较

3. 动力响应

CRH2 型动车组以 350km/h 的速度直向通过 18 号高速铁路道岔时，60AT1 尖轨与 60NAT1 尖轨的动力响应比较如下。

1）轮轨力

动车组过岔时的轮轨横向力、垂向力比较如图 7.63 所示。由图可见，采用 60NAT1 尖轨的转辙器部分，其直向里轨侧的轮轨横向力有较为明显的减小，60AT1 尖轨对应的最大轮轨横向力为 8.3kN，60NAT1 尖轨对应的最大轮轨横向力为 5.0kN，降低了 39.8%；采用 60NAT1 尖轨时，直向里轨侧的轮轨垂向力略有减小，60AT1 尖轨对应的最大轮轨垂向力为 86.1kN，60NAT1 尖轨对应的最大轮轨垂向力为 83.7kN。

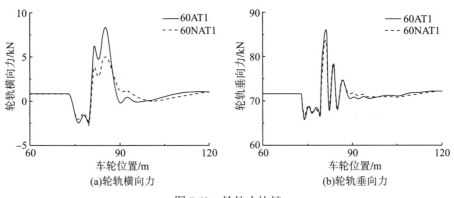

(a)轮轨横向力　　　　　　　　　　(b)轮轨垂向力

图 7.63　轮轨力比较

2）安全性指标比较

动车组过岔时的脱轨系数、轮重减载率比较如图 7.64 所示。

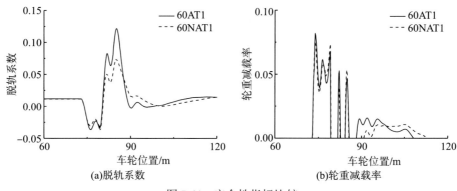

(a)脱轨系数　　　　　　　　　　　(b)轮重减载率

图 7.64　安全性指标比较

由图 7.64 可见，安全性指标的变化规律与轮轨力一致。采用 60NAT1 尖轨时脱轨系数有较为明显的减小，而轮重减载率仅略有降低。

3）平稳性

动车组过岔时车体横向加速度比较如图 7.65 所示。由图可见，采用 60NAT1 尖轨后，道岔转辙器部分的车体横向加速度有一定程度的减小。

4）磨耗指数

动车组过岔时轮轨磨耗指数比较如图 7.66 所示。由图可见，采用 60NAT1 尖轨后，轮轨磨耗指数有较为明显的降低，最大磨耗指数降低了 36.2%。

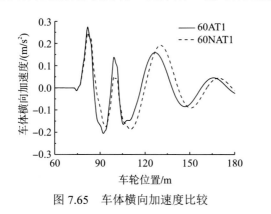

图 7.65　车体横向加速度比较

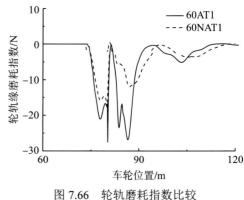

图 7.66　轮轨磨耗指数比较

四、60N 钢轨道岔的疲劳寿命

1. 60N 尖轨非工作边倒圆弧半径的合理取值

在尖轨顶面与非工作边交界处设置倒圆弧，可以降低轮轨接触产生的内部等效应力，并使最大等效应力的作用位置尽可能远离尖轨非工作边。轮轨的表层滚动接触疲劳和裂纹萌生主要发生在轮轨材料的表层，与轮轨表面距离为 2～3mm，而这个位置正是轮轨内部等效应力值最大的位置，因此可根据以下两个原则简单评判尖轨发生非工作边裂纹的条件：尖轨内部最大等效应力超过材料的屈服强度；最大等效应力的作用位置与尖轨非工作边的距离小于 3mm。

60NAT 尖轨不同断面位置处尖轨最大等效应力值及其作用位置与尖轨非工作边的垂向距离如图 7.67 所示。由图可见，尖轨顶宽 35mm 断面处，车轮与尖轨发生接触，尖轨内部的最大等效应力值为 630.8MPa，超过了材料的屈服强度，同时其作用位置位于尖轨非工作边表面上，极易产生表面裂纹。

尖轨顶宽 35mm 处，内部最大等效应力及其作用位置随倒圆弧半径的变化规律如图 7.68 所示。由图可见，尖轨倒圆弧后，尖轨内部最大等效应力的作用位置位于尖轨内部，此时即便在尖轨内部产生了裂纹，裂纹也需在扩展到一定距离以后才能到达尖轨非工作边的表面，大大降低了产生尖轨非工作边表面裂纹的可能性。随着倒圆弧半径的增大，尖轨最大等效应力作用位置与非工作边的垂向距离逐渐增大，尖轨轨顶和非工作边的交界处进行倒圆弧能够有效降低尖轨内部的等效应力，但仍超过了材料的屈服强度，有萌生裂纹的可能性，因此为了预防直尖轨非工作边表面位置发生裂纹，要求其最大等效应力作用的位置到尖轨非工作边的距离大于等于 3mm，当倒圆弧半径为 3mm 时，最大等效应力作用位置距离尖轨非工作边开始超过 3mm，其垂向距离为 3.38mm，因此建议倒圆弧半径为 3mm。

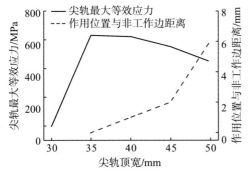

图 7.67　60NAT 尖轨不同断面位置处最大等效应力及作用位置

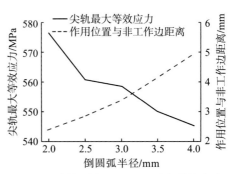

图 7.68　尖轨顶宽 35mm 处最大等效应力及作用位置

2. 60N 钢轨的滚动接触疲劳损伤

60NAT 尖轨顶面与非工作边交界位置倒圆弧前后钢轨沿线路纵向的滚动接触疲劳损伤分布比较如图 7.69 所示。由图 7.69 可见，尖轨顶面与非工作边交界位置倒圆弧前，尖轨一侧滚动接触疲劳损伤最大值约为 8.3×10^{-3}，发生较大疲劳损伤的位置主要集中分布在尖轨顶面与非工作边的交界位置处，一旦在该位置处尖轨内部萌生疲劳裂纹，就极易穿透尖轨非工作边表面，形成非工作边表面的裂纹。尖轨顶面与非工作边交界位置倒圆弧后，尖轨一侧发生滚动接触疲劳损伤的数值总体上有较大程度的降低，滚动接触疲劳损伤最大值为 7.6×10^{-3}，一方面降低了尖轨一侧发生滚动接触疲劳损伤的数值，更重要的一方面则是增大了尖轨滚动接触疲劳损伤位置与非工作边的距离，即使尖轨内部产生疲劳裂纹，也不会在切向应力的作用下扩展到非工作边的表面，从而达到预防直尖轨发生非工作边表面裂纹的目的。

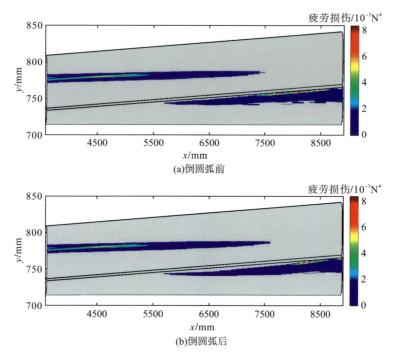

(a)倒圆弧前

(b)倒圆弧后

图 7.69　尖轨滚动接触疲劳损伤分布比较

五、60N 钢轨道岔的试铺及动测试验

2018 年 7 月，中国铁道科学研究院对铺设在京沈高铁喀左站上的两组 60N 钢轨 18 号高速铁路道岔进行了大量的动测试验，并与相邻岔位铺设的 CHN60 钢轨高速铁路道岔进行了动测试验对比[25]。

1. 综合检测列车动态响应

CRH380AJ-0203 综合检测列车逐级提速直逆向、直顺向通过 60N 钢轨道岔和 CHN60 钢轨道岔时，脱轨系数、轮重减载率、轮轨力、构架横向加速度、运行平稳性等各项动力响应比较如表 7.4 所示。

表 7.4　综合检测列车的动态响应

道岔类型	过岔方向	速度级/(km/h)	脱轨系数	轮重减载率	轮轴横向力/kN	构架横向加速度/(m/s²)	垂向平稳性	横向平稳性	轮轨垂向力/kN
60N 钢轨	直逆	300	0.02	0.07	4.3	0.87	2.03	1.56	89.5
		350	0.08	0.15	7.3	1.22	2.16	1.60	103.6
			0.05	0.08	7.3	1.40	2.14	1.77	105.1
		385	0.07	0.11	9.2	1.63	2.50	1.91	103.7
			0.06	0.1	8.0	1.78	2.39	1.83	102.5
	直顺	300	0.03	0.12	4.6	1.07	1.83	1.70	100.6
			0.08	0.16	5.9	1.13	1.89	1.60	98.1
		350	0.08	0.18	6.5	1.02	1.86	1.61	103.0
		385	0.03	0.12	6.4	1.10	2.10	1.85	105.3

续表

道岔类型	过岔方向	速度级/(km/h)	脱轨系数	轮重减载率	轮轴横向力/kN	构架横向加速度/(m/s²)	垂向平稳性	横向平稳性	轮轨垂向力/kN
CHN60钢轨	直逆	300	0.04	0.08	6.2	1.49	1.93	1.49	82.4
		350	0.09	0.12	8.4	2.09	1.89	1.53	85.2
			0.06	0.07	8.6	2.06	2.01	1.68	90.5
		385	0.08	0.10	9.0	2.05	2.02	1.61	90.0
			0.08	0.09	9.5	2.16	2.03	1.65	91.9
	直顺	300	0.05	0.10	6.8	0.80	1.96	1.69	81.7
			0.09	0.16	9.3	1.74	1.88	1.54	86.1
		350	0.10	0.17	10.9	1.78	1.99	1.67	84.0
		385	0.09	0.15	12.1	1.95	2.05	1.75	88.5

由表 7.4 可见，综合检测列车高速通过两种类型的道岔时，轮轨动态作用力、运行安全性、过岔平稳性均能满足《高速铁路工程动态验收技术规范》（TB 10761—2013）[26] 的规定。随着过岔速度的增加，脱轨系数及轮重减载率等安全性指标变化不大；轮轨垂向力和轮轴横向力等动态作用力有所增加；构架横向加速度、垂向及横向平稳性指标有较明显的增大。与 CHN60 钢轨道岔相比，在相同速度和过岔条件下，60N 钢轨道岔的轮轨垂向力、垂向及横向平稳性指标略有增大，但构架横向加速度最大值却有较明显的降低。直顺向过岔的平稳性指标略低于相同速度下直逆向过岔的工况。

2. 道岔钢轨横向位移

地面动测试验测得动车组以不同速度直向过岔时，60N 钢轨道岔基本轨、翼轨的横向位移及与 CHN60 钢轨道岔的比较如图 7.70 所示（图中 1#岔为 60N 钢轨道岔、9#岔为 CHN60 钢轨道岔）。由图可见，道岔钢轨横向位移几乎不随动车组的速度而变化；道岔钢轨横向位移均在容许限度 1.5mm 以内；60N 钢轨道岔基本轨轨头横向位移量值分布在 0.11～0.19mm，而 CHN60 钢轨道岔基本轨轨头横向位移量值分布在 0.16～0.28mm，略大于 60N 钢轨道岔；60N 钢轨道岔翼轨轨头横向位移量值分布在 0.45～0.66mm，而 CHN60 钢轨道岔基本轨轨头横向位移量值分布在 0.16～0.34mm，小于 60N 钢轨道岔，这与翼轨非对称断面上轮轨作用位置有关。

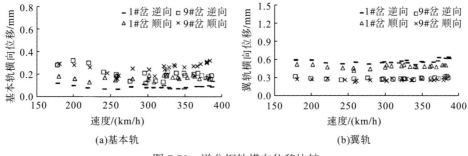

图 7.70 道岔钢轨横向位移比较

3. 转辙器部分轮载过渡

动车组以不同速度直逆向、直顺向通过 60N、CHN60 道岔钢轨时，尖轨各关键断面上的轮载占比比较如表 7.5 所示。由表可见，两种类型的道岔、两种过岔形式，尖轨上轮载过渡的规律相同，均是在尖轨顶宽 10mm 断面以前不承载，在顶宽 50mm 断面以后完全承载，中间断面轮载近似线性过渡，与设计意图吻合。

4. 尖轨关键断面动应力

动车组直向过岔时，60N 钢轨道岔 40mm 断面处轨底动应力实测最大值 63.1MPa，平均值分布在 36.6～55.0MPa；50mm 断面处轨底动应力实测最大值 60.1MPa，平均值分布在 29.7～51.6MPa。CHN60 钢轨道岔 40mm 断面处轨底动应力实测最大值 54.7MPa，平均值分布在 21.2～41.9MPa；50mm 断面处轨底动应力实测最大值 55.5MPa，平均值分布在 25.5～46.6MPa。由此可见，虽然尖轨顶宽 40mm 处承受的轮载较小，但因其截面积更小，因而动轨底应力反而高于顶宽 50mm 断面；相同顶宽处，60N 钢轨道岔的动应力略高于 CHN60 钢轨，这与轮轨接触应力、轮轨垂向力的分布规律一致。

表 7.5　尖轨关键断面轮载占比比较　　　　　　（单位：%）

道岔类型	过岔类型	尖轨顶宽				
		10mm	20mm	30mm	40mm	50mm
60N 钢轨	直逆向	0	17～24	56～65	70～85	100
	直顺向	0	15～24	46～60	75～84	100
CHN60 钢轨	直逆向	0	16～26	55～61	72～81	100
	直顺向	0	16～24	51～57	78～83	100

第四节　高速铁路道岔钢轨打磨廓形设计

钢轨打磨技术由于具有明显延长钢轨寿命、改善行车平稳性和安全性等优点在世界各国铁路都得到了广泛应用。新轨打磨可消除表面脱碳层、残余应力、焊接头不平顺等缺陷；定期打磨能消除和延缓钢轨波形磨损，去除表面接触疲劳层，防止钢轨剥落破坏；钢轨特殊形状断面打磨，可降低轮轨接触应力，抑制轨头塑性变形；曲线地段的非对称打磨，可显著降低冲击、减小轮轨横向力。高速、重载铁路道岔同样需要运用打磨技术来减缓磨耗、消除疲劳损伤。

一、钢轨打磨技术

目前我国在多条高速铁路线路上进行了打磨实践，在钢轨和道岔打磨方面积累了一定的技术，尤其是在高速铁路开通之前，在轨道精调完成后进行的钢轨预打磨，去除了钢轨表面脱碳层及铺设和施工过程中造成的钢轨表面损伤，形成与轮对匹配的轨头廓形，提高了钢轨的平顺性，改善了轮轨接触状态，对今后线路的运行起到了重要的作用。在运营过程中，以钢轨打磨方法整治了高铁动车组转向架横向加速度报警、动车组抖车和晃车问题。近年来，我国还开展了钢轨预防性打磨技术、高速铁路钢轨波形磨耗机理及打磨技术、高速铁路轮轨廓面及硬度匹配技术、新廓面 60N 钢轨铺设使用及预打磨试验、高速铁路道岔钢轨打磨技术等相关技术研究。通过研究,我国基本形成了高速铁路道岔大机(打磨车)打磨技术和标准,并起草和发布了《高速铁路钢轨打磨管理办法》,里面包含了大机道岔打磨技术要求和检测方法、位置和标准等,对指导我国高速铁路钢轨打磨起到了重要的作用。

1. 一般技术要求

钢轨(包括正线、道岔和调节器)打磨分为预打磨、预防性打磨和修理性打磨。

钢轨预打磨应在轨道精调完成后进行,主要目的是去除低碳表皮、调整目标钢轨断面、消除施工车辆对钢轨的损伤。钢轨预防性打磨周期按通过总重和钢轨运用状态确定,原则上每 30～50Mt 通过总重打磨一次,最长不宜超过 2 年。道岔钢轨打磨周期应与正线钢轨打磨周期相同。当钢轨出现波磨、鱼鳞裂纹等损伤时,应及时进行修理性打磨。钢轨预防性打磨廓形宜根据钢轨表面状态、轮轨接触情况综合设计。未进行打磨廓形设计时,可根据线路运行动车组类型,参考钢轨预打磨廓形对钢轨进行打磨。钢轨修理性打磨方案应根据波磨、鱼鳞裂纹等表面损伤程度确定,打磨后应保证损伤得到消除。

可采用钢轨打磨列车、道岔打磨车、钢轨铣磨车铣磨钢轨或打磨。钢轨焊接接头可采用小型钢轨打磨机进行打磨。

打磨面最大宽度(图 7.71):$R13$ 区域 5mm;$R80$ 区域 7mm;$R300$ 区域 10mm。沿钢轨 100mm 长度范围内,打磨面宽度最大变化量不应大于打磨面最大宽度的 25%。打磨后接触光带应居中,且宽度为 20～30mm。钢轨打磨面应无连续发蓝带。

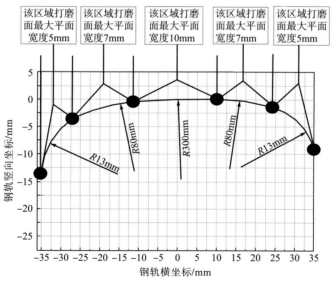

图 7.71　钢轨打磨面最大宽度示意图

使用便携式粗糙度检测仪检测粗糙度,在 10mm 范围内同一个钢轨打磨面上,沿与钢轨打磨痕迹垂直方向进行表面粗糙度测量,至少连续测量 6 个点,打磨面粗糙度不大于 10μm。打磨廓形应符合设计要求,并采用模板或钢轨轮廓(磨耗)测量仪进行打磨廓形检查和验收,钢轨打磨作业后应满足表 7.6 和表 7.7 的要求。

表 7.6　钢轨打磨作业验收标准

项目	验收标准/mm	测量方法	说明
钢轨母材轨头内侧工作面	+0.2/0		"+"表示凹进
钢轨母材轨顶面或马鞍型磨耗	+0.2/0	1m 直尺测量矢度	"+"表示凸出
焊缝顶面	+0.2/0		"+"表示凸出
焊缝内侧工作面	+0.2/0		"+"表示凹进

表 7.7　钢轨波磨打磨作业验收标准

项目	验收标准				测量方法	说明
波长/mm	10～30	30～100	100～300	300～1000	—	—
采样窗长度/mm	600	600	1000	5000	—	—
谷深平均值/mm	0.02	0.02	0.03	0.15	测试精度 0.01mm 及以上，且测试长度不小于采样窗长度	打磨作业完成后 8 天内或在打磨后通过总重 30 万 t 之前测量
允许超限百分率/%	5	5	5	5	连续测量打磨波磨钢轨长度 100m（车载检测）或 30m（手工检测）	—

2. 高速打磨列车

德国 VOSSLOH 公司开发了工作速度可达 80km/h 的高速打磨车，如图 7.72 所示，每次打磨量约为 0.05mm，主要应用于预防性打磨以避免滚动接触导致的钢轨疲劳和褶皱。采用可旋转的多组不同角度的砂轮组（图 7.73），对钢轨顶面轮廓的不同位置进行打磨，如图 7.74 所示。中国租借该打磨车尝试对京沪高速铁路的钢轨进行打磨，打磨粗糙度不大于 0.008mm，可以使钢轨表面更加均匀，但不会改变踏面廓形。该高速打磨车的打磨效果如图 7.75 所示。

图 7.72　德国的高速打磨车

图 7.73　不同角度的砂轮组

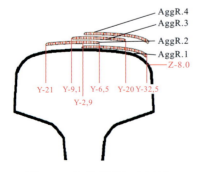

图 7.74　钢轨顶面打磨区域

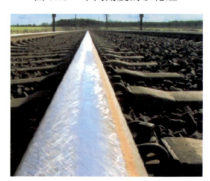

图 7.75　打磨后的钢轨顶面轮廓

二、高速铁路道岔打磨技术

我国高速铁路通过打磨试验，认为高速铁路道岔打磨应坚持贯通打磨的原则，即道岔内部钢轨廓形(包括尖轨与基本轨、可动心轨与翼轨过渡段组合廓形)应与线路钢轨廓形保持一致。打磨方式应采用大机、小机结合打磨，以大机打磨为主、小机打磨为辅，即大机负责道岔内钢轨整体修形，小机负责对大机限打区域和大机打磨后的廓形偏差及未完全消除的钢轨病害进行补充打磨。

1. 高速铁路道岔钢轨常见损伤

高速铁路道岔钢轨的主要损伤形式如表 7.8 所示。高速铁路道岔的结构特点决定了其轮轨接触关系的复杂性，由于可动心长心轨及尖轨部分的轨顶坡坡度为 1：40，在心轨终端及尖轨跟端 600m 处开始变化过渡，变化过渡的长度为 150mm，而后转为轨底坡 1：40，长度为 450mm，与标准轨相接。这种结构通常会导致该处光带的不均匀变化。道岔区钢轨出现病害时，其主要类型一般是鱼鳞纹、肥边，同时也伴随一定的侧面磨耗、裂纹、擦伤。通过现场实际调查发现，岔区钢轨出现病害的时机和病害的程度，与通过的列车对数呈正比关系，尤其是到发线道岔，侧向通过的列车对数对导曲线上股、心轨的影响较大。高速铁路道岔导曲线未设置超高，列车在通过导曲线时，由于惯性离心力的作用，加大了对外股钢轨的压力，造成内外两股钢轨受力不均匀，垂直磨耗不一致，导曲线上股钢轨光带普遍存在较宽的现象。

表 7.8　高速铁路道岔钢轨常见损伤病害

病害种类	常见出现位置及类型	产生原因	维修标准
光带位置不良	道岔打磨车打磨受限区域，人工打磨不到位，前后光带无法顺接；道岔曲尖轨标准断面及导曲线部分宽光带，且偏向工作边；光带突变，马鞍型光带，即钢轨踏面中间位置无光带，两边有宽度为 10mm 左右的细光带或岔前双光带	焊接不平顺导致光带突变；廓形与设计廓形不匹配；线路高低不良	光带距钢轨内侧 22～25mm，光带宽度 20～25mm，光带距外侧 19～21mm
疲劳裂纹、肥边	常见位置在道岔导曲线部分、可动心曲股一侧、岔后附带曲线、直尖轨非工作边	这两个病害常常伴随出现，主要为钢轨廓形与列车通过时轮轨不匹配，两点接触时钢轨受力不均造成	钢轨工作边无肥边，无鱼鳞纹，无滑动擦伤
焊缝平直度不良	焊缝顶面与工作边平直度超标	焊联作业后打磨标准不高，造成焊缝平直度超标	焊缝前后光带均匀，连续无异常，焊缝平直度符合标准

2. 大机整体打磨

中国目前引进的大型钢轨打磨列车主要有三种型号，一种是美国 HTT 公司生产的 PGM-48 型钢轨打磨车，如图 7.76 所示；另一种是瑞士 SPENO 公司生产的 CMG16(或 RR16MS 型)型道岔打磨车；最后一种是美国 HTT 公司生产的 RCH20C 型道岔打磨车，如图 7.77 所示。国内也生产有 GMC96 型钢轨打磨列车，如图 7.78 所示道岔打磨车采用液压驱动的打磨头可以更方便地控制偏转角度，采用小直径砂轮能够适应道岔区狭窄区域钢轨打磨的需要，采用真空吸尘集尘装置可减少打磨作业对道岔及环境的污染。高速铁路道岔打磨的基本原则是减缓结构不平顺，提高行车平稳性，同时降低轮轨接触应力，延长钢轨的使用寿命。以尖轨顶宽 35mm 断面为例，建议的基本轨及尖轨顶面打磨轮廓如图 7.79 所示，基本轨与 60D 钢轨廓形类似，可以提高动车组过岔平稳性；但尖轨若过度打磨，将会导致轮轨接触外移至尖轨非工作边处，造成滚动接触疲劳损伤而出现非工作边水平裂纹。

图 7.76　PGM-48 型钢轨打磨车

图 7.77　RCH20C 型道岔打磨车

图 7.78　GMC96 型钢轨打磨列车

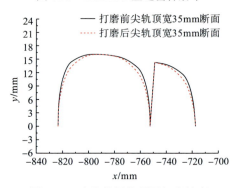

图 7.79　建议的钢轨顶面打磨轮廓

　　采用 RCH20C 型道岔打磨车打磨时，先按图 7.80 划分打磨区域，其中 A 点为作业起始点，B 点为叉心后直侧股相邻两轨净间距 100mm 处，C 点为叉心顶宽 20mm 处，D 点为咽喉前 100mm 处，E 点为尖轨与基本轨净间距 100mm 处，F 点为尖轨顶宽 20mm 处，G 点为尖轨顶宽 20mm 处，H 为作业结束点。

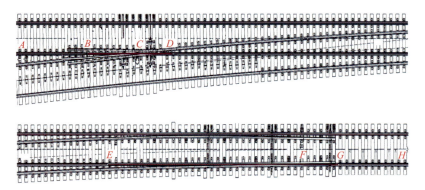

图 7.80　道岔打磨区域划分

RCH20C 型道岔打磨车采用砂轮打磨技术，带有两套完全相同的 10 个打磨单元的打磨系统，可打磨角度为钢轨内侧 75° 至外侧 45°，通过不同打磨角度调整钢轨断面，如图 7.81 所示。钢轨断面以 14 边形来模拟，操作时，砂轮打磨角度、横向位置、安装位置都按照打磨顺序编程，如表 7.9 所示。打磨车工作速度为 7km/h，钢轨需打磨 12 遍，图 7.82 中所示的每个轨顶区域需要打磨 3 遍。由于受到打磨车能力的制约，道岔部分区段无法实现全线连续打磨，如 B~D 段及 E~G 段，此类区段需要工务段利用仿形打磨机提前进行预打磨，以更好地提高打磨效果。

以海南东环线上的高速铁路道岔为例，打磨前钢轨顶面轮廓不饱满，与车轮接触形成的光带宽度在 30~40mm，踏面上光带分布不匀称，光带未集中在轨顶中间，顶面、内侧都有光带，轮轨间形成两个接触点，出现了双光带现象，如图 7.83 所示。打磨后光带集中在轨顶中央，光带宽度为 20~30mm，未出现双光带现象，如图 7.84 所示，且列车过岔时的平稳性显著改善，达到了道岔钢轨打磨的目的。

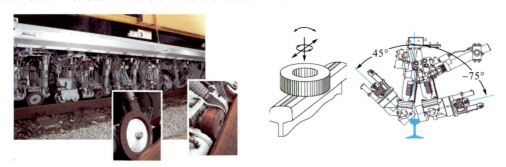

(a)打磨单元　　　　　　　　　　　　　(b)打磨角度范围

图 7.81　RCH20C 型道岔打磨车打磨单元及打磨角度范围

表 7.9　道岔打磨模式与顺序

遍数	模式	顶角范围	打磨区域						
			A~B	B~C	C~D	D~E	E~F	F~G	G~H
1	1	45°~31°	正常	正常	受限	正常	正常	受限	正常
2	13	22°~29°	正常	正常	受限	正常	正常	受限	正常
3	3	29°~22°	正常	正常	受限	正常	正常	受限	正常
4	15	14°~21°	正常	正常	正常	正常	正常	正常	正常
5	5	21°~14°	正常	正常	正常	正常	正常	正常	正常
6	17	6°~13°	正常	正常	正常	正常	正常	正常	正常
7	7	13°~6°	正常	正常	正常	正常	正常	正常	正常
8	19	2°~5°	正常	正常	正常	正常	正常	正常	正常
9	6	−2°~1°	正常	受限	受限	正常	受限	受限	正常
10	14	1°~−2°	正常	受限	受限	正常	受限	受限	正常
11	10	−9°~−2°	正常	受限	受限	正常	受限	受限	正常
12	20	−2°~−9°	正常	受限	受限	正常	受限	受限	正常

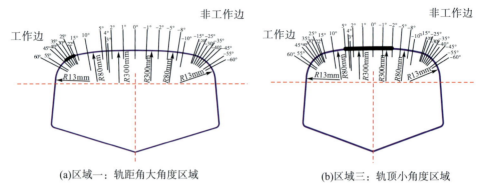

(a)区域一：轨距角大角度区域　　　　　　　(b)区域三：轨顶小角度区域

图 7.82　轨顶打磨区域

图 7.83　打磨前钢轨光带

图 7.84　打磨后钢轨光带

3. 小机局部打磨

国内外高速铁路道岔均采用大机打磨与人工打磨(或称小机打磨)相结合的方式,在道岔特殊结构区域采用人工打磨。由于高速铁路道岔结构较为复杂,尖轨非工作边距基本轨工作边 100mm 处与尖轨尖端之间、长短心轨非工作边间距 100mm 处与可动心轨尖端前 50mm 处之间存在着大机打磨受限区域,现有大型道岔打磨车不能打磨道岔全部区域,该区域需要大机打磨作业后进行小机(人工)补充打磨。

常用的道岔人工打磨机具主要有法国吉斯马公司 MC3、MV3、多功能钢轨精磨机、锂电角向磨光机等。MC3 道岔打磨机可以用来消除道岔钢轨作用边肥边及鱼鳞纹,其在道岔关键区域打磨时具有优势,如图 7.85 所示;打磨机自身配置的砂轮片可以进行纵横向移动,其参数是横向 385mm、纵向 185mm,在打磨角度的调整上,可以实现左右 30°的变换。MV3 是一种不同于 MC3 的垂直打磨机,如图 7.86 所示,其主要用于岔区钢轨作用面和作用边的打磨;打磨机自身砂轮片也可以纵横向移动,其主要参数与 MC3 相比,在纵向可以实现 200mm 的上下移动,打磨角度可以实现左右 30°的变换。在道岔打磨时,根据病害情况,选用 MC3 和 MV3,基本可以实现道岔钢轨的全部打磨。多功能钢轨精磨机适用于钢轨、焊缝顶面平直度修复,打磨钢轨顶面与轨距角处的疲劳裂纹,矫正修复钢轨顶面廓形等作业;其主要优点是打磨量可以实现数字化控制、打磨精度高、数控设备操作简单易上手、对打磨人员经验要求低、砂轮接触面积大、单次打磨效率高。

锂电角向磨光机可以实现对钢轨、道岔尖轨、心轨、基本轨的疲劳裂纹进行打磨修理，对打磨后钢轨粗糙度不合格处进行修理；其特点是设备体积小、操作简单、打磨受限区域小、可以对其他机具无法打磨处进行打磨。此外，还有德国施密特公司生产的 W2 型轨顶打磨机(图 7.87)、打磨钢轨作用边的 ECO 道岔打磨机，如图 7.88 所示。国内也有多种型号的道岔打磨机。

图 7.85　MC3 道岔打磨机

图 7.86　MV3 道岔打磨机

图 7.87　W2 道岔打磨机

图 7.88　ECO 道岔打磨机

尖轨尖端至尖轨跟端，病害主要有作用边不均匀磨耗和肥边，尖轨、基本轨顶面鱼鳞纹、剥离掉块、光带不良以及尖轨顶面降低值超限等，此区域采用小机打磨时，会有部分空间限制，可能需要角向磨光机配合打磨，才能实现打磨的目的。尖轨跟端后辙叉前导曲股部分，病害类型多以鱼鳞纹、肥边、曲上股钢轨侧磨为主，此区域对打磨作业无空间限制，打磨作业较为容易，可以采用精磨机或垂磨机进行推行打磨。辙叉部分病害主要集中在可动心轨、长心轨及短心轨部位，病害类型主要是鱼鳞纹和肥边，在辙叉部分进行打磨时，对作业机具有空间限制，一般采用角向磨光机进行修理。

我国根据不同病害的程度，规定了病害整治的限度，如表 7.10 所示，表中所列病害项目和限值可作为钢轨打磨的依据。

打磨完成后，采用钢轨轮廓仪进行测量，轨头宽度方向-25～25mm 范围的偏差容许值为 0.2～-0.2mm，轨头宽度方向 25mm 至轨距角侧边范围内的偏差容许值为 0.3～-0.6mm。采用粗糙度仪测量，表面粗糙度不大于10μm。基本轨的接触光带的宽度为20～30mm；直线和曲线下股的钢轨接触光带位置居中，以轨顶中心线为基准，向钢轨内侧、外侧轨距角方向测量，光带宽度为 10～15mm；曲线上股的钢轨接触光带位置略偏内，以轨顶中心为基准，向钢轨内侧轨距角方向测量，光带宽度为 15～20mm，向钢轨外侧轨距角方向测量，光带宽度为 5～10mm。钢轨打磨平直度符合表 7.6 中的规定。钢轨打磨面宽度测量值应符合以下要求：在钢轨轨面中心两边 10mm 范围内的打磨宽度为 10mm；在钢轨轨面中心两边 10～25mm 范围打磨宽度为 7mm；除以上部位的打磨宽度其余为 5mm；在钢轨纵向，按照 100mm 的长度区域来评价，打磨面的宽度变化不应太大，控制在最大宽度的 1/4 左右为宜。

表 7.10　高速铁路钢轨病害整治限度

钢轨病害	限度		测量方法
	200～250km/h	250(不含)～350km/h	
钢轨肥边	>1mm	>0.8mm	直尺、深度尺测量
轨顶面擦伤	深度大于 0.5mm	深度大于 0.35mm	
硬弯	>0.3mm	>0.2mm	1m 直尺测量矢度
焊缝接头轨顶低塌或马鞍型磨耗	>0.3mm	>0.2mm	
波形磨耗	钢轨表面有周期性波磨且平均谷深超过 0.04mm(车载检测)或最大谷深达到 0.08mm(手工检测)，波长不大于 300mm	钢轨表面有周期性波磨且平均谷深超过 0.04mm(车载检测)或最大谷深达到 0.08mm(手工检测)，波长不大于 300mm	测试精度 0.01mm 及以上，且测试长度不小于采样窗长度
表面局部微细疲劳裂纹(鱼鳞纹)	肉眼可见	肉眼可见	目视
尖轨扭转、硬弯、尖轨磨耗、心轨磨耗造成光带异常并影响行车稳定性	降低值偏差超过 1mm 且车体横向、垂向加速度三级偏差	降低值偏差超过 1mm 且车体横向、垂向加速度三级偏差	人工及综合检测列车

三、高速铁路道岔打磨廓形优化

钢轨及道岔打磨实践中最具有挑战性的问题是钢轨打磨目标型面优化及打磨措施制定。钢轨打磨型面优化的基本原则主要包括以下几个方面：打磨出的钢轨型面不能改变或者很少改变车辆轨道结构的动力学性能以及接触力学性能，同时必须能够消除钢轨缺陷形成的初始条件；打磨出的钢轨型面与车轮能够实现合理的匹配状态，同时又需要能够预防各种缺陷的产生；钢轨打磨量要求尽量少，且期望打磨程序简单及打磨效率高。

1. 优化目标

根据目前国内外相关研究，钢轨打磨目标型面的优化问题大致可分为三类：第一类以轮轨接触几何参数为目标函数，如滚动圆半径差、接触角差等；第二类以轮轨接触力学特征为目标函数，通过优化轮轨法向间隙等方法，降低接触应力水平；第三类是以智能进化算法为核心开展的钢轨廓形多目标优化设计。在高速铁路道岔打磨廓形优化设计过程中，需要保证设计的钢轨打磨廓形具有良好的综合性能，不但要求其与车轮形成良好的几何关系以保证车辆过岔平稳性，还要求其具有较好的力学接触性能，以减缓道岔长期服役过程中出现的轮轨损伤。因此，道岔打磨廓形的优化设计是一个典型的多目标优化问题。

2. 优化方法

在对道岔钢轨目标型面进行优化的过程中，需要根据构造的目标函数，约束相关决策变量，通过不断调整道岔区钢轨组合廓形曲线，获得综合性能最优的打磨目标型面。既有相关研究中通常以离散点坐标作为钢轨断面廓形曲线的设计参数，或者使用分段圆弧、直线组合的方式构建钢轨断面廓形曲线模型。此类设计方法需要对钢轨廓形曲线离散值进行拟合和平滑处理，同时由于离散点数目较多，增加了钢轨打磨目标型面优化设计的难度。

非均匀有理 B-样条(non-uniform rational B-spline，NURBS)曲线是一种对标准解析曲线和自由曲线进行统一表示的数学形式，能够以少量特征参数获取精确、光滑的道岔钢轨廓形曲线。根据现场实测钢轨廓形，基于 NURBS 理论建立道岔廓形空间参数化模型，即可拟合得到精度较高的道岔区关键断面钢轨廓形曲线，如图 7.89 所示。

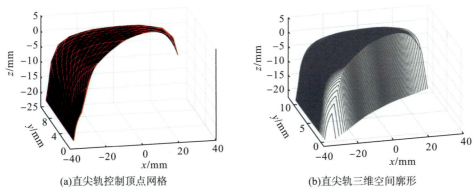

(a)直尖轨控制顶点网格　　　　　　　　(b)直尖轨三维空间廓形

图 7.89　高速铁路道岔钢轨空间廓形参数化模型

尖轨顶宽较小断面轨件较为薄弱，因此顶宽 20mm 前作为受限区不进行打磨。同时需要在尖轨跟端附近设置合理过渡段以平滑连接变截面打磨廓形与整轨头标准廓形，选取尖轨顶宽 50mm 作为过渡段起点，则道岔区打磨目标型面实际优化区段为顶宽 20~50mm 范围。以车轮与钢轨可能接触范围作为优化区域，则该区域内各控制点的打磨量即决策变量。

多目标优化问题主要由目标函数、决策变量和约束条件构成。一般地，一个具有 m 个目标、n 个决策变量的最小化多目标优化问题的数学模型可以描述为

$$\min \quad y = F(x) = \left[f_1(x), f_2(x), \cdots, f_m(x) \right]^{\mathrm{T}}$$
$$\text{s.t.} \quad g_i(x) = 0, \quad i = 1, 2, \cdots, p \tag{7.11}$$
$$h_j(x) = 0, \quad j = 1, 2, \cdots, q$$

式中，$x = (x_1, x_2, \cdots, x_n) \in X$，$x$ 为决策变量；$y = (y_1, y_2, \cdots, y_m) \in Y$，$y$ 为优化目标；X 为优化问题中决策变量 x 所构成的决策空间；Y 为优化目标 y 所构成的目标空间；

$f_k(x)(k=1,2,\cdots,m)$ 为第 k 维目标函数值；$g_i(x)(i=1,2,\cdots,p)$ 和 $h_j(x)(j=1,2,\cdots,q)$ 为目标函数所满足的约束，约束条件构成可行域。

对于高速铁路道岔廓形优化问题，以行车平稳性与轮轨接触损伤为目标函数，基于所建道岔区钢轨廓形参数化模型，尖轨顶宽 20～50mm 断面范围的控制点坐标构成决策空间，如图 7.90 所示。以钢轨凹凸性作为约束条件，建立道岔区钢轨廓形多目标优化数学模型。

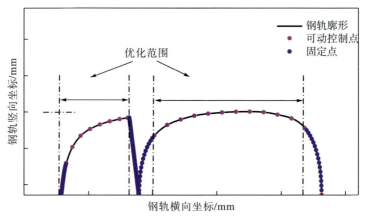

图 7.90　道岔钢轨优化区域示意图

采用第二代非支配排序遗传算法(non-dominated sorting genetic algorithm-Ⅱ，NSGA-Ⅱ)对以上多目标优化数学模型进行求解。NSGA-Ⅱ是迄今为止应用最广的多目标进化算法之一，它采用快速非支配排序，对处于统一排序面的个体采用拥挤距离比较算子维持解集的分布性，其优点在于解集具有良好的收敛性和分布性，运行效率高。

3.　优化结果

根据道岔区钢轨打磨原则对既有实测廓形开展优化研究，以构架横向加速度、滚动接触疲劳以及轮轨磨耗指数作为目标函数，以安全性指标及钢轨凹凸性为约束条件，钢轨廓形优化区域控制点作为决策变量，实现了道岔区钢轨打磨廓形的多目标优化。本节以某高铁站实测道岔廓形为分析对象，分别开展了直股与侧股的道岔打磨廓形设计工作，设置最大打磨容量为1mm，道岔打磨区段为尖轨顶宽 20～50mm，得到各断面多目标优化廓形，如图 7.91 和图 7.92 所示。

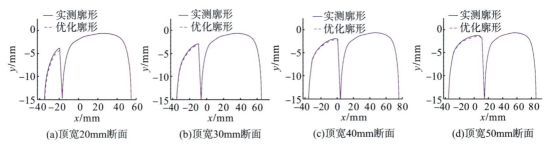

(a)顶宽20mm断面　　(b)顶宽30mm断面　　(c)顶宽40mm断面　　(d)顶宽50mm断面

图 7.91　直股道岔优化廓形

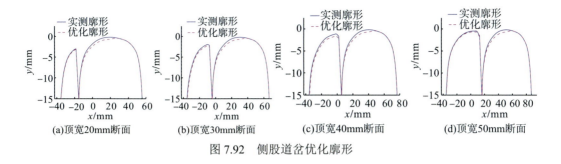

图 7.92　侧股道岔优化廊形

四、高速铁路道岔直股廊形优化对道岔性能的影响

1. 轮轨动态相互作用

轮轨动态相互作用主要包括轮轨垂向力与轮轨横向力，结果如图 7.93 和图 7.94 所示。道岔打磨前后轮轨垂向力最大值分别为 70.79kN 和 68.66kN，垂向力略有减小；轮轨横向力最大值分别为 3.69kN 和 3.43kN，基本保持不变，钢轨打磨后略微降低了轮轨间相互作用力。

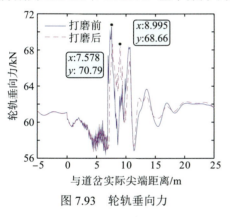

图 7.93　轮轨垂向力

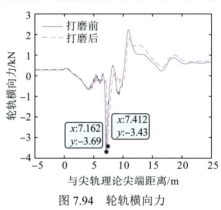

图 7.94　轮轨横向力

运行安全性评价主要包括脱轨系数和轮重减载率，脱轨系数一般用于评定车辆车轮轮缘在横向力作用下是否会逐渐爬上轨头而造成脱轨现象，轮重减载率用于评定车辆是否因一侧轮载过大而导致脱轨，是衡量列车稳定性的关键指标之一。根据车辆第一轮对轮轨间相互作用力得到脱轨系数和轮重减载率如图 7.95 和图 7.96 所示。

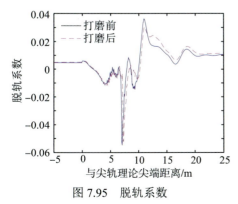

图 7.95　脱轨系数

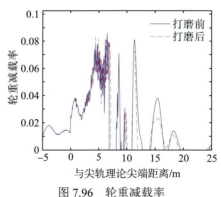

图 7.96　轮重减载率

由图 7.95 和图 7.96 结果可知，道岔钢轨打磨前后，脱轨系数变化趋势基本相同，但幅值略有降低，由 0.055 减小为 0.052，均未超过安全限值 0.8；轮重减载率幅值由 0.085 减小至 0.083，略有降低，且均在安全限值范围内。说明道岔打磨工作在一定程度上改善了岔区钢轨的断面廓形，有效降低了列车高速过岔时的脱轨系数，对行车安全更加有利。

2. 平稳性指标

车体及其各部件的加速度和位移是衡量车辆运行平稳性及舒适性的重要指标。以道岔打磨前后两种工况为例，分别求解得出车体、轴箱的加速度曲线和轮对横移量(图中横坐标表示与道岔尖轨尖端前起点处的距离)，计算结果如图 7.97～图 7.101 所示。列车-道岔动力学物理模型中车体考虑为刚体，求得的车体垂向加速度偏小，因此以轴箱加速度作为评价指标更为准确。由此处求出的车体垂向加速度结果可知，直股道岔打磨后，车体垂向加速度幅值由 0.0047m/s^2 减小为 0.0046m/s^2，车体横向加速度幅值由 0.011m/s^2 增大为 0.012m/s^2，车体加速度均变化较小。相比于车体系统响应，轴箱加速度变化规律更为明显，道岔打磨后轴箱垂向加速度明显降低，幅值由 12.86m/s^2 减小为 9.84m/s^2，降低了 23.5%，轴箱横向加速度幅值由 2.64m/s^2 减小为 2.26m/s^2，降低了 14.4%。图 7.101 为列车过岔时的轮对横移结果，由图可知，道岔钢轨打磨前后轮对移动轨迹整体向外侧偏移。由以上计算结果可以看出，道岔钢轨打磨后行车平稳性得到了较大的改善。

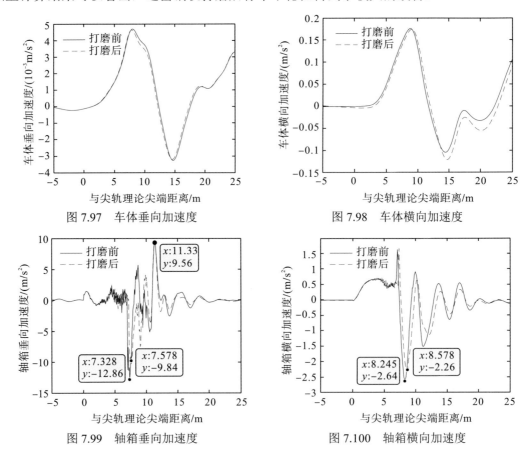

图 7.97 车体垂向加速度　　图 7.98 车体横向加速度

图 7.99 轴箱垂向加速度　　图 7.100 轴箱横向加速度

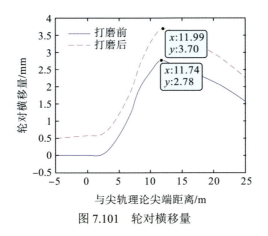

图 7.101　轮对横移量

3. 轮轨接触损伤分析

由图 7.102 可知,道岔打磨前最大磨耗指数为 13.44N,打磨后最大磨耗指数为 11.32N,磨耗指数降低了 15.77%,说明打磨后道岔廓形对减缓尖轨磨耗有利,能够从一定程度上延长道岔的服役寿命。由图 7.103 和图 7.104 可以看出,道岔打磨前滚动接触疲劳最大值为 8.5×10^{-5},主要分布于基本轨侧,道岔打磨后滚动接触疲劳幅值明显降低,约为 7.4×10^{-5},减小了 12.9%,且滚动接触疲劳分布范围略有缩短,说明道岔钢轨打磨后能够有效消除轨面鱼鳞纹损伤。

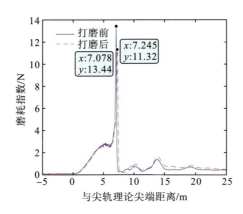

图 7.102　轮轨磨耗指数

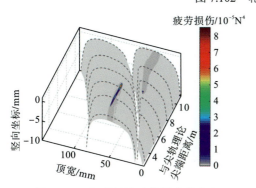

图 7.103　打磨前滚动接触疲劳分布

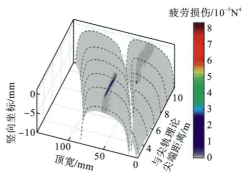

图 7.104　打磨后滚动接触疲劳分布

五、高速铁路道岔侧股廓形优化对道岔性能的影响

1. 轮轨动态相互作用

轮轨垂向力与轮轨横向力结果如图 7.105 和图 7.106 所示。道岔打磨前后轮轨垂向力最大值分别为 70.90kN 和 71.68kN，垂向力基本不变；轮轨横向力最大值分别为 39.87kN 和 35.52kN，减小了 10.91%，钢轨打磨后略微降低了轮轨间横向相互作用力。

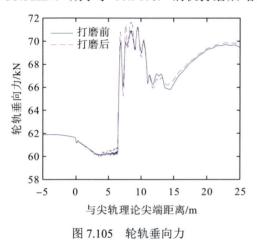

图 7.105　轮轨垂向力

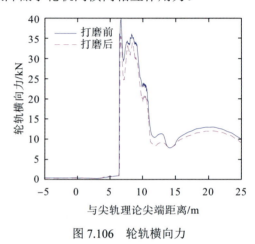

图 7.106　轮轨横向力

根据车辆第一轮对轮轨间相互作用力得到脱轨系数和轮重减载率如图 7.107 和图 7.108 所示。由结果可知，道岔钢轨打磨前后，脱轨系数整体明显降低，最大值由 0.58 减小为 0.52，均未超过安全限值 0.8；轮重减载率幅值由 0.029 增大至 0.031，基本没有发生变化，且均在安全限值范围内。说明道岔打磨前后安全性指标均满足规范要求。

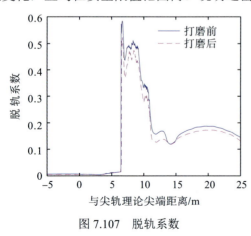

图 7.107　脱轨系数

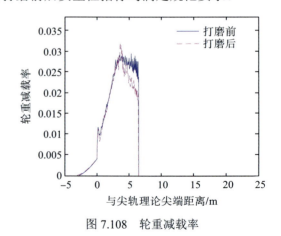

图 7.108　轮重减载率

2. 平稳性指标

以道岔打磨前后两种工况为例，分别求解得出车体、轴箱的加速度曲线和轮对横向位移曲线(图中横坐标表示与道岔尖轨尖端前起点处的距离)，计算结果如图 7.109～图 7.112

所示。列车-道岔动力学物理模型中车体考虑为刚体，求得车体垂向加速度偏小，因此以轴箱加速度为评价指标更为准确。侧股道岔打磨后，车体垂向加速度幅值由 0.023m/s² 降低至 0.020m/s²，车体横向加速度基本不变。相比于车体系统响应，轴箱加速度变化规律更为明显，道岔打磨后轴箱垂向加速度明显降低，幅值由 5.31m/s² 减小为 3.29m/s²，降低了 38.0%，轴箱横向加速度幅值由 9.24m/s² 减小为 8.73m/s²。图 7.113 为列车过岔时的轮对横移结果，钢轨打磨前后基本不变。由以上计算结果可以看出，道岔钢轨打磨后行车平稳性得到了较大的改善。

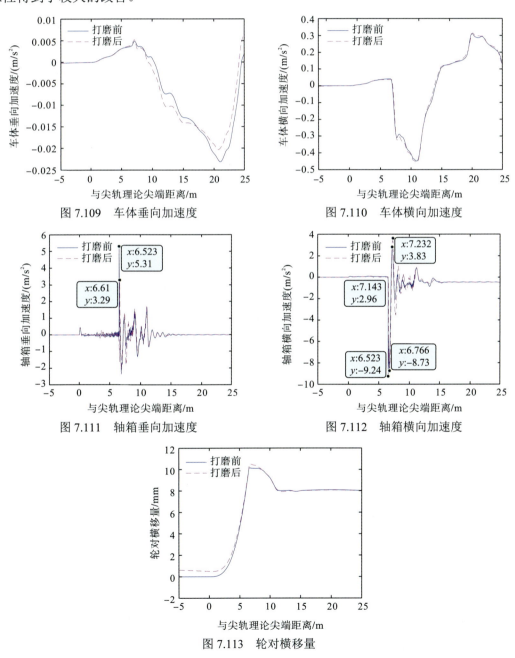

图 7.109　车体垂向加速度　　　　　　　　图 7.110　车体横向加速度

图 7.111　轴箱垂向加速度　　　　　　　　图 7.112　轴箱横向加速度

图 7.113　轮对横移量

3. 轮轨接触损伤分析

分别从轮轨磨耗指数与滚动接触疲劳两方面对道岔打磨前后的轮轨接触损伤行为进行评价。由图 7.114 可知，道岔打磨前最大磨耗指数为 657.2N，打磨后最大磨耗指数为 525.2N，磨耗指数降低了 20.1%，说明打磨后道岔廓形能够有效减缓曲尖轨侧面磨耗，延长道岔服役寿命。由图 7.115 和图 7.116 可以看出，打磨前滚动接触疲劳最大值为 1.6×10^{-4}，主要分布于曲尖轨外侧，道岔打磨后滚动接触疲劳幅值明显降低，约为 0.7×10^{-4}，说明道岔钢轨打磨有利于抑制鱼鳞纹等疲劳损伤的产生和发展。

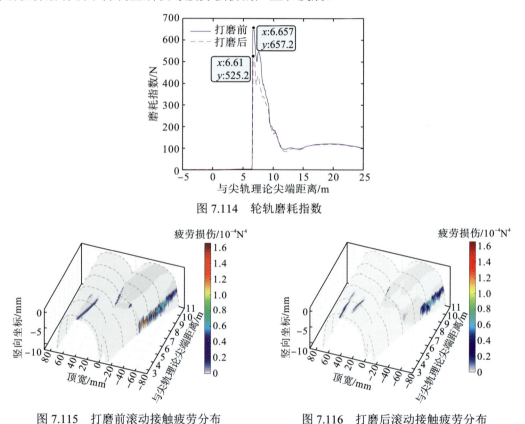

图 7.114 轮轨磨耗指数

图 7.115 打磨前滚动接触疲劳分布   图 7.116 打磨后滚动接触疲劳分布

本 章 小 结

轮轨关系设计与优化直接关系着道岔能否满足高速列车直向通过时的安全性与平稳性，本章从高速铁路道岔转辙器区组合廓形优化方法、廓形优化对轮轨接触几何及列车-道岔系统动力响应的影响等方面详细介绍了 400km/h 高速铁路道岔钢轨组合廓形设计研究方法，从高速铁路道岔直曲组合曲尖轨设计、直曲组合曲尖轨磨耗特性及列车侧向过岔时的动力响应分析详细介绍了直曲组合尖轨线型对提高曲尖轨耐磨性及列车过岔性能的影响，从 60N 钢轨高速铁路道岔设计、60N 钢轨道岔的动力仿真分析及试铺动测试验等方面详细介绍了 60N 钢轨在高速铁路道岔中的应用研究，从钢轨打磨技术、高速铁路道岔打磨技术及高速铁路道岔打磨廓形优化等方面详细介绍了高速铁路道岔钢轨打磨廓形设计研究。

参 考 文 献

[1] Heller R, Harry Law E. Optimizing the wheel profile to improve rail vehicle dynamic performance[J]. Vehicle System Dynamics, 1979, 8(2-3): 116-122.

[2] Wu H. Investigation of wheel/rail interaction on wheel flange climb derailment and wheel/rail profile compatibility[D]. Chicago: Illinois Institute of Technology, 2000.

[3] Shevtsov I Y, Markine V L, Esveld C. Design of railway wheel profile taking into account rolling contact fatigue and wear[J]. Wear, 2008, 265(9-10): 1273-1282.

[4] Polach O. Wheel profile design for target conicity and wide tread wear spreading[J]. Wear, 2011, 271(1-2): 195-202.

[5] Gerlici J, Lack T. Railway wheel and rail head profiles development based on the geometric characteristics shapes[J]. Wear, 2011, 271(1-2): 246-258.

[6] 沈钢. 铁道车辆车轮踏面外形设计方法研究与应用[D]. 上海: 同济大学, 2012.

[7] 崔大宾. 高速车轮踏面设计方法研究[D]. 成都: 西南交通大学, 2013.

[8] 张剑, 温泽峰, 孙丽萍, 等. 基于钢轨型面扩展法的车轮型面设计[J]. 机械工程学报, 2008, 44(3): 44-49.

[9] 李庆升. 基于基因遗传算法的车轮踏面优化[J]. 铁道车辆, 2011, 49(5): 7-11, 47.

[10] 朴明伟, 芦旭, 方吉, 等. 最佳轮轨匹配评价 5 原则[J]. 大连交通大学学报, 2010, 31(3): 1-8.

[11] 周新建, 王琦, 王成国, 等. 不同车轮踏面对高速轮轨关系的影响研究[J]. 华东交通大学学报, 2011, 28(2): 14-18.

[12] Pålsson B A, Nielsen J C O. Track gauge optimisation of railway switches using a genetic algorithm[J]. Vehicle System Dynamics, 2012, 50(sup1): 365-387.

[13] Zhao X, Li Z L. A solution of transient rolling contact with velocity dependent friction by the explicit finite element method[J]. Engineering Computations, 2016, 33(4): 1033-1050.

[14] Bugarín M R, Díaz-De-villegas J M G. Improvements in railway switches[J]. Proceedings of the Institution of Mechanical Engineers, Part F: Journal of Rail and Rapid Transit, 2002, 216(4): 275-286.

[15] Gurule S, Wilson N. Simulation of wheel/rail interaction in turnouts and special track work[J]. Vehicle System Dynamics, 1999, 33(sup1): 143-154.

[16] 张鹏飞, 朱旭东, 雷晓燕. 提速道岔辙叉翼轨的加高值方案优化[J]. 西南交通大学学报, 2021, 56(3): 602-610.

[17] 周华龙, 陈嵘, 陈磬超. 深圳地铁 9 号道岔关键新技术的设计研究[J]. 低碳世界, 2014, (7): 199-201.

[18] 王树国, 葛晶, 王猛, 等. 重载铁路 12 号道岔设计[J]. 铁道建筑, 2013, 53(12): 98-102.

[19] 钱瑶. 高速铁路道岔轮轨接触几何关系与廓形优化研究[D]. 成都: 西南交通大学, 2019.

[20] 闫正, 陈嘉胤, 徐井芒, 等. 不同车轮踏面与高速 60N 钢轨道岔静态接触特性研究[J]. 中南大学学报(自然科学版), 2021, 52(4): 1358-1370.

[21] 孙丽霞. 高速铁路轮轨型面匹配对车辆动力学性能的影响[J]. 中国铁道科学, 2017, 38(6): 108-117.

[22] 陈嵘, 方嘉晟, 汪鑫, 等. 车轮型面演变对高速道岔区轮轨接触行为影响分析[J]. 铁道学报, 2019, 41(5): 101-108.

[23] 米小珍, 樊令举, 朴明伟, 等. 轮轨匹配对高速动车组动力学性能的影响[J]. 大连交通大学学报, 2009, 30(4): 7-12.

[24] 王平. 高速铁路道岔设计理论与实践[M]. 成都: 西南交通大学出版社, 2011.

[25] 李晓光. 60N 钢轨 18 号无砟道岔的运用研究[J]. 铁道建筑, 2020, 60(1): 125-128, 152.

[26] 中华人民共和国铁道部. 高速铁路工程动态验收技术规范[S]. TB 10761—2013. 北京: 中国铁道出版社, 2013.

第八章　短波激励下高速轮轨滚动接触与瞬态响应

高速铁路运营过程中，轮轨系统服役状态不可避免地会逐渐恶化，出现各种损伤和轨道不平顺，发生在轮轨界面上的擦伤、硌伤、波磨、多边形磨损、焊缝不平顺、断缝等局部短波激励，钢轨探伤残留的耦合剂、扣件涂油时溅洒的油渍造成轨面污染等局部低黏着，会引发高速行车条件下轮轨系统的高频瞬态动力响应，继而造成轨道部件及列车悬挂件的疲劳损伤，此时的轮轨滚动接触是一种真实轮轨几何、非光滑界面、材料弹塑性变形、非恒定摩擦条件下的滚动耦合行为，需要采用第三章所建立的高速轮轨三维弹塑性瞬态滚动接触理论分析。第一章高速轮轨损伤现状调查发现，发生在区间线路上的各类损伤在道岔区也均会出现，发生损伤的高速列车也必然会通过道岔，因此开展短波激励下的高速轮轨滚动接触与瞬态响应分析研究对区间线路和道岔区均具有十分重要的意义。

第一节　车轮局部损伤引起的轴箱加速度响应

常见的车轮局部损伤有踏面的擦伤、硌伤、剥离、掉块等，因其波长较短，高速行车条件下激发的振动频率较高，局部损伤处的轮轨滚动接触行为是非稳态的，同时高频振动向车轮传递时会引起轴箱加速度出现周期性的冲击噪声，加速度计可以很方便地安装在标准的现行车辆上，使得轴箱加速度响应法逐渐发展成一种简单、经济的轮轨界面局部不平顺检测方法。

一、车轮擦伤引起的轴箱加速度响应

第三章已详细分析了擦伤车轮在弹塑性材料、函数型摩擦条件下的轮轨滚动接触行为，在此侧重分析擦伤对轮轨系统的动力响应。

1. 车轮擦伤原因分析

在车轮的滚动行为因某种原因被抑制以后，轮轨间的相对运动变成或接近纯滑动，引发局部材料的大量损伤而造成擦伤。根据其形态，车轮擦伤可分为以下三类：单个擦伤，由车轴锁定导致的椭圆形损伤，常见于从动车轴；块擦伤，由一系列小擦伤构成；连续擦伤，由未锁定车轴沿钢轨大蠕滑率滚动所致的细长形损伤，常见于材料塑性流动，更多发生于驱动车轴。图 8.1 为不同类型车轮擦伤的典型表面形态。

(a)单个擦伤　　　　　　　　(b)块擦伤　　　　　　　　(c)连续擦伤

图 8.1　车轮擦伤的典型形态

一般认为，擦伤处材料损伤的具体机理包括以下三种：与滑动相联系的高摩擦力和高相对速度(高蠕滑率)，导致材料的高磨损速率和高塑性流动；车轮滑动所产生的摩擦热会使局部材料升温，即使升温不足以导致相变，也会使材料的强度下降，降低其承载能力而增加车轮局部损伤速率[1]；车轮滑动过程中所产生的高温及离开接触状态后的迅速冷却会使擦伤处的材料发生相变，产生脆性马氏体，因此裂纹经常存在于擦伤处并可能进一步向材料深处发展[2]。

造成车轮擦伤的直接原因是过量制动，其诱因可能是制动系统的装配错误、失效和损伤等，或者是施加于轮对的制动力明显大于轮轨黏着力[3]。轨面的污染物，如落叶、泄漏的油脂及霜雪等，因可降低轮轨间的黏着水平，也会加剧车轮擦伤的发生[4-7]。这一点刚好可以解释安博洋[8]所记录的擦伤中有 80.2%的发生在霜雪存在的冬季(三个月)。此外，对车轮擦伤有影响的因素还包括轴重、速度、牵引力控制(traction control)、车轮滑动保护(wheel slip protection，WSP)以及钢材各相的稳定性[9]等。英国铁路安全与标准委员会报告将 WSP 系统的设计错误和 WSP 系统在低黏着条件下的不利作用归为车轮踏面损伤的重要原因之一[10]。另外，盘式制动设计有比踏面制动更高的制动扭矩，因此更易发生打滑现象，即更易产生车轮擦伤[11]。

现代铁路运输的高行车密度决定现役列车，尤其是配备有最先进控制系统的高速列车，频繁、快速地加速与制动。为适应如此苛刻的要求，动力分散式的动车组应运而生。动力分散式分布使得每个驱动轮对对驱动扭矩和黏着力的要求较同等条件下的动力集中式大大降低，但更多的驱动轮对也增加了低黏着条件下车轮发生打滑的概率。因此，车轮擦伤问题并没有随着动力分散式的动车组的采用而消失，现在依然是列车制造商和铁路运营方无法回避的问题。

2. 车轮擦伤的动态响应分析

国内外很多学者就车轮擦伤的动态响应做了定量研究，相对早期的工作，大多是基于传统多体动力学模型的研究，通常采用赫兹接触弹簧来表征轮轨相互作用。Steenbergen[12]详细地总结了不同学者研究关于擦伤冲击力的结果，国内翟婉明院士也开展了大量相关研究，研究情况汇总如表 8.1 所示。研究结果表明，当车轮存在较长的擦伤时，最大冲击力出现于 20～25km/h 速度区间；而对于较小的擦伤，并不存在最大冲击力。这些研究因关注内容的不同而对模型进行了不同程度的简化，各种模型的结果存在较大差异。近几年来，更复杂的接触计算模型也被不同的研究团队引入[13-15]，其研究结果均表明赫兹弹簧接触模型在某些工况中具有一定的局限性，如接触几何急剧变化的轮轨局部缺陷处，因为此处接触斑面积和形状的明显变化会影响接触刚度。但此类赫兹弹簧接触模型均只能用于轮轨间的垂向相互作用研究而不能用于切向轮轨滚动、滑动接触分析，因而也无法直接用于研究擦伤产生机理与发展的过程。

表 8.1　车轮擦伤动态响应研究

作者	调查类型	擦伤几何	速度/(km/h)	动态力变化趋势	动态力或动态系数
Jenkins 等[16]	仿真	旧擦伤	0～180	小于 25km/h 时动态力增加，随后在 40km/h 处下降；随着擦伤深度的增加，最大动态力变得更为明显	最大动态系数为 2.5
Frederick[17]	仿真+试验	旧擦伤	0～120	仿真：小于 25km/h 时动态力增加，随后在 55km/h 处下降。试验：动态力在 90km/h 处开始减小	试验：最大动态系数为 3.5 或最大动态力为 220kN。仿真：最大动态系数为 6
Newton 和 Clark[18]	仿真+试验	旧擦伤	0～120	在 20～30km/h 处出现最大动力	最大动态系数为 4
Dukkipati 和 Dong[19]	仿真	旧擦伤	0～140	在 20～30km/h 处出现最大动力	最大动态系数为 5
Wu 和 Thompson[20]	仿真	新擦伤+旧擦伤	0～150	旧擦伤：动态力单调增加。新擦伤：动态力单调增加直到 30～50km/h，然后微微下降直到 150km/h	旧擦伤：最大动态系数为 4。新擦伤：动态力为 250～430kN
Johansson 和 Nielsen[21]	仿真+试验	旧擦伤	5～100	在 25～50km/h 处出现最大动力，之后动态力微微下降	动态力为 50～220kN
Baeza 等[14]	仿真	新擦伤+旧擦伤	10～200	基本单调增加	最大动态力为 350kN
Esveld[22]	仿真	旧擦伤	0～200	基本单调增加	最大动态力为 900kN
翟婉明[23]	仿真	旧擦伤	0～200	在 15～60km/h 处出现最大动力，随后动态力开始下降	最大动态力为 400kN

3. 典型擦伤引起的瞬态响应分析

根据 Newton 等[18]的研究，新擦伤在向旧擦伤发展过程中，其几何形状具有一定的规律，擦伤深度 D 沿周向通常呈余弦分布，沿横向呈抛物线分布，在柱坐标系下可表示为

$$D(\theta) = \frac{d}{2}[1 - (\cos 2\pi\theta)/l] \tag{8.1}$$

$$D = d\left[1 - \left(\frac{w}{w_0}\right)^2\right] \tag{8.2}$$

式中，l 和 d 分别为擦伤长度和最大深度，且满足 $d = l^2/(16r)$；w 为与擦伤横向中心的距离；w_0 为擦伤半宽。

考虑如图 8.2 所示的五种擦伤几何工况，从 F_1～F_5 其擦伤长度和深度依次增大，其中 F_3 也称为 F_C(critical)，即中国高速铁路车轮维修中的限值（深度为 0.25mm，长度为 29mm）。鉴于现场经验，各擦伤模型的宽度保持不变，均为 40mm（一个现场可见的较大值），以模拟最恶劣的工况。

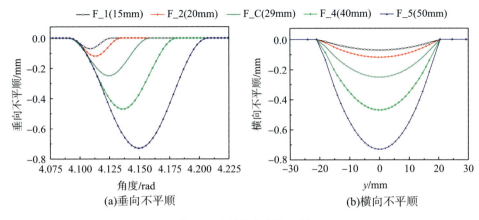

图 8.2　车轮擦伤几何工况

擦伤 F_C 引起的轴箱垂向加速度时程变化如图 8.3 所示，图中还列出了轮轨法向力时程图。由图可知，相比于法向力，轴箱加速度衰减得更慢。法向力经过一个波长周期基本已衰减结束，而轴箱加速度在所模拟的时间内仍未衰减结束，轴箱加速度波长在 20～80mm 范围变化。

基于小波变换的 S 变换，将冲击下的轴箱加速度信号做时频域变换，如图 8.4 所示。由图可见，轴箱加速度在光滑工况下的能量主要集中于 3297Hz（以下简称 f_3）。一旦经过擦伤，便会激起 500～2500Hz 范围的能量聚集，具体而言，能量主要集中于 1099Hz 和 1798Hz（以下简称 f_1 和 f_2）。上述擦伤冲击的频率特征可以在铁路工程中作为轴箱加速度检测的依据。图 8.4 中擦伤位于 2.44m（对应于 0.029s）处，但是轴箱加速度的最大值发生于 2.73m 处，可见轴箱加速度最大能量集中于擦伤冲击之后。

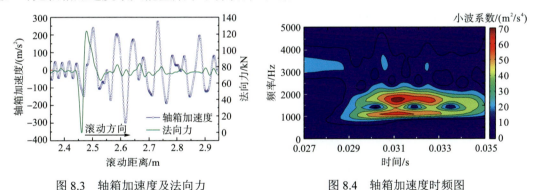

图 8.3　轴箱加速度及法向力　　　　　　　图 8.4　轴箱加速度时频图

将轴箱加速度做快速傅里叶变换（fast Fourier transform，FFT）所得到的频谱如图 8.5 所示。由图可见，轴箱加速度响应主要分布于三个频率，即 f_1、f_2 和 f_3；光滑工况下无 f_1、f_2 两个频率峰值，擦伤工况下，能量主要集中在 f_1、f_2 两个频率附近，而 f_3 附近的能量占比有所降低。该结论与图 8.4 一致。

4. 枕跨冲击位置的影响

离散支撑的轨道导致其垂向整体刚度沿纵向是变化的，而车轮擦伤冲击位置与轨枕的

由表 8.2 和表 8.3 可见，法向力和轴箱加速度并未随速度的增加而增加，200km/h 时擦伤激起的轮轨法向力及轴箱加速度达到最大值。由图 8.12 可见，不同速度下的轴箱加速度频域响应也都集中在 f_1 和 f_2 这两个频率处。若以最大垂向力不超过 170kN 为标准，擦伤长度容许限值可放宽至 40mm。

表 8.2　最大轮轨法向力　　　　　　　　　　　（单位：kN）

擦伤长度	运行速度				
	100km/h	200km/h	250km/h	300km/h	350km/h
15mm	89.1	89.9	88.9	88.6	87.1
20mm	99.9	101.4	99.0	98.0	94.9
29mm	129.3	135.0	130.5	123.2	120.0
40mm	156.5	169.8	162.3	153.8	148.6
50mm	183.7	205.2	198.4	188.9	178.8

表 8.3　最大轴箱加速度　　　　　　　　　　（单位：m/s²）

擦伤长度	运行速度				
	100km/h	200km/h	250km/h	300km/h	350km/h
15mm	71.5	81.2	71.2	94.6	105.1
20mm	128.6	143.9	123.7	156.0	127.7
29mm	273.3	309.4	265.1	276.0	261.2
40mm	420.1	415.7	376.2	380.2	404.9
50mm	478.9	518.7	481.4	492.8	479.0

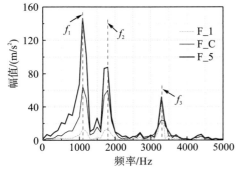
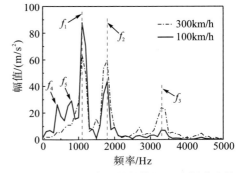

图 8.11　不同擦伤长度下的轴箱加速度频谱　　　图 8.12　不同速度下的轴箱加速度频谱比较

因此，可以利用擦伤作用下轴箱加速度频域峰值固定这一特点实现擦伤的现场检测，通过峰值频域的大小判断擦伤的程度。

二、车轮碴伤下的滚动接触及瞬态响应

1. 轮轨碴伤的原因

碴伤是目前我国高速铁路钢轨和车轮的损伤形式之一。碴伤出现在轮轨踏面上，导致轮轨损伤和钢轨不平顺。碴伤凹坑的尖锐处应力集中，可能会萌生裂纹引发轮轨疲劳损伤。钢轨踏面或动车组某车轮踏面存在异物压入形成凸起，将导致周期性的轮轨碴伤。

　　轮轨碴伤的原因主要分为外来异物、电弧灼伤和擦伤掉块三种类型。除了外来异物引起轮轨碴伤，石砟也是一种异物来源。冬季时，降雪地区可能会致使列车底部结冰，当列车驶入温度较高的地区时，列车底部冰块融化，冰块坠落石砟飞溅至轨顶后，碴伤钢轨。通常情况下(石砟除外)，压入钢轨或车轮中的外来异物与基体结合处存在明显的分界，为纯机械挤压后的结合状态(结合处有棱角)，未发生材料间的冶金熔合。电弧灼伤导致车轮和钢轨碴伤的案例数量极少。图 8.13 为钢轨碴伤典型形貌图，图 8.14 为车轮碴伤典型形貌图(月牙形裂纹)。更多的高速车轮镟修实例表明，该类裂纹在一个镟修周期内的扩展深度能达到 2.75～8mm。

(a)单处碴伤　　　　　　　　　　　　　(b)连续碴伤

图 8.13　钢轨碴伤典型形貌图

图 8.14　车轮碴伤典型形貌图(月牙形裂纹)

2. 车轮碴伤研究现状

　　国内关于轮轨碴伤的研究较少，主要是这类损伤在普速铁路上不常见。Fujii 等用一种双滚轮疲劳试验装置[24, 25]，研究了带有碴伤的大滚轮与表面光滑的小滚轮间的滚动接触，重现了由碴伤引发的局部滚动接触疲劳裂纹，该裂纹呈现前、后双向扩展的现象并最终导致材料剥离；基于试验结果和边界元模型的计算结果，总结了上述裂纹的扩展过程：首先微观裂纹萌生于很浅的次表层材料，然后朝表面扩展而产生微小的剥离失效，并逐渐产生往材料纵深发展的前、后双向裂纹，最终导致较大块的剥离失效。Care 等采用弹塑性有限元法对平板上压痕附近的应力场进行了分析[26]，与相应弹性结果的对比显示塑性变形对压痕附近的最大剪切应力分布具有明显的影响，结果显示最大法向接触应力出现在压痕边缘，这与试验结果相符。

3. 轮轨接触力

考虑如图 8.15 所示的三种典型的硌伤，硌伤长和宽均为 4mm、深为 0.3mm，选取三种几何形状，分别称为 G0、G1 和 G2（G：geometry，几何）。G2 边缘比较钝，更接近经过一段时间车轮滚压后的硌伤几何；由 G0 和 G1 两种具有不同尖锐程度的模型模拟初期硌伤，其边缘是尖锐的；G0 边缘处材料被硬物挤出平滑表面的现象在表面材料应变强化后更易出现。图 8.15(a) 为硌伤最深处的纵向几何，相应的横向几何保持不变；图 8.15(b) 为以柱坐标（原点为车轮中心点）表示的 G2 三维几何图形，其中包含车轮真实踏面的锥度。

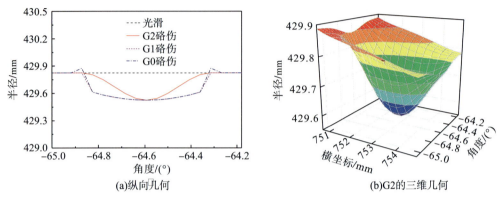

图 8.15　车轮硌伤几何

列车速度为 120km/h 时，G2 型硌伤下的接触法向力、切向力的变化及与光滑表面的比较如图 8.16 所示。由图可见，硌伤引起的接触力波动很小，在法向和切向上均为光滑工况准稳态结果的 3% 左右，这主要是选取的硌伤深度较小，长宽尺寸小于轮轨接触斑，接触滤波效应而导致接触力变化不大。

不同速度情况下，G2 型硌伤下的最大接触法向力、最大接触切向力与光滑表面的差值随列车速度的变化如图 8.17 所示。由图可见，硌伤所引起的动态力随速度的增加而降低。硌伤下的接触力波动不大，轴箱加速度响应也变化不大，因而这类损伤不能通过轴箱加速度检测。

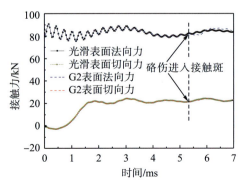

图 8.16　G2 型硌伤接触力比较

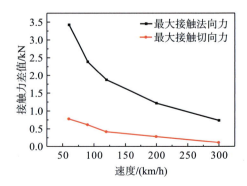

图 8.17　接触力差值随速度变化

4. 法向接触应力

列车速度为 120km/h 时，G1 型硌伤下的轮轨法向接触应力在 $t_1 \sim t_7$ 时刻沿着接触斑长轴(沿纵向)的分布如图 8.18 所示。由图可见，硌伤对轮轨法向接触应力具有非常大的影响，硌伤边缘处的法向接触应力明显大于其他部位，硌伤范围内未发生轮轨接触；在 t_3 时刻，硌伤区域的法向接触应力达到最大值 1435MPa，是相应光滑表面的 1.6 倍。

列车速度为 120km/h 时，三种硌伤情况下的最大法向接触应力分布及与光滑表面的比较如图 8.19 所示。由图可见，G0、G1 和 G2 型硌伤边缘处的最大法向接触应力分别为 2979MPa、1435MPa 和 1192MPa，分别对应光滑工况的 3.3 倍、1.6 倍和 1.3 倍。

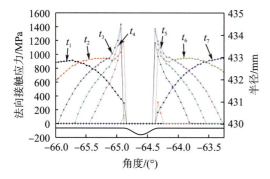

图 8.18　G1 型硌伤法向接触应力分布

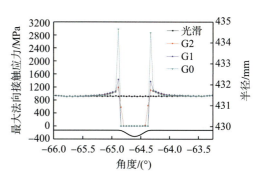

图 8.19　最大法向接触应力比较

5. 切向接触应力

列车速度为 120km/h 时，G1 型硌伤下的轮轨切向接触应力在 $t_1 \sim t_7$ 时刻沿着接触斑长轴(沿纵向)的分布如图 8.20 所示。由图可见，硌伤对轮轨切向接触应力的影响与法向接触应力类似，均是在硌伤边缘处出现切向接触应力峰值。

列车速度为 120km/h 时，三种硌伤情况下的最大切向接触应力分布及与光滑表面的比较如图 8.21 所示。由图可见，G0、G1 和 G2 型硌伤边缘处的最大切向接触应力分别为 848MPa、426MPa 和 338MPa，分别对应光滑表面的 3.2 倍、1.6 倍和 1.3 倍，变化规律与法向接触应力相同。由此可见，硌伤边缘处的接触应力明显大于光滑接触表面，尤其是形成初期可伴有尖锐边缘的硌伤，随着硌伤边缘逐渐变钝，相应的应力水平会大大降低。

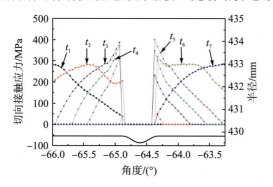

图 8.20　G1 型硌伤切向接触应力分布

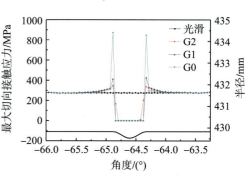

图 8.21　最大切向接触应力比较

6. von Mises 等效应力

列车速度为 120km/h 时，G1 型碏伤下的轮轨瞬态 von Mises 等效应力在 $t_1 \sim t_7$ 时刻沿着接触斑长轴(沿纵向)的分布如图 8.22 所示。由图可见，von Mises 等效应力受碏伤的影响非常明显，且分布规律与法向、切向接触应力有所差别，碏伤后边缘处的 von Mises 等效应力远大于碏伤前边缘；对于弹性轮轨材料，von Mises 等效应力最大值明显大于车轮材料的强度极限(1150MPa)，这说明会在相应位置发生明显塑性变形，而当塑性变形累计足够大时，裂纹可从碏伤处萌生。裂纹一旦萌生，便可在接触荷载的作用下逐步向材料深度方向扩展，并最终形成局部滚动接触疲劳。

列车速度为 120km/h 时，三种碏伤情况下的最大 von Mises 等效应力分布及与光滑表面的比较如图 8.23 所示。由图可见，初期可伴有尖锐边缘的 G0 型碏伤的 von Mises 等效应力最大值大于初期无尖锐边缘的 G1 型碏伤，更大于后期钝边缘的 G2 型碏伤，三种碏伤情形下均是后边缘的 von Mises 等效应力大于前边缘，碏伤内部的等效应力水平较低。

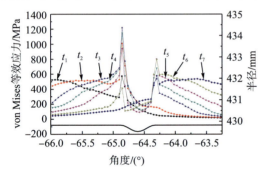

图 8.22 G1 型碏伤 von Mises 等效应力分布　　　　图 8.23　最大 von Mises 等效应力比较

第二节　钢轨焊缝短波不平顺引起的轮轨瞬态响应

将标准长度的钢轨采用焊接方法焊接成所需长度的钢轨是发展无缝线路的重要措施之一，这样不仅提高了列车的运行品质，而且能延长钢轨的服役寿命，从而大大降低养护维修工作量，具有十分重要的工程应用意义。然而，由于焊接工艺的限制以及焊接材料与母材的差异性等因素，钢轨焊接接头的几何形位尺寸难以保持绝对的平顺性。我国《高速铁路无砟轨道线路维修规则》要求以 200km/h 速度运行时，1m 直尺测量范围内焊接接头几何的平直度不得超过 0.3mm，对于 300km/h 线路这一限值则为 0.2mm。但这一标准并未考虑焊缝几何不平顺波长对轮轨力的影响。

车轮经过钢轨表面的接头不平顺时，将激发较高的轮轨力，表现为典型的瞬态滚动接触-冲击现象。以往轮轨冲击力的求解较多采用多刚体动力学模型[27,28]，在其建模中，通常假设轮对为一个刚体，无法反映轮轴外端连接轴箱处的局部振动。近年来，部分学者把车轮的模态计算结果引入动力学模型[29]，获取了轴箱处的加速度响应，但仍然采用基于稳态假设的接触模型求解轮轨瞬态冲击问题。因此，需要建立一个能有效处理焊头不平顺瞬态冲击问题的数值模型，研究高速列车通过焊缝不平顺时的瞬态动力响应问题。

一、钢轨焊接接头的数学表达

具有理想几何形状的焊接接头，其几何波动以余弦函数表征：

$$z = \frac{\delta}{2}\left(1 + \cos\frac{2\pi x}{\lambda}\right) \tag{8.3}$$

式中，δ 和 λ 分别为焊接接头的波深和波长；焊接接头的横向几何不平顺采用抛物线描述，其宽度取为 30mm。垂向冲击主要与几何波长和波深有关，因而仅考虑钢轨焊接接头几何梯度沿纵向的表达：

$$\frac{\mathrm{d}z}{\mathrm{d}x} = -\frac{\delta\pi}{\lambda}\sin\frac{2\pi x}{\lambda} \tag{8.4}$$

以 1m 波长为例，图 8.24 为钢轨焊接接头几何及其梯度变化，其中波深取为 0.2mm。随着纵向坐标的增加，几何梯度呈正弦变化，在焊缝 1/4 波长处达到最大值。当梯度大于零时，焊缝几何的深度随纵向坐标的增加而变大；当梯度为负值时，这种变化则相反，故梯度的三个零值点分别对应焊缝的起始点、峰值点和终止点。

Steenbergen 等[30]曾推导了车辆以速度 v 运行时，钢轨焊接接头与其激发的轮轨力波动的最大幅值 $F_{\mathrm{dyn,max}}$ 与几何梯度的线性关系，表示为

$$F_{\mathrm{dyn,max}} = \gamma M_{\mathrm{track}} v \frac{1}{d}\left|\mathrm{d}z/\mathrm{d}x\right|_{\mathrm{max}} \tag{8.5}$$

$$F_{\mathrm{dyn,max}} = F_{\mathrm{max}} - F_{\mathrm{static}} \tag{8.6}$$

式中，F_{max} 和 F_{static} 分别为轮轨接触力的最大值和静轮载；γ 为无量纲系数；M_{track} 为等效轨道质量；$\left|\mathrm{d}z/\mathrm{d}x\right|_{\mathrm{max}}$ 为钢轨焊接接头的几何梯度最大值；其中几何数据以距离 $d = 5\mathrm{mm}$ 采集。

由式 (8.5) 可以看出，$F_{\mathrm{dyn,max}}$ 与 $\left|\mathrm{d}z/\mathrm{d}x\right|_{\mathrm{max}}$ 呈线性关系，即

$$F_{\mathrm{dyn,max}} = k\left|\mathrm{d}z/\mathrm{d}x\right|_{\mathrm{max}} \tag{8.7}$$

Steenbergen[28]将不同速度下 $F_{\mathrm{dyn,max}} = 11\mathrm{kN}$ 对应的梯度作为干预值 I 以评估新修线路或打磨维护后的轨道几何不平顺状态：

$$I = \frac{11}{k} \tag{8.8}$$

进一步将梯度与干预值之比定义为质量指标（quality index，QI），显然只有 QI 值小于 1 的焊接接头符合标准。

钢轨焊接接头最大平直度在 0.2mm 时，梯度与波长的对应关系如图 8.25 所示。由图可见，梯度随波长的增加先急剧下降，随后其变化则较为平缓。由式 (8.7) 可知，高梯度对应着较高的轮轨动态力，故定期打磨消除焊接接头处的短波不平顺有利于缓解剧烈的动力作用。

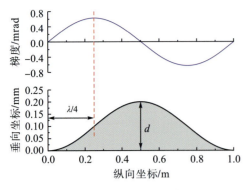

图 8.24　焊缝几何及其梯度变化

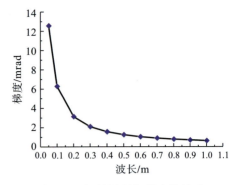

图 8.25　焊缝波长与梯度的关系

二、焊接接头处的瞬态响应

1. 焊接接头处的轴箱加速度

焊接接头的波深取为 0.2mm，考虑 0.05m、0.1m 和 0.2m 三种波长，在列车速度为 300km/h 时，不同波长接头激发的轴箱加速度时程及频谱如图 8.26 所示。由图可见，焊接接头处的几何波动引起了轴箱加速度强烈的振动，其中第一个波峰 ABA_F（约 29ms 处）是由焊缝冲击引起的，而后持续的振动则取决于轮轨系统的耦合振动。随着波长由 0.05m 增加到 0.2m，轴箱加速度振动的幅值逐渐降低；0.2m 波长下的轮轨系统共振波长约为 223mm，高频振动成分不明显。三种不平顺下的轴箱加速度信号频谱图中，存在着两个明显的主频，即 375Hz 和 1150Hz。在 300km/h 运行速度下，这两个频率分别对应波长 223mm 和 72mm，这与图 8.26 (a) 中所示的振动波长是相符的。这与车轮擦伤具有相同的规律，即轴箱加速度主频并未随焊缝几何不平顺的波长而改变，具有"定频"特征；只是在长波长情况下，以中低频振动为主，而在短波长情况下，中高频振动能量占比显著增加。

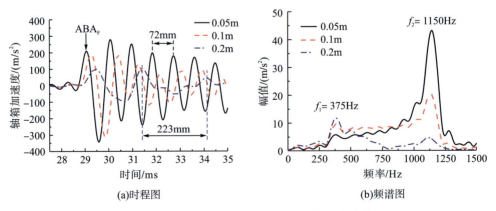

(a)时程图　　　　　　　　　　　　　(b)频谱图

图 8.26　不同波长焊缝激励下的轴箱加速度响应

图 8.27 为轴箱加速度峰值及两个主频对应的轴箱加速度振幅随焊缝几何波长的变化曲线。由图可见，随着焊缝几何波长由 0.05m 增加到 0.5m，轴箱加速度峰值 ABA_F 由 204.6m/s² 单调降低到 24.7m/s²；频率 f_1 对应的轴箱加速度振幅随波长的增加先增大后减小，

在 0.2m 处达到峰值；频率 f_2 对应的轴箱加速度振幅则随波长的增加单调减小，当波长达到 0.3m 时，可以认为焊接接头已不能激起该频率的动态响应。f_2 对应的振动波长为 72mm，而 65～80mm 是高速线路钢轨波磨的典型波长尺寸，故消除波长 0.3m 以下的焊接接头几何不平顺有助于抑制钢轨短波波磨的出现。

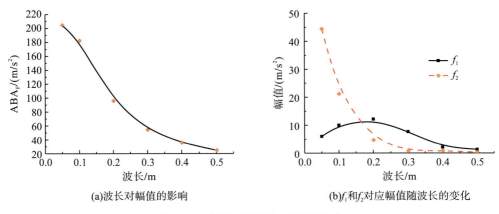

(a)波长对幅值的影响　　(b)f_1 和 f_2 对应幅值随波长的变化

图 8.27　波长对轴箱加速度的影响

波深是焊接接头几何不平顺的另一个重要参量，波深对轴箱加速度频谱及最大值的影响如图 8.28 所示。由图可见，0.1mm 和 0.2mm 两种不同波深下的轴箱加速度的频率分布相同，波深仅影响各频率下轴箱加速度的振幅，轴箱加速度最大值随波深近似呈线性增加。

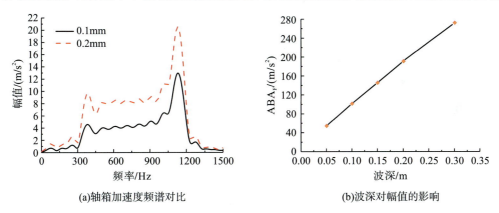

(a)轴箱加速度频谱对比　　(b)波深对幅值的影响

图 8.28　波深对轴箱加速度的影响

2. 焊接接头处的轮轨动态力

三种钢轨焊缝几何的轮轨动态力 F_{dyn}（轮轨接触力与静轮载之差）时程比较如图 8.29 所示。由图可见，车轮在通过焊缝时，焊接接头几何不平顺的波动使 F_{dyn} 先逐渐增大至峰值后逐渐衰减，完成一次冲击；一旦离开焊缝，F_{dyn} 波动幅值较小；随着波长的增加，最大动态力依次减小，这与轴箱加速度 ABA_F 的变化趋势一致。但钢轨焊接接头仅能激发轮轨力一次冲击行为，却会引起轴箱加速度持续的波动，这主要是轮轨力取决于局部几何不平顺，因此通过焊接接头后不会再出现明显的冲击作用，而轴箱加速度则属于结构振动，该振动能量很难被一系悬挂迅速地耗散，故表现为持续的波动。

前述表明，钢轨焊缝处轴箱加速度的第一个波峰可表征轮轨动力作用，为此选取 18 种焊接接头(包含 0.1mm、0.2mm 和 0.3mm 三种波深，对应图 8.27 中六种波长 0.05m、0.1m、0.2m、0.3m、0.4m 和 0.5m)进行计算，建立轴箱加速度 ABA_F 与最大动态力 $F_{dyn, max}$ 的关系，如图 8.30 所示。相应的拟合曲线为

$$F_{dyn,max} = 0.41ABA_F \qquad (8.9)$$

显然，轴箱加速度 ABA_F 与最大动态力 $F_{dyn, max}$ 呈线性关系。我国高速线路规定轮轨力不得超过 170kN，相当于最大动态力波动幅值 $F_{dyn, max}$ 的限值约为 90kN(设高速列车轴重为 16t)，对应轴箱加速度 ABA_F 为 220m/s^2，即轴箱加速度限值。

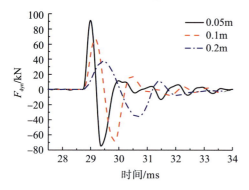

图 8.29 轮轨动态力随波长的变化

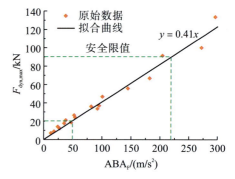

图 8.30 轴箱加速度与轮轨最大动态力的关系

按式(8.4)计算不同焊缝不平顺的最大几何梯度，当列车速度为 300km/h 时，不同波深情况下最大动态力与最大几何梯度的映射关系如图 8.31(a)所示，两者函数拟合关系如式(8.10)所示。由图可见，当几何梯度较小时，轮轨动态力与梯度基本呈线性变化；随着梯度的增大，曲线的非线性逐渐增强并存在动态的极值，如波深 0.2mm 时的动态力极值约为 92kN，波深 0.3mm 时对应的动态力极值约为 133.5kN，动态力极值与波深大致呈线性关系；我国现行标准控制钢轨焊接接头的平直度在 300km/h 速度下不超过 0.2mm 是基本合理的；三种波深工况的初始线性斜率几乎相等。不同波深情况下线性极限值比较如图 8.31(b)所示，与波深也近似呈线性关系。

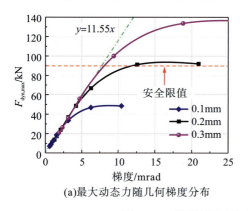

(a)最大动态力随几何梯度分布

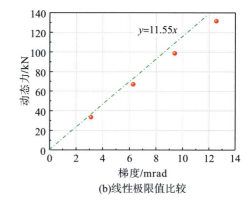

(b)线性极限值比较

图 8.31 不同波深下最大动态力随几何梯度的变化

$$\begin{cases} y_{0.1} = 0.0332g^3 - 1.2611g^2 + 14.2623g - 1.0383 \\ y_{0.2} = 0.0102g^3 - 0.7002g^2 + 14.7074g - 2.4188 \\ y_{0.3} = 0.0049g^3 - 0.4848g^2 + 14.7246g - 3.5505 \end{cases} \tag{8.10}$$

式中，$y_{0.1}$、$y_{0.2}$ 和 $y_{0.3}$ 分别为 0.1mm、0.2mm 和 0.3mm 深度的轮轨动态力；g 为几何梯度。

当焊接接头波深为 0.2mm 时，不同速度情况下最大动态力随几何梯度的变化如图 8.32(a) 所示。由图可见，随着速度的提高，曲线的非线性逐渐增强，初始斜率 k 由 7.78 增加到 15.7。按式(8.8)计算各速度下的干预值，分别为 1.41、0.95 和 0.7，与著名焊接接头测试仪 Railprof 建议标准[8] 的比较如图 8.32(b) 所示。Railprof 中没有提供速度 400km/h 的干预值，故忽略在该速度下的结果。由图可见，由瞬态滚动接触模型计算的结果与 Railprof 的建议值基本相同，由于 Railprof 已广泛应用于铁路系统钢轨焊缝的质量评估，表明该模型能较好地反映实际运行状态，并且利用理想几何获取的轮轨动态力与梯度曲线关系是可靠的，对于 400km/h 线路，建议钢轨焊接接头的干预值取为 0.7。

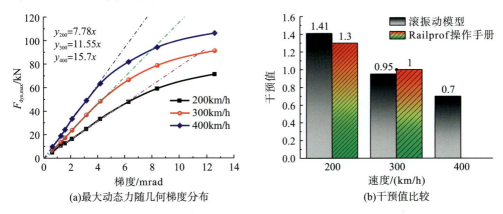

图 8.32　不同速度下最大动态力随几何梯度的变化

三、基于实测轴箱加速度的钢轨焊接接头质量评估

图 8.33 为我国某高速线路，测得车辆以 300km/h 速度运行时的垂向轴箱加速度随运行时间变化的曲线，信号采样频率为 16.4kHz。考虑到轮轨相互作用的典型频率范围以及高频信号往往含有很多噪声，对图 8.33 中的信号施加了 2000Hz 低通滤波。由图可见，由于轮轨表面几何不平顺的存在以及轮轨接触界面的弹性变形，轴箱加速度幅值在高速滚动条件下在-50～50m/s² 范围波动。无缝线路长定尺钢轨按照每 100m 间隔焊接在一起，因此图 8.33 中每间隔 1.2s(按 300km/h 速度运行，约 100m)会出现一次脉冲冲击，如图中 RW1，其幅值高至 150～200m/s²，轴箱加速度幅值在容许限度内。而 RW2 处的轴箱加速度幅值并无明显增加，这可能是此处焊缝几何较为理想所致。

采用如式(8.11)和式(8.12)所示的 S 变换方法对车辆通过焊接接头过程中在不同时刻轴箱加速度频率成分变化进行分析，所得到的时频动态响应如图 8.34 所示，图中振幅采用归一化处理，蓝色和红色表示能量由小到大变化。

$$S(\tau, f) = \int_{-\infty}^{\infty} x(t) w(\tau - t, f) \exp(-\mathrm{j}2\pi f t) \, \mathrm{d}t \tag{8.11}$$

$$w(\tau - t, f) = \frac{|f|}{\sqrt{2\pi}} \exp\left[-\frac{f^2(\tau - t)^2}{2} \right] \tag{8.12}$$

式中，f 为频率；$w(\tau - t, f)$ 为高斯窗函数；τ 为控制高斯窗口在时间 t 轴位置的参数。

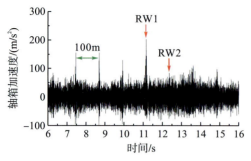 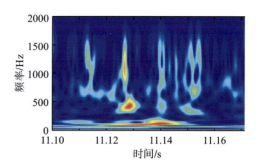

图 8.33　实测轴箱加速度时程响应　　　　图 8.34　实测轴箱加速度频域特性

由图 8.34 可见，焊接接头几何不平顺激发的能量主要集中于 350～500Hz 和 1000～1250Hz 两个频段区域，与图 8.26 所示的焊头处的主频相吻合。这种高频振动持续 2～5ms，轮轨接触界面耗散，是各类滚动接触疲劳产生的主要原因。同时，焊接接头也激起 100～120Hz 频段的振动，这种较低频率的振动存在较长时间，除传递到车上也传递到轨下系统，是道床和路基等基础结构性能退化的重要原因。文献[8]还提出了基于轴箱加速度的等间隔能量极值的焊接接头自动识别和滤波方法。

四、基于实测焊接接头几何的质量评估

对于新修线路或养护维修后的焊缝质量评估，可以采用 QI 方法来判断钢轨焊接接头处的动态力是否超过 11kN，如此低的动态力可以保证充裕的安全余量。图 8.35 为一种于 300km/h 高速线路测得的早期焊缝几何及其梯度变化，其梯度最大值为 1.33mrad。由于该梯度大于图 8.32 所示的干预值（0.95），QI 达到了 1.4，已超过新修线路标准 1.0，应打磨以保证较高的轨道平顺性。

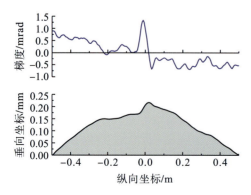 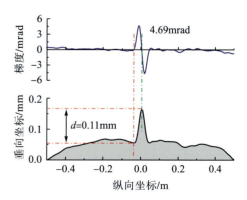

图 8.35　早期焊缝几何及其梯度　　　　图 8.36　运营中焊缝几何及其梯度

车轮的重复碾压，钢轨焊缝表面会逐渐形成局部不平顺，这种焊缝激励下的轮轨动态力通常大于 QI 方法规定的限值 11kN，因此对于这种日常运行中出现的几何不平顺，可以规定其焊缝不平顺幅值不超限，且轮轨动态力不得超过 90kN 以保证行车安全。图 8.36 所示的焊接接头是一种短波与长波叠加的不平顺，其最大梯度为 4.69mrad，利用图 8.31 中最大动态力与几何梯度的关系，可得该焊头服役于 300km/h 线路所激发的最大轮轨动态力约为 43.0kN，在容许限度内。

第三节　钢轨波磨下的轮轨瞬态滚动接触

钢轨波磨是普速、高速、重载铁路及地铁线路的主要钢轨损伤形式之一。因其近似周期性的几何波动，钢轨波磨会显著增加车辆-轨道系统的振动，造成轮轨力的剧烈波动并可传递至车辆转向架和轨道的各主要部件，大大缩短相关部件的使用寿命。针对钢轨波磨的动态建模通常采用"质点-弹簧-梁"的简化模型[31-33]，尤其是 2000 年以前。该类模型中的质点、弹簧（通常是赫兹弹簧）和梁分别模拟车轮、轮轨接触和钢轨，一般只考虑轮轨间的法向接触。而采用瞬态有限元模型对波磨进行分析，不仅可研究轮轨在波磨处的法向瞬态相互作用，也同时包含了切向相互作用。可通过研究波磨几何和牵引系数的影响，为探究高速铁路钢轨短波、长波波磨的产生机理与防治提供有效研究手段。

一、钢轨波磨几何模型

采用波磨测量仪（CAT）对发生在中国某高速铁路线上的波磨进行了测量，其时域分布及左、右钢轨表面粗糙度的频谱特性（1/3 倍频程结果）如图 8.37 所示，所选路段的运行速度约 300km/h。由结果中可以发现所测量波磨具有两个典型的波长，即 65～80mm 和 125～160mm，且第一个波长成分占主导。

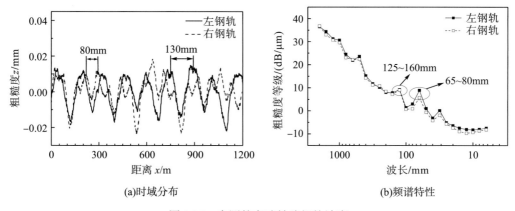

图 8.37　实测的高速铁路钢轨波磨

假设波磨处深度 d 在纵剖面上呈正弦分布，而在横切面内呈抛物线分布，具体由式（8.13）确定：

$$d_c = -0.5d_m \left\{ 1 - \sin\left[2\pi(x - x_s)/L + \pi/2 \right] \right\} \qquad (8.13)$$

$$d = d_c \left[1 - (y/W)^2 \right] \qquad (8.14)$$

式中，d_m、L 和 W 为波磨的最大深度、波长和宽度，分别取值 0.14mm、80mm 和 30mm；d_c 为在横向最大深度，位于波磨中间；x_s 为波磨起始点的纵坐标，取为 2.4m。

二、瞬态轮轨接触

1. 动态接触力

速度为 300km/h、牵引系数为 0.3、钢轨表面存在波磨时，轮轨法向、切向接触力的波动如图 8.38 所示，为方便比较，图中法向力乘了摩擦系数 f，波磨几何分布也显示在图中。由图可见，波磨引起了法、切向接触力的明显波动。法向力 F_N 的最大值和最小值分别为 193.19kN 和 3.02kN，轮轨法向力最低处几乎发生脱离接触；在波谷处，fF_N 和 F_L 重合，发生全滑动；接触力的峰值不完全发生在波磨的波峰处，存在着相位差；而靠近扣件支撑的地方，相应的法向接触力的幅值更大一些。这表明扣件的离散支撑对高速轮轨动态力有不可忽略的影响，这与很多文献所描述的波磨在靠近支撑的位置更深的现象相符[34]。

2. 轮轨蠕滑率

以车轮上某节点 N_{cr}（其在 $t=0$ 时刻正好位于接触斑内）为例，车轮滚过波磨时纵向蠕滑率分布如图 8.39 所示，图中还显示了沿车轮一周均匀分布的 28 节点的平均蠕滑率。由图可见，波磨处的瞬态最大蠕滑率约为光滑表面稳态值的 2 倍；当节点 N_{cr} 再次进入接触斑，即滚动满一圈时，蠕滑率因接触斑内材料的连续体振动而出现剧烈波动；而过滤掉由材料局部振动时的蠕滑率波动要小得多。该结果表明，瞬态接触应力和由其所引发的不均匀磨损和不均匀塑性变形是波磨发展的直接原因；高蠕滑率意味着高切向接触力、高摩擦功和大等效应力。

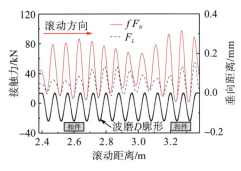

图 8.38 波磨下的接触力波动

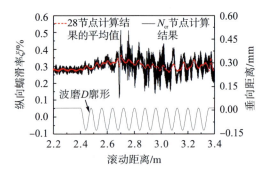

图 8.39 波磨下的蠕滑率波动

3. 接触应力

在大约 1.5 个波长范围的瞬态接触法、切向应力沿接触斑纵轴的二维分布如图 8.40 所示，图中包含了 10 个不同时刻($t_1 \sim t_{10}$)的结果和波磨几何形状。由图可见，波磨对接触应力的分布具有显著的影响；在所选取的时刻内，轮轨滚动接触由滚-滑变成全滑继而又变成滚滑；在 t_1 和 t_7 时刻，轮轨法向接触应力达到局部最大值(在两个波峰附近)，而在 t_4 和 t_{10} 时刻达到局部最小值；切向接触应力也在这些典型时刻达到局部最大或最小值，跟随法向接触应力而变化。

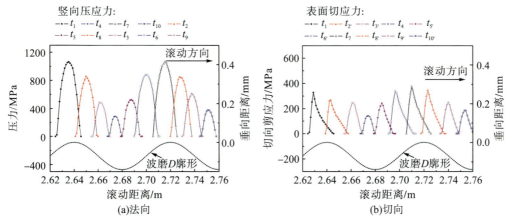

图 8.40　波磨下沿接触斑纵轴的接触应力分布

波磨条件下接触应力的三维分布及其与光滑表面的对比如图 8.41 所示。由图可见，最大应力分布并非发生在接触斑到达波峰最高点的时刻，而是在之前的某个时刻，也就是说，轮轨接触解和波磨几何波动间存在相位差。

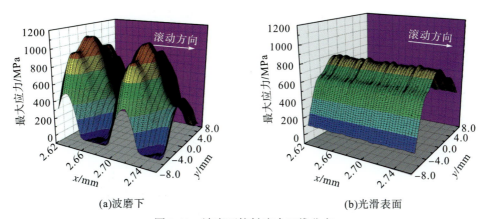

图 8.41　波磨下接触应力三维分布

4. 内部应力及摩擦功

车轮滚过波磨时最大接触应力、最大切向接触应力、最大 von Mises 等效应力和摩擦功等响应沿接触斑纵轴的分布比较如图 8.42 所示。由图可见，所有结果均随着波磨而呈周期性变化，但其相位稍有不同，而且应力极值相对于波磨波峰的位置也在不同波峰稍有变化；最大 von Mises 等效应力和摩擦功的波动与最大切向接触应力相近，而与最大接触应力差别较大。

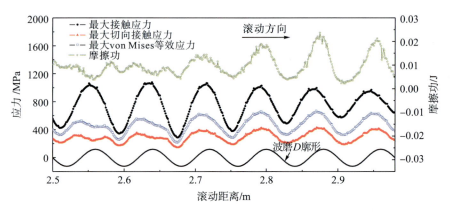

图 8.42　波磨下的内部应力与摩擦功分布

三、波磨几何的影响

1. 波长的影响

考虑 65mm、80mm、95mm 三种波磨波长，波长对接触力的影响如图 8.43 所示。由图可见，波长为 80mm 的法、切向接触力最大，而波长为 65mm 的波磨切向接触力分布不再随波磨几何周期性变化，而是呈现出更短的特征波长，且幅值较另外两种工况都更低。这主要是波长为 80mm 的波磨通过频率（$f_{ex} = v/L$）与轮轨系统模态频率最为接近，导致最强的接触共振响应。钢轨离散支撑的影响也在波长 80mm 时达到最大，即车轮位于扣件上方时垂向接触力增大。可以推论，在模拟速度下波长 80mm 左右波磨的通过频率与轨道系统中某一固有频率（如 Pined-Pined 模态）接近，且能有效激励与钢轨离散支撑相关的模态。

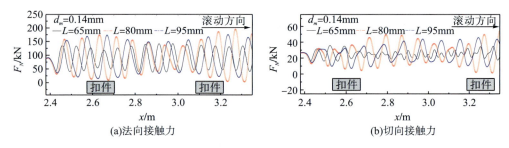

图 8.43　波长对接触力的影响

计算表明，von Mises 等效应力的平均值基本不随着波长变化，但其波动范围在波长为 80mm 时达到最大，与纵向接触力的波动结果一致。而摩擦功最大波动发生在波长为 95mm 的工况下，这是因为摩擦功不仅取决于接触应力（或接触力），也取决于接触斑内的相对滑移速度，而波磨波长对波磨段相对滑移速度波动具有重要的影响。图 8.44 为不同波磨波长条件下蠕滑率（接触斑内相对滑移速度的积分）的比较，由图可见，当波长为 95mm 时平均纵向蠕滑率值最大，因而摩擦功也最大。

2. 波深的影响

考虑 0.05mm、0.10mm、0.14mm 三种波磨波深，波深对动态接触力的影响如图 8.45 所示。由图可见，随着波磨波深的增加，法向及切向动态接触力的波动范围均呈现出增加的趋势，但均值随波深的变化不大。

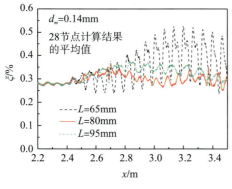
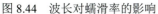
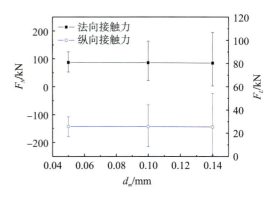

图 8.44　波长对蠕滑率的影响　　　　　　　图 8.45　波深对动态接触力的影响

四、牵引系数的影响

假设牵引系数在 0～0.5 变化，切向接触力随牵引系数的变化如图 8.46 所示。由图可见，随着牵引系数的增加，纵向接触力逐渐增大，且变得与法向接触力和摩擦系数的乘积同步。这是由库伦摩擦特性决定的，即随着牵引系数的增加，剪切接触应力逐渐趋向于接触应力分布与摩擦系数的乘积。当牵引系数很低时，压力分布的变化对剪切接触应力分布的影响因接触斑内滑移区面积很小而可以忽略，这种影响会随着牵引系数的增加，即滑移区面积的扩大，而变得逐渐明显，并导致纵向接触力的波动范围随着牵引系数的增加而增加。最大 von Mises 等效应力和摩擦功平均值及波动范围随牵引系数的变化如图 8.47 所示，由图可见，平均值和波动范围均随牵引系数的增加而增加，与纵向力结果的趋势相同。

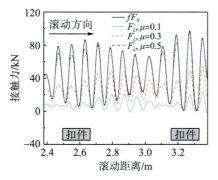
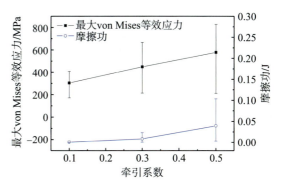

图 8.46　接触力随牵引系数变化　　　　　　图 8.47　牵引系数对等效应力及摩擦功的影响

五、滚动速度的影响

速度对接触力的影响如图 8.48 所示。由图可见，当速度小于 300km/h 时最大法、切向接触力随着速度的增加而增加，而当速度大于 300km/h 时却随速度的增加而减小。主要原因是波磨通过频率随着速度的增加而增加，导致某速度下可能会发生最强烈的响应（当通过频率接近系统的共振频率时），同时在所模拟的速度工况中，钢轨离散支撑的影响在 300km/h 时达到最大。法向轮轨力与波磨几何间的相位差随着速度的增加而减小，由 100km/h 的相位差 0.55π 逐渐降低至 500km/h 时的 0.21π（2π 对应一个波长）。切向轮轨相互作用有本身的特征频率，而同时又受到法向相互作用的制约（以摩擦定律的形式存在）。发生全滑动时，切向力结果会完全与法向力与摩擦系数的乘积同步。

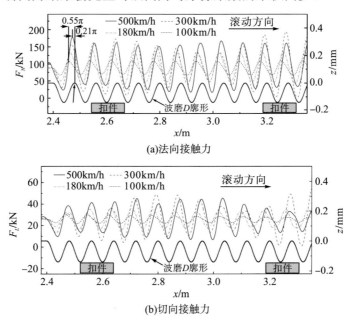

(a)法向接触力

(b)切向接触力

图 8.48　速度对接触力的影响

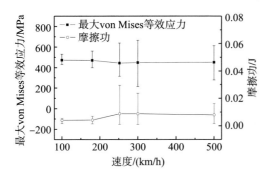

图 8.49　速度对最大 von Mises 等效应力
及摩擦功的影响

最大 von Mises 等效应力及摩擦功随速度的变化如图 8.49 所示。由图可见，最大 von Mises 等效应力的波动范围在 300km/h 时达到最大，而摩擦功的波动范围却在 250km/h 时达到最大，该波磨的影响在速度为 250～300km/h 时达到最大。当速度由 180km/h 增加到 250km/h 时，最大 von Mises 等效应力和摩擦功均值发生了明显变化。

六、与传统多体动力学模型对比

假设列车速度为 500km/h，波磨的波深为 0.18mm，波长为 80mm，瞬态有限元模型与传统多体动力学模型[35-37]的轮轨法向力结果对比如图 8.50 所示。由图可见，有限元结果的幅值明显低一些。传统多体动力学模型预测上述波磨段会很明显地发生法向接触力降为零的接触脱离现象，但有限元的预测结果却没有发生接触分离现象。主要原因是：采用

多体动力学方法时，车轮被简化为一个质点，钢轨用欧拉或铁木辛柯梁表征，而轮轨接触用赫兹弹簧代替，这样假设轮轨接触斑无限小，夸大了接触刚度系数，同时车轮整体质量参与着波磨高频激励下的振动，因而多体动力学模型会高估波磨所激发的轮轨动态力；而瞬态有限元模型中的接触刚度系数更为合理，且仅有接触斑附近的部分质量参振，因而所得结果应该更加合理。多体动力学模型无法求得切向轮轨相互作用，故在此无法比较两种模型的轮轨纵向力。

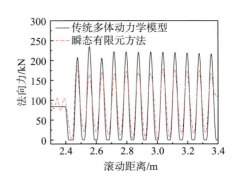

图 8.50　轮轨法向力对比

七、函数型摩擦系数的影响

上述波磨情况下的轮轨瞬态滚动接触行为均是在库伦摩擦系数(以下简称 CF)条件下分析的，而第三章中函数型摩擦系数对滚动接触的影响分析结果表明，函数型摩擦系数对接触斑切向应力的分布具有显著的影响，因此以第三章图 3.8 所示的速度型摩擦系数(以下简称 VF)为例，研究波磨情况下的瞬态滚动接触行为，波磨几何及列车速度与前述一致。

1. 轮轨接触力

两种摩擦函数条件下，波磨所激发的轮轨法向接触力及牵引系数变化如图 8.51 所示，图中还显示了波磨几何和扣件位置。

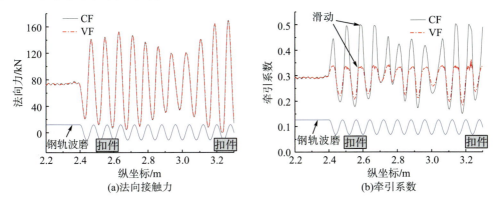

图 8.51　摩擦系数类型对轮轨法向接触力及牵引系数的影响

由图 8.51 可见，与 CF 相比，函数型摩擦系数对轮轨法向解没有影响，因而在法向计算时可以不考虑摩擦特性的影响；但是法向力波谷处两者的牵引系数存在较大差别，这是因为法向力较小时车轮更趋近于滑动状态，VF 工况下的牵引系数会因摩擦系数降低而小于 CF 工况；与 CF 工况仅在靠近扣件的波磨波谷处出现滑动状态不同，VF 工况在所有波谷处均处于滑动状态，即波磨的发展更为均匀。法向力波峰处 VF 工况的牵引系数大于 CF 工况，但法向结果并无明显差异，故在安定图中 VF 工况会更接近塑性安定和棘轮效应区域，即更易萌生滚动接触疲劳裂纹。

2. 黏滑分布

两种摩擦条件下接触斑在一个钢轨波长(纵向坐标 2.48～2.56m)周期内的形状及黏滑分布瞬时变化如图 8.52 所示。由图可见，由于法向力的波动及接触几何的影响，接触斑在靠近波谷处显著变小。牵引系数随着波磨几何的变化而波动，表现为接触斑黏着滑动振动过程不断重复，这种黏滑振动导致了波磨的萌生与发展，即滑动时轨面磨损严重，形成波谷；黏着时轨面磨损轻，形成波峰。相比于 CF 工况，当考虑函数型摩擦系数时，接触斑黏滑变化更为强烈。准确刻画切向作用是预测轮轨材料塑性变形、裂纹萌生与发展等工程问题以保障高铁安全、经济运行的重要理论依据，因此在所建模型中考虑更为真实的函数型摩擦系数是十分必要的。

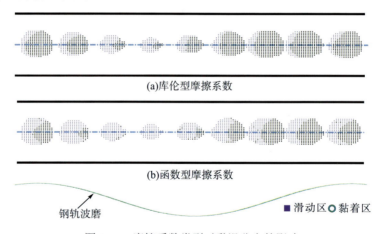

图 8.52　摩擦系数类型对黏滑分布的影响

3. 切向接触应力

对应于图 8.52 所示的九个典型时刻，轮轨接触斑切向应力在钢轨波磨处的分布如图 8.53 所示。由图可见，两种摩擦条件下的切向应力明显不同，在波磨波谷附近 VF 工况结果小于 CF 工况，而波峰附近则相反，即"小处更小，大处更大"。分析表明，接触斑在波磨段剧烈"黏-滑"变化，且在波谷处滑动量更大，而图 8.53 则显示切向应力在波谷处较小，这意味着当波磨达到一定深度时，波峰和波谷处的损耗速率存在一个平衡，即波磨发展进入稳态。

4. von Mises 等效应力

该段波磨任意位置处的 von Mises 等效应力分布比较如图 8.54 所示。由图可见，函数型摩擦系数会显著影响切向应力的分布及幅值，相比于 CF 工况，VF 工况下钢轨波磨波峰处的应力水平更高，即更易发生疲劳破坏，这与前述结论相同。总之，在求解如钢轨波磨、轨面剥离、车轮擦伤等接触类轮轨损伤时，采用准确描述摩擦非线性的函数型摩擦系数方能解释一些特殊的力学现象。

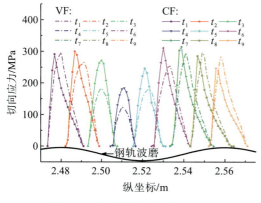

图 8.53 典型时刻切向应力分布

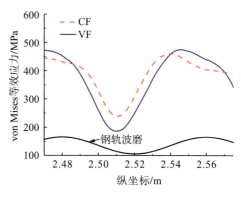

图 8.54 von Mises 等效应力分布比较

第四节 钢轨断缝处的轮轨瞬态冲击

无缝线路中钢轨焊接接头处因焊接质量缺陷、低温下纵向拉力过大等，易造成折断。钢轨断缝处形成的台阶以及折角等破坏了线路几何及结构上的连续性，致使钢轨垂向弯曲刚度丧失，车轮滚过断缝时将激发剧烈的高频附加冲击力，造成轮轨部件损伤，甚至危及行车安全。

世界各国均对钢轨折断的断缝值做出了规定，我国在《新建时速 200 公里客货共线铁路设计暂行规定》中规定对于无砟轨道桥上无缝线路钢轨断缝允许值一般取 70mm，当不能在设计锁定轨温范围内锁定时，断缝允许值可适当增大，但不得超过 100mm[38]。铁道科学研究院曾在环形试验基地进行了列车通过断缝安全试验，试验采用 CHN50 钢轨、碎石道床、木枕在不超过 85km/h 速度的条件下设置试验工况[39]。得出结论，对于一般干线无缝线路钢轨断缝允许值取为有砟轨道 80mm、无砟轨道 100mm。然而，上述试验具有一定的局限性：列车运营速度低、轮轨接触力无法通过仪器精确测量。

Jenkins 等建立了钢轨低接头下轨道动力分析模型[16]，首次给出了低接头下轮轨冲击力 P_1 和 P_2 的计算公式，同时通过试验分析验证了公式的正确性，随后国内外部分学者在此基础上开展更深入的研究，但均采用的是质量-弹簧的多体系统动力学的研究方法，与钢轨波磨、焊缝不平顺一样，将这种瞬态动力学问题简化为稳态情况分析，所得结果必然与实际情况偏差较大。因此，开展高速运营条件下钢轨断缝处瞬态冲击响应研究是十分必要的。

一、断缝处瞬态分析模型

考虑 10mm、30mm、50mm、70mm、90mm 共五种断缝长度工况，钢轨在两轨枕中间断裂，扣件系统距断缝的距离取为 260mm，列车速度取为 250km/h。利用三维瞬态滚动接触分析方法，建立无缝线路断缝接触-冲击有限元模型，如图 8.55 所示，为精确表征车轮踏面与迎/顺车轨间的动态接触行为及断缝处钢轨的受力特性，网格划分方式选用拉格朗日描述，整个轮轨系统采用不均匀的网格划分方式，接触区域网格最小，单元特征尺寸约为 1.2mm，并基于罚函数的"面-面"接触算法求解时域内柔性轮轨间瞬态耦合相互作用。

断缝台阶、顺车轨横向力、顺车轨弹性挤开量、迎车轨所受垂向力、迎车轨的挠度以及迎车轨所受横向力是影响断缝处轮轨作用及行车安全的关键因素。车轮经过断缝时，存在两种典型的跨缝方式，如图 8.56 所示。当断缝长度较小时，跨缝时车轮踏面与顺/迎车轨轨头同时保持接触关系并能实现轮轨间的反馈作用；当断缝长度较大时，车轮踏面脱离顺车轨轨头且仅与迎车轨轨头维持相互作用关系。对于大断缝情况，由于存在瞬时轮轨脱离接触这种极端不利的行车状态，应予以避免。

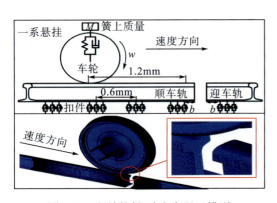

图 8.55　断缝接触-冲击有限元模型

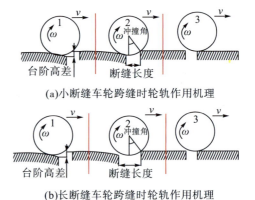

(a)小断缝车轮跨缝时轮轨作用机理

(b)长断缝车轮跨缝时轮轨作用机理

图 8.56　车轮跨缝示意图

二、断缝长度的影响

1. 轮轨动态力

车轮滚过 30mm 断缝时的轮轨竖向力时程、不同断缝长度情况下的轮轨竖向力时程、不同断缝长度情况下一次及二次最大冲击力比较分别如图 8.57～图 8.59 所示。

由图 8.57 可见，在断缝之前，弱约束处于悬臂状态的顺车轨在荷载作用下出现颤振，轮载随顺车轨挠曲变形增大而逐渐减载；车轮跨缝冲击过程中存在三种特殊动态力，分别为车轮冲击迎车轨时激发的高频冲击力、车轮回落激发的二次冲击力以及二次冲击后的准静态荷载作用力；轮轨竖向冲击附加动力作用峰值出现于冲击开始后 32ms。类似于 P_2 力的准静态荷载能充分向轨下传递并作用于整个轨道系统，对轨道变形及轨下基础结构起主要破坏作用。断缝位于两轨枕中间，断轨钢轨处于弱约束状态，因此没有出现像带夹板的钢轨接头一样，在一次冲击之后车轮被弹起发生轮轨脱离，然后车轮掉落形成二次冲击的现象。

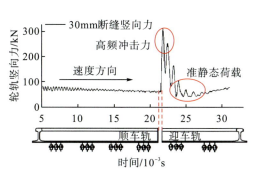

图 8.57　断缝处轮轨竖向力时程

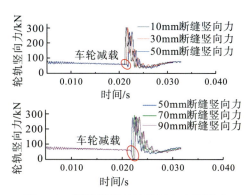

图 8.58　断缝长度对轮轨竖向力的影响

由图 8.58 可见，车轮跨缝时均出现了不同程度的减载作用，其中 10mm、30mm、50mm 所对应的断缝长度较小，跨缝时车轮踏面与顺/迎车轨轨头同时保持接触关系，减载作用小；70mm、90mm 所对应的断缝长度大，减载作用大，出现了轮轨瞬时脱离的极限情况。

由图 8.59 可见，不同断缝长度所对应的轮轨垂向力峰值随断缝长度的增加呈先减小后增大的趋势，但是轮轨力峰值都已经超过了我国在《高速动车组整车试验规范》规定的 170kN 安全限值。当断缝长度为 50mm 时，跨缝过程中发生瞬时轮轨减载，但尚未出现轮轨脱离，所对应的一次冲击力曲线出现极小值；当断缝长度较大时，一次冲击力和二次冲击力均变化不大，表明在长断缝情况下车轮跨缝瞬间轮轨间相互作用机理是相同的。

2. 接触应力

三种断缝长度下迎车轨端部 von Mises 应力分布如图 8.60 所示。由图可见，von Mises 应力峰值位于迎车轨轨端处，应力向下传递，尖角处的微裂纹极有可能向下发展再次造成钢轨断裂。von Mises 应力在轨头处呈月牙状分布，且钢轨横截面 von Mises 应力峰值由次表层转移至轨顶处，高应力场作用区域内其 von Mises 应力已超过钢轨屈服极限。因此，车轮在断缝处的冲击极大提升了钢轨表面及次表层裂纹萌生和进一步扩展的概率，造成钢轨发生过大的塑性变形进而威胁行车安全。

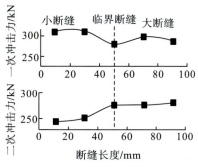

图 8.59　不同断缝下冲击力比较

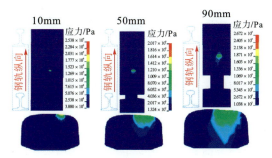

图 8.60　不同断缝长度下钢轨应力

不同断缝长度下接触面压力和最大剪切应力分布如图 8.61 所示。由图可见，接触面压应力与最大剪切应力分布与最大轮轨竖向力分布规律相同，均是在 50mm 断缝长度时具有极小值，并未随断缝长度的增加而显著增大。

3. 接触斑

不同断缝长度时车轮冲击迎车轨瞬间的接触斑形状比较如图 8.62 所示。由图可见，在跨缝过程中，车轮挤压顺车轨造成顺车轨和迎车轨之间出现错牙。小断缝情况下（10mm、30mm），车轮与迎车轨、顺车轨同时保持接触，轮轨间接触充分，接触斑形状较为规则；大断缝情况下（50mm、90mm），冲击的瞬间车轮仅与迎车轨保持接触，造成在跨缝瞬间接触斑呈现出半椭圆形状。不规则的接触方式造成过大的接触应力峰值。

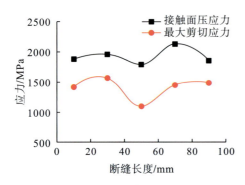

图 8.61　不同断缝长度下接触应力比较

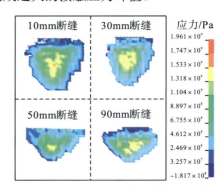

图 8.62　不同断缝长度下接触斑比较

4. 竖向冲击力的频域特性

基于小波变换多频率分析方法，将轮轨竖向力信号于不同尺度空间上分解为相应的低频趋势项和高频细节项，进而聚焦到轮轨力信号的高频细节。小波变换分析含有多种类型小波基，针对小波基的正交性、紧支性、光滑性、对称性以及消失矩等因素，基于多目标最优的小波基选取原则，采用 Morlet 小波基来提取轮轨力信号中的高频振动分量，Morlet 核函数定义为

$$\varphi(x) = \frac{2}{\sqrt{3}} \pi^{-0.25} \left(1 - x^2\right) e^{-x^2/2} \tag{8.15}$$

对于一维信号，将信号以 Morlet 为波基条件下进行展开：

$$\mathrm{WT}_f(a, \tau) = \left\langle f(t), \varphi_{a,\tau}(t) \right\rangle = a^{-0.5} \int_R f(t) \overline{\varphi} \left(\frac{t - \tau}{a} \right) \mathrm{d}t \tag{8.16}$$

不同断缝长度下轮轨力的时频如图 8.63 所示，图中色标（小波系数数值）大小代表车轮冲击迎车轨时轮轨相互作用程度。由图 8.63 可见，轮轨力时频图中存在两个特殊频段，分别对应首次高频冲击和二次冲击作用。首次冲击所激发的高频轮轨动态响应频段为 1500Hz 左右，该高频荷载向轨下基础传递的速度受钢轨惯性反作用力影响衰减较快，持续时间较短；二次冲击所激发的轮轨响应频段为 450Hz 左右。当断缝长度增加时，所对应的轮轨动态响应频段无显著改变，由此可见，钢轨断缝处的轮轨冲击力频率特性与断缝几何相关性较弱。

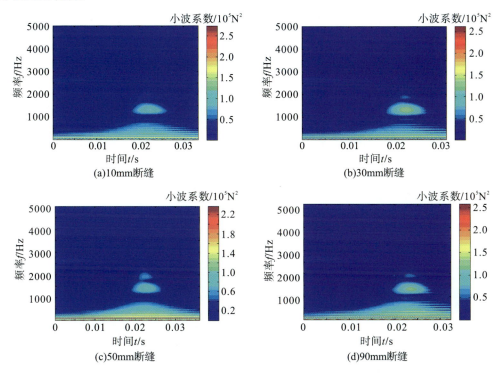

图 8.63　不同断缝长度下轮轨竖向力时频图

第五节　低黏着区轮轨滚动接触与擦伤萌生

钢轨焊缝探伤作业时若不慎将机油耦合剂遗留在钢轨轨面，但未做好轨面清洁，将会出现轨面局部低黏着现象，如图 8.64 所示，导致列车经探伤作业地段时因车轮碾压遗留在轨面上机油，降低轮轨黏着系数。道岔区滑床台板及连接零件涂油作业时，涂油扁刷反复移经钢轨，部分油脂洒落在轨面，经车轮反复碾压形成油污带，并带动油脂形成长距离的油膜，如图 8.65 所示，导致动车组制动时产生滑行。

图 8.64　轨面局部低黏着现象

图 8.65　轨面长距离油污带

　　轮轨间存在油膜等第三介质时，黏着系数会大幅度降低，导致列车制动失控，制动时滑行，延长制动距离，严重时会导致列车相撞事故。同时，制动滑行地段易造成轮轨表面擦伤，并发展成剥离掉块。

　　关于局部低黏着引起轮轨损伤的研究较少，在此采用高速轮轨瞬态滚动接触模型来研究局部低黏着引发的不均匀损伤问题。模型中采用沿钢轨表面变化的摩擦系数模拟低黏着区的存在，不同的牵引荷载和牵引控制系统在低黏着区的动作通过定义随时间变化的牵引扭矩来实现。

一、低黏着模型

　　建立如图 8.66 所示的低黏着轮轨瞬态滚动接触模型。为模拟低黏着区，在轮轨接触面之间建立三个接触对：第一个是低黏着区（low adhesion zone，LAZ）与车轮对应表面间的接触，其黏着系数取试验测得的高速、湿态下典型值 0.03；另外两个接触对定义在 B 点之前和 C 点之后的钢轨表面与相应车轮表面之间，其黏着系数取为干态条件下的典型值 0.3，其他参数相同。低黏着区默认长度设为 0.4m，忽略低黏着区内的第三体物质，且不考虑滚动车轮对低黏着区的拓展作用。上述三个接触对按其进入接触的先后顺序，分别称为接触 1、接触 2 和接触 3。假设车轮牵引扭矩在模拟开始的前 0.005s 内由零逐渐线性增加到指定值，之后保持恒定。列车速度考虑为 300km/h，牵引系数默认为高牵引工况下的典型值 0.1。

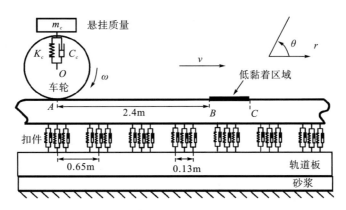

图 8.66　低黏着轮轨瞬态滚动接触模型

二、低黏着区滚动接触行为

1. 接触力

　　局部低黏着情况下的轮轨法向力、切向力分布及其与无低黏着区的比较如图 8.67 所示。由图可见，低黏着区对法向轮轨力的影响可以忽略。但纵向力结果在低黏着区内明显变低，而在经过低黏着后又显著增大，在距离低黏着区约 7cm 处，纵向接触力达到最大值 19.2kN，然后又逐渐恢复至正常值。纵向接触力的分布规律是由蠕滑率的分布所决定的，在纵向接触力较大值处易发生轮轨擦伤。

2. 蠕滑率

局部低黏着情况下蠕滑率的分布及其与无低黏着区的比较如图 8.68 所示。由图可见，当车轮进入低黏着区时，蠕滑率因可用的黏着力不足以平衡驱动扭矩而逐渐变大，由 0.08%增大至 0.25%；当轮轨接触再次进入正常黏着区时，已增大的蠕滑率导致很大的轮轨纵向力，并逐渐恢复至正常值。纵向接触力最大值与最大蠕滑率不同步，最大蠕滑率出现在低黏着区结束的边缘处。

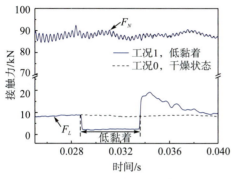
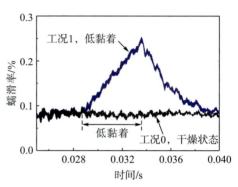

图 8.67 低黏着时的接触力比较   图 8.68 低黏着时的蠕滑率比较

3. 黏滑分布

车轮滚过低黏着区时，在不同典型时刻接触斑内的黏着区分布如图 8.69 所示。由图可见，当接触斑进入低黏着区时(在位置 B)，黏着区分布逐渐变成全滑分布；而当接触斑离开时(在位置 C)，黏着区重新出现在接触斑内，滑移区的面积逐渐减小；当车轮越过位置 C 后，接触斑内滑移区的面积明显大于进入位置 B 之前的结果，这主要是切向力在经过低黏着区后明显增大所致。

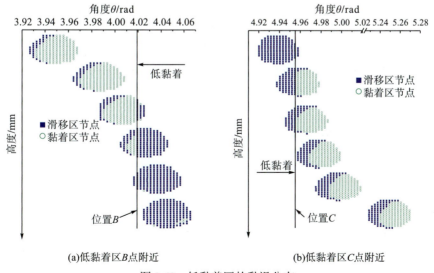

(a)低黏着区B点附近   (b)低黏着区C点附近

图 8.69 低黏着区的黏滑分布

4. 接触应力

车轮滚过低黏着区时，选取 9 个典型时刻，其法向接触力及法向接触应力、纵向接触力及切向接触应力分布如图 8.70 所示。由图可见，不同时刻的接触应力分布基本平稳，而最大切向接触应力在低黏着区（4.02rad＜θ＜4.95rad）明显变小，之后进入正常黏着区时达到一个很高的应力水平，趋势与纵向接触力类似。不同时刻的切向接触应力分布也因黏着系数的波动而产生明显的差异。在低黏着区时，因黏着力被充分利用而发生全滑动，切向接触应力呈椭圆形分布。而在正常黏着区，黏着力只是被部分利用，故切向接触应力分布体现出典型的滚滑特征。

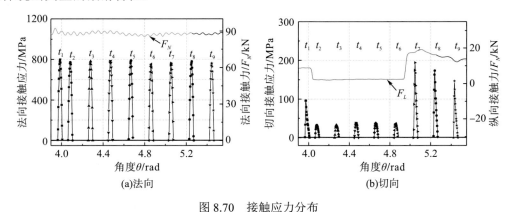

图 8.70   接触应力分布

5. 摩擦功

低黏着区附近摩擦功沿车轮周线的分布如图 8.71 所示。由图可见，摩擦功首先在进入低黏着区时降低，而后增加并在离开低黏着区时达到一个很高的峰值，峰值的具体位置在 4.96rad＜θ＜5.3rad（紧跟低黏着区，对应弧长 146mm），该区段的磨耗率将会比其他区段高，而出现不均匀磨损现象，而无低黏着区时摩擦功基本上呈均匀分布；大部分低黏着区内的摩擦功幅值都大于正常黏着区，这是因为低黏着区内蠕滑率大幅增加的结果；在低黏着区的边界上，即 θ =4.02rad 和 θ =4.95rad 处，摩擦功因黏着系数突变而显现出尖锐的变化，这是黏着系数取为定值所致。

6. 等效应力

低黏着区附近最大 von Mises 等效应力沿车轮周线的分布如图 8.72 所示。由图可见，在发生明显高磨耗率的 4.96rad＜θ＜5.3rad 区段，其最大 von Mises 等效应力水平也出现了明显的峰值。这意味着，若表面材料发生塑性变形，在黏着区附近也会发生分布形式与上述不均匀磨耗基本类似的不均匀塑性变形现象；低黏着区内的最大 von Mises 等效应力比正常黏着情况要高，这与切向接触应力结果不同，其原因是 von Mises 等效应力水平不仅取决于最大切向接触应力，还受切向接触应力在接触斑内分布形式的影响，在低黏着区的切向接触为全滑动状态。

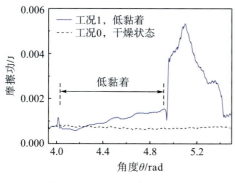

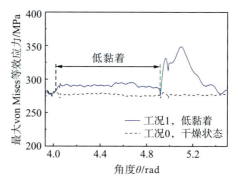

<table>
<tr><td>图 8.71　低黏着区摩擦功分布</td><td>图 8.72　低黏着区最大 von Mises 应力分布</td></tr>
</table>

三、低黏着区段长度的影响

考虑 0.2m、0.4m、0.6m、0.8m、1.0m 五种低黏着区长度，车轮滚过低黏着区时纵向接触力及蠕滑率随低黏着区长度的变化如图 8.73 和图 8.74 所示，由两图可见，随着黏着区长度的增加，所达到的最大蠕滑率和最大纵向接触力均呈现单调增加的趋势。计算表明，摩擦功及最大 von Mises 等效应力也是随着低黏着区长度的增加而单调增加的。当低黏着区长度为 1.0m 时，纵向接触力将会由进入低黏着区前的 8.8kN 增加到 25.7kN，导致低黏着区附近出现不均匀塑性变形和不均匀磨耗现象，紧跟着低黏着区出现明显增加的塑性变形和磨耗率，最终导致车轮或钢轨的擦伤；同时，相应的蠕滑率由 0.095% 增加到 0.485%，仅在 12ms 内完成，且未发生宏观上明显的大蠕滑现象，如此小的蠕滑率变化无法激发现有牵引和制动控制系统动作。因此，此类低黏着现象对轮轨界面损伤极为不利。

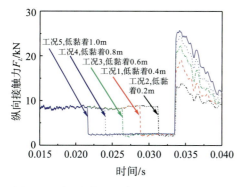

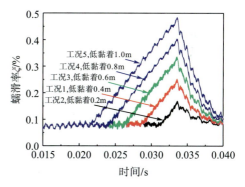

<table>
<tr><td>图 8.73　低黏着区长度对纵向接触力影响</td><td>图 8.74　低黏着区长度对蠕滑率影响</td></tr>
</table>

四、牵引系数的影响

1. 牵引系数恒定增大

设轮轨间黏着系数取干态下的极值 0.6，牵引系数取其极值 0.3，采用双线性材料模型来模拟轮轨的弹塑性。牵引系数为 0.3 时的纵向接触力、蠕滑率、摩擦功及最大 von Mises 等效应力与牵引系数为 0.1 时的比较如图 8.75～图 8.78 所示。

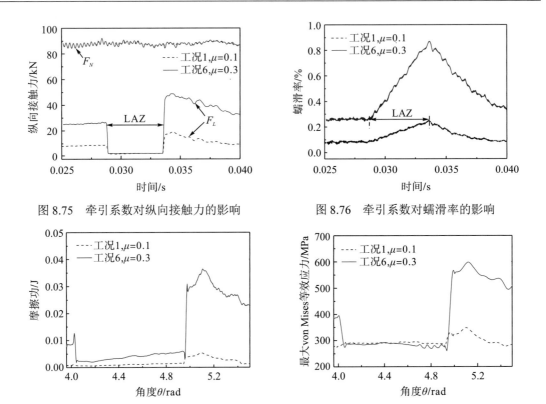

图 8.75　牵引系数对纵向接触力的影响　　　图 8.76　牵引系数对蠕滑率的影响

图 8.77　牵引系数对摩擦功的影响　　　图 8.78　牵引系数对最大 von Mises 等效应力的影响

由图 8.75～图 8.78 可见，牵引系数为 0.3 时的纵向接触力、蠕滑率、摩擦功、最大 von Mises 等效应力在车轮通过低黏着区后的增加幅度较牵引系数为 0.1 时的增加幅度大得多；纵向接触力在进入低黏着区前为 26.0kN 左右，而通过低黏着区后增加到 49kN，已接近其极限值 52.5kN（黏着系数与竖向力的乘积）；低黏着区前的最大 von Mises 等效应力水平低于材料的屈服强度（450MPa），即无塑性变形，牵引系数为 0.3 时车轮通过低黏着区后会发生塑性流动，而牵引系数为 0.1 时车轮通过低黏着区后未发生塑性流动。

2. 牵引系数波动

若低黏着存在于如图 8.65 所示的长区段范围内，则有可能会导致牵引控制系统动作，使施加于轮对上的牵引扭矩发生动态变化，在 0.005s 之后不再保持恒定不变，而是发生如图 8.79 所示的波动，当蠕滑率足够大触发牵引控制系统动作后，牵引扭矩线性降低，使得（名义）牵引系数由 $t=0.06s$ 的 0.22 降到 $t=0.11s$ 的 0.03，0.058～0.06s 假设为牵引控制系统的响应时间。接触工况 1 的黏着系数取为 0.03，区段长 2.4m；接触 2 的黏着系数取为 0.3，区段长 0.4m；接触 3 为正常黏着，黏着系数取为 0.6。列车速度假定为 150km/h。

计算得到车轮通过较长低黏着区段时的纵向力及蠕滑率变化如图 8.80 所示。由图可见，在接触工况 1 区段，因 0.22 的名义牵引系数远大于可利用的黏着力，所以蠕滑率会从零时刻就开始增加，当 $t=0.058s$ 即车轮滚到接触 1 和接触 2 的边界处时，蠕滑率达到其最大值 9.3%，并触发牵引控制系统动作，进而使得牵引扭矩线性降低，牵引系数由 $t=0.06s$

开始下降；t=0.058s 之后，因黏着系数的增大(进入接触 2 和接触 3 区段)，蠕滑率开始下降，其下降速率随着时间而增加；而纵向接触力的波动与蠕滑率完全不同，t=0.058s 之后蠕滑率的降低并不意味着纵向接触力的降低，是接触 2 区段的切向轮轨滚动接触始终处于饱和状态所致，即纵向接触力仅取决于黏着系数。该现象表明，车轮通过相对较长的低黏着区段时，即使存在牵引控制系统，也可能导致接触表面的局部损伤。

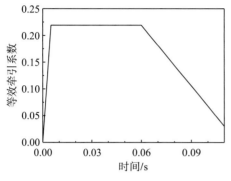
图 8.79　牵引扭矩的波动

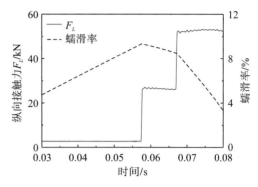
图 8.80　纵向接触力及蠕滑率的变化

第六节　高速轮轨瞬态滚动接触模型的其他工程应用

第三章所采用的轮轨三维瞬态滚动接触模型既是一个求解复杂工况、振动条件下轮轨滚动接触行为的有效模型，同时也是一类新型的轮轨系统高频振动分析模型，两者功能的结合致使该模型的功能十分强大，可以在高速铁路轮轨系统的多个领域发挥重要作用。除了用于轮轨界面局部短波激励下的瞬态响应研究、低黏着区段界面损伤分析，还可用于疲劳裂纹动态扩展[40]、考虑粗糙度时的轮轨滚动噪声辐射[41]、高频冲击荷载下弹性波传递[42]、材料硬度变化时的轮轨损伤[43]、牵引制动时接触表面热效应研究[1,2]等。此外，该模型还可在轨道结构设计等方面发挥其作用。

一、考虑橡胶垫板非线性力学行为时轮轨高频振动

1. 橡胶垫板的非线性力学行为

扣件系统中通常采用橡胶垫板作为弹性减振元件。橡胶材料具有在不同的温度/激励频率作用下呈现出不同物理状态(玻璃态、橡胶态和黏流态)的黏弹性特性，例如，在低频力作用下通常呈现出柔软高弹性，在高频力作用下呈现出刚硬特性[44-46]。本小节以高速铁路用 Vossloh300 扣件系统中的橡胶垫板作为研究对象。

橡胶垫板在不同温度下的力学参数可以表示为

$$K^* = \frac{F_0}{S_0}(\cos\delta + i\sin\delta) = K' + iK'' \tag{8.17}$$

$$\mu = \tan\delta = K'' / K' \tag{8.18}$$

式中，K' 为储能刚度，即动刚度；K'' 为耗能刚度；μ 为损耗因子；F_0 为荷载幅值；S_0 为位移幅值；δ 为位移滞后于荷载的相位角。利用万能试验机和温度箱可以测得橡胶垫板在不同温度下的力学特性如图 8.81 所示。对于橡胶垫板，基于在低温低频激励作用下的力学特性和其在常温高频激励作用下的力学特性是等效的，即温频等效原理，由此得到不同频率下橡胶垫板的力学特性如图 8.82 所示。

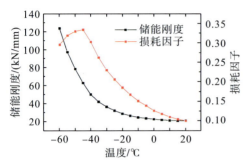

图 8.81　不同温度下橡胶垫板力学特性

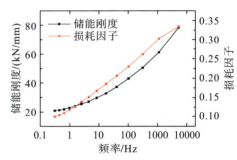

图 8.82　不同频率下橡胶垫板力学特性

利用如图 8.83 所示的分数阶 Zener 模型拟合橡胶垫板在不同激振频率作用下的力学特性。橡胶垫板宽频力学理论表征公式为

$$K'(\omega) = K_0 \frac{1 + (d+1)\cos(\alpha\pi/2)\omega_n^\alpha + d\omega_n^{2\alpha}}{1 + 2\cos(\alpha\pi/2)\omega_n^\alpha + \omega_n^{2\alpha}} \tag{8.19}$$

$$K''(\omega) = K_0 \frac{(d-1)\sin(\alpha\pi/2)\omega_n^\alpha}{1 + 2\cos(\alpha\pi/2)\omega_n^\alpha + \omega_n^{2\alpha}} \tag{8.20}$$

$$\eta = \frac{(d-1)\sin(\alpha\pi/2)\omega_n^\alpha}{1 + (d+1)\cos(\alpha\pi/2)\omega_n^\alpha + d\omega_n^{2\alpha}} \tag{8.21}$$

式中，$d = K_\infty / K_0$；K_0 为激振频率趋近于零时的储能刚度；K_∞ 为激振频率趋近于无穷时的储能刚度；ω 为动荷载频率；$\omega_n = \omega\tau_\sigma$ 为归一化频率；τ_σ 为高聚物松弛时间；α 为分数阶数。拟合得到橡胶垫板在更宽频率范围的频变力学特性如图 8.84 所示。

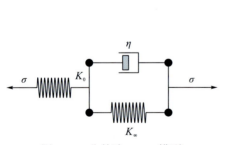

图 8.83　分数阶 Zener 模型

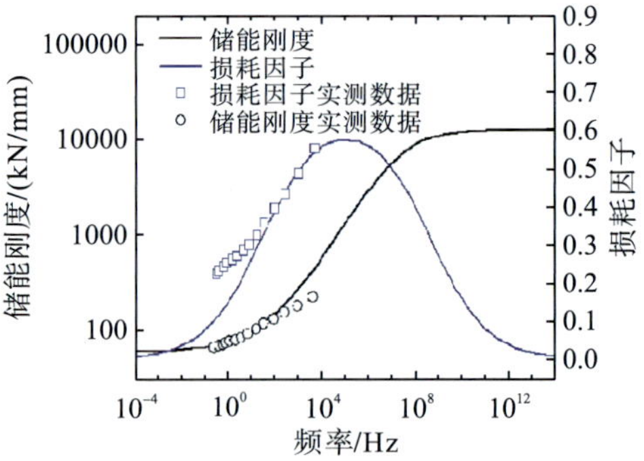

图 8.84　宽频域橡胶垫板力学特性

2. 对轮轨瞬态响应的影响

以钢轨波磨激励为例，波长取为 80mm，波深为 0.12mm，列车速度为 250km/h。考虑橡胶垫板频变特性的轮轨法向力时程图及其频谱图与不考虑橡胶垫板频变特性时的比

较如图 8.85 所示。由图可见，橡胶垫板频变刚度对轮轨法向力的主频影响不大，但对其幅值有所影响，不考虑橡胶垫板频变刚度时可能会高估轮轨法向作用力。

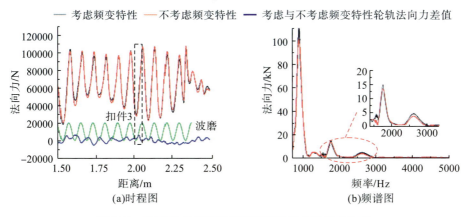

图 8.85 是否考虑橡胶垫板频变特性轮轨法向力比较

选取五个典型时刻，考虑橡胶垫板频变特性的轮轨法向、切向接触应力与不考虑橡胶垫板频变特性时的比较如图 8.86 所示。由图可见，橡胶垫板频变刚度对轮轨接触行为有一定的影响，例如，在 t_2 时刻，不考虑橡胶垫板频变刚度时的法向接触应力约为 868MPa、切向接触应力约为 230MPa；而考虑橡胶垫板频变刚度时的法向接触应力约为 1165.5MPa、切向接触应力约为 196MPa，两者间差别较大。由此可见，考虑扣件系统橡胶垫板的非线性力学特性，可以更加准确地刻画轮轨系统的滚动接触行为和高频瞬态响应。

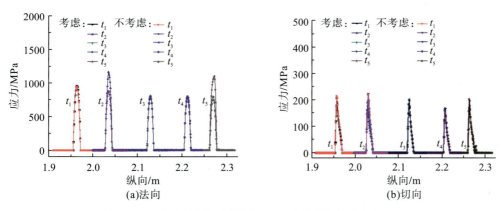

图 8.86 是否考虑橡胶垫板频变特性轮轨接触应力比较

考虑橡胶垫板频变特性后的波峰、波谷处接触斑内的黏滑分布与不考虑橡胶垫板频变特性时的比较如图 8.87 所示，图中蓝色表示黏着，红色表示滑动。由图可见，两种橡胶垫板刚度情况下接触斑的形状近似相同，均是在波峰处接触斑面积较大，在波谷处面积较小；但是考虑橡胶垫板频变特性后，同一位置处的黏滑分布不同，在 2.75～3m 范围接触斑内的黏着区增大而滑动区减小，这主要是由于橡胶垫板的动刚度改变了轮轨的振动特性，继而影响到了滚动接触行为。黏滑分布影响摩擦功，最终影响波磨的发展速率，因而考虑橡胶垫板频变特性后预测的波磨发展速率比不考虑橡胶垫板频变特性时要慢一些。

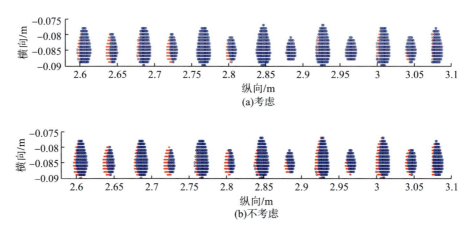

图 8.87   是否考虑橡胶垫板频变特性黏滑分布比较

二、轨道结构动荷载放大系数的确定

1. 动态系数

轨道结构设计通常采用的是准静态设计方法,在静力设计的基础上,将几何不平顺引起的动态附加力考虑成相应的动态系数。确定一个合适的动态系数是轨道结构设计的关键之一,动态系数若取值偏于保守,则会增加轨道建造成本;若动态系数取值偏松,则会导致运营中轨道维修费用增加。

欧洲普遍采用 Eisenmann 提出的动态放大系数(dynamic amplication factor,DAF)公式,基于实测结果,该公式考虑了车辆的运行速度、轨道质量和轨道各部件的动态衰减,计算公式如下:

$$DAF = 1 + t\varphi\left(1 + \frac{v - 60}{140}\right) \tag{8.22}$$

式中,t 为无量纲复合因子;φ 为无量纲轨道质量参数;v 为列车速度。t 和 φ 的取值如表 8.4 所示。

表 8.4   DAF 参数取值

t	应用范围	φ	轨道质量
1	路基	0.1	优秀
2	道床	0.2	良好
3	钢轨、轨枕	0.3	差

中国、日本、美国等也均规定了不同速度、轴重下的动态系数。各国确定动态系数所用方法也不一样,有些通过现场测试数据统计和维护经验而得,有些通过理论计算而取值。当轴重、速度超过动态系数的适用而无经验可借鉴时,就只能采用理论分析来确定。

2. 基于轮轨系统动力学仿真分析的动态系数确定

轮轨接触表面的几何波动是列车-轨道动态相互作用的最重要激励，动态分析所关注的几何不平顺波长覆盖从几厘米到几十米的范围，对应从 1Hz 以下的低频到约 2000Hz 的高频响应。目前，尚无一个动态模型可完全覆盖如此宽的频率范围，因此可以采用两种列车-轨道动力学模型分别用来分析其各自适用范围的动力响应：基于列车-轨道多体系统耦合动力学理论建立的相应模型，以轨道谱作为激励输入，可以分析低频下的轨道动态响应；基于显式有限元法的轮轨瞬态滚动接触分析模型，可以分析短波波磨、焊接接头和车轮擦伤等短波长几何不平顺激励下的轨道高频动态响应。最后，叠加即得到不同激励下的最大动态系数。Zhao 等[47]采用该方法得到了 40t 轴重重载轨道系统动态系数的建议值。

以美国五级谱为激励，采用列车-轨道耦合动力学分析模型，可以得到 90km/h、40t 轴重运营条件下的中低频率轮轨力、轨枕力、道床力分布如图 8.88 所示。

考虑车轮擦伤、焊接接头和钢轨波磨三种典型的中、短波几何不平顺，其中擦伤长度取为 60mm、擦伤深度取为 0.46mm、擦伤宽度取为 40mm，波磨波长取为 0.2m、波深取为 0.6mm，焊接接头取为 W 型低凹不平顺、最大深度取为 0.45mm。采用轮轨瞬态滚动接触分析模型计算得到 90km/h、40t 轴重运营条件下的中、高频率的轮轨力、轨枕力、道床力分布分别如图 8.89～图 8.91 所示。

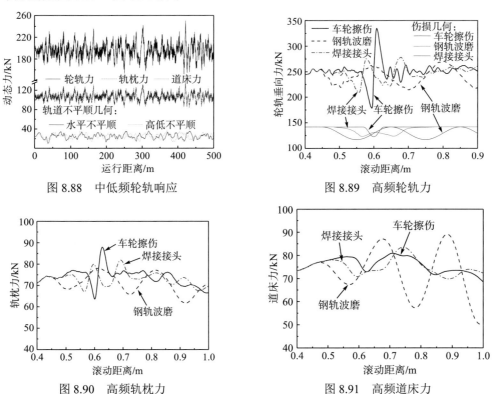

图 8.88 中低频轮轨响应　　图 8.89 高频轮轨力

图 8.90 高频轨枕力　　图 8.91 高频道床力

综合考虑各部件的低频力 F_{il} 和高频力 F_{ih}，将其叠加以考虑最恶劣的情形，其动态系数 f_i 的表达式为

$$f_i = \frac{F_{il} + F_{ih} - F_{is}}{F_{is}} \qquad (8.23)$$

式中，$i = 1$、2、3，分别表示钢轨、轨枕和道床；F_{is} 为静轮重下轨道各部件所承受的力。可以得到各部件动态系数随轴重、速度的变化如图 8.92 和图 8.93 所示。由两图可见，动态系数随轴重的增大而降低、随速度的增加先增大后降低，道床力的动态系数要小于轮轨力和轨枕力。

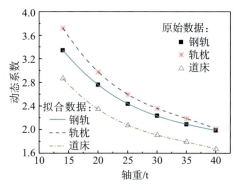

图 8.92　动态系数随轴重变化

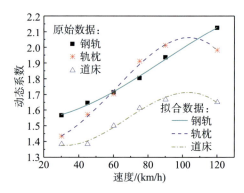

图 8.93　动态系数随速度变化

三、轨腰螺栓孔动力响应分析

1. 轨腰螺栓孔动力分析模型

高速铁路采用无缝线路后已取消了区间线路上钢轨接头处绝大部分轨腰螺栓孔，但在胶接绝缘接头、道岔区安装顶铁及间隔铁处仍存在着螺栓孔。如图 8.94 所示的钢轨螺栓孔孔裂是钢轨损伤的主要形式之一，在高速铁路道岔中也会偶尔发生，危及行车安全。

螺栓孔裂纹往往是冲击荷载作用下引起的疲劳损伤，主要是因为轨道结构存在缺陷和钢轨接头存在病害，在轮轨冲击振动影响下，螺栓孔产生局部应力，使其受到破坏进而产生裂纹。螺栓孔壁若存在如裂口、毛刺、尖角等缺陷，则易出现应力集中的薄弱结构，若在实际运用时未使用倒棱等工艺消除上述缺陷，则螺栓孔棱边在列车荷载的反复作用下易形成应力集中，导致螺栓孔损伤。螺栓孔裂纹的萌生期远远大于扩展期(后者是前者的 1/4 左右)，因此螺栓孔寿命(包括萌生期和扩展期)的极大部分由萌生期控制，想要延长使用寿命，主要在于延长螺栓孔裂纹的萌生期、增强螺栓孔的允许应力和降低作用于螺栓孔的最大应力，即减少螺栓孔的构造缺陷，对新轨孔进行倒棱，消灭钢轨接头的不平顺，减少列车荷载对螺栓孔的冲击作用。

对于钢轨螺栓孔的研究，过去多集中于静力分析或现场试验研究，较少从动力响应的角度开展。利用轮轨瞬态滚动接触分析模型，如图 8.95 所示，可以研究车轮滚过螺栓孔附近时螺栓孔周围的动应力变化，也可以研究轨面局部缺陷引起的动态冲击力对螺栓孔的影响。以 CHN60 轨为例，设螺栓孔孔径为 30mm，孔中心距轨顶高度为 88mm，列车速度为 300km/h、轴重为 70kN，轨面局部缺陷考虑为隐伤，隐伤长度取为 60mm、宽度取为 50mm、深度取为 0.3mm。

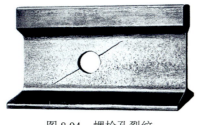

图 8.94　螺栓孔裂纹

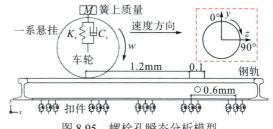

图 8.95　螺栓孔瞬态分析模型

2. 接触点位置对螺栓孔应力分布的影响

车轮滚过螺栓孔时，轮轨接触点距离螺栓孔不同位置处的螺栓孔周围 von Mises 应力分布及正向、斜向的动应力时程曲线如图 8.96 和图 8.97 所示。

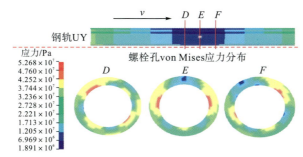

图 8.96　不同接触点位置下的螺栓孔应力分布

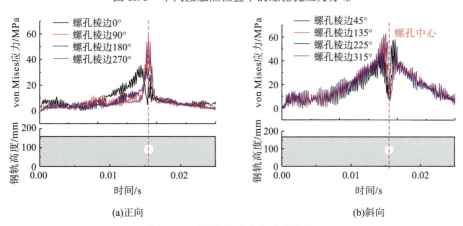

(a)正向　　　　　　　　　　　　(b)斜向

图 8.97　螺栓孔动应力时程曲线

由图 8.96 和图 8.97 可见，螺栓孔应力分布规律与轮轨接触点相对于螺栓孔的位置联系紧密，当轮轨滚动接触位置位于 0～1.25m 时（螺孔前），von Mises 应力峰值位于螺栓孔 135° 及 315° 方向；当轮轨滚动接触位置位于 1.25～2m 时（螺孔后），von Mises 应力峰值位于螺栓孔 45° 及 225° 方向；当轮轨滚动接触位置位于螺栓孔正上方时，von Mises 应力峰值位于螺栓孔 90° 及 270° 方向。螺栓孔 0° 方向应力相对较小；在轮轨相互作用所激发的应力场作用下，螺栓孔 90°、180° 以及 270° 应力峰值为 60MPa，其余时刻以 0MPa 为中心出现小幅波动；而螺栓孔 45°、135°、225° 以及 315° 应力峰值也为 60MPa，但其余时刻还承受了一定的应力作用，因此螺栓孔斜向在长时间应力作用下更易出现疲劳破坏。

3. 接触切向力的影响

设牵引系数为 0.3，在考虑牵引、制动作用引起的切向接触力后，螺栓孔斜向应力时程及与纯滚动的比较如图 8.98 所示。

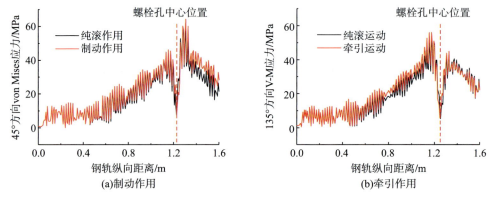

图 8.98　切向接触力对螺栓孔应力时程的影响

由图 8.98 可见，当轮轨滚动接触位置位于螺栓孔孔心后，螺栓孔 45° 方向 von Mises 应力在制动力影响下显著增加；当轮轨滚动接触位置位于螺栓孔孔心前，螺栓孔 135° 方向 von Mises 应力在牵引力作用下增长趋势明显。牵引/制动作用会加剧螺栓孔 135°、315° 方向及 45°、225° 方向的应力集中现象。

4. 接触冲击力的影响

当轨面存在隐伤时，不同速度下的轮轨竖向冲击力时程曲线及时频如图 8.99 所示，由图可见，车轮通过隐伤时，会激起高频的竖向冲击力，速度越高，冲击力越大，主频越高，在 300km/h 时，最大冲击力达到了 185.2kN，主频约 1213Hz，轮轨竖向力最大值位于隐伤边缘处。

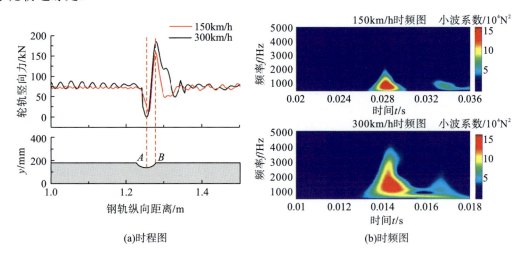

图 8.99　不同速度下钢轨隐伤激起的轮轨竖向冲击力

　　列车速度取为300km/h，当隐伤最深处位于螺栓孔左边缘、孔中心、右边缘对应的轨面处时，45°、90°及135°方向的von Mises应力时程曲线如图8.100所示，图中虚线代表隐伤位置。由图可见，轮轨竖向冲击力会显著增加螺栓孔的von Mises应力，最大应力约125MPa，较正常情况下增大了约一倍，因此保持螺栓孔处钢轨表面平顺性是十分必要的。

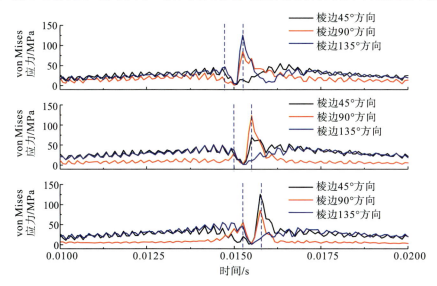

图8.100　不同隐伤位置下的螺栓孔时程曲线

四、轨枕承轨槽接触应力分析

　　重载铁路线上经常会出现混凝土轨枕承轨槽破损的现象。安博洋等[48]针对这一问题，采用如图8.101所示的瞬态滚动接触模型分析了40t轴重下承轨槽的压应力分布情况。钢轨为75kg/m，轨底坡设为1∶40，配合Ⅲ型混凝土轨枕，列车速度取为90km/h，动态系数按式(8.21)取值，橡胶垫板刚度为80MN/m。车轮沿轨枕上方滚过时，不同施力位置下轨枕承轨槽上的压应力分布如图8.102所示。

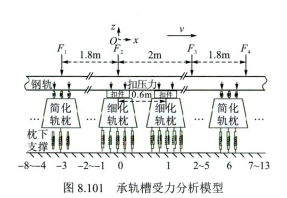

图8.101　承轨槽受力分析模型

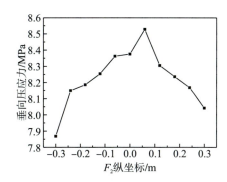

图8.102　不同施力位置处的最大压应力分布

　　由图8.102可见，轨底坡的存在和施力位置的影响，垂向荷载使钢轨发生扭转，轨头向内侧翻转，从而导致了承轨槽内的最大压应力发生在轨底内侧；承轨槽最大压应力极值

发生在 F_2 位于 x=0.06m 时。

　　轮轨横向作用力可在曲线通过时产生,也可由车辆的蛇行运动造成。轮重 F_2 位于 x=0.06m 时 0 号轨枕承轨槽压应力分布随横向力的变化如图 8.103 所示。图中 L/V 定义为横、垂向轮轨力的比值,L/V=0.52 是美国铁路建设与维护协会(American Railway Engineering and Maintenance-of-Way Association,AREMA)规定的标准限值[49],比值 0.25 模拟正常车辆运行环境,0.6 则模拟恶劣的曲线通过环境。由图可见,随着横向力的增加,最大压应力由 L/V=0 时的 8.5MPa 增加到 L/V=0.6 时的 13.3MPa,而且最大值的位置相应地向轨枕外端移动。由此可见,横向力的增大使承轨槽内的荷载向轨枕外端集中,其值逐渐增大,这可以解释现场中承轨槽外侧更容易恶化的现象。

　　不同轨下橡胶垫板刚度条件下承轨槽压应力沿横向的分布如图 8.104 所示,其中轮重 F_2 依然位于 x=0.06m。由图可见,承轨槽内的最大压应力随着刚度的增加而单调递增,其发生位置相应外移,即刚度越低承轨槽处压应力的分布越均匀。轨下橡胶垫板刚度由 80MN/m 增加到 200MN/m 时,承轨槽压应力分布变化较明显,而当其进一步增加到 1300MN/m 时,其影响可以忽略。考虑到轨下橡胶垫板在服役期间会因动态力、环境等因素而逐渐老化,其刚度逐渐变大,轨下橡胶垫板的老化会显著增加其所承受的最大压应力,或加速承轨槽的恶化。

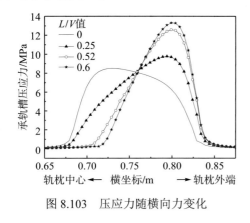

图 8.103　压应力随横向力变化

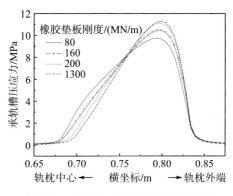

图 8.104　压应力随橡胶垫板刚度变化

本 章 小 结

　　本章采用高速轮轨三维弹塑性瞬态滚动接触理论,分析了短波激励下的高速轮轨滚动接触特性;研究了车轮擦伤、硌伤等局部损伤对轮轨系统动力响应的影响,分析了擦伤车轮作用下轮轨接触力、接触应力及 von Mises 等效应力的瞬态动力响应;揭示了焊缝短波不平顺的波长、波深、几何梯度等对轮轨动态力及轴箱加速度的影响规律,基于实测轴箱加速度采用质量指标方法评估了钢轨焊接接头质量;研究了钢轨波磨下的轮轨瞬态滚动接触力学行为,探明了钢轨波磨条件下,轮轨动态接触力、轮轨蠕滑率、内部应力及摩擦功的瞬态动力响应;研究了波磨波长、波深、滚动速度、摩擦系数等对轮轨动力响应的影响;研究了钢轨断缝处的轮轨瞬态冲击响应,分析了断缝长度对轮轨动态力、接触应力等的影响；探明了低黏着区轮轨滚动接触与擦伤萌生机理，分析了低黏着区段长度、牵引系数对纵向接触力、蠕滑率等的影响。此外，还分析了橡胶垫板非线性力学特性对轮轨瞬态滚动接触力学行为的影响，研究了轨道结构动荷载放大系数确定方法，分析了轨腰螺栓孔及轨枕承轨槽接触动力响应特性。

参 考 文 献

[1] 杨新文, 顾少杰, 周顺华, 等. 30t 轴重重载铁路轮轨滑动接触引起的钢轨热相变分析[J]. 铁道学报, 2016, 38(7): 84-90.

[2] 顾少杰, 杨新文, 练松良. 基于非 Hertz 滚动接触理论的轮轨滑动摩擦生热分析[J]. 内蒙古科技大学学报, 2015, 34(1): 67-71, 90.

[3] Thanh V. Wheel deterioration[R]. Manchester: The University of Birmingham and Manchester Metropolitan University, 2003.

[4] Jergéus J, Odenmarck C, Lundén R, et al. Full-scale railway wheel flat experiments[J]. Proceedings of the Institution of Mechanical Engineers, Part F: Journal of Rail and Rapid Transit, 1999, 213(1): 1-13.

[5] Zhao X, Wen Z F, Zhu M H, et al. A study on high-speed rolling contact between a wheel and a contaminated rail[J]. Vehicle System Dynamics, 2014, 52(10): 1270-1287.

[6] Arias-Cuevas O, Li Z L, Popovici R I, et al. Simulation of curving behaviour under high traction in lubricated wheel-rail contacts[J]. Vehicle System Dynamics, 2010, 48(S1): 299-316.

[7] Ekberg A. Fatigue of Railway Wheels[M]//Lewis R, Olofsson U. Wheel-rail Interface Handbook. Amsterdam: Elsevier, 2009.

[8] 安博洋. 轮轨滚动接触行为的数值研究[D]. 成都: 西南交通大学, 2020.

[9] Cassidy P. A new wheel material for the new century[C]. The 13th International Wheelset Congress, Rome, 2001.

[10] Clarke M. Wheel rolling contact fatigue (RCF) and rim defects investigation to further knowledge of the causes of RCF and to determine control measures[R]. RSSB Wheel Steel Guide, 2008.

[11] Deshpande S S, Srikari S, Banthia V, et al. Investigation of effects of different braking systems on rail wheel spalling[J]. Sastech Journal, 2010, 9(2): 1-10.

[12] Steenbergen M M. Wheel-rail interaction at short-wave irregularities[D]. Delft: Technishe Universiteit Delf, 2008.

[13] Zhu J, Ahmed A, Rakheja S. An adaptive contact model for simulation of wheel-rail impact load due to a wheel flat[C]. Proceedings of the 13th National Conference on Mechanisms and Machines, Bangalore, 2007.

[14] Baeza L, Roda A, Carballeira J, et al. Railway train-track dynamics for wheelflats with improved contact models[J]. Nonlinear Dynamics, 2006, 45(3-4): 385-397.

[15] 温泽峰. 钢轨波浪形磨损研究[D]. 成都: 西南交通大学, 2006.

[16] Jenkins H, Stephenson J, Clayton G, et al. The effect of track and vehicle parameters on wheel/rail vertical dynamic loads[J]. Journal of Railway Engineering Society, 1974, 3(1): 2-16.

[17] Frederick C. The effect of wheel and rail irregularities on the track[C]. Heavy Haul Railways Conference, Perth, 1978.

[18] Newton S G, Clark R A. An investigation into the dynamic effects on the track of wheelflats on railway vehicles[J]. Journal of Mechanical Engineering Science, 1979, 21(4): 287-297.

[19] Dukkipati R V, Dong R G. Impact loads due to wheel flats and shells[J]. Vehicle System Dynamics, 1999, 31(1): 1-22.

[20] Wu T X, Thompson D J. A hybrid model for the noise generation due to railway wheel flats[J]. Journal of Sound and Vibration,

2002, 251(1): 115-139.

[21] Johansson A, Nielsen J O. Out-of-round railway wheels-wheel-rail contact forces and track response derived from field tests and numerical simulations[J]. Proceedings of the Institution of Mechanical Engineers, Part F: Journal of Rail and Rapid Transit, 2003, 217(2): 135-146.

[22] Esveld C. Modern Railway Track[M]. Zaltbommel: MRT-Productions, 2001.

[23] 翟婉明. 铁路车轮扁疤的动力学效应[J]. 铁道车辆, 1994, 32(7): 1-5.

[24] Fujii Y, Maeda K. Flaking failure in rolling contact fatigue caused by indentations on mating surface(I) Reproduction of flaking failure accompanied by cracks extending bi-directionally relative to the load-movement[J]. Wear, 2002, 252: 787-798.

[25] Fujii Y, Maeda K. Flaking failure in rolling contact fatigue caused by indentation on mating surface(II) formation process of flaking failure accompanied by cracks extending bi-directionally relative to the load-movement[J]. Wear, 2002, 252: 799-810.

[26] Care G, Fischer-Cripps A C. Elastic-plastic indentation stress fields using the finite-element method[J]. Journal of Materials Science, 1997, 32: 5653-5659.

[27] Gao J M, Zhai W M, Guo Y. Wheel-rail dynamic interaction due to rail weld irregularity in high-speed railways[J]. Proceedings of the Institution of Mechanical Engineers, Part F: Journal of Rail and Rapid Transit, 2018, 232(1): 249-261.

[28] Steenbergen M M, Esveld C. Relation between the geometry of rail welds and the dynamic wheel-rail response: Numerical simulations for measured welds[J]. Proceedings of the Institution of Mechanical Engineers, Part F: Journal of Rail and Rapid Transit, 2006, 220(4): 409-423.

[29] Wu X W, Rakheja S, Qu S, et al. Dynamic responses of a high-speed railway car due to wheel polygonalisation[J]. Vehicle System Dynamics, 2018, 56(12): 1817-1837.

[30] Steenbergen M M, Esveld C. Rail weld geometry and assessment concepts[J]. Proceedings of the Institution of Mechanical Engineers, Part F: Journal of Rail and Rapid Transit, 2006, 220(3): 257-271.

[31] Andersson C, Dahlberg T. Wheel/rail impacts at a railway turnout crossing[J]. Proceedings of the Institution of Mechanical Engineers, Part F: Journal of Rail and Rapid Transit, 1998, 212(2): 123-134.

[32] Zhai W M. Two simple fast integration methods for large-scale dynamic problems in engineering[J]. International Journal for Numerical Methods in Engineering, 1996, 39(24): 4199-4214.

[33] Grassie S L, Gregory R W, Harrison D, et al. The dynamic response of railway track to high frequency vertical excitation[J]. Journal of Mechanical Engineering Science, 1982, 24(2): 77-90.

[34] Clayton P, Allery M B P. Metallurgical aspects of surface damage problems in rails[J]. Canadian Metallurgical Quarterly, 1982, 21(1): 31-46.

[35] Xiao X B, Ling L, Xiong J Y, et al. Study on the Safety of Operating High-Speed Railway Vehicles Subjected to Crosswinds[M]. Singapore: Springer, 2018.

[36] Jin X S, Xiao X B, Wen Z F, et al. Effect of sleeper pitch on rail corrugation at a tangent track in vehicle hunting[J]. Wear, 2008, 265(9-10): 1163-1175.

[37] Jin X S, Wang K Y, Wen Z F, et al. Effect of rail corrugation on vertical dynamics of railway vehicle coupled with a track[J]. Acta Mechanica Sinica, 2005, 21(1): 95-102.

[38] 铁道科学研究院. 新建时速 200 公里客货共线铁路设计暂行规定[S]. 铁建函[2005] 285 号. 北京: 中国铁道出版社, 2005.

[39] 蒋金洲, 卢耀荣. 客运专线钢轨断缝允许值研究[J]. 中国铁道科学, 2007, 28(6): 25-29.

［40］ Zhao X, Zhao X G, Liu C, et al. A study on dynamic stress intensity factors of rail cracks at high speeds by a 3D explicit finite element model of rolling contact［J］. Wear, 2016, 366-367: 60-70.

［41］ 周信, 赵鑫, 韩健, 等. 波磨条件下地铁车轮瞬态滚动噪声特性研究［J］. 机械工程学报, 2018, 54(4): 196-202.

［42］ 王平, 刘乐, 胡辰阳, 等. 基于弹性波传播的高速道岔尖轨断轨识别［J］. 浙江大学学报(工学版), 2020, 54(10): 2038-2046.

［43］ Gao Y, Wang S G, Xu J M, et al. Numerical investigation of crack initiation on rail surfaces considering laminar plasma quenching technology［J］. Tribology International, 2021, 154: 106755.

［44］ Carrascal I A, Casado J A, Polanco J A, et al. Dynamic behaviour of railway fastening setting pads［J］. Engineering Failure Analysis, 2007, 14(2): 364-373.

［45］ Maes J, Sol H, Guillaume P. Measurements of the dynamic railpad properties［J］. Journal of Sound and Vibration, 2006, 293(3-5): 557-565.

［46］ Fenander A. Frequency dependent stiffness and damping of railpads［J］. Proceedings of the Institution of Mechanical Engineers, Part F: Journal of Rail and Rapid Transit, 1997, 211(1): 51-62.

［47］ Zhao X, Yang J Z, An B Y, et al. Determination of dynamic amplification factors for heavy haul railways［J］. Proceedings of the Institution of Mechanical Engineers, Part F: Journal of Rail and Rapid Transit, 2018, 232(2): 514-528.

［48］ 安博洋, 杨吉忠, 刘超, 等. 40吨轴重下轨枕承轨槽接触应力分析［J］. 机械强度, 2016, 38(2): 311-316.

［49］ Rapp C T, Edwards J R, Dersch M S, et al. Measuring concrete crosstie rail seat pressure distribution with matrix based tactile surface sensors［C］. Proceedings of Joint Rail Conference, Philadelphia, 2012.

第九章　道岔区列车脱轨机理及评判准则研究

安全是铁路运输的根本保证与永恒主题。列车与轨道间的开放性约束，决定了车辆脱轨的客观存在性，是影响列车运行安全的主要形式。车辆脱轨可以分为爬轨、滑轨、跳轨、掉轨和倾覆脱轨五类，主要原因有四类：第一类为人为事故类脱轨，包括铁路设施被破坏、行车组织失误等非正常条件下引起的脱轨；第二类为灾害类脱轨，由地震、风沙和泥石流等自然灾害引起的脱轨；第三类为失效类脱轨，由机车车辆结构或轮轨接触表面失效引起的脱轨，往往与车辆速度的提高和轮轨系统振动剧烈有关；第四类为固有特征类脱轨，这种脱轨由列车动力学性能恶化所致，如蛇形失稳、轮重减载等。

自铁路诞生，各国学者就开始关注车辆脱轨研究，主要侧重在脱轨评价指标、脱轨试验及脱轨仿真三个方面。其中基于 Nadal 准则的脱轨系数及轮重减载率这两个安全性指标使用最为广泛，并一直为车辆及轨道结构设计的控制性指标。随着我国重载、高速铁路及城市轨道交通的发展，轨道结构不断强化、车辆运行性能不断提升、列车控制与运输组织不断优化，车辆脱轨事故总体上呈下降趋势，但在道岔区，特别是编组场上的 6 号对称道岔、有轨电车中的普通钢轨小号码道岔上，脱轨事故时有发生，如图 9.1 所示，在车辆脱轨事故中的占比一直较高，说明道岔区的复杂轮轨关系导致其脱轨机理尚未完全弄清，基于区间线路所制定的脱轨准则不一定适用于道岔区。

(a)驼峰下对称道岔脱轨　　　　　　　　　　(b)有轨电车道岔脱轨

图 9.1　道岔区车辆脱轨

在高速铁路道岔区，虽然未发生过因轮轨关系不良而脱轨的事故，但 1998 年 6 月 3 日德国 ICE 高速列车脱轨事故与道岔也有关联，车轮轮箍断裂拥塞在高速运转的转向架中，经过埃舍德车站时，轮箍卡在道岔护轮轨中而将其挑起，冲入第一节拖车内部，导致后继车辆在道岔区相继脱轨而撞击桥墩，从而发生了震惊世界的车毁人亡重大事故。由此可见，高速列车在道岔区的脱轨，后果是十分严重的，利用道岔区轮轨滚动接触理论及动力学仿真手段，开展道岔区脱轨机理研究，提出相应的脱轨准则和相应的轮轨关系优化措施，是十分必要的。

第一节　道岔区轮对准静态脱轨安全限值研究

脱轨问题研究最早可追溯到 19 世纪末，1896 年法国科学家通过平面静力平衡原理推导出车辆爬轨脱轨的临界条件，并以此作为车轮开始脱轨的判据，即著名 Nadal 公式[1]。脱轨问题的复杂性和研究的困难性，虽然一百多年有关脱轨问题的研究从未间断，但至今这一问题仍未得到很好的解决，甚至连脱轨评判准则本身还存在着许多问题，世界范围内还没有统一的、共同采用的能准确评判脱轨的准则[2]，更没有适合于道岔区变截面钢轨、动态组合廓形的脱轨准则。

一、车辆脱轨评判准则的研究现状

车辆脱轨评判准则主要研究车轮或轮对的脱轨机理及相应的脱轨评价指标，主要包括以下三类。

1. 仅考虑单个车轮的脱轨评价指标

1）Nadal 脱轨系数

二维平面条件下车轮脱轨临界状态如图 9.2 所示，图中 P、Q 分别为轮轨垂、横向力，N 为法向力，T 为库伦摩擦力，F 为合力。Nadal 根据轮轨接触斑准静态力学平衡方程，推导了车轮爬轨时所需最小的轮轨横向力与垂向力间的比值，即脱轨系数限值：

$$\frac{Q}{P} = \frac{\tan\delta - \mu}{1 + \mu\tan\delta} \tag{9.1}$$

式中，δ 为最大轮缘角；μ 为轮轨摩擦系数。目前，国内外所采用的车轮踏面的最大轮缘角基本在 $60° \sim 70°$，而轮轨间摩擦系数则与环境及养护措施有关，但基本在 $0.1 \sim 0.5$ 范围，Nadal 脱轨系数限值在不同轮缘角及摩擦系数下的变化范围如图 9.3 所示。

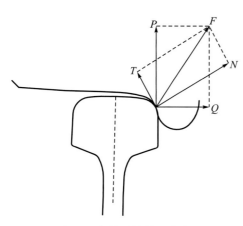

图 9.2　车轮脱轨临界状态

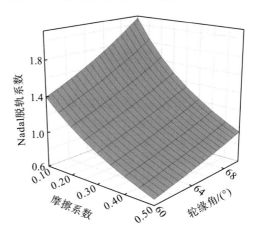

图 9.3　Nadal 脱轨系数限值范围

Nadal 脱轨系数自被提出以来，由于其原理清晰、表达方式简单等优点，受到世界各国铁路部门的广泛接受，根据自身情况，各国(组织)制定了不同的 Nadal 脱轨系数限值标准。

2)考虑横向力作用时间的脱轨系数评价指标

尽管 Nadal 脱轨系数被广泛采用，但在长期的运营及试验中发现其具有一定的保守性。松平精和恒濑景司认为 Nadal 脱轨系数限值与横向力持续作用时间有关[3, 4]，日本国有铁道综合考虑车轮稳态脱轨和跳轨脱轨两种情况，制定了考虑横向力持续时间的脱轨系数评价指标，即 JNR 脱轨评判标准：

$$\frac{Q}{P} = \begin{cases} \lambda, & t \geqslant 0.05\text{s} \\ 0.05\dfrac{\lambda}{t}, & t < 0.05\text{s} \end{cases} \tag{9.2}$$

式中，λ 为脱轨系数的目标值。日本国有铁道规定，当 $\lambda=0.8$ 时为危险限度，当 $\lambda=1.0$ 时为最大容许限度。根据 JNR 脱轨评判标准，当横向力冲击时间超过 0.05s 时，车辆脱轨为稳态脱轨，反之为跳轨脱轨。

3)考虑冲角的脱轨系数评价指标

20 世纪 60 年代，为了解决 Nadal 脱轨理论在轮轨小冲角及负冲角时的保守性问题，恒濑景司根据非线性蠕滑理论及接触斑三维受力平衡条件，将 Nadal 脱轨理论推广到了三维，并在实验室中通过 1∶5 和 1∶10 的单轮对模型进行了试验研究[5]，修正后的脱轨系数计算公式如下：

$$\frac{Q}{P} = \begin{cases} \dfrac{\tan\alpha - \mu_e}{1 + \mu_e\tan\alpha}, & \psi > 0 \\ \tan\alpha, & \psi = 0 \\ \dfrac{\tan\alpha + \mu_e}{1 - \mu_e\tan\alpha}, & \psi < 0 \end{cases} \tag{9.3}$$

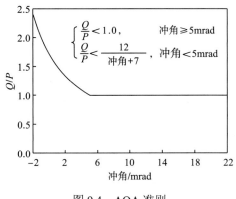

$$\begin{cases} \dfrac{Q}{P} < 1.0, & \text{冲角} \geqslant 5\text{mrad} \\ \dfrac{Q}{P} < \dfrac{12}{\text{冲角}+7}, & \text{冲角} < 5\text{mrad} \end{cases}$$

图 9.4　AOA 准则

式中，μ_e 为等效摩擦系数；ψ 为轮对冲角；α 为最大轮缘角。随后多国研究人员在三维脱轨系数研究中引入了非线性蠕滑理论[6]。

4)考虑脱轨系数超限距离的评价指标

TTCI 采用多体动力学仿真软件 NUCARS 和轨道加载车从试验和仿真两方面对车轮的稳态脱轨问题进行了大量的研究工作。Elkins 等认为车轮爬轨取决于与脱轨系数有关的车辆走行距离，而不是与脱轨系数有关的持续时间[7,8]，为此 TTCI 提出了同时考虑轮轨冲角和脱轨系数超限距离的脱轨评判标准(AOA 准则)，如图 9.4 所示。

2. 考虑整个轮对的脱轨评价指标

1) Marie 脱轨公式

二维平面条件下轮对准静态脱轨临界状态如图 9.5 所示。考虑脱轨侧车轮达到脱轨临界状态，得到 Marie 脱轨公式[9]：

$$\frac{H + \mu P_2}{P_1} \leqslant \frac{\tan\delta - \mu}{1 + \mu\tan\delta} \tag{9.4}$$

Marie 脱轨公式在 Nadal 脱轨公式的基础上引入了轮轴横向力 H，但究其根本，仅是将脱轨侧的轮轨横向力表示为轮轴横向力与非脱轨侧轮轨横向力之和的形式，可以认为其与 Nadal 脱轨公式并无根本区别。

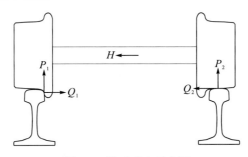

图 9.5　轮对受力示意图

2) Weinstock 标准

美国 Weinstock 认为影响轮对脱轨的不仅是脱轨侧车轮接触点的受力状态，还应考虑非脱轨侧车轮接触点。美国铁路协会制定了同时考虑 Nadal 脱轨评判公式及 Weinstock 脱轨评判公式的货车运行安全性的评价标准：

$$\begin{cases} \dfrac{Q}{P} < 1.0 \\ \sum\left|\dfrac{Q}{P}\right| < 1.5 \end{cases} \tag{9.5}$$

3) 轮重减载率评价指标

脱轨系数虽然是评价车辆脱轨安全性的最基本指标，但仅依靠脱轨系数判定安全性却并不充分。由 Nadal 脱轨系数派生出一个评价脱轨安全性的辅助指标，即轮重减载率，研究表明脱轨系数限值取 1.2 的情况下轮重减载率限值应为 0.6[10]。一些研究学者认为，当车轮在轨道上运行时(特别是高速情况下)，不可避免地会受到钢轨接头、道岔、焊接不平顺等影响而产生瞬时冲击，造成轮重瞬间大幅降低甚至完全减载，这种情况下静态减载率并不适用，因此必须对静态减载率和动态减载率加以区分[11]，如日本规定静态减载率限值为 0.6，而动态减载率限值为 0.8。

3. 考虑轮轨接触几何关系的脱轨评价指标

日本在采用单轮对仿真模型对脱轨过程进行分析时，提出了车轮抬升量的评判指标，其为车轮踏面名义接触点和钢轨顶面最高点间的垂向距离，如图9.6所示。通过仿真分析发现，当脱轨系数大于1.0的持续时间不超过0.015s时，车轮抬升量约为10mm，可以保证不会发生脱轨。该方法从理论上避免了脱轨系数和轮重减载率等指标的保守性问题，能够较为准确地反映轮轨的接触状态。

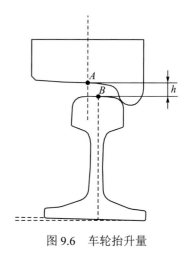

图9.6　车轮抬升量

二、轮对三维准静态脱轨分析

1. 准静态轮对三维脱轨系数公式推导

建立轮轨系统整体坐标系 $Oxyz$、轮对坐标系 $O_w x_w y_w z_w$ 及轮轨接触点坐标系 $O_{Rc} x_{Rc} y_{Rc} z_{Rc}$，如图9.7所示。整体坐标系固结于轮对相对轨道无初始运动且轮轨间无相对压缩情况下的轮对质心位置，各坐标轴方向与轨道坐标系一致，并以速度 v 向前运动；轮对坐标系固结于轮对质心位置，随轮对一起运动，相对于整体坐标系具有平移及转动自由度；轮轨接触点坐标系固结于轮轨接触斑中心位置，并随轮对一起运动。

假设轮对与钢轨接触时，左侧车轮为踏面接触，右侧车轮为轮缘接触，如图9.8所示。图中，F_L、F_R、Q_L、Q_R、P_L、P_R 分别为整体坐标系下左右两侧车轮作用于接触斑的纵向力、横向力及垂向力；T_{xL}、T_{xR}、T_{yL}、T_{yR}、N_{yL}、N_{yR} 分别为接触斑坐标系下两侧钢轨作用于接触斑的纵向蠕滑力、横向蠕滑力及法向力。

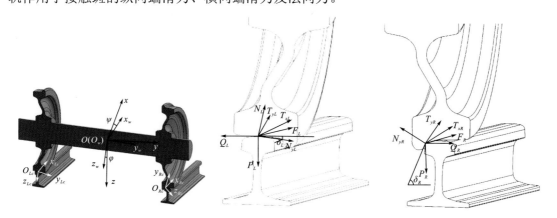

图9.7　轮轨系统坐标系　　　　　　图9.8　轮对受力分析

根据接触斑坐标系与整体坐标系间的变换关系，得到左右接触斑的受力平衡方程，则有

$$\left\{\begin{array}{c} F_{L,R} \\ \mp Q_{L,R} \\ P_{L,R} \end{array}\right\} + A_{L,R} \left\{\begin{array}{c} T_{xL,R} \\ T_{yL,R} \\ -N_{L,R} \end{array}\right\} = 0 \tag{9.6}$$

式中，$A_{L,R}$ 为接触斑坐标系与整体坐标系间的变换矩阵：

$$A_{L,R} = \begin{bmatrix} \cos\psi_w & -\sin\psi_w\cos\delta_{L,R} & \pm\sin\psi_w\sin\delta_{L,R} \\ \sin\psi_w\cos\varphi_w & \cos\psi_w\cos\varphi_w\cos\delta_{L,R} \mp \sin\varphi_w\sin\delta_{L,R} & \mp\cos\psi_w\cos\varphi_w\sin\delta_{L,R} - \sin\varphi_w\cos\delta_{L,R} \\ \sin\psi_w\sin\varphi_w & \cos\psi_w\sin\varphi_w\cos\delta_{L,R} \mp \cos\varphi_w\sin\delta_{L,R} & \mp\cos\varphi_w\sin\psi_w\sin\delta_{L,R} + \cos\varphi_w\cos\delta_{L,R} \end{bmatrix}$$

代入式(9.6)，考虑到轮对摇头角 ψ_w 和轮对侧滚角 φ_w 较小，经简化后，可以得到左右两侧车轮的横向力与垂向力的比值，即脱轨系数为

$$\frac{Q_L}{P_L} = \frac{\psi_w T_{xL} + T_{yL}\cos\delta_L + N_L\sin\delta_L}{-T_{yL}\sin\delta_L + N\cos\delta_L} \tag{9.7}$$

$$\frac{Q_R}{P_R} = \frac{-\psi_w T_{xR} - T_{yR}\cos\delta_R + N_R\sin\delta_R}{T_{yR}\sin\delta_R + N_R\cos\delta_R} \tag{9.8}$$

2. 脱轨系数限值

当轮轨接触角 δ_R 为轮轨接触过程中的最大轮轨接触角时，车轮在脱轨过程中受到的阻力达到最大，越过该位置车轮有可能会发生爬轨，称车轮在该位置处于脱轨临界状态。由此，便可得到脱轨临界状态下车轮三维脱轨系数限值：

$$\left(\frac{Q}{P}\right)_c = \frac{-\psi_w T_x - T_y\cos\delta + N\sin\delta}{T_y\sin\delta + N\cos\delta} \tag{9.9}$$

式中，δ 为最大轮轨接触角；T_x、T_y、N 分别为轮缘接触侧轮轨间的纵向蠕滑力、横向蠕滑力和自旋蠕滑力。若不考虑轮对摇头角 ψ_w 的影响，同时认为轮轨接触斑处的切向力和法向力满足库伦摩擦定律，则有

$$T_y = \mu N \tag{9.10}$$

则可将式(9.9)的车轮三维脱轨系数限值简化为二维脱轨系数限值：

$$\left(\frac{Q}{P}\right)_c = \frac{-\mu + \tan\delta}{\mu\tan\delta + 1} \tag{9.11}$$

式(9.11)为 Nadal 脱轨评判公式。由此可见，Nadal 脱轨系数是三维脱轨系数公式在忽略轮对摇头角及轮轨间蠕滑现象后的一种特殊情况，其认为切向力的方向始终与车轮方向相同，即对车轮脱轨有促进作用。

而在三维情况下，横向蠕滑力的方向与轮轨间的冲角有关，如图9.9所示。在脱轨临界状态下轮轨间冲角为正时，车轮轮缘接触点与轮对轴线相比在线路纵向上会存在超前现象，若车轮出现脱轨趋势，则轮缘接触点的切向速度始终与接触点的运动方向相反，此时车轮脱轨类型为爬轨脱轨，横向蠕滑力会对车轮的脱轨起到加剧作用。而当轮轨间冲角为

负时，车轮轮缘接触点与轮对轴线相比在线路纵向上会存在滞后现象，若车轮出现脱轨趋势，则轮缘接触点的切向速度始终与接触点的运动方向相同，此时车轮脱轨类型为滑轨脱轨，横向蠕滑力会对车轮的脱轨起到阻碍作用。

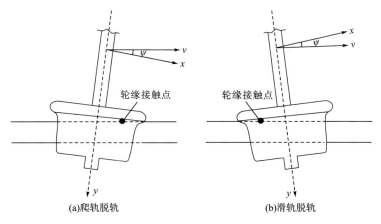

图 9.9　轮对脱轨形式

Nadal 脱轨公式仅是给出了车轮爬轨的最不利状态，在评判车辆脱轨中偏保守，而三维脱轨系数在 Nadal 脱轨公式的基础上考虑了轮对摇头角及切向力分配的影响，在一定程度上避免了 Nadal 脱轨公式的保守性。

3. 轮重减载率限值

准静态条件下，为保证轮对不发生脱轨，脱轨临界状态下，轮轴所受横向力需满足：

$$H \leqslant Q_R - Q_L \tag{9.12}$$

式中，H 为轮轨横向力。将其变换为轮重减载率的表达方式：

$$\frac{H}{P_0} \leqslant \frac{Q_R}{P_R}\left(1 - \frac{\Delta P}{P_0}\right) - \frac{Q_L}{P_L}\left(1 + \frac{\Delta P}{P_0}\right) \tag{9.13}$$

式中，P_0 为静轮重；ΔP 为轮重变化量。由此，便可得到准静态条件下轮重减载率与轮对两侧车轮脱轨系数间的关系为

$$\left(\frac{\Delta P}{P_0}\right)_c = \frac{Q_R/P_R - Q_L/P_L - H/P_0}{Q_R/P_R + Q_L/P_L} \tag{9.14}$$

由式 (9.14) 可知，轮重减载率限值除了与车轮两侧脱轨系数有关，还与作用在轮轴上的横向力及轮对的轴重有关。当轮轴横向力取为正时，其方向指向轮缘接触侧车轮，对轮对脱轨有着促进作用，轮轴横向力越大，轮重减载率的限值越低；当轮轴横向力取为负时，其方向指向踏面接触侧车轮，对轮对的脱轨有着阻碍作用，使轮对不易爬上钢轨，轮轴横向力越大，轮重减载率的限值越高。

将式 (9.7) 和式 (9.8) 代入式 (9.14)，即可得到三维条件下的轮重减载率；同理，忽略轮对摇头角并假设左右两侧接触斑内横向蠕滑力和法向力间均满足库伦摩擦定律，即可得到二维条件下轮重减载率。二维情况下轮轴横向力为零时对应的轮重减载率限值约为 0.65，因此大多数国家规定的准静态轮重减载率限值均在 0.65 左右。

4. 脱轨系数限值确定方法

设蠕滑力 T_x、T_y 为法向力 N 的函数，由式(9.6)可以建立轮轨接触斑处的垂向受力平衡方程：

$$T_{yL,R}(N_{L,R})(\varphi_w\cos\delta_{L,R}\pm\sin\delta_{L,R})-N_{L,R}(\cos\delta_{L,R}\mp\varphi_w\sin\delta_{L,R})+P_{L,R}=0 \qquad (9.15)$$

式中，$T_{yL,R}(N_{L,R})$ 表示横向蠕滑力为以法向力为自变量的函数。忽略侧滚角 φ_w 后，可以得到轮轨垂向力和法向力间的关系：

$$\pm T_{yL,R}(N_{L,R})\sin\delta_{L,R}-N_{L,R}\cos\delta_{L,R}+P_{L,R}=0 \qquad (9.16)$$

由此，在给定轮轨垂向力 P 的条件下，可根据式(9.16)及选定的蠕滑力模型通过迭代方法求解得到轮轨法向力及蠕滑力。

5. 蠕滑力模型对脱轨限值的影响

以我国铁路常用的 LM 车轮踏面和 CHN60 钢轨匹配为例，车轮处于脱轨临界状态时的轮轨接触参数及其他参数如表 9.1 所示。考虑 Shen-Hedrick-Elkins 蠕滑模型、Polach 非线性蠕滑模型和 Kalker 简化蠕滑模型(FASTSIM)进行对比。

表 9.1　轮轨接触参数

P_0	G	σ	r_0	δ_R	r_{wR}	R_{wR}
70kN	8.08×10^4MPa	0.25	0.4575m	70°	0.4725m	0.014m

r_{rR}	μ_R	δ_L	r_{wL}	R_{wL}	r_{rL}	μ_L
0.013m	0.3	1.5°	0.457m	∞	0.3m	0.3

设轮对摇头角在 $-3°\sim3°$ 范围变化，根据三种蠕滑力模型计算得到脱轨临界状态下左右车轮接触斑上的脱轨系数分布如图 9.10 所示。

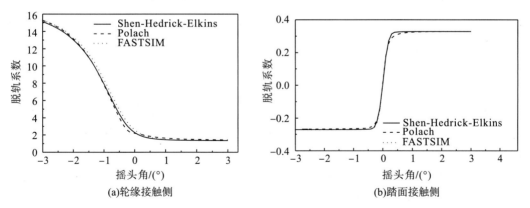

图 9.10　不同摇头角下左右车轮的脱轨系数

由图 9.10 可见，三种蠕滑模型计算得到的轮缘接触侧脱轨系数随轮对摇头角变化规律基本一致。当轮对摇头角由 $-3°$ 变化至 $0°$ 时，脱轨系数迅速减小；而当轮对摇头角由 0° 变化至 3° 时，脱轨系数减小幅度十分平缓，并在轮对摇头角超过 1° 后基本保持不变。轮对摇头角为负时的脱轨系数明显要大于摇头角为正时的脱轨系数，这是由于在负摇头角下横向蠕滑力起到阻碍车轮脱轨的作用，而正摇头角下起到加剧车轮脱轨的作用。三种蠕滑模型计算得到的踏面接触侧脱轨系数随轮对摇头角变化规律也基本一致，脱轨系数幅值相差不大；在轮对摇头角绝对值小于 0.5° 时，踏面接触侧脱轨系数迅速降低，主要是接触斑内黏着系数较小，蠕滑力未达到饱和，横向蠕滑力小于库伦摩擦力所致。

正摇头角下，三种蠕滑力模型计算的脱轨系数限值及与 Nadal 脱轨系数限值的比较如表 9.2 所示。由表可见，引入非线性蠕滑力模型后得到的脱轨系数限值均大于 Nadal 限值；Shen-Hedrick-Elkins 和 FASTSIM 的计算结果较为接近，均小于 Polach 的计算结果；轮对摇头角越大，脱轨系数限值越小。

表 9.2　三种蠕滑力模型计算的脱轨系数限值与 Nadal 脱轨系数限值的对比

轮对摇头角/(°)	脱轨系数限值			
	Shen-Hedrick-Elkins	Polach	FASTSIM	Nadal
0.5	1.62	1.84	1.72	
1.5	1.40	1.53	1.41	1.34
2.5	1.36	1.45	1.36	

20 世纪 60 年代，日本国有铁道采用 1∶5 和 1∶10 的单轮对缩尺模型对摩擦系数及冲角对轮对脱轨的影响进行了试验研究。该试验共设置了三种工况，分别为轮轨低摩擦系数(0.1)、轮轨中等摩擦系数(0.25)及轮轨高摩擦系数(0.4)，各工况下脱轨系数计算结果与试验结果的对比如图 9.11 所示。

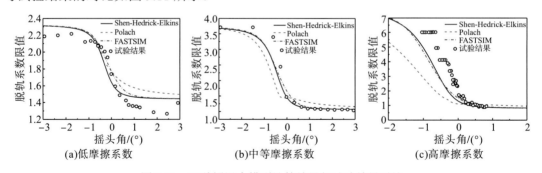

图 9.11　三种蠕滑力模型计算结果与试验结果对比

由图 9.11 可见，在负摇头角情况下，采用 Polach 蠕滑力模型计算的理论脱轨系数限值要普遍低于试验结果，具有较大的保守性；而在正摇头角下，采用 Polach 蠕滑力模型计算的理论脱轨系数限值则偏高于试验结果，会对车辆脱轨的安全评价带来不利的影响。总体来看，在三种轮轨摩擦系数下试验结果与采用 Shen-Hedrick-Elkins 蠕滑力模型和 FASTSIM 蠕滑力模型计算的脱轨系数限值较为接近，而与采用 Polach 蠕滑力模型计算的脱轨系数限值相差较大。

6. 摩擦系数对脱轨限值的影响

轮轨间摩擦系数主要影响接触斑内切向力的幅值，由此对脱轨安全限值产生影响。轮轨接触面摩擦系数对轮对脱轨临界状态下的脱轨系数、轮重减载率限值的影响如图 9.12 所示。

由图 9.12 可见，当轮对摇头角为正时，降低摩擦系数可以提高该侧的脱轨系数限值，有利于防止车轮发生爬轨脱轨。当摇头角为 3° 时，轮缘接触侧摩擦系数为 0.1、0.2、0.3 和 0.4 时的脱轨系数分别为 2.08、1.65、1.35 和 1.13。当轮对摇头角为负时，降低摩擦系数则会降低该侧的脱轨系数限值，不利于防止车轮发生滑轨脱轨。但负摇头角下脱轨系数限值较大，在实际中稳态情况下一般很难出现。稳态情况下的脱轨形式主要以爬轨为主，可以适当降低轮缘接触侧的摩擦系数来预防脱轨的发生。

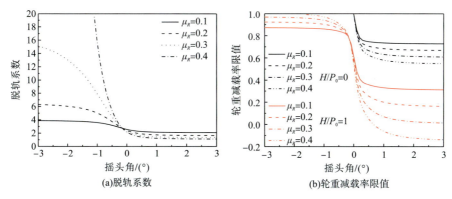

(a)脱轨系数　　　　　　(b)轮重减载率限值

图 9.12　摩擦系数对轮对脱轨安全性的影响

当车轮脱轨方式为爬轨脱轨(正摇头角)时，轮缘接触侧摩擦系数的降低，有利于提高轮重减载率的限值；当轮对摇头角为 3° 时，踏面接触侧摩擦系数为 0.1、0.2、0.3 和 0.4 时，轮重减载率限值分别为 0.83、0.71、0.61 和 0.52。当 $H/P_0=1$ 时，轮缘接触侧摩擦系数的改变对轮重减载率限值的影响则更为明显。

7. 轮轨接触角对脱轨限值的影响

轮轨接触角对轮对脱轨临界状态下的脱轨系数、轮重减载率限值的影响如图 9.13 所示。

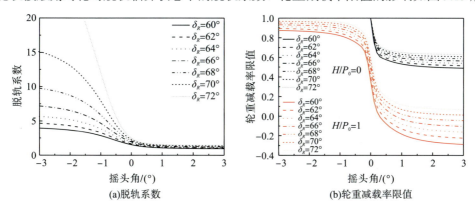

(a)脱轨系数　　　　　　(b)轮重减载率限值

图 9.13　轮轨接触角对轮对脱轨安全性的影响

由图 9.13 可见，增大轮缘接触侧的轮轨接触角，无论在正摇头角和负摇头角下均可以增大脱轨系数的限值，对防止车轮发生爬轨脱轨和滑轨脱轨均有利，并且轮缘接触侧轮轨接触角对负冲角下的脱轨系数限值影响更为明显。增大轮缘接触侧的轮轨接触角，还会提高轮重减载率的限值。在 $H/P_0=1$ 的情况下，若轮缘侧轮轨接触角小于 $60°$，即使轮缘侧车轮不发生减载，其在正摇头角下也有可能发生脱轨。

三、道岔转辙器部分轮对爬轨行为分析

1. 道岔转辙器部分典型断面

道岔转辙器部分尖/基轨的组合廓形与标准钢轨差别很大，轮对在爬轨脱轨过程中的行为也有所不同。考虑道岔尖轨尖端、尖轨顶宽 5mm、尖轨顶宽 20mm、尖轨顶宽 50mm、尖轨顶宽 70mm 等几个典型断面，如图 9.14 所示，尖轨与基本轨的顶面高差取为 23mm、14mm、3mm、0mm。

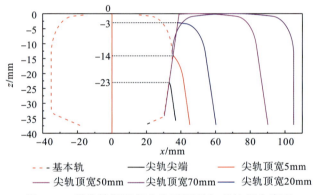

图 9.14　道岔转辙器部分典型断面尖/基轨组合廓形

因尖轨存在降低值，当轮对横移量较大时，车轮轮缘会首先与尖轨侧面发生接触，并且随着横移量的增大，车轮在尖轨上有一定的爬升；随着轮对横移量的继续增大，车轮轮缘顶部接触点会由尖轨顶面跳跃至基本轨顶面。在尖轨顶宽 50mm 位置处，当轮对横移量继续增大至车轮轮缘顶部与基本轨顶面接触时，右侧车轮还会有发生掉道的危险，如图 9.15 所示。

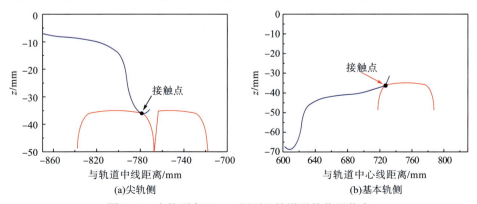

图 9.15　尖轨顶宽 50mm 断面处掉道脱轨临界状态

2. 轮对在道岔转辙器部分的爬轨过程分析

以尖轨顶宽 5mm、10mm、15mm、20mm 断面为例，车轮上的轮轨接触点及轮轨接触角随轮对横移量的变化如图 9.16 所示，轮对横移量的增大意味着车轮的爬轨过程。

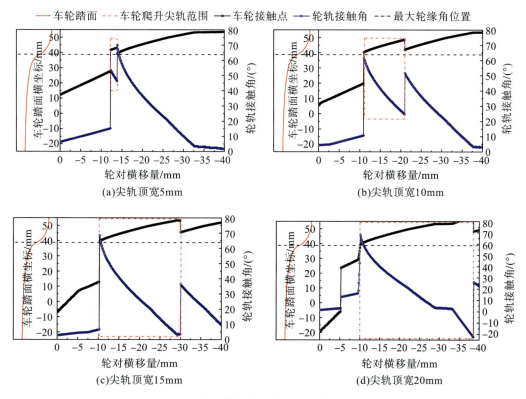

图 9.16　轮对在尖轨典型断面处的爬轨过程

由图 9.16 可见，随着轮对横移量的增大，车轮在道岔转辙器部分存在着爬上尖轨、爬上基本轨两种爬轨状态。当车轮轮缘爬至尖轨顶面并开始与基本轨接触时，尖轨降低值的存在，基本轨顶面要高于尖轨顶面，造成轮缘接触点突然向最大轮缘角位置方向跳跃，即远离轮缘顶部。但随着尖轨降低值的减小，接触点的跳跃量逐渐减小，即轮缘与基本轨接触时的接触点逐渐靠近轮缘顶部。在车轮脱轨过程中，轮轨接触角存在两个明显的峰值，分别为车轮与尖轨和基本轨的最大轮轨接触角。随着尖轨顶宽的逐渐增大，轮缘爬升尖轨过程中的最大轮轨接触角在逐渐增大，而爬升基本轨过程中的最大轮缘角在逐渐减小。

3. 轮对在道岔转辙器部分脱轨临界状态下的接触几何

1) 脱轨临界状态下的轮对横移量

在不同摇头角下，车轮在爬轨临界状态下的轮对横移量随尖轨顶宽的变化如图 9.17 所示。

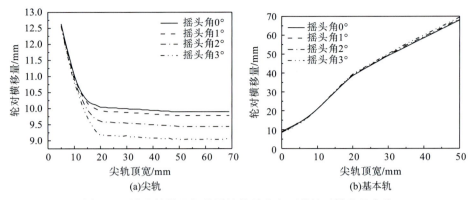

图 9.17　道岔转辙器部分脱轨临界状态下的轮对横移量变化

由图 9.17 可见，在尖轨顶宽 5～50mm 断面，会存在车轮先爬至尖轨顶面再爬至基本轨顶面的两次脱轨过程，车轮在爬升尖轨临界状态下的轮对横移量随着尖轨顶宽的增大而减小；在尖轨顶宽 20mm 以后，由于尖轨降低值较小，车轮在爬升尖轨临界状态下的轮对横移量则基本保持不变。由于基本轨逐渐偏离轨道中心线，车轮爬升基本轨临界状态的轮对横移量则随着尖轨顶宽的增大而增大，二者近似为线性关系。车轮在尖轨上爬升临界状态时，轮对横移量随着轮对摇头角的增大而降低，特别是在尖轨顶宽 20mm 以后，轮对横移量降低幅度较为明显。车轮在爬升基本轨的轮径状态下，轮对的横移量随着摇头角的变化不大。

2) 脱轨临界状态下的轮轨接触点分布

当摇头角为 0° 时，车轮在爬轨临界状态下的左右侧的轮轨接触点沿道岔转辙器的分布如图 9.18 和图 9.19 所示。

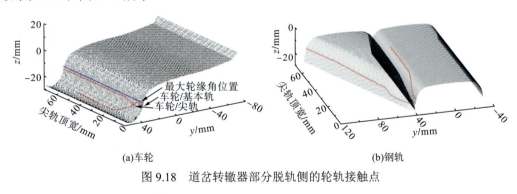

图 9.18　道岔转辙器部分脱轨侧的轮轨接触点

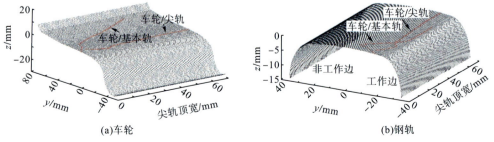

图 9.19　道岔转辙器部分非脱轨侧的轮轨接触点

由图 9.18 可见,在尖轨顶宽 5~20mm 范围,因尖轨降低值较大,车轮在尖轨上爬升临界状态时,脱轨侧车轮上的接触点位置更偏向于轮缘顶部方向,并随着尖轨顶宽的增大而逐渐向最大轮缘角位置移动;而车轮在基本轨上爬升临界状态时,随着尖轨顶宽的增大,脱轨侧车轮上的接触点位置逐渐由最大轮缘角位置向轮缘顶部移动,基本轨上接触点则由轨头侧面逐渐向轨顶方向移动。非脱轨侧车轮接触点均在踏面接触范围内,非脱轨侧钢轨接触点也均在轨头顶面接触范围内;车轮在尖轨上爬升临界状态时,在尖轨顶宽 5~20mm 范围,车轮接触点随尖轨顶宽的增大向轮缘方向移动,钢轨接触点同时向钢轨侧面移动;而在尖轨顶宽 20mm 以后,轮轨接触点位置基本不变;车轮在基本轨上爬升临界状态时,由于尖轨顶宽的不断增大,车轮接触点逐渐远离车轮轮缘方向,在尖轨顶宽达到 50mm 时车轮接触点已接近车轮踏面外侧,若横移量继续增大,则有发生掉道的危险。

3)脱轨临界状态下的轮轨接触角

在不同摇头角下,车轮在爬轨临界状态下的轮轨接触角随尖轨顶宽的变化如图 9.20 所示。由图可见,在尖轨顶宽 5mm 位置处,由于车轮轮缘先与尖轨发生接触,并且此时尖轨降低值较大,轮缘与尖轨间的最大轮轨接触角处于最小值;在尖轨顶宽 5~20mm 范围,由于尖轨降低值的减小,车轮与尖轨接触的最大轮轨接触角开始逐渐增大,轮缘与基本轨接触的最大轮轨接触角随着尖轨顶宽的增大而明显降低;在尖轨顶宽 20mm 以后,车轮爬升尖轨临界状态下的轮轨接触角基本和区间线路相同,而爬升基本轨临界状态下的轮轨接触角保持在较低值附近;考虑轮对摇头角后脱轨侧轮轨接触角会有所降低。由于非脱轨侧车轮接触点始终在踏面接触区域,两次脱轨临界状态下的轮轨接触角幅值均较小;车轮爬升尖轨临界状态时,在尖轨顶宽 5~16mm 范围,非脱轨侧轮轨接触角有所增大;车轮爬升基本轨临界状态下,非脱轨侧轮轨接触角随尖轨顶宽的增大呈先减小后增大的趋势,但随摇头角的变化不大。

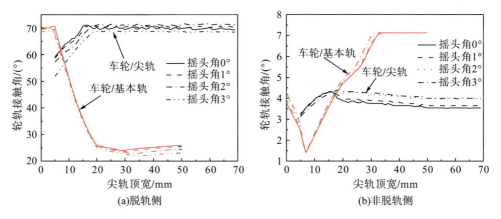

图 9.20　道岔转辙器部分脱轨临界状态下的轮轨接触角

4)脱轨临界状态下的车轮滚动圆半径

在不同摇头角下,车轮在爬轨临界状态下的车轮滚动圆半径的变化如图 9.21 所示。由图可见,在尖轨顶宽 5~20mm 断面范围,车轮在尖轨上爬升临界状态时的滚动圆半径随着尖轨顶宽的增大而减小，而车轮在基本轨上爬升临界状态时的滚动圆半径随着尖轨顶宽的增大而增大；尖轨顶宽 20mm 断面以后滚动圆半径基本保持不变；随着轮对摇头角的增大，脱轨侧车轮的滚动圆半径有所增大。车轮在尖轨上爬升临界状态时，非脱轨侧车轮滚动圆半径变化不大；车轮在基本轨上爬升临界状态时，因车轮接触点随尖轨顶宽的增大向车轮外侧移动，滚动圆半径随之逐渐减小；滚动圆半径随轮对摇头角的变化不大。

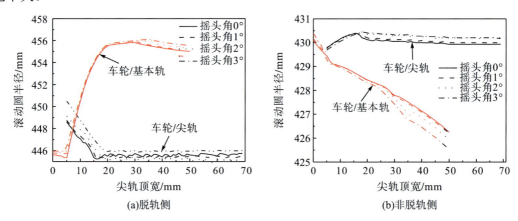

图 9.21　道岔转辙器部分脱轨临界状态下的车轮滚动圆半径变化

四、道岔转辙器部分轮对爬轨临界限值

1. 二维脱轨系数限值

利用式(9.11)可计算得到二维情况下脱轨侧车轮的脱轨系数安全限值及非脱轨侧的脱轨系数分布如图 9.22 所示。

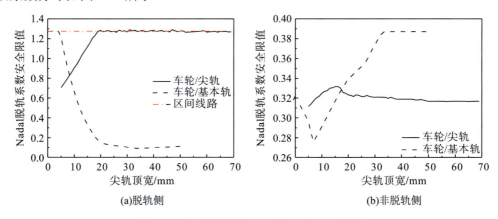

图 9.22　道岔转辙器部分脱轨系数安全限值

由图 9.22 可见，在尖轨顶宽 5mm 位置处，车轮轮缘在爬升尖轨过程中的最大轮轨接触角较小，因而脱轨系数限值仅为 0.71；在尖轨顶宽 5~20mm 范围，车轮爬升尖轨的脱轨系数限值随尖轨顶宽的增加而增大，表明车轮易爬上尖轨；而爬升基本轨的脱轨系数限

值则随尖轨顶宽的增大迅速降低，此时若轮对横移量进一步增加，则车轮很容易由尖轨轨顶爬至基本轨轨顶，发生二次爬轨。

2. 二维轮重减载率限值

利用式(9.14)可计算得到二维情况下车轮爬上尖轨及车轮爬上基本轨时的轮重减载率限值分布，如图 9.23 所示。由图可见，两种爬轨状态下，轮重减载率限值均随轮轴横向力的增大而降低；相同轮轴横向力作用下尖轨上的轮重减载率限值随着尖轨顶宽增加而逐渐增大，并趋近于区间线路轮重减载率限值，在尖轨顶宽 5mm 位置处，轮轴横向力为零时的轮重减载率限值仅为 0.39；相同轮轴横向力作用下基本轨上的轮重减载率限值随着尖轨顶宽的增加而逐渐减小。

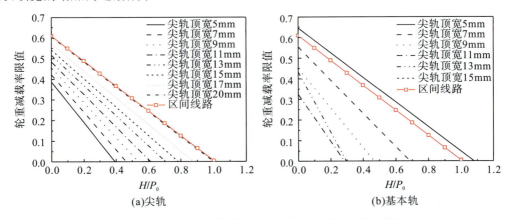

图 9.23　车轮在道岔转辙器部分爬轨时的轮重减载率限值

3. 三维脱轨系数限值

利用式(9.9)计算得到在不同轮对摇头角的三维情况下，车轮爬上尖轨及车轮爬上基本轨的脱轨系数安全限值分布如图 9.24 所示。

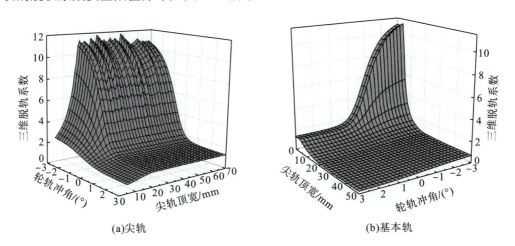

图 9.24　车轮在道岔转辙器部分爬轨时的三维脱轨系数限值

由图 9.24 可见，在尖轨顶宽 5～20mm 断面范围，车轮爬升尖轨时的脱轨系数限值随着尖轨顶宽的增大而逐渐提高，车轮爬升基本轨的脱轨系数限值随着尖轨顶宽的增加而迅速降低；在尖轨顶宽 20mm 断面以后，两种爬轨状态下的脱轨系数限值基本保持不变；负冲角下转辙器区车轮爬上尖轨的脱轨系数限值最小值均在 1.16 以上，而正冲角下可降低至 0.74，表明车轮在道岔转辙器部分的脱轨形式仍以爬轨脱轨为主，不易发生滑轨脱轨。

4. 三维轮重减载率限值

利用式(9.14)计算得到在不同轮对冲角的三维情况下，车轮在不同轮轴横向力作用下爬上尖轨、基本轨时的轮重减载率限值及与二维情况下的限值比较如图 9.25 和图 9.26 所示。

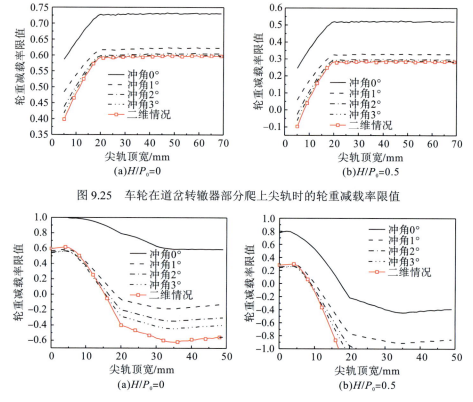

图 9.25 车轮在道岔转辙器部分爬上尖轨时的轮重减载率限值

图 9.26 车轮在道岔转辙器部分爬上基本轨时的轮重减载率限值

由图 9.25 可见，在尖轨顶宽 5～20mm 断面范围，轮对爬升尖轨的三维轮重减载率限值随着尖轨顶宽的增大而增大，尖轨 20mm 断面以后基本保持不变；轮轴横向力越大，轮重减载率限值越小。从轮轨冲角的影响来看，正冲角越大，轮对爬升尖轨的三维轮重减载率限值则越小，尤其是冲角在 0°～1° 范围，三维轮重减载率限值的降低幅度较大，随着冲角的增大其变化幅度也在减小；二维轮重减载率限值可视为轮对冲角无限大的极端情况。

由图 9.26 可见，车轮爬升基本轨时，在正冲角小于1°的情况下，二维轮重减载率限值仍表现出较大的保守性；在尖轨顶宽 0～10mm 范围，三维轮重减载率限值则与二维轮重减载率限值基本相同；当尖轨顶宽超过 10mm 以后，由于车轮爬升基本轨过程中的最大轮轨接触角较小，轮重减载率限值均较小。

综合来看，在道岔转辙器部分，车轮脱轨系数或轮重减载率突破第一次爬轨安全限值后，因第二次爬轨安全限值较低，车轮很容易从尖轨爬上基本轨，为保证列车过岔安全性，建议以第一次爬轨时的安全限值作为评判准则。

第二节　组合廓形下的轮对动态脱轨过程分析

尽管车辆脱轨可以分为多种形式，但最终都表现为车轮脱离钢轨的约束，使轮对无法在钢轨上继续正常运行。因此，从轮对动态脱轨过程的仿真分析入手，分析车辆在道岔转辙器部分各典型断面上爬轨过程中的动态轮轨接触关系，对研究道岔区车辆脱轨机理是十分有益的。

一、轮对动态脱轨仿真模型

考虑轮对在运行过程中一系横向悬挂系统和纵向定位系统的约束，并分别对其一系悬挂作用点位置施加垂向力 F_{zl}、F_{zr} 模拟垂向承载，建立弹性定位轮对物理模型，如图 9.27 所示。模型中轮对考虑为刚体，一系悬挂和定位系统采用弹簧阻尼元件进行模拟。假设轮对在线路纵向上以速度 v_0 向前运动，考虑其在纵向、横向、垂向三个方向的平移自由度及侧滚、摇头两个转动自由度，共计五个自由度，图中，F_y 为对轮轴施加的横向力；F_{zl} 为对轮轴左侧施加的垂向力；F_{zr} 为对轮轴右侧施加的垂向力；M_x 为对轮轴施加的侧滚力矩；M_z 为对轮轴施加的摇头力矩；K_x 为一系悬挂纵向刚度；K_y 为一系悬挂横向刚度；C_x 为一系悬挂纵向阻尼；C_y 为一系悬挂横向阻尼；y_w 为轮对横移量；ψ_w 为轮对摇头角；φ_w 为轮对侧滚角；a_0 为轮对所受垂向力横向跨距；b_0 为名义滚动圆横向跨距；c_l 为左轮接触点横向跨距；c_r 为右轮接触点横向跨距；Δx_l 为左轮轨接触点超前(滞后)量；Δx_r 为右轮轨接触点超前(滞后)量；r_0 为车轮名义滚动圆半径；r_l 为左轮实际滚动圆半径；r_r 为右轮实际滚动圆半径。

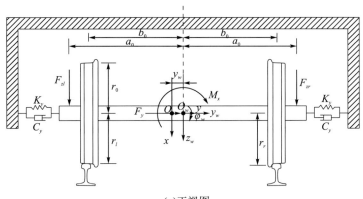

(a)正视图

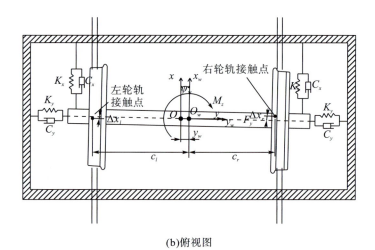

(b)俯视图

图 9.27   弹性定位的轮对模型

建立该轮对的动力学方程，选用 Shen-Hedrick-Elkins 非线性蠕滑理论求解轮轨动态蠕滑力，并采用 Pascal 单轮对基准模型进行验证[12]。为避免加载方式不合理造成的轮轨冲击作用，模型中采用轮对横移量和摇头角分步加载的方式。

二、轮对动态脱轨临界状态的判识

在轮对发生脱轨前，在外荷载、轨道不平顺等因素作用下会发生不同程度的振动或蛇形失稳，但从量变和质变的角度来看，只要其不脱离钢轨的约束，就没有发生本质的变化；而若其发生脱轨，约束条件便发生了根本性的变化。

设 LM 踏面的轮对以 20km/h 的速度在 50kg/m 的钢轨直线轨道上运行，施加 120kN·m 的轮对摇头力矩，在横向荷载分别为 113kN 和 114kN 作用下的横移量及车轮接触点的动态变化如图 9.28 和图 9.29 所示。

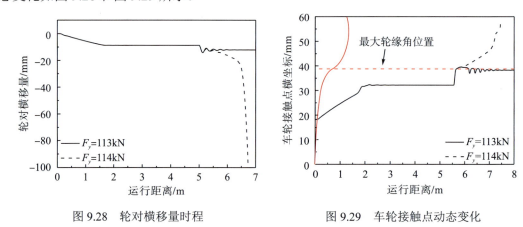

图 9.28   轮对横移量时程   图 9.29   车轮接触点动态变化

由图 9.28 可见，尽管两种工况下横向荷载仅相差 1kN，却导致了完全不同的结果：横向荷载为 113kN 时，轮对横向位移最终稳定在-12.13mm 位置，说明其未摆脱钢轨的横向约束；当横向荷载为 114kN 时，荷载施加后轮对横移量则开始逐渐增大，直至车轮爬上钢轨顶面并掉下钢轨。

由图 9.29 可见，横向荷载为 113kN 时，尽管轮对最终未能摆脱钢轨的约束，但其在横向荷载作用下车轮接触点仍在一段时间内越过了车轮最大轮缘角位置，即存在一定的爬轨过程；横向荷载为 114kN 时，在横向荷载作用下，车轮接触点越过车轮最大轮缘角位置后继续向轮缘顶部方向移动，直至达到轮缘顶部。

综上所述，两种横向荷载情况下，在车轮接触点越过最大轮缘角位置前，二者轮对横移量、接触点分布规律均完全相同；当车轮接触点越过最大轮缘角位置后，二者横移量和车轮接触点位置发生了质的变化。因此，可以将横向荷载 113kN 时轮对的运行状态称为安全临界状态，表示轮对能够安全运行的最不利状态；而将横向荷载 114kN 时轮对的运行状态称为动态脱轨的临界状态。

仿真过程中，轴重为 100kN，轮对速度为 20km/h，摇头力矩取值为-120kN·m，左轮为脱轨车轮，一系纵向定位刚度为 7.8kN/mm，一系横向定位刚度为 0。采用该方法可以确定道岔转辙器部分尖轨顶宽 5mm、8mm、10mm、15mm、20mm 等典型断面处，轮对处于动态脱轨临界状态时的横向荷载分别为 126kN、70kN、73kN、107kN、126kN，可以看出，尖轨顶宽 8mm 为最危险的车轮脱轨断面，该断面处尖轨降低值为 5.2mm；当尖轨顶宽达到 20mm 后，车轮脱轨安全性与区间线路相当。

三、轮对动态脱轨过程中的接触行为

1. 轮轨接触点

轮对在尖轨顶宽 8mm、20mm 断面处动态脱轨过程中的轮轨接触点分布如图 9.30 和图 9.31 所示。由两图可见，尖轨断面组合廓形不同，轮对动态脱轨过程中轮轨接触点的分布规律也不相同。

由图 9.30 可见，在轮对摇头矩作用下，在尖轨顶宽 8mm 断面处，车轮踏面及轮缘分别与基本轨、尖轨发生两点接触，轮缘区域接触点位置均越过了最大轮缘角位置；运行 2s 后，当轮对承受横向力时，车轮开始向尖轨上爬行，接触点由尖轨侧面向顶面移动；当车轮轮缘在尖轨上爬升至一定高度时，由于尖轨降低值的存在，车轮轮缘与尖轨的接触将迅速转变为与基本轨的接触，车轮继续爬升基本轨，直至爬升至基本轨轨顶，轮缘顶部与基本轨顶面接触。

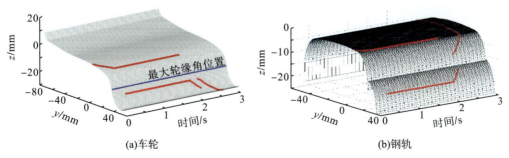

(a)车轮　　　　　　　　　　　　　　　(b)钢轨

图 9.30　车轮在尖轨顶宽 8mm 断面处动态脱轨过程中的轮轨接触点分布

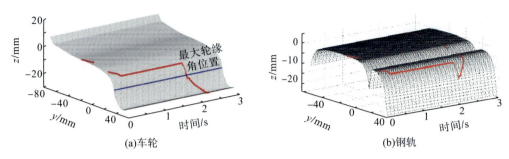

图 9.31　车轮在尖轨顶宽 20mm 断面处动态脱轨过程中的轮轨接触点分布

由图 9.31 可见,在轮对摇头矩作用下,在尖轨顶宽 20mm 断面处,车轮踏面与基本轨的一点接触迅速转变为与尖轨的一点接触;运行 2s 后,当轮对承受横向力时,车轮接触点首先由踏面接触区域迅速过渡至轮缘接触区域,尖轨接触点由尖轨顶面向侧面方向移动,随后车轮开始在尖轨上爬升,直至爬上基本轨。

2. 轮轨接触角

轮对在尖轨顶宽 8mm、20mm 断面处动态脱轨过程中的轮轨接触角分布如图 9.32 所示。由图可见,在尖轨顶宽 8mm 断面处,在对轮对施加横向荷载前,轮缘区域接触点已越过最大轮缘角位置,车轮轮缘在爬升尖轨的过程中,轮轨接触角随着轮缘接触点向轮缘顶部移动而逐渐减小,但车轮轮缘在与基本轨接触前并未真正爬上尖轨轨顶,造成车轮在爬升尖轨过程中接触角始终相对较大;而在尖轨顶宽 20mm 断面位置,当对轮对施加横向荷载后,轮轨接触角首先要增大至最大轮缘接触角,然后随着轮缘接触点向轮缘顶部移动而逐渐减小,此时车轮轮缘与基本轨接触前轮缘顶部已经完全爬上尖轨轨顶,轮轨接触角趋于零,这就会造成轮缘爬上尖轨轨顶后爬轨阻力降低,轮对横向速度增大,当与基本轨接触时会发生较为明显的横向碰撞,爬轨过程的时间也要小于尖轨顶宽 8mm 断面。

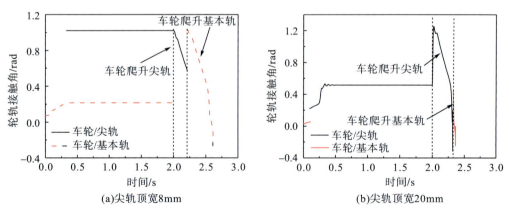

图 9.32　车轮在典型断面处动态脱轨过程中的轮轨接触角分布

3. 轮轨运动姿态

轮对在转辙器部分各典型断面处动态脱轨过程中的轮对摇头角、横移量分布如图 9.33 所示。由图可见,对轮对施加横向荷载前(2s 前),由于轮对摇头角主要由轮对的一系纵向定位悬挂系统决定，各工况下轮对摇头角保持在-6.5~-7.5mrad 范围，差异较小；对轮对施加横向荷载后，在车轮开始爬轨的过程中，轮对摇头角有一定的波动，但均保持在-6~-10mrad 范围。对轮对施加横向荷载前，尖轨顶宽 5mm 时轮对横移量最大，其值为-12.1mm，随着尖轨顶宽的增大轮对横移量有一定的减小，尖轨顶宽 20mm 时轮对横移最小，其值为-9.3mm；对轮对施加横向荷载后，轮对横移量逐渐增大，爬上基本轨后快速增大。

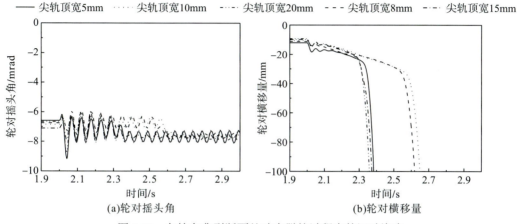

图 9.33 车轮在典型断面处动态脱轨过程中的运动姿态

4. 轮轨横向蠕滑力

轮对在尖轨顶宽 8mm、20mm 断面处动态脱轨过程中的轮轨横向蠕滑力分布如图 9.34 所示。由图可见，在对轮对施加横向荷载前，轮轨横向蠕滑力较小；在轮对向尖轨爬塔尖过程中，轮轨横向蠕滑力的变化历程基本可以分为两个阶段：在第一阶段，横向蠕滑力幅值为正，说明其与车轮脱轨方向相同，对车轮脱轨起加剧作用，但其幅值随着车轮的不断上爬会逐渐减小；在第二阶段，横向蠕滑力由正变为负，说明其开始对车轮的脱轨起阻碍作用，其幅值会随着车轮在钢轨上的爬升呈先增大后减小的规律。在尖轨顶宽 8mm 断面处，横向蠕滑力变化规律与车轮在尖轨上爬升时相同，先对车轮爬上基本轨起促进作用，然后反向起阻碍作用；在尖轨顶宽 20mm 断面处，车轮在基本轨上爬升的过程中，横向蠕滑力一直为负，始终起阻碍车轮爬轨的作用。

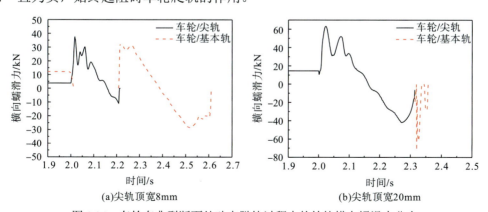

图 9.34 车轮在典型断面处动态脱轨过程中的轮轨横向蠕滑力分布

5. 轮轨垂向力

轮对在尖轨顶宽 8mm、20mm 断面处动态脱轨过程中的轮轨垂向力分布如图 9.35 所示。

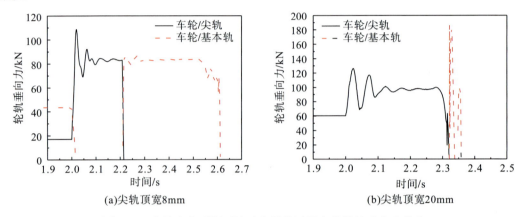

(a)尖轨顶宽8mm (b)尖轨顶宽20mm

图 9.35　车轮在典型断面处动态脱轨过程中的轮轨垂向力分布

由图 9.35 可见，当对轮对施加横向荷载后，在尖轨顶宽 8mm 断面处，基本轨上的承载迅速减小至零，在车轮爬升尖轨的过程中轮轨力经过一定的波动后趋于平稳，随后当车轮爬升基本轨过程中尖轨上的轮轨力转移至基本轨上，但轮轨力幅值波动不大，基本保持平稳；在尖轨顶宽 20mm 断面处，车轮爬升尖轨过程中轮轨力同样经过一定波动后趋于平稳，但在这两个断面尖轨顶宽较大，车轮轮缘顶部能够爬至尖轨轨顶之上，轮轨接触角的降低会引起轮轨力快速降低及车轮横向速度增大，当车轮与基本轨接触时，轮轨间会产生较大碰撞，因此基本轨上所受轮轨力波动较为明显，最大竖向冲击力可达静轮重的 3～4 倍。

第三节　道岔区轮对动态脱轨仿真分析

随着计算机技术、多体动力学及有限元法等理论的发展，在开展脱轨准则与脱轨试验研究的同时，国内外研究人员也越来越多地依靠计算机开展对车辆脱轨过程的仿真。由于道岔转辙器部分尖轨型面沿线路纵向是连续变化的，车轮爬上钢轨顶面需要一个过程，轮轨间的动态相互作用必然会受到尖轨型面变化的影响。因此，单对车轮在转辙器区某些典型截面的脱轨行为研究是不够的，还需将尖轨连续变化的特性考虑进去，研究轮对通过转辙器时的动态脱轨行为。

一、轮对通过道岔转辙器部分的动态脱轨仿真

1. 脱轨临界状态及轮轨接触点

轮对以 20km/h 速度侧逆向通过 5 号单开道岔转辙器，对其施加-120kN·m 的摇头力

矩，使左侧轮轨间始终保持正冲角(爬轨脱轨)，然后对轮对施加横向荷载使其爬上钢轨。当施加的横向荷载为 58kN 时，轮对达到安全临界状态；当施加的横向荷载为 59kN 时，轮对达到动态脱轨临界状态。两种临界状态下，脱轨侧轮轨接触点分布如图 9.36 所示，图中黑虚线表示安全临界状态、红实线表示动态脱轨临界状态。

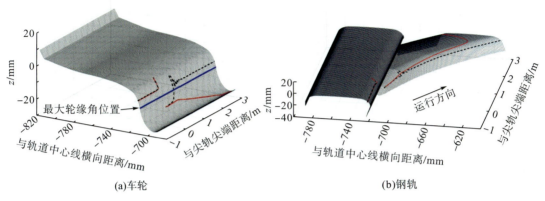

(a)车轮　　　　　　　　　　　(b)钢轨

图 9.36　车轮在转辙器部分动态脱轨过程中的轮轨接触点分布

由图 9.36 可见，当轮对位于尖轨尖端前时，两种状态下轮轨接触点位置完全相同，车轮和基本轨始终保持单点接触，且车轮接触点位置在最大轮缘角位置的左侧，表明轮对不存在脱轨危险；当轮对位于尖轨尖端至其后 205mm(尖轨顶宽约 5mm)范围内时，两种临界状态下车轮接触点位置也完全相同，但在该区域尖轨降低值较大，造成了一定构造轨距加宽，再加上轮缘不会贴靠尖轨运行，车轮接触点向远离轮缘方向移动；当轮对位于尖轨尖端 205mm 以后时，车轮轮缘开始贴靠尖轨运行，并且不再与基本轨接触，两种状态下轮缘接触点位置相同，均越过了最大轮缘角位置。

随着车轮进一步前进，两种临界状态下轮轨接触点间的差异性开始显著：安全临界状态下，车轮接触点开始逐渐向踏面接触区域移动，并在距尖轨尖端 785mm(尖轨顶宽约 18mm)位置时，车轮接触点越过最大轮缘角位置进入踏面接触区域，并随着车轮进一步移动最终保持在最大轮缘角位置左侧，距其横向距离约 1.41mm 位置；动态脱轨临界状态下，当轮对位于距尖轨尖端 205～850mm(尖轨顶宽约 20mm)范围时，轮缘接触点位置基本保持不变，始终位于最大轮缘角位置右侧，说明在横向荷载下车轮一直保持脱轨的可能，随后车轮接触点开始逐渐向轮缘顶部方向移动，在距尖轨尖端 2900mm 位置(非密贴区，尖轨顶宽 70mm)时，从轮缘顶部最终爬上尖轨顶面，并快速掉下尖轨，在此脱轨过程中没有出现爬上基本轨而掉道的情形。

2. 动态脱轨过程中的接触几何

轮轨接触角和车轮滚动圆半径与车轮接触点的位置密切相关。车轮通过转辙器部分时，两种临界状态下的轮轨接触角、车轮滚动圆半径分布如图 9.37 所示。由图可见，在车轮与基本轨接触过程中，两种状态下的轮轨接触角及滚动圆半径的变化规律和幅值基本相同；在车轮与尖轨接触后，由于尖轨降低值较大，车轮接触点越过了最大轮缘角位置，轮对两种运行状态下的滚动圆半径明显增大，但轮轨接触角仅有51.37°。此后，安全临界状态下车轮接触点向踏面接触区域运动，滚动圆半径开始减小，同时轮滚接触角有一定的增大，并最终保持在59.41°；而动态脱轨临界状态下，在距尖轨尖端205～785mm范围，由于车轮接触点基本不变，车轮滚动圆半径和轮轨接触角也均保持不变，随后车轮接触点向轮缘顶部移动，滚动圆半径逐渐增大，轮轨接触角则逐渐降低。

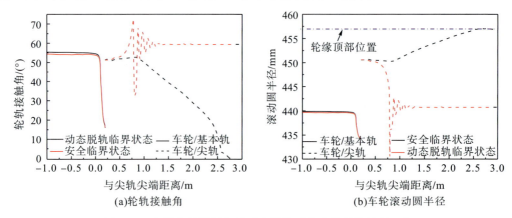

图9.37　车轮在转辙器部分动态脱轨过程中的轮轨接触几何

3. 动态脱轨过程中的接触力

轮轨接触几何关系的变化，必然会影响轮轨间的动态相互作用。车轮通过转辙器部分时，两种临界状态下的轮轨垂向力、横向蠕滑力分布如图9.38所示。

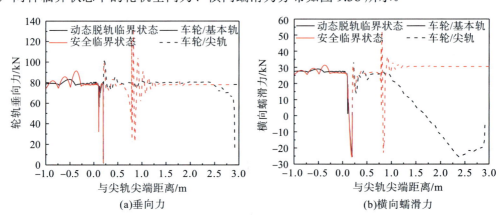

图9.38　车轮在转辙器部分动态脱轨过程中的轮轨接触力

由图9.38可见，车轮进入尖轨尖端后，安全临界状态下的轮轨垂向力在导曲线起点位置波动较为明显，但很快便趋于稳定，恢复至80kN左右；动态脱轨临界状态下，在车轮爬轨过程中，在轮缘顶部爬上尖轨轨顶前轮轨间垂向力基本保持不变，轮缘顶部爬上尖轨轨顶后，轮轨垂向力迅速降低至零。

当轮对进入尖轨尖端至205mm范围内时，由于构造轨距加宽的存在，在横向力作用下轮对存在向左的横移速度，脱轨侧轮轨间横向蠕滑力快速由正变为负，然后在车轮轮缘与尖轨侧面接触后，轮对横向运动速度逐渐降低，横向蠕滑力又变为正值。安全临界状态下，在导曲线起点位置由于轮轨接触点波动及导曲线半径的影响，横向蠕滑力波动较为明显，但其很快便能够达到稳定状态，稳定后横向蠕滑力幅值为 30.6kN，略大于直线区段的 27.3kN；动态脱轨临界状态下，在距尖轨尖端 205～785mm 范围，由于车轮接触点位置基本保持不变，横向蠕滑力保持在 27.3kN 左右，随后由于车轮接触点向轮缘顶部移动，横向蠕滑力开始逐渐减小，并在距尖轨尖端 1700mm 处由正变为负，开始对轮对脱轨起阻碍作用，此时车轮接触点已接近轮缘顶部。

4. 侧顺向过岔时的动态脱轨

轮对以 20km/h 速度侧顺向通过 5 号单开道岔转辙器，对轮对施加 120kN·m 的摇头力矩，使轮轨间始终保持正冲角(爬轨脱轨)，然后对轮对施加横向荷载使其爬上钢轨。当施加的横向荷载为 116kN 时，轮对达到安全临界状态；当施加的横向荷载为 117kN 时，轮对达到动态脱轨临界状态。两种临界状态下，脱轨侧轮轨接触点分布如图 9.39 所示，图中黑实线表示安全临界状态、红实线表示动态脱轨临界状态，蓝实线表示最大轮缘接触角位置。

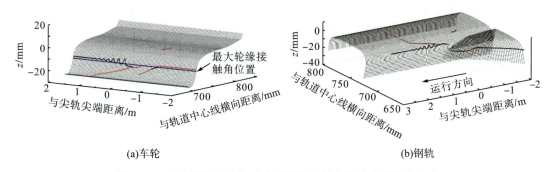

(a)车轮　　　　　　　　　　(b)钢轨

图 9.39　车轮侧顺向过岔时动态脱轨过程中的轮轨接触点分布

由图 9.39 可见，在距尖轨尖端-205mm 前，两种状态下轮轨接触点的变化规律及位置完全相同。当轮对在距尖轨尖端-870mm 前(尖轨顶宽大于 20.4mm 范围)，车轮接触点虽未越过最大轮缘角位置，但由于轮轴横向力较大，其已接近最大轮缘角位置；轮对位置在距尖轨尖端-870～-205mm(尖轨顶宽 20.4～5mm)范围时，由于尖轨降低值随轮对向前移动越来越大，车轮上与尖轨的接触点开始向轮缘方向移动，并越过最大轮缘角位置，尖轨上接触点亦开始向尖轨顶面移动，同时在该范围内车轮踏面还会与基本轨顶面发生接触，存在两点接触。

当轮对位于距尖轨尖端-205mm 位置后，两种状态下的轮轨接触点位置差异开始变大：安全临界状态下，在距尖轨尖端-205～235mm 范围，车轮接触点越过轮轨最大接触角位置，逐渐向最大轮缘角位置移动，在距尖轨尖端235mm 位置后，车轮接触点已保持在最大接触角右侧，车轮已无脱轨风险；动态脱轨临界状态下，车轮接触点则一直保持在轮轨最大接触角位置左侧，并随着轮对前进而逐渐向轮缘顶部方向移动，即车轮一直在爬轨，脱轨风险逐渐增大，最终在距尖轨尖端 1425mm 位置轮缘顶部爬上基本轨轨顶而掉道。

车轮侧逆向、侧顺向过岔时，两种状态下车轮接触点横向坐标的变化规律及与准静态脱轨临界状态的比较如图 9.40 所示。

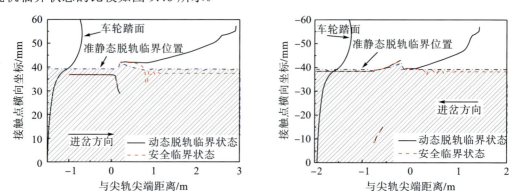

图 9.40　车轮侧逆向、侧顺向过岔时动态脱轨过程中的车轮接触点比较

由图 9.40 可见，无论是侧逆向过岔还是侧顺向过岔，若轮对处于安全临界状态，大部分情况下车轮上的接触点均位于准静态脱轨临界位置的踏面侧；若轮对处于动态脱轨临界状态，则车轮上的接触点均位于准静态脱轨临界位置的轮缘侧。表明采用准静态脱轨准则判定动态脱轨是可行的。

二、轮对过岔动态脱轨影响因素分析

1. 列车速度

不同速度的车轮侧逆向、侧顺向过岔时，动态脱轨临界状态下的车轮接触点变化如图 9.41 所示。由图可见，轮对侧逆向通过转辙器的脱轨过程中，速度对车轮开始爬轨的位置并没有影响，均是在车轮进入转辙器后与尖轨开始接触的位置；随着速度的减小，车轮的爬轨过程缩短，在尖轨顶宽 5～20mm 范围车轮接触点更接近于轮缘顶部，表明虽然速度在降低，但其脱轨风险在增高，临界脱轨横向力也在增大。在轮对侧顺向通过转辙器的脱轨过程中，各速度下均是在车轮经过尖轨顶宽 5mm 后与基本轨开始接触的位置开始爬轨；随着速度的增加，车轮的爬轨过程延长，临界脱轨横向力随之降低，脱轨风险逐渐增高。

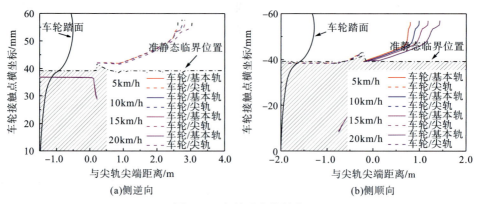

图 9.41　车轮动态接触点

2. 轮轨冲角

轮轨冲角与施加在轮对上的轮对摇头力矩基本呈线性变化，摇头力矩为 120kN·m、360kN·m、600kN·m 时，轮轨冲角分别为 6.64mrad、22.51mrad、38.13mrad。在轮轨正、负冲角情况下，轮对侧逆向、侧顺向通过道岔转辙器部分时，处于动态脱轨临界状态所需要施加的轮轴横向力及与区间线路的比较如图 9.42 所示。

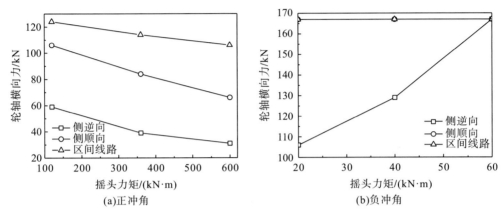

图 9.42 不同轮轨冲角下车轮过岔时的临界脱轨横向力比较

由图 9.42 可见，在正冲角情况下，侧逆向过岔所需的临界脱轨横向力要低于侧顺向过岔，更加低于区间线路；三种运动工况下，临界脱轨横向力均随摇头力矩或轮轨正冲角的增大而降低。在负冲角情况下，侧顺向过岔所需临界脱轨横向力与区间线路相同，且不随轮轨冲角而变化，而侧逆向过岔所需的临界脱轨横向力要低于前两者，且随着轮轨负冲角的增大而增大。临界脱轨横向力的降低意味着脱轨风险性增大，仿真表明，爬轨起始位置不随轮轨冲角的变化而变化。

3. 轮轨摩擦系数

轮对侧逆向过岔时施加的摇头力矩为-120kN·m，当轮轨摩擦系数由 0.3 降低至 0.2、0.1 时，临界脱轨横向力则由 59kN 增大至 73kN、92kN，侧顺向过岔时的临界脱轨横向力同样随着轮轨摩擦系数的降低而增高，可见降低轮轨摩擦系数可以降低轮对过岔时的脱轨风险。在不同的轮轨摩擦系数下，轮对以 20km/h 的速度侧逆向、侧顺向通过转辙器部分处于动态临界脱轨状态时，轮轨接触点在钢轨上的分布比较如图 9.43 所示。由图 9.43 可见，轮对侧逆向通过转辙器，当轮对位于尖轨尖端前时，不同摩擦系数下轮轨接触点的位置并没有发生变化；当轮对位于尖轨尖端之后，轮轨间摩擦系数的降低使相同位置的车轮接触点向轮缘顶部方向有一定的移动，尖轨接触点也向尖轨顶部有一定的移动，造成摩擦系数越小，车轮的脱轨过程越短。轮对侧顺向通过转辙器时，当轮对位于尖轨尖端之后（车轮轮缘与尖轨侧面接触），摩擦系数的改变对轮轨接触点的位置影响同样较小；当轮对位于尖轨尖端前（车轮轮缘与基本轨侧面接触），车轮开始在基本轨上爬动，轮轨间摩擦系数的降低使相同位置的车轮接触点向轮缘顶部方向有一定的移动，基本轨侧面接触点也向基本轨顶部有一定的移动，造成摩擦系数越小车轮的脱轨过程越短，当轮轨摩擦系数为 0.1 时，车轮爬轨位置仅在尖轨尖端前 0.25m。

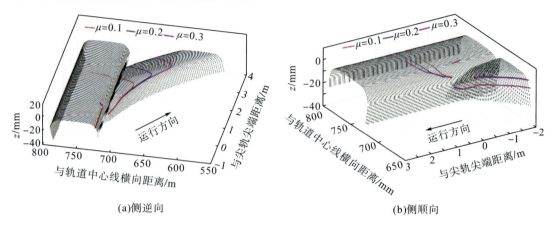

(a)侧逆向　　　　　　　　　　(b)侧顺向

图 9.43　不同摩擦系数下车轮过岔时动态脱轨过程中的钢轨接触点比较

三、轮重减载对过岔动态脱轨的影响

前述准静态脱轨限值分析表明，轮重减载率主要影响脱轨临界状态下轮轴横向力的限值。在动态脱轨过程中，可以采用轮对一系减载率间接改变轮轨间垂向力的幅值，分析轮重减载率对动态脱轨过程的影响。轮对一系减载率计算方法如式(9.17)所示，仿真过程中在保证轮对静态轴重不变的情况下，通过调整轮轴左右两侧一系垂向力的幅值便可以实现对轮对一系减载率的控制，达到改变轮轨间垂向力的目的。

$$\gamma = \frac{|F_l - F_r|}{F_l + F_r} \tag{9.17}$$

式中，γ 为一系减载率系数；F_l 为轮对左侧一系垂向力；F_r 为轮对右侧一系垂向力。仿真计算得到不同摇头力矩情况下，轮对在脱轨过程中的轮重减载率随一系减载率的变化如图 9.44 所示，临界脱轨横向力随一系减载率的变化如图 9.45 所示。

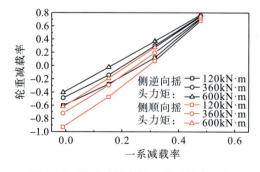

图 9.44　轮重减载率随一系减载率变化

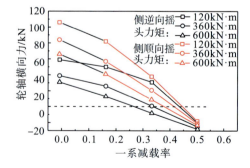

图 9.45　临界脱轨横向力随一系减载率变化

由图 9.44 可见，轮重减载率与一系减载率近似呈线性变化，轮对摇头力矩越大，一系减载率越大，轮重减载率越大；在一系减载率小于 0.2 的情况下，轮对在脱轨临界状态下的轮

重减载率均为负值，即表现为增载；当一系减载率达到 0.6，轮对通过转辙器时均需施加与脱轨方向相反的轮轴横向力，造成轮重减载率大于一系减载率；轮对侧顺向过岔达到脱轨临界状态所需的轮轴横向力要比侧逆向大，因而相同工况下其轮重减载率要比侧逆向小。

由图 9.45 可见，随着一系减载率的增大，轮对无论是侧逆向还是侧顺向通过转辙器，其达到动态脱轨临界状态下的轮轴横向力幅值均逐渐减小，并且减小幅度随之越来越大；从相同一系减载率下的轮轴横向力幅值来看，轮对侧逆向通过转辙器时的脱轨风险仍然要高于侧顺向情况。在一系减载率较大时，轮对通过转辙器脱轨风险更高，例如，在一系减载率超过 0.4，轮对在 600kN·m 摇头力矩作用下，其侧逆向通过转辙器时，即使轮轴横向力为零，轮对也会发生脱轨，必须施加与轮对脱轨方向相反的轮轴横向力，幅值达到 8kN 以上时才能阻止轮对脱轨；而当一系减载率达到 0.6 时，无论轮对侧逆向或侧顺向通过转辙器，在轮轴横向力为零的情况下均会发生脱轨。同时，计算表明在不同的一系减载率下，轮对爬轨点的位置基本相同，但一系减载率的增大会使车轮爬轨过程延长。

四、基于多体动力学软件进行列车脱轨仿真分析

1. 多体动力学仿真软件 ADAMS

多体动力学仿真软件在列车脱轨仿真分析中得到了许多成功应用。Elkins 和 Shust 借助多体动力学仿真软件 NUCARS，仿真分析了摩擦系数、冲角等因素对车轮脱轨过程的影响。Cheli 等建立了多节地铁车辆仿真模型，研究了轨道不平顺对车辆脱轨的影响[13]。Miyamoto 等利用车辆动力学方法对地震影响下车辆的安全性进行了仿真分析[14]。Brabie 等根据多体动力学理论和碰撞理论对车辆脱轨后的行为进行了仿真分析，主要研究了不同速度对车轮与轨枕、弹条间冲击的影响[15]。陈光雄等建立了 29 个自由度的整车脱轨分析模型，对车轮通过缓和曲线时的爬轨过程进行了仿真[16]。

ADAMS，即机械系统动力学自动分析(automatic dynamic analysis of mechanical systems，ADAMS)，该软件是美国机械动力公司(Mechanical Dynamics Inc，MDI)(现已并入美国 MSC 公司)开发的虚拟样机分析软件。ADAMS 软件使用交互式图形环境和零件库、约束库、力库，创建完全参数化的机械系统几何模型，其求解器采用多刚体系统动力学理论中的拉格朗日方程方法，建立系统动力学方程，对虚拟机械系统进行静力学、运动学和动力学分析，输出位移、速度、加速度和反作用力曲线。ADAMS 软件的仿真可用于预测机械系统的性能、运动范围、碰撞检测、峰值荷载以及计算有限元的输入荷载等。

ADAMS 一方面是虚拟样机分析的应用软件，用户可以运用该软件非常方便地对虚拟机械系统进行静力学和动力学分析；另一方面，它又是虚拟样机分析开发工具，其开放性的程序结构和多种接口，可以成为特殊行业用户进行特殊类型虚拟样机分析的二次开发工具平台。列车本身是一个复杂的多体系统，与轨道结构(包含钢轨、轨枕、道砟等)发生复杂的多点碰撞，该系统比较适合使用上述多体动力学仿真软件建模仿真，该软件完善的后处理功能更能为分析脱轨结果提供方便。

2. 货物列车脱轨仿真分析模型

1）列车轨道多体系统动力学模型

采用三维模型建模软件 Solidworks 建立有砟轨道钢轨、轨枕、有砟道床、护轨、防撞墙等轨道结构模型，KM98 型车辆、K6 型转向架、轮对、LM 型车轮等车辆结构模型，17 型车钩模型，倾斜角为 3° 的脱轨器模型，并将上述三维实体模型导入通用多体动力学仿真软件 ADAMS，基于 ADAMS 软件所建立的列车脱轨仿真分析模型如图 9.46 所示。在导入 ADAMS 软件后的三维实体模型间根据车辆及转向架参数设置各类铰接约束、力元、接触界面以及各类设计参数，以用于仿真计算。列车考虑由三节车辆组成，分别表示列车的前、中、后部车辆。

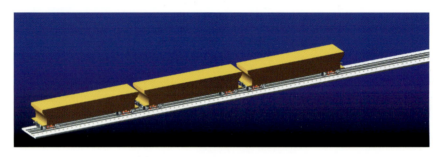

图 9.46　列车脱轨仿真分析模型

在该模型中不仅准确描述了包含转向架的车辆的几何、质量及惯量特性，更准确地刻画车辆转向架悬挂系统、轮轨接触及车轮与轨枕、砟肩接触等多点碰撞过程中的界面相互作用。

列车的车轮从脱轨开始，主要经历以下四个阶段：所有车轮在轨运行阶段；部分或全部车轮在轨枕上行走阶段；一侧车轮在道砟上行走阶段；两侧车轮均脱离轨道及轨枕在道砟上行走阶段。该列车轨道系统动力学分析模型可以模拟出车轮的脱轨全过程以及脱轨后的运行状态。

2）碰撞接触模型

为了模拟车轮与钢轨、轨枕、护轨、道砟间的碰撞，需要建立不同的碰撞接触模型。接触模型在 ADAMS 软件中的建立方法是在实体模型间设置接触力，根据不同轨道实体材料设置相应的接触参数。ADAMS 软件中的接触力类型主要有两种：二维接触，指平面几何形体之间的相互作用（如圆弧、曲线和点）；三维接触，指实体之间的相互作用（如球、圆柱、封闭的壳、拉伸体和旋转体等）。并采用基于碰撞函数 IMPACT 计算接触力。所采用的接触碰撞模型如图 9.47 所示。

碰撞函数的理论计算公式如下：

$$\text{contactF} = k \times (\Delta x)^e - \text{step}(x, 0, 0, d, C) \times \dot{x} \tag{9.18}$$

式中，contactF 为接触力；k 为指定材料刚度；x 为碰撞物体的侵入深度；$\dot{x}$ 为碰撞物体的相对运动速度；e 为用来计算瞬时法向力中材料刚度项贡献值的指数，对于橡胶可取 2～

3，对于金属则常取 1.3～1.5；Δx 为两碰撞物体的挤压变形量；d 为全阻尼时的渗入深度；C 为阻尼值。接触指数对本构曲线及参数的影响十分明显，不同的指数影响不同的等效刚度(斜率)，且不同指数及刚度的配合，对两物体之间接触点处的压缩量也会有显著影响。

3) 摩擦模型

摩擦是轮轨接触中的重要问题，也是多体动力学仿真中的重要接触作用，仿真中采用 ADAMS 软件中的非线性摩擦模型，如图 9.48 所示，包含动摩擦、静摩擦及过渡摩擦，可以较好地刻画轮轨、车轮与轨枕、车轮与道砟结构在接触和碰撞中的摩擦现象。在 ADAMS 软件中对摩擦的处理如下。

静摩擦：

$$|V_{\mathrm{rel}}|<\Delta V_s,\ \ 0<\mu<\mu_s \tag{9.19}$$

过渡摩擦：

$$\Delta V_s<|V_{\mathrm{rel}}|<1.5\Delta V_s,\ \ \mu_d<\mu<\mu_s \tag{9.20}$$

动摩擦：

$$1.5\Delta V_s<|V_{\mathrm{rel}}|,\ \ \mu=\mu_d \tag{9.21}$$

式中，μ_s 为静摩擦系数；μ_d 为动摩擦系数。

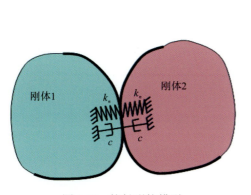

图 9.47 接触碰撞模型

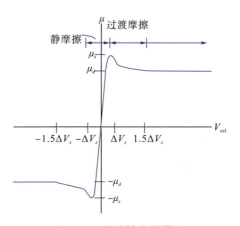

图 9.48 非线性摩擦模型

3. 货物列车脱轨仿真分析案例

1) 脱轨后的转向架姿态

设列车速度为 5km/h，以第一节车辆的前转向架前轮对在直线上脱轨器处脱轨为例，脱轨转向架及其他转向架的姿态如图 9.49 所示。由图可见，车厢 1 的前转向架倾斜严重，两个轮对的左轮被限制在两轨之间，使得车辆编组尽管发生了脱轨，并没有进一步脱离轨道的约束而造成翻车。这一转向架与钢轨的相互关系是典型的转向架脱轨后姿态。车厢 1 的后转向架勉强保持在两轨上；车厢 2 的前转向架由于前车(车厢 1)发生倾斜后的杠杆作用，产生一定程度的左倾，车厢 2 的后转向架则与钢轨对正状态较好；车厢 3 的转向架方向与钢轨基本保持平直。

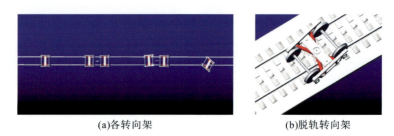

(a)各转向架　　　　　　　　　　　(b)脱轨转向架

图 9.49　第一节车辆前转向架前轮对脱轨后姿态

2）脱轨后的车体振动加速度

脱轨列车在继续前行中三节车辆的垂向振动速度分布如图 9.50 所示。由图可见，第一节车厢脱轨后的运动过程中，车厢 1 质心的垂向速度有较大幅度的垂向周期性振动，这一周期性振动主要是由脱轨的车轮与轨枕发生周期性碰撞导致的。由于车厢 1 与车厢 2 之间有车钩连接，受其影响，车厢 2 的质心速度也有一定程度的波动，但幅值要小得多；而车厢 3 受其影响更小。由此可见，脱轨车辆对前后车辆都会产生影响，但距离脱轨车辆越远，受其影响的幅度越小。

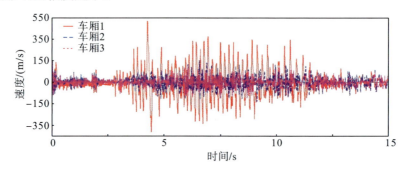

图 9.50　脱轨后车辆的垂向振动加速度分布

脱轨列车在继续前行中三节车辆的横向振动加速度分布如图 9.51 所示。

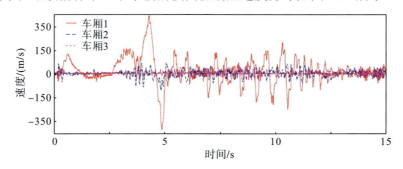

图 9.51　脱轨后车辆的横向振动加速度分布

由图 9.51 可见，脱轨后车厢 1 的质心横向速度有大幅度波动，且横向波动的频率约为质心垂向速度波动频率的 1/2。这一周期性波动同样是由脱轨的车轮与轨枕之间发生周期性碰撞导致的，然而在图 9.50 所示的垂向振动中，属于同一个轮对的两侧车轮分别发生连续两次碰撞会产生两个波峰，即两个周期；而在图 9.51 所示的横向振动中，属于同一轮对的两侧车轮分别发生连续两次碰撞时，碰撞点分居车厢质心的左前方、右前方，分居两侧，碰撞力导致的力矩方向相反，分别为逆时针方向和顺时针方向，因此在质心横向速度分量上分别对应一次波峰和一次波谷，二者共同构成一个周期，频率减半。

3）脱轨后的车体位移

脱轨列车在继续前行中三节车辆的垂向振动位移分布如图 9.52 所示。由图可见，在约 0.5s 之后，车厢 1 的质心小幅爬升了约 10mm，这是第一个轮对在脱轨器的作用下开始爬轨。在 0.5～2.6s 区间，车厢 1 质心位置急剧跌落了约 45mm，对应于车轮爬至轨顶后逐步从轨面跌落的过程。一是轮对从轨面跌落的过程并非自由落体，二是车厢前后支撑不均衡导致的车厢前倾的结果，要受到同一车厢后面三个轮对支撑力形成的耦合力矩的作用，同时也受到后车车钩连接的制约，因此这一过程持续的时间较长，其下落速度远慢于单体自由落体的速度。

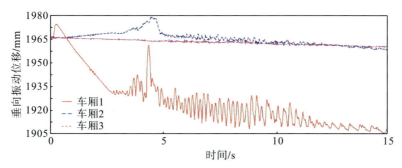

图 9.52　脱轨后车辆的垂向振动位移分布

在车轮与轨枕开始初次接触之后，车厢 1 的第一个轮对开始周期性与轨枕碰撞，促使车厢质心的垂向位移产生周期性波动。图中蓝色的轨迹显示车厢 2 的质心位置在约 5s 时有一个明显升高又降低的过程，事实上，这一质心抬升的过程与车厢 1 在此时刻质心明显升高的过程紧密相关，这次质心抬升的直接原因是车厢 1 的第二个转向架的第二个轮对在车辆偏转的影响下发生了短暂的爬轨现象，车轮轮缘爬上轨头，因此车厢 2 也在车钩作用下发生了一定的垂向位移。只是这次爬轨现象持续的时间较短，在重力的作用下，车轮与轨道又恢复了正常的车轮踏面与钢轨接触。车厢 3 的质心垂向位置相对稳定。

脱轨列车在继续前行中三节车辆的横向振动位移分布如图 9.53 所示。

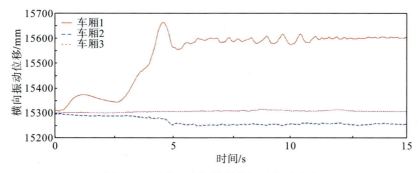

图 9.53　脱轨后车辆的横向振动位移分布

由图可见，车厢 1 的质心脱轨后在水平方向上产生了约 300mm 的横向位移，且在后续的运动中保持稳定状态；而车厢 2 的质心在水平相反方向上产生了约 50mm 的横向位移，且在后续的运动中保持稳定状态；车厢 3 受车厢 1 脱轨的影响较小，车厢的质心横向位移很小。

4）脱轨后的接触力

脱轨列车在继续前行中前两节车辆部分车轮上的垂向接触力分布如图 9.54 所示。由图可见，车厢 1 脱轨后此轮对与钢轨的作用力急剧降低，这一现象的原因是车厢 1 脱轨后发生前倾，在杠杆作用下车厢 1 的尾钩被翘起，从而车钩对车厢 2 产生垂直向上的支撑力，这一支撑力使得车厢 2 前端翘起。综合来看，车厢 1 脱轨后对车厢 2 有明显影响，在车钩的作用下，车厢 2 在运动过程中部分车轮减载严重，有明显脱轨倾向。相对地，只要车厢 2 能保持在轨道上运行不脱轨，车厢 3 则相对稳定，暂时不呈现出脱轨的危险。

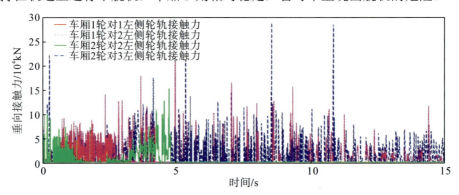

图 9.54　脱轨后部分车轮上的垂向接触力分布

多体系统动力学脱轨仿真分析方法，同样可用于列车通过道岔时的脱轨仿真研究，但道岔区钢轨组合廓形沿线路纵向是变化的，岔区轮轨关系较区间线路更为复杂，因而列车在道岔区脱轨仿真分析难度更大。

第四节　列车通过小号码道岔的安全性提升技术

高速铁路正线及站场所使用的道岔号码较大，道岔导曲线半径均较大，脱轨风险较低，但经过动走线进入动车所检修库时有可能会通过 9 号及以下的小号码道岔，因动车组转向架固定轴距较大，过岔时的轮轨横向力较大，就有可能发生脱轨。大西高铁上曾发生过 CRH5 型动车组进入动车所检修库调车作业过程中，在两道岔间转向架两轴脱轨的事故，如图 9.55 所示。

由此可见，提高动车组及其他车辆通过小号码道岔时的安全性是十分必要的。前述分析表明，转向架在道岔区内的轮轨横向力越大、轮轨冲角越大、轮轨摩擦系数越高，过岔脱轨的风险性就越高。因此，可以从增大道岔导曲线半径、增大岔前或岔后连接曲线半径、改善岔区轮轨关系等方面来提高过岔的安全性。

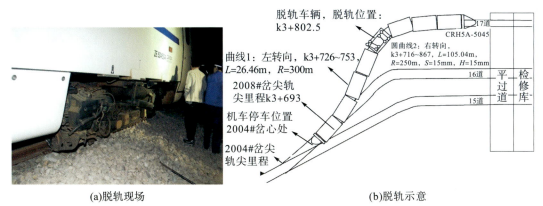

(a)脱轨现场　　　　　　　　　　　　　(b)脱轨示意

图 9.55　某高铁检修库内动车组脱轨

一、导曲线半径对转辙器部分脱轨安全性的影响

对于一组单开或对称道岔，若道岔号码(或辙叉角)、尖轨及辙叉的平面形式已定，轨距为常量，则其能容纳的尖轨曲线半径及导曲线半径范围是有限的，这样就决定了尖轨曲线半径及导曲线半径的大小。我国常用的小号码道岔类型、平面线型及铺设范围如表 9.3 所示。由表可见，道岔号码越小，导曲线半径越小。

表 9.3　我国常用小号码道岔类型、平面线型及铺设范围

道岔类型	导曲线半径/m	道岔线型	铺设范围
9 号单开道岔	200	曲线尖轨，直线辙叉	地铁折返线
7 号单开道岔	125	曲线尖轨，直线辙叉	地铁车辆段
6 号对称道岔	180	曲线尖轨，直线辙叉	货车编组站咽喉位置
5 号单开道岔	65	曲线尖轨，直线辙叉	地铁车辆段
3 号单开道岔	30	曲线尖轨，直线辙叉	有轨电车车辆段

在不同的轮轨冲角下，不同导曲线半径的道岔尖轨顶宽 5mm 和 20mm 断面处的准静态脱轨系数限值变化如图 9.56 所示。

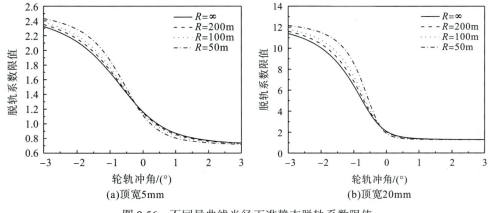

(a)顶宽5mm　　　　　　　　　　　　　(b)顶宽20mm

图 9.56　不同导曲线半径下准静态脱轨系数限值

由图 9.56 可见，考虑导曲线半径后，当轮轨冲角为负时，脱轨系数限值会有一定的增大，若采用不考虑导曲线半径时的脱轨系数限值，会增大车辆通过道岔转辙器的安全余量，对防止车辆脱轨是有利的，再加上负冲角下脱轨系数限值较大，在实际中很难达到，因此在负冲角下可以不考虑导曲线半径的影响。但当轮轨冲角为正时，特别是在轮轨冲角较小的情况下，脱轨系数限值会有一定程度的降低，特别是当导曲线半径小于 100m 时，脱轨系数限值降低幅度较大，此时需要考虑其影响。

考虑道岔导曲线不设超高时离心力的影响，在不同的轮轨冲角及轮轴横向力下，不同导曲线半径的道岔尖轨顶宽 5mm 和 20mm 断面处的准静态轮重减载率限值变化如图 9.57 所示。由图可见，轮轨冲角越大、导曲线半径越小，轮重减载率限值越小，脱轨风险性越高；尖轨顶宽 5mm 的轮重减载率限值要低于顶宽 20mm 断面，这与前述结论相同。

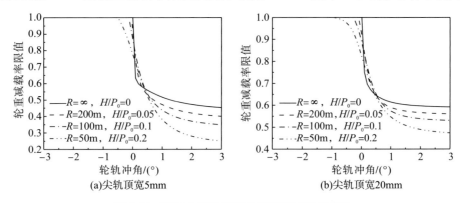

图 9.57　不同曲线半径下轮重减载率限值变化

二、岔前曲线及其半径对过岔安全性的影响

对于小号码道岔，其通常铺设于站场、编组站及车辆段等区域，由于在上述区段线路铺设较多且线路间相互关系较为复杂，再加上地形狭窄等其他不利因素，一般该区域内的小半径曲线直接与直线相连，而不设置缓和曲线。为满足线路条件及运营需求，小号码道岔前不可避免地会设置不同半径的曲线。若岔前曲线半径过小或者曲线终点与尖轨尖端间的夹直线过短，则会使车辆进入转辙器时轮缘贴靠尖轨运行，特别是当车辆侧逆向通过转辙器时，岔前曲线可能会与转辙器导曲线间相互影响，使轮对进入转辙器时的横向作用加剧，增大轮对脱轨的可能性。研究表明，当岔前曲线与转辙器导曲线间形成同向曲线时，对行车安全性更为不利；而当两者形成反向曲线时，对车辆安全性影响不大。

1. 岔前曲线半径对车辆运行姿态的影响

以 5 号单开道岔为例，其导曲线半径为 65m，侧向容许通过速度为 20km/h，岔前曲线半径在 65~500m 范围变化，车辆经曲线侧逆向进入道岔；岔前曲线外轨不设超高，同时曲线圆直点直接与尖轨尖端相接，不设置夹直线。利用列车-道岔系统动力学分析模型，计算得到车辆通过该单开道岔转辙器部分时，第一位轮对(前转向架前轮对)的横移量分布及第一位轮对轮缘接触侧车轮与钢轨间的冲角分布如图 9.58 和图 9.59 所示。

由图 9.58 可见，由于岔前曲线半径较小同时未设置超高，车辆通过曲线时导向轮对横移量均较大，但随着岔前曲线半径的增大而有一定的降低。当轮对驶入尖轨尖端之后，由于尖轨顶宽较小区域存在一定的构造轨距加宽，相较岔前曲线，轮对横移量有了进一步增大。随着尖轨顶宽的逐渐增加，构造轨距加宽随之减小，当轮对运行至尖轨顶宽 20mm 位置时其横移量又恢复至正常水平。在尖轨顶宽 5～20mm 范围，随着岔前曲线半径的增大，轮对横移量逐渐减小，说明轮缘与钢轨侧面的相互作用减弱。

由图 9.59 可见，随着岔前曲线半径的增大，车辆在曲线上运行时一位轮对轮轨间的冲角在逐渐降低，并且冲角的降低幅度随之逐渐减小。当岔前曲线半径达到 300m 以上时，可将曲线上轮轨冲角控制在 5mrad 以内。当一位轮对进入尖轨尖端后，由于其经过了岔前曲线的直圆点，轮轨间的冲角有了一定的减小，但当其进入转辙器导曲线之后，轮轨冲角再次增大，直至达到 28.45mrad。由于岔前曲线和道岔转辙器导曲线间的直线长度较小，在尖轨顶宽 5～20mm 范围轮轨冲角并不能恢复至平衡状态。

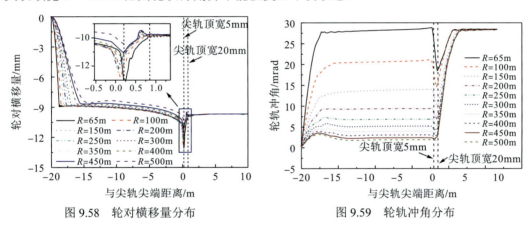

图 9.58　轮对横移量分布　　　　　图 9.59　轮轨冲角分布

2. 岔前曲线半径对轮轨接触点的影响

轮对运行过程中车轮接触点的位置及动态变化情况是轮对运行安全性的直接反映。车辆通过该单开道岔转辙器部分时，第一位轮对轮缘接触侧在车轮上的轮轨接触点分布如图 9.60 所示。

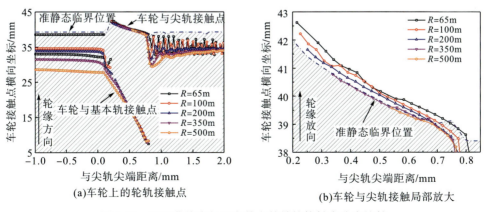

(a)车轮上的轮轨接触点　　　　　(b)车轮与尖轨接触局部放大

图 9.60　不同曲线半径下车轮上的轮轨接触点分布比较

由图 9.60 可见，当岔前曲线半径为 65m，一位轮对在曲线上运行时，车轮轮缘与钢轨间发生了两点接触，且轮缘接触点距离准静态脱轨临界状态时的位置较近；而当岔前曲线半径超过 100m 以后，一位轮对在岔前曲线上运行时，轮缘与钢轨间均为单点接触，且轮缘接触点距离准静态脱轨临界状态时的位置有一定的距离，说明有一定的安全余量；当一位轮对进入尖轨尖端之后，车轮轮缘开始与尖轨侧面接触，随着岔前曲线半径的增大，车轮轮缘与贴靠尖轨的位置逐渐延后，这主要是曲线半径增大后轮对在该范围内的横移量减小导致的；当尖轨曲线半径小于 150m 时，车轮自尖轨顶宽 5mm 附近与尖轨开始发生接触；而当曲线半径超过 450m，车轮与尖轨接触时的尖轨顶宽可延后至 10mm 以上。

在尖轨顶宽 5～20mm 范围，当曲线半径在 200m 以下时，轮缘接触点均越过了车轮准静态脱轨的临界位置，说明在此过程中车轮在尖轨上有一定的爬升，并且爬升量随着曲线半径的减小逐渐增大，对行车安全性极为不利，而随着曲线半径的增大，车轮接触点逐渐向准静态临界位置移动，说明轮对的脱轨风险在逐渐减小；当曲线半径大于 350m 时，车轮接触点基本与车轮脱轨的准静态临界位置重合。因此，从车轮接触点的分布来看，当不设置夹直线时，岔前曲线半径不宜小于 350m。

3. 岔前曲线半径对轮轨接触力的影响

车辆通过该单开道岔转辙器部分时，岔前曲线半径对车轮临界脱轨状态下的轮轴横向力限值的影响和曲线半径为 100m、350m 时轮轴横向力分布如图 9.61 所示。

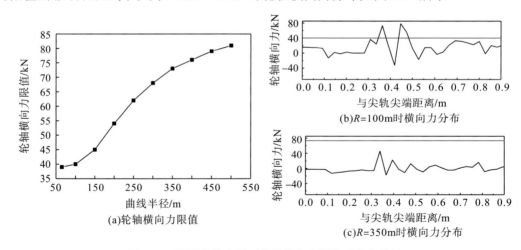

图 9.61　不同曲线半径下轮轴横向力限值及分布比较

由图 9.61 可见，随着岔前曲线半径的增大，轮对侧逆向进入转辙器时的轮轨冲角随之降低，轮对达到动态脱轨临界状态时的轮轴横向力也随着曲线半径的增大而增大。岔前曲线半径在 100m 以内时，轮轴横向力限值在 40kN 以下；而当岔前曲线半径增大至 500m 时，轮轴横向力限值增大至 81kN，增幅达到一倍。

车辆一位轮对进入转辙器后，尖轨冲击角的存在，当车轮轮缘与尖轨接触时会发生较为明显的横向冲击，造成轮轴横向力的增大，随着曲线半径的增大，轮缘与尖轨间的冲击基本呈逐渐减小的趋势。当岔前曲线半径为 100m 时，车辆一位轮对轮轴横向力均超过了轮轴横向力限值，表明已经具有脱轨风险。需要说明的是，尽管轮轴横向力超过了安全限值，但在仿真计算中并未得到车轮脱轨的结果，这主要是由于轮轴横向力限值是在车轮脱轨过程中持续加载最不利的情况下得到的，有一定的安全冗余，而在使用车辆模型仿真时，受车辆、构架及悬挂元件的影响，轮轴横向力波动较大，没有持续加载，因此并未发生脱轨。

三、岔前夹直线长度对过岔安全性的影响

1. 岔前夹直线长度对车辆运行姿态的影响

以 5 号单开道岔岔前曲线长度 65m 为例，不同的岔前曲线圆直点与道岔尖轨尖端距离下，车辆通过该单开道岔转辙器部分时第一位轮对的横移量分布及第一位轮对轮缘接触侧车轮与钢轨间的冲角分布如图 9.62 和图 9.63 所示。

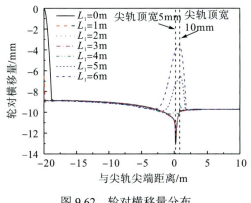

图 9.62　轮对横移量分布

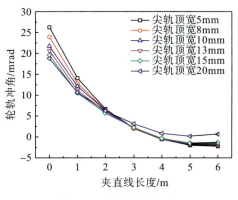

图 9.63　轮轨冲角分布

由图 9.62 可见，随着岔前夹直线长度的增大，一位轮对在尖轨顶宽 5~20mm 范围的横移量幅值在逐渐减小。当夹直线长度小于 3m 时，横移量减小幅度并不是很明显，轮缘仍贴靠尖轨运行；而当夹直线长度大于 4m 时，一位轮对横移量幅值明显减小；当夹直线长度为 4m 时，该范围内轮对横移量最大值为 9.96mm；当夹直线长度为 6m 时，该范围内轮对横移量最大值仅为 4.1mm。

由图 9.63 可见，随着岔前夹直线长度的增大，车辆侧逆向通过转辙器时，一位轮对在尖轨顶宽 5~20mm 范围轮轨间冲角也在逐渐降低。当夹直线长度达到 3m 时，轮轨间的冲角可以控制在 5mrad 以内；而当夹直线长度达到 5m 时，轮轨间的冲角基本接近 0mrad，这对防止轮对脱轨是非常有利的。

2. 岔前夹直线长度对轮轨接触点的影响

不同夹直线长度下，车辆通过该单开道岔转辙器部分时，一位轮对轮缘接触侧在车轮上的轮轨接触点分布比较如图 9.64 所示。由图可见，随着夹直线长度的增加，一位轮对进入转辙器后轮缘接触侧车轮与尖轨开始接触时的纵向位置在延后。当夹直线长度在 2m

以下时，车轮与尖轨开始接触时的尖轨顶宽均在 5mm 左右，变化较小；当夹直线长度为 3m 时，车轮与尖轨开始接触时的尖轨顶宽则增大至 7.42mm；当夹直线长度大于 5m 时，车轮与尖轨开始接触时的尖轨顶宽则在 20mm 以后，车轮在尖轨顶宽 5～20mm 范围只与基本轨接触，避开了转辙器区车轮易于脱轨的区段；当夹直线长度小于 3m 时，车轮与尖轨接触时轮缘接触点位置越过了准静态脱轨的临界位置，说明车轮在尖轨上有一定爬升，脱轨风险较大。因此，从车轮接触点的分布来看，曲线圆直点与尖轨尖端间的夹直线长度宜在 3m 以上。

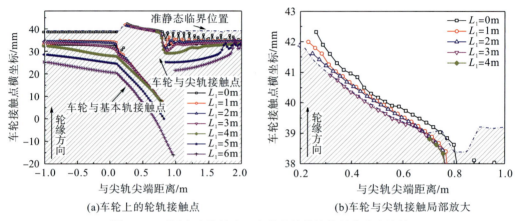

图 9.64　不同夹直线长度下车轮上的轮轨接触点分布比较

3. 岔前夹直线长度对轮轨接触力的影响

车辆通过该单开道岔转辙器部分时，岔前曲线半径对车轮临界脱轨状态下的轮轴横向力限值影响和夹直线长度为 1m、3m 时轮轴横向力分布比较如图 9.65 所示。

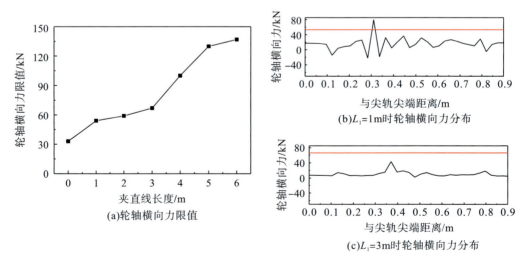

图 9.65　不同夹直线长度下轮轴横向力限值及分布比较

由图 9.65 可见，随着夹直线长度的增大，轮对侧逆向通过转辙器，达到脱轨临界状态时的轮轴横向力限值在逐渐增大。当夹直线长度达到 4m 时，轮轴横向力限值可以达到

100kN 以上；当夹直线长度为 1m 时，一位轮对的轮轴横向力最大值超过了其对应的限值；而当夹直线长度为 3m 时，一位轮对的轮轴横向力均在其限值以内。

四、尖轨降低值对过岔安全性的影响

通常，尖轨顶宽小于 20mm 的尖轨主要起引导车轮运行的作用，尖轨顶宽 20～50mm 的尖轨起轮载过渡的作用。脱轨安全性分析表明，车辆侧逆向过岔时，尖轨顶宽 5～20mm 范围的脱轨风险较高。尖轨顶宽 20mm 断面处，车轮爬轨过程中最大轮轨接触角及动态脱轨临界状态下的轮轴横向力限值均与区间线路基本相同，表明该处尖轨降低值设计较为合理。对于尖轨尖端降低值的设置，主要考虑车轮进入转辙器时是否会发生"撞尖"和"爬尖"的危险，该处降低值的设置应满足：尖轨尖端应在基本轨轨顶以下有足够的距离，以保证当车轮轮缘有最大垂直磨耗和基本轨顶面有最大垂直磨耗的最不利情况下，车轮也不会轧伤尖轨尖端；尖轨尖端不应低于基本轨顶面 25mm，即不得使尖轨尖端位于轮缘下部，以免与基本轨偶有不密贴时会发生车轮轮缘（逆向进岔）爬上尖轨的危险；大量的运营实践验证表明，目前尖轨尖端降低值采用 23mm 是合适的。

1. 尖轨顶宽 5mm 断面降低值对轮对横移时接触几何的影响

为满足尖轨尖端处的安全性，大多数道岔均采用竖直藏尖式设计。尖轨顶宽 5mm 处降低值较大，车辆过岔时存在构造轨距加宽，因而轮对的横移量较大，且轮轨冲角也较大，脱轨风险性较高。考虑尖轨顶宽 5mm 断面处不同的降低值（当降低值较小时，可采用类似于槽型轨道岔的贴尖式设计），在不同的轮对横移量情况下，车轮上的轮轨接触点分布及轮轨接触角变化如图 9.66 所示。

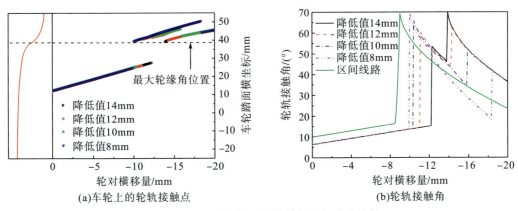

(a)车轮上的轮轨接触点　　　　　　　(b)轮轨接触角

图 9.66　不同降低值下轮轨接触几何分布比较

由图 9.66 可见，随着尖轨顶宽 5mm 断面降低值的减小，车轮轮缘与尖轨接触的范围逐渐增大；尖轨降低值为 14mm 时，车轮轮缘与尖轨接触的轮对横移量范围为-12.3～-13.8mm；而尖轨降低值为 8mm 时，该范围为-10～-18.3mm。由于尖轨的抬高，轮缘贴靠尖轨时的接触点逐渐向远离轮缘顶部方向移动，即逐渐趋近于最大轮缘角位置，而在爬轨过程中轮缘贴靠基本轨时的接触点逐渐向轮缘顶部方向移动，这就会造成轮缘在与尖轨接触的过程中轮轨接触角变大，车轮爬升尖轨时受到的阻力变大，脱轨风险下降。随尖轨顶宽 5mm 断面降低值的减小，车轮与尖轨接触时的最大轮轨接触角逐渐增大，当降低值为 8mm 时，最大轮轨接触角与区间线路基本相同，轮轨接触角由降低值 14mm 时的 53.3°增大至 69.9°，而降低值为 10mm 时的最大轮轨接触角也能达到区间线路的 95.9%。车轮与基本轨接触时的最大轮轨接触角与尖轨上的接触角变化规律相反。

2. 尖轨顶宽 5mm 断面降低值对脱轨过程中接触几何的影响

考虑尖轨顶宽 5mm 断面处不同的降低值，车轮在不同断面处脱轨时，车轮上的接触点距离最大轮缘角位置横向距离、轮轨最大接触角的变化如图 9.67 所示。由图可见，轮缘接触点的差异主要集中在尖轨顶宽 5～15mm 范围，并且随着尖轨顶宽的增大，轮缘接触点位置差异逐渐减小，尖轨顶宽 15mm 以后各工况下轮缘接触点位置基本相同。此外，随着尖轨顶宽 5mm 断面尖轨降低值的减小，脱轨临界状态下轮缘接触点位置逐渐向远离轮缘顶部移动，即更加靠近最大轮缘角位置，这对防止车轮脱轨是有利的；随着尖轨顶宽 5mm 断面降低值的减小，尖轨顶宽 5～15mm 断面范围车轮与尖轨的轮轨最大接触角逐渐增大，其增大幅度随着尖轨顶宽的增大而逐渐减小，在尖轨顶宽 15mm 断面后，各工况下轮轨最大接触角基本保持不变；接触角达到与区间线路基本相当的尖轨顶宽逐渐变小，当降低值为 10mm 时，尖轨顶宽 12mm 处接触角就基本上与区间线路相同。

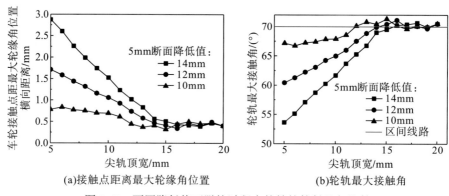

图 9.67　不同降低值下脱轨过程中的轮轨接触几何比较

3. 尖轨顶宽 5mm 断面降低值对脱轨安全限值的影响

考虑尖轨顶宽 5mm 断面处不同的降低值，当轮轨冲角为 50mrad 时各断面上的脱轨系数限值如图 9.68 所示；不同摇头力矩下，轮对处于脱轨临界状态时的轮轴横向力限值如图 9.69 所示。

由图 9.68 可见，与轮轨最大接触角变化规律一致，尖轨顶宽 5～20mm 范围的脱轨系数限值随着尖轨顶宽 5mm 断面降低值的减小而增大；而当尖轨顶宽 5mm 断面降低值为 10mm 时，尖轨顶宽 5～20mm 范围最小脱轨系数限值为 1.42，较降低值为 14mm 情况增大了 51.3%，达到了区间线路脱轨系数限值的 91.8%。

由图 9.69 可见，随着尖轨顶宽 5mm 断面降低值的减小和摇头力矩的降低，轮对处于脱轨临界状态下的轮轴横向力限值变大，防脱轨安全性越高；从轮轴横向力限值来看，降低值减小至 10mm 时，虽然较 14mm 的情况下提高 50% 以上，但仅能达到区间线路的 75%，仍有较大的差距。此时，若在尖轨顶宽 5～20mm 范围对尖轨侧面辅以润滑措施，将轮轨间的摩擦系数降低至 0.1，才能保证轮对侧逆向通过转辙器时的安全性与区间线路基本相同。

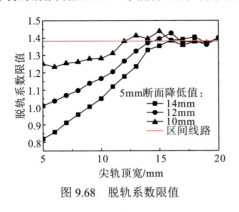

图 9.68 脱轨系数限值

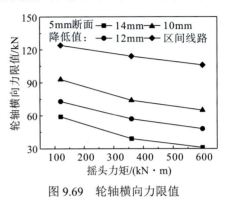

图 9.69 轮轴横向力限值

五、构架在岔区的动态脱轨行为及影响因素分析

1. 脱轨模型建立

对于小号码道岔，其横截面形状将沿纵向快速变化。此外，车轮与道岔的接触几何沿着线路方向完全不同。因此，转向架前后轮在道岔区的运行位置将影响车辆的安全。本书采用如图 9.70 所示的三大件转向架模型（K6 型），包括两个轮对、两个侧架和一个枕梁，用于动态脱轨行为研究。轮对和侧架都简化为六自由度（degrees of freedom，DOF）刚体，包含沿 x、y、z 方向平移并绕 x、y、z 轴旋转的六个自由度。摇枕也简化为刚体，包括五个自由度，不考虑摇头运动。所有刚体都通过转向架悬挂系统连接。

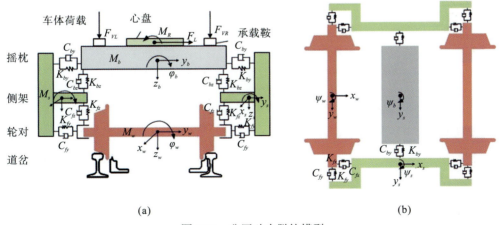

(a)   (b)

图 9.70 岔区动态脱轨模型

调查结果表明列车脱轨事故主要发生在小号码道岔区；考虑到辙岔区有护轨的保护，因此本书只关注道岔的转辙器部分，如图 9.71 (a) 和 (b) 所示。与基本轨相比，需要考虑道岔钢轨截面不断变化的情况，因为其主要影响动力系统的质量矩阵和刚度。

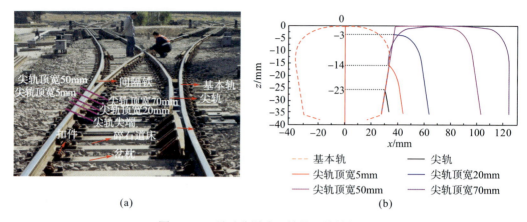

(a)   (b)

图 9.71   6 号对称道岔及转辙器关键断面

图 9.72 为道岔动力学模型，道岔的所有轨道组件都由点支撑的水平和垂直可弯曲欧拉梁模拟。扣件系统、传力部件和道床采用线性弹簧阻尼元件建模。钢轨上的每个节点有四个自由度，分别为垂向和横向位移，以及垂直和横向偏转角。轨枕也模拟为点支撑的欧拉梁，垂直可弯曲的均匀横截面。轨枕上每个节点有三个自由度，分别为垂向、横向位移和垂向偏转角。节点的位置由道岔轨道的支撑位置决定。

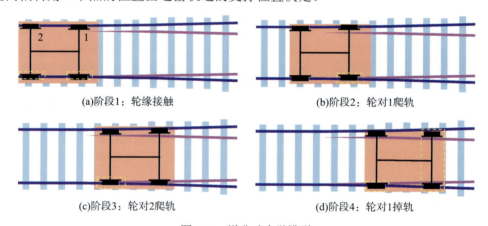

(a)阶段1：轮缘接触   (b)阶段2：轮对1爬轨

(c)阶段3：轮对2爬轨   (d)阶段4：轮对1掉轨

图 9.72   道岔动力学模型

轮轨接触模型是车辆子系统和轨道子系统之间的重要纽带，可以直接反映车辆是否安全。法向接触力由半赫兹非线性弹性接触理论求解。此外，切向接触力通过改进的 FASTSIM 算法求解。

因此，绘制在图 9.70 中的横向力 F_L 用于模拟车身和枕梁之间的横向力。抗侧倾力矩 M_R 作用在中心盘上。此外，车身荷载简化为作用在承载鞍上的垂向力 F_{VL} 和 F_{VR}。通过以 0.5kN 的增量增加横向力 F_L 的大小获得道岔区爬轨脱轨的临界。

如上所述，数值脱轨模型采用了 K6 型转向架的标准设计参数。该模型采用了中国 LM 车轮轮廓，其名义滚动圆半径为 430mm。恒速行驶的速度和轮对轴荷分别为 20km/h 和 25t，转向架的轴距为 1830mm。值得注意的是，一个小的横向力最初作用在中心盘上，然后增加了侧向力，直到转向架脱轨。本书不考虑轨道不规则性。仿真模型中在道岔前设置一条 50m 的直线，导曲线半径为 180m。

2. 计算结果分析

图 9.73 为脱轨临界和安全临界状态下轮轨接触点和动态脱轨过程。首先，由脱轨临界状态开始，由于转向架进入道岔区域前，横力作用在摇枕上，出现了如截面 I 所示的轮缘接触情况。然后，当轮对 1 接近尖轨尖端时，钢轨表面的接触点发生了较为明显的波动。由截面 II 可以看出，轮缘开始爬升尖轨。车轮踏面在顶宽 18mm 的顶宽处与钢轨分开。随后，车轮踏面与轨顶之间的间隙沿转辙器从截面 II 到截面 IV 变得更加显著，这会导致接触点接近轨道顶部。最后，轮对 1 由距尖轨尖端 2.93m 处爬上轨顶。该模拟结果与现场脱轨调查结果非常一致，证明本书所提出的动态脱轨模拟数值模型能够反映实际脱轨的情况。

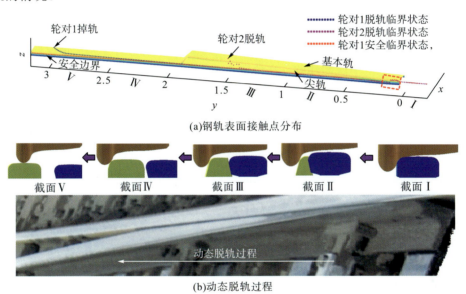

(a)钢轨表面接触点分布

(b)动态脱轨过程

图 9.73　动态脱轨结果

图 9.74 为脱轨临界和安全临界状态情况下车轮踏面的接触点分布。由图可以看到，接触点横向坐标在道岔前波动很小，即在最大接触角位置。当车轮接触尖轨时，图 9.74 中的接触点有轻微波动。在尖轨尖端 0.15m 后，接触点超过最大轮缘角的临界位置并向轮缘顶部移动，这是因为该区域的最大接触角低于基本轨。虽然图 9.74 中安全临界状态下的接触点也有轻微的波动，但在安全临界条件下距离尖轨尖端附近 0.15m 时，接触点很快恢复至安全临界。因此，即使轮对 1 的接触点在 0.15m 后已经超过临界位置，转向架仍然没有脱轨，这是因为当轮对 1 位于危险区域时，轮对 2 位于安全区域。类似地，当轮对 2 位于危险区域时，轮对 1 位于安全区域。由此可见，转向架的运行安全同时受前后轮对的影响。因此，道岔区的脱轨研究需要同时考虑转向架前后轮对。此外，脱轨结果表明，当接触点横向坐标小于 37mm 时，转向架处于安全状态，否则轮缘有爬上轨顶的风险。

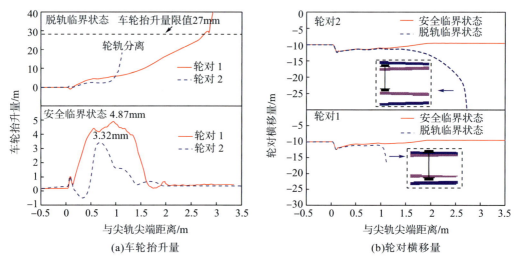

(a)车轮抬升量   (b)轮对横移量

图9.78　脱轨侧的车轮抬升量和轮对的横移量

3. 构架运行速度的影响

图 9.79 为不同速度下脱轨过程中接触点分布的比较。在脱轨临界条件下，脱轨速度对掉轨位置有显著影响。由图可知，当转向架速度增加时，车轮掉轨位置分别距离转辙器 2.41m、2.98m、3.07m 和 3.28m。当速度增加时，掉轨位置更靠近尖端。这主要是因为随着速度的降低，轮缘在尖轨顶宽 5mm 到 20mm 的区域爬升的持续时间会增加。由图 9.76 可知，在该区域，尖轨的最大接触角比基本轨要低得多，轮缘更可能超过其临界位置并发生脱轨。

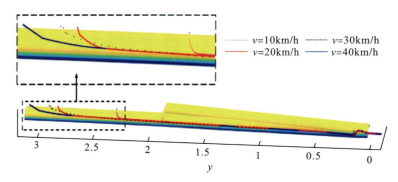

图9.79　不同速度下钢轨表面接触点分布比较

图 9.80 为转向架处于脱轨临界状态下不同脱轨速度时轮轨力的动态响应结果。由仿真结果可以看出，当转向架速度大于或等于 30km/h 时，轮缘与道岔接触的瞬间会发生更为显著的轮轨冲击，这将导致轮轨分离。特别是在 40km/h 的情况下，轮对 1 和轮对 2 的轮轨横向力分别达到 406kN 和 752kN。由此可见，当运行速度大于或等于 30km/h 时，轮对 1 和轮对 2 都有因冲击力较大而跳上轨顶的风险。

图 9.81 为脱轨速度对侧架横向速度的影响情况。在轮对 2 进入道岔之前，侧架横向速度的动态响应随着脱轨速度的增加而增加，较高的脱轨速度会引起轮对 1 与道岔钢轨之

间更为显著的冲击。然后，轮对的横向作用通过悬挂系统传递到侧架。轮对 2 进入道岔后，特别是车速大于 30km/h 时，侧架横向速度显著增加。因此，当车辆速度超过 30km/h 时，岔区的脱轨风险将明显提高。

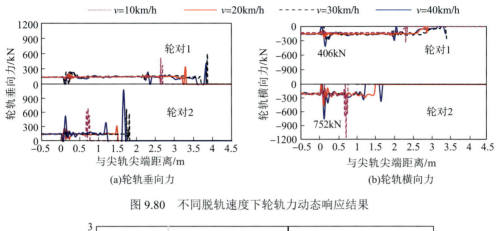

(a)轮轨垂向力　　　　　　　　(b)轮轨横向力

图 9.80　不同脱轨速度下轮轨力动态响应结果

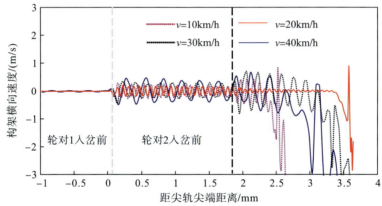

图 9.81　不同脱轨速度下侧架横向速度响应

4. 轮轨摩擦力的影响

根据准静态脱轨分析，发现蠕变力对轮缘爬升脱轨至关重要。然而，轮轨摩擦系数会直接影响轮轨蠕变力。因此，还需要考虑摩擦系数对铁路道岔脱轨行为的影响。摩擦系数设置为 0.2～0.5。

图 9.82 为钢轨表面上不同摩擦系数情况下接触点的分布情况。当摩擦系数减小到 0.2 时，达到动态脱轨临界状态所需的横向力显著增加。这表明其可以通过降低轮轨摩擦系数来降低脱轨风险。由图 9.82 可以看出，轮对 1 进入尖轨前，不同摩擦系数下的接触点分布几乎没有差异。轮对 1 分别在距尖轨尖端 2.59m、2.98m、3.26m 和 3.63m 的位置发生掉轨。因此，当摩擦系数增大时，临界脱轨条件下轮缘爬坡距离增大。

图 9.83 为不同轮轨摩擦系数下脱轨过程中的轮轨动态响应结果。摩擦系数对临界脱轨条件下轮对 1 爬上钢轨前的轮轨力影响不大。当仿真结束时，车轮与轨顶的碰撞力相差较大，说明这会导致脱轨后的运动姿态随摩擦系数的变化而发生显著变化。轮对 2 的峰值

明显大于轮对 1，但两者的变化趋势非常一致。不同轮轨摩擦系数的侧架横向速度的动态响应结果如图 9.84 所示。由图可知，当轮对 1 进入道岔后，随着摩擦系数的增大，侧架横向速度减小。当摩擦系数等于或大于 0.4 时，横向速度最小。

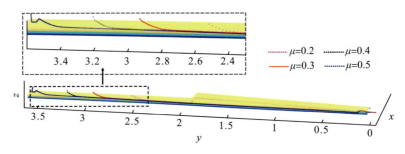

图 9.82   不同摩擦系数下钢轨表面接触点分布情况

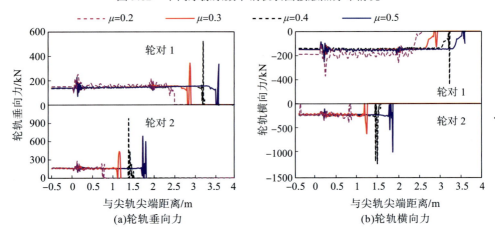

(a)轮轨垂向力   (b)轮轨横向力

图 9.83   不同摩擦系数下轮轨动态响应结果

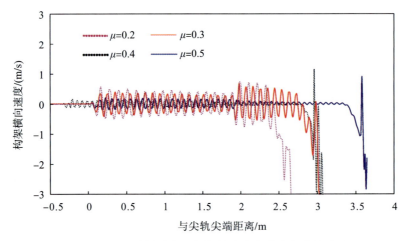

图 9.84   不同摩擦系数下侧架横向速度的动态响应结果

5. 轮对轴重的影响

道岔区的动态脱轨行为也与轮对轴重密切相关。下面详细研究 25t、20t、15t 和 10t

等不同轴重对脱轨临界状态的影响。图 9.85 为不同轮对轴重情况下的钢轨表面接触点分布情况。显然，当轴重减小时，作用在轨枕上的横向力减小，这意味着较小的横向相互作用可能导致车辆发生脱轨。这就是空车经常在道岔区发生脱轨事故的原因。观察到，当轴重由 25t 降低到 10t 时，前轮分别在距尖轨尖端 2.98m、3.12m、3.47m 和 3.28m 处脱轨掉道。

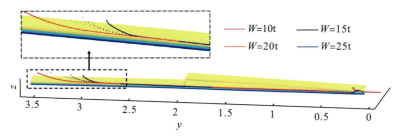

图 9.85　不同轴重情况下钢轨表面接触点分布情况

图 9.86 为脱轨过程中不同轴重下的轮轨动态相互作用结果。同样，在尖轨顶宽 5mm 附近也会发生显著的轮轨冲击，当轮对轴重增加时，轮轨力也会相应增加。由图 9.86(b) 可以看出，当轴重小于 15t 时，轮轨横向力明显减小。这说明随着轴重的降低，轮对可能会跳到尖轨轨顶，由于横向轮轨相互作用在转辙器的尖端附近掉轨。此外，低轴重条件下的轮轨碰撞也可能导致车轮发生跳轨脱轨。根据仿真结果可知，轮对轴重对道岔前轮轨力有显著影响。

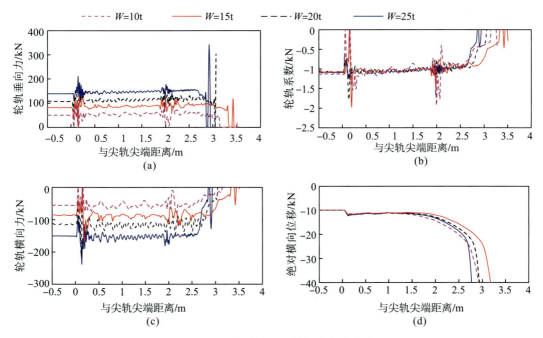

图 9.86　不同轴重情况下轮轨动态响应结果

图 9.87 为在脱轨过程中不同轴重情况下侧架的横向速度。由图可以看出，在轮对 2 进入道岔之前，临界条件下，轮对轴重对侧架横向速度的影响很小，而在轮对 2 与尖轨发生接触后发生显著变化。特别是轮对轴重对脱轨仿真结束时侧架的横向速度有显著的影响。

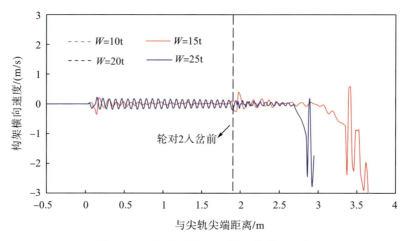

图 9.87　不同轴重情况下侧架的横向速度

六、道岔钢轨磨耗对过岔安全性的影响

1. 模型建立

钢轨磨耗对车辆的过岔安全性有比较明显的影响，因此有必要考虑道岔钢轨磨耗对车辆动态脱轨行为的影响。本书采用钢轨廓形测试仪 MiniProf 对某编组站的 50kg/m 钢轨 6 号对称曲尖轨和基本轨进行三次跟踪测试，如图 9.88 所示，每次测试时间间隔为四个月。分别选取 5mm、20mm、35mm、50mm、70mm 五个特征断面进行实测。

(a)磨耗尖轨　　　　　　　　　　　　　　(b)道岔钢轨廓形实测

图 9.88　磨耗钢轨廓形现场实测

图 9.89 为标准廓形与磨耗廓形的对比情况以及不同测试时间的磨耗深度分布。由图可以看出，尖轨和基本轨在服役初期发生了较为明显的磨耗。尖轨顶宽 20～35mm 发生了较为严重的磨耗，第三次测试时，最大磨耗深度为 5mm。本研究主要关注在较大的轮轨横向力作用下车辆的动态爬轨脱轨行为，在该情况下，轨道不平顺对动态爬轨脱轨研究影响较小，因此本书列车-道岔动力学模型仅考虑了道岔结构固有不平顺。辙叉区设置了护轨，很少发现车辆在该区域发生脱轨，因此本书仅研究车辆在转辙器区的动态爬轨脱轨机理。为了使车辆在入岔前稳定地贴靠基本轨，岔前设置了 50m 的直线。为了进一步将实测廓形导入动力学软件，根据以上测得的关键断面，沿纵向进行插值，采用 Berzier 曲线拟

合生成任意位置的道岔钢轨廓形。

轨道模型采用集总参数法对整体轨道刚度进行处理，即将钢轨和轨枕视为一个整体，统称为轨下基础，且将轨道各个部件的刚度和阻尼集中在一起，简化为弹簧-阻尼单元；为了模拟轨下基础的变形，模型中考虑了轨下基础的横移、沉浮和侧滚三个自由度。

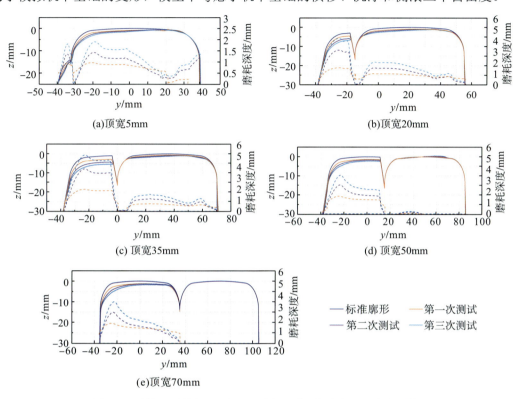

图 9.89　转辙器关键断面廓形及磨耗深度（虚线为相应磨耗深度）

图9.90为K6型三大件转向架货运列车模型拓扑图。将车辆模型主要部件简化为刚体，包括车厢、侧架、轮对、承载鞍、斜楔、摇枕和交叉拉杆，总共 74 个自由度。其中，刚体与刚体之间通过力元和铰进行连接和约束，轴箱与导框之间采用间隙/止挡结构进行模拟，如图 9.91 所示，动力学模型还考虑了侧架与摇枕之间的摩擦力和止挡力，承载鞍、心盘与车体之间的摩擦力，摩擦模型采用库伦摩擦模型，如式(9.22)所示。左右侧架之间设置线性弹簧单元，用于模拟抗菱交叉装置。考虑到岔区脱轨事故大多发生于空车，本书也将以空车模型为研究对象，车轮踏面采用 LM 型，滚动圆半径为 0.42m。

$$F_f = \begin{cases} 0, & |v_T| = 0 \\ \dfrac{|v_T|}{v_{\mathrm{eps}}} \cdot \mu_0 \cdot F_N \cdot \mathrm{sign}(v_T), & |v_T| \leqslant v_{\mathrm{eps}} \\ \mu_0 \cdot F_N \cdot \mathrm{sign}(v_T), & |v_T| > v_{\mathrm{eps}} \end{cases} \quad (9.22)$$

式中，μ_0 为接触面的摩擦系数；F_N 为法向接触力；v_T 为切向相对运动速度；v_{eps} 为正则摩擦和滑动库伦摩擦之间的极限速度。

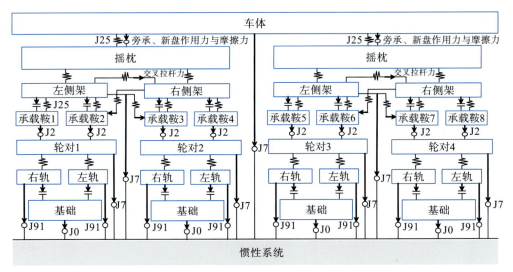

图 9.90　K6 型三大件转向架货运列车模型拓扑图

轮轨接触模型将直接连接车辆子系统和轨道子系统，因此选取高效精确的轮轨接触模型对列车-道岔动力学仿真计算至关重要。轮轨（岔）接触主要包括垂向作用和切向作用，本书为了同时兼顾计算精度和计算效率，轮轨法向力通过赫兹非线性弹性接触理论进行计算，轮轨切向力采用 Kalker 简化理论，利用 FASTSIM 算法程序计算非线性蠕滑力。该轮轨接触模型可以模拟轮轨接触分离情形和车轮抬升，能够适用于车辆动态脱轨这种复杂、特殊的仿真工况。

由于列车在编组站运行速度较低，其脱轨方式主要以爬轨脱轨为主，基于此，在动力学模型中，将横向力以力元的方式作用于车体重心（h=1.32m），横向力随车体一起移动，用于模拟车辆的爬轨脱轨。如图 9.92 所示，在仿真前 6s，横向力由零缓慢增加至脱轨临界 F_{lmax}，横向力方向指向爬轨侧。为了防止车厢在横向力的作用下发生倾覆，同时还在车辆重心位置施加了抗侧滚力矩，为 100kN·m。

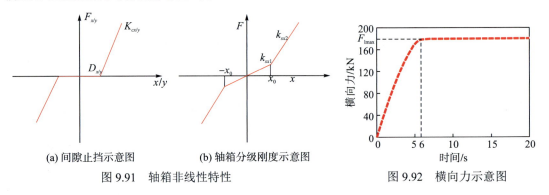

(a) 间隙止挡示意图　　(b) 轴箱分级刚度示意图

图 9.91　轴箱非线性特性　　　　图 9.92　横向力示意图

2. 动态脱轨行为分析

为研究钢轨磨耗对车辆动态脱轨行为的影响，分别模拟了标准廓形及不同磨耗程度情况下车辆的动态脱轨行为。为了与现场脱轨事故工况一致，车辆过岔速度设为 20km/h。基于以上列车-道岔动态脱轨动力学模型，下面将从车辆脱轨过程中接触轨迹、脱轨姿态和车辆动态响应结果等进行分析，从而揭示道岔区车辆脱轨过程中的微观和宏观表现，以期进一步认识岔区的脱轨机理。

1）动态接触行为

通过多体动力学仿真计算结果，可以提取每一步轮轨接触空间位置信息，再将轮轨接触点坐标画在钢轨表面，得到车辆爬轨脱轨过程中接触轨迹的演变规律，如图9.93所示。

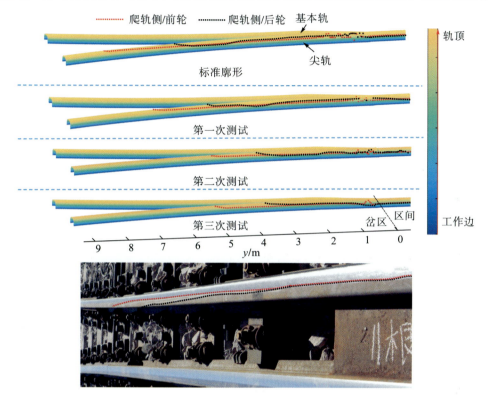

图 9.93　接触轨迹对比

由图 9.93 可知，在横向力的作用下，车辆入岔前已经与基本轨工作边接触，当导向轮经过尖轨尖端时，轮缘与尖轨工作边发生接触。由于刚进入道岔区，该区域的接触轨迹波动较大。随后，导向轮紧贴着尖轨工作边向前滚动，但此刻导向轮并未立刻爬上轨顶，这主要是由于后轮仍处于区间直线段，侧架对前轮具有一定的约束作用。当后轮经过尖轨尖端附近时，前轮已经位于满顶宽断面，后轮接触位置已经超出了安全临界位置，从而进一步加剧了前轮的爬升，接触点由尖轨工作边缓慢过渡至轨顶。对比不同磨耗程度下的仿真结果，可以发现入岔前接触点的分布无明显区别，均位于钢轨工作边。四种工况下，前轮的掉道位置分别位于距尖轨尖端 7.9m、7.1m、6.5m 和 5.7m，由此可见，随着尖轨磨耗量的加剧，车轮爬轨掉道位置有所提前，这主要是尖轨磨耗导致最大轮轨接触角降低，并进一步导致轮缘更容易超越其临界接触点；同时，相较于区间线路，随着尖轨跟端钢轨工作边磨耗量的增加，这也引起了车轮进入跟端后轮缘顶部更容易爬上轨顶。

由现场图片可知，车轮在轨顶上运行了一小段距离，最终在距尖轨尖端 6.84m 处发生掉道，车轮爬轨位置主要位于尖轨顶宽 5～20mm 区域。对比现场爬轨脱轨调研和仿真结果，发现采用第一次、第二次测试廓形进行模拟时，仿真结果与现场结果较为吻合。

2）车辆脱轨姿态

车辆的脱轨姿态将直接影响车辆脱轨后的运行状态，分析车辆的脱轨姿态能够进一步预测车辆脱轨后的运行状况。根据四种仿真工况可知，钢轨磨耗主要影响脱轨临界位置及掉道位置，车辆的爬轨脱轨姿态演变较为一致，这里仅分析一种工况下车辆脱轨过程的运动姿态，如图 9.94 所示。在横向力的作用下，爬轨侧车轮轮缘与基本轨已经发生接触；随后，前转向架进入转辙器区，由于车轮与道岔的脱轨系数限值更小，车轮开始爬升尖轨，如 T_2；紧接着，车轮在尖轨跟端爬上轨顶；最后，前后轮均掉道，并位于基本轨与导曲线之间，在道床上继续运行，整车发生掉道之后，车厢发生明显的横向位移，后转向架在区间线路发生掉道。

3）动态响应结果

脱轨系数广泛应用于爬轨脱轨的安全评价，因此十分有必要揭示车轮动态爬轨过程中脱轨系数的演变，图 9.95 为准静态下转辙器区脱轨系数限值。图 9.96 为不同磨耗程度下前转向架爬轨侧的脱轨系数，当轮对 1 进入转辙器区时，爬轨侧脱轨系数大约为 1，可见已经接近脱轨系数规定限值 1.2；然而，在尖轨前 0.5m，轮对 1 的作用下，轮对 2 的脱轨系数已经大于 1.2；同样，当轮对 2 进入转辙器区时，又加剧了轮对 1 的动态作用，并进一步导致脱轨系数增大。在距尖轨尖端 0.2m 附近，脱轨系数发生了较为显著的波动，且出现了轮轨分离的现象。由脱轨系数减小的趋势可知，随着钢轨磨耗量的增加，脱轨系数在距离尖轨尖端更短的距离开始减小。在标准廓形下，轮对 1 的脱轨系数大约在 3m 附近开始减小，此刻轮对 2 距离尖轨尖端 1.1m 左右；对于磨耗廓形，轮对 1 的脱轨系数在 2.5m 附近就开始减小，此时轮对 2 距尖轨尖端 0.55m 左右。并且，随着磨耗的产生，轮对 2 在尖轨顶宽 5～20mm 附近的脱轨系数峰值接近 3，且在后续的运行中产生了更为明显的波动。

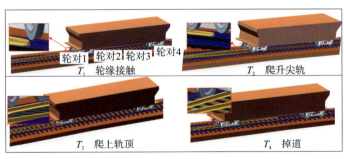

图 9.94　脱轨过程中运动姿态

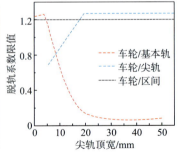

图 9.95　转辙器脱轨系数限值

结合图 9.95 可知，在尖轨顶宽 5～20mm 区域，车轮与尖轨之间的脱轨系数限值明显小于区间线路；并且随着磨耗的加剧，车轮更容易在该区域超越脱轨临界，这意味着在更小的横向力作用下便可使车轮爬上尖轨；同时，如图 9.96 所示，在距尖轨尖端 0～1m 区域，动态脱轨临界状态下的脱轨系数也严重超限。因此，对尖轨 0～1m 区域采取涂油等措施，有利于降低该区域的脱轨系数，提升车辆过岔安全性。

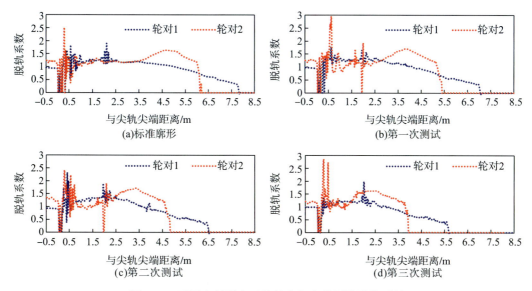

图 9.96　不同磨耗程度下前转向架爬轨侧的脱轨系数

　　对于小号码道岔区爬轨脱轨，当轮轨蠕滑力与轮对脱轨方向相同时，蠕滑力将会促进轮缘越过脱轨接触临界位置，进而爬上轨顶。下面将分析动态脱轨临界状态下道岔钢轨磨耗对横向蠕滑力的影响。图 9.97 为前转向架爬轨侧轮轨横向蠕滑力，受尖轨尖端的冲击和导曲线半径的影响，前轮蠕滑力在 20kN 附近发生了明显的波动。随着钢轨发生磨耗，车辆由离开最大轮缘接触角位置到爬上轨顶所需的横向蠕滑力略微减小；由图中车轮越过最大轮缘角的位置可知，随着磨耗量的增加，车轮在距尖轨尖端更近的位置便已超越临界接触点并开始爬轨。当采用第三次测试廓形计算时，车轮在距尖轨尖端 5.4m 处爬上轨顶，相较于其他三种工况有所提前。后轮爬轨所需横向蠕滑力明显小于前轮，这主要是前轮进入危险区之后对后轮造成了一定的影响。

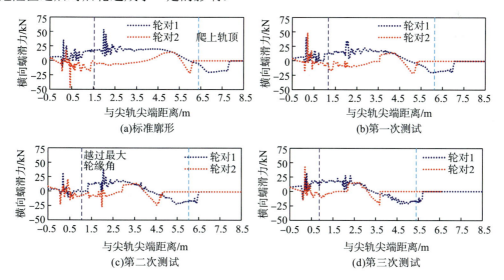

图 9.97　爬轨侧轮轨横向蠕滑力

在对铁道车辆动态行车安全的评估准则中，还有学者以车轮抬升量（车轮名义接触点与轨面最高点之间距离）对其脱轨安全性进行评价，如图 9.98 所示。对于本研究同样可以分析其车轮爬轨过程中车轮抬升量的演变，从而可以从该角度对小号码道岔区动态脱轨的危险点进行评估。

$$Z_{up} < h_f \tag{9.23}$$

式中，h_f 为轮缘高度。图 9.98 中，Z_j 为车轮跳轨高度；Z_c 为车轮爬轨高度。LM 型车轮的轮缘高度为 27mm。

图 9.99 为脱轨临界状态下爬轨侧车轮的抬升量，入岔前，虽然轮缘与基本轨工作边发生了接触，但车轮的抬升量并未明显增大，然而当车轮进入入岔区时，车轮的抬升量便开始增大。轮缘在尖轨顶宽 5mm 断面与尖轨接触，随后轮缘与尖轨工作边接触，并在顶宽14～20mm 区域开始爬升尖轨。随着道岔钢轨磨耗的加剧，车轮开始爬轨的位置有所提前，如图 9.99 所示。这也是随着磨耗加剧导向轮掉道位置距尖轨尖端更近的主要原因之一。由图可知，轮对 1 的抬升量最大为 27mm，刚好为临界值；轮对 1 掉道，构架重心失衡，从而导致轮对 2 的抬升量最大值大于 27mm。对比轮对 2 与轮对 1 的抬升量，发现轮对 2的抬升过程明显短于轮对 1，这主要是由于轮对 2 在岔区运行的时间比轮对 1 短，同时，当轮对 1 发生脱轨时，轮对 2 会被迫迅速爬上轨顶。显然，在脱轨过程中，一个转向架的前后轮对会相互影响其运行状态及安全性。基于此，在车辆实际的运行过程中，可以通过监测车轮过岔的抬升量对车辆行车安全进行预警。

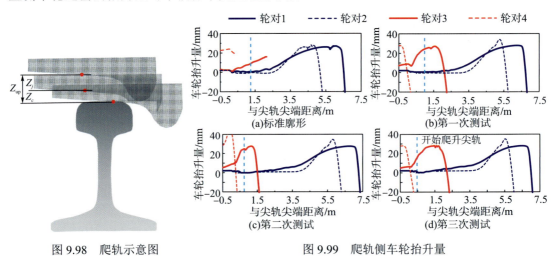

图 9.98　爬轨示意图　　　　　　　图 9.99　爬轨侧车轮抬升量

图 9.100 为四种工况下脱轨临界状态下车体重心的横向力，分析不同磨耗状况下横向力的大小可知，当车辆通过全新的道岔时，需要更大的横向力才能使其车轮爬上钢轨，横向力最大值高达 229kN。然而，随着钢轨的服役时间增长，标准廓形发生一定程度的磨耗后，轮/岔接触关系发生了明显的改变，从而导致更小的横向作用便可使车辆发生爬轨脱轨。当采用第三次实测的廓形进行仿真时，临界横向力仅为 171kN，较标准廓形工况减小了 25%。

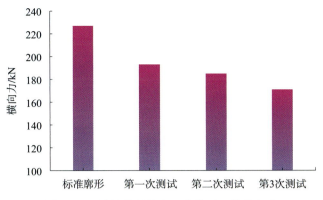

图 9.100　脱轨临界状态下车体重心的横向力

本 章 小 结

　　本章运用转辙器区轮轨接触几何算法及轮对准静态脱轨理论,分析了轮对在转辙器不同断面位置处脱轨过程中的轮轨接触关系特征,并根据轮轨接触几何计算结果对转辙器二维条件和三维条件下的脱轨安全限值进行了研究;建立了适用于转辙器区动态脱轨分析的弹性定位轮对和半车动力学仿真模型,并采用 Pascal 基准模型对其进行了验证;采用弹性定位轮对动力学仿真模型研究了轮对在尖轨顶宽 5mm、8mm、10mm、15mm 和 20mm 位置处尖/基轨组合型面动态脱轨过程中轮轨接触点、轮对运动形态、轮轨接触力学及脱轨系数的变化规律。对轮对侧逆向和侧顺向通过转辙器时的动态脱轨行为进行了仿真研究。研究表明,轮对侧逆向通过转辙器时,车轮在尖轨顶宽 5~20mm 范围内容易爬上尖轨;而轮对侧顺向通过转辙器时的爬轨点则位于尖轨顶宽 5mm 前的基本轨上,即车轮的爬轨过程是在基本轨上完成的。由此造成轮对侧逆向通过转辙器时脱轨风险要明显高于侧顺向通过转辙器的情况,因此应特别注意防范轮对侧逆向通过转辙器时脱轨的发生。然后,从岔前平面线型及尖轨降低值两个方面研究了小号码道岔转辙器区行车安全性提升的方法及效果;研究了道岔钢轨磨耗演变对整车动态脱轨行为的影响机制,分析了车辆在道岔区的脱轨姿态和动态响应结果。

参 考 文 献

[1]　Nadal M J. Theorie dela stabilite des Locomotives. part Ⅱ: Mouvement de lacet[J]. Annales Des Mines, 1896, 10: 232.

[2]　曾庆元, 向俊, 周智辉. 列车脱轨分析理论与应用[M]. 长沙: 中南大学出版社, 2006.

[3]　松平精, 恒濑景司. 車輪 0 横街擊记上百脱線记刀乙, 東海道新幹線记閌寸百研究 3[J]. 鉄道技研, 1962.

[4]　Yokose K. An experiment with a one-fifth model wheelset[J]. Railway Technical Research Institute Ouarterly Reports, 1970, 11(4): 228-231.

[5]　恒濑景司. 一軸車輪 O 脱線[J]. 铁研报告, 1965, 504 (11): 1-20.

[6]　曾宇清, 王卫东, 舒兴高, 等. 车辆脱轨安全评判的动态限度[J]. 中国铁道科学, 1999, 20(4): 70-77.

［7］ Elkins J A, Shust W C. Wheel forces during flange climb. II. NUCARS simulations［C］. Railroad Conference, Boston, 1997.

［8］ Shust W C, Thompson R, Elkins J. Controlled wheel climb derailment tests using a force measuring wheelset and AAR's track loading vehicle［C］. Proceedings of 12th International Wheelset Congress, Qingdao, 1998.

［9］ Marie G. Traite de Stabilite du Materiel des Chemins de fer: Influence des Divers Elements de la Voie［M］. Paris: Librairie Polytechnique Ch. Beranger, 1924.

［10］ 张洪, 杨国桢. 关于客车转向架的脱轨和轮重减载问题［J］. 铁道车辆, 2005, 43(6): 10-16, 1.

［11］ 翟婉明. 车辆-轨道耦合动力学(上)［M］. 4 版. 北京: 科学出版社, 2014.

［12］ Kortum W, Sharp R S, De Pater A D. Application of multibody computer codes to vehicle system dynamics［C］. The 12th IAVSD Symposium, Oberpfaffenhofen, 1991.

［13］ Cheli F, Corradi R, Diana G, et al. Effect of track geometrical defects on running safety of tramcar vehicles［J］. Vehicle System Dynamics, 2006, 44(sup1): 302-312.

［14］ Miyamoto T, Ishida H, Matsuo M. Running safety of railway vehicle as earthquake occurs［J］. Railway Technical Research Institute, 1997, 38(3): 117-122.

［15］ Brabie D, Andersson E. Post-derailment dynamic simulation of rail vehicles-methodology and applications［J］. Vehicle System Dynamics, 2008, 46(S1): 289-300.

［16］ 陈光雄, 鲍维千. 缓和曲线上周期性线路不平顺对车辆脱轨的影响［J］. 铁道车辆, 2000, 38(4): 1-5, 1.

第十章　高速铁路道岔转换运动与关键部件动力特性

　　转换设备是道岔的重要组成部分,主要包括转换锁闭系统、密贴检查与状态监测系统、融雪系统等。道岔转换设备必须具有转换、锁闭、表示三种基本功能。道岔转换是为了引导机车车辆由一条线路进入另一条线路,需要借助转换设备扳动尖轨或活动心轨,改变道岔开向的功能。道岔锁闭是在道岔转换后,借助转换设备锁闭道岔,保证尖轨或心轨与基本轨密贴的功能。道岔表示是为了确保行车安全,在道岔转换后,转换设备显示道岔定位(直尖轨贴靠曲基本轨)或反位(曲尖轨贴靠直基本轨)的功能。

　　早期研究道岔转换力时,通常只将尖轨、心轨视为跟端固定的悬臂梁,考虑滑床台板的摩擦力并进行简单计算,但是在现场道岔转换测试中发现转换力测试值波动幅度较大,与理论计算值差距较大,这是由于转换力的数值与道岔的现场铺设状态密切相关。尖轨及心轨的实际线型、跟端扣件形式、基本轨、翼轨及顶铁的密贴程度、滑床台板的摩擦系数、是否设置辊轮、转换动作时间差等多种因素均会对转换力产生较大的影响,因此在高速铁路道岔转换分析过程中还考虑了反弹力、密贴力以及其他外部荷载。即使如此,所计算的转换力也只是作用在尖轨或心轨上的横向力,未考虑锁闭装置的运动,与转辙机输出的转换力仍有较大的差异,因此更为详尽的转换计算应考虑锁闭装置的运动。

　　道岔锁闭状态包括静态锁闭和动态锁闭。静态锁闭是指尖轨及可动心轨被转换到规定位置后,将其锁在规定位置;动态锁闭是指列车通过道岔时保证尖轨和可动心轨不因轮对通过时所产生的振动、冲击及其他力改变位置。锁闭装置承受着钢轨传递的列车荷载,因而需要在两个方面保证行车安全:一方面是锁闭装置要满足强度要求;另一方面是锁闭装置还要能提供给道岔开通方向的准确信息。这两个方面是相互联系的,锁闭装置中各部件的强度对其安全使用是至关重要的。前期在高速铁路道岔研发中,锁闭装置各关键部件的强度检算采用的是准静态方法,还需要深入研究锁闭装置在列车通过时的动态受力状态。

　　由高速铁路道岔的运用实践来看,目前存在的主要问题是尖轨跟端区域在转换过程中会出现不到位的现象,即转换不足位移,导致尖轨最后一牵引点至跟端处出现较大的轨距负公差,需要采取有效的整治措施,以消除几何尺寸偏差,保证高速列车的过岔平稳性。

第一节　考虑锁闭装置运动的尖轨转换力计算分析

　　道岔转换模式主要有多机多点与一机多点两种,也有两转换模式组合的情况。多机多点转换是在每个牵引点单独设置一台转辙机,各牵引点独立动作,分别完成解锁、转换、锁闭动作,各转辙机间通过控制电路连接。一机多点转换只在尖轨和心轨的第一牵引点处设置一台转辙机，通过导管、拐肘等方式将牵引力传递至其他牵引点，以实现各牵引点完成转换、锁闭和表示的功能。目前，道岔转换力主要计算尖轨与心轨扳动到位时的最终转换力，转换时间变化、现场环境、外锁闭装置的解锁及锁闭运动对转换力的影响研究不多，为了提高转换力的计算精度，研究这些外部因素对转换力的影响是十分必要的。

一、道岔转换力计算方法研究现状

早期，道岔转换力的计算均是将尖轨、心轨视为跟端处固定的等截面或变截面悬臂梁，考虑滑床台板的摩擦力，在已知转换位移的情况下计算转换力。法国 Ilic 等基于有限元法建立了可动心轨及尖轨转换力的计算模型[1,2]，认为转换力主要用于克服心轨与滑床台板之间的摩擦力，把尖轨、心轨的转换过程大致分为三个阶段：第一阶段开始动作，转换至心轨与翼轨(或尖轨与基本轨)发生接触，即转换阶段，心轨及尖轨模拟为悬臂梁；第二阶段模型为心轨跟端铰接(或尖轨跟端固定)的超静定梁，即密贴阶段；第三阶段模型为心轨(或尖轨)尖端固定的超静定梁，即锁闭阶段。心轨及尖轨纵向可分为特性不同的多段截面，各段截面内其特性按线性变化，对各阶段施加不同的约束逐一进行计算。此模型适用于多点牵引的单肢及双肢心轨、多点牵引的尖轨转换计算。德国主要是多机多点牵引转换方式，其计算道岔转换的方法与法国相似，通过控制转换过程对牵引点的位置布置和动程设计等参数进行优化，由控制电路实现转换动作协调同步。英国工程与建筑集团巴尔弗·贝蒂公司(Balfour Beatty Company)基于考虑摩擦力作用的复合梁弯曲理论，将尖轨与心轨视为等截面梁并根据摩擦系数不同进行分段处理，针对不同摩擦系数区段分别建立道岔区转换模型，进行转换力及不足位移计算，并利用计算结果合理布置道岔牵引点，设计各牵引点动程，通过对比转换前后的道岔线型可计算得到转换不足位移[3]。

20 世纪 90 年代，邢书珍以若干相同截面梁单元组合成变截面悬臂梁体模拟道岔尖轨[4]，跟端刚性固定，在各单元节点处施加摩擦作用力，数值等于单元重量与摩擦系数的乘积，逐次逼近计算得到不同摩擦系数下的多点牵引转换力，该计算方法迭代次数多、计算量也比较大。李向国等基于有限元法使用钢轨单元、支撑单元、岔枕单元建立了道岔区轨道结构空间双层弹性叠合交叉梁系力学模型[5]，扣件约束模拟为施加在尖轨与心轨跟端，利用结构体系的总刚度矩阵计算道岔转换阻力，该计算模型并未考虑顶铁密贴力的影响，因此无法计算道岔转换的不足位移。王平在高速铁路道岔转换控制研究中，基于变分形式的最小势能原理建立了力学平衡方程用以求解道岔转换力，考虑顶贴密贴力、钢轨反弹力、滑床台板摩擦阻力等多种外力因素，系统建立了较完善的弹性可弯尖轨、单肢及双肢弹性可弯心轨转换力与不足位移计算模型[6]。蔡小培等建立了一机多点及多机多点的道岔尖轨、可动心轨转换力计算模型，分析了摩擦系数、牵引点间距、夹异物等对转换力及转换不足位移的影响，但未考虑锁闭装置运动对转换力的影响，所得结果与实际情况仍有较大差距[7,8]。

二、尖轨扳动模型

尖轨转换力计算模型可分为尖轨扳动模型与尖轨外锁闭装置受力分析模型两部分，尖轨扳动模型计算所得结果为道岔完成转换所需的轨腰扳动力,尖轨外锁闭装置受力分析模型则探究了锁闭杆处与尖轨轨腰处力的传递关系,两部分模型结合即可得到最终锁闭杆处转换力的计算结果。

我国高速铁路道岔采用分动外锁闭牵引转换方式,直、曲尖轨在转换过程中的动作时间不一致。当斥离尖轨先运动一段距离后,密贴尖轨再启动。直、曲尖轨牵引动程相同,假定牵引方案设置 n 个牵引点,牵引点在任意时刻转换距离可分为密贴尖轨的转换距离 D 和斥离尖轨的转换距离 D',各牵引点转换距离具体可用如下矩阵表示:

$$\begin{cases} D = \begin{bmatrix} D_1 & \cdots & D_n \end{bmatrix} \\ D' = \begin{bmatrix} D'_1 & \cdots & D'_n \end{bmatrix} \end{cases} \tag{10.1}$$

则对应的尖轨各牵引点的总转换力为

$$P_J = \begin{bmatrix} P_{J1} & \cdots & P_{Jn} \end{bmatrix} \tag{10.2}$$

基于有限元法,建立尖轨扳动模型,如图 10.1 所示。尖轨尖端、岔枕、对应位置分别为尖轨单元节点。模型中,考虑特殊结构外形和关键性细节部位,如尖轨截面特性、牵引点位置、动程等,考虑到转换过程中的线性和非线性因素,如摩擦力、密贴反力、顶铁反力、扣件阻力等。模型中,采用非线性弹簧单元模拟密贴段的密贴力作用、顶铁反力作用以及扣件阻力作用。尖轨模型采用非线性变截面梁单元模拟,尖轨的牵引点间通过非线性弹簧进行连接[9,10]。

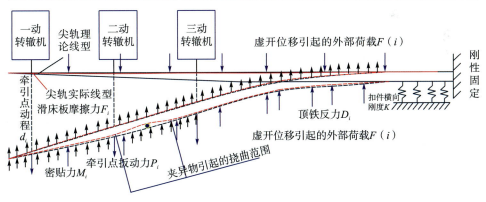

图 10.1 尖轨扳动模型

尖轨扳动模型中考虑了转换过程中的线性因素与非线性因素,如反弹力、密贴力、滑床台板摩擦阻力等,并引入道岔转换速度、各牵引点启动时间、外锁解锁时间、道岔实际线型等新增参数,用以模拟道岔转换过程,并得到尖轨、心轨扳动力时程曲线。通过修改参数实现直曲尖轨的转换时间差、各牵引点动作时间差模拟尖轨转换过程动作,即可得到尖轨轨腰扳动力随时间的变化曲线。

1) 错峰启动时间

错峰启动时间表示各牵引点的启动时间差,在模型中假定最先运动的牵引点启动时间为零,其余牵引点各自对应的启动时间则依次为 $\Delta t(i)$,假定第一牵引点转辙机启动时间为 $t(1)$ 。

2) 转换速度

各牵引点转换速度可根据现场转换速度条件设置,也可根据仿真需要设定为任意数值 $v(i)$,假定第一牵引点转换速度为 $v(1)$ 。

3) 外锁解锁时间

外锁解锁时间与尖轨外锁闭装置结构有关,尖轨开始运动之前,锁闭杆存在一段空动动程,尖轨开始运动时间与此空动动程有关,通过输入相应的锁闭杆空动动程即可得到相应的外锁解锁时间。以 18 号高速铁路道岔尖轨第一牵引点处外锁闭装置为例,尖轨外锁解锁过程如图 10.2 所示,图中 220 表示转辙机锁闭杆最大动程,0、6.2、60 分别表示当前状态下的锁闭杆动程。

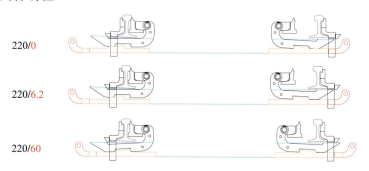

图 10.2 尖轨外锁解锁过程示意图

用 $L_{1,1}$ 表示斥离尖轨启动时锁闭杆动程,即图 10.2 中的 6.2mm 位置,$L_{1,2}$ 表示密贴尖轨启动时锁闭杆动程,即图 10.2 中的 60mm 位置。结合相应的锁闭杆动程与转换速度即可求解得到所需的外锁解锁时间,如下:

$$\begin{cases} t_{1,2} = t_{1,1} + \dfrac{L_{1,1}}{v(1)} \\ t_{1,3} = t_{1,1} + \dfrac{L_{1,2}}{v(1)} \end{cases} \tag{10.3}$$

式中, $t_{1,2}$ 为斥离尖轨启动时间; $t_{1,3}$ 为密贴尖轨启动时间。

4) 夹异物

在模型中假定夹异物的刚度无穷大,因此夹异物的存在将使尖轨发生一定程度的挠曲,如图 10.3 所示。为得到不同尺寸夹异物引起的尖轨挠曲范围,将夹异物对尖轨的影响以作用在简支梁中点处的集中荷载表示，如图 10.4 所示，结合转辙机额定功率计算得到任意尺寸夹异物的影响范围，由于一般夹异物尺寸相对其影响范围非常小，该范围内的尖轨可以简化为直线来处理。若牵引点在夹异物影响范围内，则通过一定的比例关系求得牵引点开口量，然后用尖轨动程减去该开口量求得存在夹异物时的牵引点实际动程，即可得到存在夹异物时实际的支反力。

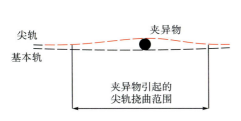

图 10.3　夹异物引起的尖轨挠曲示意图

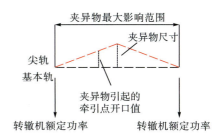

图 10.4　夹异物最大影响范围求解示意图

5) 尖轨实际线型

在尖轨转换传统模型中，只能考虑初始状态为理想情况下的尖轨转换，此时直、曲尖轨设计初始位置与基本轨贴靠，经改进后的模型可根据现场实地安装情况，对尖轨各牵引点及各个岔枕施加一定的虚开位移 $X_F(i)$，如图 10.5 所示，以此模拟出更真实的道岔尖轨线型，并考虑了由此虚开位移引起的外部荷载 F_i，使计算结果更符合实际情况。

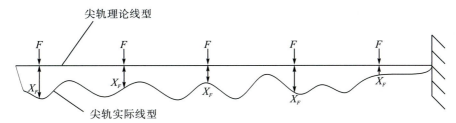

图 10.5　尖轨实际线型示意图

6) 扳动力时程曲线

引入以上参数后，即可模拟出道岔尖轨扳动的过程，并得到各个时刻所对应的尖轨扳动力，拟合出扳动力随时间的变化曲线。下面以第一牵引点为例，说明扳动力时程曲线的拟合过程。

由上述可知，假定在 $t_{1,1}$ 时刻第一牵引点转辙机启动，根据式 (10.3) 即可分别得到斥离尖轨与密贴尖轨开始运动的时间。假定尖轨由定位状态扳动至反位状态时第一牵引点理论动程为 DF，反位状态扳动至定位状态时的理论动程为 FD，则可得定位状态扳动至反位状态时，斥离尖轨与密贴尖轨的动作总时间为

$$\begin{cases} t_{cl} = \dfrac{DF}{v(1)} \\ t_{mt} = \dfrac{FD}{v(1)} \end{cases} \tag{10.4}$$

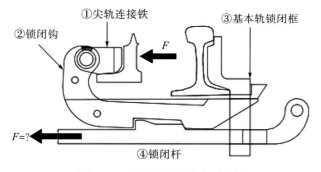

式中，t_{cl}为斥离尖轨动作时间；t_{mt}为密贴尖轨动作时间。根据式(10.3)与式(10.4)可分别得出斥离尖轨与密贴尖轨的动作时间区间，如下：

$$\begin{cases}[t_{1,2},t_{1,2}+t_{cl}]\\[t_{1,3},t_{1,3}+t_{mt}]\end{cases} \tag{10.5}$$

当任意时刻t位于式(10.5)的区间时，则对斥离尖轨或密贴尖轨分别施加相应位移，如式(10.6)所示，即可得到该时刻所对应的尖轨扳动力大小，根据该方法可求解任意时刻的尖轨扳动力，最终即可拟合得到尖轨扳动力随时间的变化曲线。

$$\begin{cases}y(cl)=v(1)(t-t_{1,2})\\y(mt)=v(1)(t-t_{1,3})\end{cases} \tag{10.6}$$

式中，$y(cl)$为任意时刻斥离尖轨所对应的位移；$y(mt)$为任意时刻密贴尖轨所对应的位移。

理想状态下，直、曲尖轨设计的初始位置与基本轨完全贴靠，尖轨各部分严格按照设计尺寸加工及铺设。尖轨牵引转换时，尖轨先由密贴状态扳动至斥离状态，然后又由斥离状态扳动至密贴状态。但在扳动过程中存在诸多阻力因素，因此尖轨扳动后的位置与初始设计位置相比不能完全重合，两种线型的间隙即尖轨转换不足位移[11]。

三、尖轨外锁闭装置运动模型的建立

为探究尖轨轨腰处与锁闭杆处之间力的相互作用关系，需明确从轨腰至锁闭杆力的传递关系，并探明外锁闭装置运动与受力原理[12]。尖轨外锁闭装置由锁闭钩、锁闭杆、尖轨连接铁、基本轨锁闭框组成。将尖轨扳动模型中计算所得的力作为初始条件施加于尖轨轨腰上，尖轨首先将力传递至尖轨连接铁，在螺栓的作用下，尖轨连接铁上的荷载会传递给锁闭钩，锁闭钩通过与基本轨锁闭框与锁闭杆的接触作用将力传递给锁闭杆。图10.6为尖轨外锁闭装置传力示意图。

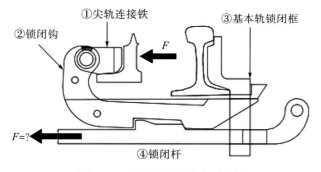

图10.6　外锁闭装置传力示意图

尖轨在扳动过程中，锁闭杆不断移动，在移动的过程中，基本轨锁闭框与锁闭杆之间的相对位置会发生变化。将整个尖轨转换过程分解为解锁、转换、锁闭三个阶段，需对各个阶段外锁闭装置的运动与受力状态进行分析。在解锁过程中随着锁闭杆的向右移动，基本轨锁闭框与锁闭杆会逐渐分离，解锁过程如图10.7所示。锁闭过程中基本轨锁闭框始终与锁闭杆相接触。随着锁闭杆的移动，锁闭钩会沿着与基本轨锁闭框相接触的斜面逐渐向上抬起，外锁闭装置锁闭过程如图 10.8 所示。

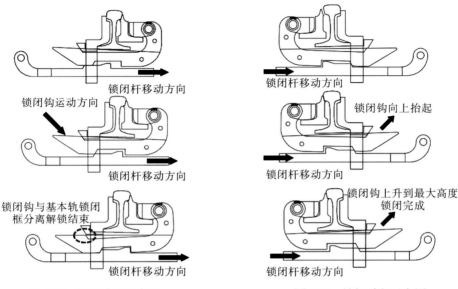

图 10.7　解锁过程示意图　　　　　　　　图 10.8　锁闭过程示意图

将外锁闭装置中的锁闭钩、锁闭杆和尖轨连接铁设为一个整体结构。当基本轨锁闭框与锁闭钩相互接触时，结构主要关注三个外力：基本轨锁闭框处传来的荷载作用力、尖轨处传来的荷载作用力及锁闭杆上的支反力。当锁闭钩与基本轨锁闭框分离时，整体结构只需关注尖轨传来的荷载作用力和锁闭杆的支反力。任一时刻，该结构在外力作用下处于平衡状态，如图 10.9 所示。

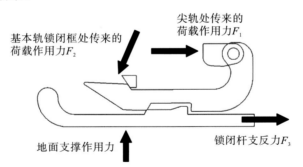

图 10.9　外锁闭装置上作用力的平衡示意图

锁闭杆在不同的位移下受力状态不同，根据外锁闭装置锁闭钩与基本轨锁闭框的相对位置关系可分为两种状态。

状态 1：基本轨锁闭框与锁闭钩接触且存在相互作用力，此时 F_1、F_2 在 x 方向上的分力和 F_3 三力满足力与力矩的平衡关系，如下：

$$\sum F_1 + F_{2x} + F_3 = 0, \quad \sum M_n = 0 \tag{10.7}$$

状态 2：基本轨锁闭框与锁闭钩脱离不存在相互作用力，此时仅存在 F_1、F_3 相互平衡，说明道岔转换力大小不受外锁闭装置运动的影响，即第一部分道岔扳动模型求解所得的扳动力等于锁闭杆处的转换力，F_1、F_3 同样满足力与力矩的平衡关系，如下：

$$\sum F_1 + F_3 = 0, \quad \sum M_n = 0 \qquad (10.8)$$

在保证外锁闭装置各部件接触点与接触面积不变的情况下，对外锁闭装置接触区域外的结构进行一定的简化，利用有限元法即可建立外锁闭装置运动与受力分析模型。为了更真实地模拟实际条件下转换结构的受力环境，该计算模型的约束条件如下：将锁闭杆施加竖向约束；对尖轨连接铁施加竖向约束；对基本轨锁闭框施加全约束，模拟基本轨锁闭框固定的状态；分别在尖轨连接铁和锁闭钩、基本轨锁闭框和锁闭钩、锁闭杆和锁闭钩三个位置创建接触区域。

四、外锁闭装置运动对锁闭杆处转换力的影响规律

以中国 18 号道岔为例，其转辙器部分设有三个牵引点，每个牵引点处设置一台转辙机，针对各个牵引点分别建立外锁闭装置运动模型，对尖轨轨腰处施加一定的初始力，通过运动模型得到锁闭杆处的支反力，以此求解出尖轨轨腰处扳动力与锁闭杆处转换力的函数关系。

第一牵引点处锁闭装置的锁闭杆位移 0～37.5mm 为解锁过程、162.8～220mm 为锁闭过程，依次计算锁闭杆各阶段不同位移下当给定初始尖轨轨腰力时的锁闭杆处转换力如图 10.10 所示。

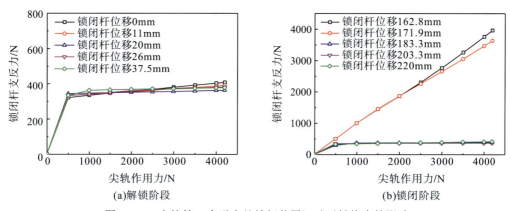

图 10.10 尖轨第一牵引点处锁闭装置运动对转换力的影响

由图 10.10 可见，尖轨一动外锁闭装置运动处于解锁阶段时，锁闭钩在锁闭杆的锁闭凸台上发生相对运动，在这个阶段不同位移下的尖轨作用力与锁闭杆支反力映射关系差别不大；尖轨一动外锁闭装置处于锁闭阶段时，随着锁闭杆位移的增大，锁闭杆上的锁闭凸台会逐渐从锁闭钩的解锁凹槽中滑出，使得锁闭钩的燕尾部逐渐抬起，并沿锁闭铁的斜面上移，过程中锁闭杆的支反力会逐渐变大。当尖轨轨腰处作用力为 4200N 时，锁闭杆支反力最大为 3965N。

第二牵引点处锁闭杆位移 0～36mm 为解锁过程、163～220mm 为锁闭过程，依次计算锁闭杆各阶段不同位移下当给定初始尖轨轨腰力时的锁闭杆处转换力如图 10.11 所示。由图可见，尖轨二动外锁闭装置处于解锁状态时，不同位移下的尖轨作用力与锁闭杆支反

力映射关系差别不大；而处于锁闭阶段时，锁闭杆的支反力会随着尖轨作用力增大而逐渐变大，当尖轨作用力为 4200N 时，锁闭杆支反力最大为 3968N。

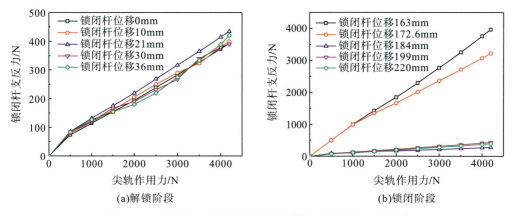

(a)解锁阶段   (b)锁闭阶段

图 10.11 尖轨第二牵引点处锁闭装置运动对转换力的影响

第三牵引点处锁闭杆位移 0～26.3mm 为解锁过程、102～150mm 为锁闭过程，依次计算锁闭杆各阶段不同位移下当给定初始尖轨轨腰力时的锁闭杆处转换力如图 10.12 所示。由图可见，尖轨三动外锁闭装置的运动规律与一、二动相同；当锁闭阶段尖轨作用力为 4200N 时，锁闭杆支反力最大为 3937N。

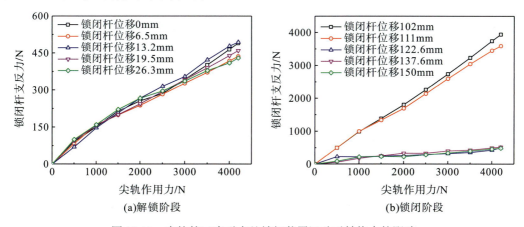

(a)解锁阶段   (b)锁闭阶段

图 10.12 尖轨第三牵引点处锁闭装置运动对转换力的影响

由图 10.10～图 10.12 可见，尖轨轨腰处的扳动力与锁闭杆处的转换力并不相等，而是具有一定的函数关系，可见锁闭装置运动对尖轨转换力的影响较大；在不同牵引点处、锁闭装置的不同运动阶段、锁闭杆的不同位移下，该函数关系均不相同，需要确定不同条件下两种作用力间的对应关系。

五、尖轨转换力试验验证

以 60kg/m 钢轨 18 号高速铁路道岔为例，尖轨设有三个牵引点：第一牵引点距尖轨尖端 0.48m，动程为 0.16m，转换速度为 58.07mm/s，启动时间为 0.158s；第二牵引点距尖

轨尖端 5.28m，动程为 0.116m，转换速度 58.07mm/s，启动时间为 0.0s；第三牵引点距尖
轨尖端 10.68m，动程为 0.067m，转换速度为 38.53m/s，启动时间为 0.296s。

为验证所建尖轨转换模型的正确性，通过现场试验测得 18 号道岔转换力的相关数据。
试验方案为先拉入（曲尖轨由密贴到斥离）后伸出（直尖轨由密贴到斥离），三个牵引点处转
换力计算结果与实测数据的比较如图 10.13～图 10.15 所示。由三图可见，计算结果与现
场实测数据规律大致相同，数值相近但比实际结果偏小，这是由于现场条件复杂，道岔实
际转换过程中存在着比仿真模型更多的阻力因素，仿真模型中未能完全考虑。

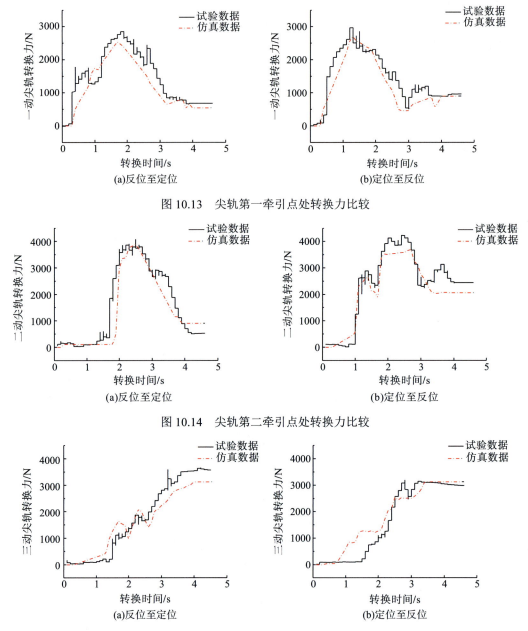

图 10.13　尖轨第一牵引点处转换力比较

图 10.14　尖轨第二牵引点处转换力比较

图 10.15　尖轨第三牵引点处转换力比较

六、考虑锁闭装置运动的尖轨转换力分析

影响尖轨转换力的因素除了滑床台板摩擦系数、牵引点布置方案、尖轨跟端结构，各牵引点的转换时间差、各牵引点间夹异物等均有较显著的影响。

1. 各牵引点转换同步性分析

高速铁路道岔设计中要求各牵引点能够同时启动、同步运动、同时到位，但实际中很难做到各牵引点同步转换。以 60kg/m 钢轨 18 号高速铁路道岔为例，第一牵引点较其他牵引点提前或延后启动时，从定位至反位过程中各牵引点的转换力随启动时间差的变化如图 10.16 所示。

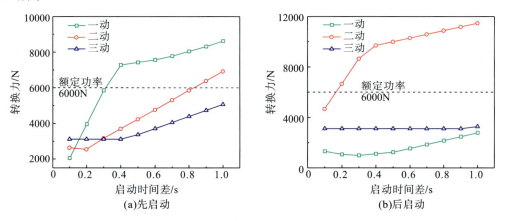

图 10.16 尖轨第一牵引点存在启动时间差时各牵引点转换力

由图 10.16 可见，牵引点启动时间差对尖轨转换力影响很大。第一牵引点先启动时，随着启动时间差的增大，该牵引点转换力的增加较其他牵引点更加明显，有可能会超出转辙机额定功率；第一牵引点后启动时，随着启动时间差的增大，转换力都会有较大的增幅，且对二动转换力造成极为不利的影响，意味着第二牵引点先启动。由此可见，保持各牵引点动作的同步性是十分必要的，建议第一牵引点先启动的时间差不宜超过 0.3s，第一牵引点后启动的时间差不宜超过 0.2s。同样，其他牵引点的启动时间差也宜为 0.2～0.3s。

2. 牵引点间夹异物分析

当尖轨牵引点或牵引点间有夹异物存在时，会使道岔转换力急剧增大，导致道岔转换锁闭不到位；还会增大轮轨间的横向动力作用，影响行车平稳性和安全性。由于夹异物一般在道岔转换过程中的锁闭阶段起阻碍作用，为模拟夹异物的存在对道岔转换力的影响，以 60kg/m 钢轨 18 号高速铁路道岔为例，第一牵引点处存在不同尺寸的夹异物时，第一牵引点处的转换力如图 10.17 所示。由图可见，第一牵引点处锁闭杆上的转换力随着尖轨轨腰作用力、夹异物尺寸的增大而近似呈线性增大。

在 5#～35#共计 31 根岔枕处进行逐枕放置不同大小的夹异物，第一牵引点从定位至

反位时的转换力分布如图 10.18 所示。由图可见,夹异物的存在增大了尖轨完成转换所需的力,极大地阻碍了各牵引点的转换与锁闭。当夹异物位于某牵引点附近时,会造成该牵引点处的转换力明显增大,而对其他牵引点影响较小;当夹异物位于两牵引点间时,对相邻牵引点影响较大,对其余牵引点影响相对较小;尖轨转换力与夹异物尺寸大致成正比。可通过转换力的异常增大发现尖轨与基本间的夹异物。

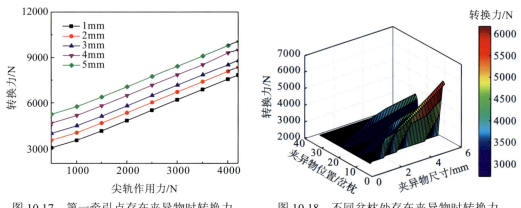

图 10.17　第一牵引点存在夹异物时转换力　　　图 10.18　不同岔枕处存在夹异物时转换力

七、新型摇摆式外锁闭装置运动对尖轨转换力的影响

1. 新型摇摆式外锁闭装置结构

为提升外锁闭装置对尖轨伸缩的适应能力,中国铁路通信信号股份有限公司针对高速铁路道岔尖轨研制了新型摇摆式外锁闭装置,其主要由以下部分组成:锁闭杆、锁闭钩、尖轨连接铁、基本轨锁闭框和弹性辊轮,如图 10.19 所示。作用在尖轨轨腰上的扳动力通过螺栓按顺序传递至:尖轨连接铁、连接铁①、连接铁②、锁闭钩,锁闭钩通过与弹性辊轮和锁闭杆的接触作用将力传递给锁闭杆。此时锁闭杆上的支反力为尖轨转换实际的力。该新型摇摆式外锁闭装置的传力路径如图 10.20 所示。

2. 新型摇摆式外锁闭装置运动模型

该新型摇摆式外锁闭装置的解锁过程和锁闭过程分别如图 10.21 和图 10.22 所示。锁闭杆在移动的过程中,弹性辊轮与锁闭杆之间的相对位置会发生变化,在解锁过程中会出现弹性辊轮与锁闭杆分离的状态。锁闭过程中弹性辊轮始终与锁闭杆相接触;随着锁闭杆的移动,锁闭钩燕尾部会随着辊轮的滚动逐渐向上抬起。

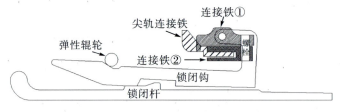

图 10.19　新型摇摆式外锁闭装置

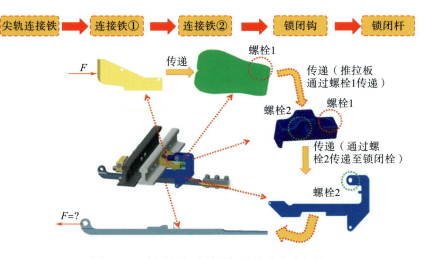

图 10.20　新型摇摆式外锁闭装置传力路径图

F 为待求转换力

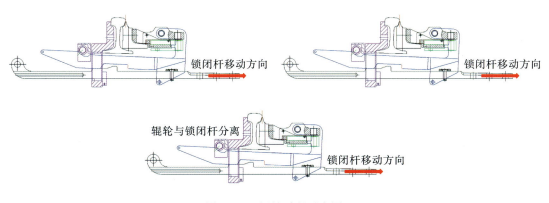

图 10.21　解锁过程示意图

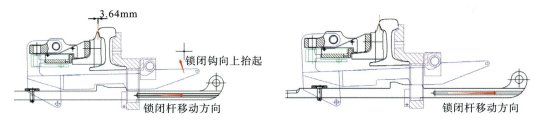

图 10.22　锁闭过程示意图

3. 尖轨轨腰扳动力与新型摇摆式外锁闭装置锁闭杆转换力间的传递关系

新型摇摆式外锁闭装置中的锁闭杆、锁闭钩、尖轨连接铁、连接铁①、连接铁②可视为一个整体结构。当锁闭钩与弹性辊轮相互接触时，该结构存在三个外力：与辊轮相互作用产生的反力、尖轨处传来的荷载作用力及锁闭杆上的支反力。当辊轮与锁闭杆脱离时，该结构只存在尖轨处传来的荷载作用力及锁闭杆上的支反力两种外力。任一时刻，整体结构在外力作用下处于平衡状态，如图 10.23(a) 所示。

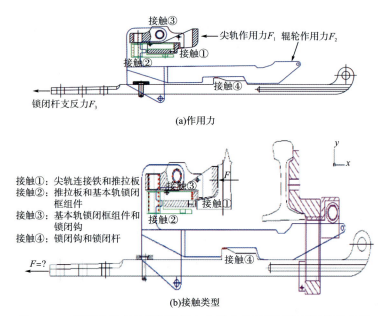

图 10.23　新型摇摆式外锁闭装置上作用力的平衡示意图及接触类型

　　为了更真实地模拟实际条件下锁闭装置的受力环境，该模型的约束条件如下：将锁闭杆施加竖向约束；为了模拟螺栓的传力作用，分别用弹性为无穷大的弹簧单元将尖轨连接铁各个分离的部分连接起来，使其成为一个整体；在连接铁①与连接铁②之间用碟簧连接，连接铁②与尖轨连接铁之间用弹簧连接使其成为一个整体的传力装置；在各个部件相互接触的部位建立接触单元，接触位置如图 10.23（b）所示；约束弹性辊轮使其可绕圆心进行转动。

　　按照辊轮与锁闭杆接触且存在作用力和辊轮与锁闭杆脱离且不存在作用力两种状态分别建立作用力平衡方程，在尖轨连接铁处施加作用力即可求得锁闭杆的支反力。以60kg/m 钢轨 18 号高速铁路道岔为例，采用新型摇摆式外锁闭装置时，锁闭杆位移 0～33.6mm 为解锁过程，146.5～220mm 为锁闭过程；考虑新型外锁闭装置的运动，计算得尖轨一动处轨腰扳动力与锁闭杆转换力之间的关系如图 10.24 所示。

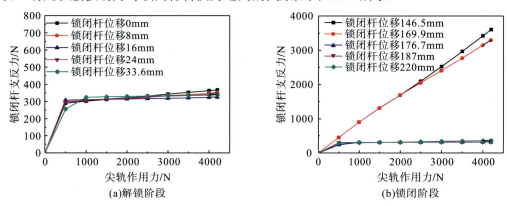

图 10.24　尖轨第一牵引点处新型摇摆式外锁闭装置运动对转换力的影响

　　由图 10.24 可见，当锁闭装置处于解锁阶段时，锁闭杆不同位移下的尖轨作用力与锁闭杆支反力映射关系差别不大，当尖轨作用力为 4200N 时，锁闭杆支反力最大为 367N；

在锁闭阶段时，锁闭杆转换力随其位移的增大变化较大，当锁闭杆位移达到 220mm，锁闭杆上的作用力为 3608N 时，即可保证尖轨轨腰的扳动力达到 4200N。由此可见，新型摇摆式外锁闭装置具有放大转换力的作用；与图 10.10 相比，达到同样的尖轨扳动力，传统的钩型外锁闭装置所需要的转换力要大一些。

第二节　考虑锁闭装置运动的可动心轨转换力计算分析

可动心轨辙叉部分结构比转辙器部分复杂得多，根据侧股有无斜接头可分为单肢弹性可弯心轨和双肢弹性可弯心轨，根据叉心结构可分为长短心轨拼接式和整体锻造式，而且从定位状态转换至反位状态时与由反位状态转换至定位转换时钢轨受力条件明显不同，因此需针对不同心轨结构分别进行转换研究设计，在此以 60kg/m 钢轨 18 号高速铁路道岔单肢弹性可弯心轨为例进行转换分析。

与尖轨转换计算类似，心轨转换计算模型同样分为心轨扳动模型与心轨外锁闭装置运动分析模型两部分。心轨扳动模型计算所得结果为道岔完成转换所需的轨腰扳动力；心轨外锁闭装置运动分析模型则探究锁闭杆处与心轨轨腰处力的传递关系，两部分模型结合即可得到最终锁闭杆处的转换力。

一、心轨扳动模型

高速列车直向通过道岔时，心轨处于定位状态，此时长心轨工作，列车侧向通过道岔时，转辙设备将心轨由定位状态扳动至反位状态，转辙机通过连接杆与心轨相连，各个牵引点转换力为心轨对转辙机拉杆的反作用力。建立单肢弹性可弯心轨扳动模型如图 10.25 所示，与尖轨扳动模型一样，除了考虑摩擦力、密贴反力、顶铁反力、扣件阻力，还考虑了各牵引点转换速度、外锁解锁时间、各牵引点错峰启动时间、夹异物、心轨实际线型等因素的影响，在已知各牵引点动程的条件下，即可建立相应的弹性悬臂梁受力变形平衡方程而得到相应的作用在轨腰上的扳动力。

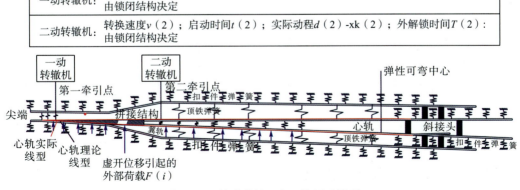

图 10.25　单肢弹性可弯心轨扳动模型

二、心轨外锁闭装置运动分析模型

由于心轨一动与二动的外锁闭装置结构不同，需分别进行建模计算。

1. 心轨一动外锁闭装置运动模型

心轨一动外锁闭装置由锁闭钩、弹性辊轮、锁闭框和锁闭杆等部件组成。将心轨扳动模型中计算所得的力作为初始条件施加于心轨轨腰上，心轨通过接触作用将力传递至锁闭钩，锁闭钩在荷载的作用下呈逆时针旋转，锁闭钩旋转至一定角度后与弹性辊轮发生接触，荷载通过接触作用将力传递至锁闭杆，传递至锁闭杆上的力即实际心轨转换力。

随着锁闭杆不断地向右移动，锁闭钩与弹性辊轮、锁闭杆之间的相对位置也在变化。随着锁闭杆的移动，锁闭钩会呈一定程度的逆时针旋转，此时锁闭钩与弹性辊轮分离，锁闭装置解锁结束。心轨一动外锁闭装置解锁过程如图10.26（a）所示。

当外锁闭装置进入锁闭过程时，随着锁闭杆位移的增大，锁闭杆使锁闭钩逐渐向右移动，使辊轮逐渐靠近锁闭钩的凹槽；在该过程中，可转动的辊轮会滚动进入锁闭钩的凹槽，此时锁闭钩会呈一定程度的逆时针旋转；随着锁闭杆的移动，辊轮进入锁闭钩凹槽的深度会逐渐增加，直到锁闭钩抬升到最高点，锁闭过程结束。心轨一动外锁闭装置锁闭过程如图10.26（b）所示。

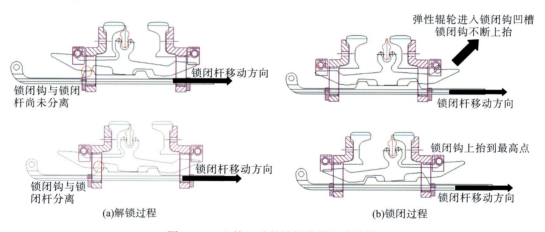

图 10.26　心轨一动外锁闭装置运动过程

心轨一动外锁闭装置的受力状态如图10.27所示，该结构主要关注三个外力：辊轮与锁闭杆相互接触产生的反作用力，心轨处传来的荷载作用力及锁闭杆上的支反力。当锁闭钩与弹性辊轮脱离后，结构中仅需关注心轨处传来的荷载作用力及锁闭杆上的支反力两种外力。任一时刻，该结构在外力下均处于平衡状态。

锁闭杆在不同的位移下受力状态不同，根据外锁闭装置锁闭钩与辊轮的相对位置关系可分为两种状态。

状态 1：辊轮与锁闭钩接触且存在相互作用力，此时 F_1、F_2 在 x 方向上的分力和 F_3 三力满足力与力矩的平衡关系，如下：

$$\sum F_1 + F_{2x} + F_3 = 0, \quad \sum M_n = 0 \tag{10.9}$$

状态 2：辊轮与锁闭钩脱离且不存在相互作用力，此时仅存在 F_1、F_3 相互平衡，即锁闭杆转换力与心轨轨腰作用力相等，同样满足力与力矩的平衡关系，如下：

$$\sum F_1 + F_3 = 0, \quad \sum M_n = 0 \tag{10.10}$$

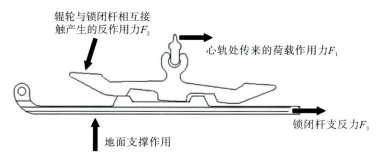

图 10.27　心轨一动外锁闭装置受力状态示意图

2. 心轨二动外锁闭装置运动模型

心轨二动与一动的外锁闭装置略有差异。心轨二动锁闭装置由锁闭钩、锁闭杆、弹性辊轮、心轨连接铁和锁闭框组成。将心轨扳动模型中求得的心轨扳动力作为初始条件施加到心轨上，随后荷载将传递至心轨连接铁，并通过螺栓将作用力传递至锁闭钩，锁闭钩通过弹性辊轮和锁闭杆两者的接触作用最后将力传递至锁闭杆，传递至锁闭杆上的力即实际心轨转换力。

随着锁闭杆向右移动，锁闭钩与弹性辊轮、锁闭杆之间的相对位置也在不断变化，锁闭钩会伴随一定程度的逆时针旋转。当锁闭钩与弹性辊轮分离时，锁闭装置解锁结束。心轨二动外锁闭装置解锁过程如图 10.28(a) 所示。

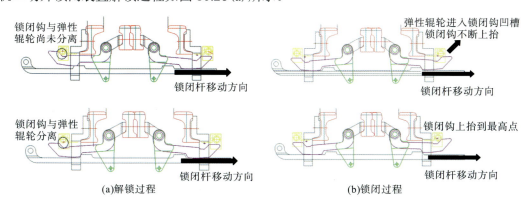

图 10.28　心轨二动外锁闭装置运动过程

心轨二动锁闭过程与一动相似。随着锁闭杆动程的增大，锁闭杆使锁闭钩逐渐向右移动，并使其逐渐上抬；在这个过程中，可转动的弹性辊轮会逐渐滚动进入锁闭钩的凹槽；随着锁闭杆的移动，辊轮进入锁闭钩凹槽的深度会逐渐增加，直到锁闭钩抬升到最高点，锁闭过程结束。心轨一动外锁闭装置锁闭过程如图 10.28(b) 所示。

　　心轨二动外锁闭装置的受力状态如图 10.29 所示，该结构同样主要关注三个外力：辊轮与锁闭钩相互接触作用产生的外力、心轨处传来的作用力及锁闭杆上的支反力。锁闭杆在不同的位移下受力状态不同，根据外锁闭装置锁闭钩与辊轮的相对位置关系同样可分为两种状态：辊轮与锁闭钩接触且存在相互作用力，即解锁阶段与锁闭阶段；辊轮与锁闭钩脱离且不存在相互作用力，即转换阶段。两种状态下结构受力平衡方程分别与式(10.9)和式(10.10)相同。

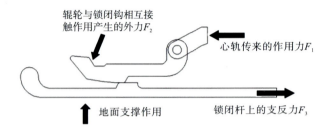

图 10.29　心轨二动外锁闭装置受力状态示意图

三、外锁闭装置运动对锁闭杆处转换力的影响规律

　　以 60kg/m 钢轨 18 号道岔为例，其辙叉部分设有两个牵引点，每个牵引点处设置一台转辙机，针对各个牵引点分别建立外锁闭装置运动模型，对心轨轨腰处施加一定的初始力，通过运动模型得到锁闭杆处的支反力，以此求解出心轨轨腰处扳动力与锁闭杆处转换力的函数关系。

　　心轨第一牵引点外锁闭装置的锁闭杆位移 0～40mm 为解锁过程，110.6～220mm 为锁闭过程，依次计算锁闭杆各阶段不同位移下当给定初始尖轨轨腰力时的锁闭杆处转换力如图 10.30 所示。由图可见，当心轨一动外锁闭装置运动处于解锁阶段时，锁闭钩在锁闭杆的锁闭凸台上发生相对运动，在该阶段不同位移下的心轨作用力与锁闭杆支反力映射关系差别不大，当心轨作用力为 4200N 时，锁闭杆支反力最大为 749N；当外锁闭装置处于锁闭阶段时，随着锁闭杆位移的增大，锁闭杆上的锁闭凸台从锁闭钩的解锁凹槽中滑出，使得锁闭钩的燕尾部逐渐抬起，并沿锁闭铁的斜面上移，过程中锁闭杆的支反力会逐渐变大，当心轨作用力为 4200N 时，锁闭杆支反力最大为 3983N。

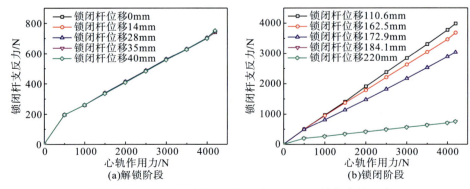

图 10.30　心轨第一牵引点处锁闭装置运动对转换力的影响

心轨第二牵引点外锁闭装置的锁闭杆位移 0～12.6mm 为解锁过程，97.3～150mm 为锁闭过程，依次计算锁闭杆各阶段不同位移下当给定初始尖轨轨腰力时的锁闭杆处转换力如图 10.31 所示。由图可见，心轨二动外锁闭装置运动规律与一动相同；解锁阶段心轨作用力为 4200N 时，锁闭杆支反力最大为 531N；锁闭阶段心轨作用力为 4200N 时，锁闭杆支反力最大为 3853N。

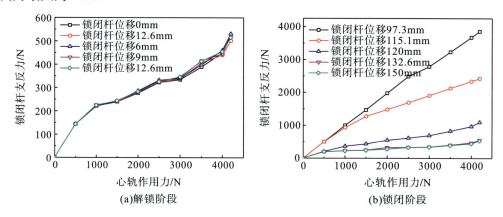

图 10.31　心轨第二牵引点处锁闭装置运动对转换力的影响

由图 10.30 和图 10.31 可见，心轨轨腰处的扳动力与锁闭杆处的转换力不相等；在不同牵引点处、锁闭装置的不同运动阶段、锁闭杆的不同位移下，两种作用力间的对应关系不同。

四、心轨转换力试验验证

以 60kg/m 钢轨 18 号高速铁路道岔为例，心轨设有两个牵引点：第一牵引点距心轨尖端 0.08m，动程为 0.119m，转换速度为 58.07mm/s，启动时间为 0.037s；第二牵引点距尖心轨尖端 3.68m，动程为 0.059m，转换速度为 38.53mm/s，启动时间为 0s。两牵引点在从定位至反位、反位至定位转换过程中仿真计算得到的转换力分布与实测结果的比较如图 10.32 和图 10.33 所示。

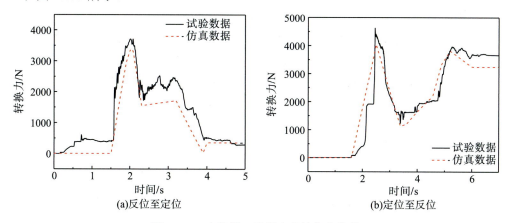

图 10.32　心轨第一牵引点处转换力比较

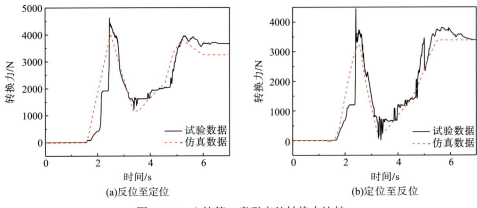

图 10.33　心轨第二牵引点处转换力比较

由图 10.32 和图 10.33 可见，心轨转换力仿真计算所得到的转换力随时间的分布规律与实测结果十分吻合，只是在量值上略小于实测结果，这是现场转换条件复杂存在更多的阻力因素所致。由图还可见，心轨第一牵引点由定位状态扳动至反位状态时，所需的转换力大于由反位状态扳动至定位状态时的转换力，这是由于心轨处于定位状态时不存在内应力，而由反位状态扳动至定位状态时，存在反弹力的作用，心轨内储存的弯曲势能逐渐释放，因此转换力有所减小。

五、考虑锁闭装置运动的心轨转换力分析

1. 启动时间差的影响

以 60kg/m 钢轨 18 号高速铁路道岔为例，心轨第一牵引点先启动、后启动对两牵引点转换力的影响如图 10.34 所示。由图可见，牵引点错峰启动时间差对心轨转换力有较大的影响。随着各牵引点启动时间差的增大，转辙力也在逐渐增大。第二牵引点先启动时，二动转换力急剧增大，极易超过额定功率。建议尽量保证心轨各牵引点同时启动且同时到位，若第一牵引点先启动，则错峰启动时间差不宜超过 0.7s，当第二牵引点先启动时，错峰启动时间差宜保持在 0.2s 以内。

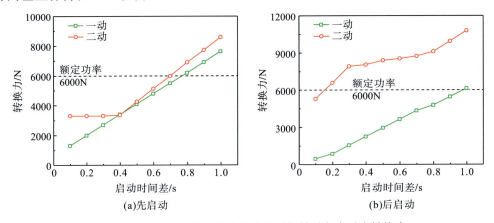

图 10.34　心轨第一牵引点存在启动时间差时各牵引点转换力

2. 夹异物的影响

以 60kg/m 钢轨 18 号高速铁路道岔为例，从心轨咽喉开始共 17 根岔枕处逐枕设夹异物，夹异物尺寸取 0～5mm，心轨从定位至反位过程中，第一、二牵引点的转换力随夹异物位置及尺寸的变化如图 10.35 所示。

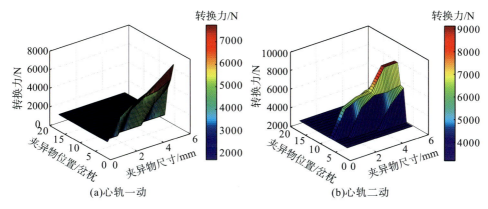

图 10.35　心轨牵引点处转换力随夹异物位置及尺寸的变化

由图 10.35 可见，夹异物的存在明显增大了心轨完成转换所需的力，极大地阻碍了各牵引点的转换与锁闭；当第二牵引点附近的夹异物尺寸为 5mm 时，心轨二动转换力已接近 8kN，远超转辙机的额定功率。当夹异物位于某牵引点附近时，会造成该牵引点处的心轨转换力明显增大，而对其他牵引点影响较小；心轨转换力与夹异物尺寸大致成正比，夹异物尺寸越大，转换力越大。

第三节　道岔转换锁闭装置关键部件动力特性

道岔转换设备的电子、机械等零部件长期承受着列车振动荷载作用，并暴露在潮湿、强磁、粉尘等恶劣的自然环境中，使用可靠性会受到很大影响，故障率高，占铁路通信信号总故障率的 40%左右，因此改善转换设备的工作环境、增大设备强度储备、提高其使用可靠性是保证道岔安全运用的重要一环。

道岔尖轨及可动心轨转换到位后，借助相关装置将其固定在开通直股或侧股的位置上，在列车通过时不因任何外力改变其位置，这就是道岔锁闭最基本的含义。由于转换设备中的锁闭设备直接承受列车荷载，需要在两个方面保证行车安全：一方面，同轨道结构部件一样，需要直接承受列车通过时的动态力，若锁闭装置强度不能满足要求，则将不能保证可动轨件在正确的位置上而危及行车安全；另一方面，转换锁闭设备还需要提供给使用者道岔开通方向的准确信息，若给不出道岔开通方向的准确信息，则将造成道岔不能使用，若提供了错误的信息，给出道岔开通方向的错误表示，则将造成更大的安全事故。而这两方面对于转换锁闭设备，是相互联系的，可见转换锁闭装置的安全使用至关重要，因此需要对转换锁闭设备的强度进行分析，以满足行车安全的要求[13]。

一、尖轨外锁闭装置动态响应分析

考虑外锁闭装置的运动,通过尖轨轨腰上的扳动力可求得锁闭杆在不同位移下的转换力,同时也可得外锁闭装置各部件、各接触面上的作用力,继而就可分析各部件在转换力作用下的应力分布,通常该量值很小,远低于材料容许强度,不会造成锁闭装置的损伤。

当尖轨或心轨处于密贴位置时,锁闭钩将密贴尖轨(或心轨)与基本轨(或翼轨)保持在规定工作位置,列车通过时,承受列车车轮的冲击与振动作用,锁闭装置所受的动态力远大于静态锁闭力,是影响部件的主要因素;当尖轨或心轨处于斥离位置时,锁闭钩保持斥离钢轨在正常的工作状态,满足道岔开口的要求,锁闭钩承受斥离钢轨的反弹力作用,通常情况下锁闭钩在斥离状态承受的外力要比密贴状态小,因此这里只对锁闭钩密贴状态的受力进行计算分析[14, 15]。

1. 尖轨外锁闭装置动态分析模型

以 60kg/m 钢轨 18 号单开道岔外锁闭装置为例,分析列车通过道岔时尖轨各牵引点锁闭钩处的动态响应。为了真实地模拟列车通过时尖轨外锁闭装置锁闭钩的动态响应,建立尖轨及外锁闭装置动态受力分析模型如图 10.36 所示。模型中将尖轨简化成变截面梁;竖向为滑床台板的单向支撑,取支撑刚度为 25kN/mm;轨头横向与基本轨密贴部位,尖轨顶部受基本轨约束,取基本轨抗外翻支撑刚度为 50kN/mm;轨腰处受顶铁横向约束,取

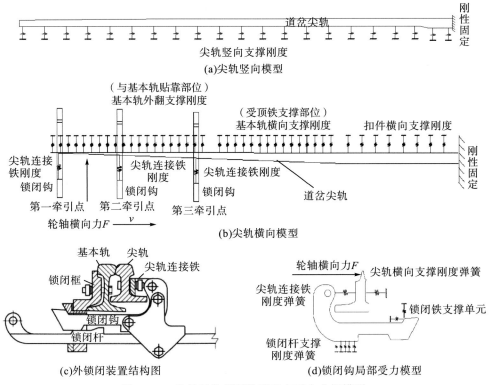

图 10.36　尖轨及外锁闭装置动态受力分析模型

基本轨横向支撑刚度为 50kN/mm；各牵引点处受锁闭机构约束，该处取支撑弹簧刚度为 20kN/mm；尖轨跟端有扣件约束部位，取扣件横向支撑刚度为 50kN/mm；模型跟端按刚性约束处理。

2. 尖轨外锁闭装置动态响应

动车组以 300km/h 的速度直逆向通过 60kg/m 钢轨 18 号高速铁路道岔时，轮轨垂向力和横向力的时域分布如图 10.37 所示。以该轮轨动态作用力为激励，作用在图 10.36 中的尖轨及外锁闭装置动态响应分析模型中，以第三牵引点处锁闭钩受力及动态响应为例，可得到其位移、加速度和尖轨传递的作用力分布如图 10.38～图 10.40 所示。

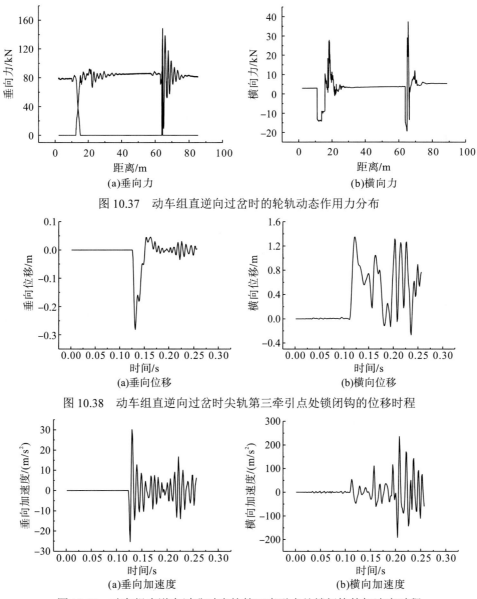

图 10.37　动车组直逆向过岔时的轮轨动态作用力分布

(a)垂向力　(b)横向力

图 10.38　动车组直逆向过岔时尖轨第三牵引点处锁闭钩的位移时程

(a)垂向位移　(b)横向位移

图 10.39　动车组直逆向过岔时尖轨第三牵引点处锁闭钩的加速度时程

(a)垂向加速度　(b)横向加速度

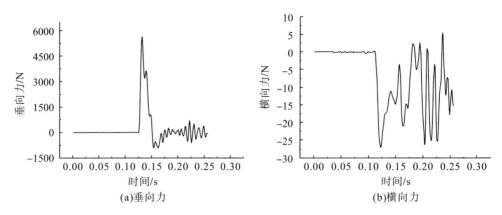

图 10.40　动车组直逆向过岔时尖轨第三牵引点处锁闭钩所受尖轨传递的作用力

由图 10.37～图 10.40 可见，列车直逆向通过道岔时，轮轨垂向力会发生从基本轨向尖轨的过渡，故在尖轨前端一段范围内，尖轨是不承受轮轨垂向力的，此时各牵引点处锁闭钩几乎未发生动态响应。在轮载过渡范围内，尖轨承受着较大的垂向作用力，因而第三牵引点处外锁闭装置所受动态力较大；列车通过道岔时大部分的轮轨垂向力都由钢轨竖向支撑系统承受，因而锁闭钩承受的垂向力较小，第三牵引点处锁闭钩的垂向力约为 5.7kN。轮轨横向力会使尖轨产生横向弯曲，而在尖轨与基本轨贴合处及有顶铁部位，尖轨只承受基本轨和顶铁压力，不会承受拉力，这使得尖轨产生较大的横向位移，进而产生较大的动态响应；另外尖轨尖端附件钢轨截面小，轮轨横向力大部分由基本轨承受，当横向力开始过渡到由尖轨承受时，尖轨承受的轮轨横向力也越来越大，故第三牵引点处锁闭钩的动态响应较大，锁闭钩承受的横向力最大值约为 27.1kN。由此可见，尖轨外锁闭装置主要承受着轮轨横向作用力。

3. 各因素对尖轨外锁闭装置动态响应的影响

锁闭钩在锁闭状态时，除了承受尖轨的弹性恢复力，还承受列车通过时的动态力，其力学特性受道岔实际工作状态的影响较大。列车过岔速度、尖轨基本轨贴靠情况及顶铁支撑状态等均会对锁闭钩的力学特性带来影响。

1) 过岔速度的影响

运用列车-道岔耦合动力学理论，求解出动车组以不同速度通过道岔时尖轨承受的轮轨垂向、横向力，然后将此力作为激励施加于转换锁闭结构受力计算模型中，进而求解得列车以不同速度通过道岔时各牵引点处锁闭钩横向力和横向位移分布如图 10.41 所示。

由图 10.41 可见，第三牵引点处锁闭钩横向力、横向位移均大于第二牵引点，更高于第一牵引点，这主要与动车组直逆向过岔时轮轨接触转移引起的轮轨横向相互作用在第三牵引点附近较为剧烈有关。各牵引点处锁闭钩所承受的横向力及横向位移并未随动车组过岔速度的提高而增大，而是在 250km/h 附近达到最大值，这可能与选取的动车组的悬挂参数有关。

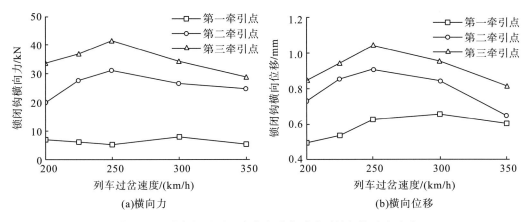

图 10.41　动车组以不同速度直逆向过岔时锁闭钩动态响应

2) 顶铁离缝

顶铁通常安装在基本轨轨腰上，以阻止尖轨过大的横向位移；顶铁通过与尖轨轨腰接触限制尖轨横向位移，控制转换后的线型，同时抵抗列车横向力的作用。由于安装精度等，尖轨转换到位后，尖轨轨腰与顶铁并未接触，当列车通过时产生动态不平顺和较大轮轨横向力，继而影响锁闭钩的力学特性。以动车组 300km/h 的速度直逆向通过道岔为例，模型中通过设置顶铁支撑状态的非线性弹簧参数来模拟不同顶铁离缝，各顶铁处均考虑具有相同的离缝值，同样可得到不同顶铁离缝情况下各牵引点处锁闭钩横向力和横向位移分布如图 10.42 所示。

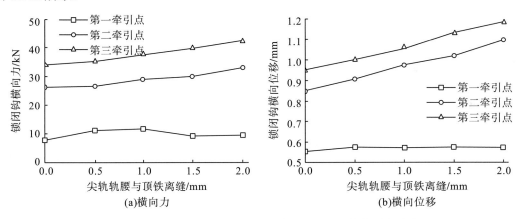

图 10.42　不同顶铁离缝情况下各牵引点处锁闭钩的动态响应

由图 10.42 可见，随着尖轨轨腰与顶铁离缝的增大，第一牵引点处锁闭钩横向力及横向位移变化不明显，而第二牵引点和第三牵引点处锁闭钩横向力及横向位移均随之增大。这是由于尖轨转换到位后，轨腰与顶铁之间存在的离缝会使尖轨产生较大的横向位移，进而使锁闭钩承受了较大的横向力。当离缝值达到 0.5mm 时，第三牵引点处锁闭钩横向位移超过《铁路道岔钩锁器》(TB/T 3127—2005) 所规定的限值 1.0mm；当离缝值达到 1.5mm 时，第二牵引点锁闭钩横向位移也超过规定限值，但第一牵引点处未发生位移超限现象。这是由于第一牵引点锁闭钩横向力主要是轮轨横向力导致第二牵引点和第三牵引点之间的尖轨段弯曲产生的，第一牵引点处受顶铁离缝影响不大。由此可见，从控制锁闭钩横向力和横向位移的角度考虑，应尽量避免道岔顶铁离缝病害的出现。

二、心轨外锁闭装置动态响应分析

1. 心轨外锁闭装置动态响应分析模型

建立心轨及其外锁闭装置动态受力分析模型如图 10.43 所示，模型中将长短心轨简化成变截面梁；竖向滑床台板单向支撑，取支撑刚度为 25kN/mm；横向上轨腰处受顶铁约束，取翼轨横向支撑刚度为100kN/mm；心轨顶部横向受翼轨约束，取翼轨抗外翻支撑刚度为50kN/mm；心轨前端受锁闭机构约束，由锁闭钩计算模型求得，取为 20kN/mm；长心轨后端按刚性约束，短心轨后端斜接头按横向约束，横向刚度取扣件支撑刚度为50kN/mm。

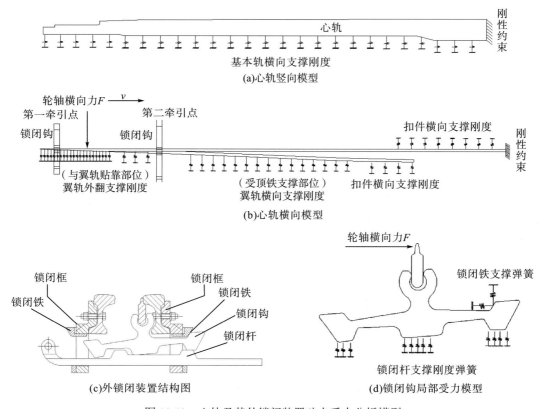

图 10.43　心轨及其外锁闭装置动态受力分析模型

2. 心轨外锁闭装置动态响应

动车组以 300km/h 的速度直逆向通过 60kg/m 钢轨 18 号高速铁路道岔时的轮轨垂向力和横向力为激励，以心轨第二牵引点处锁闭钩受力及动态响应为例，可得其位移和承受的作用力分布分别如图 10.44 和图 10.45 所示，两图以心轨始端为坐标原点。

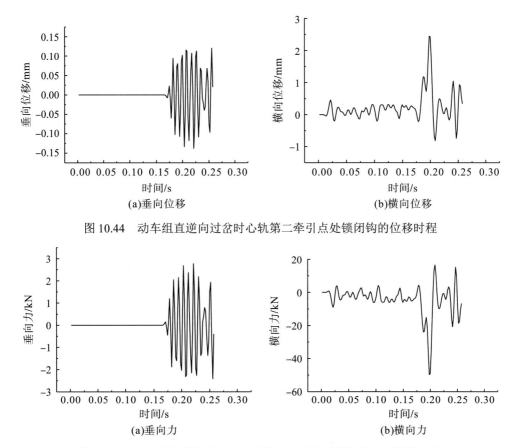

图 10.44　动车组直逆向过岔时心轨第二牵引点处锁闭钩的位移时程

图 10.45　动车组直逆向过岔时心轨第二牵引点处锁闭钩承受的作用力

由图 10.44 和图 10.45 可见，与尖轨外锁闭装置的响应规律一样，外锁闭装置的横向动态响应要大于竖向动态响应；由于心轨上轮载过渡的影响，第二牵引点处锁闭钩的横向位移及承受的横向力均大于第一牵引点处。第二牵引点处锁闭钩承受的最大横向力约为49.8kN，最大横向位移约为 2.6mm，因此对该处锁闭钩的强度要求较高。

三、道岔内锁闭装置中螺栓折断原因分析

相比较外锁闭装置，内锁闭装置技术成熟、结构简单、造价低、安装调试简单、易于维护，并且转辙机和安装位置对不同动程道岔的适应性好，采用较少的规格就可以满足各种型号的道岔需要，因而我国地铁、速度不超过 120km/h 的普速铁路道岔中仍大量采用了内锁闭装置。内锁闭装置中的连接杆要将尖轨传递的动态横向力传递给转辙机，可能会导致转换杆件在长期的工作循环中产生疲劳损伤甚至断杆，进而导致锁闭失效，也有可能导致部分联接螺栓折断，如图 10.46 所示，因此对内锁闭结构关键部件的受力进行分析是十分必要的。

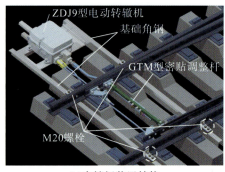

(a)内锁闭装置结构   (b)联接螺栓折断

图 10.46　道岔内锁闭装置中联接螺栓折断

1. 内锁闭装置动态受力分析模型

60kg/m 钢轨 9 号单开道岔尖轨为联动内锁闭方式,采用两台 ZDJ9 型电动转辙机进行牵引, 安装基础采用基础角钢方式；转辙器第一牵引点动程 160mm, 转辙机动程为220mm；转辙器第二牵引点动程为 85mm, 转辙机动程为 150mm。其结构如图 10.46(a)所示。

列车荷载作用下, 道岔转换设备各关键部件的作用力传递关系如图 10.47 所示。在第一牵引点处, 轮轨动荷载作用于基本轨上, 荷载通过两条路径传递到角型铁。基本轨通过横向联接螺栓将荷载直接传递给角型铁, 角型铁进一步将荷载传递给竖向螺栓, 另外基本轨通过接触可以将荷载传递给尖轨, 接着传递给锁闭杆、转辙机、基础角钢框架, 最后传递给角型铁和联接螺栓。

采用列车-道岔系统耦合动力学模型, 计算得列车以不同速度直、侧向通过该道岔时的轮轨垂、横向作用力。然后建立如图 10.48 所示的道岔转换设备动态受力分析模型, 模型中基本轨轨底分别采用线性弹簧模拟横向和垂向扣件, 布置间隔取轨枕间距, 刚度取50kN/mm, 基本轨两侧全约束。考虑到岔区尖轨放置于滑床台板上不设扣件, 所以尖轨轨底不设约束, 尖轨尖端完全自由, 另一侧全约束。各部件均为实体单元, 尖轨和基本轨之间、角型铁和角型铁联接螺栓之间采用接触单元模拟, 锁闭杆和表示杆等其他结构的联接螺栓采用约束方程简化处理。角型铁和角钢框架之间的绝缘垫板采用三项弹簧连接模拟, 刚度取 30kN/mm。

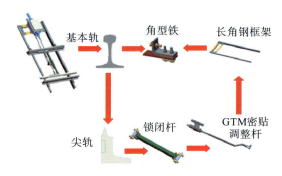
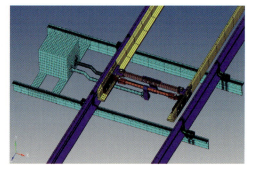

图 10.47　内锁闭装置传力路径   图 10.48　内锁闭装置动态受力分析模型

2. 不利工况下的模型等效假定

联动内锁闭装置的安装固定采用基础角钢的安装方式,钢轨和基础角钢之间通过安装角型铁和 M20 联接螺栓固定。然而,现场施工过程中通常会因为精度不足而存在安装位置的打孔偏差,从而导致安装误差。螺栓在安装过程中会由于抵抗钢轨弯曲变形或者基础角钢的压缩变形产生内应力,让结构存在初始应力条件,影响结构受力状态。考虑如下两种安装偏差,即角型铁安装孔位置偏离设计要求、框架安装孔位置偏离设计要求,共考虑 10 种工况,如表 10.1 所示。表中变形螺栓的位置如图 10.49 所示。

表 10.1　不利工况类型

序号	工况					
	变形螺栓	变形方向	三种变形/mm		角钢变形状态	备注
1	A	x	1　2　3		Ⅰ角钢沿 x 轴拉伸	
2	A	$-x$	1　2　3		Ⅰ角钢沿 x 轴压缩	
3	A	y	1　2　3		Ⅰ角钢呈⌒	
4	A	$-y$	1　2　3		Ⅰ角钢呈⌒	
5	B	y	1　2　3		Ⅰ角钢呈—	
6	B	$-y$	1　2　3		Ⅰ角钢呈—	
7	A B C D	x $-x$ x $-x$	1　2　3		Ⅰ角钢和Ⅱ角钢呈	变形在 Oxy 平面
8	A B C D	$-x$ x $-x$ x	1　2　3		Ⅰ角钢和Ⅱ角钢呈	
9	A	z	1　2　3		Ⅰ角钢呈⌒	变形在 Oxz 平面
10	B	z	1　2　3		Ⅰ角钢呈—	

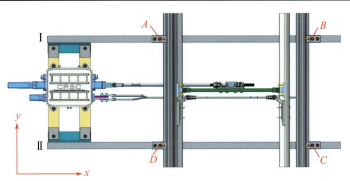

图 10.49　道岔内锁闭装置角钢安装框架中的螺栓位置

在模拟螺栓存在安装偏差的工况下,假设螺栓通过抵抗钢轨的弯曲变形或者基础角钢的压缩变形以适应打孔位置发生偏差产生的支反力,在该工况下的有限元模型保持横向螺栓与基本轨的连接，放松竖向螺栓与基础角钢的连接，在角型铁或基础角钢上的竖向螺栓安装位置处施加位移边界条件，并进行静力分析得作用点处的支反力，两种计算结果中求得较小支反力的情况说明该条件下的变形刚度更小，螺栓更容易达到变形从而适应打孔位置偏差，将该条件下支反力计算结果作为不利工况的输入文件施加到原结构中，即可求得列车荷载作用下内锁闭装置各部件的动态响应，模型中螺栓的预紧力采用降温法模拟。

3. 考虑安装偏差时的联接螺栓动态响应

以列车直向通过内锁闭道岔时各部件受力分析为例，尖轨第二牵引点角型铁 *B* 处与基本轨连接的水平螺栓在各工况下的等效应力分布如图 10.50 所示，角型铁 *A* 的等效应力分布如图 10.51 所示。图中 1～3mm 表示螺栓安装偏差，黑色柱表示理想工况结果，红色柱表示锁闭杆失效工况结果。

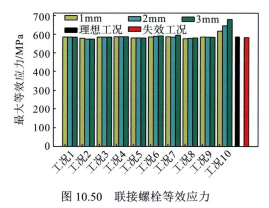

图 10.50　联接螺栓等效应力　　　　图 10.51　角型铁 *A* 的等效应力

由图 10.50 和图 10.51 可见，在预紧力作用下，螺栓等效应力量值较大；单个螺栓出现安装偏差情况下，横向螺栓最大等效应力变化不明显；四个螺栓同时出现安装偏差的工况下，对螺栓受力情况影响很大；通常螺栓的安装偏差越大，螺栓的等效应力越大；在工况 10 中，该联接螺栓的等效应力随着安装偏差的增大显著增加，安装偏差达到 3mm 时，该螺栓的等效应力增加约 176.8MPa，由于螺栓的最大等效应力集中在螺栓杆和螺母的交界面处，极易发生螺栓折断现象。角型铁最大等效应力在工况 7、8 下变化剧烈，安装偏差 3mm 时的最大等效应力比安装偏差 1mm 时增加了约 420.7%，其最大等效应力出现在拐角处，极易引起角型铁的弯曲变形，进一步恶化螺栓等部件的受力状态。由此可见，控制各部件制造误差、减小螺栓的安装偏差，是降低内锁闭装置动态响应、保证其安全使用的重要措施。

第四节　尖轨转换不足位移整治技术

大号码道岔的尖轨或可动心轨最后一个牵引点到固定端之间经常会反复出现转换不足位移的现象，表现为尖轨与基本轨（或心轨与翼轨）之间的顶铁离缝比较大、轨距严重偏小、尖轨或心轨后半段向道心弯曲等现象。动车组综合检测车检查时，经常出现横向加速度和小轨距Ⅰ级甚至Ⅲ级偏差的现象。需要弄清产生转换不足位移的原因并提出有效的解决措施。

一、尖轨转换不足位移原因分析

高速铁路道岔转换设计中已发现大号码道岔易发生转换不足位移现象，但因国内大号码道岔的铺设实践较少，对其危害性认识不足，虽然采用了尖轨预设反拱、增设辊轮以减小摩擦系数等措施，但实践表明这并不能有效消除转换不足位移现象。分析转换不足位移产生的原因主要有：

(1)牵引点的布置不合理。60kg/m 钢轨 18 号高速铁路道岔转辙器部件中，为方便检查尖轨与基本轨间密贴状态，最后一个牵引点的位置设计在尖轨整轨头断面附近，最后一个牵引点与尖轨固定端距离为 7800mm，后段不设置牵引点，两者距离过大致使该区间尖轨弯曲曲率、弯曲矢度增大，所以在没有固定外力作用的情况下经多次转换后，转辙器各牵引点只能保证尖轨尖端至轨头 72.2mm 断面密贴段的工作状态，而后段在没有固定外力作用的情况下由于滑床台板的摩擦力及钢轨内应力释放等影响，其自由跟进量小于设计值，尖轨往往达不到设计的理想线型，形成了不足位移。理论分析表明，增加牵引点数量，缩短牵引点与固定端间的距离来减缓不足位移的发生是最有效的，但在不能改变道岔设计结构的情况下暂时无法实现。

(2)滑床台板摩擦力大。尖轨在转换过程中，滑床台板阻力过大，使得转换不易到位。目前均采用间隔设置辊轮滑床台板来降低钢轨和滑床台板之间的摩擦系数，减小尖轨产生的不足位移量，在现场调整时，辊轮调整不到位也是产生转换不足位移的原因。

(3)钢轨件本身的弹性变形。尖轨较长，振动过程中尖轨本身储存的反弹力较大，从而使转换不足位移表现较为突出。在厂内制造完成后，钢轨内部仍存在弯折应力、机加工应力等，在后期使用过程中，应力逐渐释放造成轨件变形。

二、尖轨转换不足位移的常用整治方法

通过对尖轨转换不足位移产生原因的分析，为消除转换不足位移，道岔制造单位与管理单位采取的常用措施有：

(1)严格控制滚轮滑床台板的安装精度，以便辊轮起作用而减小摩擦力。尤其注意 18 号道岔尖轨第三牵引点至固定端之间设置的滚轮滑床台板的滚轮高度控制，厂内完成预铺后，将所有滚轮滑床台板与尖轨、基本轨形成组件并进行固定后发运至施工现场，以使道岔制造厂内的组装精度良好保持，对现场的铺设及不足位移的控制也产生了一定的效果。

(2)采用振动失效等方法控制尖轨因残余应力释放产生的弹性变形。在尖轨制造过程中，为消除钢轨的内部应力，减小服役过程中钢轨应力释放产生的变形，采取振动时效的方法对尖轨进行处理，但经过检测及使用，效果并不明显。

(3)尖轨设置预弯反拱补偿不足位移。这是目前制造时采取的较为有效的技术手段，

但反拱值一般仅为几毫米，顶弯难度较大，需要反复顶调，并结合轨件的弹性规律，通过长度、矢度、预定量等分析对比，完成反拱设置。但在厂内制造过程中，无明确量化反拱顶弯标准，造成预弯量大小不一，效果不好，且需在转辙器试铺过程对尖轨反复拆装精调，组装效率低下。为了避免这种情况，需要经过厂内试验，确定最佳反拱顶弯方案，形成工艺文件并严格执行。经过预铺检测，厂内制造过程中转换不足位移现象已基本消除，线路反映较原来有一定好转，但经过长时间运行后，转换不足位移的现象仍会明显出现。

（4）现场维修或不足位移整治。受现场铺设和使用条件限制，辊轮通常发挥应有作用，通过适当调节辊轮位置和高度，可减小转换不足位移。当轨件发生较大不足位移或已产生塑性变形时，可采用弯轨器等设备进行现场矫直。

采用上述措施整治后，尖轨可弯段转换不足位移的现象有所改善，动车组综合检测车检查不再出现小轨距Ⅰ级偏差，横向加速度一级偏差有所减少。但大部分道岔在几周之后又恢复到原尖轨转换不足位移的状态，无法长期保持。

三、尖轨后段增设转换辅助装置方案

为消除尖轨转换不足位移，提出了在尖轨第三牵引点与跟端之间增设顶杆装置、差动装置、弹簧联动装置以及分动顶杆装置等方案，通过比选来确定最优方案。

1. 顶杆装置

顶杆装置结构如图10.52所示，主要由3个连接杆、连接套、绝缘板、钩型抱紧座等部件组成。整个装置安装在尖轨的轨底上，在保证斥离尖轨的非工作边与基本轨工作边之间最小距离（63mm）的条件下，通过调节顶杆的长度，使工作尖轨调整到设计位置利用道岔转换设备的转换力，通过斥离尖轨和联动式顶杆使密贴尖轨与基本轨之间的顶铁密贴，从而减小密贴尖轨的转换不足位移。

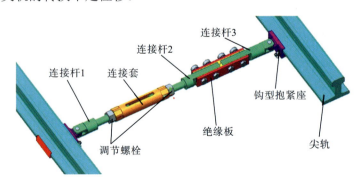

图 10.52　顶杆装置结构组成

该装置结构简单、成本低、利用轨底安装、长度可调、安装方便、不会对尖轨造成不必要的损伤。对密贴尖轨和斥离尖轨均施加推力，施力方向不尽合理，虽能减少密贴尖轨的转换不足位移，但同时会增加斥离尖轨的转换不足位移；由于将两个尖轨连接在一起，形成了一个框架，增大了尖轨分动外锁闭装置的转换阻力，对尖轨的转换造成不利影响。

2. 差动装置

差动装置由固定结构、调节结构、滑动结构及绝缘结构等部件组成，如图 10.53 所示。其工作原理为：以直股开通为例，直尖轨在密贴时，会产生不足位移，这时利用曲尖轨的位移和弹性，带动差动装置，并利用差动装置的支撑作用，克服直尖轨的摩擦力，使直尖轨位移接近设计时的理想状态[16]。

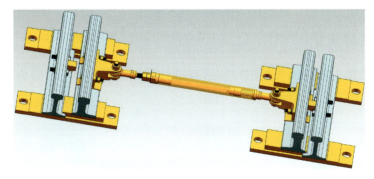

图 10.53 差动装置结构组成

该装置结构简单、生产工艺难度低，能够实现安装位置处尖轨的分动，不会对尖轨转换产生较大的影响；但转换中要施加给差动装置作用力，曲线尖轨会有轻微的变形，因此会对最后一个牵引点的转换力有一定的影响；因对密贴尖轨和斥离尖轨均施加推力，施力方向不尽合理，虽能减少密贴尖轨的转换不足位移，但同时会增加斥离尖轨的转换不足位移；安装过程较为复杂，需要在尖轨的轨腰位置处打孔进行安装，可调节性较差。

3. 弹簧联动装置

弹簧联动装置主要由尖轨连接杆、底座、盖板、弹簧、导向杆、拐臂、拐臂支座、钩型抱紧座、绝缘套管等部件组成，其结构如图 10.54 所示。其可以安装在岔枕上或安装在轨距杆上，如图 10.55 所示。

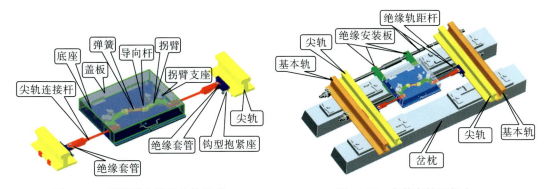

图 10.54 弹簧联动装置结构组成　　　　　图 10.55 安装在轨距杆上

弹簧联动装置的工作原理为：转换过程中利用斥离尖轨先移动压缩弹簧，聚集能量，等密贴尖轨开始移动时，弹簧开始释放所聚集的能量（此时密贴尖轨的外锁闭装置正在解

2500N，第二、三牵引点的转换力不得超过 4500N。在各种试验工况下，第三牵引点的转换力均未超过 4500N，可满足相关要求。同时，试验还表明：尖轨开口量较小的状态下安装分动顶杆装置、适当增大尖轨与顶铁之间密贴尺寸即残余转换不足位移、分动顶杆装置中的活塞部分安装在转辙机一侧等，均会适当降低第三牵引点转换力的增加幅值。

　　2016 年，在武广高铁长沙南站进行了分动顶杆装置转换试验，该车站 72# 岔位上铺设的是客运专线 18 号有砟道岔，在尖轨第三牵引点与跟端之间第 7、8 根岔枕处，定位状态直尖轨转换不足位移的最大值约为 5.8mm，反位状态下曲尖轨转换不足位移的最大值为 7.2mm。在该道岔第三牵引点后第 7、8 根岔枕之间安装分动顶杆装置，如图 10.59 所示；并采用测力销测试各牵引点处的转换力，如图 10.60 所示；采用轨距尺测量各岔枕处的轨距偏差。

图 10.59　现场安装的分动顶杆装置

图 10.60　安装测力销测试转换力

　　现场试验中考虑了尖轨残余转换不足位移为 0mm、1mm 两种工况，安装分动顶杆装置前后测试得到的尖轨转换不足位移、各牵引点转换力比较如图 10.61 和图 10.62 所示。该道岔长期在尖轨转换不足位移下工作，轮轨横向动力作用较大，导致尖轨跟端处几何形位已出现了永久变形，试验中只测试了安装分动顶杆装置的应用效果，未对该道岔几何形位进行全面整治，因此尖轨跟端附近的转换不足位移未能彻底消除，只有通过更换扣件、调整轨距块等方式才能予以解决。

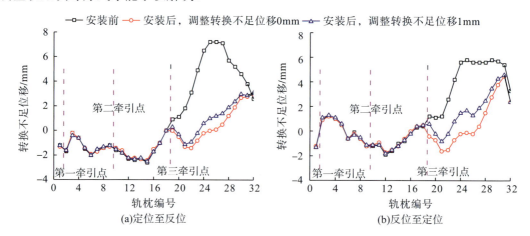

图 10.61　安装分动顶杆装置前后尖轨转换不足位移比较

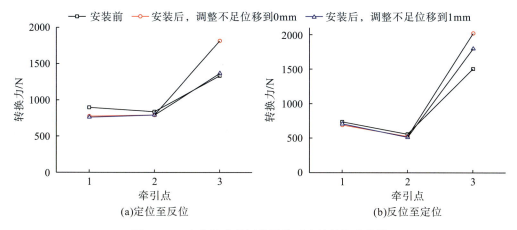

图 10.62　安装分动顶杆装置前后尖轨转换力比较

　　由图 10.61 可见，安装分动顶杆装置能够有效改善尖轨的转换不足位移，对第三牵引点以前尖轨转换不足位移影响很小。将转换不足位移调整为 0mm 时，在安装分动顶杆位置处，定位至反位的转换不足位移由 7.2mm 降低到了 0mm，最小轮缘槽宽由 72mm 降低到 68mm；反位至定位的转换不足位移由 5.8mm 降低到了 0.1mm，最小轮缘槽宽由 73mm 降低到 67mm；但第三牵引点与调整装置之间的尖轨产生了"过位移"，这可能导致尖轨与顶铁之间的反力增大，从而增大转换力。将转换不足位移调整为 1mm 时，在安装分动顶杆位置处，定位至反位的转换不足位移由 7.2mm 降低到了 1.0mm，反位至定位的转换不足位移由 5.8mm 降低到 1.7mm，同样起到了减缓转换不足位移的作用，但最小轮缘槽宽有所减小，第三牵引点之后的"过位移"有所降低。

　　由图 10.62 可见，安装分动式顶杆装置后，第一牵引点和第二牵引点处的尖轨转换力略有减小，而第三牵引点处的转换力增加幅度较大。将转换不足位移调整为 0mm 时，尖轨定位至反位时，第三牵引点处的转换力由 1333N 增大到 1815N，而从反位至定位时的转换力由 1505N 增大到了 2019N。将转换不足位移调整为 1mm 后，定位及反位状态下第三牵引点处的转换力仅分别增大至 1335N、1794N，增加幅度大幅降低，可保证转换设备的安全使用。

本 章 小 结

　　本章首先通过对尖轨/心轨转换行为的分析，建立了考虑工电耦合效应的高速铁路道岔全时转换分析模型，考虑了外锁闭装置运动对高速铁路道岔转换特性的影响，对尖轨/心轨转换力进行修正，能够更准确地分析道岔转换过程中各部件的受力特性，并结合试验对仿真计算结果进行了验证。然后探明了转换动作时间差、夹异物等因素对道岔转换性能的影响规律，为高速铁路道岔转换同步性方案设计奠定了理论基础；提出了新型摇摆式外锁闭装置结构，提升了外锁闭装置对尖轨伸缩的适应能力，并建立了新型外锁闭装置结构有限元模型，构建了轨腰位置扳动力与锁闭杆转换力之间的传递函数，并深入分析了外锁闭装置的运动特性；基于有限元法建立了道岔转换设备受力分析模型，揭示了列车振动荷载、过岔速度等因素对高速铁路道岔转换设备动态响应的影响机制。基于上述理论及仿真研究，分析了道岔转换不足位移产生的原因，提出了尖轨转换不足位移整治技术，研制了分动式顶杆装置以消除尖轨转换不足位移。仿真计算及试验结果表明，分动式顶杆装置能够在不影响尖轨转换力的基础上，有效消除尖轨转换不足位移，保障了高速列车安全运行。

参 考 文 献

[1] Ilic C, Tomičić-Torlaković M, Radivojević G. Modelling the switch nose frog of turnout[J]. Architecture and Civil Engineer, 1997, 1(4): 533-539.

[2] Ilic C, Tomičić-Torlaković M, Radivojević G. Modelling the turnout switch for calculation the overturning force[J]. Architecture and Civil Engineer, 1998, 1(5): 585-592.

[3] Beatty B. China technical proposal of passenger dedicated turnout[R]. Wuhan: Balfour Beatty, 2006.

[4] 邢书珍. 具有摩擦力的变截面悬臂梁的反问题[J]. 中国铁道科学, 1992, 13(2): 69-80.

[5] 李向国, 鲍怀义, 岳渠德. 提速道岔转换力计算机模拟研究[J]. 石家庄铁道学院学报, 2002, 15(3): 53-55.

[6] 王平. 多点牵引时道岔扳动力计算与分析[J]. 铁道标准设计, 2002, 46(2): 23-25.

[7] 蔡小培, 李成辉, 王平. 滑床台板摩擦力对尖轨不足位移的影响[J]. 中国铁道科学, 2007, 28(1): 8-12.

[8] 蔡小培, 李成辉. 高速道岔心轨扳动力和不足位移控制研究[J]. 铁道学报, 2008, 30(2): 48-51.

[9] 马晓川, 王平, 张梦楠, 等. 基于有限元理论的小号码道岔转换分析[J]. 铁道建筑, 2014, 54(3): 103-106.

[10] Wang P, Chen R, Xu H. Conversion and its deviation control of electric switch machine of high speed railway turnout[J]. Journal of Vibroengineering, 2013, 15(3): 1513-1525.

[11] 王平. 高速铁路道岔设计理论与实践[M]. 成都: 西南交通大学出版社, 2011.

[12] 于浩, 王平, 徐井芒, 等. 高速道岔尖轨转换锁闭力计算分析[J]. 铁道标准设计, 2020, 64(10): 24-29.

[13] 李方太, 薛明德, 张玉林, 等. 铁路道岔外锁闭装置的强度分析[J]. 铁道标准设计, 2002, 46(9): 4-7.

[14] 徐井芒, 王平, 陈嵘, 等. 高速道岔转换锁闭结构力学特性[J]. 西南交通大学学报, 2013, 48(4): 702-707.

[15] 徐井芒, 王平, 谢铠泽, 等. 可动心轨道岔转换结构动力学特性研究[J]. 铁道科学与工程学报, 2014, 11(1): 29-35.

[16] 王平, 马晓川, 王健, 等. 差动装置对高速道岔尖轨不足位移的影响[J]. 铁道工程学报, 2015, 32(11): 43-48.

第十一章　高速铁路道岔健康管理与状态监测系统

随着我国高速铁路的大量建成通车,安全运输与设备状态管理的矛盾日益突出。通过建立有效的监控体系,做好固定设备的长期监控成为确保高速铁路安全、可靠、高效运行的保障,特别是固定设备某些关键薄弱环节的监控,如道岔、重点桥梁、重点隧道、软弱路基地段等的监控。道岔作为影响铁路行车安全的薄弱环节之一,其铺设数量已经超过3000 组。一方面,高速铁路道岔是实现列车转辙的关键部件,存在直接与轮轨关系相关的可动部件(尖轨、心轨),车轮过轨接触状态复杂,轨条断面多变,轨条支承及约束条件复杂,岔区零配件多,多种不同类型、不同材质的部件组装,工电联动实现转辙等特点,这些特点都无一例外地表明道岔是高速铁路固定设备中极为薄弱的环节,一旦发生故障而不能及时排除,将引发灾难性的后果,武广高铁开通前耒阳车站尖轨断裂就是一个很好的例证。另一方面,我国高铁采用封闭运行的管理模式,现有的管理、检测手段无法及时、全面地了解这些关键环节的状态,确保封闭期内列车的运行安全。近年来,飞速发展的传感器技术、通信技术及计算机技术,客观上也为监控平台的建设提供了强有力的支持。目前在道岔投入运营后,如何在规模态势下保证列车通过高速铁路道岔的安全,提高道岔使用过程中状态监测水平和故障快速处理能力,成为保证高铁道岔安全、高效运营的关键。

现有监测技术体系下,搭建道岔健康状态监测系统无论是前期建设阶段,还是后期的维护阶段,都存在高昂的成本支出。为降低建设及维护阶段的成本支出,对无源无线轨道状态监测技术进行了研究。自供电式无线数据传输的轨道健康状态监测系统能够更好地满足铁路管理部门的需求。利用列车通过时轨道振动产生的能量发电,作为轨道监测设备新型电源,同时利用无线电技术实时传输监测数据,不仅可节省大量基本建设投资而且节能环保,无疑具有广阔的应用前景。同时无源无线轨道状态监测技术是物联网技术的具体实现,这将是智能铁路的一个发展方向。

随着针对铁路道岔这一薄弱环节监测体系的逐步完善,道岔实时健康状态数据将会被持续不断地收集起来,用于指导养护维修决策。借助于计算机技术和铁路信息化的发展,建筑信息建模(building information modeling,BIM)技术在铁路运维管理阶段的应用更加深化。为实现监测数据充分,借助 BIM 技术建立基于监测数据的三维可视化信息模型,将相关信息进行集成、共享,可以有效地解决道岔健康状态管理中的问题。

第一节　基于声发射的高速铁路道岔轨件损伤监测平台

随着铁路高速、高密度行车区段不断增加,为确保行车安全,对道岔运行质量与状态稳定性要求越来越高。道岔一直是线路中的薄弱环节。德国、法国高速铁路道岔用轨,一般由钢厂在线热处理成硬头轨，道岔制造厂对钢轨进行机加工即可，不需要再次进行淬火处理提高轨头硬度。目前，我国的钢厂在线热处理钢轨技术刚起步，前期上道的大量道岔钢轨件是在道岔制造厂机加工后，再进行淬火处理和调直处理，该工艺易导致尖轨内应力增加，还有可能造成内部损伤，成为运营中道岔钢轨件断裂的隐患。在列车及温度荷载作用下，会不断发生钢轨损伤变形及性能劣化，严重时会造成道岔磨损断裂。道岔区尖轨与基本轨、心轨与翼轨损伤后，由于具有结构复杂和断面不规则特征，难以准确探测。钢轨件断裂后，由于岔区轨道电路的局限性，不能被轨道电路及时发现并显现在信号系统中。更严重的是尖轨和心轨断裂后，无扣件扣压极易引起道岔脱轨事故。因此，开展高速铁路道岔监测相关技术的研究是十分必要的，也是高速铁路养护维修所急需的。

一、声发射检测

随着现代信号处理技术的进步和传感器技术的成熟，基于声发射技术的无损检测技术受到了越发广泛的重视和研究。声发射现象是材料变形或者断裂过程中，随着能量释放伴生的一种弹性波现象。声发射检测是利用定制的传感器采集道岔钢轨损伤伴生的声发射信号，由断裂力学理论可知，伴生声发射信号的四个影响因子分别为材料、结构、荷载、裂纹形态，对于制定的监测对象[1]，前三个影响因素都是固定不变的，如此建立了裂纹形态和声发射信号的一一映射，即可以通过监测声发射信号实现裂纹损伤的检测。

1. 声发射原理

材料中局域源快速释放能量产生瞬态弹性波的现象称为声发射（acoustic emission，AE），有时也称为应力波发射。材料在应力作用下的变形与裂纹扩展是结构失效的重要机制。这种直接与变形和断裂机制有关的源，称为声发射源。近年来，流体泄漏、摩擦、撞击、燃烧等与变形和断裂机制无直接关系的另一类弹性波源，称为其他或二次声发射源。

声发射是一种常见的物理现象，各种材料声发射信号频率范围很宽，从几赫兹的次声频、$20Hz \sim 20kHz$ 的声频到数兆赫兹的超声频；声发射信号幅度的变化范围也很大，从 $10^{-13}m$ 的微观位错运动到 1m 量级的地震波。若声发射释放的应变能足够大，则可产生人耳听得见的声音。大多数材料变形和断裂时有声发射发生，但许多材料的声发射信号强度很弱，人耳不能直接听见，需要借助灵敏的电子仪器才能检测出来。用仪器探测、记录、分析声发射信号和利用声发射信号推断声发射源的技术称为声发射技术，人们将声发射仪器形象地称为材料的听诊器。

如图 11.1 所示，声发射源发出的弹性波，经介质传播到被检体表面，引起表面的机械振动。声发射传感器将表面的瞬态位移转换成电信号。声发射信号经放大、处理后，其波形或特性参数被记录与显示。最后，经数据的分析与解释，评定出声发射源的特性。

在外力作用下，压电材料表面将会产生极化电荷，电荷量与压力成比例，这一现象称为压电效应；在外电场作用下压电体会产生机械变形，这一现象称为逆压电效应。压电效应的机理（图 11.2）是：具有压电性的晶体对称性较低，当受到外力作用发生变形时，晶胞中正负离子的相对位移使正负电荷中心不再重合，导致晶体发生宏观极化，而晶体表面电荷面密度等于极化强度在表面法向上的投影，所以压电材料受压力作用变形时，两端面会出现异号电荷。反之，压电材料在电场中发生极化时，电荷中心的位移会导致材料变形。逆压电效应是指当在电介质的极化方向施加电场，这些电介质就在一定方向上产生机械变形或机械压力，当外加电场撤去时，这些变形或应力也随之消失。

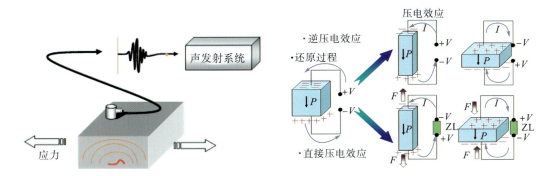

图 11.1　材料损伤伴生声发射信号　　　　　　图 11.2　压电检测技术原理图

锆钛酸铅压电陶瓷(PZT)压电传感器具有优良的力电耦合性能，可实现力学信号与电学信号的相互转换。利用 PZT 压电传感器检测的电压信号可以反映出机械结构的健康状况，其本构关系方程如下：

$$
\begin{bmatrix} s_1 \\ s_2 \\ s_3 \\ s_4 \\ s_5 \\ s_6 \end{bmatrix} = \begin{bmatrix} S_{11}^E & S_{12}^E & S_{13}^E & 0 & 0 & 0 \\ S_{21}^E & S_{22}^E & S_{23}^E & 0 & 0 & 0 \\ S_{31}^E & S_{32}^E & S_{33}^E & 0 & 0 & 0 \\ 0 & 0 & 0 & S_{44}^E & 0 & 0 \\ 0 & 0 & 0 & 0 & S_{55}^E & 0 \\ 0 & 0 & 0 & 0 & 0 & S_{66}^E \end{bmatrix} \begin{bmatrix} \sigma_1 \\ \sigma_2 \\ \sigma_3 \\ \tau_{23} \\ \tau_{31} \\ \tau_{12} \end{bmatrix} + \begin{bmatrix} 0 & 0 & d_{31} \\ 0 & 0 & d_{32} \\ 0 & 0 & d_{33} \\ 0 & d_{24} & 0 \\ d_{15} & 0 & 0 \\ 0 & 0 & 0 \end{bmatrix} \begin{bmatrix} E_1 \\ E_2 \\ E_3 \end{bmatrix} \tag{11.1}
$$

$$
\begin{bmatrix} D_1 \\ D_2 \\ D_3 \end{bmatrix} = \begin{bmatrix} 0 & 0 & 0 & 0 & d_{15} & 0 \\ 0 & 0 & 0 & d_{24} & 0 & 0 \\ d_{31} & d_{32} & d_{33} & 0 & 0 & 0 \end{bmatrix} \begin{bmatrix} \sigma_1 \\ \sigma_2 \\ \sigma_3 \\ \tau_{23} \\ \tau_{31} \\ \tau_{12} \end{bmatrix} + \begin{bmatrix} \varepsilon_{11}^\sigma & 0 & 0 \\ 0 & \varepsilon_{22}^\sigma & 0 \\ 0 & 0 & \varepsilon_{33}^\sigma \end{bmatrix} \begin{bmatrix} E_1 \\ E_2 \\ E_3 \end{bmatrix} \tag{11.2}
$$

压电传感器由压电材料制作，用途广泛，与其他传感器相比，其主要优点为：工作频率范围广，可以从几十赫兹到几百赫兹；动态范围大、频率响应快、灵敏度高、温度稳定性好(-20～150℃)、质量轻、结构简单，既可以粘贴在结构表面，还可以通过一定的工艺措施耦合到结构之中。

2. 声发射系统检测原理

声发射系统检测的基本原理是由外部条件(力、热、电、磁等)的作用使物体产生并发射声信号，通过压电传感器接收这些信号，加以处理、分析和研究，推断材料内部状态或缺陷性质和状态变化的信息，如图 11.3 所示。

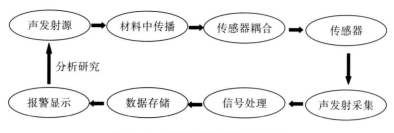

图 11.3 声发射检测原理方框图

3. 声发射优缺点

基于声发射技术的无损检测技术是众多无损检测技术中的一种,其优点和缺点都是在方案比选过程中必须重点关注和考虑的。

基于声发射技术的无损检测方案的优点如下:

(1)声发射是一种动态检验方法,声发射探测到的能量来自被测试物体本身,该道岔裂纹监测系统的激励源为列车-道岔相互作用力,而不是像超声或射线探伤方法一样由无损检测仪器提供。

(2)在一次试验过程中,声发射检验能够整体探测和评价整个结构中活性缺陷的状态,可提供活性缺陷随荷载、时间、温度等外变量而变化的实时或连续信息,因而适用于道岔钢轨状态在线监控及早期或临近破坏预报。

(3)由于对构件的几何形状不敏感,适于检测其他方法受到限制的形状复杂构件,且盲区较少。

基于声发射技术的无损检测方案的缺点如下:

(1)声发射特性对材料敏感,又易受到机电噪声的干扰,尖轨部分几何结构复杂,且有多种机械信号(接触、冲击和摩擦等)掺杂,对数据的正确解释要有更为丰富的数据库和现场检测经验。

(2)由于声发射的不可逆性,试验过程的声发射信号不可能通过多次加载重复获得,每次检测过程的信号获取是非常宝贵的,不可人为疏忽造成宝贵数据的丢失。

(3)声发射检测只能给出声发射源的部位、活性和强度,不能给出声发射源内缺陷的性质和大小,仍需依赖于其他无损检测方法进行复验。

二、基于大数据的声发射信号处理

大数据技术本质上是信号处理和信息处理技术的融合,信号处理是手段,信息提取是目的。大数据挖掘没有统一的方法论,但特征提取、分类、聚类是大数据技术的重要内容。为了实现对海量、非同构的数据进行分类和聚类,特征提取是必然的手段,其更多的是一种信号处理技术。

基于大数据技术的声发射信号处理基于现代信号处理技术和大数据挖掘技术[2],通过现代信号处理技术把海量数据重新表征,具体选择的数据工具是 Wigner-Ville 四阶谱,其在噪声抑制的同时,实现信号的时频高分辨率表征。在有了声发射信号的高分辨率表征且抑制了噪声的基础上，以 Wigner-Ville 四阶谱作为声发射信号的特征进行大数据挖掘并聚类，以现有海量数据的聚类结果作为先验，对新采集的声发射信号进行分类，道岔监测系统根据分类结果进行不同的响应[3]。

1. 特征提取

由断裂力学可知，不同来源的声发射信号一定会在时域或某个变换域表现出"差异"[4]，特征提取的本质就是在有强背景噪声的前提下，实现这个"差异"的准确提取。很明显，恰当地选择数学工具是特征提取的核心工作。

特征提取和聚类分析是声发射信号处理的核心内容，但特征提取是聚类分析的基础。理论上信号处理的很多方法都可以实现声发射信号的特征提取，但考虑到铁路道岔工作现场有强背景噪声，前期大量的研究表明，相关性分析、谱分析、小波(包)分析等都效果不佳。

2. Wigner-Ville 四阶谱

Wigner 高阶谱是 Wigner-Ville 分布的扩展，在保留了 Wigner-Ville 分布的良好数学特性的基础上，继承了高阶谱分析的优点。其本质上就是在时频平面上反映信号的高阶谱特性，也可以说是信号高阶域能量在时频平面的分布情况。

Wigner-Ville 高阶谱继承了高阶谱抑制高斯类噪声能力的同时，保持了信号变换域表征的高分辨率，且实现了信号时频二维同步高分辨率表征。

Wigner-Ville 分布的定义如下：

$$\mathrm{WVD}(t,w) = \int_{-\infty}^{-\infty} x\left(t+\frac{\tau}{2}\right) x^*\left(t-\frac{\tau}{2}\right) \mathrm{e}^{-\mathrm{i}\omega\tau} \mathrm{d}\tau \tag{11.3}$$

Wigner-Ville 高阶谱定义如下：

$$\mathrm{WVD}_{\mathrm{Order}}(t,w_1,\cdots,w_k) = \int_{\tau_1}\cdots\int_{\tau_k} x^*\left(t-\frac{1}{k+1}\sum_{m=1}^{k}\tau_m\right)\prod_{i=1}^{k} x\left(t+\frac{1}{k+1}\tau_i-\frac{1}{k+1}\sum_{m=1}^{k}\tau_m\right)\mathrm{e}^{-\mathrm{i}\omega_i\tau_i}\mathrm{d}\tau_i \tag{11.4}$$

当 $k=4$ 时，得到 Wigner-Ville 四阶谱。

选择用 Wigner-Ville 四阶谱作为提取道岔钢轨声发射信号的特征和聚类依据，具有抑制高斯背景噪声的同时，能够保持信号时频域的高分辨率。采用 Wigner-Ville 四阶谱处理钢轨声发射信号，不同类型的声发射信号的"细微区别"没有"被忽略"，也没有"被模糊"，相反时域的"细微区别"被放到时频域重新铺排，从这个意义上说，Wigner-Ville 四阶谱实现了不同类型声发射信号的"细微区别"的有效放大，为聚类分析打下坚实基础。

3. 聚类分析

用统一标准把集合分解为几个子集称为聚类分析，每个子集称为类，"物以类聚，人以群分"是聚类分析的一种典型应用。聚类分析以特征提取为基础，聚类的统一标准来源于特征的某种变换。

聚类的方法有很多，有系统聚类法、序样品聚类法、动态聚类法、模糊聚类法、图论

验知识和大数据学习的成果不停地丰富完备库,但并不能从数学上论证完备库确实就是完备的。这也促使灰名单的存在,当有一类声发射信号出现时,而这类声发射信号不是实验室中的任何一种,也不是大数据学习结果中的任何一种,那么这类声发射信号就被加入灰名单。系统对灰名单中的声发射信号的响应为预报警,并更新健康指数,通过人工现场勘查、设备探伤,并根据现场探伤结果形成先验知识更新完备库。

三、高速铁路道岔轨件损伤监测平台

1. 损伤监测平台原理

监测系统基于声发射技术,采用压电传感器接收弹性波信号,信号的激励源为列车-道岔相互作用力,故该系统可在列车驶经道岔时接收信号用以识别道岔钢轨是否出现裂纹,无须其他人工或机械激励源,可在铁路运营期间进行实时监测,能够有效弥补高速铁路白天运营期间钢轨监测的空白,如图 11.5 所示。

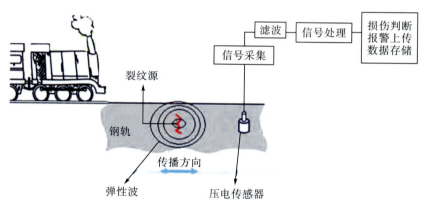

图 11.5　钢轨裂纹声发射检测原理

在高速铁路道岔轨件损伤监测系统中,重点监测对象为尖轨、心轨的裂纹以及断轨损伤,重点监测部位为各个监测对象的轨底、螺栓孔、焊孔以及轨面的压溃情况。高速铁路道岔轨件损伤监测平台利用耦合在尖轨轨底上的 PZT 压电传感器采集由钢轨声发射源产生的弹性波信号,并将其转变成电信号,通过对电信号数据的处理分析,完成预警和报警功能,最终实现对钢轨裂纹发生扩展的实时监测。

高速铁路道岔监测轨件损伤监测系统由现场传感器集成模块、现场道岔监测分机、车站道岔监测主机、道岔监测平台、四类用户终端、传输通道等组成。各种现场传感器实时监测道岔状态数据,通过有线方式传至监测分机,由监测分机进行数据初处理后,转发至监测主机,由监测主机中相应的处理模块对各种监测数据进行处理,将处理后的结果及相关信息发送至各级监测终端并保存至数据库。各级监测终端为相应的用户终端提供数据服务,系统结构如图 11.6 所示。

由下至上层次分布为:现场采集设备、监测分机、监测主机及系统应用平台。其中,最下面一层为数据采集,各子项监测设备将采集到的原始数据发送到监测分机,监测分机将原始数据转发到该车间的监测主机进行处理,然后将处理过的数据通过规范的通信协议和接口发送到应用系统平台,为各个终端提供数据支持。

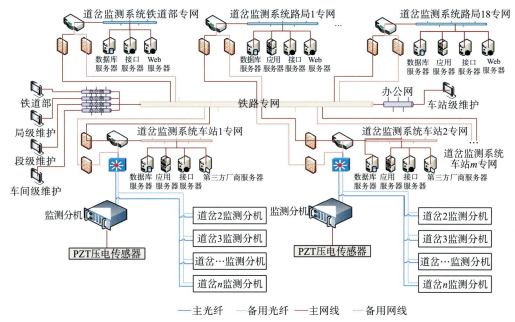

图 11.6　高速铁路道岔轨件损伤监测系统结构图

监测分机收集现场采集设备的监测数据,并进行缓存,同时将其传送至监测主机。

监测主机收集管辖范围内的各监测分机上传的裂纹监测数据,按设定的报警门限值和信息处理规程,对监测信息进行综合分析处理,生成各类预警、报警信息,并传送至应用系统平台,具备对各类信息的分析处理及统计功能,为维护管理人员提供监测预警、报警及设备故障等信息的查询显示和报表输出功能。

2. 道岔监测系统硬件平台

研制的高速铁路道岔监测系统主要包括硬件系统及软件平台,硬件系统由监测中心、监测主机、监测分机、传感器及客户端组成,软件平台由监测中心软件、监测主机软件、监测分机软件组成,系统可以实现对高速铁路道岔钢轨裂纹、环境监测等监测项点的实时监测,并可兼容视频、爬行、挤岔、密贴等监测项点的接入。

各传感器实时监测道岔钢轨状态数据,通过有线方式传至监测分机,由监测分机经过预处理后转发至监测主机,由监测主机中相应的处理模块对监测数据进行处理,并将处理后的结果及相关信息发送至监测平台并保存至数据库,系统硬件架构如图 11.7 所示。

监测中心是系统的数据管理平台,管理其下辖范围内的监测主机传输的数据,并向各级客户端发布报警信息;监测中心应包括段监测中心、铁路局监测中心,分别部署于工务段中心机房、路局中心机房,也可根据需要部署总公司监测中心;监测中心设备包括监测中心服务器、交换机、防雷击装置、不间断供电装置;各级监测中心设备结构相同,根据下辖监测容量不同,具体选择不同规格的设备。监测中心结构如图 11.8 所示。

监测中心机箱采用标准 42U 机柜，其机械结构与产品实物如图 11.9 所示。

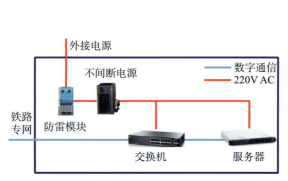

图 11.7　系统硬件架构示意图

图 11.8　监测中心结构示意图（AC 指交流）

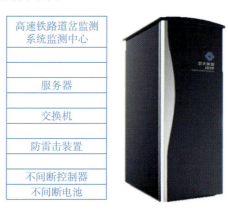

图 11.9　监测中心机械结构与产品实物图

　　监测主机是系统的中间管理设备，管理其下辖范围内的监测分机传输的数据，向监测中心及与其连接的客户端发布报警信息；监测主机部署于车站信号微机室；监测主机设备包括监测主机服务器、交换机、配电模块、不间断供电装置；各监测主机设备结构相同，根据下辖监测容量不同，具体选择不同规格的设备。监测主机结构示意图如图 11.10 所示。

　　监测主机按车站部署，每个车站部署一台监测主机，主要负责管理下辖范围内的所有监测分机，具体功能有：接收监测分机上传的报警信号；管理车站内所有监测分机的设备状态；存储并管理本车站内的所有报警信号；为本车站级别监测终端提供数据库服务；将本车站的报警信号及设备状态上传至数据中心。

图 11.10　监测主机结构示意图

监测主机机箱采用标准 42U 机柜，其机械结构与产品实物如图 11.11 所示。

监测分机是系统的底层管理设备，采集处理各传感器数据，向监测主机发送处理结果；监测分机部署于被监测道岔轨旁，设备包括数据采集模块、数据处理模块、工业以太网交换机、雷电防护模块以及电源模块，其结构示意图如图 11.12 所示。

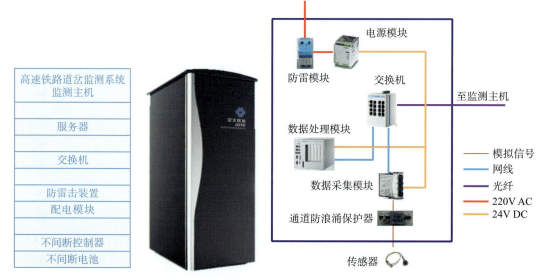

图 11.11　监测主机机械结构与产品实物　　　　图 11.12　分机结构示意图（DC 指直流）

监测分机机箱采用铁路信号类产品专用机箱（复合材料 XB2-2），防护等级可以达到 IPX5，其机械结构与产品实物如图 11.13 所示。

系统传感器采用的是 PZT 压电传感器。压电传感器在外力作用下，压电材料表面将会产生极化电荷，电荷量与压力成比例，这一现象称为压电效应；在外电场作用下压电体会产生机械变形，这一现象称为逆压电效应。基于压电传感器的原理和优良的力电耦合性能，可实现力学信号与电学信号的相互转换。利用 PZT 压电传感器检测的电压信号可以反映出机械结构的健康状况。压电传感器安装在道岔钢轨上，实现钢轨损伤的监测。传感器与夹具实物如图 11.14 所示。

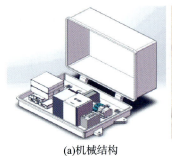  

(a)机械结构   (b)实物图

图 11.13 监测分机机械结构与实物图   图 11.14 传感器与夹具实物图

  高速铁路道岔监测系统从 2012 年 12 月在成都北编组站试用以来，先后在广州地铁 5 号线文冲站、沪宁高铁常州站、大秦重载迁安北站及大西高速综合试验段试用连续运行，截至目前已产生约 15TB 的海量数据。

  为有效完成海量监测数据的存储与处理，系统按逻辑功能划分为三个子系统：海量数据存储与管理子系统、道岔监测数据处理子系统和通信适配子系统。其中，海量数据存储与管理子系统完成道岔监测数据的存储、日常数据管理和维护功能；道岔监测数据处理子系统负责对监测分机上传的传感器数据进行失真判别、失真修复和噪声去除的数据净化功能；通信适配子系统实现与监测分机、监测终端和本系统内子系统间的通信与数据交互功能。

  根据整体规划，车站主机是监测数据处理与存储的核心，除了能实现监测数据的预处理和存储，还能完成与下级监测分机、上级监测管理平台的双向数据交互，并保证系统能 7 天 24 小时不间断运行。因此，车站主机部分需要建立磁盘阵列及其备份，来保证监测数据的可靠存储。

  根据需求分析，采用 Storage Foundation 的 Vxvm 的基于卷的数据同步镜像技术，对关键数据进行阵列内镜像，并将镜像建立在两个 RAID（磁盘阵列）上，以保证在存储阵列某个 RAID 遭到破坏时系统可以不间断运行、保证数据无丢失以及应用的不停顿。另外，对核心数据进行 Lan-Free 来保证核心数据的快速恢复，同时结合 D2D2T 技术可以将关键业务的数据快照（设置成 1 小时一次快照，或者更短时间间隔）先备份到硬盘，再备份到磁带（或者其他备份设备），这样既可增加备份频度（数据几乎零丢失），也可降低备份时对主机性能的影响（Server-Free），达到节省备份和恢复时间、实现备份数据进行在线和离线保存从而达到成本和性能的结合。Server-Free 备份策略说明如表 11.1 所示。

表 11.1 Server-Free 备份策略说明

时间	内容	图示
00:00AM～00:15AM	生成快照备份、断开快照镜像、建立数据变化跟踪日志	数据卷（生产数据/镜像）→ 生产卷（生产数据）　快照卷（快照）
00:15AM～23:30PM	生产系统正常运行、快照数据备份到磁带	应用　生产数据 → 快照数据 →

时间	内容	图示
23:30PM～4:00PM	通过 DCO 日志，同步一天的 变化量到快照数据	

3. 道岔监测系统软件平台

高速铁路道岔监测系统软件平台由监测中心软件、监测主机软件、监测分机软件、客户端软件组成。监测中心软件、监测主机软件、监测分机软件均根据各部分硬件功能需求设计相应的软件模块，客户端软件实现人机界面，提供友好的人机操作接口。

1)监测中心软件设计

监测中心软件的主要功能是接收并处理相关的数据信息，向客户端推送相关信息，以及向上级或第三方平台发送相关信息。其具体功能如下：

(1)实时信息推送。向客户端实时推送各监测主机上传的报警和故障信息以及相关设备的状态信息。

(2)数据存储。存储各监测主机上传的故障、报警信息，存储客户端的相关报警和故障处理信息以及相关操作信息。

(3)数据统计与分析。对监测范围内的报警和故障数据的统计与分析，通过数据的统计与分析及时了解线路状况，以采取相关措施保证线路运行安全。

(4)数据传输。根据用户的指令自动发送相关数据(包括报警和故障信息、统计信息、日志信息等)。

(5)系统管理。对系统的用户信息及其权限范围进行管理，对管辖范围内的监测主机进行管理。

(6)接口预留。预留功能模块添加接口，预留与其他系统或平台对接的第三方接口。

监测中心软件需要支持实时监测、数据统计、数据存储、数据查询、日志统计、系统配置等多项功能。依据监测系统的功能设置，将之分为通信服务子系统、数据处理子系统、系统管理子系统三个子系统，如图 11.15 所示。

通信服务子系统由数据传输模块、指令下发模块和时钟同步模块组成；数据处理子系统由数据采集模块、数据存储模块、数据查询模块等组成；系统管理子系统由用户管理模块、系统配置模块组成。

2)监测主机软件设计

监测主机软件接收管辖范围内各监测分机上传实时监测数据，对监测信息进行综合分析处理，向客户端推送相关信息，以及向上级或第三方平台发送相关信息。其具体功能如下：

(1)实时信息推送。向客户端实时推送各监测分机上传的报警和故障信息以及相关设备的状态信息。

(2)数据存储。存储各监测分机上传的故障、报警信息以及具体业务数据，存储客户端反馈的相关报警和故障处理信息以及相关操作信息。

（3）数据统计与分析。对监测范围内的报警和故障数据的统计与分析，通过数据的统计与分析及时了解线路状况，以采取相关措施保证线路安全运行。

（4）数据传输。向监测中心上传相关监测信息及系统信息，根据用户的指令自动发送相关数据（包括报警和故障信息、业务数据、统计信息、日志信息等）。

（5）系统管理。对系统的用户信息及其权限范围进行管理，对道岔基础信息进行管理，对管辖范围内的监测分机进行管理。

（6）接口预留。预留功能模块添加接口，预留与其他系统或平台对接的第三方接口。

监测主机软件需要支持实时监测、数据统计、数据存储、数据查询、日志统计、系统配置等多种功能。依据监测系统的功能设置，将之分为通信服务子系统、数据处理子系统、系统管理子系统三个子系统，如图11.16所示。

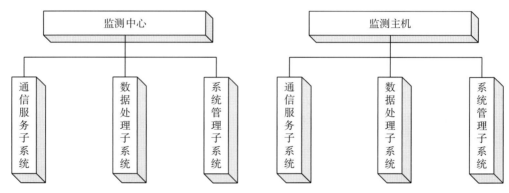

图11.15   监测中心软件系统的组织结构图   图11.16   监测主机软件组织结构图

通信服务子系统由数据传输模块、指令下发模块和时钟同步模块组成；数据处理子系统由数据采集模块、数据存储模块、数据查询模块等组成；系统管理子系统由用户管理模块、系统配置模块组成。

3）监测分机软件设计

监测分机采用模块化结构设计，同一监测分机具备接入多个现场采集设备的功能，且易于扩展。监测分机收集现场采集设备的监测数据，并进行缓存和数据处理，同时将相关数据传送至监测主机。其主要功能如下：

（1）数据采集。通过轨上传感器设备采集目标道岔的压电信号，并存储在系统中。

（2）滤波处理。对采集的原始数据进行滤波处理，剔除电磁干扰、道岔搬动以及轮轨摩擦等干扰信号。

（3）计算分析。对滤波后的数据进行算法分析计算，根据计算结果输出钢轨的健康状况，实现报警诊断及定位。

（4）系统管理。管理前端在线采集设备，实现故障诊断及定位。

（5）数据传输。能够将故障、报警状态等信息上传至监测主机，并接收监测主机的指令信息。

监测分机软件需要实现数据采集、数据分析、设备管理、系统配置等多项功能。依据监测系统的功能设置，将之分为数据采集子系统、数据计算子系统、系统管理子系统三个子系统，如图11.17所示。

数据采集子系统由数据传输模块和状态处理模块组成；数据计算子系统由数据传输模块、滤波模块、数据分析模块组成；系统管理子系统由设备管理模块、文件管理模块组成。

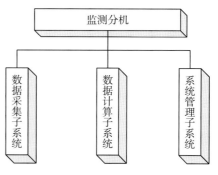

图11.17　监测分机组织结构图

第二节　无源无线轨道状态监测技术研究

随着铁路线路的纵横发展，人们对铁路监测设施和传感器件的需求日益增长。利用列车通过时轨道振动产生的能量发电，作为道岔监测设备新型电源，同时利用无线通信技术传输监测数据，不仅可节省大量基建投资而且节能环保，无疑具有广阔的应用前景。解决铁路沿线监测设备和传感元件的供电和信号传输问题，对健全道岔交通安全监测网络意义重大。

一、轨道振动发电技术研究

1. 原型机结构尺寸的限制性因素——轨道/车辆限界

本技术方案提出一种磁浮式轨道振动发电装置，包括永磁体、弹簧、线圈、铜珠和DC-DC 升压转换电路[5]，可以在列车通过时收集轮对/钢轨振动能量，为铁路和桥梁监测传感器提供电力支援。电磁式轨道振动发电装置利用列车-轨道动力交互作用产生的振动激励，激发磁性材料相对于钢轨产生相对运动，引起线圈中磁感应强度的变化，从而产生感应电压。由于发电装置安装在轨道上，在列车通过时收集能量，其结构尺寸需满足车辆轨道限界标准。装置的结构几何尺寸需不影响轨道上各种车辆的通过性。磁浮式振动发电原型机的总体高度低于钢轨轨头表面，其主结构与钢轨轨头内侧面之间的横向间距设计为160mm，大于车轮外表面极限位置与钢轨轨头内侧面之间的间距值（130mm），符合标准DIN EN 15273-2 的规定，如图11.18 所示。

2. 小型化设计方法

磁浮式轨道振动发电装置[6]的原理如图11.19 所示。若将图中的固定磁体换为铝轴套，并在铝轴套与悬浮磁体中安装弹簧，即变成弹簧谐振式发电装置。磁浮式和弹簧谐振式可统一归为电磁式轨道振动俘能装置，其机电一体化设计方法和技术方案是可共用的，由本章下述内容展开论述。

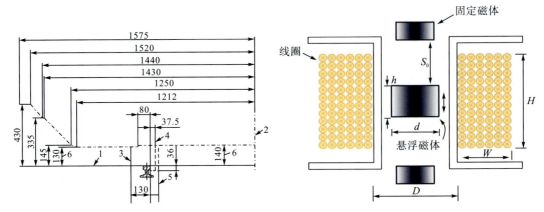

图 11.18　DIN EN 15273-2 的静态　　　　　图 11.19　磁浮式轨道振动发电装置

参考轮廓 GI1（单位：mm）　　　　　　　基本原理示意图

电磁式轨道振动发电装置的小型化具体设计和实施方式如下所述。

1）电磁式振动发电装置方案一：异形磁体+弹簧+铜珠（图 11.20 和图 11.21）

装置由铝材磁隔离板、磁性材料、弹簧、弹簧固定器、轴套、线圈和铜珠组成。装置整体通过铝材磁隔离板上的磁体吸附固定在钢轨上。铜珠分布在异形磁体的环形槽中，铜珠外侧与线圈骨架（图 11.22）接触。铜珠可以保证异形磁体良好的单向运动，使发电装置可靠工作。

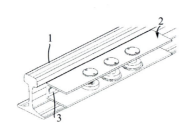

图 11.20　具体实施方式一示意图 1

1. 钢轨；2. 发电装置；3. 钢轨连接磁体

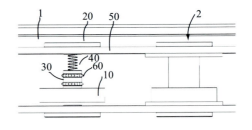

图 11.21　具体实施方式一示意图 2

1. 钢轨轴套；2. 发电装置；10. 支座；

20. 弹簧轴套；30. 异形磁体；40. 弹簧；

50. 支承框架；60. 铜珠

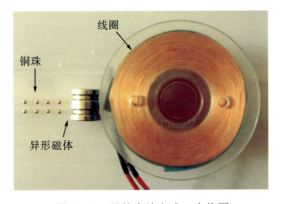

图 11.22　具体实施方式一实物图

2) 电磁式振动发电装置方案二：标准磁体+弹簧（图 11.23 和图 11.24）

装置由铝材磁隔离板、磁性材料、弹簧、弹簧固定器、轴套、线圈、线圈调节器和支架组成。装置整体通过铝材磁隔离板上的磁体吸附固定在钢轨上。

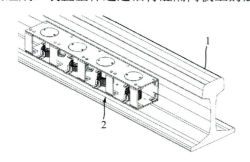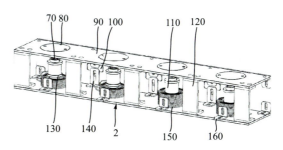

图 11.23　具体实施方式二示意图 1
1. 钢轨；2. 发电装置

图 11.24　具体实施方式二示意图 2
2. 发电装置；70. 弹簧；80. 弹簧轴套；90. 支承板；100. 钢轨连接磁体；110. 磁体；120. 高度固定支架；130. 配重轴套；140. 固定支架；150. 线圈；160. 线圈位置调节支架

3. 整流、滤波、稳压及 DC-DC 斩波技术

考虑了机电结构部分的小型化设计和实施方案后，还需要考虑振动发电装置输出电压及电流的整流、滤波、稳压及 DC-DC 转换电路。

电磁式轨道振动发电装置有两种电源电路、能量转换及存储的应用方案，如图 11.25 所示。

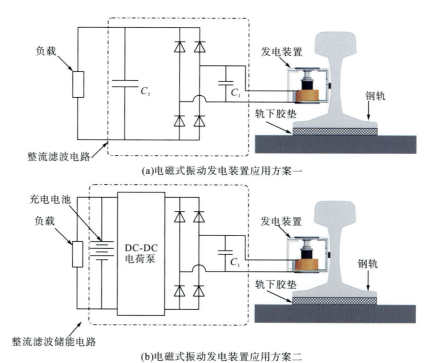

(a)电磁式振动发电装置应用方案一

(b)电磁式振动发电装置应用方案二

图 11.25　电磁式振动发电装置电源转换部分实施方案

在振动发电装置和负载之间需接入电压转换和储能电路。电压转换和储能电路有两种构建方式：其一是将振动发电装置输出的电压经过整流和滤波后，直接供给负载电路；其二是将输出的电压经过整流和滤波后，输入 DC-DC 电源电路模块或电荷泵，将电压调整到标准的 3.3V 或 5V，然后存储到可充电电池中。完整的振动发电装置应包括换能模块、电压转换和储能模块及其负载模块。图 11.26 给出了一种具体的适用于本技术方案的 DC-DC 升压电路原理图和实物图。

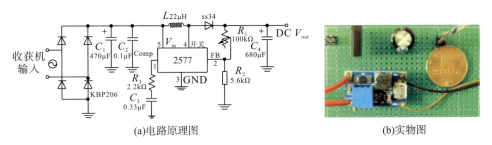

(a)电路原理图　　　　　　　　　　　(b)实物图

图 11.26　电磁式振动发电装置 DC-DC 升压电路原理图和实物图

综上，借鉴机电一体化设计方法和技术，提出两种电磁式轨道振动发电装置。电磁式轨道振动发电装置安装在钢轨两侧，包括磁体、线圈、铝结构框架、连接夹持臂和 DC-DC 升压转换电路，可以在列车通过时采集轮对/钢轨振动能量，为铁路和桥梁监测传感器提供电力支援。本技术方案的特点：①轨道振动发电装置(包括电磁换能器结构、DC-DC 升压转换电路以及安装夹持附件)可以安装在既有的铁道线路上，也可安装在新修轨道线路上。其安装方式便捷、适应性强，可以方便、大批量地安装于既有的城市轨道交通线路、高速铁路线路和一般铁道线路上，适用于 50kg/m、60kg/m 和 75kg/m 的钢轨，也能用于有砟轨道和无砟轨道。②本技术方案由于通用性强，安装不需要对铁道线路进行重建和改造，对铁路工程标准件如轨枕、胶垫、钢轨等无定制要求，因此成本低、安装作业便捷且更易于维护和更换。③现有的轨道振动发电方式对电能转换和电路实现的解决方案没有详细提及。本技术方案提出了电能转换具体实施方案，并给出了 DC-DC 升压转换电路，可以将电磁换能器输出的交流电转换为标准的 3.3V 或 5V 直流电并存储利用。

二、无线传感监测网络搭建

无线通信技术是轨道结构健康状态无线监测系统的重要组成部分，它的主要功能是实现传感器节点之间以及传感器与数据处理中心之间的数据通信。目前常用的无线通信技术有 GPRS、Wi-Fi、ZigBee、IrDA(infrared data association)、Bluetooth、NB-IoT 等，其中GPRS 为远距离移动数据传输技术，通常用于现场监测分机与数据中心之间的数据传输。Wi-Fi、IrDA、Bluetooth、ZigBee 等均为短距离无线通信技术。Wi-Fi 是以太网的一种无线扩展，可以方便访问互联网，且具有传输速度快的特点，但组网规模小，耗电量较大。IrDA 是一种点对点的短距离无线通信技术，它要求两通信节点之间必须通视，不能有其他物体阻隔。Bluetooth 是应用最广的近距离无线通信协议，但技术太复杂，功耗大，距离近，组网规模太小，限制了 Bluetooth 的进一步推广应用。ZigBee 是一种基于 IEEE

802.15.4 规范的通信协议,用于创建小型低功率无线网络。与其他无线个人局域网(wireless personal area network,WPAN)如 Bluetooth 和 Wi-Fi 相比,ZigBee 规范旨在更简单、成本更低并且功耗更低。传输距离被限制在 10～100m 的视距范围内,ZigBee 设备也可以通过建立中间设备的网状网络来远距离传输数据。ZigBee 具有 250kbit/s 的定义传输速率,因此适用于来自传感器或输入设备的间歇性数据传输。Browne 等提出了一种连接到 ZigBee 无线收发器的新型移动天线结构,该结构用于在铁路轨道上传递应力和应变数据。收发器功耗为 1mW,通信距离达到 91m。

三、智能轨道监测系统的架构设计和软硬件平台

这里提出一种基于电磁式振动换能装置和无线通信技术的轨道结构健康状态无线监测系统,包括固定于钢轨轨底的电磁式振动换能装置、传感节点、控制模块、无线传输模块、协调器节点和计算机,可以对列车经过时轨道结构振动能量加以利用,实现传感节点的自主供能,无需现场布线即可实现对轨道结构健康状态的实时监测。

其中 ZigBee 是基于 IEEE 802.15.4 标准的低功耗局域网协议的一种短距离、低功耗的无线通信技术,主要适用于自动控制和远程控制领域,可以嵌入各种设备。其特点是近距离、低复杂度、自组织、低功耗、低数据传输速率和低成本。ZigBee 具有大规模组网能力,最多可容纳 65000 个节点,自组网功能增加了网络的健壮性,ZigBee 节点在不需要通信时可以进入低功耗休眠状态,在低耗电待机模式下,可充电电池可支持一个节点工作数月之久。ZigBee 能耗较低,可以很好地与轨道振动能量捕获系统的功率输出相匹配,数据传输速率能够基本满足轨道结构健康状态监测需求,所以 ZigBee 无线局域网络可以很好地应用于轨道结构健康状态无线监测领域。

1. 系统架构

自供电式轨道状态无线监测系统架构如图 11.27 所示。电磁式振动换能装置借助法拉第电磁感应定律将轮轨激励作用下轨道结构的振动动能转化为电能,并用于为传感单元供能。由无线通信模块以及各种传感器集成得到的传感单元可以实现轨道结构健康状态数据(温度、湿度、加速度、位移)的采集、发送,传感节点利用振动换能器供能,不依赖于外部电源,不需现场布线,可实现监测数据的无线传输。协调器可以接收现场传感节点无线传输来的数据,并将数据经由串口数据线传输至计算机,由计算机进行存储和分析,进而实现轨道健康状态的实时监测。

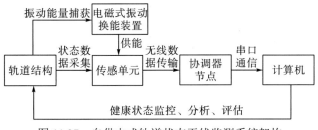

图 11.27　自供电式轨道状态无线监测系统架构

2. 硬件平台

硬件平台主要包括如下两部分。

(1) 第一部分为基于电磁感应原理的轨道振动换能系统，具体实施方案为：钢轨连接件+支撑件+支撑骨架+铝盖板+感应线圈+悬浮磁体+静止磁体。

装置由钢轨连接件、感应线圈、支撑骨架、静止磁体、悬浮磁体、支撑件、铝盖板等组成。装置整体通过钢轨连接件固定于钢轨的轨底，钢轨连接件的内部曲面设计为可以兼容 50kg/m、60kg/m 和 75kg/m 三种规格的国标钢轨。感应线圈缠绕于支撑骨架外侧，支撑骨架上下两端分别固定有铝盖板，铝盖板又分别与静止磁体固定连接，以保证在该装置振动过程中静止磁体不发生相对振动。悬浮磁体在静止磁体的排斥力作用下，悬浮于线圈骨架中。当该装置上下振动时，悬浮磁体与静止磁体产生相对振动，同时会引起线圈内部磁通量的变化。支撑骨架下端与支撑件通过螺栓连接，而悬臂支承垫块通过螺栓与钢轨连接件固接。

(2) 第二部分为自供电轨道健康状态无线监测系统，主要由两部分组成：一是能量捕获装置，它是系统功能实现的基础；二是无线监测系统，它是系统功能的主要承载部分。自供电轨道健康无线监测系统的功能是轨道结构健康状态数据的采集、无线传输、存储和分析。自供电轨道健康无线监测系统主要由传感单元、协调器节点和计算机组成。传感单元主要负责现场数据的采集及无线发送，协调器节点主要负责无线数据的接收并将数据传送至计算机，计算机的主要功能是对数据进行存储和分析。

自供电轨道健康无线监测系统的实施方案如图 11.28～图 11.30 所示。

方案为：传感单元(钢轨连接件+保护外壳+天线+ZigBee 无线发射模块+温湿度传感器+三轴加速度传感器)+协调器节点(保护外壳+天线+ZigBee 无线接收模块+数据线)+服务器云端。

无线监测系统由传感单元(钢轨连接件、保护外壳、天线、温湿度传感器、三轴加速度传感器、ZigBee 无线发射模块)、协调器节点(保护外壳、天线、ZigBee 无线接收模块、数据线)和服务器云端组成。

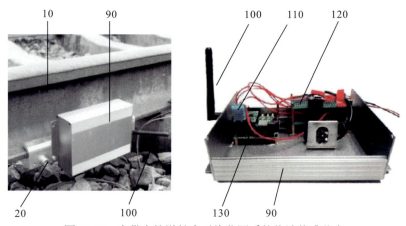

图 11.28　自供电轨道健康无线监测系统终端传感节点

10. 钢轨；20. 钢轨连接件；90. 保护外壳；100. 天线；110. 温湿度传感器；120. 三轴加速度传感器；

130.ZigBee 无线通信模块

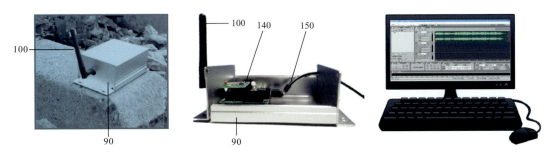

图 11.29 自供电轨道健康无线监测系统协调器节点 图 11.30 服务器云端
90. 保护外壳；100. 天线；140. ZigBee 无线通信模块；150. 数据线

　　传感单元通过钢轨连接件固定于钢轨轨底。保护外壳通过螺栓与钢轨连接件连接，天线通过超小型 A 版螺纹接口与 ZigBee 无线发射模块相连，并且伸出保护外壳之外。三轴加速度传感器和 ZigBee 无线发射模块分别内置于保护外壳内，传感器通过接线引脚与 ZigBee 无线发射模块相连。

　　协调器节点的 ZigBee 无线接收模块固定于保护外壳内，天线通过 SMA 螺纹接口与 ZigBee 无线接收模块相连，并且伸出保护外壳之外。ZigBee 无线接收模块通过数据线与服务器云端连接，以实现 ZigBee 无线接收模块的数据向服务器云端的实时传输。服务器云端对传来的数据进行存储和分析。

3. 软件平台

　　基于 LabVIEW 软件进行二次开发。图 11.31 为智能轨道无线监测系统的软件界面，显示了温湿度传感器和加速度传感器的数据界面。

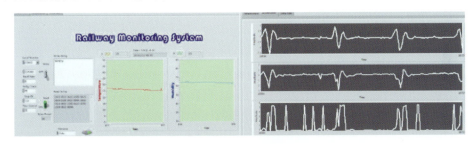

图 11.31 智能轨道无线监测系统软件界面

　　下面给出一个具体的应用案例，用以评估磁浮式振动发电原型机的性能，并给出原型机系统的测试结果。

四、智能轨道监测系统的应用案例

　　铁路运输作为客货运输的一种手段，在人们的日常生活中起着重要的作用。中国铁路基础设施建设在过去十年中经历了高速增长。然而，在离网及偏远地区，仍很难确保铁路监测设备的供电。如果使用电池等无线电源，在这些地区对电池的更换和监测设备的维护也是十分困难的，因此有必要制定新的可再生能源战略。实际上，德国已经在 2020 年为德国铁路网络提供每年约 1220 亿 kWh 的可再生能源。节省的能源可以为无线传感器网络（wireless sensor network，WSN）提供电力供应。无线传感器网络可用于监测铁路基础设施，如桥梁、道岔、铁路轨道、隧道及道床。本节提出一种自供电式无线传感网络解决方案[7]，用于轨道的状态监测。该技术有助于解决轨道监测设备的供电问题，并有助于推进物联网技术在智能轨道交通领域的应用。

图 11.32 说明了基于 ZigBee 协议栈的无线传感器网络的概念，该无线传感器网络由轨道振动俘能系统提供电力供给。轨道侧的传感器连接到 ZigBee 终端设备，并由电磁式轨道振动能量收集器供电。数据可以传输到 ZigBee 协调器，并通过云计算技术在互联网的网页端访问。

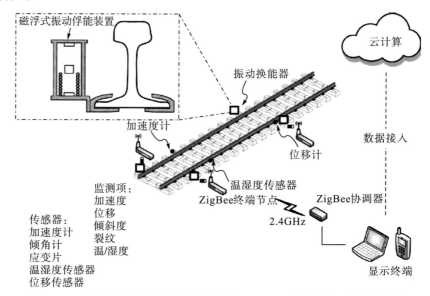

图 11.32　用于铁路状态监测的自供电式 ZigBee 无线传感器网络示意图

在自供电式铁路状态监测领域，相关研究工作主要集中于能量收集器的解决方案。而系统集成的工作主要集中在使用太阳能面板为应变计供电，来持续性监测铁路桁架桥[8]。Bischoff 等建立了一个基于 WSN 的铁路桁架桥应变监测系统。基站由太阳能供电，而终端节点仅由电池供电。Sekula 和 Kolakowski 提出了一种使用由光伏模块驱动的压电式应变传感器动态称重（WIM）系统。太阳能是一种经过验证的能量产生方式，但其在 WSN 的应用上仍然有诸多缺点。太阳能电池板需要经常清洁以保持最佳性能；此外，太阳能高度依赖于天气状况，对于不同日照地区其适用性区别较大。此外，隧道和城市轨道交通（如地下铁路）并没有太阳光可用，而地铁已在中国诸多城市的发展建设中起到重要的作用。

铁路工程师面临的关于铁路状态监测的主要挑战是铁路监测设备的供电问题。有线监测设备的使用需要配套的电网基础设施，投资数额巨大；而无线监测设备需要定期更换电池。由于铁路里程纵横交错，经常跨越偏远或艰险地域，导致更换电池极其困难。

由于半导体制造工艺和大规模集成电路的快速发展，基于微机电系统（micro-electro-mechanical system，MEMS）的传感器技术为铁路轨道结构健康监测提供了低成本、低功耗和集成式的解决方案。ZigBee 作为低功耗、低成本、低数据传输速率、高可靠性和安全的通信协议，非常适合于铁路状态监测领域的无线传感网络的应用。本节的目的是解决铁路轨道 ZigBee 监测设备的供电问题，并建立一个基于 ZigBee 协议栈和磁浮式能量收集器的自供电式轨道状态监测系统原型机。

与由太阳能驱动的 WSN 系统相比，本节所提出的解决方案不依赖于天气条件，可用于隧道铁路和城市轨道交通的状态监测。与其他基于振动的能量收集方案相比，本节的方案能够在较宽的频率范围内以较小的位移幅值进行能量收集，满足铁路轨道振动特性的要求。

1) 理论计算

磁浮式振动换能器由于其非线性刚度特性而具备宽带响应特性。在进行幅频分析后，发现激励幅值会改变频率响应。

这里以音圈式、弹簧谐振式和磁悬浮式(图 11.33)对并行连接的电磁式轨道振动能量收集器进行分类。根据楞次定律，感应电流的方向总是与产生它的电流方向相反。这解释了电磁能量收集器中的阻尼力。假设谐波激励，合成阻尼力可以通过下面公式计算：

$$F_{\text{damping}} = \frac{P}{\dot{y}(t)} = \frac{V^2}{(R + \mathrm{i}\omega L)\dot{y}(t)} = \frac{(NAB')^2}{R + \mathrm{i}\omega L}\dot{y}(t)$$

式中，P 为功率；V 为感应电压；R 和 L 为线圈的电阻和电感；N、A 和 B' 为线圈匝数、线径截面积和磁通量密度的变化梯度；$\dot{y}(t)$ 为悬浮磁体的相对运动速度。在一个周期内产生的能量可以用下面公式计算：

$$E = 2\int_{-Y_0}^{Y_0} c\dot{y}(t)\mathrm{d}y = -2c\omega Y_0 \mathrm{e}^{\mathrm{i}\omega t} 2Y_0 = -4c\omega Y_0^2 \mathrm{e}^{\mathrm{i}\omega t} \tag{11.5}$$

式中，c 为阻尼系数；Y_0 为悬浮磁体相对运动的振动位移幅值。

由于换能器与钢轨刚性连接并承受轮对/轨道系统产生的振动，可以利用这种振动激励收集振动能量。然而，振动能量收集装置的存在会对轨道振动响应产生影响，特别是在轨道上大规模安装振动换能器时。在这种情况下，来自换能器的累积贡献可能对轨道振动产生一定程度的影响。

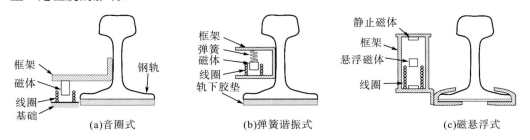

图 11.33　电磁式轨道振动俘能机制示意图

2) 材料和方法

所提出的硬件原型机包括 ZigBee 协调器和连接到轨道端的 ZigBee 终端节点及传感器(加速度计、温度传感器、湿度传感器和红外探测器)。ZigBee 终端节点由磁浮式能量收集器供电，并与 ZigBee 协调器进行无线通信。硬件原型机如图 11.34 所示。

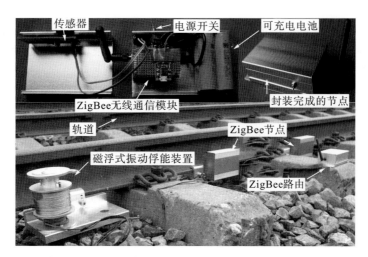

图 11.34   自供电式轨道状态无线监测传感节点原型机

（1）ZigBee 无线通信模块。

ZigBee 无线通信模块由一个 ZigBee 协调器和几个 ZigBee 终端节点组成。ZigBee 协调器是一个全功能设备（full function device，FFD），负责网络的组建和维护。ZigBee 终端节点可以是 FFD 或简化功能设备（reduced function device，RFD）并参与组网。

ZigBee 硬件原型包括片上系统（system on chip，SoC）芯片组 CC2530F256（德州仪器）、芯片组 PL2303、SMA 天线连接器、32MHz 晶振、USB 端口、I2C（内部集成电路总线接口）和串行外设接口（SPI）、多个 LED（发光二极管）、电源开关、编程/调试连接器和其他外设。CC2530F256 连接到外围接口以及带有外部射频天线的标准 SMA 接口。这里原型机硬件部分电路的开发参考了德州仪器 ZigBee 开发套件的原理图。

无线传感器网络包括三个节点，即传感器节点、路由器节点和协调器节点。传感器节点收集数据，作为数据宿的协调器节点连接到基站，路由器节点是中继节点以中继数据。WSN 之间的通信链路由 ZigBee 通信协议建立，ZigBee 通信协议作为多跳网络运行。Sensornet 协议（SP）定义了路由树。它的灵活性允许通过定期评估到相邻节点的链路质量来选择最可靠的传输节点。

（2）传感模块。

所提出的硬件原型机包括一系列连接到轨道的 ZigBee 终端节点及传感器（加速度计、温度传感器、湿度传感器和红外探测器等）。

使用 ADXL 系列 MEMS 加速度计（ADXL345 和 ADXL1001）。以 ADXL345 为例，它是一种小型（3mm×5mm×1mm LGA 封装）和超低功耗（小于 350μW）三轴 MEMS 加速计，测量量程可达±16g。数字输出数据可通过 SPI（3 线或 4 线）或 I2C 数据接口访问。它可以测量倾斜传感应用中的静态重力加速度以及运动或冲击引起的动态加速度。ADXL345 非常适合移动设备应用和倾角变化小于 1.0°的高分辨率（3.9mg/LSB）测量。

DHT11 是一款小尺寸（32mm×14mm）数字温湿度传感器。它包括一个电阻式湿度传感器和一个负温度系数（NCT）温度计。DHT11 的测量范围为 20%～90%相对湿度和 0～50℃。测量精度为±5%RH 和±2℃。

HC-SR501 是一款高灵敏度和超低功耗(325μW)人体红外传感器模块，它包含一个 LHI778 探头并具有两种触发模式。HC-SR501 具有自动感应功能，检测距离小于 7m 时感应范围小于 120°锥角。

除了原型测试中使用的上述传感器，本章还概述了常用的铁路状态监测用传感器。

(3) 电源模块。

ZigBee 节点由锂电池和能量收集器供电。考虑到实际轨道交通荷载的波动性，能量采集器不直接为 ZigBee 节点供电；它为锂电池供电，从而延长了整个系统的运行时间。此外，电磁换能器的交流感应电压必须转换为稳定的直流输出。电磁能量收集器能量转换的挑战是：①低感应电压。桥式整流器总是具有正向压降，肖特基二极管可用于将正向电压降至 0.3~0.7V；②功率权衡。由表 11.2 可以看出，换能器的输出功率有限，对于串联稳压器，晶体管两端的电压差异很大，因此功耗总是超过换能器输出的功率。因此，应该使用开关稳压器，但分配给振荡器和比较器的功率必须仔细处理以保持总功率输出的能力。

表 11.2 ZigBee 传感节点典型功耗值

		最小值/mW	标准值/mW	最大值/mW
计算模块	微处理器运算	—	19.5	26.7
	微处理器休眠	—	0.003	0.006
	闪存写入	—	18	—
	闪存擦除	—	3	—
通信模块	RxPower(等待状态)	—	72.9	88.8
	RxPower(-50dBm)	—	61.5	—
	TxPower(4.5dBm)	—	100.5	118.8
	TxPower(1dBm)	—	86.1	—
ADC 传感器	加速度计	—	0.35	
	温湿度计	—	12.5	

(4) 扫频测试。

在实验室进行了振动扫频测试。该测试的目的是在较宽的频率范围内测试磁浮式振动换能器的性能。根据标准 IEC 60068-2-6 选择两个频率范围(5~200Hz 和 5~500Hz)。加速度的幅值设定为 1g、2g、4g 和 8g。该标准规定了交越频率以下的恒定位移幅值和交越频率以上的恒定加速度幅值。扫频数为 10 次，扫描速率为 1 倍频/min。悬浮磁体的质量为 61.4g、122.8g、182.9g 和 288g。使用两个集成电子压电加速度计(IEPE)。其中将灵敏度为 9.71mV/g 的加速度计作为振动台的控制信号，另一个灵敏度为 9.73mV/g 的加速度计用于监测悬浮磁体的动态响应。

(5) 现场测试。

ZigBee 终端节点与磁浮式振动换能器一起安装在现场进行测试。ZigBee 节点收集温度、湿度和钢轨振动加速度，并与 ZigBee 协调器进行无线通信。ZigBee 协调器将数据传输到笔记本电脑。为了记录和观察磁浮式能量收集器产生的电压曲线，将示波器(Tektronix TDS2004C)连接到磁浮式换能器上，记录来自示波器的采样数据。并将其传输到本地计算机进行后续分析。示波器用作数据采样设备，并通过 LabVIEW Signal Express 软件连接到笔记本电脑。这样就可以激活自动触发/记录模式，实现连续的数据采样。数据存储在笔记本电脑的硬盘上。

(6)结果与讨论。

通过比较三种电磁式轨道振动发电装置，发现轨道振动速度与电磁装置产生的电压直接相关。信号幅值曲线几乎相同，而相位相反。与线性共振相比，磁浮系统的响应不再是线性缩放。通过调整磁浮式收集器的非线性参数 β 和阻尼比 ξ，可以调整这种非线性特性。磁浮装置的非线性回复力中的线性刚度项取决于悬浮磁体与静止磁体之间的距离。阻尼力可以通过调节线圈参数和磁通密度来控制。基于上述分析，磁浮换能器由于具有宽频响应特性，适合于为轨道监测设备提供持续的电力供给。

图 11.35 显示了扫频测试记录的试验数据。绿色实线表示振动台加速度控制曲线。红色实线表示在向上扫频的加速度实测信号，黑色实线表示在向下扫频的加速度信号。上下扫频信号吻合得较好，两个信号都表示在 80Hz 左右出现了铝框架的结构共振。蓝色实线和黑色点划线表示上下扫频时悬浮磁体的响应加速度。上下扫频的响应加速度信号在 20～500Hz 的频率范围吻合得较好。

进行了四因素两水平的正交试验设计。如图 11.36 和图 11.37 所示，悬浮磁体的质量、磁体和线圈之间的相对位置、相对位移和加速度幅值对能量收集器产生的 $V_{\text{p-p}}$ 有明显的影响。所研制的 DC-DC 转换器可以在输入峰值电压大于 1.88V 时有效工作。振动换能器的频带随激励加速度幅值的增加而拓宽。在加速度为 4g、交越频率为 31.5Hz 的情况下，换能器可以在 7～500Hz 的宽频率范围内提供可用的电压输出。而轨道振动加速度的幅值通常大于 10g，峰值可能达到 50g 或更高。所以磁浮式能量收集器符合轨道交通领域对振动发电的要求。

ZigBee 通信模块的显示界面如图 11.38 所示，显示了温湿度传感器和加速度传感器的数据界面。应该指出的是，当车辆通过时，所提出的能量收集器可以为 ZigBee 终端设备产生足够的功率；在没有车辆通过的情况下，因为无轮对/轨道交互能量输入，所以能量收集器不能有效工作。因此，对于全天候和长期的监测，需要一个带有电池和辅助电源(如风力发电机组)的储能电路。能量收集器可以给电池充电以延长监测设备的续航能力。

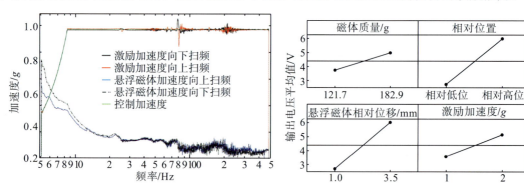

图 11.35　激励加速度和悬浮磁体响应加速度　图 11.36　磁浮式振动换能器输出电压的主因素作用图
悬浮磁体质量 288g，匝数 5000，表面磁通密度 0.5T

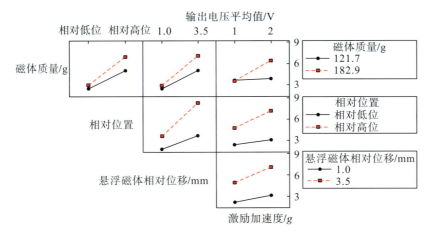

图 11.37　磁浮式振动换能器输出电压各影响因素的交互作用图

图 11.38　磁浮式振动发电原型机及现场测试图

　　串口转 Wi-Fi 适配器可以用来让 ZigBee 节点接入互联网进行串口通信。数据可以使用 802.11 b/g/n 或 Ad hoc 模式网络通过 TCP/IP（传输控制协议/网际协议）、UDP（用户数据报协议）或 HTTP（超文本传输协议）进行传输。一旦通过 Wi-Fi 获得了来自 ZigBee 节点的数据，就可以使基于互联网的计算（云计算）访问共享的数据源。所收集的数据可以通过云计算进行分析和可视化，不同地点的利益相关者可以访问这些数据并对铁路轨道运营策略做出相应的判断。

第三节　基于 BIM 和 PHM 的道岔监测信息全景化管理系统

　　信息化和三维可视化是建筑信息建模（BIM）的主要特征，在使用 BIM 技术时，建设方可以获知全部工程有关信息，并且相关信息可以以动态的数据链接方式呈现。换言之，利用 BIM 技术，可以创造一个更加全面的系统信息数据库，同时这个数据库可以在数据方面支持系统的后期运营维护。故利用 BIM 建立三维可视化信息模型，将相关信息进行集成、共享，可以有效解决道岔健康状态管理中的问题。通过 BIM 技术创建一套与道岔健康状态管理相匹配的系统，对各个独立的管理系统进行有效的整合，从而使得各系统间数据能够共享，使铁路道岔健康状态管理工作更全面、科学、准确、简单，铁路道岔健康状态管理的效率得以提升，管理成本得以下降，确保高速铁路行车的安全与稳定。

一、BIM 概述

1. BIM 的概念

BIM 不仅仅只是三维建模，而且是基于三维模型的数据信息化应用，是将设计、建造、管理的信息数字可视化的方法。基于这种方法，可以提高建筑工程在整个项目建设中的效率。BIM 基于创建好的 BIM 三维模型来提升设计质量、减少设计碰撞，并且可基于 BIM 对工程量成本数据进行分析，并为后续的施工阶段提供技术支撑，为项目参建各方提供基于 BIM 的协同平台，有效提升协同效率，确保建筑在全生命周期中能够按时、保质、安全、高效、节约完成，并且具备责任可追溯性。

2. BIM 的特点

1) 信息可视化

BIM 的信息可视化包含以下三个层面：①模型可视化，即"所见即所得"。以往的建筑信息的表达需要基于二维图纸，真正的设计模型需要相关参与人员通过想象力在大脑中进行模型重建，随着建筑样式的复杂度不断提高，仅仅依靠人脑去想象已经无法满足人们的需求。BIM 的可视化特点，让设计模型从二维图纸转变成三维的实体模型来直观地展示在设计人员面前，同时使得构件之间结构与逻辑关系也能直观地展示出来。②过程可视化。即在项目的全生命周期过程中的沟通、协商、决策等都在可视化的状态下进行。对于设计，不同专业的协调、设计碰撞的检查都是在同一三维模型下完成。在施工阶段，可在 BIM 软件中进行施工进度与施工工艺的模拟，直观地展示出工程进度，并且对施工工艺进行优化。③监测可视化。在以往的运维管理中，对于设备设施的监测数据，它们往往是以数字、表格或者图表的形式表现出来。如果监测数据出现异常，往往需要管理人员耗费一定的时间自行根据规范进行判断，再找出异常位置，过程烦琐，显示手段不直观。对于 BIM，可将监测信息与 BIM 模型结合起来，在模型中直观、准确地展示出各个监测点的位置。当设施设备发生异常时，监测的设施设备模型随之发生改变，能够迅速、直观地在模型中反映出异常点及异常状态，便于运维管理人员准确快速地处理异常情况，提高工作效率。

2) 信息的完备性

BIM 的技术核心是一个由计算机三维模型所形成的数据库，对于三维模型，它不仅包含工程对象的三维几何信息，同时还包含对象的物理属性、功能属性、来源等其他与该对象有关的非几何信息，以及与其他工程对象之间的拓扑关系，是对对象完整的工程信息描述。从建筑生命周期，它容纳了建筑从设计到施工，最后到建成使用，甚至是到最后拆除阶段的全部建筑生命过程的信息。

3. BIM 在道岔运维中的应用

在运维管理阶段，BIM 的价值主要体现在对系统设施设备的可视化信息管理以及在养护维修中，特别是对隐蔽工程的可视化养护中[9]。道岔系统包含各细部结构及设施设备，在运维管理阶段需要管理人员对其进行不断的维护，而 BIM 信息化和可视化的特点可以在运维管理中发挥数据处理及空间定位展示的优势，制定合理的道岔养护维修计划。现有的无砟轨道中，经常出现温度或者路基沉降所导致的道床板及轨道板翘曲、内部脱离等灾害，在现场的运维人员往往需要将道岔结构完全分离开来，才能对其进行养护维修。基于 BIM 技术，可在三维模型中对结构进行展示、分析，确定灾害位置及轨道内部结构，确定维修方案，从而大大减少对现有轨道结构的破坏，减少维修工作量，提高养护维修效率，降低成本。

铁路线路 BIM 产生的数据信息应进行格式化处理和数据库集中存储，形成信息共享；不同业务之间的数据信息要相互关联，减少冗余，消除信息孤岛；信息的输入、提取、加工要实现可视化操作，便于推广应用

二、运维管理概述

1. 运维管理的概念及意义

运维管理含义分为两部分，一是运营，二是维护。运营是指保证设施完成其指定的功能，使得业务正常运行所必备的环境和各种条件，包括工单的制定、道岔系统以及与道岔有关设备的操作和维修等。维护是为了使系统维持预期寿命所做的相关工作，主要分为对系统结构及附属设备的保养、检查、调整、润滑、更换，以及为了延长系统的工作寿命和减少意外故障而进行的其他操作等。

道岔作为高速铁路轨道的关键结构之一，保证其结构的安全是高速铁路能够安全、高效运行的关键因素。随着运行时间的增加，在周期性列车荷载、温度应力等外部激励下，设备性能逐渐退化，诸多安全隐患问题如钢轨的掉块、断裂等将逐渐暴露出来，养护维修部门面临的压力也越来越大。基于此背景，如何保障高速铁路列车运营的安全、高效，同时减少铁路一线管理人员的工作量，减轻相关管理人员的工作强度，提高道岔相关设备的利用率，节约铁路的运维管理成本，使我国高速铁路始终保持在良好的工作状态，避免道岔故障的发生，对于保障我国高速铁路的正常运行具有极大的战略意义。

2. 道岔运维管理的特点

高速铁路，由于其本身的结构特点以及特殊的运营环境要求，具有如下特点。

1) 复杂的运营环境

铁路工程是一个典型的线带状结构，单条线路往往在几百上千公里且全年服役，横跨多个自然气候带，铁路的开放性使得高速铁路要不断经受风雪、沙尘、雷电等恶劣天气的

侵袭等复杂并且极端的自然地理环境，因此多样的水文地理环境、气象因素造就了其运营环境的复杂性。

2）苛刻的维修条件

高速铁路施工和维修作业的"天窗时间"一般在夜间，同时一般设置 5～6h 的综合维修天窗，对于道岔的养护维修工作，夜间工作环境较差，同时时间紧、任务重，养护维修压力较大。

3）多尺度的数据信息

高速铁路运维管理系统包含了海量的监测、统计数据，检测记录，养护维修台账，同时这些数据来自不同的数据采集装置或者采集手段，反映出不同设备及部件的运行状态。不同的数据采集间隔、周期、精度、量纲之间也千差万别，数据表现形式上也有客观或者主观，或者定性、定量的区别，这些大量的数据同时存放于不同的空间，使得高速铁路运维管理数据和信息极为复杂。

4）复杂的系统结构

高速铁路道岔的结构及设备的正常运行、性能衰退、故障和养护维修的全生命运行周期中都具有动态性与随机性。

动态性为涉及道岔结构与设备有关的现象以及指标等都随时间而改变。外部荷载如列车荷载的位置是动态变化的，从而致使轨道响应体现出剧烈波动的特性，相关设备的运营条件同样也是动态变化的，致使与设备性能相关的评价指标也具有动态性。在道岔运行中，道岔本身服役性能的退化过程以及外部的风险也是随时间变化的，从而导致其健康状态具有实时动态性的特点。

随机性表现在道岔服役期间，故障的演化以及养护维修过程中的影响因素和评价标准在时间或空间上具有随机性。例如，故障发展乃至发生的内部过程是随机的，故障发生的时间和部位及故障发展速度具有很大的随机性。外部的风险因素对于道岔系统而言也是随机的，灾害的类型、程度、发生次数都是随机变量。在养护维修过程中，由于维修人员经验水平以及维修的难易程度不一样，维修效果也具有随机性。

3. 健康管理理论

故障预测与健康管理（prognostics and health management，PHM）技术[10]是指利用先进的传感器技术，获取系统运行状态信息和故障信息，并借助神经网络、模糊逻辑等推理算法，根据系统历史数据和环境因素，对系统进行状态监测、故障预测，同时对系统的健康状态进行评估，结合地面维修资源情况，给出维修决策，以实现关键部件的视情维修。

PHM 是一种综合的技术解决方案，包括两层含义：一是预测，即通过部件或系统当前时刻的状态，预先判断其未来的状态；二是健康管理，即根据存储在数据库中设备的状态数据及故障信息，结合运用需求及当前可用的维修资源，给出关键零部件的维修决策。

PHM 技术是在美国国家航空航天局的大力推动下发展成熟起来的，目前航空领域的 PHM 技术发展较为成熟，已进入实用化阶段。而轨道交通行业的 PHM 技术还处于起步阶段。

故障预测主要包含实时监测、敏感参数分析，并依托专家知识库的信息，系统可以根据已经采集到的信息进行分析可能产品的故障并定位；健康管理主要指通过专家系统评估高铁道岔的使用状态，预测其寿命，为高铁道岔的养护维修内容与周期提供依据。

故障预测与健康管理技术可实现高铁道岔的故障预测、健康管理，并给出维修决策，提高其可用性，使维修更具主动性。

随着高速铁路信息化的发展，运维管理工作日益复杂，对于运维管理工作的智能化程度要求日益提高，使得传统的工作方式及故障诊断理论和养护维修理念已经不能完全满足运维管理工作的需要，因此提出 PHM。PHM 是指通过传感器获取系统的各种数据，通过各种智能算法（如物理模型、神经网络、数据融合、模糊逻辑、专家系统等）对数据进行分析处理，建立基于系统自身结构特点的健康分析模型，在系统出现故障之前进行分析预测、预警，并且结合其他可利用的信息资源来制定养护维修措施的理论技术。

PHM 的理念最初由军工行业提出，后来随着其理论的不断发展，逐渐开始应用于对系统状态有极其苛刻要求的航空航天领域等，进入 21 世纪以来，PHM 理论开始逐渐成熟与完善，广泛应用在武器装备、海军船舶、能源系统等领域。

PHM 作为新型的运维管理理念，与传统的运维管理有着本质的区别。传统的运维管理主要以大量的表格、图纸、表单等数据为基础，在数据的获取方式上多为人工采集，因此对管理人员的专业素养和操作经验具有较高的要求，为管理工作带来了一定的不确定性。而 PHM 是将现代信息技术与人工智能技术相结合，基于其最新的研究成果，提出的一种智能的管理健康状态的解决方案，是一种针对建筑的全生命周期的全面故障检测、隔离、预测及健康管理的技术，其核心在于对系统及其附属设备运维管理上的高效性、科学性及智能化。其主要功能如图 11.39 所示。

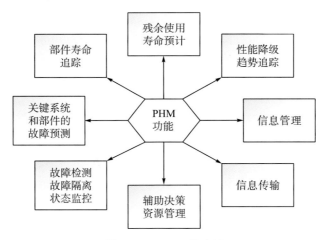

图 11.39　PHM 的功能

PHM 系统的故障诊断与预测流程如图 11.40 所示，主要包括数据的采集、数据处理、数据分析三大部分。其中数据采集可通过现场监测设备、高性能传感器、手持终端等终端设备采集，通过一定的手段对数据进行清洗，同时提取相关特征值，最终基于预测模型提供运营维护保障决策。

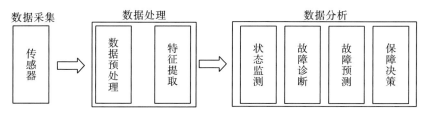

图 11.40　PHM 系统的故障诊断与预测流程

　　PHM 的核心部分为故障诊断与预测方法的建立。当前关于故障诊断与预测方法的研究较多，同时也分为很多类型。常见的如基于经验、基于趋势、基于模型、"基于数据、基于模型"。相比较而言，较为成熟的故障诊断与预测方法有以下三种。

　　1）基于失效物理模型的方法

　　此方法是以对象的生命周期荷载以及失效机理为基础，对对象的故障诊断与预测。本方法适用于对象的数学模型已知或者可解，通过建立系统的故障物理模型，来实现精准预测。对于一般非线性的静态系统，其数学模型已知，可以由此建立故障物理模型，但是针对非线性的复杂动态系统，其精确的数学模型往往难以建立，无法实现对复杂系统的精准预测。

　　2）基于数据驱动的方法

　　对于复杂的非线性动态系统，往往难以对其建立数学模型，无法从理论上进行准确分析，但是可以通过在系统的关键结构位置安装传感器来获取系统实时的监测数据，通过采集的数据进行故障分析和健康预测，了解系统的服役规律。由于该方法仅需要数据来进行判断和预测，在满足一定精度的前提下，同时具有广泛的适用性。基于以上优点，这里也选择使用这种数据驱动的分析方法。

　　3）基于统计可靠性的方法

　　对于有些复杂的系统，由于各种条件的限制，既无法求得系统的数学模型，又无法通过试验测得系统的实时状态数据，只能从海量的历史失效数据获得故障预测的资料。在这种情况下，可基于统计可靠性的方法，根据可靠性理论来对对象的寿命分布进行拟合，预测系统的剩余使用寿命。该方法由于缺乏相关细节信息，其预测结果的准确度波动较大，因此通常在预测结果中增加一个置信度来表征其准确度水平。

　　PHM 的主要优势在于对故障发展的前瞻性和预先性，这也是其意义所在，通过对故障发生时间、位置的分析预测，对剩余使用寿命的评估来提高系统运行的安全可靠性，从而节约系统的运维费用和提高维修精度，从而实现对系统及其附属设备的基于状态的维修。同时，PHM 建立系统的电子健康档案，如同人体的健康管理，对整个系统及其附属设施的健康进行管理。综上所述，PHM 相对于传统的运维管理方式，是一种运维管理方法、策略以及概念上全方位的转变：将基于传感器的被动诊断提升为基于智能系统的主动预测，从而为养护时间及部位上的准确性提供了理论和技术基础。

三、基于 Revit 的道岔可视化智能检测系统构建

1. Revit 二次开发

1）Revit 与 Revit API

Revit 是 Autodesk 公司旗下一系列 BIM 产品中的核心建模软件，在 Revit 模型中，模型数据库的表现形式多样，可以是图表、二维视图、三维视图或者明细表，同时 Revit 的模型具有参数化的特点，模型的所有元素之间可通过 Revit 协调变更管理。

Revit 提供了良好的二次开发环境，其提供的应用程序接口（application programming interface，API），可以使使用者将自己的应用程序集成到 Revit 软件中。在二次开发语言的选择上，用户也有较大的自由度，可使用任何与".NET"兼容的语言，如"Visual Basic.NET"、C#、C++/CLI、F#等，目前人们使用较多的为 C#。

2）Revit API 的功能

Revit API 具有如下功能：
(1) 访问三维模型的几何数据，即可读取模型的几何尺寸等物理信息。
(2) 访问三维模型的参数数据，即可读取模型的参数等属性信息。
(3) 更改模型元素，即可以任意创建或者修改、删除模型。
(4) 自定义插件，即用户可自定义插件来满足对用户接口的个性化需求。
(5) 参数化建模，即用户可以通过创建参数化插件来实现重复性工作的自动化。
(6) 第三方应用集成，即用户可通过第三方应用实现对外部数据库的读取与分析。
(7) 调用 BIM 分析，即可通过插件调用 BIM 中对结构进行日照、温度或者力学等分析。
(8) 自动建立项目文档。

3）开发工具

不同版本的 Revit 软件，对应不同版本的 Revit SDK 开发包，使用不同的 Visual Studio 进行编译：
(1) Visual Studio 2015。Revit 2018 的运行环境基于".NET4.6"，因此必须使用 Visual Studio 2015 及以上版本，编译环境为".NET4.6"。
(2) Revit SDK。在 Revit SDK 中，包括 Revit API 的所有帮助文档及大量的案例，用户可以通过 Revit SDK 查询 Revit API 中所有的方法和属性。
(3) Add-In Manager。Add-In Manager 作为 Autodesk 的官方插件，用来加载 Revit，通过 Add-In Manager，用户可以在不重启 Revit 的前提下对相关插件代码进行再加载和运行。

这里以 Revit 2018 作为开发平台，使用 Visual Studio 2015 作为开发工具，以 C#作为配置环境对 Revit 进行二次开发，设计基于 Revit 的道岔运维管理系统。

2. 技术路线

前面提到的由西南交通大学联合中国铁路成都局集团有限公司、北京中铁通电务技术开发有限公司以及四川西南交大铁路发展股份有限公司研制的高速铁路道岔智能监测系统，采用视频监控与传感器检测相结合的技术手段，实现了对道岔振动、损伤、轨温、爬行等安全状态的实时监控[11]，并且通过试验与现场数据收集建立了相应的灾害库，能够对数据进行智能识别，对道岔的异常状态进行报警提示，已经具备故障诊断与健康监测系统的初步功能，具有 PHM 系统的雏形。其智能判断过程如图 11.41 所示。

在此高速铁路道岔智能监测系统的基础上，这里以 Autodesk 公司的 Revit 软件为核心，同时与高速铁路道岔监测系统相结合，建立基于 Revit 的道岔三维可视化智能监测平台。其技术路线如图 11.42 所示。

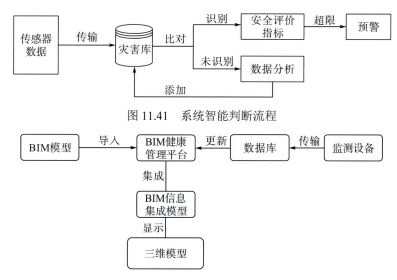

图 11.41　系统智能判断流程

图 11.42　系统技术路线

3. 界面和功能划分

1) 界面

本系统中，所有插件集中于附加模块中，每一个操作按钮对应一个功能，同时为每一个按钮设计了图标，更加简洁、直观地展示了其功能，方便使用者操作，整体界面如图 11.43 所示。

图 11.43　系统功能界面

2) 功能

该运维管理系统包括四大功能：

(1) 三维展示。首先建立道岔 BIM 模型，通过 Revit 软件建立 BIM 道岔模型，该 BIM 模型主要用于对轨道结构及设备信息的有效整合和可视化展示，以三维可视化形式表达出轨道细部结构以及相关设备形态。

(2) 属性查询。在三维模型中输入道岔地理位置、型号、设计施工单位等相关信息，运维管理人员单击道岔模型即可快速查询设备管理所需信息，帮助管理者进行简单及时的运维管理工作。

(3) 养护维修记录。在此模块可以添加当下的养护维修记录，查询历史维修记录，同时确认当前养护工作的进展。

(4) 运维状态管理。这部分主要是对道岔结构的监测，包括监测可视化预警、历史趋势查询、应力云图的展示以及和道岔监测系统的联动。

道岔监测系统对岔区钢轨断轨、裂纹、振动状态及道岔轨温、爬行等状态进行实时监测，并能就状态异常提供报警信息。

(1) 损伤监测。实时监测岔区钢轨损伤状态，对断轨及钢轨裂纹发出实时报警信息。

(2) 爬行监测。实时监测尖轨尖端的爬行情况，并通过视频相机智能判断尖轨爬行量。

(3) 振动监测。通过实时监测岔区钢轨的振动信息，采集在线路运营状态下道岔重点部件、关键位置的振动数据及信息。

(4) 轨温监测。实时监测岔区环境温湿度、监测分机机箱内部工作温度、钢轨表面温度等参数，为分析钢轨温度力及道岔状态、设备运行状态、尖轨爬行修正计算等提供参考。

(5) 视频监测。通过视频设备巡航或查看岔区指定区域的视频图像，以确认报警信息或及时确认异物侵限、关键部件脱落等异常现象。

4. 案例分析

1) 项目背景

沪昆高速铁路(别名沪昆客运专线)是以上海为起点、昆明为终点的东西向铁路干线。沪昆高速铁路由沪杭客运专线、杭长客运专线以及长昆客运专线组成，途经上海、杭州、南昌、长沙、贵阳、昆明六座省会城市及直辖市，线路全长 2264km，设计速度 350km/h，是中国东西向线路里程最长、经过省份最多的高速铁路。沪昆高速铁路主要技术标准如表 11.3 所示。

表 11.3 沪昆高速铁路主要技术标准

序号	主要技术参数	推荐意见	序号	主要技术参数	推荐意见
1	铁路等级	高速铁路	5	轨距	1435mm
2	线路标准	电气化无砟轨道	6	线路全长	2266km
3	设计速度	300～350km/h	7	最大坡度	25‰
4	运营速度	沪杭、杭长段310km/h，长昆段300km/h	8	最小曲线半径	沪杭、杭长段7000m，长昆段4000m

小团山线路所离昆明市区 30km 左右，地理位置如图 11.44 所示。

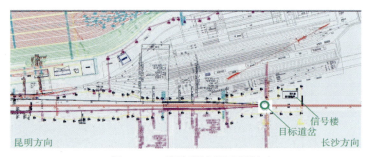

图 11.44　小团山道岔位置

小团山线路所位于沪昆客运专线长昆段昆明南站长沙方向上行端，目标道岔 1#及 5#道岔位于线路所长沙方向咽喉道岔，距线路所信号楼约 100m，轨旁设备供电与通信均由信号楼控制或输出，线路所站场平面图如图 11.45 所示。

图 11.45　线路所站场平面图

传感器总数如表 11.4 所示。

表 11.4　传感器总数

设备名称	单位	单组道岔设备数	设备名称	单位	单组道岔设备数
损伤传感器(S)	个	12	轨温传感器(G)	个	2
振动传感器(M)	个	4	爬行监测相机	套	1

道岔中传感器布置如图 11.46 和图 11.47 所示。

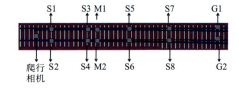

图 11.46　转辙器区传感器布点图

图 11.47　辙岔区传感器布点图

2) 三维展示

　　基于 BIM 创建的道岔三维模型能够直观地展示道岔的真实状态，根据模型展示功能可以实时地查看道岔三维模型，同时也可以对模型进行旋转、缩放、平移等交互式操作，如图 11.48～图 11.52 所示。

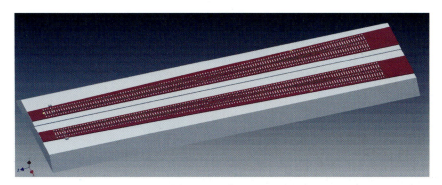

图 11.48　全景展示

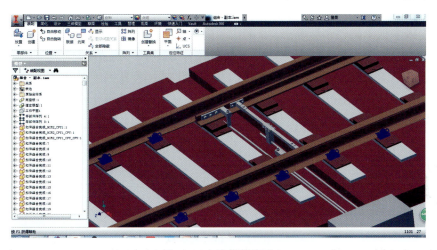

图 11.49　转辙器部分

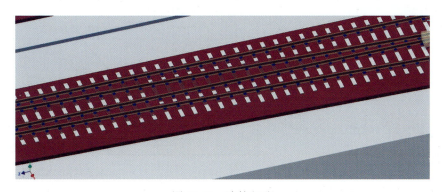

图 11.50　连接部分

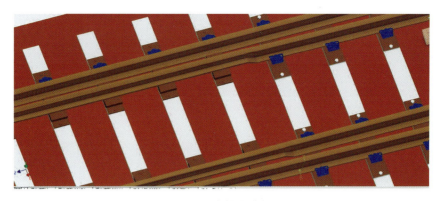

图 11.51 尖轨跟端部分

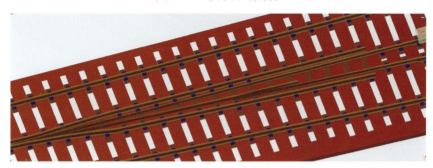

图 11.52 辙岔部分

3) 属性查询

通过属性查询功能，包括道岔地理位置、型号、设计施工单位等相关信息，运维管理人员单击道岔模型即可快速查询设备管理所需信息，如图 11.53 所示。

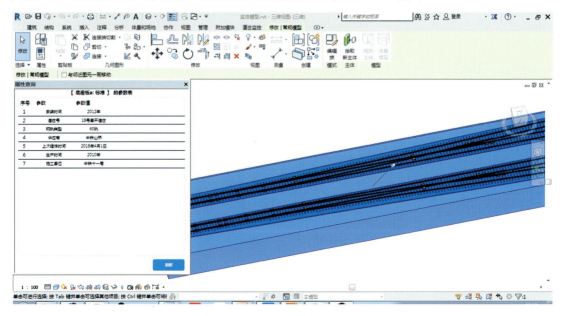

图 11.53 属性查询

4) 养护维修

日常运维管理人员可通过此功能来添加养护维修记录，查看历史养护维修信息，同时实时监测养护维修进度，如图 11.54 所示。

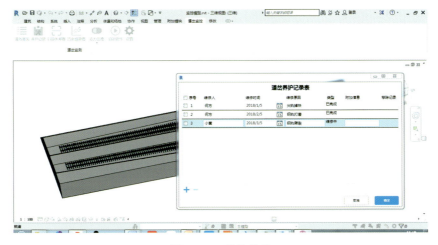

图 11.54　养护维修

5) 状态报警

传感器监测数据传输到数据库以后，处理为标准可读取的文件，由运维管理平台实时读取，并与预设的安全评价指标相对比，根据比较结果在三维模型中显示出目前轨道的运行状态，若目前轨道的状态超出安全限值，则轨道中传感器的三维模型颜色发生改变，同时弹框提示运维管理人员。状态报警示例如图 11.55 所示。

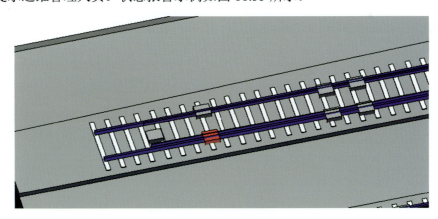

图 11.55　状态报警示例

6) 历史趋势

通过此功能可查看某一传感器在一段时间内的数据趋势图，帮助管理人员分析系统的状态趋势，如图 11.56 所示。

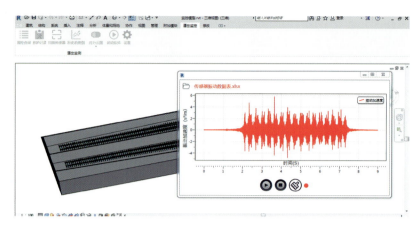

图 11.56　历史趋势

7) 与道岔监测系统的联动

　　本系统是在道岔监测系统的基础上开发的，通过此项功能可以与原系统进行联动，两者相互补充，如图 11.57 所示。

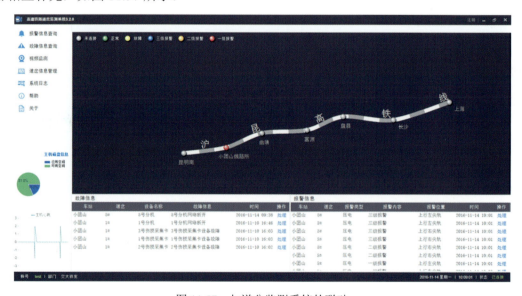

图 11.57　与道岔监测系统的联动

本 章 小 结

　　道岔为影响铁路行车安全的薄弱环节，必须通过建立有效的道岔健康状态监控体系以确保高速铁路安全、可靠、高效运行，本章首先从声发射检测技术、基于大数据的声发射信号处理以及基于声发射技术的道岔轨件损伤检测平台对基于声发射的高速铁路道岔轨件损伤监测平台进行了详细介绍，然后从轨道振动发电技术、无线传感监测网络搭建、智能轨道监测系统平台及应用案例等方面对无源无线轨道状态监测技术研究进行了详细介绍，最后从 BIM 及 PHM 理论、道岔可视化智能检测系统及案例分析方面对基于 BIM 和 PHM 的道岔监测信息全景化管理系统进行了详细介绍。

参 考 文 献

［1］章欣，王艳，胡恒山，等. 声发射技术在铁路系统检测中的研究和应用［J］. 应用声学，2017，36（3）：189-199.

［2］操礼林，李爱群，邓扬，等. 声发射和小波包分析在损伤状态监测中的应用［J］. 振动、测试与诊断，2012，32（4）：591-595，688.

［3］王金虎. 基于双谱的重载铁路道岔钢轨折断及伤损监测系统［J］. 铁道建筑，2017，57（6）：130-134，139.

［4］姚晓晖. 声发射技术对钢轨材质伤损辨识的研究［D］. 成都：西南交通大学，2020.

［5］高鸣源. 磁浮式轨道振动俘能理论及应用技术［D］. 成都：西南交通大学，2018.

［6］高鸣源，王平. 磁浮式轨道振动俘能机理与试验研究［J］. 铁道学报，2018，40（6）：144-153.

［7］孙玉华，王平，徐井芒，等. 钢轨波磨自感知原位检测系统试验研究［J］. 机械工程学报，2021，57（18）：107-117.

［8］Kołakowski P, Szelążek J, Sekuła K, et al. Structural health monitoring of a railway truss bridge using vibration-based and ultrasonic methods［J］. Smart Materials and Structures, 2011, 20（3）: 035016.

［9］Bashar A. 基于 BIM 的铁路中间站智能设计系统的理论与方法［D］. 成都：西南交通大学，2018.

［10］黄赞武. 轨道电路故障预测与健康管理关键技术研究［D］. 北京：北京交通大学，2013.

［11］吴淑定，王培俊，李文涛. 高速铁路道岔的数字化检测及多通道可视化［J］. 机械工程与自动化，2014，（6）：29-31.